JACQUES LECOMTE

LES ENTREPRISES HUMANISTES

LES ARÈNES

Je dédie ce livre à tous ces tisseurs de fraternité
que sont les salariés, syndicalistes et patrons
qui s'efforcent, jour après jour,
d'entretenir des relations bienveillantes
et d'agir au service de l'humanité
et de l'environnement… ainsi qu'à toutes celles
et ceux qui feront de même à l'avenir.

LES ENTREPRISES HUMANISTES

DU MÊME AUTEUR

Les 30 notions de la psychologie,
Dunod, 2013.

La Bonté humaine,
Odile Jacob, 2012.

Introduction à la psychologie positive,
Dunod, 2009 (direction d'ouvrage).

Donner un sens à sa vie,
Odile Jacob, 2007.

Guérir de son enfance,
Odile Jacob, 2004.

Le bonheur est toujours possible : construire la résilience,
Bayard, 2000 (avec Stefan Vanistendael)

Ouvrage publié sous la direction de Catherine Meyer.

Les entreprises humanistes se prolonge sur le site
www.arenes.fr

Éditions des Arènes
27, rue Jacob, 75006 Paris
Tél. : 01 42 17 47 80
arenes@arenes.fr

PROLOGUE

« Nous sommes prêts à investir dans votre entreprise en difficulté à condition que vous éliminiez la branche morte.

– Je comprends bien votre logique, mais il y a un problème : cette activité emploie 1 000 personnes et je ne suis pas venu pour les mettre au chômage. »

Ce dialogue remonte à 2005. Hubert de Boisredon vient d'être nommé PDG de l'entreprise Armor, spécialisée dans les technologies d'impression. Le bilan financier est à peine positif. Une activité fonctionne bien, celle des rubans transfert thermique (technologie utilisée pour l'impression des étiquettes codes-barres), tandis que l'autre, les cartouches d'imprimantes, est nettement déficitaire. Ce jour-là, le PDG répond sans ambiguïté aux responsables d'un fonds d'investissement anglo-saxon qui lui suggèrent une mesure radicale pour sauver l'entreprise.

Une décennie plus tard, le palmarès d'Armor est éclatant : n° 1 mondial de la technologie transfert thermique, n° 1 de la production de cartouches jet d'encre en Europe, n° 1 de la vente de cartouches laser en France. Armor est aujourd'hui une entreprise florissante, avec 2 000 collaborateurs dans le monde et un chiffre d'affaires de 223 millions d'euros en 2014. Sa rentabilité a été multipliée par trois en sept ans, de 2008 à 2014.

Deux postulats majeurs du nouveau patron sont à l'origine de ce redressement spectaculaire : d'une part, sa sensibilité humaine et la confiance qu'il accorde à chacun des employés de l'entreprise ; d'autre part, son engagement en faveur de l'environnement. Lorsque je le rencontre, avec plusieurs membres de son équipe de direction et un responsable syndical[1], Hubert de Boisredon m'explique : « J'avais l'intuition qu'on pouvait relever l'entreprise en misant sur le développement durable. L'important, c'était d'essayer de voir comment arriver à transformer un problème en atout. Pour moi, le développement durable n'est pas une contrainte nécessaire, mais une formidable opportunité pour que l'entreprise soit socialement utile. J'ai pensé que notre savoir-faire industriel pouvait être utilisé dans une activité qui ait du sens. Je suis parti de cette conviction et de l'amour des gens pour leur métier. »

Jusqu'alors, les commerciaux évitaient de parler des cartouches recyclées, réputées de moindre qualité. Le nouveau patron pense au contraire que produire du recyclable d'une qualité équivalente au neuf peut présenter un double attrait : ces cartouches sont moins chères et plus écologiques. Il faut donc que les commerciaux soient fiers de proposer des cartouches recyclées aux distributeurs. Alors que l'on considère généralement que les commerciaux sont essentiellement motivés par les primes, Hubert de Boisredon a préféré mettre l'accent sur le sentiment d'une mission qui leur incombait.

Le challenge s'est révélé payant. En 2009, année de crise, le chiffre d'affaires de l'activité déficitaire a augmenté de 40 %. C'est même cette branche, que certains conseillaient d'éliminer, qui a été le fer de lance de la dynamique de l'entreprise durant cette période.

Régis Thébaud, responsable du développement durable, souligne : « Dans les moments difficiles, on était tellement dans la mouise qu'on avait tous intérêt à travailler ensemble. Sinon, on serait tous licenciés, aujourd'hui. En 2006, quand la situation était désespérée – on avait des millions d'euros de pertes –, j'ai réuni toute mon équipe. C'était une réunion de sincérité ; je leur ai dit : "Je crois qu'on peut y arriver, mais ça sera difficile. Alors, je veux savoir quels sont ceux qui sont prêts à m'accompagner. Il faut vraiment qu'on forme un groupe solidaire." Tous sauf un m'ont dit : "On y croit, on va tout faire pour y arriver." »

Hubert de Boisredon ne tarit pas d'éloges sur son collaborateur : « Régis a redonné ses lettres de noblesse à cette activité. »

Aujourd'hui, le code génétique d'Armor est constitué de trois fils entrelacés : l'intérêt à l'égard du salarié, la qualité pour le client, le respect envers la planète. Ce qui motive l'entreprise n'est pas d'abord une logique financière, mais une logique de conviction. Je détaillerai plus loin l'engagement remarquable de cette entreprise sous ces multiples aspects.

Si j'ai choisi d'introduire mon propos par l'histoire d'Armor, c'est parce qu'elle illustre remarquablement la plupart des valeurs qui sont présentées dans ce livre : la motivation par le sens donné au travail, la confiance dans les collaborateurs, le leadership serviteur, le sentiment de justice organisationnelle, la finalité humaniste de l'entreprise, sa responsabilité sociétale et environnementale, y compris dans les moments difficiles. Un modèle, en quelque sorte, même si ses dirigeants tiennent à rester modestes.

Oui, il faut le dire et le redire : il est possible de trouver du sens et du bonheur dans son travail, et les entreprises où il fait bon vivre existent et sont tout aussi rentables – si ce n'est souvent plus rentables – que les autres.

De nombreux livres traitent de stress psychosociaux en entreprise, de licenciements massifs, de la mégalomanie de patrons voyous, et que sais-je encore ? Je suis évidemment très conscient de ces réalités, mais je m'interroge sur l'impact social de ce déversement d'informations négatives. Elles ont certes parfois une certaine utilité, mais lorsqu'elles sont ressassées à l'infini, je crains qu'elles incitent plus au découragement et au sentiment d'impuissance qu'à un sursaut salutaire. Or, les médias nous parlent beaucoup moins de tout ce qui se fait de positif, alors que ces expériences sont fort nombreuses. Ce sont elles qui nous invitent à sortir de la sinistrose ambiante, en constituant de très belles sources d'inspiration.

Cet ouvrage constitue une synthèse de travaux scientifiques et présente de multiples expériences concrètes. J'ai dépouillé des dizaines de milliers de pages de livres et d'articles scientifiques, rencontré des salariés, des cadres, des patrons, des syndicalistes, des militants associatifs, des consultants, et me suis efforcé de rassembler ici l'essentiel de ce que j'ai découvert.

J'en tire la conclusion indéniable que certaines valeurs et attitudes fondamentales (confiance en l'autre, empathie, respect, coopération, bienveillance, esprit de service, etc.) peuvent avoir un impact positif au sein des organisations. Mais parallèlement à cela, je souligne également qu'une certaine conception utilitariste du bonheur au travail, qui a tendance à se répandre de plus en plus (« Rendez vos salariés heureux, ils seront plus productifs ») constitue une manière particulièrement pernicieuse d'aborder ces questions. La satisfaction au travail est un objectif en soi, pas un outil au service de la rentabilité.

La pertinence de ces valeurs se vérifie aussi dans les relations entre les entreprises et le monde extérieur. Les rapports entre industriels et militants humanitaires ou environnementaux aboutissent à de bien meilleurs résultats lorsqu'ils sont marqués par une confiance réciproque lucide, un pari sur la bonne volonté et la sincérité d'autrui, plutôt que lorsqu'ils sont caractérisés par la suspicion et la dénonciation mutuelles. La conclusion que je tire de toutes ces recherches et expériences vécues est que *la meilleure manière d'être réaliste, c'est d'être profondément idéaliste.*

Ceci nous invite à une perspective élargie. La dernière partie de ce livre reconsidère radicalement la raison d'être des entreprises. Contrairement à ce qui a été proclamé comme un dogme pendant des décennies, elles n'ont pas pour finalité d'augmenter le profit au bénéfice des actionnaires, car cette orientation aboutit à des effets néfastes, parfois catastrophiques, à la fois pour l'entreprise, ses parties prenantes et la société en général. Les organisations, quel que soit leur statut, devraient être des communautés de femmes et d'hommes qui agissent ensemble au service du bien commun. Il ne s'agit pas là d'une vision exaltée et abstraite, mais d'une réalité déjà vécue au sein de nombreuses structures, toutes activités confondues.

Psychologie positive, convivialisme et bonté humaine

Ce livre est irrigué par trois sources complémentaires d'inspiration : la psychologie positive, le convivialisme et une vision optimiste de l'être humain.

La psychologie positive est un courant de recherche universitaire qui se développe rapidement dans le monde entier depuis une quinzaine d'années. Cet ouvrage n'est d'ailleurs pas le premier, loin de là, à s'intéresser aux applications de la psychologie positive au monde du travail. Vous trouverez en annexe une liste d'ouvrages francophones sur ce thème. De quoi s'agit-il, au juste ? La psychologie positive est l'étude scientifique « des conditions et des processus qui contribuent à l'épanouissement ou au fonctionnement optimal des individus, des groupes et des institutions[2] ». Dans le cas qui nous intéresse, il s'agira d'analyser les fonctionnements positifs au travail selon trois niveaux :

– l'*individu* (valeurs et attitudes, satisfaction au travail et sens qui lui est donné, motivation, sentiment d'utilité, etc.) ;

– la *relation avec autrui* (coopération, bienveillance, esprit de service, confiance réciproque, etc.) ;

– l'*organisation* (responsabilité sociale et environnementale, finalité des organisations, gestion de crises, etc.).

La psychologie positive met donc clairement en évidence la nécessité, si l'on veut comprendre avec justesse la vie au travail, de s'intéresser à la fois à l'individu, au collectif de travail et au fonctionnement global de l'organisation. Toute vision partielle serait par nature réductrice. Par exemple, il est certes essentiel de se soucier de la motivation au travail, mais tout aussi important de réfléchir à l'impact d'une entreprise sur la société et sur l'environnement. Ces différents aspects sont d'ailleurs liés. Le salarié qui vient chaque matin travailler dans une entreprise œuvrant à améliorer la vie sur terre donnera plus facilement du sens à son activité que s'il est employé dans une usine de fabrication de cigarettes.

Les trois premières parties de cet ouvrage correspondent donc aux trois niveaux d'analyse – personnel, interpersonnel et institutionnel – proposés par la psychologie positive. Ce découpage est pratique mais reste un peu artificiel, précisément en raison des interactions entre ces trois niveaux. Le lecteur ne sera donc pas étonné de constater des liens constants qui les traversent : par exemple, dans la première partie, portant sur l'individu, sont mis en évidence les effets des relations humaines (positives ou négatives) sur le sentiment de valeur personnelle, ainsi que l'impact sur le bien-être individuel de la politique salariale de l'entreprise. Inversement, dans la partie sur l'institution, sera présenté le rôle majeur de l'éthique personnelle des dirigeants dans l'orientation globale d'une organisation.

Quant au convivialisme, il s'agit d'une nouvelle philosophie politique, née à la suite de réunions organisées par Alain Caillé, professeur émérite de sociologie à l'université de Paris Ouest Nanterre La Défense, auxquelles j'ai le privilège de participer. Ces rencontres ont notamment conduit à la rédaction d'un petit ouvrage intitulé *Manifeste convivialiste, Déclaration d'interdépendance*[3]. Le sous-titre indique bien l'ambition du projet : selon cette perspective, la seule politique légitime est celle qui s'inspire d'un principe de commune humanité, de commune socialité, d'individuation et d'opposition maîtrisée[4].

- Principe de commune humanité : par-delà les différences de couleur de peau, de nationalité, de langue, de culture, de religion ou de richesse, de sexe ou d'orientation sexuelle, il n'y a qu'une seule humanité, qui doit être respectée en la personne de chacun de ses membres.
- Principe de commune socialité : les êtres humains sont des êtres sociaux, pour qui la plus grande richesse est celle de leurs rapports sociaux.
- Principe d'individuation : dans le respect de ces deux premiers principes, la politique légitime est celle qui permet à chacun d'affirmer au mieux son individualité singulière en devenir, en développant ses capacités, sa puissance d'être et d'agir.
- Principe d'opposition maîtrisée : parce que chacun a vocation à manifester son individualité singulière, il est naturel que les humains puissent s'opposer. Mais il ne leur est légitime de le faire qu'aussi longtemps que cela ne met pas en danger le cadre de commune socialité, qui rend cette rivalité féconde et non destructrice. La bonne politique est donc celle qui permet aux êtres humains de se différencier en acceptant et en maîtrisant le conflit.

Comme le dit l'économiste Marc Humbert, l'un des représentants les plus actifs du mouvement convivialiste : « Quand on dit vouloir un monde plus humain, quand on réclame un peu d'humanité, dans toutes les langues, dans toutes les sociétés, cela veut dire que l'on aspire à plus de convivialité, ou, dit autrement, à des relations interpersonnelles plus attentives. (...) Ce qui fait notre unité : notre volonté de travailler ensemble pour la vie en prenant soin l'un de l'autre et de la nature[5]. »

En tant que philosophie politique, le convivialisme s'applique à de multiples aspects de l'existence : enseignement, protection de l'environnement, justice, santé publique, et, bien entendu, au monde du travail. Cet ouvrage se veut la démonstration que le convivialisme est une perspective parfaitement adaptée à l'univers professionnel.

Enfin, ce livre repose sur une conception positive de l'être humain. Comme le montrent les pages qui suivent, la grande majorité des salariés sont particulièrement motivés lorsqu'un manager leur fait pleinement confiance, et ils sont bien plus satisfaits et efficaces dans un environnement coopératif plutôt que compétitif. Je l'ai montré dans mon ouvrage *La Bonté humaine*[6] : il y a une aptitude à la bonté chez l'être humain plus profonde que ses tendances à la violence et à l'égoïsme – que je ne nie évidemment pas ; je n'ai jamais dit ni écrit que l'être humain est fondamentalement bon, mais qu'il y a en lui de solides fondements à la bonté, ce qui est très différent. Cette aptitude est à comprendre de deux manières. D'une part dans son origine : nous sommes prédisposés à la bonté, comme le montrent de récentes recherches dans de multiples disciplines (neurobiologie, psychologie du bébé, anthropologie, économie expérimentale, etc.) ; d'autre part dans ses conséquences, puisque ce sont l'altruisme et la coopération qui sont le fondement du lien social, non l'égoïsme et la compétition.

Les trois raisons d'être des entreprises convivialistes

Je présente ici des entreprises ou des organisations agissant dans des domaines très variés : fonderie, compagnie aérienne, hôpital, entreprise pharmaceutique, société de communication événementielle, entreprise de fabrication de cartouches pour imprimantes, multinationale dans l'agroalimentaire, cimenterie, entreprise de fabrication de moquette de bureau ou encore de fabrication de verres de lunettes, société vendant des matériaux de construction, etc. Chacune, avec sa spécificité, a su œuvrer en faveur de ces trois éléments essentiels : le bien-être des salariés, un service de qualité aux clients et le souci de préserver l'environnement. Sachant que j'ai éliminé d'office les entreprises qui pourraient respecter ces critères, mais qui seraient néfastes à la communauté humaine, telles que les entreprises d'armement ou de production de cigarettes.

J'ai d'ailleurs été impressionné, au cours de mes investigations, de constater que les dirigeants humanistes sont généralement attentifs à ces trois facettes en même temps. Le lecteur pourra aisément le constater.

Prenons le cas de Thierry Lailavoix. Il a quitté une entreprise de vente de matériaux de construction avec un salaire très confortable, car le mode de management lui semblait manipulateur et autoritaire, avec des burn-outs et des suicides comme conséquences. « J'ai essayé de faire changer les choses, mais je n'y suis pas arrivé, m'explique-t-il. Alors, à quarante ans, j'ai compris que j'étais en danger. Je gagnais très bien ma vie comme commercial, mais je sentais que pour conserver mes exigences élevées, il me fallait entrer dans une petite structure, en acceptant une forte diminution de salaire. J'ai envoyé une candidature spontanée à la société de construction et de matériaux la plus écolo qui existait. Les fondateurs avaient démarré par une association militante destinée à retrouver les savoir-faire des anciens corps de métier, pour fabriquer des maisons traditionnelles. Ils pensaient que si l'on ne tient pas compte des lois du monde vivant, cela peut créer d'importants désordres. »

Thierry Lailavoix a été embauché dans cette entreprise, Domus Matériaux, qui pratique un management bienveillant, met l'accent sur l'empathie envers le client et distribue des produits respectueux de l'environnement, précisément les trois éléments que je viens de citer. La démarche militante s'est professionnalisée : « Nous cherchons toujours les produits les moins impactants, les moins gourmands en ressources, les plus polyvalents et les plus recyclables. » Après quelques années comme cadre, il est maintenant le directeur opérationnel de cette entreprise, qui est devenue numéro un du négoce de matériaux de construction par Internet.

Pour lui, la clé du succès repose sur la bienveillance et la confiance envers les salariés : « L'expérience antérieure m'a permis de me rendre compte que le management, c'est bien plus simple que tout ce qu'on dit. L'essentiel, ce n'est pas de se préoccuper de l'argent que l'entreprise va gagner, c'est de bien faire ce que nous devons faire. Quand on fait ça, on revient à l'essence du management, ça crée de la créativité dans les équipes. Chez nous, chacun a le droit d'émettre des idées bizarres, sans qu'elles soient considérées comme ridicules, car chacun a des ressources qu'il peut libérer s'il se trouve dans un climat de sécurité et d'émulation. Si, en tant que manager, tu pointes le doigt sur quelqu'un, cela veut dire en fait qu'il y a trois doigts pointés sur toi ; c'est que tu t'y es mal pris en tant que responsable. » Et pour Thierry Lailavoix, le client est au cœur de la philosophie de l'entreprise : « Ce qui m'intéresse, c'est le client, le service et l'empathie. Notre principal objectif, c'est de rendre service ; si on ne vise pas cela, l'entreprise ne prospère pas. En outre, quand on y pense, ça ne coûte pas plus cher de rendre service. Dans notre politique de recrutement, nous accordons autant d'importance au savoir-être qu'aux compétences professionnelles. »

Résister à une vision utilitariste du bonheur au travail

Pour conclure cette introduction, j'aimerais souligner quelques points essentiels, liés entre eux.

D'une part, la majorité des entreprises que je cite dans ce chapitre sont des leaders (parfois mondiaux) dans leur domaine. C'est volontairement que j'ai fait ce choix, bien que je n'éprouve pas de fascination particulière pour ce critère de réussite ; la bienveillance me semble un indice de bonne santé plus essentiel. Et je suis fort conscient que l'adage *small is beautiful* se vérifie fréquemment ! Si j'ai choisi des entreprises leaders, c'est tout simplement parce qu'elles constituent le meilleur argument pour contester l'idée reçue selon laquelle on ne peut pas gagner de l'argent avec de bons sentiments.

Certes, il ne s'agit pas ici de décrire un monde parfait, sans aspérités. Pour chaque thème abordé, pour chaque expérience présentée, il serait évidemment possible de trouver des nuances et des contre-exemples. Je n'hésite d'ailleurs pas à décrire les éventuelles difficultés. Malgré tout, les aspects positifs présentés dans ce livre pèsent bien plus lourd dans la balance que les aspects négatifs, et nous avons tout à gagner à suivre le sillage des entreprises humanistes, pour lesquelles l'expression « gagnant-gagnant » est une réalité vécue quotidiennement.

Il serait certes dangereux de classer les individus – les patrons et les autres – en deux catégories étanches : les « bons » et les « mauvais ». Nul d'entre nous n'est entièrement l'un ou l'autre. Il faut donc saluer la politique des petits pas, ces prises de conscience et ces changements de comportement modestes, mais qui sont appelés à ouvrir la porte à d'autres, plus ambitieux. Comme le montre cet ouvrage, c'est la plupart du temps par la confiance en autrui plutôt que par la dénonciation que nous pouvons tous ensemble avancer vers un monde meilleur.

Servir le bien commun en décrivant de belles sources d'inspiration, telle est la finalité de cet ouvrage.

PREMIÈRE PARTIE

L'ÉPANOUISSEMENT DE LA PERSONNE AU TRAVAIL

1
Être heureux au travail

> Lorsque vous travaillez, vous êtes une flûte à travers laquelle le murmure des heures se transforme en musique.
>
> *Khalil Gibran*[1]

> Qui agit dans la joie et se réjouit de ce qui est accompli est heureux.
>
> *Goethe*[2]

74 % des Français se disent heureux au travail[3]. Oui, vous avez bien lu : loin de l'agitation médiatique qui se délecte souvent à parler de stress, de harcèlement et de suicides, près des trois quarts de nos concitoyens ont du plaisir à travailler. Par ailleurs, neuf Français sur dix ont une opinion positive des entreprises, alors qu'ils n'étaient qu'un peu plus de la moitié à penser la même chose dix ans plus tôt ; quatre salariés sur cinq sont fiers d'appartenir à leur entreprise.

Affirmer que la plupart des gens sont heureux au travail suscite souvent une réaction au mieux sceptique, au pire plutôt méprisante, avec des propos du genre : « Mais vous vous croyez chez les Bisounours ! » Or, il suffit d'enquêter pour constater le fait. C'est notamment ce dont s'est rendu compte Jean-Michel Henri, militant CGT de Renault-Le Mans : « Quand on s'apprête à interroger les gens sur leur travail, on s'attend à ce qu'ils nous répondent qu'ils ne sont pas heureux. On se dit qu'en dix minutes, on aura fait le tour. C'est tout le contraire. Quand ils décrivent leur travail, ils sont intarissables. Ils racontent leur vie, le plaisir qu'ils ont, et les difficultés, tous les travers [initiatives parfois interdites] qu'ils prennent pour faire un travail de qualité. Majoritairement, les gens aiment leur travail[4]. »

Ce sont surtout l'intérêt de l'activité et la qualité des relations humaines qui expliquent le niveau de satisfaction au travail. Le salaire n'est pas le principal déterminant, puisque les professions les plus susceptibles de rendre heureux ne sont pas forcément les mieux payées. Certes, en tête du tableau viennent les cadres de la fonction publique, mais ce n'est probablement pas le salaire qui est à l'origine de leur satisfaction, puisque les cadres du privé n'arrivent qu'à la onzième place ; c'est probablement le sentiment d'agir pour le bien commun. Viennent ensuite, dans l'ordre, les agriculteurs et les enseignants : deux professions aux revenus modestes mais avec une identité forte et où, là encore, on éprouve le sentiment d'être utile à la société. Puis l'on trouve les artisans et commerçants, les médecins, pharmaciens et dentistes, et les professions libérales, professions marquées par une certaine indépendance.

Ceci n'est pas spécifique à la France. Une étude menée auprès de plus de 15 000 personnes, dans 27 pays de 4 continents[5], montre que les deux plus importantes sources de satisfaction sont l'intérêt du travail et les bonnes relations avec ses supérieurs hiérarchiques, loin devant toutes sortes d'autres considérations, chez les femmes comme chez les hommes. Contrairement à une idée reçue, le niveau de satisfaction au travail est relativement élevé, puisque les moyennes s'étalent, selon les pays, de 4,8 à 5,7 sur une échelle allant de 1 à 7. C'est au Danemark que l'on trouve le niveau le plus élevé de satisfaction. Le Japon est le troisième pays où la satisfaction est la plus faible, juste après la Hongrie et la Russie, ce qui incite à la réflexion, étant donné que ce pays est la troisième puissance économique mondiale, derrière les États-Unis et la Chine.

Dans un précédent ouvrage[6], j'ai décrit en détail les diverses manières dont le travail peut constituer une source essentielle de sens pour chacun. Je soulignais en particulier qu'en plus d'être source de revenus, le travail répond à des aspirations existentielles fondamentales de l'être humain, car il lui permet :

- d'exprimer ses aptitudes, de se réaliser, de se forger une identité ;
- d'être utile aux autres ;
- de tisser des liens.

De nombreux chercheurs se sont intéressés au lien entre satisfaction au travail et performance de l'individu. Une synthèse de la littérature scientifique réalisée par quatre experts[7], rassemblant 254 études et portant sur plus de 54 000 personnes, conclut effectivement à une nette corrélation, plus forte encore lorsque le travail est complexe. À la fin de leur article, les auteurs suggèrent aux chercheurs de s'intéresser notamment au rôle modérateur que l'estime de soi pourrait jouer dans ce lien.

Précisément, une autre enquête[8] a montré que, plus encore que la satisfaction au travail, c'est surtout le sentiment d'être valorisé et reconnu comme compétent au sein de l'organisation qui influe sur la performance individuelle. Cette impression de valeur personnelle est plus souvent présente dans les structures de petite taille, lorsque l'activité à accomplir présente une certaine complexité et nécessite ainsi l'usage de compétences personnelles ; lorsque celle-ci a du sens pour l'individu, qu'elle oblige à travailler en interdépendance avec les collègues ; lorsque les supérieurs du salarié pratiquent le management participatif, lui accordent de l'autonomie, font preuve de respect à son égard ; et lorsque celui-ci s'estime bien payé par rapport à son niveau de compétence[9].

Une autre synthèse[10], portant cette fois sur près de 200 000 employés, s'est penchée non sur les performances des individus, mais sur celles des entreprises. Elle met en évidence une corrélation entre la satisfaction et l'engagement des salariés, d'une part, la satisfaction des consommateurs, la productivité, le profit, le faible nombre d'accidents du travail et le faible turn-over, d'autre part.

Se sentir dans un état de « flux »

Mihály Csíkszentmihályi, professeur émérite de psychologie à l'université de Claremont en Californie, s'est passionné toute sa vie pour ce qui donne du sens à la vie des individus. C'est ce qui l'a amené à étudier le « flux » *(flow)* ou « expérience optimale », termes qui désignent l'état psychologique dans lequel se trouve un individu fortement engagé dans une activité pour elle-même[11]. Il a choisi ce mot parce que plusieurs des nombreux sujets qu'il a interviewés lui répondaient qu'ils se sentaient alors comme portés par un flux.

Par exemple, un compositeur, interrogé sur la façon dont il se sentait lorsqu'il écrivait avec aisance de la musique, a répondu : « On est dans un tel état extatique qu'on se sent comme si on n'existe presque plus. J'ai éprouvé cela à diverses reprises. Mes mains semblent détachées de moi-même et je n'ai pas à intervenir dans ce qui est en train de se passer. Je suis simplement assis à observer, dans un état d'émerveillement. Et la musique jaillit d'elle-même, comme un flux[12]. »

Ressentir le flux dépend de deux facteurs qui agissent conjointement : les personnes et les situations. Ainsi, tout individu peut éprouver le flux, mais certaines personnes y sont plus aptes que d'autres. Csíkszentmihályi les qualifie d'« autotéliques », c'est-à-dire qu'elles trouvent en elles-mêmes une finalité dans ce qu'elles font (*autos* = soi ; *telos* = but ou finalité). Parallèlement, certaines situations, dites « autotéliques », sont plus susceptibles que d'autres de fournir une expérience de flux à celui qui les pratique. Mais il s'agit évidemment plus de tendances que d'une radicale dichotomie. Ainsi, la plupart de nos activités ne sont ni purement autotéliques ni purement « exotéliques » (faites pour des raisons externes), mais une combinaison des deux. La situation favorable à l'émergence du flux est évidemment celle où un individu autotélique accomplit une tâche autotélique.

La figure ci-dessous montre que le flux a le plus de probabilités d'apparaître lorsque l'individu accomplit une tâche exigeante et stimulante, et qu'il estime avoir la capacité pour la réaliser (quart Nord-Est), c'est-à-dire lorsque les aptitudes d'une personne sont pleinement mises à contribution pour l'exécution d'une tâche difficile mais réalisable. Le flux agit donc comme une incitation au dépassement. Inversement, en cas de faible niveau à la fois d'exigence et de capacités, c'est l'apathie qui a le plus de probabilité de survenir (quart Sud-Ouest). Par ailleurs, la poursuite d'ambitions trop élevées par rapport aux capacités engendre de l'anxiété (quart Nord-Ouest), tandis qu'inversement, le choix de buts trop faciles par rapport aux capacités entraîne de l'ennui (quart Sud-Est).

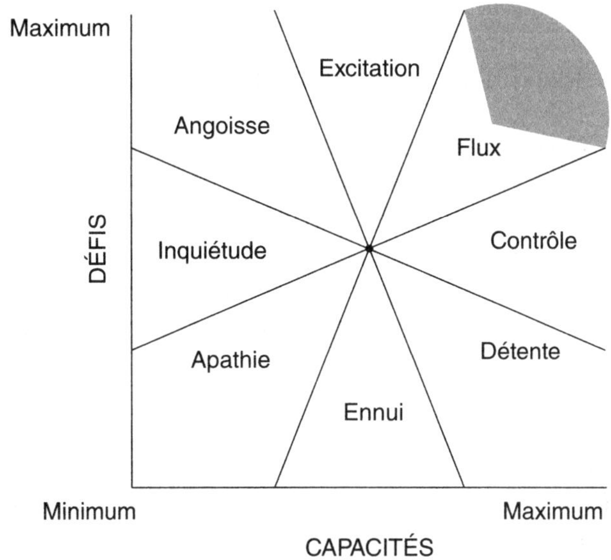

Les différents types de réaction psychologique selon le niveau de défi d'une tâche et le sentiment qu'a l'individu de sa capacité à l'accomplir[13]

Les entretiens effectués par Csíkszentmihályi et ses collègues leur ont permis de décrire les caractéristiques du flux[14].

La tâche entreprise est réalisable, mais constitue un défi et exige une aptitude particulière

L'on peut certes éprouver une grande joie, une extase déclenchée par une mélodie, un beau panorama ou toute autre chose ; cependant, selon Csíkszentmihályi, « dans la grande majorité des cas, l'expérience optimale se produit quand une activité est dirigée vers un but et gouvernée par des règles, une activité qui représente une certaine difficulté (un défi), qui exige l'investissement d'énergie psychique et qui ne peut être réalisée sans les aptitudes requises[15] ».

Comme nous l'avons vu précédemment, « la correspondance adéquate entre les exigences de l'activité et les aptitudes de l'individu constitue la caractéristique la plus fondamentale de l'expérience optimale. Pour être plus précis, il faudrait dire que les exigences de la tâche doivent se situer tout juste au-dessus des aptitudes actuelles de l'individu, sinon, il n'y aurait pas de défi[16] ».

L'individu se concentre pleinement sur ce qu'il fait, sans se laisser distraire

L'expérience optimale requiert de la concentration, un grand effort physique ou une activité mentale disciplinée.

La cible visée est claire et l'activité en cours fournit une rétroaction immédiate

L'individu peut s'engager totalement dans le flux, car son objectif est clairement identifié et qu'il bénéficie d'une rétroaction immédiate. Le contenu de cette rétroaction varie évidemment en fonction de l'activité. Dans le monde professionnel, cela peut être le constat d'avoir réalisé une belle pièce, ou la satisfaction d'un client à qui l'on vient de fournir une réponse claire.

La personne exerce le contrôle sur ses actions

La personne qui vit une expérience optimale ressent qu'elle maîtrise bien la situation, ce qui n'est pas le cas dans beaucoup d'autres moments de la vie quotidienne.

La préoccupation de soi disparaît, mais, paradoxalement, le sens du soi est renforcé à la suite de l'expérience optimale

Nous sommes souvent préoccupés par l'image que nous donnons de nous, aux autres et à nous-mêmes, tandis que le flux ne laisse pas de place à l'examen du soi. Cependant, de façon paradoxale, le soi est généralement renforcé à la suite d'une expérience de flux, car l'individu a pu tirer profit au maximum de ses compétences et s'est même parfois enrichi de nouvelles aptitudes.

Le travail : une source importante de flux

Comme nous l'avons vu, il existe des situations plus autotéliques que d'autres. Or, l'une des découvertes les plus surprenantes de Csíkszentmihályi et ses collaborateurs est que les individus ont trois fois plus de probabilité d'expérimenter le flux au travail que dans les loisirs : 54 % du temps passé au travail se déroule en condition de flux, contre seulement 18 % du temps passé aux loisirs. Il y a cependant des différences selon la fonction exercée, comme le montre le tableau ci-dessous :

Pourcentage de personnes indiquant la présence de l'expérience optimale (sur 4 800 réponses au cours d'une semaine[17])

	Travail	Loisirs
Directeurs	*64 %*	*15 %*
Employés de bureau	*51 %*	*16 %*
Ouvriers	*47 %*	*20 %*
Ensemble	*54 %*	*18 %*

Pour les directeurs, les activités les plus susceptibles de contribuer au flux consistent à « parler de problèmes » et à « faire du travail administratif », bien que ce dernier représente une proportion encore plus importante des moments de non-flux. Pour les employés de bureau, la principale source de flux est d'écrire à l'ordinateur, et pour les ouvriers, c'est de réparer du matériel ou de travailler sur les ordinateurs[18].

Lorsque ces diverses personnes ne sont pas au travail, leurs expériences de flux se ressemblent beaucoup plus et sont surtout liées au fait de conduire ou de parler avec les membres de leur famille ou leurs amis.

D'où vient un tel constat – inattendu – de moments épanouissants bien plus fréquents au travail qu'au cours des loisirs ? Pour le comprendre, il suffit de se rappeler les caractéristiques du flux. En effet, le travail présente des caractéristiques particulièrement susceptibles de générer une sensation de flux. Il est généralement accompagné d'un but et de règles claires ; il provoque une rétroaction immédiate (la satisfaction du devoir accompli) ; il favorise la concentration et limite la distraction ; il donne un sentiment de contrôle et sa difficulté est (en principe) en rapport avec les capacités de celui qui l'accomplit. Pour beaucoup d'individus, le reste de l'existence n'offre pas les mêmes possibilités. Une fois chez eux, ils ont rarement un but bien défini, ignorent s'ils font bien ou mal ce qu'ils font, et peuvent avoir le sentiment que leurs aptitudes sont sous-employées.

Ceci montre cependant que ce ne sont pas le travail et les loisirs en tant que tels qui sont opposables, à propos du flux, mais bien davantage le type d'activités. Des loisirs actifs, incitant à se dépasser, sont évidemment tout aussi susceptibles de générer du flux.

L'impact positif du travail est particulièrement bien mis en évidence par ce témoignage de Yazid Sabeg, 55 ans, président du conseil d'administration d'une société de nouvelles technologies :

> « Le travail est (...) le plus formidable moyen d'autoréalisation et de libération de soi. Il n'y a pas de secret : les loisirs ne permettent pas un investissement et une implication aussi entière que la conduite d'un projet professionnel. Les loisirs procurent évidemment de la joie, de la détente, des sensations fortes ; mais la très haute satisfaction, le sentiment de l'enjeu n'y sont jamais aussi forts que dans la conduite d'un travail auquel on croit. Comme le travail permet d'acquérir un savoir-faire ou une expertise, il contribue à la définition de soi, à la construction d'une identité.
>
> Ce qui donne un sens si fort et si complet au travail, c'est bien le sentiment de produire une *œuvre* – même à une échelle modeste – et d'en être responsable. Quand il donne à l'individu la possibilité de concevoir et d'organiser un projet, le travail permet de se désigner soi-même comme un auteur, et c'est cela qui est le plus gratifiant. (...) Le travail est donc la plus grande source de plaisir et le meilleur moyen de satisfaire son désir d'accomplissement[19]. »

Les deux témoignages qui suivent montrent que ce sentiment de flux au travail peut se manifester dans des activités professionnelles très diverses.

> Colette C., 54 ans, dirige une exploitation viticole avec son mari :
>
> « Moi, j'aime ce métier-là. Un des moments que j'aime beaucoup, dans le travail des vignes, c'est celui du relevage, le mois où la vigne est en fleurs, en mai ou juin. (...) Quand les vignes poussent, tu les regardes avant qu'elles soient relevées, on dirait un feu d'artifice, ça explose. Ça part dans tous les sens, vrille en avant ou la tête recourbée, comme un nageur prêt à foncer... C'est souple sous tes doigts, c'est en train de pousser, c'est de la matière vivante. C'est sensationnel, puis ça sent bon, la vigne en fleurs. (...) Pour moi un

pied de vigne, c'est un ami, c'est un enfant, qu'on doit élever, soigner, et qui réagit en fonction de ce que tu lui donnes[20]. »

Michel Chevalier, 62 ans, directeur de société :

« J'ai le souvenir de m'être retrouvé dans la rue à 5 ou 6 heures du matin, un dimanche, après avoir passé la nuit à écrire un article avec un ami. J'étais probablement très fatigué, mais je marchais très rapidement, d'un pas léger et assuré et avec le sentiment du travail bien fait. Et pourtant, qu'y avait-il d'important à coécrire un article, et pourquoi écrire toute la nuit, plutôt que de faire cela petit à petit, dans la journée et sur plusieurs semaines ? (...) En fait, ce qui nous avait vraiment plu, à tous les deux, c'est probablement l'effort que nous avions fourni ensemble, et l'attention que nous avions dû fournir pour rester éveillés, qui nous avait donné une forme d'ivresse. (...) Je sais par expérience que ces périodes de travail intense me laissent des souvenirs de plénitude et de satisfaction plus grands que lorsque j'ai passé un jour à la campagne ou chez des amis. (...) Le travail est pour moi une source de satisfaction et de dépassement de soi[21]. »

Il y a cependant un paradoxe troublant, puisque la plupart d'entre nous disons préférer les loisirs au travail, ce qu'ont d'ailleurs vérifié Csíkszentmihályi et ses collaborateurs. Lorsqu'ils demandent à des sujets : « Désirez-vous, en ce moment, faire quelque chose d'autre ? », ceux-ci répondent beaucoup plus souvent oui lorsqu'ils sont au travail que pendant leurs loisirs.

Tel est donc le paradoxe, selon Csíkszentmihályi : « Au travail, les individus rencontrent des défis stimulants, se sentent heureux, créatifs et connaissent de grandes joies ; dans leur temps libre, ils utilisent peu leurs aptitudes, se sentent passifs et insatisfaits ; pourtant, ils voudraient travailler moins et avoir plus de loisirs[22]. »

Cet auteur propose trois explications possibles :

• Les individus semblent très influencés par le stéréotype fortement enraciné selon lequel le travail est supposé non désirable. En décidant s'ils souhaitent travailler ou non, ils jugent leurs désirs selon des conventions sociales plus que d'après la réalité de leur ressenti.

• Il est difficile de maintenir longtemps un haut niveau de défi et de concentration, de sorte qu'il faut récupérer, ne rien faire à certains moments, ou des activités peu exigeantes. Cependant, fait remarquer Csíkszentmihályi, nombreuses sont les personnes pour lesquelles la distinction travail-loisirs semble quasi inexistante (et pas seulement chez les cadres).

• Lorsque le travailleur a l'impression d'investir son énergie contre son gré et/ou pour le profit de quelqu'un d'autre, il considère que cette énergie est perdue et que le temps consacré au travail est soustrait à sa vie. Dans ce contexte, l'expérience positive éprouvée momentanément au travail perd de sa valeur parce qu'elle ne contribue pas aux buts à long terme de l'individu.

Les recherches de Csíkszentmihályi ont révélé trois principales sources d'insatisfaction liées au travail, le salaire n'entrant pas en ligne de compte[23] :

– le manque de variété, surtout présent chez les ouvriers aux prises avec des tâches routinières ;

– les conflits interpersonnels (principalement avec les supérieurs hiérarchiques) ;

– l'épuisement provoqué par les exigences de la tâche, le stress et le peu de temps libre.

Ces personnes qui trouvent du sens dans tout ce qu'elles font

Certaines personnes sont en situation de flux pendant 70 % de leur temps, tandis que d'autres le sont pendant moins de 10 %. Csíkszentmihályi en a déduit logiquement que les premières sont plus autotéliques que les secondes. Selon lui :

> « L'individu autotélique n'a pas un grand besoin de possessions, de distractions, de confort, de pouvoir ou de célébrité, car presque tout ce qu'il fait l'enrichit intérieurement. (...) Il est plus autonome, plus indépendant, parce qu'on ne le manipule pas facilement à coups de menaces ou de récompenses extérieures. En même temps, il est plus impliqué dans tout ce qui l'entoure parce qu'il est pleinement investi dans le courant de la vie[24]. »

Ainsi, les individus autotéliques sont moins préoccupés d'eux-mêmes et investissent plus d'énergie psychique dans leur rapport à la vie. Leur intérêt envers l'existence n'est pas seulement passif, contemplatif ; il implique une volonté de comprendre, voire de résoudre les problèmes.

Csíkszentmihályi souligne positivement la dualité des individus autotéliques :

> « Ces personnes sont à la fois originales et méthodiques, indépendantes et responsables, entreprenantes et disciplinées, intuitives et rationnelles. De plus, elles marient une saine fierté de leur individualité et un intérêt authentique à l'endroit d'autrui. Il est plus facile de se situer à l'un ou l'autre pôle de ces dualités, mais c'est la synthèse de l'apparente antinomie de ces processus qui permet de connaître fréquemment et intensément l'expérience optimale tout en contribuant au mieux-être de l'humanité[25]. »

Le flux joue donc un rôle majeur dans la satisfaction au travail. Il nous invite à faire un pas de plus : des moments passagers de flux au sentiment durable d'accomplir une vocation.

RÉSUMONS-NOUS

☞ Contrairement à une opinion commune, la grande majorité des personnes se disent heureuses au travail. Il n'y a pas de relation entre le niveau de rémunération et le bonheur au travail.

☞ Effectuer une tâche difficile et stimulante, tout en pensant avoir la capacité de la réaliser, conduit généralement la personne à éprouver un sentiment d'accomplissement au travail.

☞ Nous ne fonctionnons pas tous de la même manière face au travail. Certains parviennent à trouver du sens à leur travail, quel qu'il soit ; d'autres, même avec un travail intéressant, ont beaucoup de difficultés à y trouver du sens.

2
Trouver sa vocation

> Il n'existe aucune situation qui ne puisse être ennoblie par le travail ou la patience.
>
> *Goethe*[1]

Trois ouvriers cassent des pierres sur un chantier. Un passant leur demande ce qu'ils font. Le premier répond : je gagne ma vie ; le second : je taille une pierre ; le troisième : je bâtis une cathédrale.

Cette parabole bien connue, mais à l'origine incertaine[2], trouve un écho inattendu dans des recherches contemporaines.

Considérez-vous votre travail comme un job, une carrière ou une vocation ?

Amy Wrzesniewski, de l'université du Michigan, et ses collègues établissent une distinction fort intéressante entre trois façons de considérer son activité professionnelle[3].

Les individus qui considèrent leur travail comme un job sont uniquement intéressés par l'intérêt matériel qu'il leur procure. Ils n'en attendent aucune autre source de satisfaction. Pour eux, le travail n'est pas une fin en soi, mais seulement un moyen qui leur permet d'acquérir des biens leur permettant de profiter de l'existence, en dehors des heures de travail.

En revanche, les personnes qui perçoivent leur travail comme une carrière s'investissent davantage dans l'activité, car elles évaluent leur réussite en fonction de leur progression sur l'échelle professionnelle au sein d'une organisation. Cette approche leur permet généralement de « grimper les échelons », d'acquérir plus de pouvoir, et elles en ressentent une plus grande estime d'elles-mêmes.

Enfin, celles et ceux qui abordent leur activité professionnelle comme une vocation ne travaillent pas prioritairement pour l'argent ou pour la promotion, mais pour le sentiment d'accomplissement que cela leur procure. Le terme « vocation », initialement utilisé dans un sens religieux, peut être étendu à toutes sortes d'autres activités.

Wrzesniewski et ses collègues ont mis au point un questionnaire leur permettant de classifier des personnes dans ces trois catégories. Une partie du questionnaire est constituée des trois courtes descriptions suivantes, auxquelles on demande aux personnes d'indiquer leur niveau d'adhésion (depuis « je ressemble énormément à Monsieur A » à « je ne ressemble pas du tout à Monsieur A » (même chose ensuite pour Monsieur B, puis Monsieur C).

> Monsieur A travaille surtout pour gagner suffisamment d'argent, afin de subvenir à ses besoins. S'il avait assez d'argent, il arrêterait son travail et ferait quelque chose d'autre à la place. Son travail est donc essentiellement une nécessité, comme la respiration ou le sommeil. Il souhaite souvent que le temps passe plus rapidement au travail et pense fréquemment aux week-ends et aux vacances. Si Monsieur A pouvait recommencer sa vie, il ne ferait probablement pas le même travail. Il n'encouragerait pas ses amis et ses enfants à faire ce travail. Il est très impatient de prendre sa retraite.

> Monsieur B apprécie son travail, mais n'imagine pas se trouver dans le même emploi dans cinq ans. En effet, il envisage d'accéder à une fonction supérieure. Il a plusieurs objectifs à propos du poste qu'il souhaiterait occuper à l'avenir. Son travail lui semble parfois être une perte de temps, mais il sait qu'il doit le faire suffisamment bien pour pouvoir évoluer professionnellement. Monsieur B est impatient d'obtenir une promotion. Pour lui, cela signifierait la reconnaissance

de la qualité de son travail et serait un signe de son succès, comparativement à ses collègues.

Le travail de Monsieur C est l'un des aspects les plus importants de sa vie. Il est très heureux de le faire. Puisque ce qu'il fait est une part essentielle de ce qu'il est, c'est une des premières choses qu'il raconte sur lui-même aux autres. Il a tendance à emporter du travail chez lui et en vacances. La majorité de ses amis sont des collègues de travail, et il appartient à plusieurs organisations et clubs liés à son travail. Monsieur C aime son travail et pense que cette activité est socialement utile. Il pourrait encourager ses amis et ses enfants à exercer cette activité professionnelle. Monsieur C serait assez malheureux s'il devait arrêter de travailler et il n'a pas hâte d'être à la retraite.

Par ailleurs, les sujets sont invités à exprimer leur niveau de satisfaction, selon plusieurs critères (satisfaction vis-à-vis de leur existence, de leur santé, de leur travail). Une étude menée auprès de 135 professionnels (médecins, administrateurs, bibliothécaires, programmeurs informatiques, pharmaciens, etc.) confirme ce que le sens commun aurait prédit : les gens les plus satisfaits de leur existence (sur tous les plans étudiés) sont ceux qui considèrent leur travail comme une vocation, puis comme une carrière, et en tout dernier comme un job. Par ailleurs, les professionnels qui estiment accomplir une vocation ont moins de jours d'absence au travail que les membres des deux autres catégories – lesquels ne diffèrent pas entre eux sur cet aspect.

Le travail ne doit pas pour autant envahir toute l'existence. Selon Robert Vallerand et ses collaborateurs, il existe deux types de passion : l'une harmonieuse, l'autre obsessive[4]. Avec la passion harmonieuse, le travail est important, mais pas de façon oppressante. L'activité s'accorde aisément à d'autres aspects de l'identité de l'individu, et il y a peu de conflits entre son travail et ses autres domaines d'activité. L'individu vivant ce type de passion choisit donc librement de s'engager dans l'activité qui le passionne, tout en étant capable de contrôler son désir de le faire.

En revanche, celui ayant une passion obsessive n'y parvient pas. C'est plus fort que lui, il doit travailler, coûte que coûte.

Il risque fort de se surinvestir et de négliger d'autres aspects de son existence, ce qui peut conduire à des difficultés psychologiques et à des conflits avec ses proches. Cette pulsion interne incontrôlable, caractéristique de la passion obsessive, conduit la personne à se lancer dans son travail même lorsqu'elle ne devrait pas le faire, par exemple en fin de semaine ou quand elle est malade.

La passion harmonieuse est corrélée avec le flux, tandis que la passion obsessive est liée à des émotions et des pensées négatives (par exemple, la honte et la rumination).

Nous avons d'ailleurs adopté dans notre langage quelques termes américains et japonais inquiétants tels que le *burn-out* (épuisement professionnel), le *karoshi* (mort subite par excès de stress et/ou de travail) ou encore le *karojisatsu* (suicide dû à l'excès de travail).

Une synthèse récente rassemblant près de 50 000 personnes conclut que de longues heures de travail (plus de 40 heures par semaine) augmentent sensiblement le risque de dépression, d'anxiété, de troubles du sommeil et de maladie coronarienne[5]. À titre d'exemple, le risque d'être atteint par ce dernier trouble est 40 % supérieur chez les personnes travaillant excessivement[6].

Toute activité professionnelle peut être vécue comme une vocation

Quatre journalistes ont conjugué leurs efforts il y a une dizaine d'années pour collecter les témoignages de 120 personnes exerçant des métiers très différents : agriculteur, avocat, coiffeur, consultant, député, juge, militaire, et même... Père Noël ou magicien[7]. Le livre *Ma vie de*, qui en a résulté, est passionnant : que le métier soit modeste ou exposé aux regards, très rémunérateur ou mal payé, tous ces professionnels donnent une valeur et du sens à ce qu'ils font.

Un des cas les plus impressionnants est celui de Laurent Demoncy, 36 ans, boulanger à Paris. Il vit clairement son métier comme une vocation. Quand il était enfant, il passait des heures à confectionner des tartelettes et des gâteaux dans la pâtisserie où ses parents étaient employés. « Je trouvais ça bien plus marrant que de rester chez moi à regarder la télévision », dit-il. Et il cherche maintenant à transmettre le flambeau de la passion. Ainsi, il reçoit des groupes d'enfants lors de la semaine du goût et se réjouit de les voir repartir chez eux avec la baguette qu'ils ont fabriquée. « Ils sont tellement fiers. Et moi, je suis heureux de leur avoir fait partager la passion de mon métier. Je suis sûr qu'après cette expérience, ils ne mangent plus jamais un sandwich ou une tartine de la même manière. »

Cet homme a voulu servir les clients en leur offrant de la qualité. Et cela a marché ! « Vingt heures pour préparer un pain, on nous a pris pour des fous ! Nous, nous voulions faire du pain autrement et les gens voulaient de l'authentique. Si on est passés de trois employés à dix-sept en quelques mois, c'est aux clients et à seuls qu'on le doit. » Il a même remporté en 2001 le Prix de la meilleure baguette de Paris, ce qui a amené sa boulangerie à devenir le fournisseur officiel du palais de l'Élysée pendant un an.

« Ce qui me motive, c'est surtout le plaisir de venir faire quelque chose que j'aime. (...) Je ne perds jamais de vue qu'il faut que tout le monde, moi compris, vive de son métier. Mais ce n'est pas mon objectif prioritaire. Ce qui compte avant tout, c'est le plaisir : le mien, celui des trente-cinq salariés que totalisent les deux magasins, et celui de mes clients. »

À l'occasion d'une enquête menée dans un restaurant universitaire, un chef cuisinier fait état d'une initiative consistant à prévoir un thème culinaire différent pour chaque jour de la semaine : « Tous les chefs cuisiniers disent la même chose : "Vraiment, on s'éclate, avec cette nouvelle formule !" Chez moi, je cherche sur Internet des recettes par rapport à nos thèmes. Les étudiants viennent plus nombreux. Et puis, on voit bien qu'ils sont contents. Ça fait vraiment plaisir[8] ! »

Deux études ont montré que les relations humaines jouent un rôle important dans la perception de son travail comme vocation. D'une part, une enquête effectuée auprès de presque 2 000 personnes a montré que celles dont le métier consiste à travailler avec des gens sont deux fois plus nombreuses à considérer leur travail comme une vocation que celles dont le métier consiste à travailler avec des objets[9]. Et celles qui croient en la nécessité de la justice sociale, qui valorisent l'interdépendance et le besoin de partager les ressources sont quatre fois plus nombreuses à considérer leur travail comme une vocation que celles qui n'adhèrent pas à cette conception de l'existence.

D'autre part, Amy Wrzesniewski et ses collègues ont montré que la façon dont les autres nous considèrent au travail a un impact majeur sur le sens que nous lui donnons et le niveau d'estime de soi que nous en retirons. Leur étude porte sur des hommes et femmes de ménage d'un hôpital[10]. Ils constatent trois types de récits : les récits d'« affirmation », de « contre-affirmation » et les récits ambivalents.

Les plus positifs sont les récits d'« affirmation » par l'entourage, qui expriment une appréciation positive du travail effectué ainsi que de la personne. C'est généralement le cas lorsque des malades aiment discuter un peu avec l'agent du nettoyage.

> Ainsi, Jason relate son quotidien, lorsqu'il nettoie la chambre de malades : certains lui disent : « Comment ça va aujourd'hui ? », « Il fait beau dehors ? », « Il fait froid ? ». Petits échanges anodins, mais qui aboutissent parfois à des propos plus empathiques tels que : « Je suis vraiment content de voir votre visage souriant. »
>
> Autre exemple, celui de Houdson, représentatif de nombreux autres : « Les patients aiment vraiment qu'on s'assoie et qu'on parle avec eux, simplement pour être sociable. J'aime ça. Je pense que chacun de nous aime être sociable. Je n'ai jamais rencontré un mauvais patient, pareil pour les visiteurs. Ils s'intéressent à ce qu'on fait, même si c'est seulement du ménage. Ça les intéresse. Ça nous fait plaisir. Et ils nous remercient beaucoup. »

Les récits de « contre-affirmation » concernent des situations où la personne ne se sent pas respectée. C'est particulièrement le cas lorsque des membres du personnel soignant laissent du désordre que l'agent de nettoyage doit ensuite arranger.

> Par exemple, Bertie déclare : « Je ne pense pas qu'ils (les médecins et les infirmières) valorisent notre travail autant qu'ils devraient le faire. Ils profitent de nous et s'attendent à ce que nous ramassions les choses derrière eux. J'ai vu des docteurs et des infirmières jeter quelque chose par terre et regarder ça comme s'ils pensaient : "Elle le ramassera" (...) Ils sont trop paresseux pour le faire eux-mêmes, ils laissent des déchets partout. Donc, une chose que j'aimerais dire sur les infirmières et les médecins, c'est qu'ils ne nous respectent pas vraiment. »

Ces professionnels sont plus indulgents envers les patients et leurs proches, attribuant ces mêmes actes de négligence à des problèmes de santé ou émotionnels.

Une troisième catégorie concerne les récits ambivalents. Par exemple, Luc, un homme de ménage noir, raconte une situation désagréable qu'il a vécue. Un jeune homme était dans le coma à la suite d'une bagarre avec un Noir. Son père venait à l'hôpital tous les jours. Un jour, Luc fait le ménage alors que le père était sorti de la chambre un certain temps. À son retour, celui-ci blâme Luc en lui disant qu'il n'a pas nettoyé la chambre. La première réaction de Luc est de chercher à s'expliquer, mais il se ravise en pensant que ce père était un peu en colère contre les Noirs, en raison de l'altercation entre son fils et un Noir. Il lui dit donc : « Je suis désolé. Je vais nettoyer la chambre. » « Je peux comprendre dans quel état il était, commente-t-il. Cela faisait six mois que son fils était là. Il était un peu énervé, et donc j'ai de nouveau nettoyé la chambre. Mais je n'étais pas en colère contre lui. J'imagine que je pouvais comprendre. »

Deux éléments majeurs ressortent de ces différents témoignages. D'une part, l'importance de se sentir reconnu dans son travail ; d'autre part, le fait que cette reconnaissance dépend partiellement de l'interprétation donnée par la personne aux attitudes d'autrui vis-à-vis d'elle. Un même comportement peut être vécu émotionnellement de manière très différente selon l'intention sous-jacente qui est attribuée. Même une attitude négative peut ne pas blesser intimement si la personne estime qu'elle est due au stress, alors qu'elle est très mal perçue quand elle est considérée comme délibérée.

Enrichir son travail pour en faire une vocation

Que faire lorsque l'on se sent englué dans un travail que l'on ressent comme un job alors que l'on souhaiterait l'éprouver comme une vocation ? Une approche particulièrement bénéfique, proposée par Amy Wrzesniewski, et sa collègue Jane Dutton, consiste à enrichir son travail[11]. Il s'agit de modifier les conditions d'exercice du travail ou le regard porté sur celui-ci. Un excellent exemple est celui des commerciaux de l'entreprise Armor cités en introduction de ce livre : leur patron leur a proposé d'être fiers plutôt que honteux de proposer des cartouches recyclées aux distributeurs. Même chose pour le troisième ouvrier du chantier de la cathédrale, présenté en exergue de ce chapitre. Selon Amy Wrzesniewski et

Jane Dutton, trois motivations poussent un individu à enrichir son travail : le désir d'exercer un contrôle sur son activité, d'avoir une image positive de soi et de se sentir en relation avec d'autres personnes. Plus quelqu'un ressentira ces désirs, plus il sera incité à enrichir son travail. Ces auteures estiment que toute personne peut enrichir son travail, même si, bien évidemment, l'ampleur du changement dépend aussi des contraintes externes.

Le livre *Ma vie de*, dont j'ai déjà parlé, fourmille d'exemples de professionnels qui ont su donner un sens nouveau à leur travail. Ainsi Francesa L'Helias, hôtesse de caisse, reconnaît sans difficulté qu'au départ elle ne faisait cela que pour gagner de l'argent et être autonome. Mais elle a rapidement pris goût à son travail, en particulier en raison du contact avec les clients. Elle tient d'ailleurs beaucoup à l'appellation « hôtesse de caisse », et non « caissière ». « Ça en fait sourire certains, mais c'est un terme auquel nous sommes toutes énormément attachées. Pourquoi hôtesse et pas caissière ? Parce que quand vous venez faire vos courses, je vous accueille à ma caisse. En fait, c'est un peu comme si je vous recevais dans mon magasin. Alors évidemment, je ne choisis pas mes invités, mais moi comme les autres, nous avons un rôle d'accueil extrêmement important, notamment pour fidéliser le client. »

Francesa L'Helias est aujourd'hui également formatrice, activité qu'elle apprécie énormément : « J'essaie de donner aux petites nouvelles le goût de ce travail. (...) J'ai sans doute l'air très enthousiaste, mais grâce à mon métier j'ai quand même pris une sacrée revanche sur la vie. »

Même des métiers qui peuvent sembler monotones, vus de l'extérieur, présentent une diversité suffisante pour être appréciés. Toujours dans *Ma vie de*, Anne Saint-Ges, conductrice de métro, déclare ne jamais faire la même chose deux jours de suite, tandis qu'Olivier Lehoux, facteur, affirme que son quotidien est toujours différent.

La façon la plus radicale d'enrichir son travail consiste à changer totalement d'univers professionnel. Cela peut être le fruit d'un long cheminement ou d'une impulsion soudaine, liée à une prise de conscience en profondeur du décalage entre la réalité professionnelle quotidienne et les aspirations profondes de la personne. D'ailleurs, la prise de conscience constitue parfois un véritable choc ; c'est notamment ce qui s'est passé pour certaines personnes à la suite des attentats du 11 septembre 2001.

L'humoriste François-Xavier Demaison en constitue un exemple. Lorsque cet événement dramatique se produit, il est précisément à Manhattan, travaillant pour un bureau d'avocats spécialisé dans la fiscalité internationale. Abasourdi par le choc, il décide de quitter son emploi et de revenir à sa passion de jeunesse : « Ma vocation première était le théâtre. Mais par peur, par lâcheté, pour rassurer mes parents qui me conseillaient d'être raisonnable, j'y avais renoncé[12]. » Il revient en France, monte un spectacle qui au début a du mal à trouver son public. Mais Demaison persiste malgré les difficultés, et le succès est finalement au rendez-vous.

Pour d'autres, les attentats du 11 septembre ont été l'occasion d'une réorientation radicale de leur existence au service d'autrui. En effet, des milliers d'Américains ont alors quitté leur emploi dans le monde des affaires pour s'orienter vers des métiers qui leur semblaient utiles à la société : enseignants, pompiers, professions médicales[13]... C'est par exemple le cas de Henry Pinto, qui aurait voulu être pompier volontaire quand il était jeune. La vie de famille et les obligations professionnelles l'avaient éloigné de ce rêve. Mais il s'est finalement impliqué après le 11 septembre : « Je ne m'étais pas engagé à cause du temps que cela me prendrait. Puis, après le 11 septembre, tout ce que je voulais, c'était aider[14]. »

RÉSUMONS-NOUS

- ☞ Nous pouvons considérer notre activité professionnelle de trois manières différentes. Soit comme un job (uniquement comme source de revenus), soit comme une carrière (source de revenus et moyen de promotion), soit comme une vocation (source d'un sentiment d'utilité sociale et d'accomplissement personnel).
- ☞ Toute activité professionnelle peut être vécue comme une vocation. Tout dépend du regard porté sur elle. On peut enrichir son travail pour en faire une vocation.

3
Être *vraiment* motivé

> Ne suppose pas, si quelque chose t'est difficile, que cette chose soit impossible à l'homme. Mais, si une chose est possible et naturelle à l'homme, pense qu'elle est aussi à ta portée.
>
> *Marc-Aurèle*[1]

> Il reste toujours assez de force à chacun pour mener à bien ce dont il est convaincu.
>
> *Goethe*[2]

La motivation est évidemment un thème majeur des chercheurs en psychologie du travail. Des dizaines et des dizaines de théories de la motivation ont été élaborées par des experts depuis plus d'un siècle. Fabien Fenouillet, professeur de psychologie à l'université Paris Ouest Nanterre La Défense, est certainement le spécialiste français le plus pointu à ce sujet. Il en a repéré plus de cent[3] ! L'une des plus étudiées concerne la distinction entre motivation intrinsèque et motivation extrinsèque.

Pour Edward Deci et Richard Ryan, les deux principaux chefs de file de cette approche, une personne est motivée intrinsèquement lorsqu'elle trouve de l'intérêt dans l'action en elle-même, tandis qu'elle est motivée extrinsèquement lorsque son intérêt concerne le résultat obtenu à la suite de l'action[4]. C'est toute la différence entre un élève très désireux d'apprendre la géographie parce que cette matière le passionne et un autre qui l'étudie parce qu'il espère avoir une bonne note ; ou entre un salarié passionné par son travail et un autre qui est motivé par la paye en fin de mois.

Il y a évidemment une grande proximité entre le flux et la motivation intrinsèque, avec toutefois cette distinction concernant la concentration personnelle. On peut fort bien être motivé intrinsèquement par une activité qui ne requiert qu'une faible concentration, alors que cet élément est essentiel dans la théorie du flux[5].

Quand les récompenses diminuent la motivation

Jusque dans les années 1970, il était communément admis que les récompenses ont pour effet d'augmenter la motivation pour une activité, tandis que les punitions la réduisent. Cette logique de la carotte et du bâton tombe d'ailleurs sous le sens. Pourtant, dès 1971, Edward Deci met en évidence une réalité surprenante : une récompense financière peut réduire la motivation[6]. Il mène l'expérience suivante. Des sujets doivent résoudre un casse-tête, appelé cube Soma, lors de trois séquences successives. La situation est identique pour tous, si ce n'est qu'au cours de la seconde séquence, certains d'entre eux sont payés un dollar pour chaque casse-tête résolu au cours des treize minutes allouées (personne n'est payé pendant les deux autres séquences). Au cours de chaque séquence, l'expérimentateur quitte la salle pendant environ huit minutes, en précisant : « Je reviens dans quelques minutes, vous pouvez faire ce que vous voulez pendant mon absence. » À noter que lorsque les étudiants sont arrivés dans la pièce, des magazines récents étaient disposés sur la table, ce qui est susceptible de les distraire de leur activité. Par ailleurs, le temps alloué n'est pas suffisant pour permettre aux sujets de parvenir au résultat, ceci afin d'éviter que la réussite entraîne l'arrêt de l'activité.

Sans qu'ils le sachent, les étudiants sont observés au travers d'une glace sans tain, afin de mesurer le temps qu'ils passent à essayer de résoudre le casse-tête. Le groupe sans récompense passe à peu près le même temps au cours des deux premières séquences, et un peu plus de temps lors de la troisième.

L'effet de la récompense financière sur les étudiants du groupe récompensé est impressionnant. Le temps passé augmente fortement au cours de la seconde séquence, mais *diminue* encore plus fortement lors de la troisième séquence (au point d'être sensiblement plus court que pour la première séquence). L'introduction d'une récompense extrinsèque sous forme monétaire a donc eu pour effet d'augmenter la motivation *extrinsèque* (deuxième séquence), mais surtout de sensiblement réduire la motivation *intrinsèque* (troisième séquence) des participants à cette étude. Edward Deci conclut de cette expérience que « lorsque l'argent est utilisé comme récompense extérieure d'une activité, les sujets perdent leur motivation intrinsèque envers l'activité ».

Cette recherche a stimulé une quantité considérable de travaux sur la différence entre motivations intrinsèque et extrinsèque, essentiellement dans deux domaines : la scolarité et le monde du travail. Ainsi, une vaste synthèse de 128 études expérimentales a confirmé l'impact global négatif de récompenses extérieures sur la motivation intrinsèque[7]. On a parlé d'éviction[8] de la motivation intrinsèque, ou encore d'« effets cachés de la récompense[9] » et même de « punition par la récompense[10] » pour désigner ce processus.

Un exemple hypothétique tiré de la vie courante nous permet de facilement comprendre cet effet négatif de l'argent sur la motivation[11]. Un enfant propose à ses parents de tondre la pelouse, à la fois parce qu'il aime cela et pour leur faire plaisir. Ceux-ci sont très satisfaits de son initiative et lui offrent de l'argent, une fois le travail terminé. Finalement, l'enfant s'habitue à cette situation, et estime que ses parents doivent le payer s'il tond la pelouse. Ce qui était une motivation intrinsèque s'est transformé en motivation extrinsèque. C'est peut-être la raison pour laquelle les parents préfèrent donner une sorte de forfait, sous forme d'argent de poche, se disant que leur enfant sera d'accord pour participer aux tâches ménagères.

Toutefois, cette tendance générale n'est pas systématique : il arrive parfois que les récompenses renforcent la motivation intrinsèque[12]. Deci et Ryan ont eux-mêmes constaté que les récompenses matérielles peuvent avoir des effets positifs si elles sont fournies dans une ambiance ouverte et encourageante qui favorise l'autonomie de la personne[13]. Ce qui a incité les spécialistes du sujet à essayer de comprendre quelles situations favorisaient plutôt l'un ou l'autre de ces mécanismes.

Bruno Frey, professeur d'économie expérimentale à l'université de Warwick, a fait le bilan des recherches sur ce thème, montrant que la motivation intrinsèque peut varier en fonction de divers paramètres. Il en ressort globalement ceci[14] :

L'intérêt de l'activité

Plus une tâche est intéressante pour une personne, plus sa motivation intrinsèque est forte à la réaliser correctement, et plus une intervention extérieure diminue son sentiment d'autonomie et sa motivation intrinsèque.

Le niveau des relations interpersonnelles

Plus la relation entre un responsable et son subordonné est personnelle, plus la motivation intrinsèque de ce dernier est importante. Il peut s'agir aussi bien d'un cadre et son collaborateur, d'un parent et son enfant ou encore d'un enseignant et son élève. Dans ce contexte, une intervention externe fait habituellement passer le subordonné de la motivation intrinsèque à la motivation extrinsèque.

Le sens donné à la récompense

La motivation intrinsèque est réduite, voire éliminée, si la récompense est perçue par les individus concernés comme étant destinée à les contrôler. Cela a également pour effet de réduire leur estime de soi et leur sentiment d'autonomie. En revanche, la motivation intrinsèque est stimulée si la récompense est perçue comme l'expression d'un soutien et d'une valorisation, d'une reconnaissance de la compétence et de l'engagement de la personne. Dans ce cas, l'estime de soi est renforcée, et les individus pensent avoir plus de liberté pour agir. Autrement dit, plus une intervention extérieure exprime la reconnaissance de la motivation intrinsèque d'une personne, plus elle a tendance à augmenter cette dernière.

La récompense ou le contrôle

Il existe essentiellement deux types d'interventions extérieures : de type « carotte » ou « bâton ». Les récompenses sont perçues comme moins restrictives de la liberté que les contrôles et les menaces, et entraînent donc une baisse moins importante de la motivation intrinsèque.

Ces différents effets ont été surtout mis en évidence dans des études expérimentales où, chaque fois, les chercheurs ont modifié un seul paramètre (comme, par exemple, dans l'expérience des puzzles). Mais les choses se compliquent évidemment dans la vie réelle, où plusieurs facteurs entrent en jeu simultanément, certains allant dans le sens du renforcement de la motivation intrinsèque, d'autres dans le sens de la réduction de celle-ci.

L'éviction de la motivation intrinsèque suite à l'octroi de récompenses – en particulier financières – est particulièrement problématique lorsqu'elle concerne des actes altruistes. Inciter l'être humain à se comporter de manière altruiste, tout en mettant en place un système de récompense qui le suppose essentiellement égoïste et utilitariste, est assez contradictoire. L'individu généreux est ainsi considéré comme intéressé ; on le fait passer de l'univers du don gratuit à celui de l'échange marchand.

Ainsi, à partir du moment où une personne constate que son acte altruiste est rémunéré, elle ne peut plus être assurée d'avoir agi par générosité. Certains continueront à donner ou à rendre service, mais d'autres se désengageront, ce qui leur évitera cette désagréable ambiguïté. Et inversement, la récompense financière risque fort d'attirer les individus avides. Au final, on peut parvenir à créer artificiellement un monde d'égoïstes.

L'expérience vécue par une infirmière est très éclairante à cet égard[15]. Dans sa carrière, elle fut affectée quelque temps aux soins de dialyse dans un hôpital. Lors d'un hiver particulièrement rigoureux, toutes les voies de communication terrestres furent bloquées par la neige ; le personnel soignant rapatriait les patients par hélicoptère, et les gardait souvent sur place, pour ceux qui nécessitaient des dialyses rapprochées. Après une semaine, une fois les voies de circulation rétablies, la situation redevint normale ; chacun gardait un souvenir de fierté du devoir accompli, et de bonheur d'avoir vécu une belle aventure humaine. Mais la direction de l'hôpital trouva indispensable de négocier avec les soignantes et soignants un système rigide de bonus et de récupération, ce qui les blessa, et gâcha leur souvenir, puisque des années après, l'infirmière retenait surtout cette maladresse managériale !

Dans son ouvrage au titre significatif, *Pas seulement pour l'argent, une théorie économique de la motivation personnelle*[16], Bruno Frey constate que le processus d'éviction de la motivation intrinsèque s'observe dans des circonstances très variées, qui ont des implications pour les politiques publiques : non seulement la motivation des employés dans une entreprise, mais aussi le don du sang, le respect du code de la route, la lutte contre la criminalité, la protection de l'environnement, la politique fiscale, la conscription militaire.

Trois besoins psychologiques fondamentaux... voire plus

Deci et Ryan ont enrichi leur approche, qu'ils appellent aujourd'hui « théorie de l'autodétermination[17] ». Ils ont d'une part souligné l'importance de trois besoins psychologiques fondamentaux : besoins d'autonomie, de compétence et de relations ; ils ont également tempéré l'opposition radicale entre motivation intrinsèque et extrinsèque.

Le concept de besoins psychologiques essentiels s'est imposé à eux, car sans lui, ils ne parvenaient pas à fournir une explication globale à de multiples recherches réalisées sur la motivation intrinsèque[18]. Ces besoins fondamentaux doivent être satisfaits pour qu'un individu puisse être en bonne santé psychologique et se sentir pleinement exister[19] :

• Le besoin d'autonomie

L'individu décide volontairement de son action, se sent en cohérence avec elle et l'assume pleinement. La présence de contraintes extérieures n'interdit pas nécessairement l'autonomie ; par exemple, on peut consentir à s'arrêter à un feu rouge sans rien perdre de son autonomie. De plus, l'autonomie est très différente de l'individualisme : la première exprime le fait d'agir en exerçant sa volonté et son libre choix, tandis que le second signifie qu'un individu fonctionne seul, sans compter sur les autres. Ainsi, l'on peut à la fois agir de façon autonome et entretenir des relations enrichissantes avec les autres[20].

• Le besoin de compétence

La personne produit des effets qu'elle souhaite, ce qui stimule sa curiosité, son goût d'explorer et de relever des défis.

• Le besoin de relations

La personne se sent proche d'autres individus qui comptent à ses yeux, elle est attentive à autrui et éprouve un sentiment d'appartenance à la fois vis-à-vis de ses proches, mais aussi au sein de groupes plus larges. Ce besoin constitue une fin en lui-même ; il est indépendant des avantages que l'on peut retirer de ces relations (économiques, de statut, etc.).

Selon Deci et Ryan, ces besoins sont innés et universels. Tout comme le besoin de se nourrir ou de respirer est nécessaire pour vivre physiquement, les besoins psychologiques sont nécessaires au bien-être et à la croissance psychologiques. S'ils ne sont pas satisfaits, l'individu peut faire appel à des motivations compensatoires et à des comportements rigides pour préserver autant de satisfaction que possible[21]. Par exemple, si le besoin de relations est contrarié dans l'enfance, la personne peut compenser cela en s'efforçant d'obtenir un sentiment de valeur personnelle et l'approbation de son entourage, en se fixant des objectifs liés à l'image de soi, tels que le fait d'accumuler de l'argent et des richesses matérielles. Une étude menée par des membres de l'équipe de Deci et Ryan a ainsi mis en évidence que les adolescents qui aspirent fortement à être riches plus tard ont plus souvent que les autres une mère peu affectueuse et qui a tendance à fortement contrôler leur comportement[22].

Dans ce cadre théorique posé par Deci et Ryan, l'autonomie joue un rôle essentiel, car le soutien à l'autonomie, par un supérieur envers une autre personne, est la meilleure stratégie alternative au contrôle par la carotte et le bâton. D'autres recherches dans le cadre professionnel ont montré que plus ces trois besoins fondamentaux sont satisfaits, plus les salariés éprouvent de satisfaction au travail, et meilleures sont leur santé psychologique et leur estime de soi, ceci indépendamment du salaire et du statut[23].

La théorie de l'autodétermination a donné lieu à de nombreuses recherches empiriques qui ont confirmé sa pertinence. Je me permettrais toutefois deux remarques. D'une part, Deci et Ryan établissent une hiérarchie entre les trois besoins : en tout premier l'autonomie, car c'est elle qui détermine la motivation intrinsèque, en dernier lieu les relations. Ce besoin de relations est d'ailleurs quasiment absent dans leurs études empiriques. On peut aisément contester cette hiérarchie, car, par exemple, le besoin de relations est un élément essentiel de l'existence. De plus, comme nous le verrons dans le prochain chapitre, se sentir utile à autrui est une composante essentielle de la motivation intrinsèque.

Une deuxième remarque concerne le fait de n'avoir conservé que trois besoins fondamentaux. Diverses listes de besoins psychologiques ont été établies par différents auteurs, et il est bien difficile de trouver le juste milieu entre une liste trop courte et un catalogue interminable[24]. Deci et Ryan ont opté pour la concision, ce qui est compréhensible, mais ce choix les amène à laisser de côté des besoins qui me semblent tout aussi essentiels, tels que le besoin de cohérence personnelle, de sens, de valeurs.

Deci et Ryan sont d'ailleurs conscients de l'importance du besoin de sens, par exemple lorsqu'ils opposent hédonisme et eudémonisme, en se positionnant clairement en faveur de ce dernier. Ils dénoncent le courant de pensée philosophique selon lequel l'important est surtout d'obtenir ce qu'on désire, et qui suggère donc que, quel que soit le but d'une personne, celle-ci sera heureuse si elle atteint ce but. « Les théories hédonistes visent le plaisir, les récompenses et le rendement comme s'ils étaient les moteurs premiers de l'activité humaine ; elles laissent de côté les questions concernant la signification de la vie, l'essence de la nature humaine et les buts plus profonds que le plaisir personnel[25]. »

Ceci m'amène à l'évolution de la théorie de la motivation de Deci et Ryan. Il ne s'agit plus aujourd'hui d'une opposition radicale entre motivations intrinsèque et extrinsèque, mais d'un continuum d'autodétermination, allant de l'absence de motivation jusqu'à la motivation intrinsèque et autonome, comme le montre le schéma ci-dessous[26].

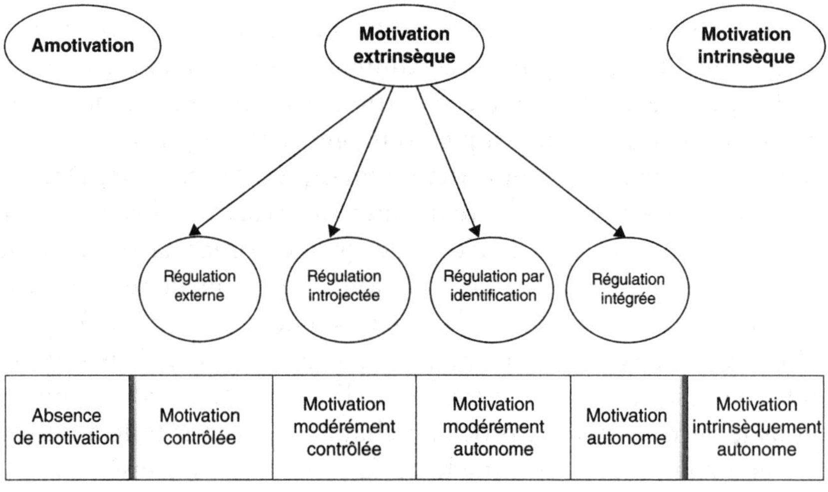

Examinons les quatre formes de motivation extrinsèque :

- en situation de **régulation externe**, la motivation de l'individu dépend entièrement des récompenses et des sanctions ;
- en **régulation introjectée**, la valeur personnelle et l'estime de soi dépendent de la performance, ce qui implique un certain engagement de l'individu. C'est par exemple la situation de l'ouvrier qui s'implique pour se prouver qu'il est travailleur ;
- la **régulation par identification** marque une différence qualitative avec les formes précédentes : l'individu ressent plus de liberté et de volonté, car son comportement est plus en accord avec son identité et ses valeurs personnelles. Par exemple, une infirmière qui accorde de l'importance au bien-être des patients et estime qu'il est donc important qu'elle fasse sa part d'activités déplaisantes peut éprouver de l'autonomie, même si elle ne considère pas l'activité comme intéressante en soi (par exemple, laver les patients) ;
- la **régulation intégrée** est la forme la plus avancée de motivation extrinsèque. C'est une forme intensifiée de régulation par identification, par laquelle il y a cohérence entre objectifs et valeurs de la personne. Elle est donc très proche de la motivation intrinsèque.

Cette typologie est intéressante, mais elle me donne toutefois une impression d'inachevé. Je pense à l'exemple suivant. J'ai eu l'occasion d'animer à plusieurs reprises des formations dans un organisme, et j'ai été impressionné par la gentillesse et le sourire permanent de la femme de ménage, qui apprécie visiblement son travail. Elle est très attentive à ce que tout soit propre et bien organisé, et fait tout pour faciliter le travail des formateurs. Les responsables de l'établissement m'ont d'ailleurs dit qu'elle était « le rayon de soleil » de l'établissement, et que l'atmosphère n'était pas la même lorsqu'elle était en congé. Après bien des hésitations, je me suis permis un jour de lui demander :

« Vous et moi, nous savons que votre métier est souvent mal reconnu, dévalorisé ; mais, je constate à quel point vous avez du plaisir à le faire. Est-ce que vous pouvez me dire votre secret ?

– Bien sûr que je suis au courant de cela, me répond-elle, mais vous savez, j'ai la chance de travailler ici. Les jeunes du centre ont eu des difficultés à l'école, et ils essaient de s'en sortir en venant ici. Alors, ça me fait vraiment plaisir d'essayer de les aider, en leur donnant les meilleures conditions de travail possible. »

Au sens strict du terme, il s'agit clairement de motivation extrinsèque : ce n'est pas le ménage en soi qui intéresse cette femme de ménage, mais l'impact positif que ce travail peut avoir sur les jeunes. Il y a cependant une différence fondamentale avec la motivation extrinsèque habituelle : les effets positifs ne profitent pas à la personne elle-même (comme c'est le cas pour les notes à l'école ou le salaire au travail), mais aux jeunes stagiaires. Et par là-même, la femme de ménage se retrouve en motivation intrinsèque, puisque le fait d'être utile est en soi une source de satisfaction.

Or, cette forme de motivation – absente des recherches de Deci et Ryan, du moins à ma connaissance – est certainement très fréquente, puisque, comme nous l'avons vu en début d'ouvrage, une part importante du bonheur ressenti au travail provient du fait de se sentir utiles aux autres. C'est donc cette forme de motivation que je vais maintenant examiner.

RÉSUMONS-NOUS

- ☞ Il existe deux formes de motivation : une personne est motivée *intrinsèquement* lorsqu'elle trouve de l'intérêt dans l'action en elle-même, tandis qu'elle est motivée *extrinsèquement* lorsque son intérêt concerne le résultat obtenu à la suite de l'action (salaire, primes, avantages divers). La motivation intrinsèque est plus profonde et plus durable.
- ☞ Ceci doit être nuancé par le fait que les avantages financiers peuvent stimuler la motivation intrinsèque. Cela dépend notamment de l'intention que l'on attribue au supérieur hiérarchique qui les fournit : si l'on pense qu'il le fait par intérêt, cela diminue la motivation intrinsèque ; si l'on pense qu'il le fait dans une démarche sincère de reconnaissance, cela augmente la motivation intrinsèque.
- ☞ Nous éprouvons plus de motivation intrinsèque lorsque notre activité permet de satisfaire des besoins psychologiques fondamentaux, en particulier les besoins d'autonomie, de compétence et de relations humaines ; également de sens, d'utilité sociale, de cohérence avec des valeurs personnelles.

4
Se sentir utile aux autres

Le travail est l'amour rendu visible.

Khalil Gibran[1]

Un homme qui réalise l'ampleur de la responsabilité qu'il a envers un être humain qui l'attend, ou vis-à-vis d'un travail qui lui reste à accomplir, ne gâchera pas sa vie. Il connaît le « pourquoi » de cette vie, et pourra supporter tous les « comment » auxquels il est soumis.

Viktor Frankl[2]

Les différentes approches présentées dans les chapitres précédents enrichissent remarquablement notre connaissance de l'être humain et de sa manière d'être au travail. Elles présentent cependant toutes une limite : elles n'intègrent pas automatiquement la dimension de sensibilité à autrui. Après tout, on peut fort bien ressentir du flux, de la motivation intrinsèque, un sentiment d'efficacité personnelle, voire une vocation dans des activités moralement condamnables. Par exemple, Mihalyi Csíkszentmihályi, le « père » du flux, ou expérience optimale, signale qu'un étudiant manquant d'enthousiasme a été transformé par un travail d'été en Alaska qui consistait à tuer de jeunes phoques avec un gros gourdin pour en garder la fourrure. Cette boucherie lui procurait un plaisir intense[3] ! Cet auteur reconnaît même qu'Adolf Eichmann, le « logisticien en chef » de la Shoah éprouvait probablement un sentiment de flux en accomplissant son travail de la manière la plus efficace possible, en tant que fonctionnaire zélé du régime nazi[4].

L'altruisme, composante majeure du bonheur et de la motivation au travail

Il s'agit là de cas extrêmes, certainement peu représentatifs de la tendance générale. Car un trait de personnalité particulièrement corrélé au flux est précisément l'altruisme. Mihalyi Csíkszentmihályi et John D. Patton ont mené une étude auprès de 856 adolescent-e-s nord-américains et constaté que, quel que soit le type d'activité pratiquée, les jeunes très altruistes vivent nettement plus de moments de flux que ceux qui revendiquent cette valeur à un degré moindre[5]. Je ne connais pas d'étude qui ait testé cela chez les adultes, mais on peut aisément supposer qu'il en est de même pour eux.

Ces résultats sont corrélationnels et ne permettent donc pas de savoir si c'est le flux qui conduit à l'altruisme, ou l'inverse, ou encore s'il y a causalité réciproque. Mais Csíkszentmihályi et Patton penchent plutôt pour la seconde hypothèse (l'altruisme conduit au flux), en s'appuyant sur les résultats d'études antérieures. En effet, une orientation altruiste est susceptible de lever l'obstacle le plus important à l'atteinte d'un état de flux, c'est-à-dire une trop grande attention sur l'ego et ses besoins. Plutôt que d'être mobilisée à s'observer et à se surveiller, une grande partie de l'énergie psychique se libère et se rend disponible à la poursuite des buts que la personne s'est fixée. Ceci caractérise un paradoxe du flux, souligné par Csíkszentmihályi : « Ce n'est qu'en s'oubliant soi-même que le soi prend de l'ampleur. »

Les sociologues Christian Baudelot et Michel Gollac constatent que les trois mots qui reviennent le plus souvent lorsque des personnes parlent de bonheur au travail sont « avec », « contact », « gens ». D'autres mots sont également très fréquents : « clients », « personnes », « rencontrer », « relations ». Ils en concluent que « la source la plus fréquente de plaisir au travail provient du contact, de la rencontre ou de la relation à autrui[6] ». Dans un registre plus spécifique sont également prononcés des mots tels que « s'occuper » et « aider » : « Ils manifestent que le plaisir qu'éprouvent ceux qui les emploient provient du service, des soins, de l'aide qu'ils apportent à ceux qui en ont besoin. Le plaisir, de nature altruiste, naît ici du sentiment de rendre service, d'aider, de se sentir utile, de porter secours à l'autre, qui ne saurait se confondre avec un simple contact avec autrui[7]. »

> Ces auteurs citent, par exemple, le cas de Nadine N., âgée de 52 ans, qui aide des personnes âgées pour le ménage, les courses, les soins, etc. Elle répond à l'enquêteur qui l'interroge sur l'importance de l'aspect financier dans sa motivation : « On est payé avec des grains de riz. (...) Non, c'est ce que je vous dis, c'est surtout pour se sentir utile, quoi. Parce que moi, les personnes, elles m'attendent. Ça, elles attendent que vous arriviez. Elles ont besoin de vous pour leur remonter le moral, pour pouvoir parler. (...) Ça vous requinque un peu [d'être utile], on se dit qu'on sert à quelque chose, on sait qu'on est apprécié. On se sent utile. C'est important dans la vie de se sentir utile et de se dire "j'aide aussi les autres"[8]. »

Ainsi, toute étude sur la motivation au travail qui omettrait de prendre en compte la satisfaction d'être utile aux autres serait très incomplète. Comme le montre clairement le sondage présenté au début de cet ouvrage, ce sentiment d'être utile constitue un fondement essentiel du bonheur au travail. Plusieurs des personnes interrogées dans l'ouvrage *Ma vie de*[9], précédemment cité, insistent sur l'importance qu'elles accordent au fait que leur travail est bénéfique aux autres.

> Par exemple, Choni Diaz, femme de chambre, déclare : « J'essaie toujours de faire en sorte que le résultat soit harmonieux. (...) Servir les autres, c'est mon métier. Je l'assume très bien. (...) Quand je sors d'une chambre que je viens de terminer, je me dis souvent : "Tiens, le client va apprécier." »
>
> Carole Sampaio, infirmière, affirme : « C'est une vocation qui m'est venue petit à petit, naturellement. J'étais secouriste quand j'étais jeune et ça me plaisait beaucoup. J'ai essayé de trouver un métier qui soit dans ce domaine, pas forcément de la santé, mais qui permette d'aller vers l'autre. (...) J'aime mon métier. Jour après jour, je me sens utile. »
>
> Ou encore Daniel Farhi, rabbin : « Vous savez, dans ce bureau, beaucoup de gens pleurent. Et ce n'est pas parce que je les fais pleurer ! Ça leur fait du bien. J'accompagne les familles dans la

détresse, qu'elle soit matérielle ou morale. (...) Je pense que ce qui me donne la force, c'est la passion, et la foi, bien sûr. J'aurais peut-être dû commencer par là. La foi en Dieu et la conviction que je peux aider des gens. Je crois qu'il faut aimer beaucoup. Si on n'aime pas, ce n'est pas la peine de faire un métier comme le mien. Il faut aimer les autres et vouloir leur rendre service. »

Une étude[10], menée auprès de professionnels du social (en grande majorité des femmes) en Italie, a montré que leur satisfaction ne dépend pas prioritairement de leur niveau de salaire. Ces personnes sont globalement satisfaites de leur travail (en moyenne un niveau de 5,27 sur une échelle allant jusqu'à 7) et considèrent leur travail comme utile (niveau de 5,31). Les plus satisfaites sont celles qui ont le plus de contacts directs avec les bénéficiaires du service. Par ailleurs, plus ces personnes estiment avoir d'autonomie dans le travail, plus elles considèrent que celui-ci est utile, plus elles sont satisfaites professionnellement. Inversement, celles qui accordent plus d'importance au salaire sont systématiquement moins satisfaites.

Le sentiment d'être utile incite à faire son travail du mieux possible, comme le suggère une enquête réalisée auprès d'une centaine de professionnels accompagnant des personnes âgées à leur domicile[11]. Environ les deux tiers le font parce qu'ils aiment travailler auprès de ces personnes, un tiers parce qu'ils n'ont pas trouvé un autre travail leur convenant mieux. Dans le premier groupe, les accompagnant-e-s témoignent ainsi : « Je trouve très enrichissant de prendre soin d'une personne âgée. J'apprécie leur compagnie, la sagesse que l'on peut tirer d'elles, les histoires qu'elles racontent. » Ou encore : « J'aime marcher et parler avec des personnes âgées. Elles sont très drôles et elles ont besoin de notre aide. »

Mais le plus important est ailleurs : les personnes âgées accompagnées par des professionnels faisant ce métier par motivation financière sont deux fois et demie plus souvent victimes de chutes entraînant une fracture des os que celles accompagnées par des professionnels ayant du plaisir à faire ce métier.

Ce résultat est fort intriguant, car les soignants ne sont pas en permanence au contact des personnes âgées. Les auteurs de l'étude ne proposent pas d'hypothèse explicative, mais l'on peut supposer que les professionnels en motivation intrinsèque s'efforcent de faciliter au maximum les conditions de vie des personnes âgées (logement bien rangé pour diminuer les obstacles, cannes ou déambulateur aisément accessibles, etc.), ce qui entraîne une diminution des chutes.

Les auteurs de l'étude concluent que « la formation et les tests seuls ne sont peut-être pas suffisants. S'assurer de la raison pour laquelle les soignants choisissent ce métier peut être aussi important pour parvenir à de bons résultats chez les personnes âgées. Un soignant qui n'a pas un niveau d'études élevé mais qui est très motivé peut fournir des soins exceptionnels aux personnes âgées ».

Yvan Barel et Sandrine Frémeaux, tous deux enseignants-chercheurs en management, ont mené une enquête dans un Crous (Centre régional des œuvres universitaires et scolaires), organisme public ayant pour vocation de faciliter la vie des étudiants dans de nombreux domaines (restauration, logement, bourses, etc.)[12].

Sur les 37 salariés interrogés, 32 ont fait part d'expériences dans lesquelles ils ont agi au-delà des exigences de leur fonction, sans penser à une éventuelle rétribution. Toutes ces personnes considèrent normal d'accomplir ces actes, qui leur ont d'ailleurs procuré une réelle satisfaction personnelle. En revanche, quatre des cinq salariés qui ne font pas mention d'actes altruistes adoptent une approche légaliste de leur métier, comme cet agent administratif qui déclare : « Le Crous, ça fonctionne surtout grâce aux deniers de l'État. Il faut des règles, et les respecter. On ne peut pas toujours rentrer dans les cas particuliers, prendre en compte la situation personnelle des étudiants, sinon, on ne s'en sort plus... »

Les auteurs rappellent que, dans le service public, la progression de l'indice salarial s'opère à l'ancienneté et non au mérite, ce qui a pour conséquence que ces actes ne peuvent pas être attribués à l'attente d'une rétribution financière. Il s'agit donc bien d'actes altruistes désintéressés, que les auteurs qualifient de « dons gratuits ». Ce rejet d'une attente financière est clairement affirmé par certains, comme cette serveuse de restaurant universitaire : « Plusieurs fois, j'ai essayé de parler de ce que je fais en dehors des objectifs qui me sont fixés : le chef s'énerve et m'interrompt.

Il pense que je lui demande de l'argent, alors que j'essaie de lui parler de ce qui se passe, de ce que je fais, de ce qui m'intéresse, de ce que j'aime, quoi... » Tout aussi explicite ce propos d'un chef-cuisinier : « Moi, j'aime mon boulot. Mon boulot, c'est servir les étudiants. Je ne compte pas les heures. Si on me donne une prime par rapport au nombre de couverts étudiants, ça serait vraiment faire de moi un mercenaire, quelqu'un qui ne pense qu'à l'argent !... »

De plus, une dizaine de salariés ont spontanément fait remarquer qu'ils ne s'étaient quasiment jamais confiés auparavant sur ce sujet, preuve que ce n'est pas non plus le désir d'être valorisés par leur entourage qui les a conduits à agir ainsi.

Leurs initiatives suscitent parfois de l'incompréhension. Ainsi, ce veilleur de nuit de cité universitaire qui, conscient de ne pas être aisément joignable lorsqu'il effectue des rondes dans les trois bâtiments de la cité, a affiché son numéro de portable, pour les cas d'urgence : « Le directeur m'a traité de fou quand il a vu mon numéro de portable affiché. Il m'a dit : "Ça va sonner pour un oui ou pour un non." Il est resté bête quand je lui ai dit que c'était pas un problème pour moi... »

Une source essentielle de motivation : constater l'impact positif de son travail

Adam Grant, professeur de management à l'université de Pennsylvanie, a consacré une grande partie de ses recherches à comprendre l'impact positif, sur une personne, du fait de savoir que son métier sert les besoins d'autrui. Selon lui, les gens souhaitent non seulement exercer des activités qui ont du sens, mais aussi avoir, dans leur travail, des relations qui ont du sens[13]. Et l'un des meilleurs moyens d'y parvenir est de voir qu'on est utile aux autres. Il y a en quelque sorte une spirale vertueuse : plus un employé constate les effets positifs de ses actions sur autrui, plus il aura envie de continuer à aider. Et plus il aide, plus il a le sentiment d'être utile, ce qui l'incite à aider à nouveau. Grant souligne que, par exemple, les pompiers ont de multiples occasions de constater les effets positifs de leur action dans la vie des personnes qu'ils aident. Il cite l'un d'eux : « Travailler chez les pompiers a changé ma vie. J'aide plus les gens, maintenant. » Inversement, moins un employé est en contact avec les personnes bénéficiant de ses services, moins son travail lui semble utile. Adam Grant évoque un policier qui déclare : « Nous avons totalement perdu contact avec les gens. Ils m'ont éloigné des personnes que je dois servir, et je n'aime pas ça. »

Partant de ce constat, Grant a mené avec ses collègues une série d'études, pour tester la pertinence ou non du postulat suivant : lorsqu'un salarié constate les effets positifs de son action auprès de bénéficiaires, cela augmente sa motivation à travailler au service d'autrui. Dans une première enquête, ils s'intéressent à des personnes chargées de collecter des fonds destinés à des étudiants peu fortunés[14]. Ces individus sont répartis en trois catégories. À certains, on explique que l'administration de l'université a reçu des lettres d'étudiants expliquant qu'ils avaient pu suivre des études grâce aux dons reçus. Le chercheur distribue les lettres et propose à l'un des collecteurs de lire publiquement l'une d'elles. Puis il annonce : « Nous avons la chance d'avoir avec nous l'étudiant dont nous venons de lire la lettre. » S'engage ensuite une discussion entre cet étudiant et les collecteurs, pendant environ cinq minutes, à la suite de quoi le manager arrête la session et dit : « Souvenez-vous de cela lorsque vous serez au téléphone : vous êtes en train d'aider quelqu'un. »

Dans un deuxième groupe, la situation est identique, si ce n'est qu'aucun étudiant bénéficiaire n'intervient ; au lieu de cela, les collecteurs sont invités à discuter entre eux pendant les cinq minutes. Enfin, les membres de la troisième catégorie (groupe contrôle) n'ont aucune information sur l'impact de leur action.

Les chercheurs laissent ensuite passer un mois afin d'éviter d'observer ce qui pourrait n'être qu'un effet momentané sous le coup de l'émotion. Ils comparent donc les résultats obtenus par les collecteurs avant l'intervention et un mois après.

L'effet est impressionnant, alors même que la discussion n'a duré que quelques minutes. Dans le groupe « discussion avec l'étudiant », les collecteurs ont passé 2,4 fois plus de temps au téléphone et ont recueilli presque trois fois plus d'argent. Il n'y a en revanche aucun effet de la lettre seule.

Adam Grant a mené une autre étude proche : cette fois-ci, ce ne sont pas cinq minutes que les collecteurs passent avec l'étudiant, mais un quart d'heure[15]. L'impact est considérable : cinq fois plus d'argent récolté après cette rencontre !

Grant tire des conclusions pratiques de ces recherches. Il a notamment mis au point un programme pilote qui lui a permis de faciliter des rencontres entre des policiers et des citoyens reconnaissants à leur égard. Par la suite, l'un d'eux a déclaré : « Cette expérience m'a fait comprendre à quel point les retours positifs sont rares dans cette profession. Nous n'entendons jamais les citoyens qui apprécient ce que nous faisons. Ce serait certainement bien pour le moral et la santé mentale des policiers. »

> Apprécions à sa juste valeur ce témoignage d'Alice, une jeune fille atteinte d'un cancer : « Grâce au docteur Wacker, le Père Noël de la Médecine A1 [un service hospitalier] qui savait si bien mettre des étoiles dans les yeux des enfants, j'ai vécu un moment très intense. Il m'avait demandé de faire un discours pour l'inauguration du congrès des oncologues, organisé à Genève en septembre 2006. Dans la salle, il y avait des centaines de docteurs venus du monde entier, certains de ceux qui m'avaient soignée, mes parents, ma sœur et ma marraine. Je suis montée sur scène. C'était très intimidant. À mesure que je lisais mon discours, je replongeais dans mon histoire, je me livrais. Mais le plus incroyable, c'est ce qui s'est passé pendant le cocktail. Des médecins et des infirmières de tous les âges sont venus me remercier, moi qui avais à peine 14 ans. Ils m'ont dit des choses comme : "Je te remercie vraiment pour ce témoignage" ; "C'est grâce à des moments comme celui-là que je sais pourquoi je fais ce métier" ; "Ça me redonne la force de me lever tous les matins." Ces paroles m'ont énormément touchée[16]. »

Ce sentiment d'utilité est particulièrement important lorsqu'il s'agit d'accomplir un « sale boulot », ce type d'activités à la fois nécessaires et malheureusement déconsidérées : ramonage, dératisation, pompes funèbres, surveillance pénitentiaire, etc. Or, diverses études ont montré que ces personnes retirent généralement une réelle fierté à accomplir ce type de travail[17]. Car la « saleté » n'est pas inhérente à l'activité elle-même, mais est une construction sociale, basée sur des conceptions subjectives de ce qu'est la propreté et la pureté. Dès lors, ces professionnels recadrent le sens de leur travail afin de lui donner une tonalité positive. Par exemple, les employés des pompes funèbres disent qu'ils aident les proches du défunt à soulager leur peine, le personnel d'entretien à l'hôpital considère que ce travail est essentiel pour éviter une aggravation de l'état de santé des patients, les domestiques sont heureux de pouvoir subvenir aux besoins de leur propre famille, etc.

Quand l'empathie conduit à la créativité

Grant a également étudié le lien entre la motivation intrinsèque et le désir d'être utile aux autres[18]. Il constate, par exemple, que les pompiers ayant à la fois une forte motivation intrinsèque et un fort désir d'aider les autres sont ceux qui accomplissent le plus d'heures supplémentaires. La conclusion est claire : trouver du sens à ce que l'on fait et y prendre plaisir est le plus sûr moyen de s'impliquer fortement dans une action au service d'autrui. En revanche, ceux qui ont un fort désir d'aider les autres mais une faible motivation intrinsèque font le moins d'heures supplémentaires. Ce qui signifie que pour s'impliquer fortement, il ne faut pas seulement avoir envie de servir son prochain, mais également y trouver du plaisir ! Sinon, cela risque fort de conduire au stress et à la surcharge émotionnelle, en particulier dans un métier éprouvant comme celui de pompier. Enfin, une faible motivation à servir les autres aboutit à une implication intermédiaire, que la motivation intrinsèque soit faible ou forte.

Cette association de la motivation intrinsèque et du désir de servir autrui a même un impact sur la créativité ! Il est logique de penser que la motivation intrinsèque est source de créativité : une personne passionnée par ce qu'elle fait aura plus de probabilités d'imaginer de nouvelles façons de faire, d'inventer de nouveaux produits. Pourtant, les études scientifiques sur le sujet aboutissent à des résultats contradictoires : certains vont bien dans ce sens, tandis que d'autres mettent en évidence un lien faible, voire inexistant, entre motivation intrinsèque et créativité.

Pourquoi ces discordances ? Selon Grant, c'est le désir d'être utile qui permet de résoudre l'énigme[19]. Lorsque des employés sont intrinsèquement motivés, leur curiosité et leur désir d'apprendre les conduisent à générer des idées nouvelles. Mais pour que ces idées soient vraiment créatives, il est préférable qu'elles soient également utiles ; et donc, que l'employé s'efforce de faire preuve d'empathie en essayant de se mettre à la place de l'utilisateur éventuel.

Grant cite par exemple deux études antérieures. L'une d'elles, portant sur 172 compositeurs de musique classique (correspondant à 100 % des œuvres classiques habituellement jouées), montre que ceux-ci ont tendance à produire leurs œuvres les plus remarquables lorsqu'ils ont la volonté de léguer celles-ci à leur public[20]. Dans l'autre, des architectes ont des difficultés à produire des idées créatives, alors même qu'ils éprouvent une forte motivation intrinsèque dans leur activité, simplement parce qu'ils se focalisent sur le caractère novateur de leurs produits, mais pas sur leur utilité.

Grant a mené une enquête auprès de militaires et d'employés travaillant dans une usine de traitement de l'eau, dont la créativité a été évaluée par leurs supérieurs en fonction de divers critères[21]. Il constate que lorsque ces individus sont motivés intrinsèquement, ils ne sont fortement créatifs que s'ils sont par ailleurs très désireux d'être utiles aux autres.

Comment expliquer ce lien entre altruisme et créativité ? Les employés soucieux d'être utiles ont plus tendance à poser des questions aux autres sur leurs centres d'intérêt, leurs préférences, ils les écoutent avec attention, observent leurs comportements pour comprendre ce qui les intéresse, ce qui leur donne des informations précieuses sur la façon dont ils peuvent éventuellement aider.

Deux remarques pour conclure à propos de ces travaux de Grant. D'une part, contrairement à une idée commune qui voudrait que l'intérêt pour soi et l'intérêt pour autrui soient opposés, on voit bien ici qu'ils sont parfaitement compatibles et complémentaires. D'autre part, ces résultats ont une implication évidente pour les managers. Ceux-ci se questionnent souvent sur la façon de rendre l'activité de leurs subordonnés plus intéressante, afin qu'ils se sentent plus motivés et créatifs. Or, il est tout aussi important, et probablement plus encore, de mettre l'accent sur l'utilité sociale de l'activité – si tant est qu'elle présente cette caractéristique, évidemment ! –, en particulier en faisant se rencontrer employés et bénéficiaires de l'activité.

Ces travaux peuvent être rapprochés des études de psychologie positive sur le rôle bénéfique de la gratitude, à la fois sur la personne qui manifeste sa reconnaissance et sur celle à qui elle s'adresse[22]. Car nous sommes tous interdépendants. Ainsi, les individus habituellement reconnaissants sont globalement plus heureux, plus optimistes, plus énergiques, ils s'émerveillent plus face à l'existence, sont peu enclins à la dépression et au sentiment de solitude. Sur l'autre versant, comme nous venons de le voir, plus une personne a conscience de l'utilité de son travail auprès de ses semblables, plus elle en retire du sens et de la satisfaction. Alors, pensons à remercier tous ces professionnels – le boulanger, la postière, l'agent d'accueil à l'hôpital, etc. – qui chaque jour s'efforcent de nous rendre la vie simple et agréable. Cela ne coûte rien et peut être source de beaucoup de bien-être partagé.

Le bonheur partagé des altruistes

Grant a, par ailleurs, écrit un ouvrage sur les différentes façons de se comporter avec autrui, qu'il répartit en trois catégories : donner, prendre et échanger[23]. Il précise que chacun de nous peut passer d'un type à l'autre en fonction de la situation, mais que nous avons cependant tous une manière prioritaire de fonctionner avec autrui :

Le *donneur* agit aisément en faveur d'autrui, car il préfère donner plus que ce qu'il obtient. La plupart des gens se comportent comme des donneurs avec leurs proches, et certains agissent de la même manière dans le monde du travail.

Le *preneur* croit que le monde est dominé par la compétition et qu'il doit être le meilleur pour réussir. Il fait donc passer son propre intérêt avant les besoins d'autrui et cherche à obtenir plus qu'il ne donne.

L'*échangeur* s'efforce de maintenir un équilibre entre ce qu'il donne et ce qu'il obtient.

Dans son livre, Grant compare surtout donneurs et preneurs, en repérant les principales différences qui les caractérisent respectivement :

• Un preneur aide les autres stratégiquement, c'est-à-dire lorsqu'il pense que les avantages qu'il peut en retirer dépasseront le prix à payer. Un donneur aide les autres sans penser au prix à payer et sans rien attendre en retour.

• Lorsqu'un preneur établit un réseau, il essaie d'obtenir la plus grosse part du gâteau, tandis qu'un donneur le fait en trouvant le moyen de faire grossir le gâteau pour tous.

• Le preneur, qui se voit souvent comme supérieur à ses semblables, considère que l'indépendance est un symbole de force et l'interdépendance un signe de faiblesse, alors que le donneur voit l'interdépendance comme une source d'énergie, la complémentarité de compétences de plusieurs personnes pour le bien commun.

• Le donneur est réceptif aux commentaires et conseils d'autrui, même si cela remet en question ses propres croyances, tandis que le preneur, qui se croit plus intelligent que les autres, préfère prendre seul les décisions.

• Le preneur a un penchant naturel pour la domination et adopte une « communication puissante », marquée par l'assurance, alors que le donneur préfère la « communication désarmée », en exprimant des doutes, en demandant conseil, sans crainte de se montrer vulnérable. Comme l'écrit Grant : « Contrairement aux preneurs, les donneurs se montrent volontiers vulnérables, car ils veulent non pas dominer les autres, mais les aider. C'est en ne craignant pas d'exposer les fissures de leur carapace qu'ils acquièrent du prestige[24]. »

Grant a présenté à ses étudiants les trois styles de relations avec autrui, puis leur a demandé quelles sont les catégories qui se trouvent en bas et au sommet de l'échelle du succès. Pratiquement tous les étudiants lui ont répondu que les donneurs se trouvent en bas, et ont réparti à moitié-moitié les preneurs et les échangeurs au sommet. Peut-être est-ce également votre avis ? Or, la réalité ne correspond pas à ces prévisions.

Selon Grant, le mode de fonctionnement du preneur est particulièrement risqué sur le moyen et sur le long terme. En effet, obnubilé par son propre point de vue, il ne s'intéresse pas vraiment à celui des autres. Et lorsqu'il le fait, c'est surtout dans une perspective stratégique. Il peut donc se déguiser en donneur ou en échangeur. Il peut être très séducteur et flatteur, en particulier lorsqu'il se trouve en présence de personnes influentes, ce qui peut éventuellement le favoriser à court terme. Cependant, sa personnalité finit généralement par s'exprimer à un moment ou à un autre, car il a tendance à dominer et critiquer les autres.

Et lorsque les gens comprennent qu'ils ont été trompés par un preneur, ils le punissent en attaquant sa réputation.

Quant aux donneurs, Grant a eu la surprise de constater, en examinant diverses recherches, qu'ils ont tendance à se retrouver soit à la base de la réussite, soit au sommet. Il y a en fait deux catégories de donneurs. Certains « se font avoir », comme le pensaient les étudiants de Grant : ils améliorent le sort de leurs semblables, mais aux dépens de leur propre réussite. Ils passent tellement de temps et d'énergie au service d'autrui qu'il ne leur en reste plus assez pour avancer dans leurs propres projets. Ce type de donneur est la victime « idéale » du surmenage professionnel. Il est toujours disponible pour aider, mais inversement, n'ose pas demander de l'aide aux autres, car il ne veut pas les déranger ou être un fardeau pour eux. Grant cite, par exemple, une étude effectuée en Belgique, décrivant des étudiants en médecine donneurs dont les notes ont baissé tout au long du semestre[25]. Il fait l'hypothèse qu'ils rognaient sur leur temps d'étude pour aider des amis à régler leurs problèmes.

D'autres donneurs, en revanche, savent préserver du temps pour eux-mêmes et leurs aspirations ; ils sont lucides et font la différence entre donneurs véritables et preneurs séducteurs, et se protègent donc des manipulations. Ceux-ci finissent par être largement gagnants, surtout à long terme, à la fois sur le plan des relations humaines, bien plus agréables et enrichissantes, et sur le plan de la réussite sociale.

Les donneurs ont l'art de tisser des réseaux, les gens aiment travailler avec eux, leur font confiance et sont facilement disposés à faire preuve de bienveillance à leur égard. Lorsqu'un donneur réussit, ceux qui l'entourent s'en réjouissent souvent et les encouragent, alors qu'ils sont plutôt irrités des succès des preneurs et des échangeurs. Grant écrit que ce qui le fascine le plus chez les donneurs prospères, c'est qu'ils parviennent au sommet sans avoir cherché à damer le pion aux autres, mais en trouvant le moyen de faire grossir le gâteau pour tous.

Revenons à l'étude portant sur des étudiants en médecine. Les étudiants donneurs de première année ont tendance à avoir des notes inférieures à la moyenne. En revanche, en fin d'études, ce sont les meilleurs étudiants. Les étudiants altruistes voient leur réussite universitaire s'améliorer nettement d'année en année.

Comment expliquer cette différence ? Au début des études, il s'agit essentiellement d'apprendre des cours, et l'étudiant qui passe beaucoup de temps à aider les autres sans en consacrer suffisamment pour ses propres études est perdant. En revanche, plus les futurs médecins avancent dans les études, plus leur succès dépend de leur capacité à travailler en équipe, à servir et à faire preuve d'empathie envers les patients. Les auteurs de cette recherche citent d'ailleurs des études antérieures montrant que l'empathie est plus déterminante que les aptitudes cognitives dans la performance clinique des médecins.

Grant souligne que la société contemporaine privilégiera de plus en plus les donneurs, car la plupart des tâches sont maintenant le fruit de collaborations, ce qui est évidemment favorable aux donneurs qui se trouvent très à l'aise dans ce type de fonctionnement. Par ailleurs, l'ère numérique dans laquelle nous sommes entrés rend les réputations plus visibles, ce qui joue également en faveur des donneurs.

La réputation est un aspect essentiel des relations humaines à long terme. La réussite des donneurs vient aussi de ce que leur bienveillance reste inscrite dans les mémoires. S'ils reprennent contact des années plus tard avec de simples connaissances pour leur demander un service, ils sont généralement accueillis avec plaisir. En revanche, les preneurs et les échangeurs suscitent surtout de la méfiance.

La motivation de service public

Les fonctionnaires sont souvent brocardés pour les multiples défauts qui leur sont attribués : manque d'initiative, oisiveté et inefficacité. Se dirigeraient préférentiellement vers la fonction publique les personnes recherchant un « boulot pépère » et la sécurité de l'emploi. Cette caricature, malheureusement trop répandue, correspond probablement au profil psychologique d'une certaine proportion des fonctionnaires, mais sûrement pas de la majorité d'entre eux.

Prenons par exemple la durée de travail hebdomadaire. Plusieurs enquêtes ont montré que les fonctionnaires travaillent en moyenne légèrement moins que les salariés du privé. Faut-il en conclure qu'ils sont paresseux ? Pas nécessairement. Une étude menée en Belgique a montré que cela vient de ce qu'ils souhaitent mener une vie équilibrée : les fonctionnaires passent plus d'heures en famille et éprouvent plus de satisfaction dans leur vie privée[26].

Autrement dit, si les fonctionnaires travaillent moins en moyenne, ce n'est pas parce qu'ils ne travaillent pas assez, mais plutôt parce que certains salariés du privé travaillent trop. Rappelons-nous les effets néfastes de la surcharge de travail, évoqués au chapitre 2 : risque accru de dépression, d'anxiété, de troubles du sommeil et de maladie coronarienne.

Par ailleurs, la croyance populaire en l'inefficacité des services publics, comparativement au secteur privé, est un mythe. Certes, tel ou tel service peut se révéler défaillant, mais cela se constate aussi dans les entreprises. Mais si l'on adopte une perspective globale, la vérité est que les services publics sont généralement efficaces, comme l'ont montré plusieurs enquêtes[27].

Hal Rainey et Paula Steinbauer, deux chercheurs américains en administration publique, comparent le service public à un éléphant[28]. Cet animal est lourd et volumineux ; malgré cela, il peut courir très vite. Il a la peau dure, mais c'est un animal particulièrement sensible et apte à l'altruisme. De la même manière, les services publics sont souvent de lourdes bureaucraties, tout en obtenant généralement de très bonnes performances ; réputés impassibles, ils manifestent pourtant de la sensibilité et de la réactivité face aux besoins des citoyens. Pour ces auteurs, il y a un ensemble considérable de preuves montrant que de nombreuses organisations publiques obtiennent de très bonnes performances.

Mais plus importantes pour mon propos sont les études menées sur le concept de « motivation de service public ». Sur la base de travaux antérieurs, James Perry et Lois Wise émettent en 1990 l'idée que les fonctionnaires ont un style de motivation spécifique, dans lequel l'aspect financier est très peu présent[29]. Quelques années plus tard, Perry élabore une échelle de motivation de service public qu'il soumet à des fonctionnaires de diverses administrations : responsables de la police, employés d'universités, travailleurs sociaux, cadres du ministère de la Défense, etc. Ceci le conduit à retenir quatre principales composantes de la motivation de service public[30] :

- *L'attrait pour la politique publique.* À titre d'exemple, voici l'un des items de l'échelle : « Je respecte les responsables publics qui peuvent transformer une belle idée en loi. »

• *L'engagement pour l'intérêt public.* L'un des items est : « Je préférerais voir des responsables publics faire ce qui est le mieux pour l'ensemble de la population, même si cela doit se faire au détriment de mes propres intérêts. »

• *La compassion envers les personnes,* avec pour conséquence le désir d'agir pour que leurs droits soient reconnus et protégés. L'un des items est : « Les événements de la vie quotidienne me rappellent souvent à quel point nous sommes dépendants les uns des autres. »

• *Le sacrifice de soi,* qui fait écho à la célèbre déclaration de John Kennedy : « Ne demandez pas ce que votre pays peut faire pour vous ; demandez ce que vous pouvez faire pour votre pays. » L'un des items est : « Servir les citoyens me donne un sentiment agréable, même si je ne suis pas payé pour cela. »

Deux situations concrètes exceptionnelles, rappelées par le sociologue Jean-François Chanlat, illustrent bien cette motivation de service public[31] : lors de la grande tempête qui a traversé la France en décembre 1999, EDF a vu arriver spontanément la plupart de ses techniciens, y compris des retraités, pour aider au rétablissement de l'électricité. Autre exemple : lors de la catastrophe du World Trade Center, des centaines de policiers et de pompiers ont trouvé la mort en portant assistance à leurs concitoyens. Certes, on peut toujours arguer du fait que c'était leur métier. Mais ils avaient précisément choisi ces métiers à fort risque. Et que penser de l'attitude du policier John Perry, qui se trouvait au siège de la police, à quelques rues des tours, lorsque le premier avion s'est écrasé ? Il avait décidé de quitter la police pour une carrière juridique et était en train de remplir un formulaire pour prendre sa retraite. Lorsque la nouvelle s'est répandue dans le commissariat, il a immédiatement repris son insigne et s'est porté au secours des victimes.

Malgré leur engagement, les fonctionnaires souffrent parfois d'un manque de reconnaissance, comme l'a montré une enquête française réalisée en 2013 par le cabinet Pragma auprès des agents de la fonction publique territoriale[32]. 80 % des répondants estiment que rendre un service de qualité est la principale mission du service public et 70 % se disent fiers de travailler pour le service public (dont 24 % de « oui, tout à fait »). En revanche, seuls 47 % estiment que leur travail est reconnu à sa juste valeur par la hiérarchie et 33 % qu'il est reconnu par les élus.

J'ai rencontré Thierry Brigodiot, l'un des associés du cabinet Pragma, qui m'a décrit plusieurs initiatives simples facilitant cette reconnaissance. Par exemple, dans plusieurs hôpitaux, les chefs de service ne diffusaient pas auprès du personnel les lettres de remerciement des patients, ou, au mieux, les affichaient sur un mur du service. Il leur a proposé de les faire largement circuler parmi le personnel et d'en discuter. Autre situation : dans un hôpital, des managers ont invité les médecins et infirmières à se rendre dans différents services tels que la restauration et la lingerie, pour qu'ils prennent conscience de la charge de travail et de l'engagement de ces personnes. Cela a fait évoluer leur perception et leur a montré plus clairement le lien entre ce travail humble et une prise en charge adéquate des patients.

De multiples études comparatives[33] ont confirmé l'existence de la motivation de service public. La définition de ce concept varie cependant selon les auteurs : certains la réservent uniquement ou presque aux fonctionnaires. C'est le cas de Perry et Wise, les créateurs de l'expression, qui affirment qu'il s'agit de la « prédisposition d'individus à répondre à des motivations enracinées principalement ou uniquement dans les institutions et organisations publiques[34] ». Mais aujourd'hui, divers autres chercheurs lui donnent un sens élargi, auquel je souscris ; par exemple, Jean-François Chanlat, que je viens de citer, parle d'« éthique du bien commun »[35] tandis que Hal Rainey et Paula Steinbauer font référence à la « motivation générale altruiste au service des intérêts d'une communauté de personnes, d'un État, d'une nation ou de l'humanité[36] ». Ainsi, la motivation de service public, bien qu'elle soit particulièrement présente chez les fonctionnaires, est une inspiration universelle, dans laquelle chaque personne peut éventuellement se reconnaître.

Les enquêtes menées dans le monde associatif sont particulièrement intéressantes à cet égard. Les domaines d'action de ce secteur (notamment santé, action sociale, éducation) recoupent fortement ceux des services publics, et visent à favoriser la solidarité. Ces salariés sont davantage intrinsèquement motivés que ceux des entreprises privées et ils sont également plus satisfaits de leur emploi, comme l'ont montré des études faites en Italie[37], en Grande-Bretagne et aux États-Unis[38].

Deux économistes français, Joseph Lanfranchi et Mathieu Narcy, ont mené une série d'enquêtes qui montrent que les salariés d'associations se déclarent, en moyenne, 5 % plus satisfaits de leur emploi que ceux des entreprises, résultats proches de ceux constatés dans les études antérieures, alors même que leur salaire mensuel moyen est sensiblement inférieur, et que leurs perspectives de carrière sont plus limitées[39]. Les salariés des associations sont disposés, pour travailler dans ce type d'organisation, à accepter des salaires en moyenne 12 % plus faibles que ceux qu'ils auraient pu percevoir au sein d'entreprises privées[40]. Mathieu Narcy estime que ceci est dû à leur désir plus prononcé de travailler au sein d'organisations dont les activités sont désintéressées et tournées vers la satisfaction de l'intérêt général. « La seule explication que l'on puisse donner à ce comportement, écrit-il, est que ces personnes trouvent une satisfaction profonde à se mettre au service de personnes en difficulté. » Ce chercheur se réfère à la « théorie du don du travail[41] », selon laquelle les salariés du secteur associatif sont susceptibles d'être intrinsèquement motivés dans leur emploi s'ils ont accepté des salaires plus faibles que ceux qu'ils auraient pu percevoir au sein du secteur privé.

Certains esprits chagrins pourraient penser qu'il s'agit en fait de personnes qui n'ont pas trouvé de poste dans le privé et qui acceptent un poste moins bien rémunéré dans le secteur associatif, faute de mieux. C'est faux : l'enquête montre que les salariés du secteur associatif sont en moyenne de meilleure qualité que ceux du secteur privé, ce qui amène cet auteur à conclure que les associations sont davantage capables d'attirer des travailleurs de meilleure qualité que ne le sont les entreprises privées.

Une conclusion simple peut se dégager de ces travaux : dans une époque où le principe de rentabilité à moindre coût envahit l'univers du service public, il est indispensable qu'inversement, les valeurs du service public se diffusent dans le monde des entreprises. Cet espoir n'est pas vain, puisque, comme nous le verrons dans les deuxième et troisième parties de ce livre, le fonctionnement de nombreuses sociétés privées repose précisément sur cette motivation de service public. Avec, d'ailleurs, pour conséquence, une rentabilité parfois impressionnante.

RÉSUMONS-NOUS

- ☞ L'altruisme est une composante majeure du bonheur et de la motivation au travail. Le sentiment d'être utile incite à faire son travail le mieux possible.
- ☞ Les cadres devraient créer des situations qui permettent à leurs collaborateurs de constater l'impact positif de leur travail sur ceux qui en bénéficient.
- ☞ L'empathie est une source importante de créativité professionnelle. Pour qu'une idée nouvelle soit vraiment créative, il est préférable qu'elle soit également utile ; et donc, que leur auteur s'efforce de se mettre à la place de l'utilisateur éventuel.
- ☞ La « motivation de service public » désigne le désir d'être professionnellement utile aux autres. Elle est particulièrement présente chez les fonctionnaires et les salariés du secteur associatif, mais peut être ressentie par toute personne, quelle que soit son activité.

5
Travaillons-nous pour l'argent ?

> Ce que l'on a ou ce qu'on représente importe beaucoup moins que ce que l'on est.
>
> *Arthur Schopenhauer*[1]

Nous avons vu que ce sont les relations humaines et l'épanouissement personnel qui sont les principales sources de motivation d'une personne au travail. Pourtant, les managers ont longtemps pensé (et beaucoup le pensent encore) que c'est essentiellement au travers de la carotte et du bâton que l'on motive les salariés.

La carotte, c'est surtout l'argent, en particulier en faisant dépendre une partie, parfois importante, du salaire du niveau de résultats du salarié, sous forme de primes. Il est d'ailleurs troublant de constater que de nombreux patrons et dirigeants syndicaux partagent, malgré leurs divergences, une même vision erronée de l'être humain comme étant essentiellement motivé par l'argent. Ils refusent ainsi de prendre en considération ce qui est une évidence de sens commun pour la plupart d'entre nous, à savoir que les principales sources de motivation au travail se situent ailleurs.

Le bâton, ce sont les contrôles destinés à surveiller le travail des salariés, accompagnés de sanctions si ceux-ci ne sont pas assez réguliers dans leur activité. J'examinerai ce thème du bâton dans le chapitre 7 ; cependant, en raison de l'orientation positive de cet ouvrage, j'y présenterai surtout l'« antibâton », c'est-à-dire ce qui se passe lorsque des patrons laissent une totale liberté à leurs salariés, éliminant tout contrôle de leur travail, en leur faisant pleinement confiance.

Pour l'instant, intéressons-nous à la carotte.

Un palmarès inattendu

Dans l'enquête publiée par *Le Nouvel Observateur* et présentée au chapitre 1, la journaliste Véronique Radier parle de « palmarès qu'on n'attendait pas » et souligne que « les professions du sommet de l'échelle sociale, prestigieuses, aux revenus réputés confortables, comme celles d'avocat, de médecin, de notaire, d'ingénieur ou de pharmacien, semblaient des lauréates plus évidentes. Nous avions tout faux. (...) Ceux qui croient en leur action en retirent davantage de bonheur que ceux qui jouissent de positions et/ou de revenus plus élevés. Douce revanche du sens et du dévouement, en somme ». François Miquel-Marty, directeur associé de l'institut de sondages qui a réalisé l'enquête, remarque pour sa part que « même si, bien sûr, le niveau de rémunération joue sur la satisfaction, le bonheur au travail repose sur trois éléments-clés : la passion pour son métier, le sentiment d'être utile à la société et le sentiment de reconnaissance, notamment par sa hiérarchie ».

Une autre enquête française[2], effectuée auprès de cadres, devrait définitivement convaincre les sceptiques – du moins, espérons-le... La rémunération n'arrive qu'en septième position des sources de motivation au travail, loin derrière les relations humaines et l'intérêt de l'activité.

Les vraies sources de motivation au travail

Ayant constaté que certaines recherches concluaient à un lien positif entre niveau de salaire et niveau de satisfaction au travail, tandis que d'autres études n'aboutissaient pas au même résultat, une équipe de chercheurs a voulu en avoir le cœur net. Elle a réalisé la première synthèse statistique sur le sujet, une méta-analyse rassemblant les résultats de 86 études[3]. Le résultat global est qu'il existe effectivement une corrélation entre les deux, mais faible. D'ailleurs, comme le montrent certaines études, c'est essentiellement pour les bas salaires que le niveau de rémunération joue un rôle dans la satisfaction au travail. Dès que le salaire atteint une certaine somme jugée suffisante, il n'entre pratiquement plus en ligne de compte dans l'évaluation par l'employé de sa satisfaction au travail. Les auteurs de cette synthèse citent des résultats étonnants, à première vue. Ainsi, des avocats gagnant en moyenne 148 000 dollars par an étaient moins satisfaits de leur travail que des professionnels de l'aide à l'enfance qui gagnaient en moyenne 23 500 dollars par an, soit 6,5 fois moins.

Les auteurs expliquent ce résultat, qu'ils estiment surprenant, par la théorie du niveau d'adaptation. Celle-ci postule que nous jugeons nos expériences en fonction d'un point de référence qui évolue en fonction des événements passés et de la situation présente. Dans le contexte professionnel, une fois qu'un individu bénéficie d'une augmentation de son salaire, la satisfaction produite n'est que de courte durée, car il s'habitue vite à celle-ci, qui devient son nouveau point de référence.

Pensons maintenant aux professionnels de l'enfance évoqués ci-dessus ; s'ils éprouvent autant de satisfaction, c'est que le sens positif attribué à leur travail n'est pas (ou peu) sujet à cet effet d'habitude. La satisfaction d'avoir pu aider un enfant ne s'émousse pas avec le temps, il n'est pas nécessaire d'avoir des expériences toujours plus fortes pour maintenir le même niveau d'intérêt au travail, contrairement à ce qui se passe pour la rémunération.

Quant aux avocats, une recherche a montré qu'ils constituent la profession la plus exposée à la dépression, parmi 104 métiers analysés, avec un taux 3,6 fois plus élevé que la moyenne[4]. Martin Seligman, « père » de la psychologie positive, souligne d'ailleurs que les grands cabinets d'avocats new-yorkais dépensent aujourd'hui plus d'argent pour retenir leurs employés que pour les recruter, car ceux-ci quittent ce métier en masse pour un travail qui les rende plus heureux[5]. Selon lui, la principale raison de ce mal-être est que le droit contemporain fonctionne surtout sur un rapport gagnant-perdant[6].

Robert Frank, professeur d'économie à l'université Cornell, a demandé à des étudiants quelles seraient leurs préférences professionnelles, en proposant à chaque fois deux choix possibles[7]. Les résultats sont assez impressionnants. Si on leur demande de choisir entre le Sierra Club (association naturaliste) et la National Rifle Association (qui milite pour le droit de tout Américain de posséder des armes à feu), ils sont 94 % à préférer la première, et ils sont prêts à recevoir un salaire inférieur de plus de 3 000 dollars en moyenne par mois en raison de ce choix. Ils sont 88 % à préférer travailler pour la Société américaine du cancer plutôt que pour le cigarettier Camel et sont prêts à subir une diminution de salaire de 2 000 dollars par mois.

Nous avons une conception négative de l'être humain

Le problème est que nous avons souvent tendance à considérer que nous-mêmes sommes motivés par le travail et par son utilité sociale, tout en croyant que les autres sont surtout intéressés par l'argent. Prenons par exemple les résultats d'une enquête menée auprès d'environ 500 futurs avocats à qui l'on a demandé quelles étaient leurs motivations pour entrer dans cette carrière, ainsi que les motivations qu'ils attribuaient à leurs pairs[8]. 64 % d'entre eux ont déclaré qu'ils le faisaient parce que ce métier était intellectuellement stimulant ou parce que la justice les intéressait, mais ils étaient seulement 12 % à penser cela de leurs pairs. En revanche, 62 % estimaient que ces derniers se dirigeaient vers ce métier pour des raisons financières.

Dans une autre étude, des chercheurs ont demandé à des employés de classer, par ordre d'importance, les facteurs influençant leur motivation au travail[9]. Voici, dans l'ordre, les trois premiers thèmes cités :

- un travail intéressant ;
- la reconnaissance du travail effectué ;
- le fait d'être pleinement concentré sur l'activité.

La sécurité de l'emploi et un bon salaire n'arrivent qu'en quatrième et cinquième positions.

Or, le classement est très différent lorsque les managers donnent leur opinion sur ce qu'ils croient être les sources de motivation de leurs collaborateurs. Cette fois-ci, ce sont les salaires puis la sécurité de l'emploi qui arrivent en premier, tandis que le travail intéressant n'est classé qu'en cinquième position, la considération en huitième, et la concentration sur l'activité en dixième. Sans commentaires...

Notons toutefois que des événements extérieurs peuvent faire glisser les salariés de la motivation intrinsèque vers la motivation extrinsèque. Dans une enquête ultérieure, Caroline Wiley, de l'université du Tennessee, constate qu'un bon salaire, systématiquement placé en cinquième position parmi les motivations durant trois enquêtes réalisées en 1946, 1980 et 1986, passe subitement en première position en 1992[10].

L'auteure attribue cela aux transformations du monde économique et organisationnel. Les multiples fusions, la compétition intensifiée et les vagues de licenciements massifs (entre le tiers et la moitié des entreprises grandes ou moyennes, européennes ou américaines, ont connu de tels licenciements au cours des années 1980 et 1990) ont provoqué un sentiment d'insécurité chez les ouvriers, qui a lui-même conduit à une modification de leurs valeurs prioritaires. En revanche, la reconnaissance pour le travail effectué reste systématiquement placée en première ou deuxième position dans les quatre enquêtes successives.

Dans le même ordre d'idées, Chip Heath, professeur de comportement organisationnel à l'université Duke, a enquêté auprès de 74 étudiants de MBA qui avaient déjà en moyenne presque six ans d'expérience professionnelle et dont un tiers était managers[11]. Il leur a demandé de classer par ordre d'importance pour eux-mêmes et pour d'autres personnes quatre types de motivation intrinsèque (apprendre de nouvelles choses, développer des compétences, accomplir quelque chose qui a de la valeur, se sentir bien avec soi-même dans cette activité) et quatre types de motivation extrinsèque (les bénéfices, le salaire, la sécurité, les félicitations par le supérieur hiérarchique).

Les résultats sont impressionnants. Seulement 22 % des participants ont cité en premier une motivation extrinsèque pour eux-mêmes, mais ils ont pensé que leurs camarades d'études placeraient une telle motivation en premier dans 32 % des cas, les managers dans 54 % des cas, et les employés dans 85 % des cas. Autrement dit, plus une personne est socialement éloignée de nous, plus nous avons tendance à la considérer comme motivée extrinsèquement. Chip Heath parle de « biais de motivation extrinsèque » pour décrire cette façon de voir. Ceci se rapproche d'un autre mécanisme, le « biais de positivité », que j'ai décrit dans un précédent ouvrage[12] : nous avons généralement tendance à nous considérer comme meilleurs que la moyenne des gens.

Heath a ensuite mené d'autres études qui confirment les résultats initiaux, même en modifiant divers paramètres. Par exemple, il a rajouté la catégorie « amis » parmi les personnes à évaluer. On retrouve le même biais (plus fort encore vis-à-vis d'amis que de managers). Ainsi, la proximité de liens affectifs n'élimine pas le biais de motivation extrinsèque.

Il considère que cette perspective peut entraver le bon fonctionnement des organisations, car les cadres, se basant sur de fausses conceptions de l'être humain, risquent fort de mettre en place des systèmes de management inappropriés. Ils peuvent ignorer l'importance du feedback, négliger des occasions de rendre le travail plus intéressant et sous-estimer le désir des employés de participer aux décisions au sein de l'organisation.

Un bon salaire de base augmente la motivation intrinsèque, les primes la diminuent

Partant du constat que les incitations externes ont tendance à réduire la motivation intrinsèque, une conclusion erronée serait de penser qu'il est préférable de payer peu les salariés afin qu'ils puissent être fortement motivés intrinsèquement. Une récente synthèse de la littérature nous apporte des informations très éclairantes[13]. Elle rassemble 154 études réalisées durant une quarantaine d'années et portant sur plus de 212 000 sujets. Les auteurs distinguent entre les stimulants directement significatifs pour la performance et ceux indirectement significatifs. De quoi s'agit-il ? Les premiers fournissent un lien direct entre le stimulant et la performance. C'est par exemple le cas des commissions octroyées à un commercial en fonction de la quantité de ventes effectuées, ou des primes annuelles en fonction de la productivité. Le système de prime à la performance, dont je vais présenter en détail les effets dans le chapitre suivant, relève de cette catégorie. Dans ce cas, le message adressé au salarié est en quelque sorte : « Nous pensons que vous êtes surtout motivé par l'argent, aussi nous vous offrirons une prime si vous êtes performants. » L'effet peut être dévastateur sur la motivation intrinsèque.

Les stimulants indirectement significatifs ont un lien nettement moins explicite avec la performance. C'est le cas du salaire de base : le salarié qui améliore sa performance a peu de probabilités de voir automatiquement augmenter son salaire. Et, inversement, le patron qui offre un bon salaire de base n'a aucune garantie que cela augmente la performance. Le message adressé au salarié est ici très différent : « Nous estimons que vous êtes performant et digne de confiance, et nous choisissons donc de vous accorder un salaire élevé. Nous assumons le risque de ne pas vous imposer de contrepartie en termes de performance. C'est vous qui êtes maître de cela. » Les évaluations statistiques montrent que, dans ce cas, il y a corrélation positive entre stimulant extrinsèque et motivation intrinsèque, qui s'associent pour améliorer la performance. Autrement dit, plus le salaire de base est élevé, plus la motivation intrinsèque l'est également, ainsi que la performance qui en résulte. La source de motivation n'est pas tant le salaire, mais plutôt la reconnaissance de la compétence et de la motivation du salarié que le bon salaire exprime.

Dans leurs recommandations pratiques, les auteurs nous mettent en garde contre la tentation consistant à vouloir augmenter la performance des salariés par des stimulants tels que les primes à la performance. « Si cette pratique se manifeste au détriment d'autres facteurs importants, tels que le bien-être et la satisfaction au travail, ces programmes peuvent se révéler inutiles. Si les stimulants vont à l'encontre des besoins psychologiques, ce processus peut indirectement affecter la performance (...). De cette manière, les organisations peuvent "gagner la bataille uniquement pour perdre la guerre". »

Examinons plus en détail le salaire de base. Lors du contrat, ce qui compte avant tout, c'est le sentiment de justice : « Le salaire qu'on me propose est-il juste ? » Or, puisqu'il n'existe pas de critère extérieur absolu permettant de répondre à cette question, la seule manière de s'en faire une idée est de connaître le montant de la rémunération habituellement offerte pour un poste similaire. La question devient donc : « Le salaire qu'on me propose est-il juste par rapport à ce qui se pratique habituellement ? » Ce qui explique que, selon le poste, un emploi simple rémunéré 1 800 euros par mois peut être considéré comme bien payé, tandis qu'un poste à fortes responsabilités rémunéré 3 000 euros sera perçu comme mal payé par d'autres personnes.

Plusieurs recherches empiriques ont confirmé que lorsqu'une personne estime son salaire insuffisant, elle diminue sa productivité. Ceci a été observé notamment auprès d'étudiants classant des livres dans un système informatique, des personnes recrutées pour remplir des enveloppes, des ouvriers agricoles plantant des arbres[14].

Une étude menée dans deux sites d'une entreprise multinationale norvégienne a montré que la motivation intrinsèque est corrélée au salaire de base, mais pas aux primes[15]. Selon l'auteur, il se peut que les employés interprètent différemment le regard porté par les responsables de l'entreprise dans les deux cas. Le salaire de base indique que l'organisation les reconnaît pour ce qu'ils sont, tandis que les primes signalent que l'entreprise les considère en fonction de ce qu'ils font.

De même, des baisses de salaire considérées comme injustifiées entraînent de la démotivation. Ainsi, après une baisse de salaire de 26 % pour les salariés d'Alaska Airlines le 30 avril 2005, le pourcentage d'avions arrivant à l'heure est passé de 77 % en avril à 59 % en mai et à moins de 50 % en juin[16]. Autre exemple : des décisions de justice ont été prises à la suite de conflits entre des municipalités américaines et des syndicats de policiers, à propos des salaires considérés comme insuffisants par ces derniers[17]. L'efficacité des policiers a ensuite été évaluée par un économiste. Lorsque la décision est défavorable aux syndicats, le nombre de crimes est 5,5 % plus élevé et le nombre d'affaires résolues par arrestation est 12 % plus faible, que lorsqu'elle est en leur faveur. Par ailleurs, les personnes arrêtées à la suite de victoires des municipalités ont moins de probabilité d'être incarcérées, ce qui peut, selon l'auteur de l'étude, s'expliquer de deux manières différentes : soit les policiers ont focalisé leur intérêt sur les délits moins graves, soit ils ont réuni et/ou fourni moins d'informations susceptibles de condamner les personnes arrêtées.

En économie du travail, on emploie l'expression « salaire d'efficience » pour désigner le fait que des patrons paient généreusement leurs employés. L'interprétation habituellement fournie repose sur une conception utilitariste à la fois de l'employeur et du salarié. D'une part, l'employeur agit ainsi dans l'attente d'une motivation et d'une productivité accrues du salarié. Quant à ce dernier, il répond effectivement par un surcroît d'engagement, mais uniquement par crainte d'être licencié – en cas de résultats trop faibles – et de ne pas retrouver ensuite un emploi aussi bien rémunéré.

Ce n'est pas la seule interprétation possible. On peut très bien imaginer que le patron paie bien ses salariés parce qu'il estime tout simplement que c'est normal d'agir ainsi. Et si les salariés répondent à cela positivement, cela peut résulter du fait qu'ils considèrent le salaire élevé comme une expression de bienveillance et de confiance de la part du patron.

Peter Mühlau et Siegwart Lindenberg, deux sociologues de l'université de Groningen, aux Pays-Bas, ont tenté de découvrir quelle explication était la plus pertinente[18], en se fondant sur la « théorie du cadrage », élaborée quelques années auparavant par l'un d'eux. Un cadre cognitif, c'est une certaine orientation mentale initiale qui conduit ensuite une personne à être attentive à certains événements et attitudes plutôt qu'à d'autres, à les examiner plus en détail et à mieux les mémoriser.

Lindenberg oppose notamment deux cadres majeurs. Il y a d'une part le *cadre normatif*, conduit par l'objectif d'agir d'une manière juste et bienveillante avec autrui, et dans lequel l'objectif de gain et les comportements stratégiques sont relégués en arrière-plan. Un bon salaire est ici un signal de bienveillance et de confiance de la part du patron. Il y a d'autre part le *cadre de gain*, conduit par l'objectif d'augmenter ses profits personnels, et dans lequel c'est inversement l'objectif d'action juste et bienveillante qui est placé en arrière-plan. Le salarié qui bénéficie d'un avantage de la part de son patron (par exemple un bon salaire) peut logiquement se demander si ce dernier est sincèrement sympathique (cadre normatif) ou s'il ne s'agit que d'une stratégie destinée à le manipuler (cadre de gain).

Selon les auteurs, c'est l'attitude générale humaniste de l'employeur qui joue un rôle, et non un acte spécifique d'augmentation de salaire. Ils ont mené une enquête auprès de plus de 8 000 salariés d'entreprises industrielles japonaises et américaines. Les résultats sont clairs. D'une part, lorsqu'une entreprise paie bien l'ensemble de ses salariés, ceux-ci ont plus de probabilités de s'identifier à celle-ci et de s'impliquer fortement. En revanche, il n'y a pas d'impact du salaire individuel (comparativement à celui octroyé aux collègues) pour les employés japonais. Il y a cependant un impact du salaire individuel chez les employés américains, mais qui disparaît si l'on prend statistiquement en compte d'autres aspects, tels que les bonnes conditions de travail et la qualité des relations avec le supérieur hiérarchique.

En conclusion, ce ne sont pas des stratégies plus ou moins manipulatrices qui faciliteront la motivation intrinsèque des salariés, mais un engagement sincère en faveur de leur bien-être.

Continueriez-vous à travailler si vous gagniez au Loto ?

Un test imparable permettant de savoir si les gens travaillent surtout pour l'argent consiste à étudier leur comportement après qu'ils ont gagné au Loto. Plusieurs chercheurs se sont penchés sur cette question.

Il y a une soixantaine d'années déjà, deux sociologues américains ont posé la question suivante à plus de 400 ouvriers et salariés de la classe moyenne : « Si, par chance, vous héritiez de suffisamment d'argent pour vivre confortablement sans travailler, pensez-vous que vous continueriez à travailler, ou non[19] ? » 80 % ont répondu qu'ils continueraient contre seulement 20 % qui ont dit qu'ils arrêteraient. Deux tiers des raisons avancées par les sujets étaient positives : être intéressé et apprécier le travail effectué, rester en bonne santé, donner du sens à sa vie, etc. ; tandis que le tiers restant était constitué de réponses négatives : si elle ne travaillait pas, la personne se sentirait inutile et s'ennuierait. Des études ultérieures ont confirmé cette tendance, malgré une légère diminution au fil des ans (dans les années 2000, 65 à 70 % des personnes répondent qu'elles continueraient à travailler si elles gagnaient à la loterie)[20].

Mais, diront certains, cela ne prouve rien puisqu'il s'agit de réponses à des questions hypothétiques. Dans la réalité, les gens pourraient se comporter bien différemment, quittant leur emploi dès qu'ils toucheraient le jackpot.

Plusieurs études ont donc été menées auprès de gagnants à diverses formes de loterie. Par exemple, deux sociologues suédois ont enquêté auprès de 339 personnes ayant gagné entre 500 000 et 7,5 millions de couronnes suédoises, soit 55 000 à

825 000 euros[21]. Seuls 35 individus (soit un peu plus de 10 %) avaient complètement arrêté de travailler, et seuls 9 d'entre eux (soit 2,6 % des gagnants) considéraient que les gains à la loterie avaient joué un rôle important dans leur décision. D'autres facteurs avaient eu un impact, en particulier le fait d'être proche de la retraite ; c'est en effet dans cette catégorie d'âge que la décision d'arrêter le travail était la plus fréquente.

Le niveau de gain n'a pas eu d'influence sur la décision d'arrêter de travailler, mais il en a eu sur la décision de travailler à temps partiel. Plus le niveau de gain est élevé, plus il y a de probabilités que la personne décide de travailler à temps partiel.

Les auteurs de l'étude soulignent que « du moment que le travail (...) est raisonnablement exigeant et épanouissant, la plupart des gagnants conservent leur emploi, quels que soient leur statut socio-économique, leur niveau d'études et de revenu ».

Dans une autre enquête, trois chercheurs en management ont étudié le comportement de 117 gagnants américains[22]. Seulement 17 d'entre eux se sont arrêtés de travailler, soit 14,5 %. Cette fois-ci, plus la somme d'argent gagnée était importante, plus la probabilité était forte que la personne quitte son emploi. Cependant, comme nous venons de le voir, cela ne concerne qu'une faible minorité ; de plus, la somme moyenne gagnée par les personnes qui ont choisi de continuer à travailler était très conséquente : 2,6 millions de dollars, soit environ 1,9 million d'euros, ce qui leur aurait largement permis de vivre désormais sans travailler.

Les chercheurs ont pris en compte une donnée supplémentaire : l'importance que ces gagnants accordaient à la valeur travail, évaluée au travers d'un questionnaire. Résultat : plus la valeur travail était forte, plus les personnes avaient tendance à conserver leur emploi. Ceci peut expliquer l'attitude de cet homme de 64 ans, conducteur de bus, qui a continué à travailler après avoir gagné 20 millions de dollars (environ 14,5 millions d'euros). Pour lui, « la loterie n'est qu'une prime qui m'est arrivée, ça ne changera pas mes habitudes de travail ni mes buts dans l'existence ».

En lisant ceci, certains réagissent peut-être en se disant : « Mais quel imbécile ! » Il se pourrait que ce soient d'ailleurs les mêmes qui pensent que les gens travaillent essentiellement pour l'argent. Selon cette perspective, l'être humain qui travaille est donc soit intéressé, soit imbécile ; aucune place pour le plaisir de travailler et d'être utile...

RÉSUMONS-NOUS

☞ Nous sommes généralement surtout motivés par le travail et son utilité sociale... tout en croyant que les autres sont surtout motivés par l'argent. Ceci a des effets particulièrement problématiques dans les relations entre cadres et collaborateurs.

☞ La plupart des personnes qui gagnent des sommes importantes à la loterie continuent leur activité professionnelle ou en profitent pour en exercer une autre. Ceux qui choisissent de s'arrêter de travailler sont généralement proches de la retraite.

6
Les primes à la performance nous motivent-elles ?

> La richesse est comme l'eau salée : plus on en boit, plus elle altère.
>
> *Arthur Schopenhauer*[1]

> Qui sait se borner aura toujours assez.
>
> *Lao-tseu*[2]

Vous vous souvenez peut-être de ce propos d'un chef-cuisinier, cité au chapitre 4 : « Moi, j'aime mon boulot. Mon boulot, c'est servir les étudiants. Je ne compte pas les heures. Si on me donne une prime par rapport au nombre de couverts étudiants, ça serait vraiment faire de moi un mercenaire, quelqu'un qui ne pense qu'à l'argent[3] !… »

La non-prise en compte de la motivation intrinsèque des salariés conduit malheureusement de plus en plus d'entreprises privées et d'administrations publiques à choisir des modes de rémunération faisant partiellement appel au paiement à la performance. Trois arguments, au bon sens évident, sont généralement avancés pour fonder cette décision :

– L'argument de *justice* : il est légitime que le salarié soit récompensé en fonction de sa performance. Et si celle-ci est sensiblement supérieure à celle de ses collègues, il est normal qu'il soit payé plus que ces derniers.

– L'argument de *productivité* : l'attrait d'une rémunération plus élevée va encourager le salarié à produire un effort supplémentaire.

– L'argument de *sélection* : le paiement à la performance incitera les salariés les plus productifs à venir travailler dans l'entreprise. Les autres préféreront la sécurité apportée par un salaire fixe, indépendant de leur niveau de productivité, et iront donc travailler ailleurs.

Au-delà du sens commun, cette pratique du paiement à la performance trouve un fondement conceptuel dans plusieurs théories, dont deux prépondérantes, largement enseignées dans les écoles de commerce et les facultés d'économie : la théorie de l'agence *(agency theory)* et celle de l'attente *(expectancy theory)*.

La première étudie le rapport contractuel entre une personne (le principal) et une autre (l'agent) – d'où l'expression « théorie de l'agence » – celui-ci étant engagé par le premier pour exécuter une tâche en son nom. Un postulat central de cette théorie est que les intérêts initiaux du principal et de l'agent sont opposés et qu'il faut s'efforcer de les faire se rejoindre. Dans une entreprise, l'actionnaire (le principal) cherche à obtenir le maximum de dividendes, tandis que le salarié (l'agent) cherche à réduire le plus possible son effort, quel que soit le niveau hiérarchique qu'il occupe. Si une partie ou la totalité des revenus du salarié dépend de sa productivité, il sera incité à travailler plus et mieux ; son intérêt et celui de l'actionnaire se rejoignent.

Quant à la théorie de l'attente, elle postule que l'individu produira des efforts seulement s'il s'attend à ce que ces derniers aboutissent à un résultat important à ses yeux. Plus un résultat est désirable, plus il y a de probabilités que l'effort sera important. Or, l'argent est un résultat particulièrement désirable.

Ces deux théories s'intègrent dans un cadre conceptuel plus large, la théorie de l'*homo economicus*, selon laquelle l'être humain est essentiellement défini par deux caractéristiques majeures : il est à la fois rationnel et égoïste. Par conséquent, il utilise sa réflexion afin de tirer le profit maximum de toute situation qui se présente à lui. J'ai montré, dans un précédent ouvrage, que cette théorie est aujourd'hui radicalement remise en cause[4].

Est-ce une stratégie efficace ? Parfois, mais...

Concrètement, ces conceptions sont-elles efficaces, une fois appliquées ? Une étude est souvent citée par les partisans du paiement à la performance. Edward Lazear, célèbre économiste de l'université de Stanford, fondateur de l'« économie du personnel », a profité du changement de mode de rémunération dans une entreprise pour en observer l'impact[5]. Il s'agit de la société Safelite Glass, l'une des plus grandes entreprises américaines de réparation et de remplacement de pare-brise. Son nouveau PDG décide de passer d'un système de rémunération à l'heure à un système fondé sur le nombre de pare-brise installés.

L'effet est très net : la productivité augmente de 44 %, avec un coût moyen pour l'entreprise qui passe de 44,43 dollars pour chaque pare-brise à 35,24 dollars avec le nouveau système. Quant aux ouvriers, leur salaire augmente de près de 7 %. La qualité aurait pu en souffrir, mais cela n'est pas le cas puisque si un ouvrier casse un pare-brise, il doit le payer et le remplacer. Le niveau de satisfaction des clients passe d'ailleurs de 90 à 94 %. Bref, tout le monde y gagne : le salarié est un peu plus riche, l'entreprise aussi, et le client est légèrement plus satisfait.

Une autre étude menée auprès de planteurs d'arbres aboutit à des résultats particulièrement instructifs[6]. Un ouvrier plante environ 900 arbres par jour. L'incitation financière conduit à une augmentation sensible d'arbres plantés par jour : 173 en moyenne. Mais sur ce nombre, 63 sont mal plantés. Or, des arbres mal plantés peuvent conduire le commanditaire (par exemple, l'État) à ne plus choisir l'entreprise pour des opérations ultérieures. Les responsables de l'entreprise, constatant que le gain de productivité était annulé par la perte de qualité, ont finalement décidé d'offrir un salaire fixe aux ouvriers.

Plusieurs éléments incitent de toute façon à tempérer l'enthousiasme éventuellement suscité par ces augmentations de productivité. Les auteurs de ces deux études sont économistes et n'ont focalisé leur recherche que dans une logique de profit. Ils auraient pu également s'intéresser au bien-être psychologique des ouvriers, et pas seulement à leur porte-monnaie. Prenons une autre recherche menée par d'autres spécialistes : un psychologue, une professeure de management spécialiste du stress au travail et un médecin[7]. Cette équipe fait tout d'abord le bilan de plusieurs études expérimentales qui ont montré que, durant des phases de paiement à la performance, les personnes secrètent plus d'hormones de stress et ont un niveau de pression sanguine plus élevé que lors des périodes de paiement basé sur le temps passé à accomplir une tâche. Mais surtout, ces chercheurs réalisent la première enquête à grande échelle, menée auprès de plus de 2 700 ouvriers, et montrent ainsi que ceux payés à la performance présentent plus de dépression et de troubles somatiques que ceux payés en fonction du temps de travail. D'autres études ont mis en évidence que le paiement à la performance augmente le risque de burn-out[8] et d'accidents du travail[9].

Revenons à nos changeurs de pare-brise et à nos planteurs d'arbres. On aurait pu imaginer des scénarios très différents, cohérents avec les connaissances présentées précédemment, et qui auraient mis moins de pression sur ces employés. Les responsables auraient pu apporter deux innovations : d'une part, augmenter d'office sensiblement les salaires ; comme je l'ai fait remarquer au chapitre 5, cette façon de faire, non conditionnée au rendement, augmente la motivation intrinsèque plutôt qu'elle ne la diminue, car elle donne aux ouvriers un sentiment de reconnaissance inconditionnelle. De plus, les patrons auraient pu insister sur la dimension « vocation » de ces métiers, qui s'y prêtent particulièrement bien : sauver des vies pour les réparateurs de pare-brise, contribuer à l'avenir de la planète et de l'humanité pour les planteurs d'arbres. Quelle satisfaction les salariés auraient pu retirer de cette perspective, et, plus encore peut-être, quelle fierté de pouvoir parler ainsi de leur métier à leurs enfants, amis et connaissances ! La métaphore de la cathédrale, évoquée au chapitre 2, prend ici tout son sens.

D'ailleurs, le début du nom de la société de pare-brise (*Safe*) signifie « sûr », « en sécurité ». Si les PDG avaient été convaincus de ce rôle bénéfique de l'entreprise, s'ils avaient été fiers de travailler avec cet objectif et avaient su transmettre cette flamme à leurs collaborateurs, il est fort probable que tous auraient été plus heureux de travailler dans ces entreprises. Et, en fin de compte, la productivité aurait certainement sensiblement augmenté, sans que cela soit l'objectif visé initialement.

En réduisant leur perspective à une vision strictement économique, ces patrons se sont privés d'un sens exaltant leur métier et celui de leurs collaborateurs. Savoir que l'on contribue efficacement au bien de l'humanité et de la planète est une perspective nettement plus motivante que s'épuiser pour des actionnaires essentiellement préoccupés par l'argent.

C'est donc bien toute une logique de l'activité professionnelle qu'il faut (re)trouver. Une logique dans laquelle la finalité de l'entreprise n'est pas d'abord la rentabilité maximale pour les actionnaires, mais le bien commun, sous le triple aspect du plaisir de travailler des salariés, de la qualité du produit pour le client et du respect de l'environnement. Je reviendrai plus longuement sur ce point dans l'épilogue de ce livre.

Dernière remarque, de prudence, concernant les résultats positifs du paiement à la performance cités plus haut. Comme l'ont fait remarquer divers chercheurs, ces résultats ne sont absolument pas transposables à toutes sortes d'activités. Lazear lui-même reconnaît, à la fin de son étude sur les pare-brise, que diverses conditions ont facilité l'augmentation du rendement des ouvriers : le résultat était aisément mesuré, les problèmes de qualité étaient immédiatement détectés et les coupables faciles à identifier. Autres éléments essentiels : il s'agissait de tâches simples et répétitives, ne nécessitant pas la coopération avec des collègues. Ces multiples conditions sont rarement présentes dans la plupart des métiers, et le seront de moins en moins à l'avenir. Une méta-analyse rassemblant 46 études empiriques a conclu que ce mode de rémunération augmente la performance pour des tâches inintéressantes, mais la diminue pour les tâches intéressantes[10].

Le paiement à la performance dégrade les relations entre salariés et dénature le sens du travail

De nombreux économistes sont tout à fait lucides sur les limites du paiement à la performance. Par exemple, David Marsden et Ray Richardson ont soumis un questionnaire à plus de 2 000 salariés du service des impôts britannique, au sein duquel le système de prime à la performance a été mis en place en 1988[11].

57 % d'entre eux considèrent que ce système est bon sur le principe, contre 40 % qui pensent le contraire. Et pourtant, la très grande majorité estime que ce système n'est pas efficace, comme le montrent ces réponses :

Le système de prime à la performance...	Oui	Non
... a amélioré la qualité de votre travail.	12 %	80 %
... a augmenté votre quantité de travail.	14 %	78 %
... vous a rendu plus efficace auprès du public.	9 %	68 %
... a augmenté votre sensibilité envers vos collègues.	14 %	63 %

Il est cependant possible, comme le soulignent les auteurs, que les individus ne soient pas les meilleurs juges de leur propre comportement et de leur motivation. Les auteurs de l'étude ont donc demandé à des cadres ce qu'ils pensaient du comportement de leurs collaborateurs. Voici les résultats qu'ils ont obtenus, confirmant ce qui précède.

Le système de prime à la performance...	Oui	Non
... a conduit une grande partie du personnel à manifester une haute performance au travail.	14 %	77 %
... a aidé à améliorer la qualité de travail d'une grande partie du personnel.	10 %	82 %
... a conduit à une augmentation de la quantité de travail d'une grande partie du personnel.	22 %	71 %

Par ailleurs, l'introduction de ce système a clairement dégradé les relations humaines au sein des équipes :

Le système de prime à la performance...	Oui	Non
... a eu tendance à saper le moral de l'équipe.	55 %	25 %
... a généré des jalousies entre membres de l'équipe.	62 %	21 %
... a conduit les membres de l'équipe à moins vouloir aider leurs collègues.	26 %	53 %

L'expérience vécue au sein de la société Hewlett-Packard est exemplaire à cet égard. Bill Hewlett et David Packard avaient fondé et développé leur entreprise à partir de la conviction que leurs salariés aimaient leur travail, et ils leur faisaient donc pleinement confiance[12]. Mais, après la retraite des fondateurs en 1978, Hewlett-Packard a connu un changement progressif de fonctionnement. À partir des années 1990 est mis en place le paiement à la performance[13]. Ce programme initié avec beaucoup d'enthousiasme par les managers a finalement été totalement abandonné trois ans plus tard.

Au cours des premiers mois, les salariés apprécient le système et dépassent même les objectifs de performance fixés. Mais les managers se rendent bien vite compte que la préoccupation des salariés a changé : ils sont maintenant plus focalisés sur le salaire que sur le travail en soi. Finalement, même les salariés ont fini par ne plus apprécier ce système, au point que, suite à de nombreux problèmes, les managers ont fini par l'abandonner. Dans l'une des usines, lorsque l'équipe de direction a annoncé au bout d'un an qu'elle allait stopper le système, les salariés ont organisé une fête pour manifester leur gratitude. C'était pourtant l'un des sites qui avait reçu un fort enthousiasme au début de l'expérience.

Les primes à la performance ont par ailleurs comme effet de générer des comportements stratégiques, les salariés ayant tendance à se focaliser sur les activités susceptibles d'entraîner des primes, au détriment d'autres activités aussi nécessaires, voire plus. C'est par exemple ce que montre une enquête réalisée chez les policiers par deux journalistes du *Monde*, Laurent Borredon et Alexandre Léchenet. En 2004, Nicolas Sarkozy avait créé la « prime de résultats exceptionnels ». Destinée à récompenser les 10 % les plus méritants, elle coûte aujourd'hui cinq fois plus cher que prévu et récompense presque un policier sur trois. Comme le souligne un policier : « Il suffit de faire une vacation à Calais, d'interpeller beaucoup d'étrangers en situation irrégulière, ce qui n'est pas très dur là-bas, et on touche la prime. »

Nous verrons les effets néfastes de ces pratiques à bien plus grande échelle dans le chapitre 19. En effet, les primes à la performance accordées aux patrons de sociétés sont en partie responsables de la crise économique qui a affecté la planète entière en 2008-2009.

Quels sont les effets des primes à la performance lorsqu'elles concernent des professions censées incarner une sensibilité à autrui : la médecine et la fonction publique ? C'est ce que nous allons maintenant examiner.

Quelle sorte de médecin préférez-vous consulter ?

Admettons que vous ayez une maladie grave, lequel de ces deux médecins préféreriez-vous consulter : l'un a choisi la médecine avant tout pour s'enrichir, l'autre l'a choisie parce que cette discipline l'intéresse et qu'il souhaite aider son prochain ? Je ne doute pas de votre réponse ; et d'ailleurs, lorsqu'elle a été posée à des étudiants de MBA, pourtant plus motivés par les incitations financières que la moyenne, la majorité d'entre eux ont choisi le second médecin[14]. Ceci résume bien le caractère très problématique du paiement à la performance appliqué à la santé, alors même que l'un de ses deux principaux objectifs est d'améliorer la qualité des soins (l'autre étant de réduire les dépenses de santé). Le médecin est souvent perçu au travers de deux images complémentaires : d'une part, celui du savant, de l'expert dans son domaine ; d'autre part, de l'humaniste, sensible à la souffrance d'autrui et capable de donner de son temps et de sa personne. Selon Philippe Chanial, maître de conférences en sociologie à l'université Paris-Dauphine, l'acte de soin ne peut être réduit à un simple geste technique et ponctuel, il est « avant tout une relation, et plus précisément une relation de don[15] », en particulier de don du temps qui va bien au-delà d'une simple relation donnant-donnant. Or, c'est précisément cela que réduit, voire élimine, l'impératif gestionnaire d'optimisation du temps des patients et des équipes soignantes.

C'est au Royaume-Uni qu'a été mise en place l'expérience la plus vaste de paiement à la performance dans le monde médical. Cela a été fait à partir de 2004, sous le nom de « Plan de qualité et de résultats » *(Quality and Outcomes Framework)*. Il avait pour double objectif d'améliorer la qualité des soins et de réorganiser le fonctionnement des cabinets médicaux. La performance est mesurée en fonction de cinq groupes d'indicateurs : résultat clinique, organisation du cabinet, satisfaction des patients, etc. Pour chaque indicateur est fixé un pourcentage minimum de patients traités pour percevoir la rémunération à la performance. Une fois ce seuil minimal atteint, plus le nombre de patients est élevé, plus la rémunération l'est aussi (jusqu'à un seuil maximal).

Une évaluation de la qualité des soins avant et après l'introduction du paiement à la performance a été réalisée pour trois maladies : l'asthme, la maladie coronarienne et le diabète[16]. La qualité des soins était en progression constante avant l'introduction du système, puis elle s'est améliorée à un rythme légèrement plus rapide au tout début de cette pratique, mais a rapidement stagné, sans amélioration supplémentaire. Au final, le niveau de qualité de soins de 2007 était soit inférieur (pour la maladie coronarienne), soit égal (pour l'asthme et le diabète) à ce qu'il aurait été sans la mise en place du paiement à la performance. Par ailleurs, la régularité du suivi des patients par le médecin de famille s'est progressivement dégradée à la suite de l'introduction du système de paiement à la performance.

Plusieurs explications de la stagnation sont possibles. Il se peut que le niveau maximal de performance ait été obtenu, ou presque, et qu'il soit donc difficile, voire impossible, d'obtenir des améliorations supplémentaires. Dans ce cas, l'introduction du paiement à la performance a très légèrement accéléré la fin d'un processus d'amélioration constante et n'était donc pas nécessaire. Mais une autre explication est également possible : le fait que le système de paiement à la performance ait bloqué cette amélioration, selon le scénario suivant. Avant l'introduction du paiement à la performance, les médecins amélioraient constamment la qualité de leurs soins. L'introduction de cette forme de rémunération a généré une motivation extrinsèque qui n'a été que de courte durée et qui a finalement éliminé la motivation intrinsèque présente antérieurement.

Quoi qu'il en soit, le système est clairement inefficace. Par ailleurs, un autre objectif du programme britannique était l'amélioration du revenu des médecins généralistes. Il était prévu que ce système entraînerait une augmentation de coût de l'ordre d'un milliard de livres sterling (environ 1,21 milliard d'euros). En fait, il a coûté 1,5 milliard de livres, soit 50 % de plus que le surcoût envisagé[17]. Le bilan est sans appel : une évidente inefficacité pour un coût nettement supérieur.

Se basant sur la compilation d'une centaine d'études, trois professeurs de médecine britanniques ont conclu que « compte tenu de nos résultats selon lesquels les améliorations de soin constatées d'un système à très grande échelle de paiement à la performance au Royaume-Uni étaient modestes, avec des incertitudes au sujet d'éventuels effets contraires, nous recommandons que les décideurs politiques continuent à être prudents lorsqu'il s'agit de mettre en place des systèmes similaires[18] ».

Au-delà du Royaume-Uni, la synthèse d'études la plus vaste et la plus récente dans le domaine de la santé (en fait, une synthèse de synthèses publiées en langues anglaise, espagnole et allemande) conclut que « les preuves sont insuffisantes pour recommander une mise en œuvre à large échelle des primes à la performance[19] ».

La Fédération des médecins suisses a publié en 2013 une déclaration, adoptée à l'unanimité, sur les bonus dans les contrats des médecins hospitaliers[20]. Se fondant sur le Code de déontologie, selon lequel « lors de la conclusion d'un contrat, le médecin évite que, dans son activité médicale, un tiers non médecin puisse lui imposer une action contraire à sa conscience professionnelle », elle « s'oppose aux bonus liés aux objectifs dans les contrats des médecins hospitaliers. Il est en effet prouvé empiriquement que le paiement à la performance *(pay for performance)* peut avoir des effets contre-productifs lors de tâches complexes et réduire la motivation intrinsèque (...) et (...) ne provoque aucune amélioration supplémentaire ».

Qu'en est-il en France ? La rémunération partielle à la performance a été progressivement mise en place, dans un double objectif de réduction des dépenses et d'amélioration de la qualité. Une étape importante a été franchie en 2009, lorsque la Caisse nationale d'assurance maladie (Cnam) a proposé aux médecins généralistes d'adhérer au Contrat d'amélioration des pratiques individuelles (Capi), mis en place autour de trois axes : prévention, suivi des maladies chroniques et optimisation des prescriptions.

Pourtant, en 2008, l'Igas (Inspection générale des affaires sociales) avait publié un rapport s'efforçant de tirer des leçons des expériences menées au Royaume-Uni et aux États-Unis[21]. Ce rapport souligne que « le paiement à la performance incite les médecins à se concentrer sur les indicateurs de performance au détriment, éventuellement, de l'écoute et de l'attention portée aux patients ». Les auteurs estiment que l'hypothèse selon laquelle la perspective d'un gain financier conduira le médecin à adopter de meilleures pratiques est très désobligeante à l'égard du corps médical, car elle part du principe que les motivations propres aux médecins (éthique, souci du patient...) ne sont pas suffisantes pour les conduire à une pratique de qualité. La seule utilité du paiement à la performance reconnue dans ce rapport est que ce système peut constituer une sorte de subvention cachée pour inciter les médecins à investir dans des matériels plus innovants, notamment dans l'informatique.

Le Conseil national de l'Ordre des médecins a publié en avril 2009 une déclaration selon laquelle ce mode de rémunération est contraire à la déontologie médicale, notamment parce que « la relation de confiance indispensable à la qualité de la prise en charge d'un patient serait affectée. Les patients pourraient se demander si le médecin a agi en fonction de son intéressement financier ou pour leur seul bien[22] ».

Malgré ces résistances, ce système a ensuite été généralisé sous le nom de « Rémunération sur objectifs de santé publique » (Rosp), lequel a lui aussi fait l'objet de critiques du monde médical. Ainsi, le Syndicat de la médecine générale a appelé au boycott, déclarant : « Nous constatons que la prime à la performance inscrite dans la dernière convention médicale :

– créera un conflit d'intérêt avec nos patients et aggravera les difficultés d'accès aux soins avec un risque important de rejet des patients qui ne veulent ou ne peuvent être “observants” (...) ;

– individualise les rapports entre les médecins et l'Assurance maladie et créera une souffrance chez les médecins mis en compétition les uns avec les autres[23]. »

Je relève, dans une thèse consacrée aux raisons fournies par les médecins ayant choisi de ne pas adhérer au Capi, l'information suivante : la moitié de ces médecins font partie de groupes qualité et comparent le Capi à ces groupes[24]. Il me semble que nous avons là une alternative intéressante au paiement à la performance. Si l'on part de l'idée que la plupart des médecins ont une motivation intrinsèque à améliorer leurs pratiques, ces groupes qualité sont particulièrement pertinents : initiés en Bretagne en 2000, ils favorisent les échanges de pratiques, les médecins pouvant s'appuyer sur une information objective scientifiquement validée et recourir aux avis d'experts, tout en sortant de l'isolement.

Un système qui pervertit les valeurs du service public

Pour améliorer la performance des services publics, de plus en plus de gouvernements copient les pratiques du secteur privé en mettant en place des systèmes de paiement à la performance, visant à suppléer la rémunération liée à l'ancienneté. Selon un document de l'OCDE publié en 2005, deux tiers des pays membres de l'OCDE ont déjà mis en place à des degrés divers des systèmes de rémunération à la performance, ou sont en train de le faire, avec pour objectif explicite d'« attirer et retenir des agents publics talentueux et dynamiques[25] ». Nul doute que ce chiffre a dû augmenter depuis.

Dans une synthèse d'une cinquantaine d'études, les auteurs parlent d'« adoption naïve » pour désigner l'emprunt du paiement à la performance fait par le service public, en raison des effets négatifs qu'il entraîne[26]. Une méta-analyse rassemblant l'ensemble des études et synthèses publiées antérieurement pendant une trentaine d'années (entre 1977 et 2008) conclut que « le salaire lié à la performance dans le secteur public échoue régulièrement à tenir ses promesses[27] ».

C'est au Royaume-Uni que cette stratégie a été le plus largement employée dans les services publics, remplaçant notamment les primes annuelles en fonction de l'ancienneté par des primes liées à la performance, à partir des années 1990. L'échec a été patent, comme l'a montré l'économiste David Mardsen[28]. Il a réalisé une enquête auprès d'employés de divers services publics (santé, éducation, impôts, agences de l'emploi) qui met en évidence un résultat paradoxal intéressant. Lorsqu'on leur demande s'ils pensent que le principe « payer pour la performance » est un bon principe, ils répondent majoritairement *oui* (sauf les enseignants). En revanche, lorsqu'on leur demande si cette méthode a augmenté leur propre implication au travail ou s'ils pensent qu'au final cette méthode a pour effet de récompenser le bon travail effectué, ils estiment très majoritairement que *non*. Par exemple, 72 % des employés de services pour l'emploi estiment qu'il s'agit d'un bon principe, mais seulement 12 % estiment que cela les a incités à travailler plus, et 78 % pensent que cela a créé des jalousies entre collègues. Quant aux managers de ces divers services, ils considèrent majoritairement que cela n'a pas augmenté la quantité de travail fourni.

En ce qui concerne le rapport de l'OCDE, que j'ai cité précédemment, il conclut que la RLP (rémunération liée aux performances) « ne constitue pas un élément de motivation significatif pour la majorité des fonctionnaires. Pour ces derniers, s'il est essentiel que les salaires de base correspondent aux prix du marché, les compléments salariaux apparaissent accessoires. (...) La plupart des rapports nationaux ne mentionnent pas l'amélioration de la motivation des agents au nombre des réalisations positives de la RLP, bien qu'elle en ait été l'un de ses principaux objectifs. L'essentiel des recherches universitaires portant sur la RLP vient corroborer cette constatation. En effet, presque toutes les recherches menées au Royaume-Uni s'appuyant sur le comportement des agents et l'auto-évaluation de leur motivation montrent qu'une faible minorité d'entre eux seulement se déclarent réellement motivés par le dispositif de RLP dont ils font l'objet. (...) Il semble que l'effet de motivation de la RLP ait été surestimé, et ses effets négatifs sous-estimés[29] ».

Qu'en est-il dans les pays francophones ? Autant la littérature scientifique sur le sujet est prolifique aux États-Unis et en Grande-Bretagne, autant elle est maigre pour la francophonie. La seule étude que je connaisse est celle présentée par Luc Rouban, directeur de recherche au CNRS. Effectuée auprès de près de 700 cadres administratifs français, elle consacre quelques lignes à ce thème pour signaler que seulement 14 % de ceux qui bénéficient d'une part modulable de leur prime estiment que celle-ci est plutôt motivante ou très motivante[30].

Pour conclure ce survol de l'impact du paiement à la performance, terminons par les effets collatéraux engendrés par ce système. J'ai déjà fait allusion à l'esprit de compétition et au stress engendrés, mais ce ne sont pas les seuls. Selon une enquête menée auprès de presque 200 cadres de la fonction publique américaine[31], le problème le plus souvent cité est celui du temps excessif passé à la paperasserie, suivi par la difficulté à distinguer clairement les différences de niveau de performance entre les subordonnés, et le manque de confiance de ces derniers concernant l'objectivité et la précision de l'évaluation effectuée.

Au final, il faut l'affirmer haut et fort : introduire le paiement à la performance dans la rémunération des fonctionnaires aboutit à une perversion complète des valeurs du service public.

Trois mythes qui perdurent sans raison valable

Revenons maintenant au point de départ de ce chapitre, c'est-à-dire aux trois arguments de bon sens généralement avancés pour fonder la mise en place du paiement à la performance. Il s'agit en fait de trois mythes, qui sont en décalage complet avec la réalité vécue sur le terrain.

- **L'argument de justice**

– Le mythe : Il est légitime que le salarié soit récompensé en fonction de sa performance. Et si celle-ci est sensiblement supérieure à celle de ses collègues, il est normal qu'il soit payé plus que ces derniers.

+ La réalité : Les salariés considèrent souvent comme arbitraires les critères ayant fondé la décision de leurs supérieurs. Par ailleurs, l'instauration de la prime à la performance crée des tensions au sein de l'équipe.

- **L'argument de productivité**

– Le mythe : L'attrait d'une rémunération plus élevée va encourager le salarié à produire un effort supplémentaire.

+ La réalité : La prime à la performance n'augmente que rarement la quantité de travail fourni et diminue généralement sa qualité.

- **L'argument de sélection**

– Le mythe : Le paiement à la performance incitera les salariés les plus productifs à venir travailler dans l'entreprise. Les autres préféreront la sécurité apportée par un salaire fixe, indépendant de leur niveau de productivité, et iront donc travailler ailleurs.

+ La réalité : Le paiement à la performance séduit surtout les individus âpres au gain. Les personnes désireuses d'être utiles, que ce soit envers leurs collègues ou envers la société, sont attirées par des emplois servant le bien commun et par une ambiance de travail collaborative.

Malgré son inefficacité, le paiement à la performance se maintient, voire se développe. Il s'agit là d'un paradoxe surprenant, que plusieurs auteurs ont cherché à comprendre[32]. Pour James Bowman, professeur d'administration publique à l'université de Floride, ce système s'apparente à une légende urbaine dont la perpétuation repose sur plusieurs facteurs[33] :

– le salaire lié à la performance est une « gigantesque icône culturelle ». Ne pas récompenser les personnes en fonction de leur mérite personnel signifierait que les individus n'ont pas d'impact ;

– la culture sportive, liée à la compétition et à la récompense individuelle de l'effort, est très populaire dans le monde contemporain et a largement imprégné les mentalités dans l'univers professionnels ;

– les dirigeants ont du mal à reconnaître leurs erreurs, particulièrement lorsqu'une réforme destinée à augmenter l'efficacité s'avère inefficace.

Pour l'OCDE, une raison majeure est que la mise en place du paiement à la performance est généralement accompagnée de diverses mesures de réorganisation du travail, de définition des objectifs, de clarification des tâches et de recrutement. Ce sont ces modifications qui sont éventuellement susceptibles d'améliorer la performance individuelle et collective[34].

Pour Edward Kellough, professeur à l'université de Géorgie, ce sont essentiellement des raisons de stratégie politique qui expliquent ce maintien du paiement à la performance dans le secteur public[35]. L'important n'est pas de viser l'efficacité, mais de donner l'image de dirigeants volontaristes qui répondent à la perception négative que certains citoyens ont des services publics, jugés inefficaces. Ils essaient de donner l'illusion qu'ils peuvent contrôler la productivité des fonctionnaires, en important du secteur privé la culture de la performance et du mérite individuels. De plus, il leur est évidemment très difficile de reconnaître ensuite l'inefficacité de cette mesure, étant donné les campagnes de communication auxquelles donne généralement lieu sa mise en application.

À la lecture des pages qui précèdent, certains penseront peut-être que les patrons profiteront à bon compte de ces recommandations leur permettant de ne pas dépenser plus d'argent pour leurs salariés. Cette interprétation peut d'ailleurs être partagée par des syndicalistes et des patrons, même si c'est pour des raisons évidemment très différentes de part et d'autre. Pour ma part, je pense exactement le contraire : il est bien plus exigeant, au quotidien, d'exprimer une reconnaissance – sincère, c'est évidemment essentiel – que de concéder un supplément monétaire. Le patron qui donne de l'argent peut estimer avoir « fait son boulot » et qu'il n'a au fond rien à faire de plus pour les salariés.

Une autre vision est possible

Il est très éclairant d'interpréter l'ensemble de ces résultats à la lumière des différentes manières de considérer le travail présentées dans le chapitre 2. La vision strictement économiste, manifestée par le biais du paiement à la performance, consiste à rabaisser tout métier à un job, tandis que la perspective humaniste vise inversement à élever tout métier au statut de vocation, par le biais de la motivation intrinsèque visant à être utile aux autres. Il s'agit évidemment là de deux conceptions très différentes du travail et de la motivation.

La conclusion des pages qui précèdent est assez claire. Le travail est un élément essentiel de l'existence, susceptible de procurer du bonheur à la personne qui l'exerce, dans la mesure où elle y trouve un intérêt intrinsèque. Cette satisfaction au travail sera d'autant plus forte si l'individu sent que son travail est utile aux autres et s'il entretient de bonnes relations avec ses partenaires de travail, quel que soit leur statut.

C'est précisément cet aspect relationnel de l'univers professionnel que nous allons maintenant approfondir au travers des thèmes suivants : la confiance, la coopération, l'esprit de service, la bienveillance et l'apaisement des conflits.

RÉSUMONS-NOUS

Le système de rémunération en fonction de la performance a généralement des effets inverses à ceux escomptés. Trois arguments, d'apparent bon sens, sont généralement avancés pour justifier des primes à la performance. Or, ils sont tous à l'origine d'effets indésirables.

☞ L'argument de *justice* : Il paraît légitime que le salarié soit récompensé en fonction de sa performance. Or, les salariés considèrent souvent comme arbitraires les critères ayant fondé la décision de leurs supérieurs. Par ailleurs, l'instauration de la prime à la performance crée des tensions au sein de l'équipe.

☞ L'argument de *productivité* : L'attrait d'une rémunération plus élevée est censé encourager le salarié à produire un effort supplémentaire. En fait, la prime à la performance n'augmente que rarement la quantité de travail fourni et diminue généralement sa qualité.

☞ L'argument de *sélection* : Les primes devraient inciter les salariés les plus productifs à venir travailler dans l'entreprise. En fait, le paiement à la performance séduit surtout les individus âpres au gain. Les personnes désireuses d'être utiles, que ce soit envers leurs collègues ou envers la société, sont attirées par des emplois servant le bien commun et par une ambiance de travail collaborative.

DEUXIÈME PARTIE

DES RELATIONS D'ÉQUIPE HARMONIEUSES

7
Vive la confiance !

> La manière la plus pratique et la plus digne de poursuivre son chemin en ce monde, c'est de croire les autres sur parole lorsqu'aucune raison précise ne s'y oppose.
>
> *Gandhi*[1]

> Plus il y a de contrainte, moins il y a d'autorité. (...) Une autorité entièrement vraie implique le renoncement à toute contrainte.
>
> *Karl Jaspers*[2]

La confiance est parfois assimilée à la naïveté. Or, c'est tout le contraire ! Examinons les résultats fournis par l'étude de Nancy Carter et Mark Weber, de l'université de Toronto, au Canada[3]. Ces chercheurs ont présenté ce petit scénario à des étudiants en MBA *(Master of Business Administration)* ayant plusieurs années d'expérience professionnelle : « Dans une entreprise, des candidats au recrutement ont menti, ce qui a entraîné des coûts de productivité, de la perte de temps et une mauvaise atmosphère morale. Vous devez choisir, entre deux personnes, laquelle effectuera les prochains entretiens d'embauche. Toutes deux ont la même expérience et les mêmes compétences professionnelles. Ce qui les différencie est essentiellement le fait que l'une a tendance à faire largement confiance aux gens, l'autre a une nature bien plus méfiante envers les inconnus. L'un de vos objectifs est de vous assurer que les candidats ne bernent pas la personne chargée du recrutement. Quelle personne allez-vous choisir pour effectuer cette tâche ? » Comme l'on peut s'y attendre, la plupart des étudiants (85 %) ont choisi la personne méfiante, essentiellement parce qu'ils pensaient que la personne confiante était plus naïve et moins intelligente que l'autre.

Tous les étudiants ont par ailleurs rempli un questionnaire permettant de mesurer leur niveau de confiance générale en autrui, et on leur a présenté des vidéos de huit étudiants postulant à un emploi. L'expérimentateur avait demandé à la moitié d'entre eux de ne mentir sous aucun prétexte, et aux autres de proférer au moins trois mensonges importants et crédibles susceptibles de faciliter leur recrutement. Quels sont les étudiants les plus aptes à repérer les menteurs ; les confiants ou les méfiants ? Eh bien, ce sont les confiants ! De plus, ceux-ci évaluent les non-menteurs comme plus dignes de confiance, plus agréables et plus honnêtes que ne le faisaient les étudiants suspicieux. Lorsqu'on leur a demandé sur quels éléments ils s'étaient fondés pour tirer leurs conclusions, ils ont notamment fait allusion aux gigotements et au ton de la voix des menteurs. Or, ces deux comportements sont des signes bien connus de mensonge.

La confiance n'est pas non plus de la désinvolture. Elle concerne deux aspects bien distincts qu'il ne faut pas confondre : la confiance envers la compétence d'autrui et la confiance envers son honnêteté. De quelle confiance parle un manager lorsqu'il charge un collaborateur d'une tâche délicate et lui dit : « Je vous fais confiance » ? Admettons que ce collaborateur soit parfaitement honnête, mais n'ait pas encore acquis la compétence suffisante pour accomplir la mission qui lui est confiée, et qu'il n'ose pas en parler à son supérieur. Quelques semaines ou mois plus tard, celui-ci le critiquera probablement pour ses résultats insuffisants et terminera peut-être son réquisitoire par ce propos : « Et moi qui vous avais fait confiance ! » Là encore, à quelle type de confiance renvoie la suspicion maintenant établie ?

La conclusion s'impose. La confiance en l'honnêteté doit impérativement s'accompagner d'un soutien au développement de la compétence. Un manager qui dirait à un collaborateur : « Je vous fais confiance » sans mettre tout en œuvre pour favoriser le développement des capacités de celui-ci serait clairement le premier responsable de la faible performance ultérieure.

Pourquoi surveiller les salariés est contre-productif

Que se passe-t-il lorsqu'un responsable hiérarchique ou une entreprise met en place des systèmes de contrôle ? Il n'y a pas si longtemps encore, la pointeuse était le principal outil de contrôle du comportement des salariés. Mais depuis une vingtaine d'années, les outils se sont multipliés : télévision en circuit fermé, enregistrements téléphoniques, pistage des déplacements, etc. De multiples justifications peuvent être avancées par les employeurs pour justifier ces procédés, les unes concernant surtout les risques externes (réduire le risque de failles de sécurité ou de publicité négative, protéger les données concernant l'entreprise et ses salariés), les autres concernant les comportements internes (connaître la performance d'un salarié ou d'une équipe, s'assurer de la qualité de service fourni au client, diminuer le risque d'usage d'Internet à des fins personnelles, etc.). Le contrôle des salariés présuppose que le salarié est fondamentalement paresseux et motivé par son intérêt personnel. C'est cette conception erronée de l'être humain qui conduit, soit à l'usage de la carotte (dont nous avons vu les effets néfastes au chapitre 3), soit à l'usage du bâton (sous forme de contrôles et de sanctions). Or, si la carotte diminue la motivation intrinsèque, à plus forte raison, le bâton le fera !

Une étude expérimentale met clairement en évidence « les coûts cachés du contrôle[4] », c'est-à-dire la baisse de la performance consécutive à la surveillance. Dans cette recherche, le supérieur hiérarchique peut faire confiance à son collaborateur ou, inversement, le contrôler et imposer une performance minimale avant que celui-ci ne choisisse une activité. La majorité des responsables choisissent de ne pas contrôler leur collaborateur. Ceux qui contrôlent sont plutôt pessimistes sur la nature humaine et s'attendent à une moins bonne performance que ceux qui font confiance. La plupart des collaborateurs réduisent leur performance en réaction au contrôle. Les auteurs constatent qu'une « prophétie autoréalisatrice » se met ainsi en place. Cette expression, utilisée par des chercheurs en sciences sociales, désigne le fait qu'une prédiction génère parfois elle-même le phénomène qu'elle annonce. Ce qui n'était qu'une possibilité parmi d'autres devient alors réalité.

Dans le cas présent, les responsables optimistes obtiennent les bons résultats qu'ils espèrent, tandis que les pessimistes génèrent les mauvais résultats qu'ils attendent.

À la fin de chaque expérience, les chercheurs demandent aux collaborateurs soumis au contrôle ce qu'ils en ont pensé. La plupart le considèrent comme un signe de méfiance à leur égard et comme une réduction de leur liberté de choix. Comparativement aux individus non contrôlés, ils sont deux fois plus nombreux à penser qu'on ne leur fait pas confiance et qu'ils manquent d'autonomie, trois fois plus nombreux à penser que leur responsable est cupide, et sept fois plus nombreux à penser que celui-ci ne les comprend pas. Un propos tenu par un collaborateur est caractéristique de ce besoin de liberté et de confiance : « Si je me sens obligé de faire quelque chose, je n'ai plus envie de donner davantage que ce qui est nécessaire. »

Dans la vie professionnelle, le contrôle peut générer des coûts impressionnants, comme le montre une recherche menée dans un hypermarché français, où plusieurs décisions ont été prises pour améliorer la qualité du service à la clientèle[5]. La direction nationale a, par exemple, envoyé dans les magasins des « clients mystères », enquêteurs jouant de manière anonyme le rôle de clients, afin d'apprécier la qualité du service offert. Ils sont chargés d'évaluer la rapidité d'exécution, la présentation de la caisse et de la caissière, la capacité à détecter des vols, le respect de la procédure du SBAM (Sourire, Bonjour, Au revoir, Merci). Par ailleurs, le directeur du magasin a élargi les heures d'ouverture qui, de 9 heures à 21 heures, sont passés de 8 heures à 22 heures.

Les auteurs de l'enquête constatent que l'année qui a suivi ces actions censées améliorer les services a été marquée par une augmentation, non pas du chiffre d'affaires, mais des coûts de l'entreprise ! Ainsi, le taux d'absentéisme, qui était d'environ 17,5 % les dix années précédentes, est passé à près de 30 % après la démarche. Ce coût a presque doublé (passant de 355 000 euros à 609 000 euros). Il y a eu multiplication des absences pour maladie de courte durée, le plus souvent imprévues, faisant l'objet de salaires versés par l'hypermarché, car la prise en charge par la Sécurité sociale n'intervient qu'à partir du quatrième jour.

Quant aux démissions, leur taux est passé d'un niveau stable de 18 % les dix années précédentes à 27 % après les changements opérés. Le coût des démissions a augmenté de moitié (passant de 75 000 euros à 113 000 euros). Ceci est notamment dû au temps passé en démarches administratives, au recrutement et à la formation des nouvelles recrues, et à la moindre efficacité de celles-ci – il faut environ six mois pour qu'une caissière soit pleinement opérationnelle.

On relève, parmi les critiques les plus souvent exprimées par les caissières : « Les horaires de travail sont imprévisibles » (24 caissières sur 25 interrogées) ; « Le client mystère témoigne d'un management fondé sur le contrôle plutôt que sur le soutien » (23 sur 25) ; ou encore « L'accent mis sur les indicateurs de productivité nuit à la qualité du service » (22 sur 25).

Les caissières pointent notamment les contradictions des évaluations par les clients mystères. L'un d'entre eux a par exemple écrit dans son rapport : « L'hôtesse de caisse est aimable, mais elle exécute son travail de façon automatique », alors que c'est précisément ce que prescrit la procédure SBAM (Sourire, Bonjour, Au revoir, Merci). Le SBAM est d'ailleurs généralement mal perçu par les caissières qui considèrent son caractère artificiel comme étant la négation même de leurs capacités relationnelles spontanées.

Quant au système de contrôle de la rapidité d'exécution des caissières, il est inadapté au vécu concret de celles-ci, dans leur relation avec les clients. Il leur arrive de choisir de ralentir leur rythme pour s'adapter aux besoins du client : « Si on va trop vite, un client âgé peut paniquer parce que les articles s'entassent au bout du tapis », déclare l'une d'elles.

Scanner plus rapidement n'a de toute façon pas pour effet d'augmenter le nombre moyen de clients servis à l'heure, puisque la caissière doit attendre que le client en cours ait fini d'ensacher les produits et de remplir son Caddie avant de servir le suivant. De plus, dans la mesure où le chronomètre se déclenche lorsque le premier article est passé à la lecture optique et s'arrête lorsque la touche « Total » est activée, certaines caissières ne commencent à scanner que lorsqu'un nombre conséquent de produits a été déposé sur le tapis, de manière à maintenir une bonne cadence durant le scannage. Ce comportement risque d'être interprété par la clientèle comme un manque de réactivité.

Notre besoin de liberté au travail...

Plusieurs enquêtes montrent que les travailleurs indépendants sont bien plus satisfaits de leur travail que les salariés[6]. Matthias Benz et Bruno Frey, respectivement de l'université de Berkely et de l'université de Zurich, ont cherché à savoir pour quelles raisons[7]. Selon le point de vue habituel de l'économie, l'explication la plus évidente est que ce sont les avantages matériels procurés, en particulier un meilleur revenu ou un nombre plus faible d'heures de travail, qui sont à l'origine de cette satisfaction. Or, cette explication ne résiste pas au constat empirique : les travailleurs indépendants gagnent en moyenne moins que les salariés et sont sujets à des variations de revenu plus élevées que ces derniers. En fait, les travailleurs indépendants « paient » pour leur indépendance, en prenant des risques financiers (certains ont investi toute leur fortune personnelle dans leur projet), et en ayant des revenus plus faibles et moins réguliers que les salariés. L'enquête de Benz et Frey, menée dans 23 pays (Europe de l'Ouest et de l'Est, Amérique du Nord, pays en développement) montre que, dans presque tous ces pays, les travailleurs indépendants sont plus heureux au travail que les salariés. Le seul pays divergent est la Nouvelle-Zélande, où c'est légèrement l'inverse. Des analyses statistiques révèlent que la source essentielle – voire unique – de cette différence d'appréciation entre salariés et indépendants est le sentiment d'une plus grande liberté chez ces derniers. Les auteurs interprètent cela au travers du concept d'« utilité procédurale », qui désigne le fait que les personnes ne sont pas seulement sensibles aux résultats matériels, mais également au processus conduisant à ces résultats ; autrement dit, l'autonomie est plus appréciée que la soumission à une hiérarchie.

Il m'arrive fréquemment de dire que la différence majeure entre le travail salarié et le travail indépendant relève de l'équilibre entre sécurité et liberté. Les salariés ont généralement plus de sécurité de l'emploi que les indépendants, mais au détriment de leur liberté. Quant aux indépendants, c'est l'inverse : ils éprouvent généralement plus de liberté, mais sont en plus grande insécurité financière. Bien évidemment, il s'agit dans chaque cas de tendances ; le problème se trouve résolu d'une part pour l'indépendant qui a des revenus confortables, d'autre part pour le salarié à qui le patron accorde une grande liberté d'action. Ainsi, le management participatif, par lequel les salariés peuvent exprimer leur point de vue sur le fonctionnement de l'organisation, sur la politique du personnel, etc., augmente leur satisfaction au travail[8].

... et notre sens moral de la responsabilité

Lanse Minkler, économiste à l'université du Connecticut, a interrogé plus de 1 000 personnes pour savoir si elles seraient capables de travailler dur, même s'il était pratiquement impossible pour leur employeur de les contrôler[9]. 83 % des personnes ont répondu que ce serait « très probable », 12 % « assez probable », 2 % « assez improbable », 1,5 % « très improbable ». Ainsi, 95 % seraient prêts à travailler dur, sans contrôle de leur patron. Le résultat est réellement impressionnant.

D'autres questions ont été posées à ce groupe des 95 % afin de mieux connaître leurs motivations. Les réponses les plus citées étaient d'ordre moral (par exemple, « c'est la chose moralement juste à faire »), puis relevant de la motivation intrinsèque (par exemple, « j'aime mon travail ») ; ensuite vient la pression des pairs et en dernier les incitations monétaires.

Ces personnes ont également été interrogées sur le degré d'importance qu'elles accordent à l'honnêteté de leur employeur. La moyenne, sur une échelle de 0 (pas important du tout) à 10 (très important), est 9,6. Et lorsqu'on leur demande le niveau de probabilité auquel elles seraient prêtes à faire du bon travail, si elles savent que leur patron est honnête, la moyenne est de 9,7 sur 10.

En fin de compte, la première question que devrait se poser un employeur qui envisage de faire confiance à ses salariés n'est pas de savoir si ses salariés sont honnêtes, mais si lui-même l'est...

Une enquête menée par deux chercheuses en sciences des organisations, auprès de près de 8 500 personnes travaillant dans des magasins, confirme le rôle du sentiment de responsabilité des salariés[10]. Les résultats montrent que la confiance des managers entraîne un sentiment de responsabilité chez les salariés, ce qui conduit à un meilleur service fourni aux consommateurs et à une augmentation des ventes.

On s'implique beaucoup plus quand on se sent libre

Ceci se vérifie dès l'entrée dans la vie professionnelle. Dans une série d'études réalisées à Marseille, deux professeurs de psychologie sociale, Robert-Vincent Joule et Jean-Léon Beauvois, montrent que le fait d'imposer des comportements à des jeunes ou, inversement, de leur accorder de la liberté modifie fortement les résultats. Dans une recherche sur la formation professionnelle[11], le formateur insiste soit sur le caractère obligatoire de la présence (avec retenue sur salaire en cas d'absence injustifiée), soit sur le caractère volontaire de la formation, en déclarant : « Vous connaissez à présent le déroulement de ce stage et son objectif. Je suis normalement tenu à un contrôle des présences, puisque, vous le savez, chaque absence injustifiée donne normalement lieu à une retenue de salaire. Mais personnellement, je pense que les stages se passent mieux et que l'on obtient de meilleurs résultats si les participants sont des gens réellement motivés plutôt que s'ils suivent la formation par obligation. Aussi, c'est simple, je ne ferai pas d'appel et il n'y aura donc de retenue de salaire pour personne. Je prends sur moi de ne pas observer le règlement sur ce point. C'est à vous de voir si vous souhaitez ou pas tirer profit de cette formation. » À part cela, les deux groupes ont suivi exactement la même formation.

Certains responsables de l'organisme de formation étaient franchement inquiets : « Vous ne connaissez pas cette population, il ne s'agit pas de vos étudiants. Si on ne fait pas l'appel, ça va être l'hécatombe... » Or, le taux d'absentéisme fut équivalent dans les deux groupes, avec toutefois une différence significative : les stagiaires du groupe « liberté » s'excusaient par avance de leur absence, contrairement à ceux du groupe « contrôle » qui plaçaient systématiquement le formateur devant le fait accompli. De plus, les stagiaires du groupe « liberté » se portèrent plus souvent volontaires pour faire un exposé, enquêter sur le terrain ou constituer un dossier ; ils posaient également plus de questions, etc. Ils ont d'ailleurs trouvé la formation plus intéressante et plus satisfaisante que les stagiaires du groupe « contrôle ».

Mais surtout, les stagiaires du groupe « liberté » ont pris contact avec deux fois plus d'employeurs potentiels, et le résultat ne s'est pas fait attendre : ils ont été deux fois plus nombreux à trouver un emploi ; 56 % contre 25 % des stagiaires du groupe « contrôle » à la fin du stage. Trois mois plus tard, cette différence s'est maintenue ; les taux de placement étaient respectivement de 69 % et de 35 %. Notons au passage que ces deux chercheurs présentent d'autres expériences du même type sur des thèmes aussi divers que l'économie d'énergie, le port de casque de sécurité sur un chantier, l'adoption du préservatif par des adolescents. Le constat est systématiquement le même : le sentiment de liberté augmente l'engagement dans une action.

Pour Beauvois et Joule, « l'explication est finalement assez simple. Quand une personne est déclarée libre de faire ou de ne pas faire quelque chose, et qu'elle le fait, elle va se reconnaître dans cet acte et en assumer la signification. Les psychologues parleront volontiers de motivation intrinsèque dans la mesure où ce que fait la personne ne lui est pas dicté de l'extérieur et dans la mesure aussi où rien, dans la situation (pas plus de menaces de punition que de promesses de récompense), n'a pu peser sur sa décision de se comporter comme elle l'a fait ».

Faire confiance augmente la motivation intrinsèque

Ce constat, réalisé auprès de jeunes en formation, se retrouve ensuite dans le cadre professionnel. Nous avons vu, au chapitre 3, l'importance du sentiment d'autonomie comme facteur essentiel de motivation intrinsèque. Selon les spécialistes de l'autodétermination, une alternative pertinente aux stratégies de la carotte ou du bâton consiste à soutenir l'aptitude à l'autonomie des collaborateurs ; cela consiste à les aider à faire des choix pour eux-mêmes, sans chercher à les effrayer ou à faire pression sur eux, en s'efforçant de comprendre leur point de vue et d'en tenir compte, en encourageant l'initiative individuelle, en limitant les pressions et les contrôles, et en fournissant des informations pertinentes.

Deci et Ryan opposent ainsi les concepts de motivation contrôlée et de motivation autonome. Dans le premier cas, les personnes se sentent surveillées, contrôlées, sont stressées par les objectifs imposés et ont peur des sanctions. Dans le second cas, elles se sentent respectées, estiment que leur point de vue est pris en compte et intériorisent facilement les comportements qui leur sont bénéfiques. Plusieurs études ayant abordé ce thème dans l'univers professionnel convergent pour conclure qu'un environnement de travail facilitant l'autonomie entraîne une augmentation de la motivation intrinsèque et, par conséquent, une plus grande satisfaction au travail et une meilleure performance. Ceci a été constaté dans des univers très variés : entreprise industrielle[12], banque[13] ou encore hôpital psychiatrique[14].

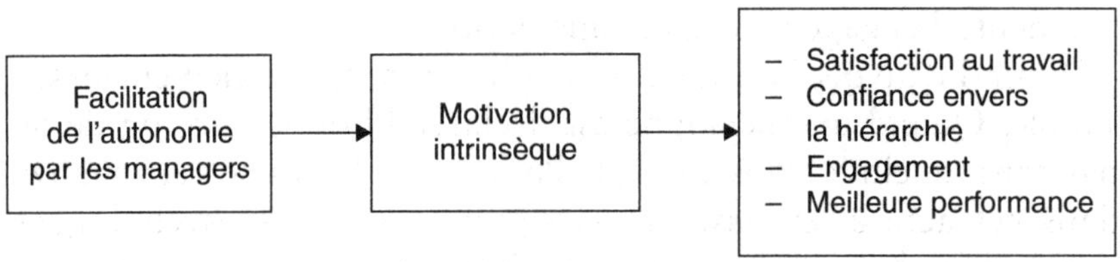

D'après Gagné M. et Deci E. L. (2005), "Self-determination theory and work motivation", *Journal of Organizational Behavior*, 26 (4), 331-362 (simplifié).

Se situant dans ce courant de recherches, deux enseignants français d'école de commerce, Stéphanie Arnaud et Jean-Louis Chandon, confirment le lien entre confiance du supérieur hiérarchique et motivation intrinsèque des collaborateurs[15]. Ils font tout d'abord un bilan des enquêtes sur ce thème, qui montrent les multiples impacts négatifs du contrôle : stress professionnel, troubles musculosquelettiques, peur de perdre son emploi, intentions de quitter son emploi, anxiété, fatigue, dépression, colère, maux de tête et de dos, diminution des relations sociales au travail et de la solidarité entre membres d'une même équipe, diminution de la satisfaction au travail.

Puis ils présentent les résultats d'une enquête qu'ils ont réalisée auprès de plus de 500 personnes, sur la base de questionnaires. Plus le salarié considère que son (ou ses) supérieur hiérarchique lui fait confiance, lui laisse de la liberté et reconnaît la qualité de son travail, plus sa motivation intrinsèque en est augmentée. En revanche, plus le contrôle est important, plus cela incite le salarié à penser que son supérieur ne lui fait pas confiance et ne le soutient pas, ce qui entraîne une diminution de la motivation intrinsèque.

Il est probable que beaucoup de responsables qui ont adopté un management fondé sur la confiance n'ont jamais entendu parler de « motivation intrinsèque ». Mais, s'ils ne connaissent pas le terme, ils sont en revanche parfaitement conscients de cette réalité dans la vie professionnelle. Dès lors, ils considèrent que leur fonction consiste à fournir les conditions idéales susceptibles de favoriser l'épanouissement de cette motivation intrinsèque, plutôt que de la limiter par des contraintes et des contrôles.

David Packard : « Nous croyons que les personnes veulent faire un bon travail »

Dans son ouvrage relatant l'aventure vécue depuis la création de Hewlett-Packard, l'un des deux fondateurs, David Packard, intitule un chapitre « Faites confiance aux personnes[16] ». Il explique que, dès le début de leur expérience, ils ont mis cela en pratique : « Nous croyons que les personnes veulent faire un bon travail et qu'il est important pour elles de prendre plaisir à travailler chez Hewlett-Packard. Nous essayons de faire en sorte que nos salariés éprouvent un véritable sentiment d'épanouissement dans leur travail[17]. »

Packard avait appris tôt dans son parcours professionnel ce qui se passe lorsqu'une entreprise ne fait pas confiance à ses salariés. À la fin des années 1930, il travaillait au sein de la société General Electric, laquelle exerçait un contrôle sévère pour éviter les vols par les salariés. Énervés par ce manque évident de confiance, de nombreux employés s'évertuaient précisément à voler ce qu'ils pouvaient. Ayant gardé cela en mémoire, Packard a décidé, une fois devenu patron, que les magasins de matériel seraient toujours ouverts au personnel. Avec Bill Hewlett, ils estimaient que chacun doit être considéré et respecté. De plus, HP fut la première entreprise américaine à mettre en place un système d'heures de travail flexibles. Pour tous les postes pour lesquels cela était possible, un employé pouvait venir travailler selon l'horaire qui lui convenait, la seule exigence étant que le travail soit fait. Pour Packard, les horaires flexibles sont « l'essence du respect et de la confiance envers les personnes ».

Packard a l'humilité de raconter une petite anecdote qui lui est arrivé. Alors que, accompagné du contremaître, il traverse un atelier, il s'arrête pour regarder un ouvrier qui finit de polir un moule. Sans réfléchir, Packard passe son doigt sur la machine, ce qui fait s'insurger l'employé : « Enlevez votre doigt de ma machine ! » Réaction immédiate du contremaître : « Vous savez à qui vous parlez ? », ce à quoi l'ouvrier répond : « Cela m'est égal ! » Et Packard lui dit alors qu'il a raison de réagir ainsi, car cela montre qu'il est fier de son travail[18].

Hewlett et Packard étaient totalement opposés à une structure hiérarchique de l'entreprise ; à l'inverse, ils ont sollicité et fait usage des idées d'où qu'elles viennent, ce qui a conduit les salariés à se sentir utiles et membres d'une équipe. Un principe majeur de la politique du personnel chez HP était le concept de partage : partage des responsabilités pour définir et atteindre les objectifs, partage de la propriété de l'entreprise par l'acquisition d'actions, partage des bénéfices, partage des occasions de développement personnel et professionnel, et même partage des difficultés créées par d'éventuels ralentissements de l'activité de l'entreprise.

Par exemple, au cours des années 1970, une baisse générale de l'économie américaine a entraîné une diminution des commandes, ce qui a fait planer la menace du licenciement de 10 % du personnel. Plutôt que d'agir ainsi, les dirigeants ont décidé d'une diminution de 10 % à la fois du temps de travail et des salaires. Six mois plus tard, avec le retour des commandes, chacun a pu retravailler au rythme et au salaire antérieur. Ceci a été doublement gagnant : tous les salariés ont conservé leur emploi, et l'entreprise avait toujours une main-d'œuvre hautement qualifiée lorsque les affaires ont repris.

FAVI, l'entreprise qui croit que l'être humain est bon

Plus près de nous dans l'espace et le temps, Jean-François Zobrist a été directeur général de la fonderie de cuivre FAVI, située à proximité d'Amiens, entre 1983 et 2009 (année de sa retraite). Quatre principes de base ont déterminé son action pendant toutes ces années :

– chacun doit rechercher en permanence « l'amour » de son client ;

– l'autre est systématiquement considéré comme bon ;

– la performance vient des opératrices et opérateurs, et d'eux seuls ;

– il n'y a pas de performance sans bonheur[19].

La confiance n'est pas synonyme de naïveté et de laxisme

Le deuxième principe (« L'autre est systématiquement considéré comme bon ») est un fondement essentiel. Zobrist pense que le regard que l'on porte sur les gens influence leur comportement. Si les responsables mettent tout sous clé, alors l'ouvrier deviendra voleur ; s'ils lui imposent des cadences à respecter et lui font miroiter des primes, alors il mesurera ses efforts pour faire juste le nécessaire. En examinant l'organigramme, lors de sa prise de fonction, Zobrist en tire certaines conclusions :

> « L'homme était considéré comme voleur, puisque tout était sous clé, paresseux puisqu'on lui imposait des cadences, inintelligent puisqu'il y avait des méthodes qui pensaient pour lui, peu consciencieux puisqu'il y avait des contrôleurs, qui eux-mêmes n'étaient pas très sérieux puisqu'il y avait un contrôle volant, lui aussi laxiste puisqu'il y avait un contrôle expédition... Bref, l'organigramme était bâti autour du postulat que l'homme est mauvais !
>
> Je m'amusai à tracer un autre organigramme dans lequel on considérerait que l'homme est bon. (...) Et cela me donna la perception de la route à suivre, d'autant plus que j'avais déjà remarqué que le regard que l'on porte sur les choses et les gens modifie ces choses et ces gens. Les gens finissent toujours par être comme on les considère[20]. »

Ainsi, selon Zobrist, « l'homme "bon" ne fait pas exprès d'arriver en retard, donc les pointeuses sont superflues ; l'homme n'est pas voleur, donc les magasins sont en libre-service ; est intelligent, donc toute structure d'accompagnement est vexatoire, etc.[21] » Il a d'ailleurs titré ainsi l'ouvrage qui raconte son expérience : *La belle histoire de FAVI, l'entreprise qui croit que l'Homme est bon.*

Il a cependant soulevé un véritable tollé la première fois qu'il a présenté cette perspective à ses cadres. L'un d'eux lui a d'ailleurs rétorqué : « Un bon fondeur est un con musclé ! »[22] Or, ce qui passait pour de la naïveté aux yeux de certains s'est révélé parfaitement réaliste, puisque la confiance de Zobrist n'a été que très rarement prise en défaut, ce qui l'a d'ailleurs conduit à licencier seulement trois personnes en trente-trois ans de carrière : un cadre qui avait été de mauvaise foi, un agent qualité qui avait falsifié des documents de contrôle, un opérateur qui avait modifié les programmes d'une machine pour gagner une demi-heure de repos, au risque de faire de mauvaises pièces pour un client. « Par contre, écrit-il, je n'ai jamais, et je ne sanctionnerai jamais quelqu'un qui fait une erreur, quoi qu'elle puisse coûter, car seuls ceux qui ne font rien, ne tentent rien, ne font pas d'erreur[23] ! »

Un moment fort de l'engagement de Zobrist s'est produit quelques mois après sa prise de fonction. Le jour de Noël, alors que l'activité devait s'arrêter à midi, il monte dans la cour de l'usine sur une estrade de quelques palettes pour prononcer un discours fondateur.

« Ça fait neuf mois que je suis parmi vous. Neuf mois comme pour faire un enfant ! Neuf mois que je vous regarde, et que je vois des gens courageux, de grands professionnels qui aiment leur métier, mais qu'on empêche de bien travailler ! Et j'en suis arrivé à la conclusion que des gens comme vous, qui ont vos qualités, n'ont plus besoin de carotte, ni de bâton d'ailleurs ! La carotte et le bâton sont indignes de professionnels comme vous ! C'est pourquoi, quand vous reprendrez le travail, en janvier, les pointeuses seront démontées !

« Si, par accident, car tout le monde peut avoir un accident, vous arrivez en retard, nous regarderons ensemble le pourquoi de ce retard, et si c'est, par exemple, un problème de mobylette, plutôt que de sanctionner, ce qui ne résout pas le problème, on vous aidera à réparer la mobylette. Il n'y aura plus jamais de pointage, ni de chronométrage, vous n'êtes pas payés pour faire des heures, mais pour faire des pièces, et des pièces bonnes ! C'est pourquoi les sonneries seront elles aussi supprimées ! Il n'y aura plus jamais de prime non plus, ce que chacun a eu depuis deux ans, il l'a mérité ! Nous prendrons donc la moyenne de ce que chacun a eu sur ces deux dernières années, que nous mettrons dans le salaire ! Il n'y a pas de voleur parmi nous, c'est pourquoi la porte du magasin sera démontée. Comme disent les Chinois : “La porte la mieux fermée est celle qui peut rester ouverte.” On va mettre quelque part un panneau et un marqueur, et chacun indiquera non pas son nom, car cela n'est d'aucune utilité, mais ce qui a été pris, de façon à pouvoir lancer les commandes de réassort. Il n'y aura plus non plus de distributeurs de boissons payants, mais, dans chaque atelier, deux distributeurs d'eau fraîche avec des sirops, et d'eau chaude avec des dosettes de café et de sucre. Nous allons supprimer les clés à molette et doter chaque machine d'un lot d'outillage, et, de plus, pour que chacun puisse s'équiper comme il l'entend, tous les salariés de l'entreprise vont disposer d'un chèque de 500 francs pour acheter ce que bon leur semble du moment que cela a un rapport avec le travail. Il n'y aura plus jamais de chômage partiel ! Si un jour nous sommes contraints de recourir à de telles mesures, alors je mettrai d'abord les cadres au chômage, même moi. Il n'y aura plus jamais, non plus, de repas cadres, nous mangerons tous ensemble ou nous ne mangerons pas[24] ! »

Confiance n'est évidemment pas synonyme de laxisme. Preuve en est la suite du propos, où Zobrist manifeste une claire exigence envers ses salariés : il leur dit que le retard de livraison est une « maladie impardonnable ». Si l'on ne tient pas les promesses sur ce point très visible, déclare-t-il, comment le client pourrait-il faire confiance sur les aspects moins apparents ou discutables comme la qualité ou le prix ? Et Zobrist est très fier d'affirmer que ce principe a dès lors été toujours respecté.

Ce discours du patron a été accueilli avec surprise par les ouvriers, mais a suscité l'irritation des cadres de fabrication. Après le congé de Noël, ceux-ci viennent voir Zobrist pour lui dire : « Vous ne les connaissez pas ! Ça va être le bordel ! On a toujours travaillé comme ça ! Comment voulez-vous qu'on se fasse respecter s'il n'y a plus de primes ! Ils vont tout faucher ! Les cadences vont s'effondrer[25]... » Mais il maintient fermement sa position et leur propose une nouvelle façon de manager, non plus en donnant des ordres, mais en animant les équipes ; non plus en récompensant ou en sanctionnant, mais en montrant le bon chemin ; non plus en contrôlant l'activité, mais en aidant chacun à mesurer son propre résultat.

Le résultat fut exactement l'inverse de celui prédit par certains cadres : les cadences de travail ont fortement augmenté – jusqu'à 20 % de pièces en plus à l'heure. Au bout de quelques semaines, Zobrist s'est risqué à demander à des opératrices pourquoi et comment elles arrivaient à faire autant de production. Il eut deux types de réponse : « C'est pour vous aider à prouver aux chefs que vous avez raison ! » ou : « Il y a un rythme qui aide à passer le temps ! » Mais alors, leur demande Zobrist : « Pourquoi ne pas l'avoir fait avant, quand il y avait des primes pour avoir plus d'argent à gagner ? » Réponse : « On n'est pas folles, si on avait fait ça on n'aurait plus jamais eu de primes ! », puisque dans ce cas, les chefs auraient immanquablement augmenté le quota de pièces à faire...

L'élimination des pointeuses a eu pour effet que les personnes étaient à leur poste de travail à 6 heures du matin, au lieu d'attendre devant la pointeuse, et, le soir, certains ouvriers restaient un peu plus tard que l'heure prévue pour terminer un travail, ce qui ne se produisait pas auparavant.

L'amour du client...

Considérant que pour être heureux au travail, il faut être responsable et conscient de la raison d'être de ses actions, Zobrist décide que les ouvriers seront en contact direct avec les clients, en étant totalement libres de leur manière d'agir. Il divise l'ensemble de l'entreprise en 21 mini-usines, regroupant entre 20 et 35 opératrices et opérateurs attachés à un client ou à un secteur d'activité. Chaque équipe coopte un leader, qui est toujours un ancien opérateur qui a travaillé sur machine pendant plusieurs années. Les commandes des clients arrivent directement dans l'atelier et sont exploitées en toute indépendance.

Pour Zobrist, la problématique majeure des managers ne doit pas être d'expliquer à leurs collaborateurs comment faire leur travail (ces derniers sont des professionnels à qui l'on peut faire confiance), mais plutôt de réfléchir avec eux sur le pourquoi de ce travail. D'où la nécessité de s'interroger sur les valeurs fondatrices de l'entreprise. Il a donc organisé des réunions destinées à définir les valeurs centrales de l'entreprise. Bien qu'athée, Zobrist affirme : « Nous sentions tous implicitement qu'il fallait réinventer quelque chose qui s'éloigne du modèle anglo-saxon classique pour aller vers un modèle plus judéo-chrétien. Et c'est cette approche qui nous a permis d'aboutir, au bout de deux-trois réunions de discussion, à cette notion culturelle d'amour, amour de l'autre, puisqu'on le considère comme bon, et de recherche de l'amour du client[26]. » Dès lors, le rôle des commerciaux est de dire à chaque opérateur si son client l'aime, de dire au client qu'on l'aime, et de procéder à des animations pour faire en sorte que cet amour réciproque augmente en permanence[27]. Le commercial n'a ni objectifs, ni comptes à rendre, ni primes de récompense ; la seule pression exercée sur lui est celle du client, dont il est l'interlocuteur unique. S'il lui arrive de demander son avis à Zobrist, celui-ci le lui donne, mais ne lui impose jamais sa façon de voir, partant du principe que le commercial est celui qui connaît le mieux ses clients et leurs besoins.

Une petite anecdote illustre bien à la fois la liberté et la responsabilité de chacun, et l'amour du client[28]. Un ingénieur qualité de l'entreprise Fiat avait pris rendez-vous avec Zobrist. Il avait demandé qu'on vienne le chercher, mais n'avait pas confirmé l'heure d'arrivée de son avion. Zobrist attend l'appel, attend toujours, et finit par rentrer chez lui à 19 heures (l'histoire se passait avant l'ère des téléphones portables). Cet ingénieur est arrivé à l'entreprise FAVI le lendemain matin vers 8 h 30 et a expliqué à Zobrist que son avion s'était posé avec retard à Roissy à 20 h 30. À tout hasard, il avait appelé l'usine. Une voix féminine avait répondu en lui demandant où il était. Une heure et demie plus tard, cette dame, qu'il décrit comme très sympathique et courtoise, mais visiblement pas au courant de sa visite, était venue le chercher. Zobrist s'est demandé qui pouvait bien être resté jusqu'à cette heure tardive et a finalement découvert que c'était Christine, la femme de ménage. Celle-ci avait répondu au téléphone et résolu le problème en prenant les papiers et les clés d'une voiture de la société, librement disponible, puis était revenue à l'entreprise terminer son ménage.

... et des collègues

En prenant la direction de l'entreprise, Zobrist a éliminé de multiples signes hiérarchiques. Par exemple, il y a au standard un casier avec les papiers de voiture et les clés ; chacun se sert en tenant compte de ce principe simple : la taille et le confort de la voiture utilisée dépendent de la distance à effectuer ; à trajet court, voiture simple, à trajet long, berline, et ceci quel que soit le niveau hiérarchique du conducteur. Le patron n'a d'ailleurs pas de place de parking réservée.

Dans la réorganisation mise en place, le rôle du patron ne disparaît pas, mais change radicalement. Il est comme l'entraîneur assis sur le banc de touche : il ne joue pas, mais regarde qui a le ballon pour encourager le reste de l'équipe à anticiper pour aider le porteur du ballon, il surveille l'équipe adverse, regarde d'où vient le vent, il fait passer l'intérêt collectif avant le sien, a un certain charisme, mais pas le goût du pouvoir.

Pour Zobrist, « le vrai management est humilité[29] », et il est nécessaire de systématiquement tenir compte de l'avis des membres du personnel. Il a notamment expérimenté cela en 1990, lorsque la première guerre du Golfe a entraîné une crise de consommation, donc une baisse des commandes, et des stocks pléthoriques. Ne sachant que faire, Zobrist décide de réunir toute l'usine pour tenter de trouver une solution, tous ensemble. Installé sur une pile de palettes, il explique la situation aux salariés et conclut son intervention en signalant qu'il y a une trentaine d'intérimaires dont on peut se séparer, mais que ce serait une bien triste mesure, une discrimination envers ces jeunes dont on souhaite, à terme, faire des compagnons de travail. Au cours de la discussion qui s'ensuit, Gérard, un outilleur d'une cinquantaine d'années, demande : « Et si on arrêtait de travailler une semaine sans être payés, est-ce que l'on pourrait garder les intérimaires plus longtemps[30] ? » Zobrist répond que ce serait effectivement possible, en attendant la reprise, qui viendrait forcément à un certain moment. Après le débat, il propose donc à l'ensemble du personnel de procéder à un vote à main levée sur cette proposition. Toutes les mains se lèvent sans exception !

La production est donc arrêtée, tous les ouvriers restent chez eux pendant une semaine ; en revanche, l'ensemble de l'encadrement et de la maîtrise travaille sans être payé pendant cette semaine. De plus, il est entendu que, quand l'activité reviendra, les uns et les autres retravailleront des samedis complets pour récupérer les salaires perdus. Ce qui fut fait dans les quelques mois qui suivirent.

Cette attitude de confiance totale et de responsabilisation a abouti à des résultats remarquables. J'ai déjà signalé le fait que la production avait augmenté après l'élimination des systèmes de contrôle. De façon plus générale, FAVI n'a jamais été en retard pour une livraison, ce qui lui a permis de rester compétitive en ces temps de mondialisation. C'est une entreprise européenne leader dans son secteur : la moitié de toutes les automobiles construites en Europe contiennent des fourchettes de boîte de vitesses fabriquées par FAVI, une part de marché sans précédent pour un fournisseur de pièces détachées d'automobile. L'entreprise exporte même des pièces détachées en Chine ! La crise de 2008-2009 lui a d'ailleurs été favorable, car certains concurrents internationaux ont malheureusement disparu, ce qui a conduit FAVI à passer de 50 % à 70 % de parts du marché des fourchettes de boîte de vitesses en Europe.

De plus, Zobrist a tenu à ce que l'entreprise soit leader dans le respect des normes sociales et environnementales : elle a été, en 1997, la première fonderie européenne certifiée ISO 14001 (protection de l'environnement), en 2000, la première entreprise française certifiée OHSAS 18001 (santé et sécurité au travail), en 2002, la première entreprise française certifiée QSE (sécurité et environnement).

Quand un patron « dur » change radicalement

À des milliers de kilomètres de là, un autre patron a décidé de procéder à des changements quasi identiques. Semco est une entreprise brésilienne qui produit des matériels très variés : pompes industrielles, lave-vaisselle, tours de refroidissement pour systèmes de climatisation, biscuiteries clés en main, etc. Ricardo Semler en a hérité la direction par son père, qui l'avait fondée avec des moyens très modestes. Lorsqu'il a pris les rênes, l'entreprise avait une structure hiérarchique pyramidale et était soumise à de multiples procédures permettant de parer à toutes les éventualités.

Au début, Ricardo Semler est un « dur ». À peine entré en fonction, il licencie 60 % de l'équipe de direction de Semco en une journée, et écrit avoir été très fier d'avoir mis au point une méthode anti-retard consistant à réduire le salaire d'un employé s'il arrivait quelques minutes après l'heure[31]. Mais il prend rapidement conscience que la ressource la plus précieuse d'une entreprise, c'est son personnel, et change radicalement ses manières de faire. Un des premiers changements est d'éliminer les procédures. Par exemple, l'entreprise avait des consignes très complexes pour les frais de déplacements. Les contrôleurs de gestion passaient souvent des heures à se demander s'il fallait ou non rembourser les tickets de cinéma des collaborateurs en voyage d'affaires, ou à évaluer le niveau acceptable de remboursement pour les repas. Pour Semler, nul besoin de se compliquer à ce point l'esprit : dès lors qu'on envoie un cadre négocier au nom de l'entreprise, c'est qu'on lui fait confiance, pour cette responsabilité, mais aussi pour le reste.

Semler décide également de supprimer les fouilles à la sortie de l'usine, ce qui provoque d'ailleurs au départ l'opposition de certains ouvriers qui réclament ces fouilles, craignant d'être accusés en cas de vol de matériel. Il élimine également l'organigramme officiel, car, selon lui, « la seule chose qui fasse un bon patron, c'est le respect qu'il sait inspirer à ses subordonnés[32] ». Par ailleurs, il n'y a plus de cantine séparée pour les cadres et la direction, ni de places de parking réservées. L'entreprise passe de douze niveaux hiérarchiques à trois en quelques années. Semler élimine d'ailleurs son propre niveau hiérarchique ; il est un conseiller parmi d'autres au sein de l'entreprise. Il se dit même fier d'avoir constaté à deux reprises, lors de retours de vacances, que son bureau avait été déménagé, à chaque fois dans une pièce plus petite !

Les cadres, y compris Semler, sont évalués par leurs collaborateurs, un des fondements de la culture d'entreprise étant que tout le monde doit accepter d'écouter et de reconnaître ses erreurs. En fin d'année, lors de la remise de primes liées à l'intéressement aux résultats, chacun perçoit la même somme, quel que soit son niveau hiérarchique. Semler a bien compris intuitivement la différence entre motivation intrinsèque et extrinsèque lorsqu'il affirme : « Nous sommes contre le principe d'attribuer des prix aux auteurs de bonnes idées. Nous souhaitons que tout le monde s'exprime, toutes les suggestions nous intéressent, mais nous estimons malsain de les récompenser au moyen de prix ou d'argent[33]. »

Plus étonnant encore : à la suite d'une proposition d'un responsable de l'entreprise, les employés fixent leur propre salaire. Les dirigeants leur demandent toutefois de prendre quatre critères en considération : ce qu'ils pensent pouvoir gagner ailleurs ; ce que gagnent à Semco leurs collègues ayant des responsabilités similaires ; ce que gagnent leurs amis ayant des formations comparables ; combien ils ont besoin pour vivre. Contrairement à ce que certains pourraient craindre, il n'y a pas eu d'abus. Selon Semler, ceci vient d'une part de ce que tout le monde chez Semco est raisonnable et honnête, d'autre part de la transparence : puisqu'on publie le montant des rémunérations, il est nettement plus difficile de faire preuve d'avidité excessive. Cette confiance en l'honnêteté de l'être humain se répercute jusque dans les détails quotidiens : « Nous refusons de croire que nos salariés ont un intérêt quelconque à arriver tard, partir tôt et à en faire aussi peu que possible pour autant d'argent que leurs syndicats peuvent nous en soutirer. (...) Ce sont des adultes. Chez Semco, nous les traitons en adultes. Nous leur faisons confiance. (...) Je suis sûr qu'en moyenne, sur cent personnes, deux ou trois abusent de la confiance de leur employeur[34]. »

Ce sont généralement les ouvriers qui définissent leurs objectifs de production et ils s'organisent pour les respecter, même si cela les oblige à faire des heures supplémentaires, pour lesquelles ils ne réclament aucun dédommagement. Ils peuvent commencer leur journée de travail entre 7 et 9 heures du matin, à leur convenance.

Ils ont d'ailleurs harmonisé d'eux-mêmes les horaires, afin d'éviter que la production ne souffre d'un manque de coordination. Semler part du principe que l'entreprise les paie pour des résultats, pas pour le temps de travail. Ainsi, si un parent souhaite prendre son petit-déjeuner avec ses enfants et les conduire à l'école, cela ne pose aucun problème, du moment que le travail est effectué. « Nous ne voulons pas savoir comment ces résultats sont obtenus, écrit-il. L'idée de base, c'est de s'entendre sur des objectifs communs, et de laisser nos employés les atteindre comme ils l'entendent[35]. »

Le management participatif n'est pas un vain mot à Semco. Par exemple, pour les décisions majeures, telles le rachat éventuel d'une autre société, tous les salariés votent ; ou encore à l'occasion d'un recrutement ou d'une promotion à un poste élevé, les candidats rencontrent tous leurs futurs collaborateurs, qui doivent les approuver. Quiconque présente sa candidature pour être opérateur sur une machine a un entretien avec un groupe d'opérateurs et non avec un cadre. Il est alors impossible au nouveau venu de mentir sur ses compétences. Si l'équipe approuve sa candidature, il est engagé.

Semco est une entreprise si attractive qu'elle reçoit des centaines de courriers de candidats expliquant qu'ils accepteraient n'importe quel poste pour y travailler. Quant à la productivité, elle a été multipliée par sept et les résultats ont quintuplé depuis le changement de management[36]. Des chefs d'entreprises telles qu'IBM, General Motors, Ford, Nestlé ou Goodyear et des professeurs de gestion viennent du monde entier découvrir sur place le fonctionnement de l'entreprise, certains devant s'inscrire des mois à l'avance pour avoir une place.

Les entreprises libérées

FAVI ou Semco ne sont pas des entreprises exceptionnelles. Deux enseignants d'école de commerce, Isaac Getz et Brian Carney, se sont précisément intéressés aux « entreprises libérées », qui ont éliminé tous les mécanismes de contrôle et qui ont connu un remarquable développement[37]. Ceci ne signifie en rien l'absence de règles ou de ligne directrice. Getz et Carney utilisent l'expression « liberté ordonnée » pour décrire ce qu'ils ont constaté. Ils soulignent d'ailleurs que les deux premières tâches d'un leader libérateur sont d'une part de construire un environnement d'entreprise dans lequel tous sont libres de prendre des décisions, d'autre part de vérifier qu'ils comprennent la vision, qu'ils se l'approprient et cherchent à la réaliser. Celle-ci ne peut être imposée d'en haut, chacun doit apporter sa pierre à l'édifice. Le leader joue un rôle paradoxal : alors même qu'il ne s'impose pas par le pouvoir, sa présence est essentielle pour que ses valeurs, telles que la confiance en autrui et la responsabilisation, puissent s'incarner pleinement dans l'entreprise.

Alors que beaucoup de managers s'interrogent sur les meilleures méthodes pour motiver leur équipe, les leaders libérateurs ont compris que la seule véritable motivation est celle qui vient des personnes elles-mêmes.

> « Cette définition leur a permis de renoncer à toutes les solutions (...) qui ne visent pas à l'automotivation, mais cherchent à exercer sur la motivation un contrôle extérieur au moyen de récompenses tangibles telles que les primes, l'avancement, les avantages annexes, les récompenses et les distinctions, sans oublier la menace de sanctions. Nos leaders libérateurs ont commencé par supprimer un grand nombre de ces mesures d'incitation fonctionnant sur le mode "carotte et bâton"[38]. »

Il ne s'agit donc pas de mettre en place des méthodes de motivation, mais, inversement, de supprimer les facteurs susceptibles de faire obstacle à la motivation intrinsèque spontanée des salariés (contrôles, salaire et primes, etc.). Les deux auteurs constatent un faible taux de rotation du personnel dans toutes les entreprises qu'ils ont étudiées, alors même qu'aucune d'elles ne verse les plus hauts salaires de son secteur. Il arrive d'ailleurs régulièrement qu'un salarié, attiré par un meilleur salaire ailleurs, revienne ensuite en raison du plus grand plaisir à travailler qu'il ressentait dans l'entreprise libérée. Il est alors accueilli à bras ouverts, et devient ensuite souvent l'un des plus fervents propagandistes de la société.

Deux raisons essentielles conduisent habituellement un patron à engager l'entreprise dans cette dynamique : l'exaspération ou l'admiration[39]. Soit ils ont subi un mode de management autoritaire et se sont jurés que s'ils devaient un jour diriger une équipe, ils feraient le contraire de ce qu'ils constataient ; soit, inversement, ils ont tellement apprécié la manière de faire de leur supérieur qu'ils s'en sont profondément inspirés, une fois qu'eux-mêmes se sont retrouvés aux commandes.

Selon Gordon Forward, ancien directeur général de Chaparral Steel, le management de type « commande et contrôle » consiste à manager l'ensemble du personnel avec une méthode qui n'est pertinente que pour 3 % de celui-ci. Ce qui rejoint le propos de Ricardo Semler cité ci-dessus. Or, comme le soulignent Getz et Carney :

> « manager pour les 3 % s'accompagne de coûts cachés exorbitants pour les entreprises en contribuant au désengagement des 97 % de salariés restants. (...) Ces règles inutiles (...) contribuent de façon substantielle au malaise des 97 %, qui se voient traiter avec suspicion et brider par un règlement d'entreprise apparemment arbitraire. (...) Toujours impuissantes à coincer les 3 % qui trouvent généralement le moyen de déjouer les manœuvres de la police bureaucratique, elles cherchent à enrôler les 97 % restants dans ces tâches de police.[40] »

Tout ceci repose évidemment sur une certaine conception de l'être humain, confirmée par les faits. Rappelons-nous le titre du livre de Jean-François Zobrist : *La belle histoire de FAVI, l'entreprise qui croit que l'Homme est bon.* Liisa Joronen, président de Sol, numéro un finlandais des services de nettoyage, lui fait écho lorsqu'elle affirme : « Tout le monde veut faire du bon travail. [Les gens] ne sont pas paresseux. (...) Tout le monde veut être bon. C'est comme les animaux. Ils ne sont pas méchants. C'est nous qui les traitons méchamment[41]. »

L'expérience d'une... directrice générale du bonheur

Ce qui est approprié dans les entreprises l'est également dans le secteur public. Dans son ouvrage *Le bonheur au travail, rentable et durable*[42], Laurence Vanhée nous explique l'expérience qu'elle a vécue en tant que directrice du département Personnel et Organisation du ministère de la Sécurité sociale belge. Elle y a rempli la fonction de « directrice générale du bonheur » (*chief happiness officer*) ! Elle n'est d'ailleurs pas la première personne à arborer ce titre, qui consiste à être garant-e « des conditions organisationnelles propices au bonheur des collaborateurs, à leur épanouissement et par conséquent leurs performances[43] ». Pour elle, RH signifie « rendre heureux », et GRH signifie « gestion des richesses humaines ».

> « Le leader de demain sera inspiré et inspirant ou ne sera pas, écrit-elle. (...) Les leaders inspirés et inspirants ont confiance en la capacité de leurs collaborateurs de mettre tous leurs talents en œuvre lorsque la situation l'exige. (...) Ils célèbrent le succès collectif sans tirer la couverture à eux ; humbles dans la victoire, responsables dans la défaite. (...) Les leaders inspirés et inspirants gardent leur

sang-froid durant les crises. Maîtres de leurs émotions, ils s'autorisent à les exprimer avec sincérité et mesure. Ils sont une boussole dans la tourmente et un phare dans les ténèbres. (...) Le courage et la capacité de transformer chaque crise en opportunité sont deux précieuses compétences des leaders inspirés. (...) Les leaders inspirés et inspirants encouragent la prise de risque[44]. »

Elle est convaincue que l'un des principaux rôles du leader consiste, non pas à motiver, mais à faire confiance.

Cette confiance s'applique en particulier à l'emploi du temps. Internet a bouleversé les pratiques de nombreux salariés qui, d'une part effectuent du travail professionnel à la maison, d'autre part utilisent le web pour un usage personnel au travail (messagerie, réservation de places pour des spectacles ou de billets de train, etc.). Cette tendance ne peut d'ailleurs que s'amplifier à l'avenir avec l'arrivée sur le marché du travail de la génération Y et des suivantes.

Plus de 80 % de l'équipe de Laurence Vanhée travaille à la maison, jusqu'à trois jours par semaine. 94 % se disent heureux de faire partie de l'équipe et engagés envers l'organisation. 90 % s'estiment fiers d'en être membres. 83 % des collègues d'autres services se déclarent satisfaits ou très satisfaits des services rendus. De plus, ce mode de fonctionnement est très favorable au service : 9 millions d'euros sont économisés annuellement en frais locatifs, les frais de maintenance et de nettoyage des bureaux ont baissé de 40 % tandis que ceux d'impression et de téléphonie ont baissé de 80 %. Laurence Vanhée met en pratique pour elle-même ce qu'elle favorise pour ses collaborateurs. Maman d'un garçon de 6 ans, elle considère que sa priorité, c'est l'épanouissement de son fils. Elle travaille chez elle tous les mercredis et récupère son fils à la maternelle à 15 h 30, puis travaille chez elle. Elle reprend ses dossiers une fois que son fils est endormi.

Sa conclusion est aussi simple que radicale : « Qu'il est épanouissant (extrêmement) d'avoir un employeur qui attache plus d'importance au travail et aux résultats que vous délivrez plutôt qu'au temps et à l'horaire que vous passez au bureau ! Je souhaite à tous de pouvoir un jour le vivre[45]. »

La clé de l'innovation : avoir confiance dans les idées des salariés

La confiance est un fondement majeur de l'innovation[46], laquelle est au cœur de la pérennité d'une entreprise. Des chercheurs en technologie et management se sont par exemple intéressés à la société New Flyer, un constructeur de cars particulièrement innovant, en s'interrogeant : « Comment New Flyer a-t-elle pu évoluer d'une compagnie plutôt marginale à l'une des plus importantes entreprises de fabrication de cars en Amérique du Nord[47] ? »

Faisant un résumé des travaux portant sur l'innovation dans les organisations, les auteurs constatent qu'il n'y est pratiquement jamais fait allusion aux salariés de base. De plus, ces études portent essentiellement sur de grandes entreprises, dans lesquelles l'innovation repose surtout sur des départements de recherche et développement. Dans les entreprises de taille plus petite, l'innovation dépend bien plus d'employés créatifs. Chez New Flyer, tout salarié qui pense avoir une idée prometteuse peut la présenter à la direction. Si celle-ci est convaincue de la pertinence de la proposition, le salarié peut consacrer toute son énergie pour la développer et la mettre en œuvre. Il a toute liberté d'action, avec un salaire équivalent ou supérieur à celui qu'il a habituellement, et les responsables lui font totalement confiance pour ne pas abuser de cette liberté.

Cette approche a permis de multiples innovations au sein de New Flyer : des inventions techniques ayant donné lieu à des brevets, la standardisation de la production, la restructuration du processus logistique, la mise en place d'une nouvelle usine, etc.

Mais c'est probablement la société 3M qui illustre le mieux le lien entre confiance et innovation[48]. Elle a à son actif des découvertes très connues du grand public, telles que le Scotch ou le Post-it, et apparaît régulièrement dans la liste des 3 ou 5 entreprises les plus innovatrices au monde[49]. Chez 3M, la personne idéale est celle qui souhaite lancer de nouvelles idées et de nouveaux produits plutôt que de se reposer sur le passé. Ces employés aiment la liberté de créer plutôt que le pouvoir ou l'argent, ont une totale autonomie pour atteindre les objectifs fixés et entretiennent une atmosphère de coopération et d'entraide.

Une caractéristique de 3M est l'acceptation des erreurs. Comme l'a dit l'un des cadres supérieurs : « En tant qu'entreprise fondée sur une erreur, nous avons continué à accepter les erreurs comme un aspect normal de la direction d'une entreprise. » En effet, le démarrage fut un échec cuisant : en 1902, cinq hommes d'affaires ont acheté une mine de corindon afin de produire des meules abrasives, mais l'entreprise n'a pas fait de profit pendant quatorze ans.

La culture d'entreprise chez 3M doit beaucoup à William McKnight, entré en 1907 comme aide comptable, et qui a grimpé les échelons, jusqu'à devenir président du conseil d'administration de 1949 à 1966. Ses théories sur le management sont devenues les principes de base de 3M jusqu'à nos jours. Il expliquait en 1948 :

> « Alors que notre entreprise grandit, il devient de plus en plus nécessaire de déléguer les responsabilités et d'encourager les hommes et les femmes à exercer leur capacité d'initiative. Ceci requiert beaucoup de tolérance. Ces hommes et ces femmes, à qui nous déléguons autorité et responsabilité, si ce sont de bonnes personnes, voudront faire leur travail à leur propre façon. Des erreurs seront faites, mais si une personne est essentiellement bonne, les erreurs qu'elle fait ne sont pas aussi graves sur le long terme que les erreurs que le management fera s'il dit aux personnes responsables exactement comment elles doivent faire leur travail. Le management, qui est négativement critique lorsque des erreurs sont faites, tue l'initiative. Et il est essentiel que nous ayons de nombreuses personnes avec de l'initiative si nous voulons continuer à grandir[50]. »

Plusieurs erreurs ont d'ailleurs conduit à la création de nouveaux produits ; l'exemple le plus remarquable concerne l'invention du Post-it. Cet adhésif a été créé par le chimiste Spence Silver, puis amélioré par deux autres chercheurs. Comme de nombreux autres chimistes de l'entreprise, Silver avait pour mission d'améliorer de nouvelles versions de produits existants. Mais ce n'est pas cela qui a conduit à la découverte du Post-it, mais une règle au sein de 3M, selon laquelle les employés peuvent consacrer 15 % de leur temps à des idées innovantes de leur propre choix, règle à l'origine d'importantes découvertes. Personne ne contrôle ce qu'ils font pendant ce temps. Chez 3M existe une culture de la confiance des cadres envers leurs collaborateurs, et en retour une culture de responsabilité des employés envers l'entreprise. Ce code d'honneur fonctionne admirablement bien. La règle des 15 %

n'est d'ailleurs pas rigide : certains ne s'en servent pas, tandis que d'autres utilisent bien plus de 15 %, surtout lorsqu'une idée prometteuse prend forme.

C'est précisément dans ce cadre que Silver a inventé le Post-it. Mais l'histoire ne s'arrête pas là. En effet, bien qu'aujourd'hui l'utilité du Post-it nous semble une évidence, ce ne fut pas du tout le cas au début. Pendant cinq ans, personne n'avait réussi à trouver d'application commerciale à cet adhésif. En effet, alors que les chimistes de 3M avaient cherché à obtenir une colle meilleure, ils se trouvaient face à une colle moins bonne. Le sentiment général était : « Que peut-on faire avec une colle qui ne colle pas ? » Mais la hiérarchie de Silver ne s'est jamais opposée à cette démarche, sachant qu'il accomplissait par ailleurs très bien le rôle traditionnel qui lui avait été confié chez 3M.

Le premier produit lancé sur le marché a été un tableau de conférences autocollant, dont les ventes furent très faibles. Ce fut alors un autre chimiste de 3M, Arthur Fry, qui permit de comprendre l'utilité pratique du Post-it. Il dirigeait la chorale de sa paroisse ; parfois les marque-pages s'envolaient ou glissaient à l'intérieur du recueil de cantiques. Les paroissiens devaient alors sagement attendre, le temps que Fry retrouve sa portée. Il se disait : « Il suffirait qu'existe un adhésif sur ces pages, et le problème serait réglé. » Le Post-it allait bientôt conquérir le monde.

Ce chapitre est essentiellement consacré à la confiance des managers envers leurs collaborateurs, mais d'autres facettes auraient également été intéressantes à étudier. Par exemple, concernant la confiance entre responsables d'entreprises, deux chercheurs autrichiens en management, Matthias Fink et Alexander Kessler, ont mené une enquête par questionnaires auprès d'environ 300 dirigeants de petites et moyennes entreprises en Autriche, Slovénie et République tchèque[51]. Elle s'intéressait à ce qu'ils appellent la confiance basée sur les principes, qui s'appuie sur l'engagement personnel des individus. La performance de l'entreprise est corrélée à la durée de la coopération, mais plus encore au niveau de confiance basé sur les principes. Il s'agit là d'un processus réciproque qui s'amplifie au cours des relations. Autrement dit, font remarquer Fink et Kessler, plus une relation de coopération s'appuie sur une confiance de principe, plus elle est efficace. Ces chercheurs concluent de leur enquête qu'il est erroné de considérer la confiance comme une attitude utopique et déconnectée de la réalité.

Quant à la confiance des salariés envers leur supérieur, la source d'informations la plus complète semble être une synthèse de 106 études rassemblant plus de 27 000 personnes[52]. Elle montre que les leaders en qui l'on a confiance sont justes et intègres avec leurs collaborateurs, et leur manifestent du respect et de l'intérêt. Les conséquences sont substantielles : plus un salarié fait confiance à son supérieur hiérarchique, plus il s'implique, plus il est satisfait et performant, et plus il souhaite continuer à travailler dans cette organisation. Par ailleurs, il aime rendre service à ses collègues et à l'organisation, au-delà des attentes spécifiques imposées par le contrat de travail.

RÉSUMONS-NOUS

☞ Ne pas contrôler la présence de jeunes stagiaires au cours d'une formation professionnelle multiplie par deux leur taux d'emploi.

☞ Les salariés sont bien plus satisfaits et motivés au travail lorsqu'on leur fait confiance et qu'on leur accorde beaucoup de liberté que lorsqu'on les contrôle. Les entreprises où c'est le cas sont très rentables. Inversement, les divers systèmes de contrôle génèrent des coûts, notamment en termes de baisse de performance, voire de comportements tels que le vol.

☞ La première question que devrait se poser un employeur qui envisage de faire confiance à ses salariés n'est pas de savoir si ses salariés sont honnêtes, mais si lui-même l'est.

☞ La confiance est sincère ou elle n'est pas. Elle implique une conception de l'être humain comme étant honnête. Une « confiance » uniquement stratégique, dans un objectif de rentabilité, risque d'entraîner des effets contre-productifs, lesquels feront croire à tort que la confiance est inefficace.

- ☞ Avoir confiance dans les idées des salariés est une clé de l'innovation. Le droit à l'erreur est indispensable pour cela.
- ☞ La confiance porte sur deux aspects : la compétence d'autrui et son honnêteté. Lorsqu'un manager fait confiance à l'honnêteté d'un collaborateur pour accomplir une tâche, il doit par ailleurs s'assurer de la compétence de ce dernier et, si nécessaire, faciliter le développement de celle-ci, par exemple, grâce à une formation.

8
Travailler en bonne collaboration

> La grandeur d'un métier est peut-être, avant tout, d'unir des hommes : il n'est qu'un luxe véritable, et c'est celui des relations humaines.
>
> *Antoine de Saint-Exupéry*[1]

> Chaque jour, mille fois, je ressens ma vie, corps et âme, intégralement tributaire du travail des vivants et des morts. Je voudrais donner autant que je reçois et je ne cesse de recevoir.
>
> *Albert Einstein*[2]

Il était une fois un homme très riche qui voulait posséder la meilleure voiture du monde, une voiture unique qui ferait de lui l'homme le plus admiré et le plus envié sur terre. Il s'informa soigneusement sur ce qu'était la meilleure boîte de vitesses, le meilleur système de freinage, les meilleurs pneus, etc., et dit à l'un de ses employés de les commander. Puis il embaucha le meilleur mécanicien du pays et lui demanda d'assembler toutes ces pièces remarquables. Mais notre homme comprit très rapidement qu'il ne pouvait rien faire de tout cela : aucune pièce ne s'accordait avec une autre.

Sous son apparence anodine, ce conte[3] nous enseigne une vérité aussi simple qu'essentielle : pour mener à bien une action collective, la multiplication de compétences risque d'être inutile si elle n'est pas soutenue par une bonne entente entre les salariés.

D'ailleurs, la coopération est non seulement source d'efficacité, mais également de plaisir. J'ai eu l'occasion, dans le chapitre 1, de présenter le phénomène de « flux », cet état d'intense satisfaction éprouvé notamment lorsqu'on accomplit une activité qui nous tient particulièrement à cœur. Charles Walker, chercheur en psychologie à l'université Saint Bonaventure, aux États-Unis, a voulu savoir si l'on ressent plus aisément du flux lorsqu'on agit seul ou à plusieurs[4]. Il demande alors à des étudiants de décrire des expériences de flux. Sur les 190 situations présentées, 60 % avaient été vécues avec d'autres personnes et 40 % avaient été vécues seul.

Il demande ensuite à une centaine d'étudiants de décrire deux expériences de flux, l'une vécue seule, l'autre avec d'autres personnes, en précisant le niveau de joie ressentie à chaque fois, sur une échelle de 1 à 7. Résultat : les expériences de flux vécues ensemble sont perçues comme plus agréables que celles vécues seules.

Enfin, Charles Walker demande à des étudiants de faire rebondir une balle sur une raquette de ping-pong, soit seuls, soit avec un partenaire. Les personnes jouant à deux trouvent l'exercice plus agréable que ceux qui jouent seuls, alors même que le jeu à deux entraîne plus de chutes de la balle et des échanges plus courts.

Cet auteur en conclut que dans des situations caractérisées par une forte interdépendance, les personnes peuvent servir réciproquement de source de flux.

Sagarmatha ou le bonheur de travailler ensemble

Ce plaisir d'agir ensemble ne concerne pas que les expériences de psychologie ; il existe aussi en entreprise. C'est ce que j'ai pu constater en rencontrant des membres de l'équipe de Sagarmatha (du nom d'une région du Népal). J'ai fait la connaissance de son patron-fondateur, Christophe Larrenduche, au cours d'une formation que je co-animais avec mes amis Jean Pagès et Jean-Christophe Barralis, sur la psychologie positive au travail. J'ai été enthousiasmé par l'humanisme et la simplicité du personnage, qui m'a ensuite fait rencontrer une quinzaine de ses collaborateurs.

Sagarmatha, agence de communication événementielle fondée en

1990, réalise environ 170 opérations chaque année (3 500 depuis sa création). Y travaillent quarante salariés en CDI, soutenus par une dizaine d'indépendants. Les clients, qui se comptent par dizaines, ont pour nom Danone, Sony, Samsung, Sanofi-Pasteur, Cartier, L'Oréal, Casino, Fnac, Yves Rocher, Crédit Agricole, Axa, Société Générale, TF1... Alors que ce secteur d'activité est en baisse, Sagarmatha est en progression constante. Elle fait partie des entreprises de taille moyenne dans ce secteur, et Christophe se satisfait de cette situation, car il considère que « notre projet est bien plus important que d'être n° 1, c'est d'apporter du bonheur. Au travers des événements que nous organisons, nous accompagnons les entreprises dans la redéfinition de leurs valeurs. Et au final, ce que nous souhaitons, ce n'est pas seulement que nos clients soient contents, mais franchement enthousiastes ». Un des slogans de l'entreprise est : « Sagarmatha rend les participants acteurs de vos événements. » Chaque événement permet ainsi de révéler les talents au sein des entreprises et fournit à chaque collaborateur l'occasion d'exprimer qu'il est important.

J'ai eu l'occasion de m'entretenir avec plusieurs salariés de Sagarmatha. Pour Laurent, « on ne fait pas des événements, on fait passer des messages par des événements. Le sens du service, ce n'est pas qu'un mot, c'est vrai depuis le démarrage d'un projet jusqu'à son aboutissement. Nous souhaitons faire plaisir au client, aller au-delà de ses attentes, lui exprimer notre dévouement à son égard ». D'ailleurs, Christophe ne fixe aucun objectif en début d'année ; pour lui, le seul objectif qui vaille, c'est de faire chaque jour son travail de la meilleure manière possible.

Les valeurs incarnées remplacent les règles imposées

Certaines valeurs majeures guident les actions de Sagarmatha : le sens de la coopération, du service, de l'excellence, des responsabilités et... de l'humour. « Chez Sagarmatha, me dit Christophe, nous sommes convaincus que lorsque les valeurs sont fortes et partagées, elles remplacent les règles ! Par exemple, je n'ai pas besoin de prescrire qu'il faut faire ceci ou cela pour bien servir nos clients. Ici, chacun souhaite sincèrement rendre le meilleur service possible et va donc le faire spontanément à sa façon, avec un sens aigu de ses responsabilités. Je sais que quand quelqu'un part en vacances, chaque dossier est nickel ; si le client appelle, il y aura toujours quelqu'un qui pourra lui répondre efficacement. À partir du moment où la personne est responsable, il n'y a aucun besoin de lui dire ce qu'elle doit faire. »

Le plaisir de travailler ensemble ressort de tous les propos que j'ai entendus. Somme toute, Sagarmatha, c'est un peu comme un orchestre : chacun joue sa partition tout en ayant besoin des autres pour créer de l'harmonie. Ainsi, Manuel me dit : « J'adore mes collègues. Ici, on crée les conditions de la fraternité ; il y a une énorme solidarité entre nous, on s'entraide. L'intérêt général donne toujours plus de plaisir que l'intérêt individuel. Et au final, le collectif sert l'individu, parce que la réussite collective aboutit au plaisir individuel. » Pour Sylviane : « Personne ne sait tout dans l'équipe, et nous sommes très différents ; il y a donc nécessité de s'entraider. Il y a une énergie positive dans l'équipe, de l'enthousiasme dans le travail, le désir de bien faire. Et quand on fait une erreur, on en parle ouvertement entre nous. On assume notre responsabilité personnelle. »

Bonne entente rime parfaitement avec exigence, comme me le fait remarquer Sébastien : « Quand je suis arrivé dans l'entreprise, il y a six ans, je me suis tout de suite dit : "Ça va être cool de travailler ici." Je ressentais de la bienveillance, du respect et de la solidarité. Mais j'ai très vite constaté qu'ils étaient aussi hyperprofessionnels. À mon avis, ces deux aspects sont la clé de la réussite. Ici, nous avons d'excellentes conditions de travail, mais aucune pression sur le chiffre. »

Cet esprit d'équipe ne doit bien évidemment rien au hasard. Christophe accorde une grande importance à l'entretien de recrutement. Il pose évidemment des questions sur le goût de la personne pour l'organisation de fêtes qui soient réussies, mais aussi sur sa fibre humaniste et son sens de l'équipe. Il se trouve d'ailleurs régulièrement confronté à une difficulté originale : les postulants ont tendance – et cela se comprend aisément – à essayer de montrer tout ce qu'ils savent faire individuellement, alors que Christophe estime que personne n'est compétent tout seul dans ce métier. « Je leur dis que c'est essentiel de comprendre ça. Je préfère ne pas recruter quelqu'un de très compétent, mais qui ne joue pas collectif. Essayer de tout faire tout seul, c'est quasiment une faute professionnelle chez nous. J'ai adopté une devise : "Soyons les anges gardiens les uns pour les autres." »

« La seule autorité légitime repose sur la compétence et la bienveillance »

Christophe est convaincu que les statuts hiérarchiques figés sont peu efficaces et que la seule autorité légitime repose sur la compétence et la bienveillance. Le mot « chef » le gêne, et il préfère celui d'« inspirateur » ou d'« entraîneur », celui qui donne l'impulsion afin que chacun puisse exprimer le meilleur de lui-même. Même le terme « chef d'orchestre » lui pose problème ; il affectionne une autre image, celle du jongleur d'assiettes chinois, qui fait un petit geste par-ci, par-là, pour que tout tienne bien en équilibre.

Les salariés que j'ai rencontrés sont unanimes pour reconnaître ses qualités humaines. Pour Manuel, « le principal rôle de Christophe aujourd'hui, c'est de garder nos valeurs. Il aime servir, ce qu'il fait c'est du soutien, pas du contrôle. Il se met au-dessous de nous et nous pousse vers le haut, même avec les stagiaires ». Anne-Christine me dit vivre une relation atypique : « Je le considère comme mon patron, mais aussi comme un ami et comme un inspirateur, car il est très visionnaire et a énormément confiance en son équipe. » Pour Alban, « il est beaucoup dans l'empathie, très à l'écoute des autres. C'est quelqu'un qu'on a envie de suivre, qu'on a plaisir à voir. Il veut faire grandir les gens. Par exemple, si quelqu'un veut faire une année sabbatique, il l'encourage et fait tout pour l'accompagner dans son projet ».

L'agence Sagarmatha est très engagée sur le plan environnemental, en particulier depuis que Christophe Larrenduche a vu le film d'Al Gore *Une vérité qui dérange*, qui l'a bouleversé. Conséquence : l'entreprise s'implique depuis des années dans plusieurs engagements de responsabilité sociale et environnementale : *CO2 Solidaires*, en versant de l'argent pour compenser l'émission de carbone ; *Nos quartiers ont des talents*, en parrainant de jeunes diplômés issus de quartiers en difficulté ; *Tourism For Development*, en finançant des projets de développement au profit des populations les plus démunies des pays visités ; *IMS Entreprendre pour la cité* (regroupement d'entreprises engagées dans des démarches de responsabilité sociétale). Sagarmatha a été l'une des premières entreprises à recevoir le label *Lucie* récompensant les entreprises qui s'engagent en faveur du développement durable dans les domaines social, économique et écologique.

En 2008, Anne-Christine, l'une des membres de Sagarmatha, a créé la filiale Namaska (mot qui signifie « bienvenue » en népalais), une agence de conseil en communication qui met en place des opérations de mobilisation des salariés d'entreprises autour des engagements de responsabilité sociale et environnementale. Elle résume ainsi l'origine de cette initiative : « Je n'étais plus très à l'aise dans mon job. Tout me plaisait, mais je voulais faire des choses qui résonnent encore plus avec mes valeurs, en particulier environnementales. À la suite d'un bilan de compétences, soutenu par Christophe, je lui ai dit que nous pouvions faire une offre de responsabilité sociale et environnementale aux clients. On en a parlé à quelques clients, on a constaté des réactions positives et on s'est lancés. »

La réponse à la crise de 2008 : solidarité et esprit de service

En 2008, la crise financière frappe l'entreprise de plein fouet. Alors que le carnet de commandes 2009 est bien rempli, mails et coups de téléphone se multiplient soudainement pour annoncer des annulations sèches d'événements. En quelques semaines de l'automne 2008, Sagarmatha subit 50 % d'annulations et voit son budget réduit de moitié pour l'année suivante. Un séminaire interne en décembre, prévu depuis de nombreux mois, est l'occasion de tout mettre à plat, chacun étant invité à faire des propositions. Trois décisions majeures en découlent.

D'une part, l'avis général est qu'il n'y aura pas d'intéressement aux bénéfices cette année. Ceci est facilité par la totale transparence au sein de l'entreprise : tout le monde connaît les rémunérations de chacun. D'autre part, décision est prise de ne licencier personne. Seule la quantité de prestations des professionnels indépendants est revue à la baisse. Mais la décision la plus importante et la plus originale concerne la relation avec les entreprises clientes. Certes, les contrats contiennent des clauses contraignantes pour ces dernières, mais l'équipe de Sagarmatha ne souhaite pas les appliquer, à la fois par principe en raison des circonstances difficiles dans lesquelles se trouvent les clients, et par pragmatisme, car ce serait la plus sûre méthode pour perdre des clients à long terme. L'idée centrale qui domine alors les discussions au sein de l'équipe est qu'il faut à tout prix préserver la relation clientèle, et même aller bien au-delà, « en faisant une opération Père Noël pour les clients ». Chacun pense qu'il est important que les sociétés clientes conservent leur journée événementielle, car elle joue un rôle essentiel dans la dynamique collective et la culture d'entreprise. Sagarmatha a donc baissé ses tarifs, a conseillé les sociétés clientes sur les hôtels ou les traiteurs pour les prestations, etc. Des membres de l'équipe ont même négocié pour les entreprises auprès des prestataires afin qu'ils baissent leurs prix.

Qu'en a-t-il résulté ? Les clients sont restés fidèles, et bien plus encore. Dès 2010-2011, les commandes ont fortement redémarré, au point que Sagarmatha a doublé son chiffre d'affaires. Les entreprises qui avaient réduit les événements de communication interne ont organisé de nombreux séminaires et conventions pour libérer les énergies contraintes. Dans un cas sur deux, le thème choisi était l'audace !

Christophe conclut : « On en est sortis grandis, ça nous a énormément renforcés. On sait qu'on peut affronter des tempêtes tous ensemble, unis. Et la réaction des entreprises clientes quand l'activité a repris m'a donné un grand espoir dans mon métier, la preuve que nous ne sommes pas dans le superflu, mais dans l'essentiel. »

Clara me dit avoir « vécu la crise avec confiance, car Christophe a toujours été un visionnaire, il se projette dans l'avenir. Avec lui, on n'a jamais vraiment subi la crise, on l'a traversée de façon sereine. C'est ce que j'apprécie chez Sagarmatha, on voit loin, on ne subit pas les événements ». Le propos de Stéphane va dans le même sens : « On avait déjà traversé des épreuves, on était persuadés qu'on avait le bon positionnement, qui consiste à considérer d'abord l'humain au cœur de la stratégie événementielle. Et une fois qu'on a gagné la confiance d'un client, elle se maintient dans le temps. »

Les salariés coopératifs sont les plus performants

De nos jours, la plupart des activités au sein d'une organisation nécessitent une coopération entre collègues. Chercher à obtenir individuellement les meilleurs résultats n'est finalement pas très efficace. Sabine Sonnentag, professeure de psychologie à l'université d'Amsterdam, a mené une série d'étude sur les facteurs corrélés à la performance chez divers professionnels[5]. Elle a demandé à 159 informaticiens allemands et suisses de nommer un collègue qu'ils considéraient comme un excellent professionnel, puis de décrire pour quelles raisons ils pensaient cela. La plupart des caractéristiques mentionnées rentraient dans quatre catégories, dont les deux premières étaient les connaissances techniques et informatiques (69 %) et les compétences relationnelles (54 %) (coopération, communication, direction d'équipe). Concernant ces dernières, ont été prononcées des formules telles que : « désireux de partager ses connaissances », « soutient les autres », « capable d'écouter attentivement », « peut motiver les autres », « accepte les critiques », « capable et désireux de travailler en équipe », « fournit de bonnes explications », « sait comment s'y prendre avec les autres ».

Sabine Sonnentag a également interrogé 94 ingénieurs ; cette fois-ci, ce sont la coopération et la communication qui arrivent en premier (84 %), devant les connaissances et compétences techniques (81 %) et le style de travail (41 %).

Dans une autre recherche, elle compare les modes de fonctionnement de 16 informaticiens particulièrement performants et vingt autres moins performants, en fonction de leur réussite respective à des tests informatiques. Puis elle leur demande d'accomplir une tâche informatique mal structurée et d'imaginer un collègue inexpérimenté qui devrait accomplir cette tâche. Ils doivent dire quelle stratégie ils leur recommanderaient. 47 % des informaticiens performants soulignent l'importance de la coopération avec les collègues, contre seulement 14 % des informaticiens moins performants.

Cette relation entre coopération et performance semble fonctionner comme une spirale vertueuse, chacune entraînant l'autre. En effet, Sabine Sonnentag constate que les professionnels les plus performants sont plus souvent sollicités pour de l'aide et du feedback, ce qui ne surprendra évidemment personne. Ils y répondent avec plaisir, car ils sont concernés par la performance de l'équipe. Et eux-mêmes demandent plus souvent de l'aide et du feedback, ce qui est bien accepté par leurs collègues et qui accroît leurs propres performances.

Dean Tjosvold est certainement le chercheur qui a le plus étudié la coopération dans les organisations. Il a mené à bien plusieurs dizaines d'enquêtes sur le sujet, seul ou avec des collègues, que ce soit en Chine, au Canada ou aux États-Unis, dans des entreprises très différentes (banques, industrie électronique, télécommunications, service public de voirie, centre d'accueil pour enfants handicapés, magasins de détail, vente et maintenance de matériel lourd, coopérative de bois de construction...), ce qui donne à ses travaux une grande valeur générale. Tjosvold se fonde sur les travaux antérieurs de Morton Deutsch, qui a mis en évidence trois formes d'interaction entre des individus.

Il y a, d'une part, la coopération, qui émerge au sein d'un groupe lorsque les individus pensent que l'atteinte de leurs objectifs propres dépend de l'atteinte des objectifs des autres employés, et réciproquement. Dans ce contexte, chacun souhaite que les autres réussissent, et agit dans ce sens ; les uns et les autres s'efforcent de résoudre les problèmes en vue d'un bénéfice mutuel. Le sentiment d'interdépendance est au cœur du processus.

À l'inverse, dans une ambiance de compétition, chacun pense que lorsqu'une personne parvient à ses objectifs, cela se fait nécessairement au détriment d'autrui. L'individu s'efforce alors de lutter pour obtenir plus de considération et/ou de revenus, pour être celui dont les idées sont retenues par le supérieur hiérarchique, etc. La réussite de l'un dépend de l'échec des autres.

Une troisième situation (bien moins souvent étudiée) se produit lorsque les personnes estiment que leurs objectifs respectifs sont indépendants, c'est-à-dire que le succès de l'un n'a pas d'impact sur celui des autres.

Quelle que soit l'organisation étudiée, les résultats de Tjosvold, résumés ci-dessous, sont identiques d'une recherche à l'autre[6]. La coopération est systématiquement corrélée à la satisfaction et l'implication des membres de l'équipe (et en est parfois la cause), au plaisir de travailler ensemble, à la confiance dans les collègues, au désir d'améliorer l'efficacité de l'organisation, de réduire les coûts de production, et, *in fine*, à l'efficacité et à la productivité. C'est l'inverse qui se passe en situation de compétition ou d'indépendance.

Dans une atmosphère de coopération, les collègues peuvent exprimer ouvertement des opinions divergentes, en vue de résoudre un problème, sans que cela génère du ressentiment. En revanche, en situation de compétition, les gens ont tendance à rejeter les suggestions d'autrui, à prendre des décisions unilatéralement.

Les personnes fonctionnant de manière coopérative ont tendance à parler ouvertement des erreurs faites et en tirent une source d'apprentissage pour le futur. Inversement, dans un contexte compétitif, reconnaître une erreur est dangereux, car cela risque fort d'être interprété comme une marque d'incompétence, ce qui limite les possibilités d'apprentissage organisationnel.

Lorsqu'il y a un esprit coopératif entre un supérieur hiérarchique et son collaborateur, celui-ci s'attend à recevoir des feedback de haute qualité qui vont l'aider à progresser, il peut discuter ouvertement de ses expériences professionnelles, est motivé pour travailler avec plus d'implication. Là encore, c'est l'inverse qui se passe en situation de compétition et même d'indépendance. En effet, les supérieurs hiérarchiques compétitifs ou indépendants ne pensent pas que leurs collaborateurs souhaitent s'impliquer spontanément, et essaient donc de faire pression sur eux. Mais cette façon de faire se révèle inefficace.

Quand l'institution facilite ou empêche la coopération

L'esprit de coopération au sein d'une équipe n'est pas seulement le fruit de dispositions individuelles. Il peut être facilité ou au contraire entravé par l'institution. C'est ce que montre clairement une étude fort instructive, qui met également en évidence le fait que la compétition peut parfois donner l'illusion d'être plus productive que la coopération[7]. Bien que réalisée il y a une soixantaine d'années, ses enseignements sont toujours d'actualité. Cette recherche compare les résultats obtenus dans deux agences de type Pôle emploi. Dans l'une, le mode de fonctionnement est fondé sur la compétition, la productivité individuelle est très valorisée et détermine le niveau de réputation. Le responsable de l'agence s'appuie fortement sur des bilans de performance pour évaluer le personnel. Chaque salarié stocke les offres et demandes d'emploi qui lui parviennent, en évitant que ces informations se diffusent auprès des collègues. Celui qui n'apprécie pas ce mode de fonctionnement est perçu comme déviant, ou finit par « jouer le jeu » et entre dans ce système compétitif.

Dans l'autre agence, le mode de fonctionnement est coopératif. Les employés discutent entre eux des postes à pourvoir dont ils ont connaissance. Le directeur n'évalue pas ses collaborateurs prioritairement sur la base des bilans de production. Un salarié souligne qu'après l'arrivée de ce responsable, « nous sommes devenus moins anxieux à propos des statistiques. Une autre expérience comme celle-ci et nous pourrions oublier tout mérite lié au placement ». Dans ce contexte, le groupe a développé un code professionnel spécifique : aider chaque client à trouver un travail qui l'intéresse vraiment et lui donner tous les conseils utiles est considéré comme essentiel. Les entretiens rapides sont inacceptables puisqu'ils ne permettent pas d'atteindre ces objectifs. Les pratiques compétitives sont désapprouvées non seulement parce qu'elles rendent le travail des collègues plus difficile, mais aussi parce que cela conduit à un service défectueux pour les demandeurs d'emploi.

Une salariée de ce groupe explique pourquoi elle considère un collègue comme le meilleur agent du groupe, inversant les standards habituels de performance : « Herbert est plus patient, il fait moins de placements, ce qu'il faut porter à son crédit. La personne qui fait le meilleur travail fait souvent moins de placements. Ça marche généralement comme ça. »

Les résultats incitent à la réflexion. Au sein du groupe compétitif, il y a une claire corrélation entre l'esprit de compétition et la performance : plus un employé manifeste cet état d'esprit (en ne partageant pas avec ses collègues les informations qu'il détient), plus il obtient de résultats. Un point donc pour les partisans de la compétition.

Oui, mais… on ne retrouve pas cette corrélation dans le groupe coopératif. La compétition n'est donc efficace que dans un monde régi par l'esprit de compétition. Plus important encore : la performance globale du groupe compétitif est inférieure à celle du groupe coopératif. Dans le groupe coopératif, 67 % des offres d'emploi trouvent preneur, contre 59 % dans le groupe compétitif.

De plus, quelle est la qualité des placements opérés ? Malheureusement, aucune des deux agences ne précise la durée des emplois, ce qui constitue un bon indicateur de la qualité des placements. Cependant, Peter Blau, le sociologue qui a mené l'enquête, signale que les chômeurs ayant affaire aux agents compétitifs sont nettement plus nombreux à refuser les placements proposés et ont bien plus de conflits avec ces agents que ceux suivis par les membres de l'autre équipe. Rappelons-nous que dans ce groupe, les agents évitent de communiquer à leurs collègues les informations qu'ils possèdent. Il est donc très probable qu'il y ait nettement moins de concordance entre les offres et les demandes que dans l'agence où les informations circulent librement.

L'un des employés du groupe compétitif déclare : « Particulièrement quand approche la période d'évaluation, on entre en compétition. On ne se préoccupe pas d'attribuer le poste à la personne qui y correspond le mieux, mais de faire soi-même le placement. » Inversement, dans le groupe coopératif, un employé déclare : « Personne ne nous a demandé combien de placements nous avons faits. L'accent a été mis sur la qualité, et nous avons discuté ensemble chaque jour. » Ce groupe considère que les placements rapides constituent un service défectueux. Comme le remarque Peter Blau, auteur de l'étude, « la réduction de l'anxiété dans le groupe antiproductivité a finalement augmenté sa productivité ».

Par ailleurs, les membres du groupe coopératif ont l'habitude de prendre les pauses et de déjeuner ensemble, tandis que seuls deux salariés de l'autre équipe le font, et encore, seulement occasionnellement. Interrogés à ce propos, la plupart de ces agents expliquent qu'ils préfèrent manger seuls, car ils doivent parler toute la journée au travail. Pourtant, plusieurs mangent avec un ami, ce qui montre que leur souhait n'est pas de manger seul, mais de ne pas manger avec les collègues. De plus, certains précisent qu'avant la mise en place du système compétitif, ils mangeaient régulièrement avec leurs collègues.

Information intéressante, pour finir : dans les deux groupes, les salariés disent qu'ils n'aiment pas travailler dans une atmosphère compétitive...

Une autre recherche confirme le rôle de la direction dans la mise en place d'une atmosphère coopérative ou compétitive. Deux chercheurs néerlandais en sciences sociales ont comparé deux organisations exerçant la même activité (sociétés de conseil) et de taille équivalente[8]. Dans la première, Krauthammer International, existe une culture de confiance. Les responsables ont explicitement exprimé leur vision consistant à « faire ressortir le meilleur des personnes ». Les salariés interrogés mettent en avant des valeurs concernant la qualité professionnelle du travail effectué et la nécessité d'une bonne entente pour y parvenir. Une des valeurs majeures qu'ils expriment est la « passion pour les personnes », qui consiste à toujours chercher le positif chez les collègues, à être sensible à leurs besoins et s'efforcer d'y répondre. Tous les employés sont régulièrement coachés et formés aux compétences intra- et interpersonnelles et il y a beaucoup de temps de rencontre informelles entre eux. Les auteurs de l'étude écrivent qu'ils ont été impressionnés par les fréquents compliments exprimés dans cette société. En cas de désaccord sur des idées ou des comportements, chacun est invité à exprimer sa façon de voir, peut critiquer l'opinion d'autrui, mais à condition de ne pas le juger en tant que personne. Enfin, chacun est tenu de parler directement à la personne, pas dans son dos.

Dans l'autre société, Deerns, les valeurs mises en avant par les salariés concernent uniquement la qualité technique des interventions, sans référence à la relation avec les collègues. Il n'y a pas de rencontres informelles entre eux, et les compliments sont rares, car on attend de chacun qu'il soit performant. D'où des problèmes de communication.

Krauthammer International est spécialisé dans les interventions concernant le coaching et les ressources humaines, tandis que Deerns se consacre à l'ingénierie. On pourrait donc logiquement penser que la différence de fonctionnement provient de ces caractéristiques respectives. Il n'en est rien, car, auparavant, la culture de Krauthammer ne reposait pas sur les relations humaines, mais sur la performance individuelle. Un employé qui avait connu cette époque a déclaré aux chercheurs : « Le leadership était fondé sur le principe "Exploitez vos salariés". » En 1993, un groupe de consultants a quitté l'entreprise pour fonder une société concurrente, et les salariés restant se sont rebellés en exigeant une réorientation significative du management. L'un de ces ex-rebelles, devenu ensuite cadre, déclare : « Nous voulions organiser l'entreprise selon le principe de coopération plutôt que sur celui de "diviser pour régner" qui dominait alors. Nous voulions mettre l'accent sur le développement personnel et professionnel comme principe directeur, plutôt que sur la propriété financière. »

La coopération dans le monde médical

J'aimerais maintenant étudier plus spécifiquement la coopération en médecine, univers où l'action coordonnée et harmonieuse est essentielle. De nombreuses études ont porté sur ce sujet et plusieurs synthèses de la littérature scientifique ont également été publiées. Ces dernières nous apprennent que la coopération, la résolution des conflits, la participation et la cohésion sont les facteurs les plus importants de la satisfaction et de l'efficacité perçue des équipes médicales[9]. Les équipes fonctionnant particulièrement bien sur le plan médical ont des modes de communication positifs et peu de conflits. Inversement, les problèmes de communication au sein des équipes sont parmi les causes les plus fréquentes de situations délicates et d'erreurs chirurgicales, plus souvent à l'origine de problèmes que le manque de compétences techniques[10]. Au sein d'une équipe chirurgicale, les risques de complications, voire de décès, sont augmentés lorsque certains comportements font défaut : le partage d'informations, le respect mutuel, le fait de demander des informations pertinentes[11].

De nombreuses recherches ont été réalisées au sein d'unités de soins intensifs et de services de chirurgie, deux univers médicaux où la qualité des soins est évidemment essentielle. Par exemple, une recherche comparative dans un service de soins intensifs a montré que lorsqu'il y a absence de collaboration dans la prise de décision, le risque de survenue de complications est de 16 %, alors qu'il n'est que de 5 % lorsque l'équipe fonctionne pleinement dans la coopération[12]. Une autre concerne près de 900 patients dans les services de chirurgie de neuf hôpitaux[13]. Le respect mutuel au sein de l'équipe médicale, la volonté de résoudre collectivement les problèmes, le fait de se fixer des objectifs communs ont des effets positifs sur la qualité des soins perçue par les patients, la moindre durée du séjour hospitalier et la réduction de la douleur post-opératoire.

Quand la collaboration sauve des vies

Un critère déterminant de qualité des soins est le taux de mortalité. Les chercheurs étudiant ce thème sont généralement confrontés à un problème méthodologique de taille : ce sont parfois dans les meilleurs hôpitaux que sont adressés les patients dont l'état de santé est le plus grave, et qui présentent donc le plus de risque de mourir. Les études tiennent généralement compte de ce risque de biais méthodologique (et d'autres également).

Une équipe de chercheurs a enquêté auprès d'environ 400 professionnels de santé travaillant dans des unités de soins intensifs[14]. Ils répartissent les équipes en trois catégories, depuis celles au sein desquelles s'exercent surtout des relations de pouvoir et d'autorité, de conflit et de compétition, jusqu'à celles caractérisées par des relations de grande confiance et de coopération. Ce sont ces dernières qui sont les plus productives et efficaces, et chez elles, le taux de mortalité est le plus faible. Les personnes qui y travaillent perçoivent leurs collègues comme plus autonomes et estiment que l'équipe est mieux structurée et organisée que les professionnels agissant dans des établissements à taux de mortalité plus élevée.

Une autre enquête, concernant plus de 5 000 patients accueillis dans des unités de soins intensifs de treize hôpitaux, confirme ces résultats[15]. Les chercheurs ont estimé le nombre de décès prévisible pour chaque hôpital, en tenant compte des résultats moyens de l'ensemble. Certains hôpitaux ont des résultats très différents – en positif ou négatif – de ce que l'on peut attendre. Par exemple, un hôpital n'a eu que 41 décès pendant la période d'études, alors que 69 étaient statistiquement prédits, tandis qu'un autre avait 58 % de décès en plus que ce que l'on pouvait attendre. Ces différences étaient plus dues au degré d'interaction et de coordination entre médecins et infirmières qu'au type de structure administrative, à la quantité de traitements spécialisés utilisée ou au fait que l'hôpital était ou non un établissement d'enseignement de la médecine.

L'une des personnes qui s'est le plus intéressée à l'impact des relations au sein des équipes médicales sur la santé des patients est Linda Aiken, directrice d'un centre de recherches sur les politiques de santé à l'université de Pennsylvanie. Elle a dirigé des études sur l'impact des soins infirmiers sur l'état de santé des patients dans plus de trente pays. Elle s'est notamment intéressée aux établissements qualifiés d'« hôpitaux attractifs » (*magnet hospitals*). L'origine de cette appellation remonte au début des années 1980, lorsque l'Académie américaine de soins infirmiers s'est fixé comme tâche d'établir une liste d'hôpitaux considérés comme des lieux où il est agréable de travailler. Ces hôpitaux présentaient un faible taux de turn-over et de postes à pourvoir, ce qui a conduit à les qualifier d'« hôpitaux attractifs ». Les infirmières travaillant dans ces établissements soulignent notamment les points positifs suivants : elles y sont perçues comme importantes et ont un statut fortement valorisé, elles bénéficient d'une réelle autonomie pour prendre des décisions cliniques au sein de leur domaine de compétence, et le personnel de direction les soutient dans cette prise de responsabilité.

Linda Aiken et deux collègues universitaires mettent au point une échelle comportant quinze items relatifs au niveau d'autonomie des infirmières et de relation avec les médecins. Ils constatent que les infirmières travaillant dans les hôpitaux attractifs ont des scores plus élevés sur les différents aspects de cette échelle que celles travaillant dans les autres hôpitaux[16]. Par ailleurs, ces hôpitaux attractifs présentent un taux de mortalité 5 % plus faible que les autres hôpitaux.

Notons au passage que l'autonomie accordée aux infirmières est non seulement compatible avec un bon travail d'équipe, mais est même bénéfique à cet égard. Plus de 5 000 infirmières travaillant dans 32 hôpitaux anglais ont répondu à un questionnaire portant notamment sur le niveau de travail d'équipe (mesuré par plusieurs échelles concernant les relations de travail avec les autres membres de l'équipe médicale, le sentiment d'être soutenues par la direction du service, etc.) et sur l'autonomie qui leur est accordée (mesurée en fonction du sentiment d'être impliquées dans les soins donnés aux patients et dans les décisions prises dans le service[17]). Il y a une forte corrélation entre le travail d'équipe et l'autonomie, ainsi qu'avec une perception positive de la qualité des soins et un degré plus élevé de satisfaction au travail. Ainsi, 31 % des infirmières ayant un score élevé de travail d'équipe se trouvent également dans le groupe ayant un score élevé d'autonomie, contre seulement 1 % de celles ayant un score faible d'autonomie. Ainsi, les bonnes relations de travail avec les autres membres de l'équipe médicale vont de pair avec la possibilité d'agir de manière autonome en tant qu'infirmière. Les auteurs de l'étude en concluent que « les organisations devraient donc être encouragées à promouvoir l'autonomie des infirmières sans craindre que cela sape le travail d'équipe ».

Infirmières et médecins n'ont pas les mêmes valeurs

Ces résultats sont éloquents, et pourtant la collaboration entre médecins et infirmières n'est pas facile, car l'identité professionnelle des uns et des autres repose sur des valeurs différentes[18]. Ceci s'exprime déjà au cours des études. Les écoles de médecine sont très compétitives et les futurs médecins étudient de façon compétitive et indépendante. À l'inverse, les infirmières apprennent tôt dans leur carrière à travailler en tant que membres d'une équipe, discutant collectivement des problèmes et échangeant des informations pour assurer correctement la continuité des soins à leurs patients.

La formation du médecin est focalisée sur l'action et sur les résultats plus que sur les relations. Le principal objectif du médecin est de guérir le patient, voire de lui sauver la vie ; il s'intéresse donc surtout aux données médicales objectives lui permettant de résoudre le problème. Il apprend généralement à se distancer émotionnellement, afin de faire face aux tensions intérieures consécutives aux situations de vie ou de mort qu'il rencontre, et d'agir avec compétence. Il est formé pour assurer la responsabilité des décisions médicales, ce qui l'amène à acquérir un sentiment d'autorité au sein de l'équipe de soignants.

Quant aux infirmières, elles apprennent non seulement à *soigner*, mais également à *prendre soin* du malade, c'est-à-dire à être source de réconfort, en un moment où le patient en a tout particulièrement besoin. Ces propos tenus par des infirmières résument bien cet état d'esprit :

> « Le respect est pour moi une éthique de bonne conduite et de bonnes pratiques. Cette valeur conditionne tant la qualité relationnelle en équipe, fondamentale pour exercer dans de bonnes conditions sa fonction, que la qualité relationnelle au patient et à ses proches » ; « Le travail de collaboration permet à chacun de se réaliser. En apportant ses connaissances, en les confrontant, [cette collaboration] permet à chacun de se responsabiliser face à d'autres personnes » ; « L'esprit d'équipe est indispensable à mon sens dans une unité de soins. Renforcer les liens entre nous permet d'être plus fort au sein du travail, et crée aussi une émulation[19]. »

Plusieurs enquêtes ont mis en évidence que ces approches différentes peuvent être source de difficultés. Par exemple, dans une recherche menée auprès de près de 600 professionnels de gériatrie[20], les auteurs comparent les conceptions d'étudiants de trois catégories de personnel avant leur participation à un programme de formation interdisciplinaire : des médecins, des infirmières et des travailleurs sociaux. Tous sont d'accord pour considérer que le travail en équipe est bénéfique aux patients – avis légèrement plus prononcé chez les infirmières et les travailleurs sociaux. Cependant, des différences sensibles se manifestent lorsqu'est précisée la signification de cette collaboration. Par exemple :

– 80 % des étudiants en médecine sont d'accord avec l'affirmation suivante : « Les médecins ont le droit de modifier le plan de traitement d'un patient élaboré par l'équipe », contre seulement 38 % des étudiants en travail social et 41 % des étudiants en soins infirmiers.

– 73 % des étudiants en médecine sont d'accord avec l'affirmation suivante : « La principale raison d'être d'une équipe est d'assister les médecins à parvenir aux objectifs de traitement des patients », contre seulement 47 % des étudiants en travail social et 42 % des étudiants en soins infirmiers.

– Face à la phrase : « Le médecin ne devrait pas toujours avoir le dernier mot dans les décisions prises par les équipes de soins », 89 % des étudiants en travail social sont d'accord ainsi que 91 % des étudiants en soins infirmiers, contre seulement 60 % des étudiants en médecine.

Une autre enquête, menée auprès de 35 infirmières et 45 médecins travaillant dans des services de soins intensifs, montre que la conception de la collaboration diffère significativement entre les uns et les autres[21]. Les médecins sont globalement nettement plus satisfaits que les infirmières : ils estiment que la communication est plus ouverte, que les problèmes sont plus facilement résolus que ne le pensent les infirmières. On peut interpréter ces différences d'au moins deux façons. Soit les médecins sont plus positifs que les infirmières, soit ces dernières sont plus réalistes que les médecins. Les auteurs ont rajouté deux questions ouvertes à leur enquête statistique. Dans l'une, chacun-e doit compléter la phrase suivante : « Si je ne reçois pas une réponse appropriée ou dans les délais, je... » Seuls 3 médecins sur 45 ont répondu à cette question, tous de la même manière : « Je parle avec l'infirmière en chef. » Les infirmières sont proportionnellement onze fois plus nombreuses à répondre (27 réponses sur 35 infirmières). En revanche, leurs propos sont moins précis : « Je passerai par la chaîne de communication » ; « J'espère que la situation du patient ne va pas empirer » ; « Je m'en occupe moi-même jusqu'à ce que je reçoive des ordres ».

À la question : « Si vous avez vécu un conflit qui n'a pas été résolu, indiquez, s'il vous plaît, quelle en est la (ou les) raison(s). » À nouveau, les infirmières sont bien plus nombreuses à répondre à cette question. Elles évoquent le fait que le médecin n'a pas perçu correctement les besoins du service, n'a pas cherché à établir une discussion basée sur la coopération, ne désirait pas discuter du problème, etc. Une infirmière a fait allusion à la domination des médecins sur les infirmières, traitées sans respect, comme des servantes. Deux médecins seulement ont répondu. L'un pense que certaines infirmières manquent de respect et qu'il est difficile de travailler avec elles lorsqu'on a une opinion médicale différente de la leur. L'autre parle d'infirmières qui font leur « shopping médical » : « Si elles n'obtiennent pas de moi la thérapie qu'elles souhaitent, elles font appel à un sous-spécialiste jusqu'à ce qu'elles trouvent quelqu'un qui fera ce qu'elles considèrent approprié. »

Une autre recherche, menée auprès de 230 infirmières et 90 médecins travaillant dans des unités de soins intensifs, va dans le même sens[22]. Les infirmières sont globalement satisfaites de la qualité des relations avec leurs collègues infirmières, puisque 71 % estiment que la qualité de collaboration est élevée ou très élevée. En revanche, ce taux de satisfaction tombe à 33 % lorsqu'il s'agit de leurs relations avec les médecins. Qu'en est-il pour les médecins ? 70 % d'entre eux pensent que la qualité de relations avec leurs collègues docteurs est élevée ou très élevée, et ils pensent que c'est également le cas pour leurs relations avec les infirmières (73 %). Les réponses fournies à d'autres questions montrent que, comparativement aux médecins, les infirmières estiment qu'il est difficile de parler, que les désaccords ne sont pas réglés de manière appropriée, que leurs apports ne sont pas correctement pris en considération. À nouveau, deux interprétations sont possibles : soit les médecins sont plus optimistes, soit ils sont peu sensibles aux difficultés de communication dans leur service.

Comment réconcilier infirmières et médecins ?

Étant donné l'impact d'un bon travail d'équipe sur la santé des patients, peut-on réduire ces importantes divergences d'appréciation ? Oui, grâce à des formations destinées à promouvoir une pratique collaborative auprès d'étudiants de diverses catégories de professionnels de santé. Une synthèse a rassemblé 30 études sur ce thème[23]. Les étudiants estiment que cet enseignement est très pertinent et souhaitent plus de cours de ce type à l'avenir. La plupart estiment d'ailleurs préférable que ces cours soient donnés en début de cursus, car cela facilite une plus grande participation dans les activités interdisciplinaires ultérieures. Les auteurs citent une étude antérieure selon laquelle, lors de la dernière année d'études, les attitudes envers les autres professionnels de santé sont déjà bien ancrées et constituent des freins au travail d'équipe efficace.

Les étudiants ayant assisté à ces formations estiment que les cours leur ont permis de mieux comprendre le rôle des autres professionnels, leurs compétences et responsabilités, et de clarifier leurs propres rôles et responsabilités. Le sentiment que la coopération entre différents professionnels du soin est nettement plus élevé après la formation interdisciplinaire qu'avant.

À titre d'exemple d'autres recherches-actions de ce type, signalons celle réalisée par John Morey et ses collègues, dont les résultats sont impressionnants[24]. Près de 700 personnes (médecins, infirmières et techniciens) de plusieurs services d'urgence ont reçu une formation à la communication d'équipe, tandis que presque 400 autres, appartenant à des services comparables, n'en ont pas reçu et servaient donc de groupe contrôle. Cinq groupes de comportements d'équipe constituaient le cœur de l'enseignement prodigué :

– maintenir la structure et le climat d'équipe (se sentir responsable des résultats de l'équipe, résoudre les conflits de manière constructive...) ;

– utiliser des stratégies de résolution de problèmes (rapporter les erreurs à l'équipe, faire des propositions pour corriger celles-ci...) ;

– mieux communiquer avec les autres membres de l'équipe (signaler aux autres membres les décisions et actions prises...) ;

– exécuter des plans et gérer la charge de travail (exécuter le plan établi, demander de l'aide en cas de surcharge de travail...) ;

– améliorer les compétences d'équipe (apprendre des autres

et leur apprendre, participer à des discussions sur le travail d'équipe...).

La formation, perçue comme très utile par les participants, a permis une amélioration notable du fonctionnement des équipes. Les comportements visés se sont sensiblement améliorés à la suite de la formation, alors qu'il n'y a pratiquement pas eu de différences dans les groupes n'ayant pas participé à la formation. Le nombre d'erreurs cliniques a légèrement baissé dans les groupes contrôles (un quart en moins) alors qu'il a été divisé par sept dans les groupes formés. De plus, l'impact positif de l'intervention s'est en grande partie maintenu au cours des huit mois de suivi. Les auteurs de l'étude soulignent également qu'un élément essentiel du succès est l'implication constante des responsables du service.

La Mayo Clinic, un modèle de coopération médicale

Une excellente illustration de ce que signifie la coopération dans l'univers médical nous est fourni par la Mayo Clinic. Fondée en 1889, elle est l'un des établissements les plus réputés dans le monde pour la qualité des soins offerts aux patients. L'ensemble de son personnel compte plus de 56 000 personnes, dont plus de 3 700 médecins et chercheurs. Plus de 13 000 patients y sont soignés chaque jour. Malgré sa taille, la Mayo Clinic a su maintenir un soin adapté individuellement à chaque malade.

Deux valeurs centrales sont à la base du fonctionnement de cet établissement : les besoins du patient comme priorité absolue et la médecine comme science coopérative pour parvenir à cet objectif. Ceci a été très clairement affirmé dès l'origine par l'un des trois fondateurs, le Dr William J. Mayo : « Le meilleur intérêt du patient est le seul intérêt à considérer, et afin que le malade puisse bénéficier des plus récentes connaissances, l'union des forces est nécessaire. (...) Il est devenu nécessaire de pratiquer la médecine comme une science coopérative[25]. »

Cet intérêt pour le bien-être du patient s'exprime parfois sous une forme inattendue. Un jour, une patiente arrive à l'hôpital dans un état critique[26]. Sa fille doit se marier très prochainement et il n'est pas sûr que sa mère puisse continuer à vivre jusqu'au mariage. La future épouse dit à l'aumônier de la clinique à quel point elle souhaite que sa mère puisse la voir mariée, et il transmet ce désir au responsable des soins intensifs. Dans les heures qui suivent, la cour de l'hôpital est transformée en salle de noces, avec des fleurs, des ballons et des confettis. Les membres de l'équipe fabriquent un gâteau et l'un d'eux se met au piano. Des infirmières maquillent et coiffent la patiente et poussent son lit à roulettes jusque dans la cour. L'aumônier assure la cérémonie, qui est un moment exceptionnel, non seulement pour la famille et leurs proches, mais également pour le personnel, lequel met en application une fois de plus l'adage de la Mayo Clinic : « Les besoins du patient passent en premier. »

La Mayo Clinic attire préférentiellement les médecins qui se reconnaissent dans cette conception de la pratique médicale comme activité coopérative. Selon le docteur Jonathan Leighton, gastro-entérologue, « la culture de la Mayo Clinic attire des individus qui considèrent que la pratique de la médecine est la mieux exercée lorsque sont associées diverses spécialités médicales qui fonctionnent comme une équipe. C'est ce que nous faisons le mieux, et la plupart d'entre nous aiment faire cela. Ce qui est le plus enthousiasmant, c'est lorsque nous réussissons une action grâce au travail d'équipe d'un groupe de médecins appartenant à plusieurs spécialités[27] ».

La recherche de « joueurs d'équipe » fait d'ailleurs explicitement partie du style de recrutement au sein de la Mayo Clinic. Le salaire n'est aucunement lié au nombre de patients soignés, ce qui fait que chaque médecin est invité à laisser la place à un collègue s'il estime que celui-ci est plus apte à traiter le patient qu'il vient d'examiner ; et prendre du temps pour aider un collègue ne changera rien à son salaire à la fin du mois non plus. Contrairement à ce qui se passe dans de nombreuses organisations, demander de l'aide à un-e collègue n'est pas considéré comme un signe de faiblesse et d'incompétence, mais au contraire comme le comportement normal à adopter. Comme le dit Elaine Gustetic, une assistante sociale travaillant dans un service de chirurgie : « Je peux appeler n'importe qui, n'importe où, pour quoi que ce soit qui est utile au patient[28]. »

Une petite anecdote illustre bien cet esprit de coopération régnant à la Mayo Clinic[29]. Un jeune chirurgien vient d'être récemment recruté dans une équipe. Un jour, il reçoit un appel téléphonique de l'un des chirurgiens les plus renommés de l'établissement. Celui-ci lui explique qu'il réalise actuellement une procédure délicate sur un patient et lui demande si ce qu'il projette de faire lui semble approprié. Le jeune chirurgien est stupéfait que ce collègue, qu'il admirait énormément, puisse lui demander conseil, en raison de ses connaissances médicales toutes récentes. Le patient se rétablit rapidement de son opération.

La coopération au travail, marque de citoyenneté

Selon Helena Lopes et Teresa Calapez, de l'université de Lisbonne, le fonctionnement coopératif dans l'entreprise peut faciliter l'internalisation d'un code moral qui peut ensuite être transposé dans la société plus large[30]. À une vision réductrice selon laquelle les gens coopèrent parce qu'ils souhaitent tirer profit individuellement des gains tirés du comportement coopératif, elles en opposent une autre, selon laquelle ce qui les motive est leur vision commune de l'objectif à atteindre. Pour elles, la coopération peut être initiée lorsque les employés partagent un but commun ou qu'ils apprécient les relations entre eux ; mais, pour durer, cette coopération doit également s'appuyer sur une troisième dimension, qui est le bien moral, c'est-à-dire des modes de fonctionnement basés sur la morale, liés notamment au fait d'être traité avec justice et dignité.

Elles mettent en relation les résultats de deux enquêtes européennes, l'une sur la qualité de vie au travail, l'autre sur la participation à la vie citoyenne. La première, qui rassemble des questionnaires remplis par 30 000 personnes dans 31 pays (European Working Conditions Survey), met en évidence une certaine satisfaction dans les relations interpersonnelles : 65 % des personnes interrogées estiment qu'elles peuvent aisément recevoir de l'aide de leurs collègues si elles le leur demandent ; 62 % se sentent « comme à la maison » au sein de l'organisation et 71 % disent avoir de très bons amis au travail. La seconde enquête, portant sur la participation à la vie citoyenne, rassemble des questionnaires remplis par 43 000 personnes dans 25 pays (European Social Survey). Divers thèmes de participation citoyenne sont retenus, notamment avoir pris part aux activités d'une association, s'être engagé dans un parti politique ou un groupe militant, avoir pris contact avec un responsable politique, avoir signé une pétition, participé à une manifestation ou encore avoir boycotté certains produits.

Ces auteures croisent les données issues de ces enquêtes et constatent un lien clair entre la qualité des relations au travail et la participation citoyenne dans la majorité des pays étudiés. Ces deux aspects sont soit fortement présents ensemble (Suisse et Europe du Nord), soit faiblement présents ensemble (Europe de l'Est). Certains pays se démarquent cependant de la tendance générale : l'Allemagne, l'Espagne et la France, qui présentent à la fois une faible qualité des relations au travail et une forte implication dans des actions collectives. Mais la contradiction n'est peut-être qu'apparente puisque, comme le soulignent Helena Lopes et Teresa Calapez, les actions citoyennes dans ces pays sont surtout celles ayant un caractère contestataire, telles que les pétitions et les boycotts.

Les défauts de la coopération et les remèdes

Éviter le piège séducteur de la pensée de groupe

Il faut cependant être attentif à ce que l'esprit de coopération ne se transforme en « pensée de groupe ». Ce concept a été élaboré dans les années 1970 par Irving Janis, qui fut professeur à l'université de Yale[31]. Ce chercheur a essayé de comprendre pour quelles raisons certaines décisions de l'administration américaine avaient abouti à des fiascos retentissants, tandis que d'autres avaient conduit à de remarquables réussites. Il étudie ainsi plusieurs échecs, dont l'absence de prévision de l'attaque japonaise sur Pearl Harbor en 1941, l'invasion ratée de la Baie des Cochons à Cuba en 1961, l'escalade de la guerre du Vietnam (1964-1967) ; et deux réussites : le plan Marshall d'aide à la reconstruction de l'Europe en 1947 et la résolution de la crise des missiles de Cuba en 1962.

L'analyse des échecs montre que les membres du groupe de décision ont fait d'énormes erreurs de prévision sur les conséquences pratiques et morales de leurs décisions. Or, ce qui frappe le plus Janis dans ces exemples, c'est une caractéristique commune du fonctionnement des différents groupes de décideurs ayant mené ces actions : l'intensité de la loyauté de ces responsables envers leur groupe et les pressions vers l'uniformité qui s'y exerçaient. « En un sens, écrit-il, les membres considèrent la loyauté au groupe comme la plus haute forme de moralité. » Cette loyauté requiert de chaque membre qu'il évite de soulever des sujets de controverse et de contester la faiblesse de certains arguments. C'est ce constat qui amène Janis à élaborer le concept de « pensée de groupe ». Il la définit comme la « façon de penser que des personnes utilisent lorsqu'elles sont profondément engagées dans un groupe ayant une forte cohésion, lorsque leur volonté de parvenir à l'unanimité l'emporte sur leur motivation à évaluer avec réalisme d'autres modalités d'action. (...) La pensée de groupe réfère à une détérioration de l'efficacité mentale, de la capacité à tester la réalité, et du jugement moral, qui résultent des pressions du groupe[32] ». Chacun s'efforce de maintenir l'unité et l'unanimité du groupe en évitant tout conflit qui pourrait lui nuire, ce qui a finalement pour effet de diminuer la qualité de la prise de décision. Ainsi, aveuglés par leur volonté de maintenir l'harmonie du groupe, ils commettent de graves erreurs qui auraient pu être évitées.

Janis a repéré huit symptômes de la pensée de groupe :

– l'illusion d'invulnérabilité, qui conduit à une sous-estimation des risques encourus ;

– la rationalisation, qui interdit toute remise en question des décisions antérieures ;

– la croyance à la moralité inhérente du groupe, sans ouverture à l'autocritique ;

– une perception stéréotypée des groupes extérieurs, chargés inversement de nombreux défauts ;

– la pression à la conformité, qui conduit les membres sceptiques du groupe à rentrer dans le rang, après avoir subi les critiques de leurs collègues ;

– l'autocensure chez les membres qui ne partagent pas l'opinion apparemment majoritaire, ce qui renforce le sentiment d'unanimité ;

– l'illusion d'unanimité ;

– les « gardes de l'esprit » qui, à l'image des gardes du corps, ont pour fonction de protéger les responsables des informations désagréables à entendre.

Cependant, les groupes unis ne tombent pas systématiquement dans le piège de la pensée de groupe. Janis suggère des stratégies permettant d'y échapper. Tout d'abord, le leader devrait encourager chaque participant à exprimer librement ses doutes et objections. Il doit lui-même accepter les critiques et montrer qu'il peut être influencé par ceux qui sont en désaccord avec lui. De plus, il devrait adopter une attitude impartiale au cours de la délibération, au lieu de faire part de ses préférences et attentes dès le départ. Il serait bon également que plusieurs groupes indépendants travaillent sur le même problème, chaque groupe menant ses délibérations avec un leader différent. De plus, des experts extérieurs devraient être invités et encouragés à contester les vues des membres du groupe. L'une des propositions les plus importantes de Janis est de donner à une personne le rôle d'avocat du diable, c'est-à-dire qu'elle doit présenter des contre-arguments systématiques aux différentes options envisagées.

Le concept de pensée de groupe a connu un important succès aux États-Unis, non seulement dans le milieu universitaire, mais également dans le grand public, puisqu'il est entré dans le langage commun. C'est l'une des théories sociales qui a eu le plus d'influence. Des articles présentant ses dangers et suggérant des moyens d'y remédier ont été publiés dans des revues de management, de justice, de médecine et de sciences politiques. En revanche, l'ouvrage de Janis n'est toujours pas traduit en France, et le concept y est encore peu connu.

Quoi qu'il en soit, la diffusion du concept dans le public américain n'a pas empêché de hauts responsables de s'empêtrer dans des situations très délicates, en suivant les mêmes ornières. La première édition de l'ouvrage de Janis date de 1972. Dix ans plus tard, il publie une nouvelle version[33] dans laquelle il reprend les grands principes de sa théorie ainsi que les exemples, tout en y ajoutant plusieurs fiascos survenus depuis, en particulier la tentative d'étouffement de l'affaire du Watergate entre 1972 et 1974 par le président Nixon et ses proches conseillers. D'autres auteurs ont également utilisé le concept de pensée de groupe pour interpréter des décisions ayant abouti à des situations catastrophiques : la défaite de la France face à l'Allemagne en 1940[34], la mission ratée de sauvetage d'otages américains en Iran en avril 1980[35], l'explosion des navettes *Challenger* en 1986[36] et *Columbia* en 2003[37] ou encore plusieurs cas de comportements malhonnêtes dans les entreprises[38].

Une synthèse de travaux sur la pensée de groupe a été publiée une vingtaine d'années après sa formulation par Ramon Aldag et

Sally Fuller, chercheurs à l'université du Wisconsin[39]. Selon ces auteurs, le modèle de Janis nécessite d'être sensiblement modifié. En effet, si certains aspects de cette théorie leur semblent pertinents, il n'en est pas de même pour tous. Par exemple, dans certaines circonstances, la volonté de parvenir à un consensus est bénéfique pour la décision du groupe. Par ailleurs, l'idéal d'impartialité du leader, prôné par Janis, est une notion contestable, étant donné les études montrant l'impact positif de leaders qui communiquent leur vision d'un projet à leurs subordonnés. Les auteurs de cette synthèse proposent donc un modèle plus complexe et plus global qu'ils intitulent « modèle général de résolution de problèmes en groupe ».

Quelques années plus tard, deux autres chercheurs établissent un nouveau bilan et constatent un large éventail d'opinions de chercheurs sur ce thème, depuis les plus enthousiastes jusqu'aux plus critiques[40]. Ils repèrent trois périodes qui ont suivi la publication des premiers travaux de Janis. Dans un premier temps, divers chercheurs ont souhaité tester la validité de la théorie, notamment au travers d'études expérimentales. On sait aujourd'hui que la pensée de groupe peut survenir dans des contextes où peu de causes repérées par Janis sont présentes, alors qu'inversement elle peut être absente dans des contextes où la plupart des causes sont présentes. Les diverses critiques ont conduit à une deuxième période, celle de l'extension du modèle. D'autres causes possibles ont été ajoutées, par exemple le genre, le goût du pouvoir ou encore le sentiment de responsabilité. Ce qui a conduit à une troisième étape de reformulation de la théorie. Divers auteurs ont utilisé des termes tels qu'« optimisme collectif » ou « maintien de l'identité sociale » pour expliquer les phénomènes étudiés.

Enfin, une dernière synthèse, bien plus récente, fait le bilan de plus de 60 articles scientifiques et rappelle que la pensée de groupe est un modèle probabiliste : la présence d'un certain nombre de symptômes augmente la probabilité de décisions néfastes, mais ne l'implique pas automatiquement[41].

Vive l'avocat du diable !

Se pose donc une question essentielle : peut-on concilier le maintien de l'harmonie au sein d'un groupe et la libre expression des opinions divergentes, voire des critiques ? La tâche est difficile, certes, mais pas impossible. Il s'agit de pouvoir exprimer son opinion divergente concernant une idée ou un projet sans que cela se transforme en critique de l'autre en tant que personne. La meilleure démonstration de l'efficacité de cette méthode est probablement l'expérience vécue par les biologistes Francis Crick et James Watson. Ces deux chercheurs étaient en concurrence avec l'équipe de Linus Pauling, chimiste de réputation mondiale, pour la découverte de la structure de l'ADN. Dans le récit qu'il fait de cette aventure scientifique, Crick souligne que « nous avions élaboré des méthodes tacites mais fructueuses de collaboration, qui manquaient totalement au groupe de Londres. Si l'un de nous deux suggérait une idée neuve, l'autre, tout en la prenant au sérieux, s'efforçait de la démolir d'une manière franche mais sans hostilité. Ceci se révéla absolument crucial[42] ». À l'horizon les attendait l'une des plus importantes découvertes scientifiques... et le prix Nobel.

Revenons sur le rôle d'avocat du diable, auquel j'ai rapidement fait allusion précédemment. Mais au fait, d'où vient cette expression ? Dans l'Église catholique, il s'agit d'un individu chargé de fournir le maximum d'informations susceptibles de jeter un doute sur les aptitudes d'un candidat à la sainteté, avant que la décision soit prise de le canoniser. Ceci, quelle que soit sa propre opinion sur le sujet.

Theodore Herbert et Ralph Estes suggèrent de formaliser ce rôle dans l'organigramme des organisations[43]. Celui qui assume cette fonction commence son travail lorsque la copie finale d'un projet est mise au point. Il réalise alors un audit de la situation, afin de vérifier que les problèmes ont bien été mis à jour et qu'une réponse appropriée leur a été apportée. Il dresse une liste des éventuelles erreurs et omissions, en précisant l'impact qu'elles ont pu avoir sur la recommandation faite. Ceci peut éventuellement conduire à faire de nouvelles propositions. Dès que le rapport de l'avocat du diable est terminé, une session de confrontation est organisée. Chaque partie présente son point de vue aux décideurs, qui peuvent alors juger en connaissance de cause. Selon Herbert et Estes, « institutionnaliser la fonction dissidente peut aider à dépersonnaliser le conflit généré par la critique ». Il est évidemment préférable de faire tourner ce rôle afin d'éviter qu'une personne n'acquière une réputation négative au sein du groupe.

Des chercheurs ont utilisé cette méthode de l'avocat du diable dans un groupe de discussion entre un service gouvernemental australien et des organisations professionnelles avec lesquelles il était en relation[44]. Plus précisément, ils ont fait appel à deux avocats du diable, afin que soient clairement exprimées les limites de chacun des deux camps. Les personnes choisies pour cela connaissaient bien le thème abordé et avaient de la facilité à communiquer. L'un devait adopter la perspective de quelqu'un qui cherche à prendre des décisions rapidement, en utilisant efficacement les avis d'experts, un mode de fonctionnement particulièrement apprécié des responsables politiques. L'autre devait inversement adopter la perspective d'une personne qui cherche à consulter de façon large et à impliquer diverses catégories d'organisations et de communautés dans le processus de décision. Ces deux personnes devaient jouer leur rôle de façon constante, mais sans chercher à dominer ou à persuader.

La plupart des participants ont été très satisfaits du rôle joué par les deux avocats du diable, perçus comme contribuant à faire avancer les discussions, soulevant les problèmes sous-jacents et les points essentiels, facilitant une discussion plus ouverte et élargissant le débat, et fournissant des informations d'une manière neutre. Par exemple, un membre du groupe a déclaré : « C'était utile. Je me souviens d'au moins une occasion où l'avocat du diable a présenté un autre point de vue que je n'avais pas pris en compte – cela vous ouvre un peu l'esprit. » Et un autre : « Je pense que les avocats du diable sont utiles. Ils remettaient en question certains propos – ce qui fait que nous devions leur répondre et exprimer plus de choses. »

Il y a eu cependant quelques remarques négatives, concernant essentiellement le fait que les avocats du diable s'engageaient parfois excessivement dans le contenu ou ne connaissaient pas assez le sujet abordé.

Une autre approche, l'enquête dialectique, est parfois proposée pour éviter qu'un groupe ne s'enferme dans une seule perspective. Deux groupes divergents ou plus sont formés pour représenter l'ensemble des points de vue sur un thème spécifique. Chaque groupe est aussi homogène que possible, mais, inversement, entre eux, les groupes doivent être aussi différents que possible. Chaque groupe présente ensuite le pour et le contre de sa position aux autres, puis il y a débat sur les différentes propositions. Les informations présentées par l'ensemble des groupes sont analysées, les défauts et insuffisances sont notés afin de chercher des informations complémentaires, si nécessaire. Dans la phase finale, les participants s'efforcent de parvenir à un consensus qui tienne compte de l'ensemble des remarques formulées.

Une distinction essentielle entre l'avocat du diable et l'enquête dialectique est que la première méthode consiste à critiquer une perspective, tandis que la seconde consiste à proposer des alternatives crédibles.

Plusieurs études ont comparé l'efficacité de ces deux approches. Une synthèse de ces travaux conclut que la stratégie d'avocat du diable est préférable à l'enquête dialectique, qui est elle-même plus efficace que l'expertise[45].

Mais ceci ne prend en compte que la qualité de la décision prise en groupe et ne nous dit rien sur l'ambiance qui règne dans les groupes à la fin de l'expérience. L'avantage à court terme de parvenir à une décision de meilleure qualité ne risque-t-il pas d'être contrecarré par l'inconvénient à long terme d'avoir suscité de la tension entre les membres du groupe ? C'est ici qu'un autre courant de recherche fournit des informations complémentaires particulièrement utiles.

Ne pas confondre conflits d'opinion et conflits de personnes

Plusieurs auteurs soulignent le fait que les conflits au sein d'un groupe ne sont pas systématiquement négatifs. Ils distinguent entre deux types de conflits : les conflits cognitifs (appelés parfois également conflits relatifs à la tâche) et les conflits affectifs ou relationnels. Les conflits relationnels ont un impact essentiellement négatif, car ils constituent une menace pour l'identité et l'estime de soi des personnes impliquées. De plus, ils limitent la capacité de résolution collective des problèmes et gaspillent le temps et l'énergie des individus. Ils diminuent donc la créativité et la performance des individus et des groupes.

L'impact des conflits cognitifs est plus complexe, car ils présentent certains aspects positifs. Leur principal bénéfice est de permettre une meilleure compréhension des idées des autres ainsi que des tâches à effectuer. Ils facilitent la remise en question de son point de vue initial, ce qui peut améliorer ensuite la performance du groupe. Mais au moins deux conditions sont nécessaires pour que le conflit cognitif ait un impact positif. D'une part, il n'a d'intérêt que lorsque la tâche du groupe consiste à générer de nouvelles idées ou à trouver des solutions à un problème. Dans ce cas, la confrontation d'opinions diverses peut être bénéfique. En revanche, lorsqu'il s'agit de tâches routinières, le conflit est néfaste, quelle que soit sa nature.

La deuxième condition est que le conflit cognitif ne doit pas être accompagné d'un conflit affectif. Dans ce cas, tout le bénéfice est perdu. Le problème est évidemment qu'on glisse facilement du conflit cognitif au conflit relationnel. Les individus interprètent souvent la critique de leur point de vue comme une dévalorisation de leurs compétences, voire comme un rejet de leur personne. Comme l'écrivait le philosophe Bertrand Russell : « Dans toute discussion, le plus délicat est toujours de faire la différence entre une querelle de mots et une querelle de fond[46]. » On ne peut donc envisager de faire émerger un conflit cognitif que si les membres du groupe ont un regard positif sur les autres et apprécient de coopérer avec eux. Ensuite, tout l'art du meneur de débats consiste à laisser suffisamment de liberté aux participants, tout en veillant à ce que personne ne se sente blessé ou dévalorisé. La bienveillance est le maître-mot qui doit présider à la discussion.

De multiples recherches ont visé à tester la pertinence de ces propositions, en particulier au travers d'études expérimentales. La synthèse la plus complète à ce jour rassemble les résultats de 116 études[47]. Ses résultats confirment globalement les hypothèses présentées ci-dessus. D'une part, il y a une forte corrélation *inverse* entre le conflit relationnel et la cohésion et la performance d'un groupe. Autrement dit, plus un groupe est traversé de conflits visant les personnes, moins il est efficace.

Concernant les conflits de tâche (ou cognitifs), diverses études ont abouti à des résultats contradictoires. Certaines concluent à une forte corrélation positive entre ce type de conflit et la performance d'une équipe ; d'autres aboutissent au résultat inverse ; d'autres encore ne montrent pas de corrélation, ni dans un sens, ni dans l'autre. Lorsque toutes les études sont rassemblées et traitées statistiquement, comme dans la méta-analyse citée, le bilan est qu'il n'y a pas de corrélation entre le conflit de tâche et la cohésion et la performance du groupe.

Par ailleurs, cette synthèse résume également l'état des connaissances sur une troisième forme de conflit, étudiée plus récemment, le conflit de processus, lequel concerne par exemple le niveau de délégation de tâches et de responsabilités au sein d'une équipe. Les résultats sont proches de ceux observés pour les conflits relationnels, à savoir que ce type de conflit est corrélé négativement avec la performance d'un groupe.

Finalement, la conclusion de tous ces travaux est limpide. Plus un supérieur hiérarchique incite à la compétition, plus il diminue le climat de travail et les échanges d'informations entre collègues, ce qui réduit la performance de l'équipe. La bonne entente ne doit cependant pas étouffer la possibilité de formuler des critiques lorsque c'est nécessaire. Dans ce cas, ceux qui les formulent doivent veiller à le faire avec bienveillance, sans glisser vers la critique personnelle.

RÉSUMONS-NOUS

- ☞ Les salariés coopératifs sont les plus performants. Il y a une spirale vertueuse entre coopération et performance.
- ☞ Lorsqu'une organisation instaure une atmosphère de compétition entre les salariés, elle génère un mal-être et une diminution du partage d'informations, ce qui entraîne une baisse de la performance du groupe.
- ☞ Une atmosphère de collaboration au sein des équipes médicales sauve des vies. Les médecins se trompent fréquemment sur ce que les autres personnels pensent du fonctionnement de l'équipe. Ils doivent donc s'efforcer de faciliter la communication chez ces derniers.
- ☞ L'uniformité de pensée au sein d'un groupe peut engendrer des décisions catastrophiques. Il est bénéfique d'institutionnaliser un système de critique bienveillante des décisions collectives, par exemple sous forme d'« avocat du diable ».

9
Se mettre au service des autres

> Si quelqu'un veut être grand parmi vous, qu'il soit votre serviteur.
>
> *Jésus-Christ*[1]

> Amis, (...) je me tiens devant vous, non comme un prophète mais comme votre humble serviteur.
>
> *Nelson Mandela*[2]

Comme nous venons de le voir, le monde du travail peut être un lieu de soutien réciproque et de solidarité. L'une de ses manifestations concerne les actes qui débordent le cadre du contrat *stricto sensu*, ces multiples situations où un salarié s'engage dans des comportements bénéfiques sans attendre de recevoir une compensation explicite. Ces comportements, qualifiés de « citoyens » par les chercheurs en sciences des organisations, incluent l'altruisme, la politesse, la méticulosité, l'esprit de camaraderie, etc.

Aider spontanément ses collègues de travail

La synthèse effectuée par des chercheurs en management de l'université d'Indiana[3] présente les éléments qui facilitent l'apparition de tels comportements :

Chez la personne elle-même

Ces comportements peuvent survenir aussi bien chez les hommes que chez les femmes, et chez les différents types d'employés, quelle que soit leur fonction. Le facteur le plus important est la satisfaction de l'employé. En d'autres termes, plus il est satisfait au travail, plus il a de probabilités de manifester ce type de comportements. Un autre élément important est la confiance envers le supérieur hiérarchique. En revanche, il n'y a pas de corrélation entre les comportements citoyens et les connaissances professionnelles, la compétence ou encore l'expérience de l'employé.

Dans la tâche

Les activités présentant un intérêt intrinsèque sont les plus susceptibles de générer ces comportements, tandis que les tâches routinières ont tendance à les diminuer.

Chez le supérieur hiérarchique

Les cadres ont une forte influence sur la tendance de leurs collaborateurs à manifester ou non des comportements citoyens. L'élément qui a le plus d'impact est la capacité à entretenir une relation personnelle d'échange avec les collaborateurs. D'autres attitudes sont également importantes à cet égard : avoir un comportement exemplaire, incarner une vision, favoriser les objectifs collectifs, soutenir ses collaborateurs.

Parmi de multiples recherches, l'une s'est tout particulièrement intéressée à l'exemplarité du responsable hiérarchique[4]. Les auteurs partent du constat que le statut ne garantit pas qu'un leader soit perçu comme modèle par le groupe. C'est bien plus sa compétence et ses qualités humaines qui jouent un rôle. L'étude, qui porte sur 67 services d'une entreprise de communication, montre que le comportement citoyen du manager incite fortement les salariés à penser que cette manière d'agir est estimable, ce qui les conduit ensuite à faire preuve de conduites identiques. Cependant, le comportement citoyen du manager n'a d'effet sur les collaborateurs que dans les services où les uns et les autres travaillent de façon proche ; lorsqu'ils ne se voient qu'une fois par semaine et/ou lorsque les collaborateurs ne considèrent pas leur supérieur comme un référent approprié, l'attitude positive de ce dernier n'a pas d'impact.

Une autre synthèse[5], qui rassemble les données de 168 recherches portant sur plus de 50 000 personnes, nous décrit les *effets* des comportements citoyens.

Pour la personne elle-même

Les comportements citoyens sont positivement corrélés avec la performance au travail. Il est probable que l'employé qui aide spontanément ses collègues soit facilement aidé en retour par ceux-ci lorsqu'il a besoin d'eux. Par ailleurs, même si cette aide est généralement offerte sans arrière-pensée intéressée, elle est généralement prise en compte lorsque l'employé est évalué par son supérieur hiérarchique.

Pour l'organisation

Les comportements citoyens sont liés à une meilleure performance globale de l'équipe de travail, que ce soit en termes de volume de production, d'efficacité, de profitabilité, de réduction des coûts et de satisfaction des clients. Par exemple, des employés expérimentés peuvent augmenter la productivité de leurs collègues plus jeunes en leur montrant les ficelles du métier et en leur enseignant les meilleures pratiques. Par ailleurs, certains employés font des suggestions susceptibles d'améliorer l'efficacité du service ou de réduire les coûts, etc. Ainsi, une étude menée au sein d'une chaîne de restaurants mexicains aux États-Unis a mis en évidence que les comportements citoyens sont corrélés positivement à l'efficience, à la qualité du travail et à la satisfaction des consommateurs[6]. Enfin, les comportements citoyens augmentent la cohésion de groupe, ce qui réduit le taux d'absentéisme et de turn-over des employés. D'ailleurs les comportements citoyens en tant que phénomène de groupe sont nettement plus corrélés à la performance d'une organisation que les comportements citoyens individuels[7].

Dans un travail d'équipe, chacun a sa place, même les personnes exerçant les tâches les plus humbles, comme le montre l'exemple de ce brancardier observé par Yves Clot[8]. Cet homme, qui travaille dans un service de chirurgie cardiaque spécialisé dans les opérations « lourdes », fait bien plus que ce qu'exige son contrat, *stricto sensu*. Se trouvant face à des malades généralement stressés à l'idée d'être opérés, il considère être parvenu à ses fins auprès d'eux lorsqu'il obtient un sourire du futur opéré.

Le brancardier vise en fait un état de détente du patient très apprécié par l'anesthésiste qui prend en charge le malade avant son entrée au bloc.

Par exemple, le brancardier prévient le patient qu'à la sortie de l'ascenseur, « ça va se rafraîchir mais c'est normal, ils nous ont mis à la cave, avec le bon vin ». Il dit amener le patient devant « le petit studio » (la salle d'anesthésie) et qu'il faudra « changer de taxi » (passer du lit roulant à la table d'opération). « C'est toujours le même refrain, remarque le brancardier, je plaisante pour les faire sourire. C'est rare qu'une personne arrivée au bloc ne sourie pas. Si c'était quelqu'un de notre famille, on n'aimerait guère qu'on le conduise comme à l'abattoir. »

Cet homme, qui a trente ans d'ancienneté, veille également à la « bonne installation » du patient, c'est-à-dire qu'il immobilise celui-ci – pour faciliter le travail de l'équipe chirurgicale – de la manière qui soit à la fois efficace et confortable, en utilisant des draps pliés comme « cales ». « Une fois que j'ai installé un malade, il ne faut plus le toucher, dit-il. Je jette toujours un œil pour éviter qu'on le déplace. »

Son travail est particulièrement apprécié dans l'équipe, au point que le patron du service estime que cet homme et lui-même « forment les deux bouts de la chaîne ».

Pour être un bon leader, mieux vaut être humble

Je viens de signaler que les responsables hiérarchiques jouent un rôle essentiel dans l'ambiance d'aide réciproque qui peut exister au sein d'une organisation. C'est la raison pour laquelle je vais consacrer le reste de ce chapitre à l'attitude des managers. La plupart d'entre nous avons une vision assez classique et stéréotypée de ce qu'est un leader, que l'on retrouve dans plusieurs enquêtes. Par exemple, Valérie Petit, professeure associée de leadership et management à l'Edhec Business School de Lille, a soumis un questionnaire à 225 cadres dirigeants et interrogé 35 présidents et directeurs généraux de grandes entreprises pour connaître leur conception du leadership[9]. Selon eux, la première qualité d'un leader est le charisme, lequel s'exprime par la personnalité, le talent oratoire, la vision, l'aura, le charme, et produit les effets suivants sur l'entourage : adhésion, entraînement, inspiration, motivation, mobilisation, confiance. Ils perçoivent le leadership comme un phénomène éminemment individuel. Lorsque Valérie Petit leur demande de citer des mots qu'ils associent à « leader », ils proposent « chef, dirigeant, décideur », mais ne citent pas les termes « collaborateur, salarié, employé, collègue ».

Lorsqu'on interroge des collaborateurs, la perception est sensiblement différente. Certes, ils attendent un certain charisme de leur supérieur hiérarchique, mais jusqu'à un certain point seulement. Daniel Ames et Francis Flynn, de l'université Columbia, se sont penchés sur le lien existant entre l'affirmation de soi des cadres et leur efficacité[10]. Pour ces chercheurs, un niveau élevé d'affirmation de soi peut procurer certains bénéfices, mais risque fort de réduire la qualité des relations interpersonnelles. Dans ce cas, les cadres sont généralement perçus comme moins sympathiques.

Ces auteurs ont mené une recherche auprès de plus de 200 personnes qui ont parlé de leur supérieur hiérarchique. Le résultat est très clair : les cadres qui manifestent un niveau modéré d'affirmation de soi sont considérés comme étant les meilleurs leaders (meilleure efficacité, plus grande satisfaction des employés à travailler avec ces cadres, plus de succès futurs envisagés). Un manager qui s'affirme trop peu ne suscite pas l'adhésion, mais s'il s'affirme trop, il décourage les initiatives des collaborateurs et est perçu comme un mauvais leader. Les auteurs précisent que l'effet positif du niveau moyen d'affirmation de soi chez un cadre ne signifie pas forcément que celui-ci agit toujours de cette façon ; il semble plutôt que ce mode de relation (ni dominateur, ni soumis) lui permette d'utiliser un plus large éventail de comportements, en s'adaptant aux personnes et aux situations.

Des études expérimentales montrent la différence d'impact selon le contexte. Alison Fragale, de l'université de Caroline du Nord, compare les effets de deux façons de s'exprimer[11] : d'une part, un langage qui « en impose », constitué d'affirmations catégoriques ; d'autre part, un langage plus modeste, contenant des hésitations, des questionnements tels que : « C'est intéressant, non ? » ou des remarques comme : « Cela peut être une bonne idée, mais... » Hormis cette différence de forme, le contenu des propos est identique.

Avant d'entreprendre sa recherche, elle a recensé plusieurs

études de ce type montrant que les individus catégoriques sont généralement considérés comme plus forts, compétents et intelligents, tandis que les modestes sont habituellement perçus comme plus gentils, agréables et faciles à vivre. Autrement dit, modestie et gentillesse semblent peu compatibles avec la compétence. Rappelons que dans ces études, le contenu des propos est identique, seule la forme change. Ainsi, évaluer les personnes catégoriques comme étant plus intelligentes ou compétentes est parfaitement illusoire.

Alison Fragale mène une série d'études expérimentales pour affiner ces connaissances, en intégrant le paramètre suivant : la tâche à réaliser est-elle individuelle ou collective ? Les sujets sont invités à imaginer qu'un groupe est perdu dans le désert. Ils doivent classer douze objets par ordre d'importance : un miroir, une carte, deux imperméables, etc. Dans un cas (qu'on nomme l'expression catégorique), un sujet affirme (en fait, c'est un membre de l'équipe de recherche, ce que les autres ignorent) : « La lampe de poche doit être classée en début de liste. C'est le seul appareil fiable de signal dans la nuit. De plus, on devrait utiliser le miroir et la lentille pour commencer un feu, ce qui est une autre manière de faire un signal pour recevoir de l'aide. Mettez-le au début. » Dans l'autre cas (l'expression modeste), le sujet propose : « Vous ne pensez pas que la lampe de poche devrait être classée en début de liste ? Ce pourrait être un appareil fiable de signal dans la nuit. Et puis on pourrait peut-être utiliser le miroir et la lentille pour commencer un feu, ce qui serait, éventuellement, une autre manière de faire un signal pour recevoir de l'aide. » Puis on passe à un autre exercice. Les personnes doivent décider qui elles choisiraient pour accomplir une tâche, soit solitaire, soit collective. Résultat : elles préfèrent une personne au ton catégorique si celle-ci doit réaliser une action solitaire, mais, inversement, un individu modeste s'il doit participer à une action collective.

Alison Fragale a mené une autre expérience, qui nous rapproche du monde du travail. La moitié des personnes lisent la description de l'entreprise A, dans laquelle les responsables valorisent la compétition et les performances individuelles. Les autres découvrent la présentation de l'entreprise B, où les responsables valorisent la coopération et les réussites collectives. Nul ne sera étonné d'apprendre que les sujets estiment qu'il y a nettement plus de relations humaines dans l'entreprise B que dans A et que l'aptitude à être un « bon joueur d'équipe » y est également bien plus importante. Les sujets sont également invités à s'imaginer qu'ils travaillent dans l'entreprise et qu'ils ont entendu par hasard une conversation entre deux collègues, Michael et Robert. Ce dernier vient juste de terminer sa période d'essai dans l'entreprise et aspire à un poste permanent. Les sujets doivent, à partir du compte rendu écrit de cette discussion, évaluer les caractéristiques psychologiques de Robert et déterminer s'il mérite ce poste, et, si oui, à quel niveau de responsabilités.

Pour la moitié des sujets de l'expérience, Robert s'exprime de manière catégorique, pour l'autre moitié, il s'exprime de manière modeste. Les sujets ont tendance à considérer le Robert catégorique comme plus compétent, compétitif, intelligent et ambitieux et à estimer le Robert modeste comme plus tolérant, chaleureux et facile à vivre. Les sujets à qui l'on a présenté l'entreprise A (caractérisée par la compétition) sont prêts à accorder un statut élevé à Robert seulement si celui-ci a des propos catégoriques. C'est exactement l'inverse qui se passe pour les sujets à qui l'on a présenté l'entreprise B (coopérative) : ils sont prêts à accorder un statut élevé à Robert seulement si celui-ci tient des propos modestes.

Une autre série d'études a été effectuée par Adam Grant, de l'université de Pennsylvanie, et ses collaborateurs[12]. Ces chercheurs formulent l'hypothèse que les leaders extravertis facilitent une meilleure performance des collaborateurs passifs, mais une moindre performance des collaborateurs dynamiques. Ils se fondent sur une théorie selon laquelle les relations sont plus faciles lorsque l'attitude d'autorité présente chez les leaders est équilibrée par l'obéissance et la soumission chez les collaborateurs ou, inversement, lorsque la discrétion des leaders est équilibrée par le comportement entreprenant des collaborateurs. Selon cette approche, plus un leader est extraverti, moins ses collaborateurs le considéreront comme réceptifs à leurs idées et suggestions. En effet, un leader extraverti peut ressentir le dynamisme de ses collaborateurs comme une menace et y réagir par un comportement dominateur. À l'inverse, le leader plutôt introverti est moins préoccupé par son statut et son pouvoir et peut donc accueillir positivement les propositions de ses collaborateurs. Des études antérieures ont montré que les personnes introverties ont tendance à passer plus de temps à écouter et moins à parler que les extravertis.

L'équipe de chercheurs adresse des questionnaires à des salariés d'une chaîne de pizzerias. Les résultats correspondent à leurs prévisions. Le leadership extraverti est corrélé avec une meilleure performance de la pizzeria lorsque les collaborateurs sont passifs, mais avec une moindre performance lorsque les employés sont entreprenants. Les auteurs effectuent ensuite une étude expérimentale en laboratoire qui confirme ce constat. Ces chercheurs soulignent le caractère ironique de la situation : alors que les organisations cherchent à valoriser à la fois le leadership extraverti et l'engagement des employés, ces deux caractéristiques conjointes peuvent conduire à une faible performance. C'est seulement sous l'influence d'un leader discret que le dynamisme des collaborateurs peut pleinement s'épanouir.

Dans son ouvrage *De la performance à l'excellence*[13], Jim Collins constate l'impact de l'humilité dans le leadership. Aidé par une équipe de jeunes chercheurs, il s'est intéressé à des entreprises dont les résultats sont passés de « bons » à « excellents » et qui ont maintenu ce niveau pendant au moins quinze ans. Il a comparé ces entreprises avec d'autres dans les mêmes domaines d'activité, mais qui n'ont pas obtenu de tels résultats. La principale différence réside dans le style de leadership :

> « Les dirigeants passés à l'excellence, lorsqu'on les compare aux fortes personnalités qui font les gros titres des journaux et deviennent célèbres, semblent venir de la planète Mars. Effacés, calmes, réservés, timides même, ces dirigeants offrent un mélange paradoxal d'humilité sur le plan personnel et de volonté sur le plan professionnel. (...) Nous avons été frappés par le contraste entre le style très égocentrique des PDG d'entreprises comparables et celui des PDG d'entreprises excellentes. Lors des entretiens, ces derniers parlaient abondamment de leur entreprise et de la contribution des autres membres de l'équipe dirigeante, mais refusaient toute discussion sur leurs propres mérites[14]. »

Une des premières préoccupations de ces PDG est d'ailleurs de recruter les personnes les plus compétentes possibles pour les placer à des postes de responsabilité. Ils n'ont aucune crainte d'embaucher des personnes bien plus expertes qu'eux-mêmes dans leur domaine.

Il ne s'agit en rien de fausse modestie, puisque leur attitude est confirmée par les propos des personnes qui travaillent avec eux, parfois de longue date. Ceux-ci emploient les termes « calme, humble, modeste, réservé, timide, affable, aux manières douces, effacé, discret, ne croyant pas un mot des coupures de presse à son sujet », etc. Ces individus ont cependant une forte ambition, mais celle-ci est mise au service de l'entreprise plutôt qu'à leur succès personnel.

Inversement, la présence d'un ego surdimensionné chez le dirigeant contribue généralement à la médiocrité de l'entreprise, voire à sa disparition. Certains patrons narcissiques, tels que Lee Iacocca, chez Chrysler, font parfois décoller fortement l'entreprise dans un premier temps, pour l'entraîner ensuite dans une chute vertigineuse, en raison de décisions imprudentes.

Selon Collins, les patrons des entreprises à réussite durable attribuent habituellement le mérite du succès aux salariés, voire à la chance ; parallèlement, ils prennent la responsabilité des dysfonctionnements. Les dirigeants des entreprises aux performances moindres font exactement l'inverse. Ils cherchent un responsable lorsque les résultats sont mauvais et s'attribuent le mérite des succès. Cet auteur regrette d'ailleurs que les conseils d'administration aient tendance à choisir des PDG célèbres et clinquants au détriment de dirigeants modestes.

De l'engagement social dans le Bronx à la direction d'un groupe international

Hubert de Boisredon, que j'ai rapidement présenté dans l'introduction, incarne pleinement ce type de leader faisant preuve à la fois de forte ambition et de grande humilité. Son parcours est plutôt original. Quand il était étudiant à l'université de New York (NYU), il partageait sa journée en deux. Le matin, c'était un catholique engagé socialement : membre du mouvement Fondacio, dont le slogan est « Chrétiens pour le monde », il se levait à 6 heures du matin et allait dans le Bronx pour participer à l'action d'un groupe de religieuses du mouvement de Mère Teresa, au milieu d'une grande pauvreté. Le midi, il revenait se changer chez Mme Roosevelt, qui l'hébergeait, puis allait suivre des cours de finance internationale à Wall Street. L'art du grand écart, en somme.

Lorsque je le rencontre au siège social de la société Armor, qu'il dirige, il me décrit son parcours original. « L'université nous faisait étudier un livre basé sur le principe que le but d'une entreprise est de maximiser le profit de l'actionnaire. Alors que je voyais chaque jour des personnes pauvres sans emploi. Je me demandais : "Quel est le sens de ma vie ?" Le temps que j'ai passé dans le Bronx m'a transformé de l'intérieur. J'avais une très belle chambre chez Mme Roosevelt, mais à la fin, je dormais à même le sol pour me sentir plus proche des mendiants à qui je servais la soupe populaire tous les jours. Et je me revois, le dernier jour de mon séjour à New York, marchant dans les rues du Bronx. Je me suis dit : "Quelque chose a changé dans ma vie, le sentiment d'une liberté nouvelle, d'avoir trouvé du sens. Il faut que je poursuive l'expérience." C'est pour cela que j'ai fait mon service national dans la coopération, au Chili. J'ai voulu mettre mes connaissances en gestion au service des pauvres. L'essentiel pour moi, c'était d'unifier les différentes facettes de ma personne : mon désir de servir mon prochain et mon goût pour l'entreprise. Je me suis engagé à fond pendant sept ans au Chili. J'avais vraiment le sentiment d'être au cœur du monde. Souvent, le week-end, j'étais accueilli par des amis *pobladores* dans les quartiers défavorisés (les *poblaciones*). Je menais une vie très simple ; pour dormir, j'avais juste un matelas par terre, dans une pièce avec d'autres, je ressentais des courants d'air froids. Je visitais des jeunes mineurs en prison, puis j'ai rencontré leurs familles, et je me suis dit que s'ils avaient commis des délits, c'est parce que leurs parents n'avaient pas de travail alors qu'ils avaient plein de bonnes idées. J'ai réfléchi à ce que je pouvais faire pour améliorer cette situation. » Je lui demande pourquoi il n'est pas devenu travailleur social. « Mon appel, c'est d'être au milieu des combats. Je me sens plus à ma place quand je participe à la création d'emplois ou que je fais du dialogue social dans l'entreprise que quand je répare les conséquences de la pauvreté. »

En 1989, avec un ami[15], il fonde donc Contigo (ce qui signifie « avec toi »), la première banque de microcrédit d'Amérique du

Sud, à une époque où ce concept était quasi inconnu[16]. « Une fois que Contigo a bien fonctionné, j'aurais pu continuer, c'était une expérience très gratifiante. J'ai même été interviewé par TF1 et *La Tribune*, et j'ai eu l'impression d'être un peu une star. Alors je me suis dit : "Il est temps que tu redeviennes un homme comme les autres, et que tu travailles dans une entreprise classique." De toute façon, je souhaitais que la dynamique Contigo soit totalement prise en charge par les Chiliens eux-mêmes. D'ailleurs, les membres de Contigo n'étaient pas soumis, au contraire, ils étaient très impliqués et voulaient devenir encore plus "acteurs". » Contigo a effectivement poursuivi son développement après le départ de son cofondateur ; elle a fêté ses vingt ans en 2009, avec un bilan de 50 000 microentreprises soutenues et environ 100 000 emplois créés.

« L'entreprise peut être source de croissance humaine »

En 1993, Hubert de Boisredon rentre en France, où il devient responsable marketing chez Rhône-Poulenc, tout en restant fidèle à ses convictions. En 1999, l'entreprise rachète deux usines chimiques en Chine dont il supervise l'acquisition et la remise aux normes, en termes de droit du travail et de sécurité, ainsi que de réduction de la pollution. Ces usines deviennent ensuite très rentables, ce qui donne la conviction au jeune patron que la morale et le développement durable sont parfaitement compatibles avec l'efficacité. « Ce qui donne du sens à ma vie, me dit-il, c'est d'essayer d'agir sur les leviers qui permettent de transformer la société. On ne se rend pas compte à quel point l'entreprise peut être une source de croissance humaine. Quand je suis dans l'entreprise, je me sens là où je dois être. »

Il rejoint la société Armor en 2004 en tant que directeur général du groupe, avec en tête une conception du management bien ancrée : « J'invite les gens à être leaders dans leur domaine. Je leur redonne le pouvoir. Je pense que chaque fois qu'il y a une bonne idée, il faut l'encourager. Il faut créer une ambiance où les gens se sentent valorisés et autorisés à prendre des initiatives. Je demande à mes collaborateurs qu'ils m'apportent non pas des problèmes mais des solutions, parce que je suis convaincu qu'ils peuvent trouver eux-mêmes les solutions. Un chef d'entreprise m'a dit un jour deux choses qui m'ont beaucoup marqué : "1) Le patron, c'est le fil d'un collier. On ne le voit pas, mais c'est ce qui tient toutes les perles ensemble. 2) Il faut recruter des personnes qui sont toutes meilleures que toi dans leur domaine." C'est ce que je m'efforce systématiquement de faire. Il n'y a que comme ça que l'entreprise peut vraiment se développer. » Hubert de Boisredon a été nommé, par Ernst & Young et *L'Express*, « Entrepreneur de l'année » pour l'Ouest de la France en 2013.

En 2009, le groupe Armor a fait une enquête auprès du personnel pour préciser les valeurs essentielles susceptibles de définir le projet de l'entreprise. Il en est ressorti quatre valeurs que chacun veille à porter comme guides de son comportement professionnel : l'humanisme, l'innovation, l'engagement, le sens du client. Voici quelques citations qu'Armor a recueillies auprès de ses salariés, qui illustrent ces quatre principes fondamentaux[17].

• *Humanisme :* « Nous cherchons à vivre la complémentarité des compétences, à ne pas faire de l'ombre aux autres, et à avoir le souci de chacun » ; « Nous voulons développer le management par la confiance, l'esprit d'équipe, un dialogue social respectueux et constructif » ; « Nous voulons donner à chacun la possibilité d'être acteur de progrès et de changement. »

• *Engagement :* « Nous nous engageons à améliorer le bien-être des hommes et des femmes de l'entreprise et à permettre à chacun de développer son potentiel » ; « Notre objectif : faire que les gens soient fiers de travailler chez Armor et puissent s'y épanouir » ; « Nous visons l'excellence et la performance. »

• *Innovation :* « Nous souhaitons construire l'Armor de demain, un Armor au service de l'environnement, de la protection de la planète et de l'autonomie des personnes. Pour cela, il est nécessaire d'innover dans de nouveaux produits, de nouveaux marchés et d'adapter nos technologies pour le futur. En ce sens, nous faisons le choix d'une vision à long terme, ce qui suppose de poursuivre nos investissements en recherche et développement, même en période de crise. »

• *Sens du client :* « Mettre le service au client au cœur de l'entreprise, c'est avoir le souci de le servir, d'être à l'écoute de ses besoins. C'est avoir en permanence le souci de la qualité et du travail bien fait » ; « Nous voulons que nos clients se sentent uniques et soient servis avec le même enthousiasme sur les cinq continents. »

« Les dirigeants syndicaux d'autres sociétés nous voient comme un exemple »

Comme je l'ai fait remarquer dans l'introduction, le code génétique d'Armor aujourd'hui, c'est à la fois la sensibilité à l'être humain – en interne ou avec les partenaires extérieurs – et un projet d'entreprise axé sur le développement durable. Comme le souligne Annabelle Guillet, directrice de l'Assurance qualité et du Développement durable, « il est impossible de distinguer responsabilités sociétale et environnementale, chez Armor. Quand on parle de développement durable et de responsabilité sociétale, l'humain est au cœur de tout. Il ne faut pas réduire le mot "environnement" au traitement des déchets et à l'impact écologique. Cela concerne aussi la façon dont on peut s'entraider dans l'entreprise ». Par exemple, un groupe a travaillé sur le transport pour réduire l'empreinte écologique, ce qui a conduit à faire du covoiturage, lequel a renforcé les liens entre les salariés.

Les relations ont radicalement changé au fil des ans. « Quand je suis arrivé au sein d'Armor, me dit Hubert de Boisredon, on m'a prévenu : "Attention, Hubert, tu vas dans une entreprise où les pneus brûlent devant l'usine." C'était vraiment tendu. » De son côté, Loïc Cloarec, dirigeant syndical et responsable du comité d'entreprise, déclare : « Je suis entré à Armor en 1977. Jusqu'en 1990, la direction faisait tout pour nous casser. Les délégués syndicaux étaient reçus à coups de fusil. Il y avait une double confrontation : d'une part au patron, d'autre part aux collègues qui avaient le sentiment qu'on ne servait à rien. Notre avis sur le patron : "C'est un con." Et lui pensait la même chose de nous, d'ailleurs ! »

Selon lui, il y a eu un grand changement à l'arrivée de Christophe Derennes, puis d'Hubert de Boisredon. « Maintenant, on est vraiment écoutés, même si on n'est pas toujours compris. Disons que ça fonctionne bien à 90 %. On est sur la bonne voie. Si Armor continue comme ça, tout ira bien. Lorsqu'il y a des difficultés avec la direction, c'est plus pour des problèmes de communication que des problèmes de fond. Par exemple, lorsque la direction a lancé l'Université Armor destinée à améliorer les qualifications des salariés, au départ, les ouvriers étaient très réticents ; ils disaient : "C'est pas à 50 ans que je vais reprendre des études." Maintenant, ça va mieux, le message est passé. »

Il poursuit : « Vous savez, il y a des signes qui ne trompent pas.

Il y a très peu de turn-over chez Armor ; et dix ans sans grève ni débrayage, ça résume tout. L'important, c'est que, quel que soit le poste, on se sente mieux. C'est important d'être content d'arriver au travail le matin. S'il n'y a pas ça dans l'entreprise, il y aura forcément des problèmes un jour ou l'autre. Quand je discute avec des collègues, dirigeants syndicaux d'autres sociétés, ils nous voient souvent comme un exemple. C'est vrai qu'il y a plein de preuves de la démarche positive de la direction envers les salariés. Par exemple, à la fin de l'année, la direction redistribue une somme globale à l'ensemble des salariés, en fonction des bénéfices. Lorsque c'est pratiqué ailleurs, c'est fait au *prorata* du salaire. Les gros salaires touchent plus, les petits salaires touchent moins. Ici, tout le monde touche la même prime, quel que soit son niveau hiérarchique. C'est très bien perçu à la base, évidemment. Ça existe depuis six ans. »

Autre innovation : les représentants syndicaux sont invités aux conseils d'administration afin de pouvoir dire aux actionnaires ce qu'ils pensent du fonctionnement de l'entreprise. Certes, il y a parfois des tensions entre direction et syndicats, mais elles se concluent habituellement par une poignée de main cordiale et le choix de poursuivre ensemble l'expérience pour le bien commun.

Quand un salarié porteur d'un handicap fait gagner 40 000 euros par an à l'entreprise

François Barreau, responsable du développement photovoltaïque d'Armor (projet Beautiful Light) souligne : « Le respect est pratiqué, ici. Il y a un vrai dialogue social. J'ai vécu huit ans en Allemagne où il y a de véritables concertations entre patronat et syndicats, et je trouve que la situation chez Armor y ressemble beaucoup. On s'écoute, avec les syndicats, et on essaie de trouver un compromis. Ça permet aux deux parties de sortir par le haut. Travailler chez Armor, c'est une vraie richesse humaine. Le mot "confiance" y est très fort, et elle est partagée dans toute l'organisation. On entend partout le mot "participatif", aujourd'hui. Mais c'est vraiment pratiqué, chez Armor. Pour moi, Armor est un modèle où chacun a son rôle. »

De fait, une préoccupation constante des membres de la direction est que chaque salarié ait le sentiment d'être utile. Régis Thébaud, directeur des opérations de l'activité cartouches d'impression, s'est interrogé : « Comment être bien quand on prépare des commandes toute la journée ? J'ai expliqué à mon équipe que le rangement et la propreté étaient des éléments importants pour la satisfaction au travail. Je suis content de constater que presque tous les gens sont toujours ici, et qu'il y a eu un changement d'atmosphère. Des salariés qui font un boulot qu'ils pourraient trouver peu intéressant sont quand même contents de venir travailler. »

Marc Jacobs, qui est à la fois directeur des ressources humaines et directeur administratif et financier, le confirme : « Des gens viennent parce qu'ils partagent nos valeurs. Il faut que ça s'appuie sur une jeunesse qui cherche du sens. Les jeunes diplômés sont parfois maltraités dans les entreprises, alors qu'ils sont prêts à s'engager pour des projets qui ont du sens, presque à n'importe quel prix. Une entreprise, c'est une technologie, mais aussi des hommes. Ça ne sert à rien de faire évoluer la technologie si l'évolution des hommes ne suit pas, en termes de formation et d'information. Il faut les faire évoluer vers de nouveaux métiers. Malheureusement, dans beaucoup d'entreprises, les hommes ne sont rien d'autre que des matières consommables. »

Ce choix de mettre l'humain au cœur du projet de l'entreprise se révèle bien dans la petite anecdote suivante. Un des salariés posait problème au sein d'une équipe, car, en raison de son handicap psychique, il ne respectait pas les règles de sécurité, et coûtait plus cher qu'il ne rapportait à l'entreprise. Mais pour Hubert de Boisredon, pas question pour autant de le licencier, car il pense que ce salarié fait ce qu'il peut et crée une atmosphère de bonne humeur dans l'équipe. Ses collègues se sont donc creusé les méninges et ont finalement trouvé la solution. Jusqu'à présent, les boîtes contenant des cartouches d'imprimante étaient calées avec des billes de polystyrène ou du papier kraft afin d'éviter les chocs. Or, l'achat de ces billes et du papier coûtait 40 000 euros par an à l'entreprise. Parallèlement, Armor jetait chaque jour des quantités considérables de cartons provenant de ses fournisseurs. L'entreprise a acheté une déchiqueteuse, opérée par le salarié handicapé, qui remplit maintenant les boîtes avec du carton broyé. De ce fait, il fait économiser 40 000 euros par an, et de plus rayonne de bonheur tant il est fier de son travail. De nouveau, ce qui était au départ un problème s'est transformé en solution efficace.

Autre exemple de l'implication sociale d'Armor : à Singapour, Armor participe à un programme d'aide à la réinsertion de détenus ou d'ex-délinquants. Entre 2006 et 2012, plus de 100 personnes ont ainsi bénéficié d'une seconde chance.

Comment construire un groupe industriel international de développement durable

Pour Hubert de Boisredon, le redressement économique d'Armor est essentiellement le fruit de la stratégie environnementale engagée. En 2007, l'entreprise a lancé le programme Alternative Print, rebaptisé récemment OWA, destiné à limiter l'impact environnemental de ses produits, notamment par la collecte et le recyclage des cartouches usagées. 95 % d'entre elles peuvent être recyclées et réutilisées trois ou quatre fois, avec un prix de commercialisation inférieur de 30 à 40 % à celui d'une cartouche neuve. Et lorsqu'une cartouche a terminé sa carrière, Armor recycle ses composants en matières premières pour l'industrie. Hubert de Boisredon me montre avec fierté un porte-crayon et un classeur de documents, issus du recyclage.

Par ailleurs, les rubans transfert thermique servant à la confection des codes-barres sont fabriqués sans solvants chimiques. Armor est également parvenue à diminuer de 94 % entre 2001 et 2012 les émissions de composés organiques volatils, polluants atmosphériques ayant des effets sur la santé et la biodiversité, au pouvoir réchauffant de l'atmosphère dix fois supérieur à celui du CO_2. Lors de la réhabilitation de l'usine historique du groupe à Nantes pour y implanter le siège, la performance énergétique a fait l'objet de toutes les attentions. Si bien que le bâtiment est dorénavant labellisé « Bâtiment basse consommation », avec une consommation deux fois moindre que celle de la moyenne nationale des bâtiments administratifs.

Cette détermination est assurément un bienfait pour la planète, mais profite aussi à l'entreprise. En effet, des groupes du Cac 40 et de gros distributeurs choisissent Armor comme fournisseur, précisément en raison de son engagement environnemental. L'orientation d'Armor est aux antipodes du *greenwashing*, cette stratégie de communication d'entreprise, régulièrement dénoncée par les associations écologistes, consistant à tenter de se donner une image verte, mais sans que les actes soient à la hauteur de l'intention affichée. Par exemple, Régis Thébaud souligne : « Quand nous lançons un nouveau projet lié au développement durable, je dis à la responsable de communication : "On fait d'abord, on communiquera ensuite, seulement quand on aura fait." » Là encore, l'authenticité est récompensée. Ainsi, un concurrent a communiqué sur ses cartouches vertes alors qu'une partie de sa production n'avait rien d'écologique, et qu'il importait des produits contrefaits. Comme ses produits étaient moins chers, il a commencé à récupérer une part du marché d'Armor. Malgré les pertes encourues, Hubert de Boisredon a déclaré que l'entreprise ne céderait pas sur ses principes. « On ne peut pas dire qu'on fait du développement durable et ne pas être conséquent. Si on commence à renier nos valeurs, c'est le début de la mort. » Finalement, le principal client du concurrent, un important distributeur, a eu connaissance des malversations et a rompu le contrat. Le concurrent a dû déposer le bilan et ses clients ont fait appel à Armor. Ils ont d'ailleurs toutes les raisons d'être satisfaits de ce choix. En 2012, Armor a mené une enquête de satisfaction dans divers pays ; le résultat est édifiant : un taux de satisfaction variant de 90 à 98 %.

Mais l'entreprise veut aller encore bien plus loin dans sa stratégie environnementale. « Mon rêve, dit Hubert de Boisredon, c'est de faire d'Armor un groupe industriel de développement durable, une entreprise qui réponde à des enjeux de société. Le souci de la planète est une conviction et un engagement profond qui fédère les salariés de l'entreprise. Nous voulons montrer par notre action que l'industrie peut être respectueuse de l'environnement, contribuer à l'épanouissement des femmes et des hommes qui composent l'entreprise et à humaniser la société environnante. »

Armor s'est lancé dans une nouvelle orientation industrielle en se tournant vers l'énergie solaire, au travers du programme de recherche OSCAR (*Organic Solar Cells by ARmor*) et le projet Beautiful Light (www.beautiful-light.eu). Ceci constitue une révolution technologique et sociétale, avec non plus des panneaux solaires rigides, mais des films solaires souples que l'on pourrait appliquer sur des toiles de tente, sur du papier peint, etc. Ainsi des Sahariens ou des réfugiés pourraient avoir de l'électricité sans avoir besoin d'être raccordés à une source centrale d'énergie, partant du principe simple que le soleil brille pour tous. Ceci pourrait améliorer la vie de millions de personnes sur terre. Pour François Barreau, qui est revenu travailler chez Armor spécifiquement pour développer ce projet, « les gens sont à la recherche de valeurs, surtout dans les entreprises de notre taille. Ici, nous voulons prouver qu'on peut faire quelque chose d'utile dans les énergies photovoltaïques tout en étant rentables. Je suis revenu travailler à Armor pour un projet qui m'a enthousiasmé, à double titre : en tant que projet d'entreprise et projet de développement durable. Je suis sensible au monde que nous laissons. Je voulais être acteur dans un projet collectif. Le projet est partagé par tous les employés, et nous avons un écho positif chez nos clients. On arrive à partager une même vision des choses ».

Être un leader serviteur

La conduite d'Hubert de Boisredon correspond pleinement à la description de Jim Collins que j'ai citée précédemment : à la fois une grande modestie dans ses relations avec ses collaborateurs et une grande ambition pour l'entreprise, ainsi que pour l'avenir de la planète. Elle s'accorde également avec le concept de « leadership serviteur », proposé par Robert Greenleaf[18]. Alors que la plupart des théories du leadership ont été élaborées par des universitaires, celle-ci présente la particularité d'avoir été inspirée par l'expérience professionnelle de Greenleaf et d'autres praticiens avec lesquels il a discuté. Il a d'ailleurs écrit ses ouvrages de management une fois parvenu à la retraite. Toutefois, le concept même de leader serviteur lui est venue à la lecture du roman de Hermann Hesse, *Le Voyage en Orient*, dont la figure centrale est Léo, qui est au service d'un groupe d'hommes au cours d'un voyage initiatique. Tout fonctionne bien jusqu'au moment où Léo disparaît. Le groupe sombre alors dans la confusion et le voyage est abandonné. Ils ne peuvent continuer sans sa présence rayonnante. Le narrateur, après quelques années d'errance, est introduit dans l'Ordre, qui a organisé le voyage. C'est alors qu'il découvre que Léo, qu'il avait pris pour un serviteur, était en fait le maître spirituel de l'Ordre, un grand et noble leader.

Greenleaf tire de ce roman la leçon suivante :

> « Le grand leader est d'abord perçu comme un serviteur, et ce simple fait est la clé de sa grandeur. (...) Le leader serviteur est

d'abord serviteur, comme Léo a été décrit. Cela commence avec le sentiment naturel de vouloir servir, *d'abord* servir. Un choix conscient amène ensuite la personne à désirer être leader. Cette personne est très différente de celle qui est d'abord leader. (...) La différence s'exprime dans le soin pris par le serviteur – d'abord de s'assurer que les besoins prioritaires des autres personnes sont servis. Le meilleur test, et le plus difficile à réaliser, est celui-ci : ceux qui sont servis croissent-ils en tant que personnes ? Lorsqu'ils sont servis, sont-ils en meilleure santé, plus sages, plus libres, plus autonomes, ont-ils plus de probabilités de devenir eux-mêmes des serviteurs ? Et quel est l'effet sur les moins privilégiés de la société ; en bénéficieront-ils, ou du moins n'en seront-ils pas défavorisés[19] ? »

Selon Greenleaf, « un nouveau principe moral émerge selon lequel la seule autorité méritant la loyauté est celle qui est accordée librement et en connaissance de cause au dirigeant par le dirigé, à la mesure de la stature de service du leader. Ceux qui choisissent de suivre ce principe n'accepteront pas mollement l'autorité des institutions existantes, mais répondront librement seulement aux individus comme leaders, car ils leur font confiance comme serviteurs. Dans la mesure où ce principe prévaut dans l'avenir, les seules institutions vraiment viables seront celles qui seront essentiellement conduites par des serviteurs[20] ».

Léo est un personnage de fiction, mais plusieurs exemples historiques incarnent bien cette philosophie de l'existence. En Occident, le leader serviteur le plus célèbre est probablement Jésus, qui a lavé les pieds de ses disciples et leur a enseigné : « Si quelqu'un veut être grand parmi vous, qu'il soit votre serviteur[21]. » Un autre exemple, bien plus proche de nous, est celui de Nelson Mandela, qui a déclaré, lors de son premier discours public après sa libération : « Amis, (...) je me tiens devant vous, non comme un prophète mais comme votre humble serviteur[22]. »

Le leader serviteur exprime une attitude marquée par une profonde sensibilité et considération envers autrui :

« Le serviteur comme leader empathise toujours, accepte toujours la personne, mais refuse parfois d'accepter comme satisfaisant un certain effort de la personne ou une performance. (...) L'acceptation de la personne requiert une tolérance de l'imperfection. N'importe qui pourrait diriger des gens parfaits, s'ils existaient. Mais personne n'est parfait. (...) C'est une partie de l'énigme de la nature humaine : une personne "moyenne", immature, incompétente, paresseuse, est capable d'un grand dévouement et d'héroïsme si elle est sagement dirigée[23]. »

Cette attitude n'est pas réservée à une élite morale puisque Greenleaf estime que le potentiel de leader serviteur est latent à un certain degré chez presque toute jeune personne. Ce concept de leader serviteur peut être le fondement d'un projet de société humaniste : « Prendre soin des personnes, les plus aptes et les moins aptes se servant mutuellement, est le rocher sur lequel est construite une bonne société[24]. »

Le concept commence à faire l'objet d'études universitaires. Des chercheurs ont élaboré des questionnaires contenant des items liés à l'esprit de service, la réponse aux besoins des collaborateurs et de l'organisation, l'humilité, le désir d'aider les autres à croître, l'empathie, etc., questionnaires qu'ils font remplir à des collaborateurs de managers. Ces recherches confirment que cette attitude est corrélée à divers aspects positifs du fonctionnement organisationnel. Deux synthèses d'études empiriques[25] concluent que le leadership serviteur :

– crée un climat positif dans l'organisation et augmente la satisfaction et le bien-être des salariés, ainsi que leur confiance envers le leader et l'organisation ;

– favorise la coopération, l'aide réciproque et les comportements citoyens dans l'organisation ;

– augmente la créativité et l'implication des salariés, ainsi que l'efficacité des leaders et des équipes ;

– diminue le turn-over des salariés ;

– est pratiqué dans diverses cultures, mais avec un accent différent porté sur telle ou telle caractéristique selon la culture.

Ces résultats ont été constatés auprès d'individus très variés, par exemple des vendeurs de voitures en Afrique du Sud, des employés d'organisations religieuses au Ghana et aux États-Unis, des fonctionnaires aux États-Unis ou encore des enseignants en Turquie, etc.

Le secret de la compagnie aérienne la plus performante au monde

Herb Kelleher est un patron qui a délibérément choisi d'être un leader serviteur[26]. Quand on lui a demandé quels sont les traits les plus importants chez un leader, il a répondu :

> « Une tête de savant et un cœur de serviteur. (...) Le meilleur leadership est humaniste par nature. (...) Vous voulez traiter les gens de façon juste, avec respect. Vous voulez leur faire confiance. Si vous faites cela, et qu'ils vous font confiance, ils répondront avec un effort prodigieux pour le bien-être de l'ensemble. » Voici le conseil qu'il donne à ceux qui souhaiteraient devenir leaders : « Soyez humble, travaillez plus dur que quiconque et mettez-vous au service de votre personnel. (...) L'humilité est la qualité la plus importante, car si vous n'avez pas d'humilité, alors les deux autres qualités – travailler plus dur que les autres et être au service de votre personnel – ne se manifesteront probablement pas. »
>
> Il a d'ailleurs cherché à diffuser cette conception dans l'ensemble de son entreprise. « Je n'ai jamais cherché le succès comme objectif. Je disais à mon personnel : "Regardez, si vous servez bien les clients chaque jour, le succès viendra. Ne vous préoccupez pas de cela comme objectif. Remplissez simplement vos responsabilités quotidiennes : appréciez les autres, servez-les, soyez gentils avec eux, et tout le reste s'arrangera pour vous." (...) Je pense qu'il est très important de choisir des gens qui ont une prédisposition à servir les autres, et qu'il est difficile de réussir si vous recrutez des personnes qui sont totalement centrées sur elles-mêmes et qui ont essentiellement tendance à se servir ; je pense donc que le processus de recrutement est très important à ce sujet. » Ce qu'il cherche en premier dans le recrutement, ce sont les valeurs des individus, leur intégrité et leur engagement à servir les autres : « Si vous embauchez une personne simplement en raison de son expérience, de son niveau d'études, de son expertise, et que vous ignorez son attitude, vous pouvez faire une terrible erreur. »

Kelleher dit que des personnes ont cependant été recrutées dans son entreprise alors qu'elles étaient un peu sceptiques sur la réalité de l'ambiance de l'entreprise. Venant d'autres entreprises, elles n'avaient pas l'habitude de ce type de relations humaines. Constatant finalement qu'il ne s'agissait pas d'une apparence trompeuse, elles y ont trouvé plaisir et se sont elles aussi engagées dans cette dynamique. Pour Kelleher, cela montre que leur comportement antérieur était créé par l'organisation, mais que ce n'était pas leur personnalité fondamentale.

Pour Kelleher, tout ceci a pour conséquence la satisfaction des salariés : « Si vous estimez vraiment que votre travail est de servir les autres, vous avez alors tendance à aimer ce que vous faites. (...) C'est facile de l'aimer si vous gardez l'œil sur l'objectif final, qui est que cela se passe bien pour vos clients ou pour ceux qui sont sous votre responsabilité. » Ce patron dit également qu'il est souvent arrivé que des salariés qui n'étaient peut-être pas très performants à un certain poste sont devenus excellents après avoir été mutés dans un autre service.

Un tel discours paraît bien idéaliste, et certainement naïf aux yeux de certains. Mais qui est donc Herb Kelleher ? C'est le fondateur et PDG, jusqu'à sa retraite, de Southwest Airlines, compagnie aérienne qu'il a cofondée en 1971. C'est un cas exemplaire de réussite à la fois humaine et économique, comme l'ont montré Jody Gittell et ses collaborateurs[27]. Fondée en 1971, l'entreprise est devenue en 2010 le premier transporteur aérien américain (101 millions de passagers) avec plus de 3200 vols quotidiens. C'est la compagnie aérienne américaine la plus performante, selon de multiples critères : marge opérationnelle la plus élevée, taux le plus faible d'erreurs de service, productivité du personnel la plus élevée, second niveau le plus élevé de productivité par avion ; ceci bien qu'elle effectue surtout des vols de courte durée, ce qui diminue la rentabilité, puisque les avions passent proportionnellement plus de temps au sol. Southwest Airlines a un niveau remarquable de travail d'équipe qui permet aux employés de faire tourner rapidement les avions, réduisant justement le temps pendant lequel ils sont au sol. Et ceci sans diminuer le niveau de sécurité, puisque cette compagnie n'a jamais connu d'accident mortel en vol, en quarante ans d'existence. Pour Kelleher, « notre esprit de corps est la clé de notre succès. C'est ce qui est le plus difficile à imiter par un concurrent. Ils peuvent acheter tout ce qui est matériel. Mais ce que vous ne pouvez pas acheter, c'est le dévouement, la loyauté, le sentiment de participer à une cause ou à une croisade[28] ».

Deux éléments essentiels expliquent cette supériorité : la qualité de la relation de l'entreprise avec ses employés et une stratégie économique originale.

Une haute qualité de relation avec les employés

Southwest Airlines a instauré une politique de partage des bénéfices, de communication intense avec ses employés, de haut niveau d'implication des cadres avec les employés, de recrutement sélectif des salariés en fonction, non seulement de leurs compétences mais également de leur goût pour le service, de règles de travail flexibles, etc. Les employés de Southwest Airlines disposent d'une grande liberté de décision et d'action. En conséquence, elle figure régulièrement dans la liste des entreprises où il est le plus agréable de travailler, publiée par le magazine *Fortune*.

L'enquête menée par Jody Gittell et ses collaborateurs auprès des compagnies aériennes américaines montre non seulement que plus les relations sont conflictuelles, plus la productivité est faible (ce qui ne surprendra évidemment personne), mais aussi que plus le pourcentage de représentation syndicale est élevé, plus la productivité est élevée également (ce qui paraîtra plus étonnant pour certains). La représentation syndicale entraîne des salaires plus élevés pour les salariés, ce qui à son tour génère suffisamment d'amélioration de la qualité et de la productivité pour éliminer les coûts de ces salaires plus élevés. Southwest Airways est exemplaire à cet égard : 89 % du personnel est syndiqué, contre une moyenne de 69 % dans les autres grandes compagnies aériennes. Syndicats et direction n'agissent pas en opposition, mais en collaboration dans une logique gagnant-gagnant, afin d'assurer le meilleur service possible aux clients et les meilleures conditions de travail aux salariés.

Un principe majeur de l'entreprise est d'éviter les licenciements. Cette entreprise n'a d'ailleurs jamais licencié un seul employé en quarante ans d'existence. Herb Kelleher a déclaré en mai 2001 :

> « Rien ne tue aussi efficacement la culture de votre entreprise que les licenciements. Personne n'a jamais été limogé, et ceci est sans précédent dans l'univers des compagnies aériennes. Cela a été l'une de nos grandes forces. (...) Nous aurions pu licencier à plusieurs reprises et nous aurions ainsi été plus rentables, mais j'ai toujours pensé que c'est une vision à courte vue. Vous devez montrer aux membres de

votre personnel qu'ils ont de la valeur à vos yeux et que vous n'allez pas leur faire du mal simplement pour gagner un peu plus d'argent à court terme. Ne pas licencier entraîne de la loyauté. Cela génère un sentiment de sécurité, un sentiment de confiance. Vous prenez donc soin d'eux dans les moments difficiles, et dans les moments faciles ; ils peuvent alors penser : "Nous n'avons jamais perdu notre emploi. C'est une bonne raison pour rester ici."[29] »

Une stratégie économique originale

Les dirigeants de Southwest Airlines ont fait un choix stratégique de croissance progressive, en résistant aux sirènes d'experts financiers qui leur conseillaient d'acheter d'autres entreprises aéronautiques, par l'endettement. Elle a ainsi conservé des réserves financières plus importantes que la norme. Comme l'ont souligné divers responsables de l'entreprise au fil des ans : « Chez Southwest, nous gérons dans les périodes fastes comme si nous étions dans des périodes difficiles. » L'entreprise a d'ailleurs été parfois critiquée par des analystes de Wall Street qui lui ont reproché une stratégie trop timorée de conquête des marchés.

Cette conception de l'entreprise s'est révélée très pertinente à la suite des attentats du 11 septembre 2001[30]. L'industrie aéronautique américaine a alors subi des pertes catastrophiques. Les avions ont tout d'abord été cloués au sol, puis, quand ils ont pu voler à nouveau, la clientèle était bien réduite en raison de la peur occasionnée par les attaques. Au cours des semaines qui ont suivi, les principales sociétés ont diminué leurs vols d'une moyenne de 20 % et ont licencié en moyenne 16 % de leurs employés. Southwest Airlines comptait alors parmi les compagnies les plus vulnérables, puisqu'elle était spécialisée dans les petites distances, ce qui augmentait la concurrence avec d'autres moyens de transport tels que le train, la voiture ou le car.

La mise en relation des deux graphiques ci-dessous est très révélatrice. Elle montre que, *grosso modo*, plus une entreprise a licencié, plus elle a eu de difficultés à relever son cours boursier dans les années suivantes. D'après ces graphiques, on peut répartir les entreprises en trois grandes catégories :

À gauche, les deux sociétés qui n'ont licencié aucun membre de leur personnel après le 11 septembre 2001 (Southwest Airlines et Alaska) sont également celles dont le cours boursier s'est le mieux rétabli. Ainsi, en 2005, ce cours atteignait, chez Southwest Airlines, 92 % de celui antérieur au 11 septembre 2001.

À droite, les trois entreprises qui ont le plus fortement licencié sont aussi celles qui ont le moins bien récupéré sur le plan boursier.

Au centre, cinq entreprises ont à la fois moyennement licencié et moyennement retrouvé leur niveau boursier.

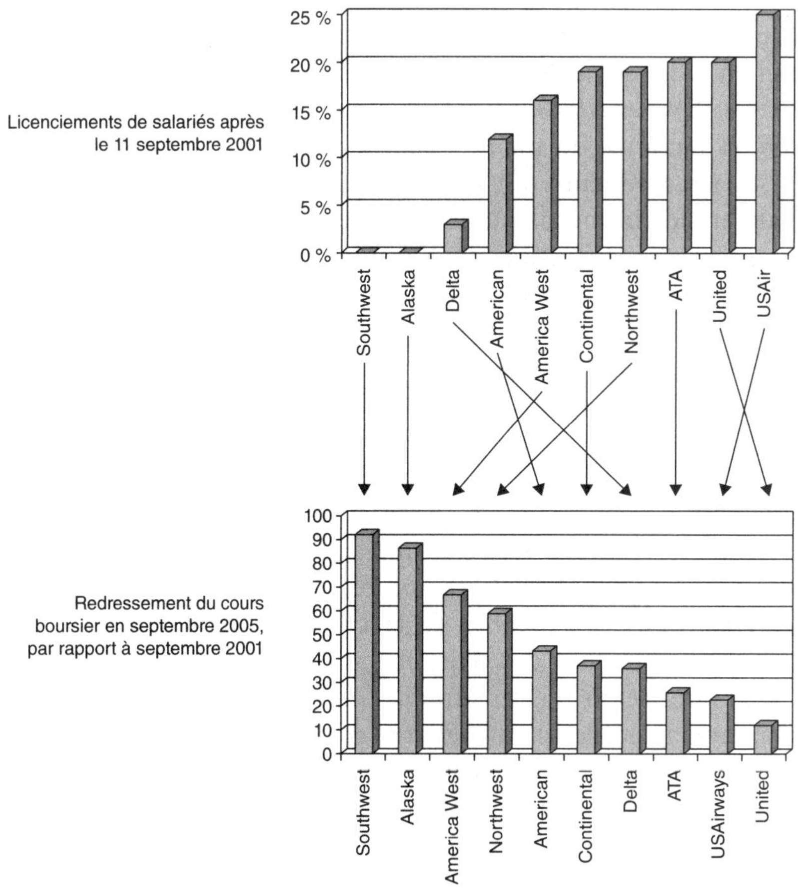

D'après Gittell J. H., Cameron K., Lim S. et Rivas V. (2006), "Relationships, layoffs, and organizational resilience: Airline industry responses to September 11", *The Journal of Applied Behavioral Science*, 42 (3), 300-329.

Jody Gittell et ses collaborateurs se sont tout particulièrement intéressés à la différence de parcours vécus par Southwest Airlines et US Airways, les deux entreprises situées aux deux extrêmes du graphique, et qui présentent quelques caractéristiques communes : elles avaient toutes deux un taux élevé de syndicalisation de leur personnel et elles effectuent des trajets plus courts que la moyenne des autres, ce qui les rendait plus vulnérables face à la concurrence.

Les dirigeants d'Airways ont réalisé la plus grosse vague de licenciements de toute l'industrie de transport aérien (24 % de réduction du personnel contre une moyenne de 16 %). Ce qui était en droite ligne de l'histoire de cette entreprise. Stephen Wolf, devenu PDG en 1996, avait une approche essentiellement financière et lucrative du management, comme le montrent ses états de service antérieurs. En tant que PDG de Republic Airlines, il avait brandi la menace d'une faillite jusqu'à ce que ses pilotes acceptent une réduction considérable de leur salaire. Grâce à cela, il a rétabli la profitabilité de la compagnie puis l'a vendue à Northwest. Il a ensuite agi à peu près identiquement avec une autre compagnie, Flying Tiger. Il a ensuite pris la direction de United Airlines ; il est parvenu à faire gagner 4,9 milliards de dollars à l'entreprise en termes de réduction de salaires, avant que celle-ci ne devienne la propriété des employés, ceux-ci ayant réclamé son départ comme condition du rachat de l'entreprise.

Wolf est ensuite arrivé à la direction de US Airways, où il a recruté Rakesh Gangwal comme président. Celui-ci est devenu PDG en 1998 et a profité de la crise consécutive au 11 septembre pour réaliser des objectifs qu'il n'avait pas encore réussi à atteindre. Selon lui, les attaques du 11 septembre ont permis à la compagnie de se restructurer et de licencier d'une manière qui aurait été impossible autrement. Elles ont en effet permis à la compagnie d'invoquer la clause de force majeure dans ses contrats avec les syndicats. La « force majeure » est le terme légal pour désigner un événement incontrôlable qui libère une des parties de ses obligations contractuelles. Les employés ont évidemment réagi très négativement à cet opportunisme et à ce manque de respect des relations humaines. Le responsable du syndicat des pilotes a déclaré : « L'équipe dirigeante a utilisé la force majeure non comme une occasion de dépasser la crise, mais pour en tirer profit. » Le dirigeant de US Airways a finalement été remplacé au début de 2002. Notons par ailleurs que US Airways a eu un haut niveau de dette au fil des ans, en réponse aux pressions de Wall Street, ce qui ne lui a laissé qu'une faible marge de manœuvre financière lorsque la crise de 2001 est apparue.

En revanche, les dirigeants de Southwest Airlines étaient déterminés à éviter les licenciements, en raison du désir du fondateur de « prendre soin de notre personnel », stratégie qui peut sembler insensée en une période de crise aussi intense. Southwest Airlines a d'ailleurs perdu un million de dollars chaque jour au cours des semaines qui ont suivi l'attaque. Jim Parker, nouveau PDG depuis le milieu de l'année 2001, déclara : « Nous acceptons de subir un certain dommage, même au sujet de notre cours boursier, pour protéger les emplois de notre personnel. » Un employé du service d'analyse financière a déclaré : « Cela fait partie de notre culture. Nous avons toujours dit que nous ferions tout ce que nous pouvons pour prendre soin du personnel. C'est donc ce que nous avons essayé de faire. »

Au final, chez Southwest, la crise a servi de tremplin permettant de renforcer plutôt que d'affaiblir les relations entre la direction et les employés. Un analyste financier de Merrill Lynch a déclaré que « l'aptitude de Southwest à éviter les licenciements au cours du dernier automne a probablement augmenté la loyauté des employés et la productivité, déjà considérée comme la plus forte parmi les principaux transporteurs aériens ». Plus remarquable encore : dès février 2002, Southwest annonçait des plans pour embaucher 4 000 nouveaux salariés, notamment des personnes licenciées par les autres compagnies.

C'est ici que la vision humaniste et la stratégie économique prudente de Southwest se rejoignent. En cette période de crise extrême, l'entreprise a pu se reposer sur sa trésorerie : au moment des attaques, Southwest disposait d'un milliard de dollars, sans endettement. Résultat final : comme le montre la figure ci-dessus, quatre ans après les attentats, le cours boursier de Southwest Airlines, qui n'avait licencié aucun salarié, était à 92 % de celui antérieur au 11 septembre 2001. Inversement, le cours d'US Airways, qui avait licencié 24 % de son personnel était à 23 % de celui antérieur au 11 septembre 2001. Comme le soulignent

Judy Gittell et ses collaborateurs, la qualité des relations établies entre la direction et les autres salariés ainsi que la politique économique prudente se sont alors mutuellement renforcées, formant un cercle vertueux qui a permis à l'entreprise de se relever. « Les relations positives tendent à produire des coûts plus faibles et un niveau de dette plus faible au fil du temps, permettant de supporter des chocs externes sans briser les engagements, renforçant donc encore les relations et la performance. »

En France, le concept de leader serviteur commence à se diffuser. Il est par exemple au cœur du fonctionnement du groupe ARaymond, entreprise familiale fondée en 1865, qui fabrique des produits pour la fixation dans divers domaines (automobile, santé, agriculture, énergie, etc.)[31]. Presque tous les constructeurs automobiles internationaux sont clients de cette entreprise. Cette société est en commandite simple, ce qui signifie qu'elle n'a pas d'actionnaires. Elle rassemble 6 000 salariés présents dans 21 pays au travers de 35 sociétés, livre six milliards de pièces chaque année et crée plus de 850 nouveaux produits par an. En 2010, en pleine période de crise économique planétaire, le chiffre d'affaires du groupe a enregistré une croissance de 52 %. Un des principes de l'entreprise est que le licenciement est proscrit, même lorsqu'il y a une baisse de revenus.

Antoine Raymond, président du groupe, souligne les limites des modes habituels de leadership et affirme :

> « Je crois bien davantage aujourd'hui au concept du servant leadership imaginé dans les années 1970 par Robert Greenleaf. Il signifie pour un dirigeant de s'interroger en permanence sur ce qu'il peut faire pour aider les collaborateurs à réussir, et être avant tout en support. Cela nécessite écoute, empathie, ouverture, confiance, acceptation de la critique, voire de la controverse, puisque de là naissent les idées, et aussi savoir apprendre et tirer des leçons de ses échecs. Dans cette entreprise, l'organisation n'est pas en silo mais en réseau ; le style de management libère les talents plutôt qu'il les bride. Il s'emploie à optimiser les synergies entre chacun et à miser sur le collaboratif, plutôt que sur la relation hiérarchique et la pratique du *reporting*. Et ceci n'est pas tout. Le but de ces entreprises ne peut être le seul profit, surtout pour les nouvelles générations que ces conceptions heurtent profondément. L'entreprise doit être

porteuse de sens, pour que chacun puisse être fier et intéressé à créer une valeur supérieure pour la communauté en général, qu'il s'agisse du pays, d'une région, des clients, des salariés, des fournisseurs. L'entreprise ouverte est une entreprise organique, qui échange avec son environnement et avec le monde, et profondément axée sur le développement durable, c'est-à-dire à la fois sur le respect des personnes et de l'environnement[32]. »

Hubert de Boisredon, Antoine Raymond et Herb Kelleher ne sont pas des exceptions ; la plupart des autres dirigeants présentés dans cet ouvrage – et bien d'autres encore – sont également des leaders serviteurs. On ne peut qu'espérer que ces exemples se multiplient afin que les entreprises soient des lieux d'épanouissement maximal des salariés.

RÉSUMONS-NOUS

☞ Plus un salarié est satisfait au travail, plus il a de probabilités de rendre service à ses collègues et à l'entreprise en général. Les cadres ont une forte influence sur la tendance de leurs collaborateurs à s'entraider ou non. Les attitudes qui ont le plus d'impact sont la capacité à entretenir une bonne relation personnelle avec les collaborateurs, un comportement exemplaire, le fait d'incarner une vision, de favoriser les objectifs collectifs et de soutenir ses collaborateurs.

☞ Les dirigeants qui font passer leur entreprise de la performance à l'excellence incarnent un mélange paradoxal d'humilité sur le plan relationnel et de forte volonté en termes de projet d'entreprise.

☞ Le « leadership serviteur » :
– augmente la satisfaction, le bien-être, la créativité et l'implication des salariés ;
– favorise la coopération et l'entraide dans l'organisation ;
– diminue le turn-over des salariés.

10
La bienveillance comme source de joie et d'efficacité

> Il est joyeux dans cette vie, il est joyeux après cette vie, celui qui fait le bien, dans tous les mondes il est joyeux.
>
> *Bouddha*[1]

> Adieu, dit le renard. Voici mon secret. Il est très simple : on ne voit bien qu'avec le cœur. L'essentiel est invisible pour les yeux.
>
> *Antoine de Saint-Exupéry*[2]

Nous avons tous besoin de reconnaissance, de sentir que nous sommes appréciés pour ce que nous sommes, ce que nous pensons et faisons. Lorsque des personnes ont de l'importance dans notre existencc, nous aimons qu'elles nous apprécient, tout simplement. Ceci est vrai dans nos relations privées, mais également au travail. Ce thème a particulièrement été étudié par des philosophes et des sociologues. Parmi les philosophes, le plus connu sur ce thème est Axel Honneth[3]. Il part du principe que « l'homme n'est homme que parmi les hommes ».

La reconnaissance fait également de nos jours l'objet de diverses recherches en sociologie et en sciences des organisations et du management. Dans la préface de l'ouvrage *La quête de reconnaissance,* qu'il a dirigé, Alain Caillé, professeur honoraire de sociologie à l'université Paris Ouest Nanterre, constate un bouleversement dans les modalités des luttes sociales au cours du quart de siècle passé : « Là où tout ou presque se formulait il y a peu encore dans le langage de l'avoir, de la possession, de la matérialité et de l'objectivité, tout se cherche désormais, à titre principal, dans le registre de l'être, de l'identité et de la subjectivité[4]. » Bien entendu, un élément essentiel de la reconnaissance est la sincérité qui l'accompagne. Si un salarié a le sentiment que c'est seulement pour des raisons stratégiques et intéressées que son supérieur lui fait des compliments sur son travail, il risque fort de ressentir de l'amertume plutôt que de la satisfaction.

Le besoin de reconnaissance

Se sentir personnellement apprécié

Lors d'une enquête française menée auprès d'entreprises de différents secteurs (services, industrie, bâtiment, etc.), 57 professionnels ont été interrogés sur ce qui leur donnait le sentiment d'être reconnus par leur supérieur hiérarchique[5]. Il en ressort que l'appréciation personnelle a plus d'impact que les moyens financiers. Comme le disent certaines de ces personnes : « Le salaire ne fait pas tout » ; « Des primes c'est vrai, c'est important mais moi, j'attends plus, un remerciement, des choses simples » ; « Si j'avais à choisir, je préférerais une hiérarchie bienveillante, un environnement de travail calme et des collègues avec qui on est en harmonie » ; « Quand vous êtes avec un client et que votre chef vous met en valeur, c'est essentiel et cela n'a pas de prix. »

Sensibles à ce besoin, les responsables du magazine *Psychologies* ont publié il y a quelques années un *Appel à plus de bienveillance au travail.* Des dirigeants, managers et coachs ont ainsi déclaré : « L'avenir de nos entreprises repose sur notre savoir-faire, mais aussi, et surtout, sur notre savoir-être. Nous nous engageons à réfléchir et à dialoguer sur la bienveillance avec nos collaborateurs et partenaires sociaux pour envisager ensemble des actions concrètes et réalistes à mettre progressivement en place[6]. »

Une équipe d'universitaires spécialistes du management a interrogé une centaine d'étudiants de quatre universités américaines (ingénierie, affaires, relations de travail, gestion hôtelière) en recherche active d'un emploi à plein temps[7]. En fait, ce sont des jeunes qui, au vu de leurs diplômes, sont surtout « chassés » par des recruteurs. Avant leur premier entretien d'embauche, les facteurs les plus importants qui pourraient les inciter à accepter un poste sont le travail lui-même, la rémunération, les perspectives d'évolution de carrière, les bénéfices, la formation et la culture organisationnelle.

Mais la rencontre avec des recruteurs va radicalement modifier leur hiérarchie des critères. La rémunération, mentionnée auparavant comme importante par la majorité des étudiants, a finalement bien moins de poids au moment de prendre la décision. Ce qui devient prioritaire, c'est l'attitude manifestée par les recruteurs envers le candidat ; par exemple, le fait d'avoir pu rencontrer de nombreuses personnes de haut niveau de l'entreprise, la visite bien organisée du site, un suivi fréquent et rapide après la rencontre. 83 jeunes sur 96 ont estimé que la façon dont ils étaient traités au cours du recrutement était importante ; inversement, aucun n'a considéré que cela ne comptait pas vraiment. Un étudiant en ingénierie a par exemple déclaré : « La manière dont on est traité durant le recrutement est un bon indicateur de la façon dont l'entreprise traite ses employés. » Et un autre : « Ils m'appelaient régulièrement pour voir si j'avais des questions. Cela montrait que je les intéressais vraiment. » Une étudiante se souvient : « Ma mère était malade et j'ai dû annuler une visite sur le site. Ils m'ont envoyé un gros bouquet de fleurs. Ils m'ont donné le sentiment d'être importante. »

De façon logique, les éléments particulièrement susceptibles de provoquer inversement le rejet d'une offre d'emploi sont : un entretien peu intéressant avec le recruteur, des problèmes lors de la visite du site, pas de suivi, un délai important dans la réponse. Sont pointés négativement certains comportements du recruteur : la dureté, l'arrogance, le manque d'organisation, de préparation ou d'information. Par exemple, une étudiante en gestion hôtelière a souligné : « Ils n'étaient pas vraiment intéressés par moi personnellement. Au cours de l'entretien, ils m'ont juste posé des questions sur les rapports financiers. Ils n'ont pas pris le temps de m'interroger sur mes centres d'intérêt. » L'attitude du recruteur amène évidemment le candidat à imaginer ses conditions de travail ultérieures, comme le montre cet autre témoignage : « Je me disais que si c'est la façon dont ils vous traitent quand ils recrutent, qu'est-ce que cela doit être une fois que vous êtes employé ! »

Ainsi, les éléments relationnels jouent un rôle essentiel dans l'acceptation ou le refus d'un poste par un candidat : sur les 36 étudiants ayant signalé un traitement positif au cours du recrutement, 31 ont accepté la proposition qui leur a été faite. Au final, l'essentiel est que la personne sente qu'on souhaite vraiment qu'elle vienne travailler dans cette entreprise, qu'elle y est attendue.

La plupart des travaux effectués sur la reconnaissance au travail fournissent des résultats sur son impact, en particulier en termes de performance. Dans une synthèse de la littérature scientifique sur le sujet[8], deux chercheurs en management ont mis en évidence non seulement que la reconnaissance augmente de 17 % la performance des collaborateurs, mais qu'elle a un effet de synergie avec la rémunération et les feedback, au point que ces trois éléments associés entraînent une augmentation de 45 % de la performance ! Lorsqu'il y a reconnaissance sous forme de compliments, la rémunération n'est pas source de motivation extrinsèque, mais intrinsèque, comme une forme de reconnaissance supplémentaire. Quant au feedback, il permet de mieux clarifier les tâches à accomplir.

Avoir de la considération pour ses collaborateurs et préciser clairement leurs tâches

Une autre synthèse porte sur un thème proche, la considération. Cette thématique a une longue histoire. Dans les années 1940, un groupe de chercheurs en management de l'université d'État de l'Ohio s'efforçait de repérer les comportements d'un responsable ayant un fort impact sur ses collaborateurs. Deux facteurs sont ressortis de leurs enquêtes. D'une part, la considération, qui se manifeste lorsque le supérieur est amical et facile à aborder, tient compte de l'apport de ses collaborateurs, est sensible à leur bien-être et les implique dans les décisions. D'autre part, la structure, qui s'exprime lorsque le supérieur précise clairement les rôles des membres de l'équipe ainsi que les attentes de performance et communique clairement avec ceux-ci. Cette approche a dominé la littérature managériale pendant quelques décennies, puis a disparu à partir de la fin des années 1980.

À tort, selon une équipe de chercheurs en management de

l'université de Floride. Ils ont rassemblé les résultats statistiques de 130 études, afin de voir dans quelle mesure ces deux facteurs influencent le niveau de satisfaction au travail et de performance des collaborateurs[9]. Résultat : la considération est surtout liée à la satisfaction et à la motivation au travail ainsi qu'au plaisir de travailler avec le supérieur hiérarchique, tandis que la structure est surtout liée à la performance.

Il semblerait que cette synthèse ait relancé les recherches sur ce thème, longtemps abandonné. Ainsi, une étude récente[10], effectuée auprès de presque 300 salariés, révèle un résultat particulièrement intéressant, déjà observé dans des études antérieures. Lorsqu'un cadre fait preuve d'une haute considération, ses collaborateurs considèrent généralement que la mise en place d'une structure forte est destinée à les soutenir et est utile pour atteindre des objectifs de performance. En revanche, si le patron manifeste peu de considération, les salariés ont tendance à considérer une structure forte comme une menace, comme l'expression d'une volonté de contrôle. Dans ce dernier cas de figure, on constate un niveau élevé de comportements potentiellement préjudiciables à l'entreprise : passer du temps à des tâches n'ayant rien à voir avec le travail, raconter des ragots sur des personnes, être malveillant avec les collègues, etc.

La reconnaissance mutuelle dynamise les équipes

La satisfaction liée à la reconnaissance mutuelle, c'est ce que j'ai pu constater lors de ma visite à Laval Mayenne Technopole, association parapublique destinée à accompagner des entrepreneurs. C'est une ruche bourdonnante où sont régulièrement émises de nouvelles idées et lancés de nouveaux programmes.

C'est ici par exemple qu'a été créé en 2007 Idenergie, le premier accélérateur français de start-up. L'une des dernières trouvailles maison est l'ouverture à Laval, de Neoshop, une boutique diffusant les produits innovants créés par des start-up françaises. Une première en Europe ! Marion Hurbin, responsable de la communication, souligne que la grande différence avec un magasin classique, c'est que tous les clients qui entrent à Neoshop sont invités à donner leurs commentaires sur les produits, lesquels sont envoyés chaque fin de mois aux start-up, ce qui leur permet d'améliorer leurs produits. Le but, c'est que la start-up trouve ensuite un distributeur à plus grande échelle et que son produit réussisse son lancement sur le marché.

Fort du succès de l'opération, son directeur Christian Travier recherche des partenaires intéressés par l'idée d'ouvrir une boutique à Paris, puis dans d'autres capitales européennes, l'objectif final étant de créer un réseau international de boutiques de l'innovation. Selon lui, le soutien aux créateurs, « c'est une activité très peu technique, c'est surtout humain et comportemental. Développer une entreprise, c'est du leadership, de l'enthousiasme. On n'a que des gens très atypiques, très intéressants, mais parfois un peu compliqués ».

Lorsque je rencontre l'équipe, il y a 43 technopoles en France, et Laval est, parmi elles, la 36e ville en termes de nombre d'habitants. Mais c'est la deuxième ville sur ces 43, en termes de nombre de salariés et de volume d'activités de la technopole.

« Tout est possible »

Le rêve d'enfant de Christian Travier était de devenir architecte. Mais il a finalement compris que ce qui le passionnait, c'était de se trouver devant une page blanche et de construire à partir de rien. Résultat : il a toujours travaillé sur des projets innovants. Il a suivi une formation d'ingénieur et, dès l'âge de 25 ans, il dirigeait un projet destiné à fabriquer une nouvelle source d'électrons déclenchée par un laser qui, en son temps, fut une première mondiale. Il a également été à l'origine de la Mission Hydrogène Pays de la Loire, qui a par la suite piloté la fabrication de deux bateaux propulsés à l'hydrogène, énergie propre au rendement bien meilleur que le pétrole. « Je suis quelqu'un de fondamentalement optimiste, me dit-il, pour moi, tout est possible, si on s'y met avec passion. » Ce sont ses parents, tout particulièrement son père, qui lui a insufflé ce goût de la vie. « Il savait tout faire et réparer à la maison. La machine à laver ou l'aspirateur en panne : il suffit de demander à Papa. L'évier qui fuit ou un jouet cassé : il suffit de demander à Papa. J'ai grandi avec l'idée que tout est possible, puisque papa est là. Cela m'a donné une grande confiance en la vie et en moi-même. Ce qui est très différent de l'orgueil. »

Il se trouve aujourd'hui à la tête d'une équipe d'une quinzaine de personnes, dont la plupart ont une trentaine d'années. Selon lui, l'expression « gestion des ressources humaines » est très inappropriée. « D'une part, quand on parle de gestion, cela concerne les objets matériels, on parle de gestion des stocks, des risques, des comptes, des déchets. D'autre part, quand on parle de ressources, on pense aux ressources pétrolières, minières, à un monde fini, alors qu'il s'agit de l'être humain, dont le potentiel peut toujours évoluer et grandir. Je préfère de loin l'expression "animation des potentiels humains". »

Le management, il l'a appris dans sa jeunesse, quand il était chef scout, animateur de colonies de vacances, puis responsable associatif. « C'est là que j'ai compris que mener une équipe, ce n'est pas donner des ordres, c'est d'abord s'efforcer de comprendre les gens et utiliser la méthode qui convient à chacun. L'autorité vient de ce que l'on est, pas de ce que l'on impose. Il faut savoir être à la fois bienveillant et exigeant. D'ailleurs, ce qui motive le plus les gens, ce n'est pas l'argent ni la peur du chef, mais c'est de faire quelque chose qui a du sens à leurs yeux. Je dis parfois à mes collaborateurs : "Ne faites quelque chose que si ça peut changer la vie des autres." Il arrive que des salariés quittent le travail tard et soient là le lendemain tôt, sans que je ne leur aie rien demandé. »

Spontanément, sans connaître le concept de leader serviteur, il me dit : « Le manager, c'est d'abord un serviteur. Son rôle n'est pas de donner des ordres, mais d'aider l'équipe à atteindre ses objectifs. Et quand les gens réussissent, c'est essentiel de les remercier et de les encourager. Quand j'ai quelquefois repris des managers, c'est souvent sur ce point que je l'ai fait. » Il se souvient notamment d'une expérience vécue il y a quatre ans. Son association organise tous les deux ans le salon Inov'dia, qui rassemble 400 professionnels durant une journée. Le genre d'événements qui impose une grande rigueur d'organisation. Christian Travier avait laissé son agenda libre, non seulement pour toute la journée, mais également pour la veille, au cas où...

Précisément, une salariée l'appelle vers midi, lui expliquant qu'ils ne seront pas prêts pour le lendemain, et que la responsable n'est pas sur place. « En bref, c'était la crise de nerfs dans l'équipe. » Christian Travier arrive immédiatement sur les lieux, s'informe de la situation et dit à l'équipe : « Bon, on se calme, de toute façon, on va s'en sortir. Vous, vous allez manger, et, de mon côté, je ramène trois-quatre personnes, et on se met à votre disposition. » Quand il revient, il dit à l'équipe : « Nous sommes à vos ordres. » Lui-même découpe et colle la moquette, et aide à faire les courses. Finalement, tout est prêt à temps et le salon se déroule très bien le lendemain. Plus tard, il utilise cette situation pour illustrer, auprès de son manager, l'acquisition de l'autorité : « Le rôle d'un manager, c'est d'être disponible pour son équipe, surtout dans les moments difficiles. Si tu avais été là, tu aurais gagné du crédit auprès d'eux. » Lui-même a certainement suscité beaucoup de respect en posant humblement la moquette.

Mais si je suis venu à Laval rencontrer Christian Travier et des membres de son équipe, c'est surtout pour qu'ils me parlent de reconnaissance au travail. En effet, une salariée m'avait dit à quel point elle était satisfaite de l'ambiance de travail et de la reconnaissance réciproque qui se vivait dans l'équipe.

La reconnaissance incite au dépassement de soi

Christian Travier aime ses salariés, est fier d'eux et n'hésite pas à leur exprimer sa reconnaissance. « À mes yeux, chacun est important et j'essaie de faire en sorte que le travail de tous soit valorisé, m'explique-t-il. En France, on est trop habitué à souligner le négatif, alors que c'est l'inverse qu'il faut surtout faire : mettre en valeur les choses positives faites. À la suite d'un événement organisé par l'équipe, il m'est arrivé de passer trois heures à rédiger un mail collectif de remerciement. Mon principe, c'est : "Soit je le fais, je m'y investis, et ça peut changer la vie des gens, soit je ne le fais pas." Je tiens à remercier chaque personne pour son apport spécifique. Un mail général de remerciement un peu flou, ça n'a pas de sens à mes yeux. C'est important que chacun sente que j'ai apprécié ce qu'il ou elle a apporté dans l'œuvre commune. » Au cours de ma rencontre avec ses collaborateurs, plusieurs ont souligné à quel point ils étaient sensibles à cette marque de reconnaissance.

Cette façon de fonctionner, Christian Travier l'applique non seulement à l'occasion des réussites, mais aussi des moments difficiles : « À chaque fois que quelqu'un est entré dans mon bureau en pleurant pour un clash ou un échec, cette personne est ressortie avec le sourire. Pour moi, c'est extraordinaire. Dans ces moments, je me dis : "C'est bon, j'ai touché le but." Ma raison d'être ici, c'est de changer positivement la vie des personnes avec qui je travaille. Si je n'ai pas atteint ce niveau, je ne sers à rien. Ce que je souhaite, c'est que chacun puisse accumuler ici suffisamment de confiance en soi par l'expérience pour que ce sentiment soit définitivement acquis. Que même dans dix ans, dans un autre contexte professionnel, cette personne puisse se dire : "Bon, on ne me fait pas confiance, mais il y a dix ans, quelqu'un m'a fait confiance, j'ai réussi et donc j'ai de la valeur." »

L'entretien annuel d'évaluation est un exemple représentatif de cet état d'esprit. Alors que beaucoup de salariés redoutent cette expérience, ici, c'est au contraire l'occasion d'une valorisation de tout ce qui a été fait et d'un encouragement pour améliorer ce qui peut encore l'être. « Je suis vraiment heureux quand je sens que la personne est émue et encouragée par ce que j'ai pu lui dire. La confiance en moi que j'ai pu acquérir grâce à mes parents, j'ai envie de la retransmettre à ceux qui m'entourent. »

Cette manière d'agir est également un appel au dépassement et à la croissance personnelle. « Dès que quelqu'un sait faire quelque chose, je le fais avancer sur autre chose. Il faut que la personne entre dans une certaine zone d'inconfort, mais à condition bien entendu que je sois disponible pour l'accompagner et l'aider quand elle en a besoin, et qu'elle sache qu'elle a droit à l'erreur. » Christian Travier a d'ailleurs toujours embauché une personne pour elle-même, pour ses qualités, plus que pour la faire rentrer dans une case prévue à l'avance. Les trois quarts des personnes qu'il a recrutées dans son organisation occupent des postes qui n'existaient pas avant. Ce sont en quelque sorte elles qui, par leur compétence et leur dynamisme, ont créé la fonction.

Il aime raconter l'expérience vécue il y a deux ans environ. Malgré de gros efforts, un projet d'organisation d'un événement important était en train de dériver considérablement. Un des managers discute avec Christian Travier et lui dit qu'il est préférable d'annuler l'événement, qui risque fort de tourner à l'échec. Mais lui n'est pas de cet avis : « On va y arriver, quitte à mettre le paquet. » Il recrute une jeune salariée pour un CDD de trois mois, afin de compenser le retard. Deux ans après, cette personne fait toujours partie de l'équipe où elle a parfaitement trouvé sa place sur un autre sujet lancé grâce à sa présence. Pour Christian Travier, « le bug nous a coûté cher (15 000 euros) mais au final, c'est très positif. Ça nous a donné l'occasion de recruter une personne très compétente. Une erreur n'est pas une catastrophe. Qui ne fait pas d'erreur, dans la vie ? On peut la transformer en opportunité. En venant en aide à l'équipe en charge du projet, je lui ai permis de réussir malgré tout. Ceci est déjà très important. Mais dans le cas présent, les conséquences positives vont bien au-delà ».

La solidarité est un maître-mot de l'organisation. Tous ont vraiment le sentiment d'être dans le même bateau. Un principe ici, c'est que l'erreur de l'un, c'est l'erreur de tous ; le succès de l'un, c'est le succès de tous. Chacun doit être triste de l'erreur du collègue et fier du succès de celui-ci. Christian Travier aime entendre les salariés rire entre eux. « Ça ne les empêche pas de travailler, au contraire, ça montre qu'ils aiment bien agir ensemble. Ce qui empêche de travailler, c'est de faire la gueule. Pour moi, un critère essentiel de recrutement, c'est, à côté des compétences, que la personne soit souriante au cours de l'entretien d'embauche. »

« Ici, le concept de pause n'a aucun sens »

Je reçois la confirmation concrète de ce propos quelques instants plus tard, en rencontrant plusieurs salariés de Laval Mayenne Technopole. L'atmosphère est particulièrement détendue, et je sens immédiatement que ces personnes ont du plaisir à travailler ensemble.

D'entrée de jeu, Ludovica prend la parole pour déclarer : « Je me sens épanouie ici. Pour moi, le type de management pratiqué par Sandrine [sa responsable] et Christian, j'appelle ça le management par l'épanouissement. Il n'y a pas de contrainte à venir bosser et on a toujours plaisir à venir, on fait un travail qu'on aime, on se sent en sécurité, on travaille avec des gens en qui on a confiance et qui nous font confiance. Christian n'a jamais dit : “Je veux qu'on fasse ça, faites-le !” Lui, c'est plutôt : “J'ai une idée, on pourrait faire ça. Qu'est-ce que vous en pensez ?” Et comme c'est généralement une bonne idée, on adhère facilement. Mais on peut donner son avis sans problème, et il est capable d'écouter et de modifier son projet, si cela l'améliore. »

Même son de cloche chez Valérie : « Il n'y a pas de contrainte, mais le travail est fait. Je n'ai jamais senti Christian nous mettre la pression, il nous fait confiance. Il n'est pas là pour contrôler. Lui, c'est un fonceur ; sans nous imposer, il nous entraîne. On travaille dans la bonne humeur, et au final, on a beaucoup de résultats. »

Quant à Antoine, il compare son vécu actuel avec son expérience professionnelle antérieure dans une structure de même taille : « C'était une catastrophe. On nous fliquait sur les horaires. Cela a créé des tensions entre collègues qui surveillaient à quelle heure l'autre était arrivé. Je suis venu ici il y a un an et je me demandais évidemment dans quelle équipe j'allais me retrouver. En fait, l'intégration a été rapide et je me suis vite senti à l'aise. On sent tout de suite qu'il y a une cohésion dans le groupe. Tout le monde est épanoui, content d'être là. » Il raconte une anecdote récemment vécue. Son beau-père voulait venir le voir au travail et lui a demandé : « Je vais venir, à quelle heure est ta pause ? » Fou rire immédiat des collègues en entendant cela, car ici, le concept de pause n'a aucun sens. Commentaire d'Antoine : « Dans la société où je travaillais avant, j'étais content d'avoir la pause, parce que savais que j'allais me détendre pendant un quart d'heure avec les collègues, mais ici, on est bien ensemble en permanence. »

Moi-même, je ressens très vite au cours de cette rencontre cette satisfaction de travailler ensemble, mais aussi de *bien* travailler. Par exemple, Charlotte souligne : « C'est une équipe dynamique, ça donne envie de venir, même quand le boulot à faire ce jour-là, c'est surtout de la paperasserie. Le simple fait de venir voir les collègues, c'est agréable. Et cet esprit d'équipe, ça me donne envie de donner le meilleur de moi-même pour mon équipe et pour le territoire. Je suis originaire de la Mayenne, et travailler pour le territoire, c'est important pour moi. »

« On dit facilement trois-quatre fois merci aux collègues dans une journée »

La reconnaissance est un thème sur lequel les uns et les autres sont intarissables. Et à les écouter, on sent bien qu'il y a une spirale vertueuse entre motivation et reconnaissance. Chacun s'efforce de faire au mieux, ce qui entraîne un regard positif par autrui, lequel encourage en retour à s'impliquer davantage dans l'action. Valérie, qui assure les entretiens annuels aux côtés de Christian, tient elle aussi à souligner le meilleur de ce que font les uns et les autres : « Les entretiens annuels permettent de faire le bilan de tout ce qui a été fait. Les salariés sont très exigeants envers eux-mêmes et regrettent parfois d'avoir raté telle ou telle chose. On leur dit : "Oui d'accord, mais tu as parfaitement réussi ceci, et encore cela." »

Céline, coordinatrice d'Idenergie, l'accélérateur de start-up, déclare : « Je n'ai pas l'impression qu'on travaille. C'est tellement plaisant que je me donne à fond. Christian nous encourage, même quand il y a des choses qu'on a moins réussies. Il est toujours là pour nous encourager. Pour moi, c'était très important que mon travail soit reconnu. »

La reconnaissance ne s'exprime pas seulement du haut vers le bas, mais aussi horizontalement, et ceci de façon quasi permanente, comme le fait remarquer Antoine : « Ici, chacun se sent responsable. Savoir qu'on nous confie une responsabilité et qu'on nous fait confiance, ça motive énormément, même si c'est une petite mission. Ici, chacun fait confiance à l'autre et il y a beaucoup de reconnaissance, de Christian, mais aussi entre collègues. Par exemple, ce matin, en réunion, Audrey nous a présenté le bilan d'une action qu'elle avait menée, on l'a félicitée et elle-même a remercié Laura qui l'a aidée. On dit facilement trois-quatre fois merci aux collègues dans une journée. »

Charlotte, nouvellement arrivée, est également très sensible à cette manière de vivre ensemble : « Le merci, c'est très important, C'est ma première expérience professionnelle. Dès mon arrivée, à chaque fois que je faisais quelque chose, Antoine (son manager) me remerciait. Au début je trouvais ça bizarre, mais en fait, c'est vraiment important. Un petit merci, ça encourage tout le monde. »

La valorisation n'interdit en rien la critique, si nécessaire. Ludovica le reconnaît aisément : « Quand je fais une erreur, Sandrine me recadre, mais sans chercher à m'accabler. Elle me dit : "Ce serait bien que tu fasses ça comme ça." Du coup, j'accepte ce qu'elle me dit sans difficulté. »

Chacun est conscient de l'importance du souffle communiqué par la direction. Pour Céline, « cet état d'esprit, c'est quelque chose qu'il faut entretenir chaque jour, Christian reste le chef d'orchestre ». Pour Antoine, « tout dépend du profil du directeur. Si on remplace Christian par un directeur comme celui que j'ai connu avant, ça implose en six mois-un an ».

Pour conclure ma visite, Christian revient passer un moment avec nous. Christian demande à chacun si cela s'est bien passé, souligne l'évolution positive de tel ou telle au fil des ans. Un exemple parmi d'autres, à propos de Céline, chargée de communication : « Quand tu es arrivée, tu étais toute timide, et ton rire était une façon de surmonter la timidité. Aujourd'hui, tu as pris de l'assurance, le rire est un vrai atout charismatique, ce n'est plus défensif. C'est un travail qu'on a fait ensemble. Au début, j'ai vu tous tes atouts et tes compétences, mais ta faiblesse, c'était l'aisance orale. J'aurais pu me dire : “Non, ça n'ira pas pour la com”, mais j'ai plutôt pensé : “Ce n'est pas grave, elle a beaucoup de points positifs, elle est jeune et elle peut progresser.” Entre-temps, tu as fait du théâtre, et ça a été formidable pour toi. Ça a été un pari, et, six ans après, je suis très content d'avoir fait ce pari, et on a dépassé les espérances. »

Nul besoin que je demande à Céline si elle souscrit à ce propos. Le regard ému et reconnaissant qu'elle porte sur son directeur est éloquent…

Le sentiment de justice

La bienveillance en entreprise s'exprime aussi par la justice. Avoir le sentiment d'être considéré de manière juste est essentiel dans l'existence, et tout particulièrement dans le monde du travail. Ce thème a fait l'objet d'innombrables recherches. La communauté des chercheurs s'accorde pour considérer qu'il y a trois grandes formes de justice au sein des organisations : les justices distributive, procédurale et interactionnelle.

Le sentiment de *justice distributive* se manifeste lorsque le salarié estime que les décisions prises par la hiérarchie sur des aspects formels tels que la rémunération, les augmentations, congés, promotions, etc., sont justes.

La *justice procédurale* émerge lorsque le salarié estime que la manière dont sont prises les décisions est juste. Il s'agit notamment du fait qu'il peut donner son avis, et éventuellement contester une décision, que les décisionnaires sont neutres et dépourvus de préjugés sur le thème abordé et les personnes concernées, que les informations fondant la décision sont exactes. Notons que le fait de pouvoir donner son avis ne se transforme en sentiment de justice procédurale que si le salarié estime avoir été vraiment écouté, et qu'il ne s'agit pas d'une stratégie illusoire de communication de la part de la hiérarchie. Bien entendu, ceci ne signifie pas, inversement, que le salarié pense que toutes ses idées doivent être appliquées.

Quant au concept de *justice interactionnelle*, il désigne le fait que les employés sont sensibles à la qualité de la relation avec leur supérieur. Ils tiennent à être traités avec politesse et respect.

Nombreuses sont les recherches qui se sont fixé comme objectif de mettre en évidence les effets des différentes formes de justice. Ainsi, une synthèse de 190 études rassemblant presque 65 000 personnes[11] montre la supériorité de la justice procédurale sur les deux autres formes de justice. En effet :

– l'implication au travail est liée aux trois formes de justice, mais surtout à la justice procédurale ;

– la performance au travail est fortement liée à la justice procédurale, mais peu à la justice distributive et interactionnelle ;

– la satisfaction au travail et les comportements citoyens (altruisme, esprit de camaraderie, politesse, etc.) sont liés, de manière équivalente, aux trois formes de justice.

Une autre synthèse montre une légère supériorité de la justice procédurale sur la justice distributive pour l'implication des salariés, leurs comportements citoyens et leur productivité[12].

Le sentiment de justice – et inversement, d'injustice – a des effets non seulement sur le bien-être psychologique, mais également sur la santé physique, comme le montre une étude menée auprès d'environ 300 ouvriers allemands[13]. Les salariés qui souffrent d'un sentiment d'injustice procédurale éprouvent non seulement moins de satisfaction au travail, mais sont aussi plus souvent malades et plus longtemps.

L'une des meilleures démonstrations de cet impact supérieur de la justice procédurale (également ici de la justice interactionnelle) nous vient d'une étude réalisée dans une entreprise comportant trois usines de production de pièces pour les industries aérospatiale et automobile[14]. L'auteur cite tout d'abord plusieurs études montrant que lorsque les employés se sentent exploités par l'entreprise, ils ont plus de probabilités de commettre des vols, par vengeance ou pour corriger une injustice. Puis Jerald Greenberg nous décrit la situation de l'entreprise dans laquelle il a enquêté. En raison de la perte de deux contrats importants, la direction a dû réduire les salaires de 15 % dans deux usines, préférant cela au licenciement d'employés. C'est à ce moment que l'équipe de direction a fait appel à Greenberg, professeur de management et de ressources humaines à l'université d'État de l'Ohio, pour évaluer l'impact de cette mesure sur les employés. Dès lors, la situation des trois usines va donner lieu à trois conditions quasi expérimentales : l'usine A, avec « explication adéquate » ; l'usine B avec « explication inadéquate » ; l'usine C, qui n'est pas touchée par la perte des contrats et donc par la réduction des salaires, sert de point de repère.

Dans l'usine A, une rencontre est programmée, à la fin d'une semaine de travail, au cours de laquelle le président de la compagnie s'adresse à l'ensemble des employés. Il leur rappelle la perte récente des contrats qui rend la situation particulièrement difficile pour l'entreprise. Il dit avoir examiné les différentes solutions possibles et en avoir conclu qu'une baisse de 15 % de l'ensemble des salaires pendant les dix semaines à venir est le seul moyen d'éviter des licenciements. Après les dix semaines, les salaires seront ramenés à leur niveau initial. Il leur précise qu'il regrette vivement cette mesure, et qu'il n'a pas pris facilement cette décision. Il présente également des graphiques afin d'expliquer les raisons de cette décision. Tout au long de son propos, le président s'efforce de manifester du respect et de l'empathie envers les salariés et leurs familles. Il permet ensuite à ceux-ci de poser toutes les questions qu'ils souhaitent et il leur répond.

Dans l'usine B, le mode d'explication – qualifié d'inadapté – est radicalement différent. Une réunion d'un quart d'heure est programmée, à la fin d'une semaine de travail, au cours de laquelle un des vice-présidents annonce simplement que tous les salaires seront réduits de 15 % au cours des dix semaines à venir en raison de pertes de contrats. Le processus ayant conduit à la décision n'est pas présenté, et aucune expression de regret ni d'excuses n'est formulée.

Résultat : dans cette usine, le niveau de vols triple presque durant cette période de dix semaines de réduction des salaires, pour revenir à son niveau initial ensuite. La situation est très différente dans les deux autres usines : pas de changement dans l'usine C (où les salaires restent les mêmes) et une légère augmentation des vols dans l'usine A (celle avec « explication adéquate ») qui disparaît une fois les salaires rétablis.

Par ailleurs, un questionnaire a été rempli par les salariés, concernant la base de leur salaire, avec des questions telles que : « Dans quelle mesure estimez-vous que l'explication fournie par votre employeur à propos de votre salaire actuel était adéquate ? » Les salariés de l'usine A (explication adéquate) ont bien plus fortement le sentiment d'une bonne explication que ceux des deux autres usines, à partir du moment où le président les a rencontrés. Enfin, c'est uniquement dans l'usine B, caractérisée par des explications insuffisantes, que le taux de démission a fortement augmenté après l'annonce de la baisse des salaires.

La démarche appréciative

Reconnaître et valoriser ce qui se fait de positif au sein d'une organisation a conduit à une méthode très judicieuse appelée « démarche appréciative ». Tout a commencé il y a une trentaine d'années, à l'initiative de David Cooperrider, un chercheur en management qui préparait sa thèse de doctorat en étudiant des équipes médicales de la clinique de Cleveland, dans l'Ohio. Au départ, il commence avec une approche habituelle de diagnostic de problèmes, mais il est surpris de constater un niveau élevé de coopération et d'actions positives dans ce lieu. Encouragé par son directeur de thèse, Suresh Srivasta, il décide alors de focaliser son attention sur les expériences positives de coopération, d'innovation, etc., qui lui sont racontées, plutôt que d'analyser les causes de dysfonctionnement. Il en tire non seulement des connaissances intéressantes, mais également une méthodologie de recherche-action particulièrement novatrice. Il publie sa thèse en 1986 et co-écrit, avec son directeur de thèse, le premier article scientifique sur ce thème l'année suivante[15].

Le cœur de la démarche appréciative (*Appreciative inquiry*), c'est d'explorer (*to inquire*) ce qui fonctionne bien et lui donner de la valeur, lui accorder de l'importance (*to appreciate*). Bien que surtout utilisée dans les organisations, elle a également été appliquée dans d'autres univers : la santé, la protection de l'environnement, les pays en développement.

« Qu'est-ce qui fonctionne déjà bien, chez vous ? »

Lorsqu'un consultant intervient dans une organisation, il essaie généralement d'établir un bilan des problèmes et difficultés et s'efforce de trouver les moyens d'y remédier. Un intervenant en démarche appréciative propose une toute autre approche : « Qu'est-ce qui fonctionne déjà bien dans cette organisation, comment peut-on s'en inspirer et imaginer d'autres initiatives qui permettraient que les choses aillent encore mieux ? » Pour Cooperrider, les personnes interrogées vont généralement dans le sens des questions qu'on leur pose. En les interrogeant sur les problèmes, ils vont plutôt focaliser leur esprit sur ces derniers ; et ils feront l'inverse si on les questionne sur les actions positives déjà existantes. David Cooperrider et sa collègue Diana Whitney résument ainsi les différences entre l'approche habituelle de résolution de problèmes et celle adoptée par la démarche appréciative[16] :

Démarche de résolution de problèmes adoptant comme postulat de base qu'une organisation est un problème à résoudre

Besoin ressenti Identification du problème → Analyse des causes → Analyse des solutions possibles → Plan d'action (traitement du problème)

Démarche appréciative adoptant comme postulat de base qu'une organisation est un mystère à déchiffrer

Apprécier et valoriser le meilleur de ce qui existe déjà → Imaginer ce qui pourrait être → Discuter de ce qui devrait être

La démarche appréciative repose sur une base philosophique forte, une certaine conception de l'être humain dans sa relation aux autres et au monde environnant[17]. Selon Cooperrider et Whitney, ce n'est plus l'individu, mais la relation avec autrui qui constitue le centre de la connaissance. Nous sommes invités à une transformation existentielle décisive, depuis « Je pense, donc je suis » vers « Nous communiquons, donc je suis ». Selon cette approche, les changements les plus importants se produisent, moins à partir de la pensée individuelle qu'à partir de relations qui transforment les êtres et leur insufflent une énergie qui les pousse à s'engager[18].

Ce qui nous conduit à délaisser la croyance en des certitudes définitives et à adopter une démarche de quête collaborative en vue d'une vie meilleure, individuelle et collective. L'un des postulats de la démarche appréciative est le principe poétique : de même que la lecture d'un poème laisse place à une infinité d'interprétations, l'histoire d'une organisation (que ce soit son passé, son présent ou son futur) autorise de multiples interprétations, inspirations et apprentissages. Or, l'énergie nécessaire pour qu'un changement se produise requiert une grande quantité d'émotions positives, telles que l'espoir, l'enthousiasme, l'inspiration, l'attention aux autres. Adopter une vision positive du futur constitue donc un moteur essentiel pour que ce futur advienne. Selon Cooperrider, « la principale chose qu'un agent de changement peut faire pour améliorer sensiblement une situation est de poser des questions inconditionnellement positives[19] ». Les praticiens en démarche appréciative adoptent d'ailleurs aussi le principe héliotropique (*helios* = soleil ; *tropos* = direction), qui établit une analogie entre les plantes et les humains. De même qu'une plante se tourne vers le soleil, les individus se mobilisent s'ils ont la perspective d'une vision positive et s'ils s'appuient sur la part lumineuse d'eux-mêmes.

La démarche appréciative est un processus en plusieurs étapes, par lequel un groupe de personnes parvient, à l'aide de questions positives, à formuler des objectifs, et à mettre en place des procédures pour y parvenir, en s'appuyant sur les forces présentes et les expériences réussies antérieures. Cette méthode fonctionne remarquablement bien, que ce soit avec un groupe d'une dizaine ou de plusieurs centaines d'individus. Le point de départ est très simple et modeste : deux personnes se décrivent réciproquement une expérience particulièrement réussie que chacune a vécue. Le point d'arrivée est un impressionnant partage collectif et une dynamique enthousiasmante pour l'action future.

Les questions fondamentales de la démarche appréciative sont :

• Décrivez une expérience remarquable de votre vie professionnelle dans laquelle vous vous sentiez pleinement vivant et engagé.

• Sans modestie excessive, que valorisez-vous le plus en vous-même, dans votre travail et votre organisation ?
• Quels sont les facteurs essentiels qui vous ont donné de l'énergie dans l'organisation ?
• Quels sont les trois souhaits que vous formuleriez pour renforcer la santé et la vitalité de votre organisation[20] ?

En France, la démarche appréciative a surtout été développée et diffusée par Jean Pagès et Jean-Christophe Barralis, codirecteurs de l'Institut français d'Appreciative Inquiry[21], et animateurs de nombreuses formations sur ce thème. Par ailleurs, le lecteur francophone intéressé trouvera dans l'ouvrage de Jean Pagès *Le coaching collectif avec la méthode Appreciative Inquiry*[22], les éléments nécessaires pour une application concrète de cette approche. J'ai le privilège de les compter parmi mes amis et d'avoir animé avec eux plusieurs formations à la psychologie positive dans les organisations. Ayant pu assister ou participer, grâce à eux, à plusieurs sessions d'approche appréciative, j'ai été à chaque fois impressionné par l'énergie, l'enthousiasme, le plaisir ressenti par les participants. C'est une satisfaction toujours renouvelée de voir les visages épanouis des personnes à l'issue de telles séances.

Voici par exemple le commentaire fait par Patrik Anderson, responsable chez Saint-Gobain Isover du développement des produits pour l'Europe de l'Ouest, à la suite d'une expérience de démarche appréciative menée par Christian Barou :

> « Cette approche nouvelle de la conduite du changement m'a spontanément séduit. En effet, nous apportions une rupture avec les pratiques traditionnelles en focalisant sur nos points forts. Beaucoup ont découvert à l'occasion de ce séminaire des compétences insoupçonnées et des approches innovantes de leurs collègues européens. Nous n'avons pas perdu de temps à ressasser nos problèmes, et nous avons ainsi pu aborder des questions essentielles de notre fonctionnement en équipe sur lesquelles nous travaillons actuellement. Il est évident que la convivialité et le plaisir procuré par ce type d'animation ont permis la libération d'une meilleure créativité. J'ai été impressionné, comme les participants, par la richesse des idées que nous pouvions produire pour améliorer l'existant. Nous avons ainsi pu sélectionner des pistes de progrès significatives, que nous n'aurions certainement pas mises au jour dans une approche traditionnelle.

Il est évident qu'à l'avenir nous devrions utiliser cette méthode sur d'autres thématiques d'amélioration[23]. »

Des organisations radicalement transformées

Il existe peu d'études scientifiques évaluant les effets de la démarche appréciative. Il se pourrait d'ailleurs que ce soit une limite inhérente à la méthode elle-même. En effet, une évaluation scientifique nécessite évidemment d'analyser non seulement les résultats positifs d'une méthode, mais également ceux qui sont négatifs. J'imagine aisément que des praticiens en démarche appréciative ne souhaitent pas se prêter à ce type d'évaluation, non par peur des résultats, mais tout simplement parce qu'elle leur semble contradictoire avec l'esprit de leur méthode. Cependant, les résultats existants plaident clairement en faveur de cette méthode. Il n'existe pas, à ma connaissance, de synthèse statistique des recherches dans ce domaine ; j'ai donc choisi deux exemples d'expériences de démarche appréciative, l'une dans une entreprise, l'autre dans un hôpital.

David Cooperrider est intervenu, avec l'une de ses étudiantes, Ilma Barros, au sein de Nutrimental, entreprise brésilienne de produits alimentaires, créée en 1968, dont une partie importante des revenus dépendait de contrats avec le gouvernement[24]. Pendant des années, l'État, principal partenaire de l'entreprise, lui avait acheté de l'alimentation déshydratée pour diverses institutions dans tout le pays (écoles, armée, hôpitaux et universités). Mais en 1991, le gouvernement a stoppé ces contrats, ce qui a mis l'entreprise en grande difficulté et a incité les dirigeants à envisager une complète transformation des méthodes. En 1997, ils ont fait appel à Cooperrider et Barros afin que l'entreprise puisse identifier ses meilleures pratiques et ses forces les plus importantes. Ce qui a été fait avec les 700 salariés de l'entreprise.

À la suite de cette expérience, la période de septembre 1997 à avril 1998 a vu une augmentation de 27 % des ventes, comparativement aux mêmes périodes de l'année précédente, et la progression s'est poursuivie au cours des années suivantes, bien que plus légèrement, tandis que l'absentéisme a sensiblement baissé.

Une enquête réalisée en 2000 sur le climat au sein de l'entreprise a mis en évidence que 91 % des employés étaient heureux et 95 % aimaient leur travail. Nutrimental a été décrite comme l'une des cent compagnies où il est le plus agréable de travailler au Brésil. Les responsables attribuent ce succès à la triple performance de l'entreprise : sociale, environnementale et économique.

Autre exemple, une démarche appréciative a été mise en place dans un service gériatrique du Centre hospitalier de l'université Laval, au Canada[25]. Les membres du personnel ont été invités à témoigner sur les trois thèmes suivants :

– une histoire, un événement, une situation qui a été plus satisfaisante qu'une autre ; une histoire que l'on garde en mémoire et que l'on aime raconter ;

– ce qu'il faut conserver dans l'unité, quel que soit le projet de changement ;

– des souhaits pour développer encore plus l'excellence des soins et services.

Les témoignages recueillis ont permis de produire un compte rendu très différent de ce que l'équipe était habituée à lire, qui a été une puissante source d'inspiration pour la suite de l'activité dans le service. Par exemple : « Ce qui est frappant, c'est qu'on ne ressent pas de guerre de pouvoir entre nous. C'est plus facile de mettre le patient au centre de nos préoccupations » ; ou encore : « Mes expériences de soins et de la vie de l'unité me font dire que ce qu'il est important de conserver, c'est la vie d'équipe non seulement au travail, mais hors travail. (...) J'aime rire et faire rire, et même dans mes plus beaux souvenirs avec des patients, je retrouve ceux qui, tout en étant malades, ont trouvé le moyen de dire des choses drôles. »

Depuis cette expérience, les membres de l'équipe ont tendance, lorsqu'ils sont confrontés à un problème, à fonctionner en « mode solutions », en s'appuyant sur leurs expériences positives passées. L'impact de la démarche appréciative s'est ensuite fait ressentir chez les patients et leurs proches. C'est ainsi que des familles ont témoigné avoir observé un changement dans le climat général du service : « Ce n'est plus la même unité, qu'est-ce qui se passe ? »

La démarche appréciative se développe de multiples manières depuis quelques années. Par exemple, a été proposé le concept de management appréciatif ou de leadership appréciatif.

Le management appréciatif est un terme créé en 2009 par Jean-Christophe Barralis, l'un des deux responsables de l'Institut français d'Appreciative Inquiry, en s'appuyant non seulement sur la démarche appréciative, mais également sur les recherches actuelles en psychologie positive[26]. Selon lui, un manager est « appréciatif » quand il a une vision positive des êtres humains au travail et de leurs relations ; une vision qui le porte à rechercher et à percevoir la bonté des personnes, leur générosité, leur altruisme et leur solidarité.

Ainsi, le management appréciatif s'efforce de :

– repérer les réussites et les forces de son équipe et de s'appuyer sur elles pour l'animer ;
– cultiver un optimisme réaliste, même en temps de crise ;
– utiliser un langage appréciatif ;
– donner continuellement du sens aux actions ;
– susciter la coopération, l'entraide et la générosité ;
– favoriser la diffusion d'émotions positives ;
– reconnaître les efforts autant que les résultats.

Dans une optique proche, Diana Whitney et ses collègues ont développé le concept de « leadership appréciatif », qu'ils définissent comme étant « la capacité relationnelle de mobiliser un potentiel créatif et de le transformer en pouvoir positif – de produire des vagues de confiance, d'énergie, d'enthousiasme et de performance, de créer une différence positive dans le monde[27] ».

Certains ont critiqué la démarche appréciative en considérant que son insistance sur le côté positif limite sa qualité en empêchant l'expression de critiques constructives[28]. Notons que la démarche appréciative ne s'interdit pas d'aborder les situations problématiques, mais qu'elle le fait en insistant sur les ressources et richesses déjà existantes.

Il est cependant vrai que certaines expériences négatives peuvent être sources d'enseignement. Par exemple, Suzanne Grant et Maria Humphries, de l'université de Waikato, en Nouvelle-Zélande, font part de leurs réflexions consécutives à une session de démarche appréciative[29]. À plusieurs reprises, des participants ont commencé des remarques par : « Désolé de m'enliser dans la négativité, mais... » Par la suite, une de ces personnes a même déclaré : « Pas assez de problèmes ne sont sortis ! » Ces auteures estiment qu'en détournant l'attention de thèmes négatifs partagés par les participants, le groupe a peut-être perdu des occasions d'apprendre des choses imprévues et d'aller plus en profondeur dans la vérité. Elles proposent donc d'associer la démarche appréciative avec une autre méthode, l'« appréciation critique » *(critical appreciative processes)*.

Dans certains cas, le conflit est si important au sein d'une équipe qu'on ne peut faire l'économie d'aborder directement les problèmes, en particulier en faisant appel à la médiation. Par ailleurs, les entreprises dites « à haute fiabilité » ont pour particularité d'analyser en détail les erreurs afin de ne pas les reproduire. Il est donc également utile de focaliser parfois son attention sur les problèmes. Je reviendrai sur la médiation et sur les entreprises à haute fiabilité, respectivement dans les chapitres 11 et 15.

Changer le monde, deux personnes à la fois

Comme je l'ai précisé précédemment, la démarche appréciative peut s'appliquer à toutes sortes de situations, bien au-delà des organisations, au point que certains de ses promoteurs considèrent qu'elle peut changer le monde. Pour ma part, je suis convaincu que si elle était appliquée à large échelle, c'est effectivement ce qui se produirait. Ce mouvement est d'ailleurs déjà en marche. En juin 2004, l'université Case Western Reserve a ouvert le Centre de recherches sur le monde des affaires comme acteur au bénéfice du monde (Center for Business as an Agent for World Benefit – BAWB). La raison d'être de cette institution est de rassembler et de mettre en œuvre des innovations qui sont à la fois profitables aux organisations et à la société.

La première action notable de ce centre a été le Sommet des leaders pour le Pacte mondial de l'Onu. Le Pacte mondial a été lancée par Kofi Annan (alors secrétaire général de l'Onu) et Klaus Schwab lors du Forum économique mondial de Davos en 1999. L'objectif est de rassembler les entreprises du monde entier avec les acteurs du monde du travail, la société civile et les organisations onusiennes, autour de principes de responsabilité sociale et environnementale.

Le 24 juin 2004, Kofi Annan organise le Sommet des leaders, une rencontre rassemblant environ 500 hauts responsables du monde entier (PDG de grandes entreprises, responsables d'ONG, représentants de gouvernements et d'agences onusiennes) et il fait appel à David Cooperrider (l'initiateur de la démarche appréciative) et ses collègues pour animer cette journée. En ouvrant cette session, Annan a déclaré : « Ceci est le rassemblement le plus vaste de leaders du monde des affaires, du monde du travail et de la société civile qui ait jamais eu lieu aux Nations unies. En effet, vous avez été bien plus nombreux à vouloir participer que ce nous supposions dans nos estimations les plus folles. »

Toute l'équipe de l'école de management de l'université Case Western Reserve était présente pour animer cette journée autour de la démarche appréciative. Comme c'est toujours le cas avec cette approche, le point de départ est l'échange entre deux personnes sur une expérience particulièrement réussie. La journée a conduit de nombreux responsables à s'engager en vue d'un monde meilleur. L'un des participants, Rodrigo Loures, PDG de Nutrimental Foods, a déclaré : « J'ai participé à de nombreuses rencontres entre leaders d'entreprises et de la société civile et je suis convaincu que l'approche par la démarche appréciative, telle que nous l'avons vue ici, est la meilleure méthode d'organisation en grands groupes dans le monde aujourd'hui[30]. » Selon lui, les organisations « prospèrent lorsqu'il y a un regard appréciatif, lorsque les gens voient le meilleur chez l'autre, lorsqu'ils peuvent parler de leurs rêves et de leurs valeurs absolues d'une manière positive, et lorsqu'ils sont connectés à haute voix pour créer non seulement de nouveaux mondes, mais aussi de meilleurs mondes[31] ».

Quant à Kofi Annan, secrétaire général de l'Onu, il a chaleureusement remercié David Cooperrider, en ces termes : « Je voudrais vous remercier, ainsi que l'université Case Western Reserve, pour votre important travail, qui a permis que le Sommet des leaders pour le Pacte mondial soit un succès. Je voudrais tout particulièrement vous féliciter pour votre méthodologie innovante de démarche appréciative et vous remercier de l'avoir introduite aux Nations unies. Sans cela, il aurait été très difficile, peut-être même impossible, d'impliquer de façon constructive autant de leaders du monde des affaires, de la société civile et des gouvernements tout au long de cette journée. Il y a un lien étroit entre les valeurs et l'esprit qui sous-tendent vos recherches et les principes universels du Pacte mondial[32]. »

Cette rencontre a été le point de départ d'un vaste programme intitulé « Exploration mondiale » *(World Inquiry)*, dont le but est de rassembler les meilleures initiatives produisant un bénéfice mutuel pour les entreprises et la société. Des dizaines d'expériences sont ainsi décrites dans leur base de données, qui s'agrandit jour après jour[33]. Dans l'univers francophone, c'est l'Institut français d'*Appreciative Inquiry* qui relaie l'initiative.

Voici un dernier exemple de l'application de la démarche appréciative en vue d'améliorer le monde. En 1993, William Swing, évêque de l'Église épiscopale de Californie, reçoit une invitation des Nations unies pour accueillir un service interreligieux à San Francisco, à l'occasion du cinquantième anniversaire de la signature de la charte de l'Onu. Cela l'incite à réfléchir à la mise en place d'une organisation internationale qui pourrait être pour les religions ce que les Nations unies sont pour les États. Il fait appel à David Cooperrider et Diana Whitney, ce qui a donné lieu au Sommet appréciatif *(The Appreciative Summit)*, acte de naissance de ce qui est aujourd'hui un vaste réseau interreligieux, l'Initiative des religions unies[35], qui promeut la paix et la justice et qui invite les croyants de toutes confessions à travailler ensemble pour le bien de l'humanité. Plus de 600 groupes dans 84 pays, appelés « Cercles de coopération », en font partie. Ils sont impliqués dans des actions de résolution des conflits et de réconciliation, d'environnement durable, d'éducation, des programmes en faveur des femmes et de la jeunesse, et la défense des droits humains.

Devant ces multiples initiatives, je suis impressionné à l'idée de penser qu'une démarche aussi simple que la reconnaissance et la diffusion d'expériences positives, dans une relation initiale de personne à personne, peut conduire à des transformations globales de la société.

RÉSUMONS-NOUS

- ☞ La reconnaissance mutuelle et le sentiment de justice au sein d'une organisation favorisent à la fois l'implication, la satisfaction au travail et la performance.
- ☞ Avoir de la considération pour ses collaborateurs et préciser clairement leurs tâches sont des attitudes complémentaires bénéfiques pour ces derniers et pour l'entreprise.
- ☞ La démarche appréciative *(Appreciative inquiry)* est une méthode reposant sur la prise en considération de ce qui fonctionne bien. Surtout utilisée dans les organisations,

elle est également appliquée avec succès dans d'autres univers : la santé, la protection de l'environnement, les pays en développement, la paix dans le monde, etc.

☞ Elle constitue une rupture avec les pratiques traditionnelles, en focalisant sur les points forts, et permet ainsi de découvrir des compétences insoupçonnées et des approches innovantes chez les collègues et collaborateurs. Elle libère la créativité et ouvre des pistes d'évaluation, difficiles à mettre à jour par une approche traditionnelle.

11
L'apaisement des conflits

Plus fait douceur que violence.

Jean de La Fontaine[1]

Il arrive toujours un moment
où les êtres cessent de lutter et de se déchirer,
acceptent enfin de s'aimer selon ce qu'ils sont.

Albert Camus[2]

Une expérience qui révèle l'humanité de deux adversaires

Un plombier travaillait depuis trente-trois ans dans une entreprise familiale, au point de faire quasi « partie de la famille[3] ». Il s'investissait fortement, dépassant souvent largement les horaires prescrits. Le 23 décembre 2000, le plombier rentre tôt chez lui pour préparer Noël avec ses enfants. Il découvre une lettre de l'entreprise lui annonçant son licenciement, car la société souhaite externaliser les travaux de plomberie. Le courrier précise qu'il est inutile que le salarié se présente à l'entreprise, les deux mois de préavis lui seront payés. La brutalité de la procédure révolte cet homme. Le dossier arrive sur le bureau de Béatrice Blohorn-Brenneur, juge aux prud'hommes de Grenoble, qui propose une médiation, acceptée par tous.

Au cours de la rencontre, le plombier décrit son attachement à l'entreprise et aux enfants du patron, qu'il a vus naître, grandir, se marier. Le moment crucial de la médiation se produit lorsqu'il enlève sa chemise pour montrer à son ancien employeur les cicatrices laissées sur son buste et sur son dos par les opérations subies à la suite de deux accidents du travail. « Voici l'infirme que vous avez jeté, dit-il. J'ai passé des heures sur la table d'opération entre la vie et la mort, pour avoir risqué ma vie pour vous et votre société. Ces cicatrices, eh bien, moi, ces derniers temps, je ne peux plus les voir, car je n'ai plus de miroir... n'ayant plus de toit. Je suis au RMI. Comme je n'ai pas pu payer mes traites, j'ai été expulsé de mon appartement. Je dors aujourd'hui dans un garage qu'un ami m'a aménagé. Voilà ce que vous avez fait de moi. »

L'employeur est bouleversé : « Je te demande pardon, je n'avais pas réalisé », dit-il d'une voix brisée. Il plonge alors la tête dans les mains et se met à pleurer. De longues minutes s'écoulent ainsi, dans un profond silence. La médiatrice n'intervient pas, laissant l'employeur réaliser l'ampleur du drame vécu par le plombier. Finalement, ce dernier tend la main à l'employeur en disant : « Ça ne répare rien, mais cela me suffit. » L'employeur prend la main tendue... et la médiation se conclut par un accord : un salarié affecté à la maintenance est absent pour une grave maladie et il n'est pas certain qu'il puisse reprendre le travail ; le plombier le remplacera en contrat à durée déterminée en attendant son retour ; par la suite, on lui trouvera un emploi jusqu'à sa retraite.

Comme le souligne Béatrice Blohorn-Brenneur, « si notre plombier n'avait pu s'exprimer librement, à cœur ouvert, jamais son employeur n'aurait pu prendre conscience des conséquences de son comportement. Dans une enceinte judiciaire, de tels aveux n'auraient pu avoir lieu. Nous n'étions saisis que du litige juridique, qui était de savoir si, économiquement, l'entreprise était en droit de supprimer le poste de plombier. C'est à cette seule question que nous aurions répondu. En médiation, les parties avaient trouvé elles-mêmes une solution qu'un juge n'aurait pas eu le droit d'imposer ».

La médiation d'entreprise se développe, car elle permet une résolution des conflits de type gagnant-gagnant plutôt que gagnant-perdant, en révélant l'humanité de chacun. Dans son ouvrage *Justice et médiation, un juge du travail témoigne*, Béatrice

Blohorn-Brenneur décrit quelques situations absurdes auxquelles elle a été confrontée en tant que juge aux prud'hommes. Par exemple, un employé colérique n'a pas accepté une réflexion que lui avait faite sa patronne, dirigeante de société, et l'a rouée de coups[4]. Le visage ensanglanté, celle-ci a hurlé : « Dehors ! Foutez le camp immédiatement et ne remettez jamais plus les pieds ici. » Mais l'avocat de cette femme l'a ensuite avertie : « Malheureuse, vous l'avez licencié sans l'avoir préalablement convoqué à un entretien préalable et sans lui avoir envoyé de lettre de licenciement. Les juges vont vous condamner ! » C'est effectivement ce qui s'est passé. Parallèlement, l'employé a été condamné à deux ans d'emprisonnement avec sursis et au paiement de dommages-intérêts destinés à réparer le préjudice résultant des coups. L'entreprise, n'ayant pas les moyens de payer les indemnités, a été contrainte de fermer, licenciant les douze salariés. Il est fort possible, et même probable, qu'une médiation aurait abouti à un résultat différent. La médiation est appropriée dans toutes sortes de conflits, qu'ils soient modérés ou particulièrement durs[5].

Les compétences et qualités attendues d'un médiateur

Il existe de nombreuses définitions de la médiation, assez proches. Je vous propose celle-ci, de ma plume : « processus de facilitation d'une négociation gagnant-gagnant grâce à l'intermédiaire d'un tiers dépourvu de pouvoir de décision ». Pour mener à bien cette tâche, quelles sont les caractéristiques d'un médiateur ? Il y a tout d'abord un principe de base fondamental, selon lequel le médiateur est responsable et garant du processus, mais ce sont les parties qui sont responsables du contenu. Autrement dit, le médiateur distribue la parole, fait dialoguer les personnes, interrompt éventuellement l'une d'elles s'il constate qu'il y a risque de « dérapage », etc. ; en revanche, il n'intervient pas sur les décisions, lesquelles relèvent exclusivement de la responsabilité des parties. C'est d'ailleurs une condition majeure du respect des décisions à long terme. Le médiateur est donc essentiellement un facilitateur et un régulateur de la communication, lorsque celle-ci est défaillante. L'attitude idéale du médiateur est un mélange de bienveillance, pour accueillir la sensibilité des personnes, et de fermeté, pour diriger le processus sans se laisser déborder par les uns ou les autres.

Le médiateur doit évidemment faire preuve de qualités humaines pour exercer sa fonction. Des qualités d'écoute, d'empathie et de compréhension d'autrui, d'acceptation des idées et comportements différents des siens, d'accueil des émotions fortes sans en éprouver soi-même de trouble excessif, d'attention aux signes, parfois subtils, d'impatience, d'irritation, de souffrance.

Il doit également respecter certaines règles déontologiques, telles que la neutralité, l'impartialité, la confidentialité, qui demandent cependant parfois à être nuancées, en fonction du contexte[6]. Par exemple, concernant l'impartialité, je me retrouve pleinement dans la proposition de Jacques Salzer et ses collègues, qui proposent le terme de multipartialité, qui « consiste pour le médiateur non pas à maintenir une distance entre les deux parties, mais, au contraire, à se rapprocher de l'une et de l'autre, en inspirant confiance à l'une et à l'autre par une proximité équilibrée. Voyageant d'une partie à l'autre, le médiateur se veut avec l'une et avec l'autre, montrant tour à tour de l'empathie pour les points de vue de chacune, pour bien en comprendre les contradictions et les besoins[7] ».

Ayant été formé à la médiation[8] et ayant mené des médiations dans des organisations, il m'est arrivé à plusieurs reprises de dire, après avoir écouté les propos d'un participant : « Ce que vous venez de dire est tout à fait compréhensible, de votre point de vue », puis de tenir des propos proches à son adversaire quelques minutes plus tard ; alors même que les deux positions étaient très divergentes. Et je le pensais vraiment ! Bien entendu, préciser « de votre point de vue » est essentiel, puisque cela signifie qu'on peut reconnaître la légitimité de ce qui vient d'être dit sans y adhérer nécessairement. Cette attitude d'empathie permet non seulement à chaque partie de se sentir reconnue, elle est également une invitation implicite aux participants à la médiation pour qu'ils fassent de même entre eux. Elle présente un autre avantage encore, c'est d'autoriser une bien plus grande liberté de parole, en particulier à propos de l'expression émotionnelle de la souffrance. Je reviendrai sur ce sujet un peu plus loin.

Le médiateur, un « électricien » chargé de rétablir le courant des relations humaines

Est-il nécessaire d'avoir de bonnes connaissances du sujet abordé (droit du travail des compagnies aériennes, règles de sécurité d'une usine chimique, etc.) ? Les avis diffèrent d'un médiateur à l'autre.

D'un côté, ce n'est ni la fonction du médiateur d'être un expert du domaine – rappelons qu'il est maître du processus, pas du contenu –, ni sa compétence principale, puisque ce sont avant tout des qualités humaines qui sont requises chez lui. Une médiatrice m'a dit un jour qu'en fin de compte, un médiateur, c'est un électricien : son rôle, c'est de savoir faire passer le courant. Je trouve cette définition excellente. Un électricien qui vient travailler dans une boulangerie n'a pas besoin de connaître la composition d'un millefeuille pour travailler efficacement, tout comme, dans un musée, il n'a pas besoin de connaître les œuvres de Rembrandt.

Maîtriser un sujet présente cependant l'avantage d'éviter de longues explications et donne au médiateur une crédibilité initiale aux yeux des participants. Mais ces deux avantages ont aussi leur revers. Les explications, même longues, sont souvent bien utiles pour faire émerger des éléments nouveaux et aborder des sujets sensibles. Surtout, la présence d'un médiateur expert du domaine risque d'inciter les parties à le considérer comme un arbitre, comme la personne qui pourrait prendre la décision la plus sage. Ce qui est tout l'inverse d'une médiation. C'est là un risque fréquent dans les médiations professionnelles. La presse mentionne régulièrement qu'un responsable politique vient de nommer un médiateur dans un conflit professionnel particulièrement problématique (de routiers, de personnels de l'éducation nationale, etc.). Le « médiateur » est visiblement choisi pour sa compétence reconnue dans cet univers professionnel, et il est donc attendu de lui qu'il donne, en toute impartialité, un avis judicieux sur la résolution du conflit. La plupart du temps, cet expert n'a pas été formé à la médiation. Il a donc tendance – et c'est généralement ce qui est attendu de lui – à donner un avis après avoir écouté les deux parties, réunies ou séparées. Celles-ci n'étant pas les véritables artisans de l'accord, il en résulte fréquemment soit un échec de la médiation (qui n'en est pas une, en fait), soit une sortie de crise assez rapide, mais qui laisse souvent les parties avec un sentiment de frustration, avec le risque que les problèmes resurgissent à brève ou moyenne échéance. Les journalistes vont alors faire état de l'échec de la médiation, sans avoir conscience que ce qui a été vécu n'avait rien à voir avec une médiation.

Dans un registre proche, il est utile qu'un médiateur connaisse quelques règles de droit, mais il n'est aucunement indispensable qu'il soit un spécialiste du droit sur le thème évoqué. Encore une fois, un médiateur n'est ni un juge, ni un avocat, mais un « électricien ». Pendant longtemps, avocats et médiateurs se regardaient avec une suspicion réciproque, en raison de leurs façons de raisonner très différentes : l'avocat vise généralement un résultat gagnant-perdant, le médiateur un résultat gagnant-gagnant. Mais de nos jours, les avis sont plus nuancés, notamment en raison des résultats de recherches scientifiques[9] et d'expériences pratiques[10] qui montrent que ces deux catégories de professionnels peuvent utilement collaborer, si chacun respecte la fonction de l'autre. Dans ce contexte, l'avocat ne cherche pas à faire gagner à tout prix son client contre l'autre partie, mais rappelle certaines règles de droit, bien utiles à connaître pour encadrer et faire avancer la médiation. D'après des statistiques portant sur la médiation aux prud'hommes de Grenoble, les médiateurs qui excluent les avocats du processus n'obtiennent qu'environ 30 % d'accords, alors que ceux qui acceptent la présence des avocats lors des réunions de médiation aboutissent à 70 % d'accords[11].

Quelques règles de fonctionnement qui changent tout

Comment se déroule une médiation ? Dès le départ, le médiateur pose quelques règles essentielles de fonctionnement. Concernant lui-même, il précise aux parties qu'il est maître du processus, pas du contenu. Concernant les parties, il explique qu'en tant que régulateur du processus, il distribuera la parole, imposera des règles minimales de communication (ne pas couper la parole, ne pas insulter, ne pas prêter de mauvaises intentions à autrui, etc.). Une médiation ne peut débuter que si les parties expriment explicitement leur accord avec ces règles de communication. Elles peuvent sembler de bon sens et assez élémentaires. Or, elles changent tout.

En général, dans une négociation liée à un conflit, les personnes en arrivent très vite à couper la parole d'autrui, à hausser le ton, à prêter à l'autre des intentions cachées, etc., ce qui conduit rapidement à une escalade dans la tension… et à l'échec du processus. Au cours d'une médiation bien conduite, précisément parce que le médiateur, en tant que garant du processus, peut à tout moment « recadrer » l'un des participants s'il estime que ce dernier ne respecte plus les règles, il n'y a rien de tel. J'ai moi-même expérimenté concrètement à quel point cette responsabilité du médiateur était efficace. Même si les parties se sont engagées en toute sincérité et avec bonne volonté à respecter les règles qui leur ont été soumises, il arrive quasi systématiquement qu'elles les enfreignent à un moment ou à un autre. Par exemple, elles coupent l'autre en disant : « Mais non, ça ne s'est pas passé comme cela » ; ou « Je vais vous expliquer pourquoi j'ai fait cela. » J'ai également parfois entendu des propos plus problématiques, tels que : « C'est pénible d'entendre un cerbère me répondre » ; ou « Mais pourquoi est-ce que vous mettez un tel acharnement à... » Je me suis alors permis d'interrompre la personne et lui ai proposé de poser différemment la question, par exemple : « Pouvez-vous m'expliquer pourquoi vous avez agi à plusieurs reprises de telle manière... » De façon générale, je demande que les personnes évitent d'utiliser des mots supposant une mauvaise intention chez l'autre, et que chacun s'en tienne à décrire des faits. Je précise également que le mot « on » n'a généralement pas sa place en médiation (de même qu'un « vous » désignant plusieurs personnes de manière vague). Si une personne fait un reproche (ce qui est tout à fait légitime en médiation), elle doit préciser qui a dit ou fait quoi, à quel moment. Par exemple, une personne s'est adressée à un groupe en disant : « Vous me soupçonnez systématiquement de... » Je me suis permis de lui demander de préciser ce reproche. En réalité, ce n'était le fait que d'un individu et à deux reprises seulement. Il suffit de quelques interventions de ce genre, en début de médiation, pour que les personnes en conflit intègrent rapidement les « règles du jeu », généralement en moins d'une demi-heure. La suite de la rencontre peut alors se dérouler très sereinement.

Il y a débat, dans l'univers des médiateurs, au sujet des conseils que ces derniers peuvent ou non donner aux parties. Certains pensent que toutes les initiatives doivent venir des parties et que le médiateur n'a pour fonction que de faciliter la communication. D'autres pensent que, lorsque les parties semblent bloquées, il est possible de leur fournir plusieurs pistes parmi lesquelles choisir, sans pour autant les diriger vers une solution. J'adhère fortement à cette deuxième perspective, qui me semble plus créative.

Lors d'un conflit impliquant tout un groupe, au moins deux conditions sont nécessaires : qu'une majorité de personnes vote en faveur de la médiation et qu'il n'y ait pas absence de personnes « centrales », c'est-à-dire perçues comme telles par les participants. Une médiation a nettement moins de probabilités d'aboutir positivement à long terme si des personnes centrales n'y participent pas. Certains participants pensent qu'il faut éviter à tout prix la présence de telle ou telle personne (« S'il est là, tout va exploser »). C'est une erreur, car, précisément, si cette personne est absente de la médiation, elle risque fort de tout faire exploser en dehors de celle-ci. C'est au médiateur de réguler les expressions parfois intempestives de certaines personnes, ce n'est pas aux parties de s'en préoccuper.

Bien évidemment, il y a au début beaucoup de réticences et d'*a priori* sur l'autre partie. J'ai entendu des phrases du genre : « De toutes façons, je la connais bien, vous verrez, elle ne changera jamais », etc. L'important est donc que les personnes acceptent de surmonter leurs appréhensions pour venir au moins à la première réunion. Après, c'est au médiateur qu'incombe la responsabilité d'aider chacun à jouer la carte de la confiance. Or, généralement, chacun est prêt à changer... à la grande surprise parfois des autres personnes.

Par ailleurs, j'ai pu constater qu'est généralement très utile en médiation de groupe la présence de personnes qui souffrent du conflit, mais qui ont choisi de ne pas prendre parti. Au départ elles sont souvent réticentes à participer à la médiation, mais lorsqu'elles s'y engagent, elles font souvent des propositions novatrices ou incitent telle personne à faire preuve de modération, etc.

Les médiations concernant un groupe supérieur à une dizaine de personnes concernent souvent des situations que je qualifie de manière imagée de « conflits millefeuilles » ou « conflits gare SNCF » (un conflit peut en cacher un autre). Plusieurs conflits sont imbriqués les uns dans les autres (ainsi, au-delà d'une opposition entre salariés et direction, peut se cacher une tension entre tel et tel salarié, ou tel et tel membre de la direction, etc.). D'où l'utilité éventuelle de sous-médiations (entre deux personnes, par exemple).

Bienvenue aux émotions !

Une médiation se déroule par étapes. L'un des modèles les plus pertinents à ce propos est celui proposé par Thomas Fiutak[12]. Il permet d'aborder successivement :

– les causes du conflit et les positions des uns et des autres ;
– les ressentis, émotions et préoccupations ;
– les idées de solutions ;
– les engagements et l'accord adopté.

Dans une étape essentielle sont évoqués les ressentis et émotions. C'est une phase indispensable pour parvenir à une résolution durable du conflit. Beaucoup croient que les émotions sont superflues, voire néfastes, lors de la résolution d'un conflit. Au mieux, elles sont supposées parasiter le cours rationnel des discussions ; au pire, elles risquent de provoquer des tensions ou un mal-être incontrôlables.

Or, ne pas aborder l'aspect émotionnel d'un conflit revient à éluder un aspect majeur. La médiation est au contraire l'occasion, pour les uns et les autres, d'exprimer certaines émotions (tristesse, peur, ressentiment), sans pour autant se perdre dans la colère destructrice. D'une part, l'expression des émotions permet à la personne d'évacuer la rancœur en se sentant pleinement écoutée, par exemple lorsqu'elle exprime la souffrance qu'elle a ressentie à la suite d'une parole blessante ; d'autre part, cette expression des émotions invite l'autre partie à ressentir de l'empathie.

Les émotions sont donc acceptées, et même bienvenues en médiation, sans que cela conduise à de l'agressivité ou de la haine. En laissant s'exprimer la sensibilité de chacun et les non-dits douloureux, le médiateur permet aux personnes de révéler leurs besoins profonds, au-delà de leurs exigences et positions affichées. Il joue alors un rôle crucial : en veillant au respect des règles de communication posées au départ, il permet que tout cela puisse se dérouler dans le respect réciproque... et cela fonctionne généralement très bien.

Une approche efficace et économe

Très souvent, les participants viennent à une médiation soit avec la volonté de tout faire pour gagner, soit avec l'idée que chacun devra faire des concessions pour parvenir à un compromis de type moitié-moitié, donnant-donnant. Or, c'est souvent un tout autre résultat qui émerge. La liberté de parole que permet la médiation libère les énergies et la créativité. Par exemple, à un moment, l'une des parties fait une proposition, surprenante aux yeux de l'autre, qui va elle-même poursuivre dans la même direction. De nouvelles pistes s'ouvrent, inattendues, dans lesquelles chaque personne est prête à s'impliquer activement et à prendre des engagements concrets. Alors que chacun espérait au mieux un accord acceptable de part et d'autre, ces personnes découvrent des perspectives stimulantes pour l'avenir.

Une synthèse d'études montre que les taux d'accords en fin de médiation du travail vont de 50 % à 90 % selon les recherches, avec un taux de satisfaction de 90 %, tandis que seulement 31 à 44 % des cas passant devant le juge aboutissent à un accord[13]. Béatrice Blohorn-Brenneur a expérimenté la médiation aux prud'hommes de Grenoble. Elle écrit que le succès a dépassé ses espérances[14]. Plus de mille médiations ont été effectuées, avec un taux d'accord de 70 %. Il n'y a eu ensuite aucun pourvoi en cassation. Des lettres de remerciement émanant des deux parties témoignent de leur satisfaction.

Ces résultats la conduisent à estimer que la médiation devrait être la première option à envisager lors d'un conflit du travail, et même plus généralement en justice :

« La médiation, qui permet de rétablir le dialogue et de libérer la parole, fait partie des "modes alternatifs de règlement des litiges". Mais n'est-ce pas plutôt le jugement qui devrait être le mode alternatif ? Ce n'est qu'après avoir épuisé, sans succès, toutes les autres formes de discussion ou de négociation que l'on devrait recourir, de manière "alternative" au procès, alors que nous faisons l'inverse. Quand on souffre, on commence par prendre un cachet d'aspirine puis, si la douleur persiste, on va voir son médecin. Ce n'est qu'en dernier recours que l'on se dirige vers le scalpel du chirurgien. Il devrait en être de même pour la justice[15]. »

C'est d'ailleurs déjà le cas dans certaines juridictions. Ainsi, le tribunal du travail de Catalogne – qui en fait, n'est pas un tribunal – ne règle par jugement que 1,45 % des conflits du travail. Tous les autres sont traités par conciliation ou médiation, avec un taux de réussite de 82,3 %[16].

La médiation est non seulement efficace, mais également économe. Une étude faisant le bilan de nombreux cas de conflits impliquant l'État américain dans divers domaines, dont des conflits du travail, montre que les États-Unis économisent en moyenne 10 735 dollars de frais de justice pour chaque cas de médiation[17].

Les auteurs concluent que la médiation « a le potentiel d'améliorer le traitement des conflits sans sacrifier la qualité de la justice ».

À la fin de la médiation est généralement signé un « accord de médiation », par les deux parties et parfois aussi par le médiateur. C'est le principal critère statistique de réussite utilisé. Il est toutefois imparfait, comme le montrent ces deux situations : un accord est signé, mais non respecté à long terme ; ou, inversement, les personnes parviennent à s'accorder, mais estiment qu'un document écrit serait trop formaliste étant donné leur bonne relation retrouvée. Il ne s'agit pas d'exemples hypothétiques ; tout médiateur connaît ce genre de situations, surtout du deuxième type.

Ainsi, Jean Poitras et Aurélia Le Tareau, deux chercheurs de HEC Montréal, estiment que l'accord de médiation est un critère insuffisant, qui ne prend pas en compte la qualité de l'accord et la satisfaction ressentie par les parties[18]. Ils ont mené une enquête auprès d'employeurs et de salariés impliqués dans un conflit du travail et ayant bénéficié des services d'un médiateur expérimenté. Environ 75 % des médiations ont abouti à un accord, ce qui correspond aux résultats habituellement constatés dans ce domaine. Plus de 200 personnes ont répondu à un questionnaire de ces deux chercheurs, sur cinq critères d'efficacité de la médiation : la compétence du médiateur, la manière juste et équitable dont la médiation s'est déroulée, la satisfaction vis-à-vis de l'accord, la confiance que cet accord sera respecté, le fait de pouvoir travailler sereinement ensemble dans l'avenir.

Les 157 personnes pour lesquelles la médiation a abouti à un accord ont été réparties en trois catégories, en fonction de leurs réponses aux questions posées : accord décevant (25 personnes, soit 15,9 %), accord satisfaisant (70 personnes, soit 44,6 %), accord à valeur ajoutée (62 personnes, soit 39,5 %). Ces deux dernières catégories fournissent des notes de satisfaction supérieures à celles des personnes qui ne sont pas parvenues à un accord, ce qui ne surprendra évidemment personne. En revanche, un autre résultat est troublant. Les personnes appartenant à la catégorie « accord décevant » ont noté en moyenne plus sévèrement trois critères sur cinq, comparativement aux personnes qui ne sont pas parvenues à un accord. Autrement dit, dans certains cas, des personnes sont parvenues à un accord, mais sont plus insatisfaites que s'il n'y avait pas eu d'accord.

Jean Poitras et Aurélia Le Tareau se sont demandé pourquoi les personnes avaient signé cet accord, et formulent trois hypothèses : elles l'ont fait pour se débarrasser du conflit ; dans des médiations marquées par un important déséquilibre des forces entre les parties, la plus faible s'est résignée ; le médiateur a fait pression pour arriver à un accord. Cette dernière explication semble être confirmée par le fait que cette catégorie de personnes est également particulièrement insatisfaite du comportement du médiateur.

Même s'il ne concerne que 16 % des cas d'accord, ce résultat devrait inciter à ajouter comme critère d'efficacité d'une médiation la satisfaction des parties. Par ailleurs, cette étude confirme qu'un médiateur ne doit pas chercher un accord à tout prix. Il y a encore une autre conclusion, plutôt optimiste : l'absence d'accord ne signifie pas nécessairement échec catastrophique de la médiation, puisque les chiffres montrent que les personnes n'ayant pas obtenu d'accord sont malgré tout assez satisfaites de la médiation. On peut supposer que certains cas aboutiront ultérieurement à un accord – écrit ou verbal – entre les parties.

La médiation préférable à la conciliation et au procès

La médiation est souvent confondue à tort avec la conciliation. En France, le taux de réussite des conciliations est très faible. Une étude de 2003 soulignait qu'en matière prud'homale, ce taux est inférieur à 9 % au niveau national[19]. Selon ses auteures, Nathalie Chappe et Myriam Doriat-Duban, une des principales causes d'échec réside dans le fait que c'est la même personne qui joue successivement les rôles de conciliateur et de juge : en cas d'échec de la conciliation, le conciliateur devient juge. Les parties hésitent donc, en conciliation, à divulguer des informations et à faire des propositions qui pourraient se révéler stratégiquement utiles lors du procès.

Il en est autrement en médiation : le médiateur n'est pas juge et les discussions sont confidentielles. À la fin, les parties reviennent devant le juge, soit pour demander l'homologation de leur accord, ce qui lui confère une force exécutoire, soit pour constater l'échec de la médiation et relancer la procédure de jugement. Puisque la médiation est confidentielle, le comportement et les propos des parties en médiation n'influencent pas l'opinion du juge, contrairement à ce qui se passe en conciliation.

Par ailleurs, le principe du débat contradictoire en justice, qui vise à protéger les parties, empêche le juge de s'entretenir seul avec l'une d'elles. Cette procédure est inversement fréquemment utilisée par les médiateurs sous le nom d'« entretien séparé » (ou « caucus ») et favorise souvent la conclusion d'un arrangement. Le médiateur contribue également à la conclusion d'un accord en rééquilibrant les rapports de force et en respectant les intérêts de chaque partie.

La conclusion que tirent Nathalie Chappe et Myriam Doriat-Duban de leur enquête est radicale : « Bien qu'elle semble organisée de manière à faciliter l'émergence des accords, la procédure obligatoire de conciliation apparaît comme une procédure à la fois trop brève, trop lourde et trop rigide. Elle ne permet pas à de véritables négociations d'avoir lieu, celles-ci requérant davantage de temps (pour renouer le dialogue, échanger des propositions, accepter des concessions) et de souplesse. En d'autres termes, la tentative obligatoire de conciliation, telle qu'elle est conçue, ne constitue pas une réelle alternative au jugement[20]. »

En fin de compte, la médiation est une démarche bien plus efficace et moins coûteuse que le procès ou la conciliation. C'est pourquoi Chappe et Doriat-Duban proposent, à la suite d'autres auteurs, de remplacer la conciliation par la médiation, dans la procédure prud'homale.

Quand une avocate se remet en question

Le plus large programme de résolution des conflits du travail au monde est également la médiation d'entreprise la plus étudiée par des chercheurs ; il s'agit du programme Redress du Service postal des États-Unis, au service d'environ 900 000 salariés. Il a démarré en 1994 et a ensuite été élargi à l'ensemble des États-Unis en 1999, donnant lieu à une moyenne de plus de mille médiations par mois dans 90 villes, après avoir formé environ 3 000 médiateurs au modèle de la médiation transformatrice.

L'origine remonte à diverses expériences vécues par Cynthia Hallberlin, qui l'ont beaucoup marquée[21]. Après avoir fait des études de droit, elle est embauchée comme avocate par le bureau du droit du travail du Service postal des États-Unis. Elle défend alors avec conviction et compétence des causes au tribunal durant une douzaine d'années, jusqu'à ce que plusieurs affaires ébranlent son enthousiasme.

L'une d'elles concerne le cas d'un jeune homme latino-américain qui avait postulé pour un emploi dans un service pour lequel la limite d'âge d'entrée est de 37 ans. Cet homme avait fait sa demande à 35 ans et demi, mais en raison de multiples dysfonctionnements administratifs, sa demande n'a été examinée qu'après la date fatidique. Notre homme a intenté un procès au Service postal, pour discrimination raciale. Au cours du procès, qui a duré trois jours, Cynthia Hallberlin a rejeté l'accusation de discrimination, tout en reconnaissant l'incompétence des services. Le juge a abondé dans ce sens, déclarant que c'était la première fois qu'il constatait une incompétence aussi flagrante. Deux semaines plus tard, Hallberlin reçoit une lettre du plaignant lui écrivant qu'il avait apprécié la manière dont elle avait traité son cas et qu'il regrettait de ne pas avoir eu l'occasion d'entendre ces explications auparavant. Si cela avait été le cas, il n'aurait jamais porté l'affaire devant les tribunaux. Cette lettre conduit Hallberlin à s'interroger sur sa propre stratégie. Elle en arrive progressivement à la conviction que « dans les procès, les vrais gagnants sont les avocats et les vrais perdants sont les deux parties ».

Elle propose alors à ses supérieurs de mettre en place un service de médiation, qu'elle appelle Redress (« Réparation »), pour *Resolve Employment Disputes, Reach Equitable Solutions Swiftly* (c'est-à-dire « Résoudre les conflits du travail, parvenir rapidement à des solutions équitables »). Ce service est lancé en 1994 dans trois petites villes de Floride, avec des médiateurs extérieurs à l'entreprise.

Dès le départ, les salariés qui y ont recours en tirent une grande satisfaction, et des services d'autres villes demandent à en bénéficier. Confrontée depuis un certain temps à de nombreuses récriminations, la direction du Service postal décide d'accorder 22 millions de dollars pour étendre le programme Redress à l'ensemble des salariés qui le souhaitent.

Comment changer d'échelle à ce point ? Cynthia Hallberlin se tourne vers les professeurs Baruch Bush et Joe Folger, dont elle avait lu l'ouvrage *La promesse de la médiation*[22] quelques années auparavant. L'important pour elle n'est pas seulement de régler des conflits, mais d'améliorer la communication au sein de l'entreprise. Le Service postal recrute donc ces deux professeurs, leur demandant de mettre au point un programme de formation à la médiation transformatrice. Ce qui se traduit par la formation de 90 formateurs, qui forment à leur tour plus de 3 000 médiateurs dans 100 villes américaines. Ces 3 000 personnes sont ensuite évaluées au cours de médiations et le Service postal recrute celles qui respectent véritablement les règles de la médiation.

Le programme connaît un grand succès : alors que les plaintes avaient tendance à augmenter d'année en année, elles baissent de 30 % dès la première année, et au bout de deux ans, 20 000 médiations sont réalisées.

Bush et Folger distinguent deux conceptions de la médiation : d'une part, la « médiation transactionnelle », perçue avant tout comme une technique de résolution des conflits, le but étant de parvenir à un accord qui satisfasse les besoins et les intérêts respectifs des parties en présence. D'autre part, la « médiation transformatrice », au cours de laquelle les personnes en conflit retrouvent un sentiment de force et de confiance en soi *(empowerment)*, ainsi que d'ouverture à autrui et de réceptivité à son égard. Le médiateur ne pousse pas les personnes à accepter un accord, mais plutôt à clarifier leurs propres intérêts, objectifs et choix ; il amène également ces personnes à une meilleure compréhension d'autrui. Bien que la médiation transformatrice aboutisse généralement à un accord, ce n'est pas cela qui constitue le critère de réussite, c'est l'évolution psychologique des parties l'une envers l'autre.

Depuis le tout début de la mise en place du programme de médiation, USPS a travaillé avec l'Université de Virginie pour évaluer le programme, ce qui a permis de mettre certains faits en lumière. Par exemple, les participants sont plus satisfaits des médiateurs externes au Service postal que des médiateurs salariés de cette organisation, estimant que les premiers sont plus impartiaux, justes, compétents et performants. Il y a eu résolution complète ou partielle du conflit dans 75 % des médiations conduites par un médiateur externe, contre 56 % pour celles conduites par un médiateur interne. Par ailleurs, Cynthia J. Hallberlin a constaté que lorsqu'un médiateur cherche surtout à parvenir à un accord, il peut rapidement réussir à « boucler un dossier », mais les individus continuent parfois à entretenir des tensions lorsqu'ils se retrouvent au travail.

Une transformation existentielle

La perspective ouverte par Bush et Folger est stimulante. Certains médiateurs considèrent que la médiation n'est qu'une modalité de résolution des conflits. Pour d'autres (dont Bush et Folger), elle va bien au-delà, car les processus relationnels et émotionnels mis en jeu entraînent une transformation des personnes. Tout en comprenant le point de vue des premiers, c'est clairement dans cette seconde catégorie que je me situe, pour une raison simple : chaque fois que j'ai mené une médiation, les personnes m'ont tenu des propos du type : « C'est incroyable, cette médiation, ça m'a conduit à me poser des tas de questions sur ma façon d'être avec les autres (ou de gérer mes émotions, etc.). » Certains m'ont dit qu'ils écoutaient bien mieux leur conjoint-e, ou leurs enfants, ou encore leurs collègues de travail, en s'efforçant de ne pas couper la parole, de ne pas interpréter trop vite leurs pensées, etc.

Jacqueline Morineau est l'une des personnes qui a le plus souligné cette idée de médiation transformatrice des êtres. Selon elle :

> « On ne peut réduire la médiation à la réparation. Si médiation/réparation il y a, la réparation dépasse l'aspect matériel, car même dans des conflits mineurs, il est plus important de retrouver sa dignité atteinte par les insultes d'un voisin que d'obtenir la réparation d'une porte endommagée. Chacun, inconsciemment, dans la plupart des cas, vient chercher une reconnaissance, mais peu savent laquelle. (...) La médiation n'est pas une nouvelle justice, elle est un nouveau regard, non plus tourné vers le passé, vers la faute à juger et à punir, mais tourné vers le présent pour intégrer cette faute, lui trouver son sens véritable qui se situe souvent au-delà de l'homme. La faute pourra alors devenir, à travers la souffrance vécue, source d'un renouveau dans l'avenir. (...) La médiation est centrée sur l'avenir et non pas sur le passé[23]. »

Précisons toutefois qu'une médiation ne vise pas nécessairement à la réconciliation. Certes, elle aboutit souvent à cela ; j'ai constaté à diverses reprises que des personnes qui avaient fini par se détester se réconciliaient pleinement. Mais la réconciliation n'est pas l'objectif. Une médiation, même réussie, peut se terminer par la décision, de l'une ou des deux parties, de ne plus se revoir ; mais d'une manière bien plus apaisée qu'avant la médiation.

Quoi qu'il en soit, qu'il y ait réconciliation ou non, une médiation réussie ne laisse personne indifférent. Chacun en sort transformé et en arrive à mieux apprécier la richesse humaine d'autrui, souvent ignorée auparavant.

RÉSUMONS-NOUS

- La médiation d'entreprise permet une résolution des conflits de type gagnant-gagnant plutôt que gagnant-perdant, en révélant l'humanité de chacun. C'est une démarche bien plus efficace et moins coûteuse que le procès ou la conciliation. Elle devrait donc être la première forme de résolution du conflit envisagée, contrairement à ce qui se passe habituellement.
- Le médiateur est responsable et garant du processus, il facilite la communication entre les parties. En revanche, il n'intervient pas sur les décisions, lesquelles relèvent exclusivement de la responsabilité des parties.
- Le médiateur doit faire preuve de qualités humaines d'écoute et d'empathie. Il doit également respecter certaines règles déontologiques, telles que la neutralité, l'impartialité (ou plutôt la multipartialité) et la confidentialité.
- Le médiateur n'est pas nécessairement un expert du domaine sur lequel porte le conflit, ni un spécialiste du droit. Beaucoup de « médiations » échouent précisément parce qu'on fait appel à un spécialiste, mais qui n'est pas formé à la médiation. Ce qui a été vécu n'a alors souvent rien à voir avec une médiation ; c'est ici que réside généralement la cause de l'échec.
- Beaucoup de personnes croient que les émotions sont superflues, voire néfastes, lors de la résolution d'un conflit. Or, les émotions sont acceptées, et même bienvenues en médiation, car elles permettent aux personnes de révéler leurs besoins profonds. Ceci ne conduit cependant pas à de l'agressivité et de la haine, en raison du rôle régulateur assuré par le médiateur.

TROISIÈME PARTIE

L'ENTREPRISE AU SERVICE DE LA SOCIÉTÉ

12
Une théorie révolutionnaire

Rien de ce qui est humain ne m'est étranger.

Terence[1]

Je propose que soit érigée, sur la côte Ouest des États-Unis, une statue de la Responsabilité qui fera pendant à la statue de la Liberté de la côte Est.

Viktor Frankl[2]

Dans sa jeunesse, John Braithwaite, qui grandit dans une cité minière en Australie, est scandalisé par la mort de ses amis lors d'une terrible catastrophe dans sa ville natale. Devenu jeune chercheur en criminologie, il est persuadé qu'il faut mettre plus de pression sur les patrons et décide d'enquêter sur le respect des règles de sécurité dans les mines. Il se promet d'écrire un livre de colère en hommage à ses amis morts. Or, cette recherche de terrain transforme complètement sa vision des choses. Alors qu'il préconisait initialement l'imposition de sanctions sévères, il en arrive à prôner la confiance raisonnée. Il décrit d'ailleurs son évolution personnelle comme une « conversion émotionnelle[3] ». Le livre qui en résulte, *Punir ou persuader,* est très différent de celui qu'il avait projeté[4].

Le dialogue plus efficace que la sanction pour améliorer la sécurité

Le but de sa recherche était de trouver, pour des violations de la loi, la méthode de sanction la plus apte à réduire les drames humains dans les mines de charbon. Pour cela, il étudie 39 catastrophes minières survenues entre 1960 et 1981 aux États-Unis, en Grande-Bretagne, en Australie, au Zimbabwe et en Belgique, la plupart en raison d'explosions. Il compare ces mines avec celles ayant un taux particulièrement faible d'accidents. Les mines dangereuses avaient souvent fait auparavant l'objet de nombreuses violations de la sécurité, généralement du même type que celle qui avait provoqué la catastrophe.

Cinq compagnies présentent un taux particulièrement faible d'accidents et se distinguent des autres sur plusieurs aspects de fonctionnement. D'une part, les managers locaux sont tenus pour responsables du niveau de sécurité de la mine qu'ils dirigent et savent qu'ils peuvent compter sur l'assistance du département de sécurité et de leurs supérieurs hiérarchiques dans leurs efforts. Ils appliquent sans discuter les recommandations des inspecteurs de sécurité, impliquent fortement le personnel sur ce qui doit être fait pour éviter des accidents. Il y a une bonne communication au sein de l'entreprise, les responsabilités de chacun sont bien établies, l'équipe de direction discute régulièrement avec les ouvriers, notamment après les résultats des audits de sécurité ou à la suite de « presque-accidents », pour prévenir la répétition du problème. Des programmes de formation bien conçus donnent aux mineurs les connaissances nécessaires pour faire face aux problèmes de sécurité.

Du côté des institutions de régulation, Braithwaite constate que lorsque les inspections de sécurité augmentent, les accidents diminuent. Et inversement : au cours de la première année de l'administration Reagan, le nombre d'inspecteurs a baissé de 8 % et le nombre d'accidents a augmenté de 14 %, alors même qu'il y a eu une réduction de 10 % du nombre d'heures de travail en raison de grèves[5]. Le simple fait d'avoir un inspecteur du gouvernement à plein temps sur le site d'une mine fait considérablement baisser le nombre d'accidents. Mais Braithwaite précise toutefois que ceci n'est pas forcément dû à la menace de sanctions que signifie leur présence, car la persuasion par les inspecteurs est tout aussi importante que la punition, pour parvenir à une situation idéale de sécurité dans les mines : « Puisque les inspecteurs utilisent un mélange variable de punition et de persuasion, tout effet provenant d'une augmentation des inspections n'est pas nécessairement le résultat de punitions[6]. » Braithwaite constate d'ailleurs que les Britanniques, qui ont les mines les plus sûres du monde ont un modèle fondé sur la persuasion plutôt que sur la sanction[7]. Il cite une enquête antérieure qui avait mis en évidence, à partir d'un échantillon de 76 mines de charbon sur une période de deux ans, qu'il n'y avait pas de corrélation significative entre le niveau de pénalités civiles et la baisse du taux d'accidents[8]. L'impact des sanctions peut même parfois se révéler contre-productif, en réduisant la transmission d'informations au sein de l'entreprise et vers les inspecteurs d'État, à tel point que Braithwaite écrit : « Sacrifier la vie de mineurs afin de donner aux responsables un "juste châtiment" est moralement inacceptable[9]. »

Dès lors, les inspecteurs apprennent qu'imposer des pénalités automatiques pour tout manquement à un standard obligatoire d'hygiène et de sécurité peut s'avérer une erreur. Une stratégie punitive sans nuance peut conduire à ce que Bardach et Kagan appellent « une culture organisée de résistance » à toute amélioration, et à ce que les inspecteurs finissent par passer plus de temps au tribunal que dans les mines.

Sécurité et productivité sont liées

Certains inspecteurs commencent leur carrière avec l'idée que les directeurs de mines sont des individus cupides et qu'il existe un irréconciliable conflit d'intérêt entre la sécurité de la mine et les profits de l'entreprise. Mais avec le temps, l'expérience les conduit la plupart du temps à remettre en question leurs *a priori*. D'une part, ils découvrent que les directeurs sont généralement sincèrement préoccupés par la sécurité des mineurs, qui sont parfois des amis et dont ils connaissent souvent la famille. D'autre part, la sécurité de la mine et les profits peuvent fort bien aller de pair. En effet, même si l'on suit une logique strictement économique, les directeurs ont tout intérêt à tenir compte de l'avis de l'inspecteur et à respecter les normes de sécurité, car les coûts des accidents sont énormes. Même lorsque les feux, explosions et chutes de voûtes ne causent aucune blessure, ils peuvent coûter très cher :

dommages pour les zones de travail, arrêt de la production et augmentation des primes d'assurance. Des cadres supérieurs de compagnies qui possèdent de nombreuses mines ont d'ailleurs dit à Braithwaite que les mines les plus productives sont celles ayant le moins d'accidents et de violations graves de la sécurité, confirmant ainsi des études réalisées par l'Académie nationale des sciences[10]. L'interprétation la plus probable de ce constat est que les managers compétents pour la productivité le sont en général aussi pour la sécurité.

Ainsi, de nombreux problèmes de sécurité résultent d'une mauvaise maintenance : câbles électriques effilochés qui constituent des sources potentielles d'ignition, machines imprégnées de poussières de charbon qui créent un risque d'incendie, détecteurs de méthane et système de pulvérisation d'eau obstrués, etc. Or, ce sont aussi ces problèmes qui sont à l'origine de nombreux arrêts de la production. Les mines les plus productives sont souvent celles qui accordent jusqu'à cinq fois plus de temps à la maintenance préventive que les mines à faible productivité. D'ailleurs, en Grande-Bretagne et aux États-Unis, les périodes au cours desquelles les taux d'accidents mortels ont chuté sont aussi celles où la productivité a rapidement augmenté[11].

Une conception raisonnée de l'être humain

Pour Braithwaite, l'usage *exclusif* de la punition ou de la persuasion renvoie à deux conceptions radicalement différentes du comportement humain. La punition, employée seule, postule que l'être humain est essentiellement mauvais, un individu égoïste qui évalue rationnellement les bénéfices du non-respect de la loi contre la probabilité et les coûts de la punition. Cette vision de l'être humain ne tient malheureusement pas compte de la volonté des gens bien intentionnés de respecter la loi. Pire encore, elle peut inciter à limiter la transmission d'informations sur les accidents au sein de l'entreprise, et donc inhiber l'autorégulation. Inversement, l'usage exclusif de la persuasion postule que l'être humain est toujours raisonnable et de bonne foi, et donc motivé à tenir compte des conseils. Ceci passe sous silence le fait que certaines personnes ne fonctionnent pas de cette manière.

Évidemment, aucun de ces modèles ne correspond parfaitement aux diverses situations auxquelles font face les inspecteurs de sécurité de mines. Il s'ensuit que le modèle persuasif est préférable dans certaines situations et que le modèle punitif est meilleur dans d'autres ; ces deux approches sont complémentaires plutôt qu'opposées. La persuasion est mieux adaptée pour la plupart des managers, qui sont à la fois humainement sensibles et lucides sur l'impact économique des accidents. Cependant, une minorité de directeurs de mines ne rentre pas dans cette catégorie, et c'est à eux que doit s'appliquer l'approche punitive. « Nous avons besoin d'inspecteurs qui ont le sens commun de sélectionner le bon modèle au bon moment », nous dit logiquement Braithwaite[12], tout en précisant qu'il est bien préférable d'utiliser d'abord le dialogue et la persuasion, qui font appel à la meilleure part de l'être humain, et de ne passer à la punition que lorsque cette approche a échoué.

Braithwaite conclut de son enquête que les sanctions pénales sont peu utiles tant qu'il y a un dialogue ouvert entre toutes les personnes affectées, que l'on prend soin des familles de mineurs, et qu'un plan crédible de prévention de la répétition des accidents est mis en place[13]. Dès lors, « il y a plus de probabilités de parvenir à une régulation efficiente et efficace dans une culture où les régulateurs et les régulés s'écoutent vraiment et respectent les préoccupations de l'autre. C'est l'inverse lorsque ces deux parties considèrent que leur mission est de détruire l'autre, gagnant tour à tour des batailles sans qu'aucun des camps ne gagne la guerre[14] ». Sa conclusion générale est équilibrée : d'un côté, la persuasion réussit mieux que la punition, de l'autre, une punition crédible est nécessaire pour prendre le relais de la persuasion quand celle-ci échoue.

Équilibrer encouragements et critiques

John Braithwaite a affiné sa compréhension à la suite d'une étude qu'il a menée dans des maisons de retraite australiennes, avec ses collègues Toni Makkai et Valerie Braithwaite, son épouse. Cette enquête, portant sur 410 établissements[15], est particulièrement riche d'enseignements.

La qualité des soins dans ces établissements n'était que faiblement régulée jusqu'à ce qu'une série de scandales soit révélée dans les années 1980. Des résidents restaient allongés pendant des heures dans des draps trempés d'urine, souffrant d'escarres, sous-alimentés, etc. L'intense couverture médiatique de ces scandales a conduit à instaurer un ensemble de 31 standards gouvernementaux concernant les soins de santé : liberté de choix, respect de la vie privée, dignité des résidents, environnement de la maison de retraite, sécurité face aux risques de feu, de violence, etc.

Comme pour les mines de charbon, Braithwaite et ses collègues constatent que les menaces de sanctions ne sont pas vraiment efficaces pour améliorer le respect des règles de soin. Pire encore, plus la sévérité de la punition augmente, plus le respect diminue[16]. Ils affirment : « Nous avons constaté que la menace de dissuasion par un inspecteur peut empoisonner le lien social entre inspecteur et inspecté, générant une spirale négative de colère et de défiance[17]. »

Les chercheurs repèrent que les inspecteurs n'adoptent pas tous le même comportement, car ils diffèrent sur deux aspects essentiels : d'une part, le niveau plus ou moins élevé d'encouragement, qui consiste à féliciter le directeur de la maison de retraite pour les bonnes conditions d'accueil et les progrès effectués depuis la dernière inspection ; d'autre part, le niveau de critiques lorsqu'ils soulignent des infractions et les sanctions qui en découlent. À partir de cela, les chercheurs répartissent les inspecteurs en trois catégories :

– ceux qui expriment essentiellement des encouragements ;

– ceux qui expriment essentiellement des critiques ;

– ceux qui expriment ces deux comportements de façon complémentaire, avec des niveaux variables selon la qualité observée dans les établissements.

Bien évidemment, la dernière catégorie possible, caractérisée par l'absence à la fois d'encouragements et de critiques, est absente. On imagine mal quelle peut être l'activité d'un inspecteur dans ce cas de figure.

Les inspecteurs visitent les établissements tous les deux ans environ. Quel est l'impact de leur attitude sur l'amélioration des établissements au cours de cette période ? Les résultats sont tout à fait remarquables[18].

Lorsque l'inspecteur est essentiellement dans l'encouragement, mais sans pointer ce qui ne va pas, cela entraîne une baisse de qualité de 15 %. Lorsque, inversement, il met surtout l'accent sur ce qui dysfonctionne sans valoriser les aspects positifs, le résultat est franchement catastrophique : baisse de 39 % de la qualité des soins ! En revanche, lorsqu'il adopte les deux attitudes, cela entraîne une amélioration de 39 % de la qualité. Soit l'effet exactement inverse.

Ainsi, le laxisme est inefficace, mais la dureté et la menace le sont encore plus, ce qui bat en brèche la théorie de la dissuasion, selon laquelle plus la sévérité de la punition augmente, plus le respect augmente également. La dissuasion n'a un effet positif que sur une faible minorité de directeurs froids et calculateurs, mais un effet contre-productif sur la plupart des autres. Ceux-ci se sentent insultés par les menaces de dissuasion, ce qui les amène à devenir méfiants et résistants envers les inspecteurs et le système de contrôle qu'ils incarnent. En cas de défaillance dans leur établissement, ils estiment que leur point de vue n'est pas pris en compte et qu'on ne leur fait pas confiance. Comme l'exprime l'un d'eux : « S'ils vous traitent comme des non-professionnels, indignes de confiance, vous finissez par décider que s'ils veulent me considérer comme un businessman qui ne se préoccupe que de rentabilité, alors je vais me conduire en businessman[19]. »

Il y a également une troisième catégorie de directeurs, ceux qui sont profondément convaincus de la pertinence des règles imposées par la loi. Ils tiennent à obéir à celle-ci, quels que soient le coût et l'attitude des inspecteurs. Pour eux aussi, la dissuasion n'a pas de raison d'être, tandis que les encouragements constituent une reconnaissance de leurs efforts, commentaires généralement fort appréciés.

Braithwaite conclut de ses diverses recherches que « les institutions qui reposent sur l'idée que les entreprises ne sont pas vertueuses détruisent la vertu[20] ». Si l'inspecteur pense que seules la contrainte et la sanction peuvent amener un responsable à respecter la loi, celui-ci peut être très contrarié de voir sa bonne foi niée. Cette attitude génère un esprit de résistance au contrôle par lequel les responsables d'entreprise entrent dans une sorte de jeu du chat et de la souris avec les autorités. « L'être humain devient filou s'il est traité comme un filou[21]. »

Pour illustrer cela, Braithwaite et Ayres nous proposent l'histoire fictive d'un contribuable honnête, un individu moyen comme vous et moi[22]. M. Smith remplit sa déclaration d'impôts ; alors qu'il est assis entouré de reçus, un moyen de tricher pour réduire ses impôts lui vient à l'esprit. Mais presque simultanément, l'idée de se trouver en difficulté avec les autorités fiscales croise son esprit, ce qui est suffisant pour stopper l'idée de frauder. Cependant, ceci n'est pas le fruit d'un calcul rationnel des probabilités d'être repéré et sanctionné, mais plutôt de la pensée qu'il est immoral de violer les lois fiscales, ce qui est contraire à l'image qu'il a de lui-même en tant que bon citoyen. Évidemment, ce raisonnement a d'autant plus de probabilités d'émerger que les lois et les diverses autorités de l'État lui paraissent justes et honnêtes.

Un mois plus tard, M. Smith est contrôlé. Il avait sincèrement oublié un aspect de la loi fiscale et a opéré une déduction plus importante que ce qui est autorisé. Smith est stupéfait de constater que le contrôleur le traite comme un fraudeur, en le menaçant de sanction. L'amertume et la colère montent en lui, sa motivation initiale d'obéir honnêtement à la loi passe au second plan, et sa préoccupation est maintenant de se battre et de gagner. Va s'ensuivre une série d'allers-retours coûteux en argent, temps et énergie de part et d'autre. Si, inversement, le contrôleur considère M. Smith comme un citoyen honnête et responsable qui a juste mal compris la loi, il ne le menace pas de sanction, mais lui fait un simple rappel à la loi. Il est probable que M. Smith va présenter ses excuses et payer immédiatement.

Dans ses recherches empiriques, Braithwaite constate que, effectivement, une forte amélioration se produit lorsque l'inspecteur d'une organisation exprime à la fois un niveau élevé de valorisation de ce qui a déjà été fait et de critiques envers ce qui est défaillant. Une attitude particulièrement efficace consiste à expliquer comment d'autres maisons de retraite sont parvenues à résoudre un problème particulier d'hygiène ou de sécurité, et à exprimer sa confiance dans le directeur pour suivre cet exemple. Les autorités publiques doivent donc adopter en première option l'appel positif à la responsabilité des entreprises. Considérant que nous avons tous, peu ou prou, de bons côtés et de moins bons, Braithwaite et ses collègues estiment qu'une grande partie de l'art de la régulation efficace par les inspecteurs consiste d'abord à encourager les managers à faire appel à la meilleure part d'eux-mêmes.

La nécessité d'équilibrer confiance envers la plupart des responsables industriels et fermeté envers les récalcitrants est confirmée par une étude menée également dans les mines australiennes, par d'autres chercheurs[23]. Elle montre bien le danger à la fois d'une trop grande souplesse ou d'une excessive sévérité.

L'industrie minière de Nouvelle-Galles du Sud est particulièrement intéressante, car elle permet de comparer deux styles de régulation très différents adoptés par la même agence d'État à différents moments, ainsi que l'impact de ces différences sur l'efficacité des actions menées.

Dans les années 1980, les inspecteurs manifestaient une attitude particulièrement compréhensive et indulgente à l'égard des entreprises, ce qui avait conduit à un échec. Par exemple, entre 1989 et 1995, il y avait eu 33 décès dans les mines de charbon, sans que cela n'entraîne de poursuites judiciaires. En 1996, quatre mineurs ont percé par mégarde le mécanisme d'une ancienne mine inondée et ont été noyés par l'afflux soudain d'eau. L'enquête a conduit à la condamnation de deux entreprises, de plusieurs managers et d'un inspecteur, coupables de ne pas avoir assuré la sécurité des mineurs. À la suite de cette catastrophe, la pression politique a conduit les inspecteurs à abandonner leur approche traditionnelle sous forme de conseils et de persuasion, pour une approche plus dure, orientée vers la dissuasion.

Les auteurs de cette recherche ont mené plus de 150 entretiens anonymes avec diverses personnes (cadres d'entreprises minières, dirigeants syndicaux, mineurs et inspecteurs). Ils en tirent la conclusion que la stratégie dure génère elle aussi des problèmes. Nombreux sont les responsables industriels qui estiment que même des managers conscients de leurs responsabilités envers les règles de sécurité au travail sont susceptibles de faire l'objet de poursuites. Ils hésitent donc à faire part d'incidents mineurs, par peur de poursuites injustifiées à leurs yeux. Dès lors, le dialogue cesse entre industriels et inspecteurs, les informations sont cachées plutôt que partagées, les enquêtes sur les accidents, la prévention et les actions de remédiation sont réduites et les deux parties se replient dans un rapport conflictuel qui sape l'efficacité de la régulation. Plusieurs inspecteurs et industriels ont comparé les échanges relativement ouverts et honnêtes qui avaient lieu avant la catastrophe, au cours desquels les informations étaient librement échangées et la documentation fournie volontairement, à la réticence actuelle des responsables des mines à partager l'information et à consulter les inspecteurs, de peur que les informations fournies soient utilisées contre eux. Comme l'a dit un inspecteur : « Cela rend le travail plus difficile. On n'arrive pas à connaître la situation réelle.

Je leur dis : "Dites-moi simplement la vérité, et on pourra résoudre le problème." Petit à petit, on peut y arriver, mais cela prend plus de temps. Et parfois, on n'arrive pas au bon résultat, parce qu'on n'a pas réussi à trouver la cause véritable. Il y a des années de cela, ils avaient l'habitude d'être bien plus ouverts[24]. » Un autre inspecteur a déclaré : « Avant, les [responsables des] mines étaient ouverts et honnêtes à propos de l'information, ils répondaient aux questions et fournissaient de la documentation. Maintenant, depuis qu'il y a eu des poursuites judiciaires à l'encontre d'individus, ils sont réservés. (...) Des managers disent qu'ils ne nous parleront qu'en présence d'un avocat[25]. »

Pour Gunningham et Sinclair, qui ont mené l'enquête, une politique d'inspection efficace nécessite un dialogue constructif entre les responsables et les inspecteurs, tandis qu'ici, « la rupture de la confiance a conduit à une relation dysfonctionnelle entre les inspecteurs et les responsables d'industrie minière, ce qui a gravement compromis l'amélioration de la sécurité. (...) Nous avons constaté que ces entreprises peuvent rediriger leur effort vers le fait de réduire leur vulnérabilité envers les contrôles et le risque de poursuite plutôt que vers une amélioration continue des règles d'hygiène et de sécurité[26] ».

De plus, les poursuites envers des responsables peuvent dissuader des professionnels qualifiés de postuler à de tels postes, ce qui réduit le niveau de compétences dans cette industrie ; plusieurs cadres ont signalé leur difficulté croissante à recruter du personnel à des postes exposés juridiquement.

Notons toutefois que, malgré les injonctions qui leur sont imposées, une minorité d'inspecteurs tient à s'appuyer surtout sur l'expérience passée des entreprises plutôt que sur une approche essentiellement répressive. Ils sont mal à l'aise dans ce nouveau rôle de « policiers » et se montrent réticents à agir de cette manière. L'un d'eux se décrit comme « à 80 % conseiller et à 20 % policier ». Cela fonctionne bien et le niveau de confiance entre ces inspecteurs et les responsables de mines est élevé. Un cadre minier déclare : « Les inspecteurs ? J'ai de très bonnes relations avec eux. Malgré les changements d'attentes [du gouvernement] à leur égard, [l'inspecteur] que nous avons est très bon. Ils ont de l'expérience et ce sont des gens capables, qui veulent aider et conseiller, et n'utilisent vraiment l'artillerie lourde que face aux récalcitrants[27]. »

Les auteurs concluent leur étude en indiquant que la confiance disparaît bien plus facilement qu'elle ne se reconstruit. Mais que cette reconstruction est possible, à condition toutefois que les autorités adoptent une politique nuancée et équilibrée. Les inspecteurs devraient à la fois cibler les failles dans la gestion des risques au sein des entreprises et être attentifs à ne pas initier de poursuites judiciaires en l'absence de culpabilité.

Adapter la stratégie d'inspection au comportement observé

Un document de l'OCDE, très inspiré par les travaux de Braithwaite, souligne que « trop souvent, les pouvoirs publics supposent à tort qu'il leur suffit de promulguer une loi pour que leur politique soit immédiatement acceptée et respectée. Or, une réglementation, des procédures réglementaires et une mise en application de piètre qualité peuvent entraîner de sérieux problèmes de respect[28]. » Imaginer la meilleure façon d'inciter au respect des lois est donc une préoccupation majeure des responsables de politiques publiques. Aux deux extrêmes se situent d'une part les partisans des pressions fortes, d'autre part ceux de la liberté individuelle et donc de l'autorégulation. Les études empiriques présentées ci-dessus montrent qu'il s'agit là de conceptions dogmatiques. L'attitude la plus efficace des inspecteurs consiste à adapter leur comportement en fonction de celui des individus ou des institutions qu'ils sont chargés de contrôler, stratégie que John Braithwaite et ses collaborateurs appellent la « régulation adaptative » *(responsive regulation[29])*.

Nul n'est censé ignorer la loi, mais ce n'est évidemment pas toujours le cas : quelqu'un peut involontairement enfreindre une loi insuffisamment connue ou peu claire. Selon Braithwaite, ce facteur de non-respect de la réglementation est sous-estimé. Par exemple, la complexité et l'évolution de la législation en matière d'environnement ou de règles de sécurité font que les responsables d'établissements à caractère médico-social ou de PME ne parviennent pas à se tenir au courant de l'ensemble des réglementations.

Au cours de sa visite, l'inspecteur peut dire qu'il n'y aura pas de sanction cette fois-ci, mais qu'il espère que le manager comprend que lorsqu'il reviendra, la législation devra être respectée. Il doit alors signaler les sanctions possibles, mais sans en menacer son interlocuteur. La distinction est subtile, mais essentielle pour ne pas tomber dans le soupçon. En rappelant clairement que des mesures peuvent être prises, il évite la plupart du temps d'y avoir recours.

De cette façon, l'inspecteur considère le responsable comme digne de confiance, sans être laxiste pour autant. Selon Braithwaite, « même les plus coriaces peuvent être surpris par quelqu'un qui les traite avec respect et qui montre qu'il prend soin d'eux. (...) Même le pire d'entre nous a un Soi affectueux et socialement responsable à côté d'un Soi profiteur. L'idée (...) avec les plus impitoyables managers, est de les surprendre par une manifestation de confiance et de respect, et de leur donner une chance de faire ressortir le meilleur d'eux-mêmes. (...) Pour la plupart d'entre nous, la plupart du temps, une bonne tape sur l'épaule est suffisante pour faire ressortir notre Moi socialement responsable et supprimer notre Moi moins motivé, plus égoïste[30] ».

Résumons les trois étapes successives de cette approche. Le principe de départ consiste à postuler que l'on se trouve face à un dirigeant vertueux, pour lequel le dialogue et la persuasion sont les attitudes les plus pertinentes. Si cela ne fonctionne pas, on se trouve probablement face à un calculateur égoïste, d'où la nécessité de la menace et de la dissuasion. Si cela ne fonctionne toujours pas, on a affaire à un individu irrationnel ou incompétent ; dans ce cas, il faut lui interdire d'exercer.

Dans les schémas qui suivent, plus un carré est grand, plus la marge de liberté accordée au responsable d'entreprise est élevée ; plus le carré est petit, plus l'action lui est imposée.

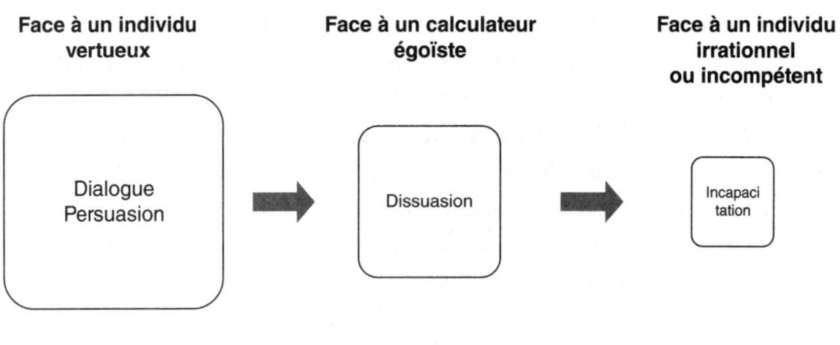

Ce que Braithwaite exprime sous forme d'une pyramide...

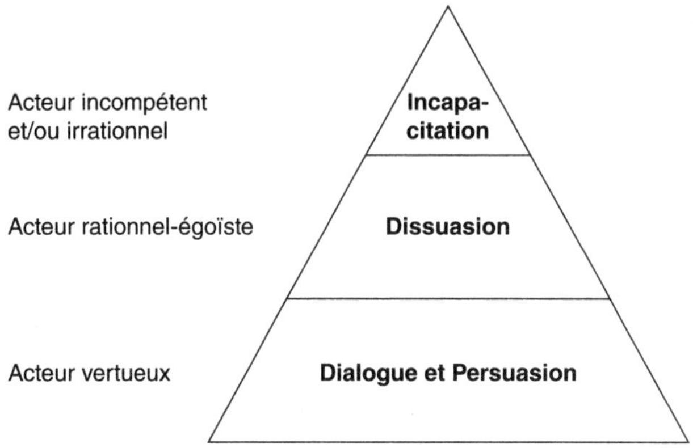

D'après Braithwaite J. (1998), "Institutionalizing distrust, enculturating trust", *in* Braithwaite V. et Levi M. (éd.), *Trust and Governance,* New York, Russell Sate, 343-375 (p. 353).

... qu'il détaille parfois sous cette forme :

Figure 1. Pyramide des mesures de mise en application pour la réglementation des entreprises

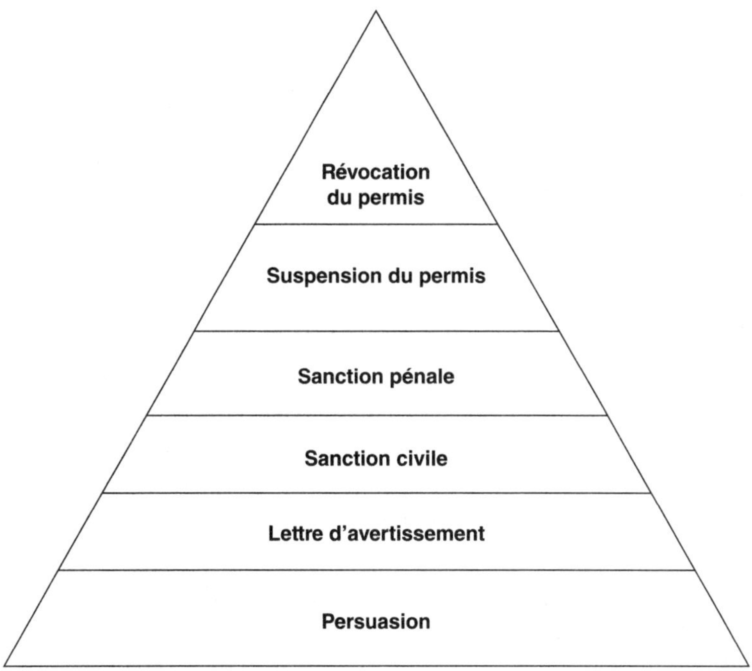

D'après Ayres I. et Braithwaite J. (1992), *op. cit.*, p. 35.

La dissuasion est utile, mais pas ainsi qu'on l'imagine

De façon générale dans la société, la dissuasion est une méthode peu efficace. En revanche, elle semble mieux adaptée aux chefs d'entreprise dépourvus de scrupules, dans la mesure où leurs délits ne sont presque jamais impulsifs (peu sensibles à la dissuasion), mais le fruit de stratégies savamment calculées du rapport risques et coûts/bénéfices. De plus, alors que la réputation d'un jeune délinquant augmente fortement auprès de ses amis après un passage en prison, c'est le contraire pour un chef d'entreprise : il perd à la fois sa respectabilité et son train de vie.

Braithwaite souligne d'ailleurs que certaines personnes pensent à tort que la criminalité traditionnelle est bien plus grave et dangereuse que la criminalité en col blanc, alors que cette dernière peut entraîner des drames humains : pollution, médicaments toxiques, véhicules dangereux et conditions de travail facilitant l'apparition de cancers[31]. Simplement, « les effets de la criminalité en col blanc sont généralement peu visibles. (...) Si un homme en tue un autre, l'événement va faire la une des journaux. En revanche, si un mineur décède du fait que son employeur n'a pas respecté certaines normes sanitaires, l'information passera inaperçue. De même si une femme meurt d'un médicament dangereux, approuvé par les autorités de santé à la suite de pots-de-vin de la part d'une entreprise pharmaceutique. Ce n'est que si le cas se reproduit des centaines ou des milliers de fois que l'alerte sera éventuellement lancée[32]. » Par ailleurs, il sera souvent difficile de prouver de façon certaine que tel décès est dû à telle cause industrielle.

Une enquête a été menée auprès de 233 entreprises industrielles américaines de chimie ou de galvanoplastie, deux domaines choisis en raison de leur potentiel impact négatif sur l'environnement[33]. Des sociétés de tailles très différentes, les entreprises de chimie étant bien plus grosses. Les auteurs constatent tout d'abord que le niveau de performance environnementale s'est beaucoup amélioré au cours des dix à quinze dernières années ; pour l'industrie chimique, le principal signal d'alerte a été le dramatique accident de Bhopal, en Inde, qui a tué plusieurs milliers de personnes en 1984.

Les chercheurs ont voulu savoir si la théorie de la dissuasion générale est pertinente pour expliquer le comportement de responsables industriels vis-à-vis de l'environnement. Leur conclusion est que ce n'est pas du tout le cas, pour plusieurs raisons.

Tout d'abord, ces responsables ne connaissent que très vaguement les principes de dissuasion s'appliquant à leur domaine. Par exemple, ils ne se souviennent que d'une faible proportion de cas d'entreprises sanctionnées par des amendes, comparativement à la réalité. D'autre part, leur connaissance des sanctions est elle aussi très faible, avec une image des sanctions très variable d'un individu à l'autre : évaluations variant de 0 à 20 millions de dollars pour les amendes infligées aux entreprises et de 0 à 2 millions de dollars pour les amendes imposées à des responsables.

Les chercheurs ont proposé à chaque personne interrogée un exemple réel de malversation, en leur demandant quel a été le niveau de l'amende infligée. Presque un tiers n'en avait aucune idée. Quant aux autres, la plupart (68 %) ont fortement *sous*-estimé l'amende infligée (au moins dix fois plus faible que la réalité), tandis que 4 % l'ont fortement *sur*estimée (au moins dix fois plus forte que la réalité), et que 28 % ont donné une réponse se situant dans le même ordre de grandeur que la réalité.

En résumé, les participants à l'enquête ont une connaissance très inexacte des risques encourus s'ils ne respectent pas la législation environnementale et n'ont pas vraiment cherché à s'informer à ce sujet, ce qui est en totale contradiction avec la théorie de la dissuasion générale.

Enfin, le résultat le plus intéressant de l'enquête : les responsables qui n'avaient pas de souvenir précis de cas de sanctions avaient autant tendance que les autres à prendre des mesures pro-environnementales.

Pour les auteurs, la dissuasion est cependant utile, mais pas en tant que menace. En effet, la plupart des responsables d'entreprises sont de bons citoyens, désireux de respecter l'environnement, mais à condition que ceux qui ne le font pas soient sanctionnés. Ils ne se livrent pas à un calcul du coût que générerait le non-respect de la législation environnementale, comme le voudrait la théorie de la dissuasion, mais sont rassurés de savoir que les malversations dont ils se souviennent vaguement ont été sanctionnées. Dès lors, la dissuasion sert de mécanisme de « réassurance » que la loi est respectée et que les fraudeurs seront sanctionnés. « Ce sont les régulations elles-mêmes, non la peur de sanctions, qui ont le plus fort impact sur le comportement. Plutôt que de fournir une menace, les régulations et les inspections ont agi comme rappel ou comme guide pour ce qui était exigé des entreprises[34]. » Les régulations incitent les responsables à vérifier que leur entreprise est bien en conformité avec la loi. Ceci explique donc l'impact positif de la dissuasion, par un mécanisme très différent de la menace et de la peur des sanctions, laquelle n'est appropriée que pour une faible minorité de responsables.

Au cours des entretiens, les responsables des entreprises de galvanoplastie ont tendance à considérer ceux qui étaient condamnés comme des brebis galeuses violant délibérément la loi, des personnes non seulement immorales, mais également stupides, incompétentes ou irrationnelles. Selon les industriels de la chimie, les inspections ont peu d'impact sur leur comportement. Seule une entreprise sur dix-huit pense que celles-ci jouent un rôle dans la mise en œuvre de pratiques environnementales.

Les personnes interrogées n'ont pas fait de remarques critiques sur la réglementation en général ou sur le caractère déraisonnable de telle ou telle exigence. Au contraire, la moitié ont affirmé respecter les règlements non pour des raisons instrumentales et stratégiques, mais plutôt parce que c'est la chose à faire. Aucun industriel de la chimie n'a critiqué le besoin de régulation et plusieurs ont affirmé que c'était nécessaire, tandis qu'un nombre important de galvanoplasticiens ont signalé qu'étant maintenant conscients des conséquences environnementales de leurs actes, un retour à la pollution des décennies antérieures était quasi impensable, même en l'absence de règlementation. L'un d'eux a déclaré : « Il n'y a pas eu d'opposition. Une fois qu'on vous présente que l'air n'est pas bon pour vous, c'est absurde de ne pas être d'accord. Nous n'en savions pas autant il y a quinze ans. Nous déversions tout. La régulation a été une bonne chose[35]. » Un industriel de la chimie a déclaré : « Tout le monde dans l'usine est très soucieux du voisinage. Nous faisons de notre mieux pour ne rien faire qui puisse susciter des plaintes. Nous souhaitons rester ici et être encore ici dans cent ans. Puisque l'usine se trouve au cœur de la ville, nous nous passons bien des réclamations. On fait ce qu'il faut pour qu'ils restent heureux.

Je ne veux pas devoir expliquer à une maman qui descend la rue pourquoi son enfant de cinq ans est malade et que c'est de ma faute[36]. »

Pourquoi cette pyramide a-t-elle tant d'influence ?

Très peu connue en France, la pyramide régulatrice de Braithwaite a été utilisée par d'autres chercheurs pour analyser la réglementation de la santé et de la sécurité au travail, l'autorégulation de l'industrie nucléaire, la réglementation environnementale, la réglementation de la profession juridique, le droit de la concurrence et la protection du consommateur, les lois anti-discrimination, la santé et la sécurité au travail[37]. Elle a également fait l'objet d'applications concrètes dans les politiques de divers pays[38]. Tout d'abord, bien entendu, en Australie où elle est née (santé et sécurité, mines, politique fiscale, lutte contre la corruption, protection de l'enfance, protection de l'environnement), mais également dans d'autres pays et régions du monde (Union européenne, États-Unis, Canada, Indonésie, Nouvelle-Zélande). Elle correspond généralement à la pratique quotidienne des inspecteurs. Ce qui n'est pas étonnant : Braithwaite ne l'a pas inventée en spéculant théoriquement dans son bureau d'universitaire, mais l'a déduite en observant les attitudes concrètes d'inspecteurs sur le terrain.

D'ailleurs, à peu près à l'époque où Braithwaite élabore sa théorie, un autre auteur, Keith Hawkins, professeur de droit à l'université d'Oxford, parvient à des conclusions très proches[39]. Il constate que les inspecteurs chargés de contrôler l'impact d'usines sur le niveau de propreté de l'eau classent les entreprises polluantes en quatre catégories. Il y a tout d'abord les organisations « socialement responsables », dont les dirigeants sont convaincus de l'importance d'un environnement de qualité, sont sincèrement désolés d'avoir causé de la pollution et sont disposés à tout mettre en œuvre pour améliorer la situation. Il y a ensuite les « entreprises infortunées », qui manquent de moyens techniques ou financiers pour prendre les mesures nécessaires. Il y a également les « dangers publics », qui défient ouvertement les réglementations et refusent de s'y soumettre. Enfin, les « entreprises calculatrices » déversent secrètement de l'eau polluée lorsque leurs dirigeants pensent qu'ils peuvent le faire sans être pris.

Or, là aussi, les inspecteurs adaptent leur comportement au type d'entreprises auquel ils ont affaire. Ils conseillent les directeurs qu'ils estiment sincères, sont relativement passifs face aux entreprises incapables de respecter la réglementation, mais sont particulièrement sévères avec ceux qui, s'ils peuvent agir, choisissent délibérément de ne pas le faire.

Dans un article intitulé « Pourquoi la pyramide de mise en application a-t-elle eu tant d'influence ?[40] », Peter Mascini, sociologue à l'université de Rotterdam, note que, lorsque la pyramide régulatrice est présentée à des inspecteurs, ils réagissent souvent en disant « C'est ce que nous faisons déjà », et fournissent parfois des exemples concrets tirés de leur pratique. Ils estiment être ainsi plus efficaces et apprécient que des universitaires reconnaissent l'utilité de l'autonomie d'action qu'ils souhaitent dans leur travail.

Quant à Rob White, criminologue à l'université de Tasmanie, il souligne, dans une synthèse récente de la littérature scientifique, que « le mandat de la plupart des agences environnementales n'est pas seulement d'imposer le respect des lois au travers de poursuites pénales, mais de forger des alliances stratégiques avec les industries, les administrations locales et les communautés dans le but d'atteindre des objectifs environnementaux[41] ».

Une enquête menée auprès de 82 agents d'un service environnemental britannique va dans le même sens[42]. La plupart d'entre eux tiennent à se présenter comme se situant dans un entre-deux : ils ne se sentent ni radicalement environnementalistes, ni radicalement pro-industrie. Les propos de l'un d'eux résument assez bien leur vision : « Je pense que l'environnement est notre plus précieuse ressource, mais je comprends aussi qu'il y a l'économie et qu'il y a des gens qui essaient de gagner leur vie. Mais s'ils le font au détriment de l'environnement, (...) je pense qu'il faut leur dire ce qu'ils doivent faire. Et s'ils continuent parce que ce sont des têtes de cochon, ils ont besoin du bâton de la loi. C'est la façon dont je vois les choses. » La plupart évitent les sanctions pénales : « Honnêtement, je préfère de loin résoudre des problèmes sans passer par ce cirque du tribunal. Je pense que si vous pouvez régler le problème sans tout ce bazar, vous pouvez vous dire que vous avez fait du bon boulot. » Mais les inspecteurs intentent une action en justice lorsque c'est nécessaire, en particulier en cas de pollution volontaire.

Un article récent de Valérie Sanseverino-Godfrin, enseignante-chercheure au Centre de recherche sur les risques et les crises, à Paris, confirme qu'il en est de même en France[43]. Le Code de l'environnement français donne aux inspecteurs le pouvoir d'imposer des sanctions. Ils peuvent visiter une usine à tout moment, après rendez-vous ou à l'improviste s'ils le jugent utile, et imposer de lourdes sanctions pénales ou administratives en cas de non-respect de la législation. Même l'obstruction au travail d'un inspecteur est un délit, passible d'une amende de 150 000 euros et de six mois d'emprisonnement. Or, les inspecteurs ne cherchent pas à sanctionner, mais à faciliter à la fois le respect des normes environnementales et de sécurité, et le développement économique de la région. Leur première démarche relève de la négociation. C'est encore plus le cas depuis la réforme du Code de l'environnement de juillet 2013, qui a introduit plus de transparence et de négociation dans les inspections.

Deux raisons pragmatiques expliquent cette façon de fonctionner. D'une part, le nombre d'inspecteurs n'est pas suffisant pour contrôler toutes les usines. Il y a en France environ 500 000 installations classées pour la protection de l'environnement, mais seulement 1 250 inspecteurs à plein temps (décembre 2012). Dans ces conditions, il est évidemment impossible que les inspecteurs puissent tout contrôler. Ils ciblent donc leur activité sur les industries les plus potentiellement polluantes, ainsi que sur celles dont les dirigeants ont fait preuve de mauvaise volonté dans le passé. Il y a donc, nécessité oblige, une approche basée sur l'autorégulation plutôt que sur le contrôle strict et les sanctions. Les entreprises, pour leur part, doivent prouver que l'usine est sans danger pour la population et pour l'environnement.

La deuxième raison pragmatique de cette approche est que les responsables administratifs français ont bien compris que les menaces ne sont pas la méthode la plus efficace. Une note d'un service régional fournit des recommandations qui reflètent parfaitement l'approche préconisée par Braithwaite : « Les inspecteurs des installations classées doivent d'abord établir un dialogue avec les responsables des établissements contrôlés. Engager de façon systématique des sanctions pour chaque infraction, même mineure, serait de nature à ne pas créer avec l'exploitant ce climat de concertation que nous souhaitons. Mais, lorsque l'inspecteur s'aperçoit que la confiance qu'il a accordée à son interlocuteur est mise à mal, ce dernier doit être sanctionné, lorsqu'il a commis une infraction[44]. »

Les responsabilités complémentaires des entreprises et des agences de contrôle

Le cas de la France n'est pas une exception : les États n'ont pas les moyens d'envoyer des inspecteurs contrôler régulièrement tous les lieux de travail pour les manquements à la sécurité ou à la qualité environnementale, pour les fraudes comptables ou encore la fabrication de produits défectueux. Ayres et Braithwaite soulignent que même aux États-Unis, État le plus riche du monde, les inspecteurs ne contrôlent annuellement que 1 ou 2 % des activités liées à la sécurité des usines nucléaires.

Braithwaite prône une « autorégulation imposée » (*enforced self-regulation*) des entreprises[45], considérant que l'autorégulation n'est pas nécessairement une option plus douce que la contrainte publique. Une série d'études empiriques dans plus de 50 grandes entreprises l'a convaincu que les règles *internes* d'entreprise ont tendance à couvrir un éventail bien plus large de risques industriels et d'abus que les régulations gouvernementales[46]. Par exemple, dans une entreprise qu'il a étudiée, les inspections internes étaient réalisées deux fois par an par trois inspecteurs qui passaient plus d'une semaine dans l'usine, tandis que l'inspection par le service gouvernemental de santé consistait seulement en une visite annuelle d'une journée par un inspecteur. Les employés étaient prévenus à l'avance de la visite de l'inspection gouvernementale, alors que les inspecteurs de l'entreprise arrivaient sans prévenir[47].

Un cadre de l'industrie pharmaceutique américaine explique : « Nos responsables ont pour instruction, lorsqu'ils traitent avec les inspecteurs de la FDA, de ne répondre qu'aux questions posées, de ne pas fournir d'information supplémentaire et de ne répondre à aucune question hors de leur domaine de compétence. En revanche, l'équipe d'inspection de l'entreprise peut tout demander à tout le monde et s'attendre à une réponse. Nous leur disons que nous faisons partie de la même famille et que, contrairement au gouvernement, nous travaillons pour les mêmes objectifs finaux[48]. »

Braithwaite fait remarquer que les agences gouvernementales de contrôle ont souvent un effet négatif sur l'autorégulation efficace. Il cite le cas du groupe pharmaceutique SmithKline, chez lequel une enquête interne minutieuse avait conduit à la découverte de contaminants dans deux modèles de sprays nasaux. Au lieu d'étouffer le problème, SmithKline a traité comme un héros l'employé qui a découvert le contaminant. Ses efforts ont été présentés comme un exemple de la vigilance exigée pour la pureté des produits. Smithkline a signalé à la FDA (Agence américaine des produits alimentaires et médicamenteux) que 1,2 million de sprays avaient été rappelés depuis les magasins. Mais les cadres de l'entreprise se sont ensuite sentis trompés quand le gouvernement a diffusé un communiqué de presse donnant l'impression que c'était la FDA qui avait découvert le problème et forcé Smithkline à faire le rappel des sprays[49].

La combinaison d'une réelle compétence des inspecteurs internes, d'un plus grand accès à l'information, du soutien de la direction générale, et de la familiarité avec l'entreprise implique que les responsables de la sécurité au sein même de l'entreprise sont généralement plus aptes à découvrir l'origine de malfaçons, et donc à améliorer la situation. L'autorégulation imposée présente l'avantage de règles généralement plus simples et plus adaptables à des environnements en perpétuelle transformation, mais également mieux respectées, car les entreprises sont plus engagées vis-à-vis des règles qu'elles ont écrites elles-mêmes.

Mais alors, quel est le rôle de l'État et de ses agences de contrôle ? Leurs représentants doivent-il se résigner à l'inaction silencieuse ? Ce n'est pas du tout la position adoptée par Braithwaite. Sous un régime d'autorégulation imposée, le rôle de l'agence d'État est de :

– vérifier que les règles internes de l'entreprise satisfont toutes les directives établies par la politique gouvernementale ;

– s'assurer que l'équipe chargée du respect de la loi au sein de l'entreprise est indépendante de la direction ;

– contrôler sur place le respect de la loi ainsi que la capacité des inspecteurs internes de détecter les violations ;

– engager des poursuites judiciaires lorsque l'entreprise a volontairement enfreint la loi[50].

Il ne s'agit donc en rien d'une posture laxiste. Par exemple, selon Braithwaite, le niveau maximum acceptable de niveau de poussières dans l'air des mines doit être national, non négociable, et fondé sur les connaissances scientifiques. Toute mine qui ne respecte pas le standard doit être fermée. De même, il ne peut y avoir qu'une règle acceptable, l'interdiction de fumer en toutes circonstances dans les mines. Par ailleurs, certaines petites entreprises n'ont pas les moyens de mobiliser une expertise indépendante en interne ; dans ce cas, le contrôle direct par des inspecteurs gouvernementaux est nécessaire.

Éviter de pervertir une belle idée

John Braithwaite tient à distinguer très clairement l'autorégulation imposée et la dérégulation, par laquelle tout le processus de contrôle est confié aux entreprises. Selon lui, « l'autodiscipline échoue souvent lorsqu'il s'agit de demander à l'ensemble d'un secteur de se conduire de manière responsable vis-à-vis de la collectivité. Les pouvoirs publics ne doivent pas trop attendre de l'autodiscipline des professionnels[51] ». Pour éviter le glissement de l'autorégulation imposée à la dérégulation, trois principes sont très utiles : la fermeté de l'État, la participation des parties prenantes, le républicanisme civique.

La fermeté de l'État

Il est important que l'État communique clairement aux industriels sa volonté et sa capacité de faire évoluer sa stratégie vers des réactions de plus en plus sévères en cas de non-respect de la législation. Étudiant 96 agences australiennes[52], Braithwaite et deux de ses collègues les répartissent en sept catégories en fonction de leur comportement avec les organisations qu'elles sont chargées de contrôler. L'une de ces catégories, qu'ils qualifient de « gros fusils bienveillants », retient particulièrement leur attention. Leur principale caractéristique, écrivent-ils, est de parler doucement tout en portant de gros fusils. Les agences de ce groupe se distinguent par leurs énormes pouvoirs : la Banque centrale d'Australie peut prendre la main sur les banques, saisir l'or, etc. ; le Tribunal de l'audiovisuel peut fermer une société ; l'Agence de sécurité routière ou l'Agence de mise sur le marché de médicaments peuvent interdire la commercialisation de véhicules ou de médicaments, alors que leur élaboration a coûté des fortunes aux entreprises. Or, c'est précisément parce qu'elles disposent d'énormes pouvoirs que ces agences ne les utilisent presque jamais, car aucune entreprise sous leur autorité n'agirait d'une manière qui la mettrait dans un tel risque. Inversement, selon Braithwaite, la punition est un signe de faiblesse, et même l'arme des faibles[53].

Le rôle des parties prenantes

Par ailleurs, Braithwaite constate que la familiarité entre inspecteur et dirigeant d'entreprise est une arme à double tranchant. D'un côté, certains directeurs s'efforcent dans ces conditions de faire le maximum pour répondre aux exigences de la loi[54]. Mais d'autres profitent de cette familiarité pour manipuler les inspecteurs à leur profit. Ainsi, « les conditions qui favorisent l'évolution de la coopération sont aussi celles qui favorisent l'évolution de la manipulation et donc de la corruption[55] ».

Dès lors, comment conserver les avantages liés à la coopération tout en évitant ces travers ? C'est ici qu'intervient le deuxième principe proposé par Braithwaite et Ayres, le tripartisme, processus dans lequel des groupes (syndicats, associations environnementales, etc.) peuvent intervenir[56]. Ils doivent avoir accès à toutes les informations utiles aux inspecteurs et pouvoir siéger à la table des négociations, aux côtés des deux autres partenaires. Lorsque les lois ne sont pas respectées, ils peuvent faire pression sur l'entreprise. Par exemple, les représentants syndicaux peuvent accompagner l'inspecteur lors d'une visite de contrôle, au même titre que le responsable de la sécurité de l'entreprise. Ils reçoivent des copies du rapport d'inspection et de toute correspondance ultérieure entre les parties.

Mais peut alors se présenter une nouvelle difficulté, soulevée par Ayres et Braithwaite : certains leaders syndicaux espèrent parfois acquérir plus de renommée auprès de leurs membres par des confrontations glorieuses mais inefficaces avec les patrons que par une négociation coopérative visant à trouver des solutions satisfaisantes à un problème. Selon ces auteurs, cette attitude est essentiellement le fruit d'une revanche des syndicats lorsqu'ils sont exclus de victoires tangibles. Mais si leur parole est vraiment prise en considération, ils seront plus focalisés sur de vrais progrès à long terme, vers des objectifs importants pour leurs membres. Nos deux auteurs soulignent que les syndicats puissants préfèrent généralement les résultats concrets aux récompenses symboliques, et privilégient donc la coopération avec les entreprises et les agences d'État.

Le républicanisme civique

La troisième règle préconisée par Braithwaite et Ayres est de ne pas dissocier la régulation adaptative de la philosophie politique qui la sous-tend : le républicanisme civique[57]. Ils prennent clairement leurs distances avec la conception libertarienne selon laquelle l'État constitue une menace pour la liberté et devrait donc être le plus faible possible ; tout comme ils s'écartent inversement de la conception selon laquelle le marché devrait être affaibli, car intrinsèquement exploiteur[58]. Ils souhaitent le « remplacement de la conception libérale de l'individu libre atomisé par une conception républicaine de l'*empowerment* communautaire[59] » et l'émergence d'un État interventionniste qui redistribue le pouvoir et des ressources aux groupes qui en sont dépourvus. Ils se prononcent donc en faveur d'un « État social-démocrate plutôt que libéral pluraliste, un État qui redistribue activement à la fois la richesse qui permet le pouvoir du marché et les droits de participation qui permettent le pouvoir démocratique[60] ». Dans cette conception, les institutions ont surtout pour fonction de faciliter le fait que les gens prennent soin les uns des autres[61].

Soutenir les initiatives exemplaires

Par la suite, John Braithwaite et ses collègues ont élargi leur conception, complétant la pyramide des sanctions par une pyramide de soutien des forces[62]. L'objectif est que les inspecteurs s'intéressent prioritairement aux réussites des personnes et des organisations contrôlées pour les multiplier. Plus un responsable est innovant et exemplaire, plus l'inspecteur lui apporte son soutien. Pour la plupart des établissements, l'essentiel de l'action peut se situer dans la pyramide de soutien des forces. Ce n'est que si cette stratégie ne fonctionne pas auprès de telle personne ou structure que l'inspecteur opte pour la pyramide des sanctions.

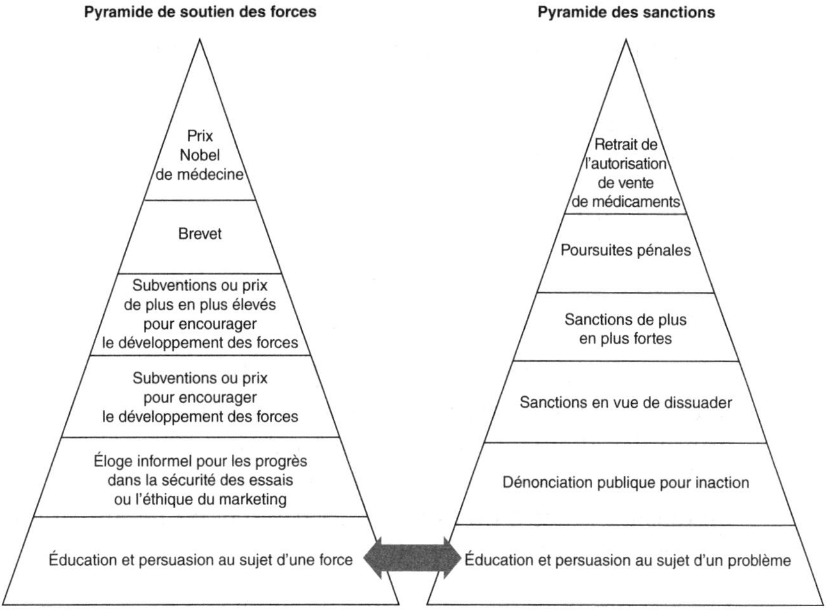

D'après Braithwaite J. (2011), "The essence of responsive regulation", *University of British Columbia Law Review,* 44 (3), 475-520 (p. 482) ; et Braithwaite J., Makkai T. et Braithwaite V. (2007), *Regulating Aged Care: Ritualism and the New Pyramid*, Cheltenham, Edward Elgar, p. 319.

RÉSUMONS-NOUS

- Le dialogue est plus efficace que la sanction pour améliorer la sécurité. Les inspecteurs d'hygiène et de sécurité au travail obtiennent plus de réductions des accidents de travail à travers une attitude coopérative plutôt qu'une approche rigide.

- La meilleure attitude de leur part consiste à équilibrer encouragements et critiques, lorsque celles-ci sont nécessaires, en adaptant la stratégie d'inspection au comportement observé dans l'entreprise.

- La « pyramide régulatrice » de John Braithwaite permet d'ajuster le comportement des inspecteurs à celui des responsables d'entreprise. Face à un dirigeant vertueux, le dialogue et la persuasion ; face à un calculateur égoïste, la dissuasion ; face à un individu irrationnel ou incompétent, l'interdiction d'exercer.

- Les responsables de la sécurité au sein même de l'entreprise sont généralement plus aptes à découvrir l'origine de malfaçons, et donc à améliorer la situation. Ce qui n'élimine évidemment pas la nécessité de l'action des régulateurs de l'État.

13
Quand l'entreprise diminue la pauvreté dans le monde

> On ne demande pas à un malheureux : de quel pays ou de quelle religion es-tu ? On lui dit : Tu souffres ; cela suffit ; tu m'appartiens et je te soulagerai.
>
> *Louis Pasteur*[1]

> Il suffit qu'un seul homme soit tenu sciemment, ou, ce qui revient au même, sciemment laissé dans la misère, pour que le pacte civique tout entier soit nul ; aussi longtemps qu'il y a un homme dehors, la porte qui lui est fermée au nez ferme une cité d'injustice et de haine.
>
> *Charles Péguy*[2]

> La vraie compassion est plus que de jeter une pièce de monnaie à un mendiant. (...) Elle conduit à voir qu'un système qui produit des mendiants doit être restructuré.
>
> *Martin Luther King*[3]

Dans les années 1970, William Campbell et ses collègues, chercheurs au laboratoire pharmaceutique américain Merck & Co., découvrent qu'un micro-organisme est capable de détruire les vers qui infestent le bétail[4]. Ce produit, appelé « ivermectine », devient rapidement un élément majeur de la médecine vétérinaire, le plus vendu de l'Histoire. Tous les propriétaires de bétail, de chevaux et de chiens l'utilisent. Il tue tous les vers gastro-intestinaux en une seule dose, ainsi que les insectes piqueurs qui transmettent les larves de ces parasites.

William Campbell et son collègue Mohamed Aziz se demandent alors si ce produit peut être efficace contre le parasite qui cause la « cécité des rivières » (ou onchocercose), cette infection transmise par les mouches vivant dans les rivières, qui provoque d'intenses démangeaisons, la décoloration de la peau et la cécité complète. Dans certains villages africains touchés, 60 % de la population des plus de 55 ans est alors aveugle.

Ces deux chercheurs demandent à l'entreprise Merck, qui les emploie, d'allouer des fonds pour mener des recherches sur ce thème. Comme pour toute mise au point de médicament, lancer un tel programme coûterait plusieurs millions de dollars, avec des années de recherches en laboratoire suivies d'essais à large échelle dans des villages africains. Or, le médicament ne peut pas générer de profits, puisque cette maladie ne touche que des populations très pauvres d'Afrique et d'Amérique latine.

Il se trouve que Roy Vagelos, PDG de Merck, avait été médecin et chercheur en médecine, ce qui l'avait probablement amené à adopter une politique de médicament novatrice. Pour fixer le prix initial, il s'efforçait tout d'abord de « parvenir à un équilibre entre le bien public et le gain privé », puis une fois un prix juste établi, il veillait à ce que les augmentations ultérieures ne dépassent pas l'évolution du coût de la vie. Décision qui lui avait valu des critiques de la part de certains cadres du marketing de Merck ainsi que de patrons d'autres entreprises pharmaceutiques. Vagelos avait par ailleurs adopté une politique environnementale ferme, parvenant à réduire de 90 % l'émission de substances toxiques en seulement six ans. Il s'était également efforcé d'accorder les mêmes possibilités d'évolution de carrière aux femmes et aux membres de minorités qu'aux autres employés.

Mais revenons aux recherches sur l'ivermectine. Vagelos est confronté à un dilemme : soit il accepte la demande de Campbell et engage Merck et ses actionnaires à produire un médicament sans valeur commerciale ; soit il rejette la demande et arrête la mise au point d'un médicament qui peut radicalement transformer la vie de millions de personnes.

Si Vagelos avait suivi la doctrine majoritaire, selon laquelle la finalité de l'entreprise est de fournir des profits aux actionnaires, il aurait choisi la seconde option. Mais, comme il l'écrit lui-même : « Par chance, cela faisait peu de temps que j'étais dans les affaires, et je me considérais d'abord comme un médecin, ensuite comme un scientifique, et enfin comme le président d'un laboratoire industriel[5]. » Mohamed Aziz, un expert de Merck en maladies tropicales, et son équipe traitent donc en Afrique des personnes infectées, et constatent qu'une seule dose de produit élimine tous les vers, sans effet secondaire pour les patients.

Dès lors, que faire de ce produit très efficace, mais que les malades ne peuvent acheter ? « Si nous décidions de vendre le Mectizan, écrit Vagelos, il n'atteindrait pas ceux qui en avaient le plus besoin, quel que soit le prix. Ceci était inacceptable pour une compagnie dédiée à l'amélioration de la santé humaine. Si, d'un autre côté, nous décidions de le donner, nous créerions un dangereux précédent pour une entreprise pharmaceutique, qui avait besoin de profits pour soutenir le type de recherche et développement ayant rendu possible le Mectizan[6]. » Vagelos décide de fournir gratuitement le médicament à toute personne susceptible d'être atteinte par la cécité des rivières, où que ce soit dans le monde et aussi longtemps que nécessaire. Le conseil d'administration soutient pleinement cette décision.

Au cours des dix années qui ont suivi, Merck a distribué près de 100 millions de médicaments. Certains villageois faisaient jusqu'à trois jours de marche pour atteindre les points de distribution. Lancé en 1987, ce programme est aujourd'hui la plus longue action de dons de médicament. Il touche 250 millions de personnes chaque année et plus de deux milliards de doses ont été fournies depuis 1987. Tout cela pour un coût global de plus de 3 milliards de dollars.

Vagelos pose lui-même la question : « Le programme de don du Mectizan est-il une sage politique d'entreprise ? » Voici sa réponse :

« Certains affirment que les entreprises ne devraient pas faire de dons, prétendant que leur première obligation est de rétribuer les actionnaires avec des dividendes plus élevés et de ne pas gaspiller les ressources de la compagnie par des dons. Je ne suis pas d'accord. Notre politique relative au Mectizan et à d'autres dons a fait de Merck une compagnie où les gens sont fiers et motivés parce qu'ils veulent améliorer des vies dans le monde. Cela nous a aidés à recruter les meilleures personnes et à construire le moral de l'entreprise. C'était en accord avec la philosophie fondamentale de Merck, consistant à bien faire en faisant du bien. Cela a servi la société mondiale. Merck sert. Cela a aussi servi les actionnaires, car la générosité d'une entreprise est souvent suivie par des profits plus importants puisque celle-ci devient un lieu de travail meilleur, plus attractif pour les meilleurs talents. (...) Nous avons pu embaucher toute personne que nous souhaitions pour les dix ans à venir grâce à l'ambiance qui régnait dans l'entreprise[7]. »

« La médecine est faite pour les gens, pas pour les profits »

Cette histoire est emblématique ; elle montre comment un responsable industriel, prenant une décision à partir de considérations morales, aboutit finalement à un gain pour l'entreprise, même si celui-ci est difficilement mesurable. Vagelos rappelle d'ailleurs que George Merck, fils du fondateur et président de l'entreprise de 1925 à 1957, avait déclaré : « Nous essayons de ne jamais oublier que la médecine est faite pour les gens, pas pour les profits. Les profits suivent, et lorsque nous nous sommes souvenus de cela, ils n'ont jamais manqué d'apparaître[8]. »

Après la retraite de Vagelos, Merck a élargi le programme de dons, pour y inclure les personnes atteintes d'éléphantiasis, autre maladie parasitaire liée à un ver, qui affecte des millions de personnes en Afrique.

Merck a obtenu de nombreux prix et a été nommé à de multiples reprises dans la liste des entreprises les plus admirées, établie par *Fortune*. Beaucoup de personnalités et d'institutions ont salué la décision de Vagelos. Ainsi, Jimmy Carter, ancien président des États-Unis, a considéré que « la campagne contre la cécité des rivières montre comment une grande entreprise internationale peut changer la vie de millions de personnes » en « avançant au-delà des limites d'un intérêt étroit à court terme et en acceptant une responsabilité globale plus large ». Selon lui, l'action de Vagelos a « aidé à prouver qu'une entreprise peut (...) être profondément concernée par le soulagement de la souffrance dans le monde. (...) Des villages autrefois déserts sont maintenant florissants. Et les enfants, qui étaient destinés aux ténèbres, grandissent maintenant libres pour la première fois, capables de regarder vers l'avenir[9] ».

La Banque mondiale a déclaré que « la quasi-élimination de la cécité des rivières en tant que problème de santé publique et comme obstacle au développement socio-économique en Afrique de l'Ouest constitue l'une des plus remarquables réussites dans l'histoire de l'aide au développement[10] ».

La consécration définitive est venue en 2015, avec l'attribution du prix Nobel de médecine à Satoshi Ōmura, qui a découvert le micro-organisme, et à William Campbell, le biologiste de Merck qui a identifié ses propriétés antiparasitaires. Ce prix a également récompensé la Chinoise Tu Youyou, qui a mis au point un médicament contre le paludisme.

La diffusion gratuite du Mectizan à grande échelle est un exemple parmi d'autres de l'engagement d'entreprises multinationales pour soulager les souffrances dans ce monde. Une conception largement répandue voudrait que les entreprises se focalisent essentiellement, voire uniquement, sur les profits, et que les gouvernements aient pour tâche de fournir des biens publics. Mais cette division du travail est de plus en plus remise en cause pour au moins deux raisons liées entre elles. D'une part, la dette publique pèse non seulement sur les pays du Sud, mais également sur ceux du Nord, qui deviennent plus parcimonieux dans leur aide. D'autre part, avec la mondialisation, de plus en plus d'entreprises, inversement, sont amenées à assumer des responsabilités sociales, voire politiques, qui vont bien au-delà des exigences légales qui leur sont imposées[11]. Ces engagements concernent des domaines aussi divers que la santé publique, l'éducation, l'environnement, la lutte contre la pauvreté et la malnutrition, la protection des droits humains, etc. Le concept de citoyenneté des entreprises fait ainsi son chemin[12], à côté de celui plus classique de responsabilité sociale. Cette approche est cependant critiquée, tant par des partisans du libéralisme économique[13] que par des adeptes d'un engagement fort de l'État[14], les uns et les autres partageant l'idée que les entreprises assument alors un rôle qui n'est pas le leur. Selon ces auteurs, ce sont aux États et aux institutions internationales (Onu, OMS, FAO, etc.), ainsi qu'aux ONG de traiter ces problèmes. Or, la réalité est là : malgré d'intenses investissements financiers et techniques, et bien que la situation de l'humanité se soit globalement améliorée au cours des dernières décennies, ces diverses institutions ne sont pas parvenues à être aussi efficaces qu'on aurait pu le souhaiter.

Pour illustrer ce que des entreprises peuvent apporter dans ce contexte, j'ai fait le choix de relater dans ce chapitre des expériences d'impact à large échelle, que voici :

- la philanthropie ;
- la « fortune au bas de la pyramide » ;
- le microcrédit ;
- le *social business* ;
- l'expérience Gawad Kalinga.

La philanthropie

La décision prise par la direction de Merck prête peu le flanc à la critique et à la polémique. Mais ce n'est pas le cas de toutes les actions de philanthropie d'entreprise, qui peuvent susciter des réactions diamétralement opposées, selon l'intention prêtée à leurs auteurs : soit l'admiration envers des personnes perçues comme profondément généreuses, soit l'indignation si l'on estime que ces mêmes personnes se donnent bonne conscience et cachent leur cynisme sous un voile hypocrite de faux altruisme. Lorsqu'elle est le fait de chefs d'entreprise, pèse de plus le soupçon d'une stratégie commerciale destinée à l'augmentation des profits.

Les philanthropes, héros ou escrocs ?

À titre d'exemple, Bill Gates, le plus important philanthrope de l'Histoire, est considéré à ce titre par un auteur comme « le plus grand héros du XXIe siècle[15] » pour avoir « déjà sauvé plus de 10 millions de vies », par le biais de sa fondation, tandis que d'autres affirment que « derrière le Bill Gates philanthrope, il y a toujours le VRP de Microsoft[16] » dont les actes généreux ne sont que « le masque humanitaire qui cache l'exploitation économique sous-jacente[17] ».

Pour ma part, je pense que les philanthropes ne méritent pas ces excès d'honneur ou d'indignité. Il y a généralement chez eux une démarche authentique d'intérêt pour l'humanité, sans qu'ils soient pour autant purs de toute ambiguïté. Mais qui peut honnêtement prétendre être entièrement pur et totalement cohérent entre ses convictions et ses actes ?

Virginie Seghers, une consultante qui a dirigé pendant sept ans l'Admical (Association pour le développement du mécénat industriel et commercial), conclut de ses multiples entretiens avec des mécènes :

« Ce n'est ni un don désintéressé, ni un acte commercial, mais une relation de coopération qui crée une valeur partagée. Ce n'est ni un coup de cœur ni un acte parfaitement rationnel, mais l'engagement d'une entreprise, et souvent d'une personne, à la fois sensible et sensée. (...) J'ai aussi été sensible à sa dimension humaine, qui le distingue des relations administratives, souvent impersonnelles. Il y a dans le mécénat une part affective, une délectation à peine cachée, qui se combine avec l'intérêt de l'entreprise[18]. »

Les entretiens menés par Seghers auprès de philanthropes français nous éclairent sur leurs motivations[19]. Plusieurs citent les valeurs familiales, souvent chrétiennes, dans lesquelles ils ont été bercés. Est d'ailleurs rappelée l'étymologie du mot philanthropie, qui signifie « aimer les humains ». Ils souhaitent redonner à la société une part de ce qu'elle leur a offert. La plupart sont discrets dans leurs dons, ne cherchent pas à se faire remarquer, tout en éprouvant une intense satisfaction dans ces actes. Ils insistent sur leur désir de contribuer à l'émergence d'une société meilleure et plus juste, en insufflant du professionnalisme dans l'action généreuse.

Pour Alain Caillé, professeur honoraire de sociologie à l'université Paris Ouest Nanterre, « la philanthropie a un rôle majeur à jouer. (...) Les philanthropes, qui n'ont pas de motivations explicitement politiques, sont donc légitimes s'ils contribuent à la vitalisation du rapport social, à renforcer l'idéal de démocratie, au-delà du marché et de l'État. Je pense que la philanthropie est à même de constituer le "capital social" des économies modernes[20] ».

Bien qu'il s'agisse d'un phénomène très ancien, la philanthropie a pris un caractère particulier au cours des dernières années, en raison de l'ampleur des sommes qu'elle met aujourd'hui en jeu. L'un des livres les plus enthousiastes sur ce thème est celui de Matthew Bishop, journaliste à *The Economist*, et Michael Green, directeur exécutif de *Social Progress Imperative*, une organisation à but non lucratif qui évalue la performance sociale et environnementale des nations. Le titre de la première édition de leur ouvrage peut se traduire par : « Philanthrocapitalisme : comment les riches peuvent sauver le monde[21] ». Mais la chance ne leur a pas souri ; le livre est paru en septembre 2008, juste au moment où le capitalisme international paraissait sombrer. Ils ont d'ailleurs modifié le titre dans les éditions suivantes, remplaçant « comment les riches peuvent sauver le monde » par « comment donner peut sauver le monde ».

Ces deux auteurs constatent que les nouveaux philanthropes ne se contentent plus de signer un chèque, ils s'impliquent fortement dans l'orientation donnée à l'action, et surtout dans le suivi des actions. Un élément essentiel consiste à appliquer dans l'action humanitaire des méthodes issues de l'entreprise, en visant à ce que chaque euro ou dollar versé soit utilisé de la manière la plus efficiente possible. Leur livre est devenu, d'une certaine manière, le manifeste de cette nouvelle génération de donateurs. Cette approche a suscité de nombreuses réactions critiques, comme l'on pouvait s'y attendre[22].

Bill et Melinda Gates, les plus grands philanthropes de l'Histoire

Arrêtons-nous sur la Fondation Bill et Melinda Gates, qui est à la fois la mieux dotée au monde et probablement celle qui a suscité le plus d'analyses. Certes, il ne s'agit pas d'une fondation d'entreprise, mais Bill Gates a évidemment tiré sa fortune de son activité d'entrepreneur ; et il a gardé un état d'esprit d'entreprise dans le fonctionnement de sa fondation. Créée en 2000, elle a une dotation de 43,5 milliards de dollars et a dépensé presque 4 milliards de dollars en 2014. En 2006, la contribution de Warren Buffett, deuxième fortune mondiale après Bill Gates, avait déjà permis de doubler, du jour au lendemain, le montant des avoirs de l'organisation.

Son action s'exerce essentiellement dans trois domaines : la santé et l'agriculture mondiales, ainsi que l'éducation aux États-Unis. C'est l'activité sanitaire qui suscite le plus de réactions. Son poids est très important, puisque les dons annuels sont supérieurs aux dépenses de l'Organisation mondiale de la santé. Ses principaux objectifs sont l'éradication du paludisme ainsi qu'une considérable réduction de la tuberculose et du sida. Selon Bill Gates, le paludisme peut être éliminé en une génération.

Il n'y a pas si longtemps, Bill Gates inquiétait le monde entier en raison de la puissance financière de Microsoft. Ainsi, le 5 juin 1995, le magazine *Time* faisait sa une en le qualifiant de maître de l'univers, en raison de ses ambitions dans toutes sortes de domaines industriels. Mais l'homme le plus riche du monde est devenu en quelques années le plus grand philanthrope. Son épouse, Melinda, décrit les origines de cet engagement : « Nous faisions du tourisme. En 1993,

Bill et moi réfléchissions déjà au meilleur moyen de redonner un jour au monde les ressources amassées par Microsoft, mais il pensait se consacrer à la philanthropie après l'âge de 60 ans... En plus, cette année-là, nous venions de nous fiancer et nous voulions avant tout faire un beau voyage et voir plein d'animaux dans la savane ! Mais notre séjour a pris une tournure différente. Dans le Zaïre d'alors, que nous découvrions de notre Range Rover et de nos campements de grand luxe, la réalité s'étalait sous nos yeux. Au bord de la route, je voyais des femmes marcher pieds nus pendant des kilomètres, une lourde charge sur la tête, un enfant dans le dos et parfois un autre sur le ventre[23]. »

De son côté, Bill Gates raconte sa métamorphose : « J'ai découvert ces dramatiques inégalités de santé il y a quelques années, en lisant un article sur les maladies dans le monde en développement. Il montrait que plus d'un demi-million d'enfants meurent chaque année d'un rotavirus. J'ai pensé : “Rotavirus ?” Je n'en avais jamais entendu parler. Comment pouvais-je n'avoir jamais entendu parler de quelque chose qui tue chaque année un demi-million d'enfants ? J'ai continué ma lecture et j'ai appris que des millions d'enfants mouraient de maladies qui avaient été en grande partie éliminées aux États-Unis. Melinda et moi avons considéré que s'il y avait des vaccins et des traitements qui pouvaient sauver des vies, les gouvernements devaient faire tout ce qu'ils pouvaient pour les offrir aux personnes qui en avaient besoin. Mais ce n'était pas le cas. Nous ne pouvions pas éviter cette brutale conclusion que, dans le monde d'aujourd'hui, certaines vies sont considérées comme dignes d'être sauvées, et d'autres non. Nous nous sommes dit : “Ça ne peut pas être vrai. Mais si c'est vrai, cela mérite d'être la priorité de nos dons.” »[24]

« Toutes les vies ont une valeur égale, mais le monde ne nous traite pas également »

La fondation repose sur des valeurs universalistes fortes. Selon Bill Gates : « Chacun sur cette planète mérite un niveau élémentaire de santé. Six millions d'enfants meurent sans raison chaque année ; il y a quatre millions et demi de décès d'adultes dus au manque de disponibilité de la meilleure technologie[25]. » Son épouse tient des propos identiques : « Notre conviction est que toutes les vies ont une valeur égale. (...) Nous naissons tous égaux, mais le monde ne nous traite pas également. Les ressources ne sont pas réparties équitablement. (...) Je ne veux pas que mes trois enfants vivent, aux États-Unis, dans une société injuste. Or, l'une des clés de la justice sociale est l'accès à l'enseignement. Notre conviction est que tout enfant a droit à de bons enseignants. L'éducation est un grand égalisateur social et un facteur-clé de la démocratie. Vu les carences de l'enseignement public aux États-Unis, nous avons investi des milliards dans les écoles[26]. »

Gates est convaincu que si les épidémies qui ravagent les pays en développement se produisaient dans les pays riches, l'opinion publique inciterait les gouvernements à agir rapidement. « Mais il semble parfois que le monde riche ne peut même pas voir le monde en développement. Nous avons rarement des relations directes avec les gens qui souffrent, et nous agissons donc comme si ces gens n'existaient pas et comme si la souffrance n'arrivait pas[27]. »

Devenu philanthrope, Gates regrette, par exemple, qu'il y ait bien plus de recherches visant à résoudre le problème de la calvitie masculine qu'à éliminer le paludisme, car les individus qui ont besoin de médicaments contre cette maladie n'ont pas les moyens de les acheter[28]. Cependant, il croit toujours aussi fermement aux vertus du capitalisme, mais d'un capitalisme bienveillant, qu'il appelle le « capitalisme créatif ». Dans un texte rédigé pour le magazine *Time*, alors qu'il s'apprêtait à quitter la direction de Microsoft pour se consacrer exclusivement à sa fondation, il estime qu'il faut trouver de nouvelles méthodes permettant aux investisseurs des régions riches d'être financièrement récompensés lorsqu'ils investissent dans des régions pauvres de la planète[29].

Selon lui, les gouvernements et les ONG ont un rôle irremplaçable pour aider les milliards de pauvres sur Terre, mais cela prendra trop de temps s'ils le font seuls. Ce sont surtout les entreprises qui ont les compétences pour opérer des innovations technologiques nécessaires. Or, il faut agir vite, car « plus nous attendons, plus nombreuses sont les personnes qui souffrent inutilement ». Il propose par exemple que sa fondation aide à financer les recherches d'industries pharmaceutiques afin que celles-ci puissent découvrir et mettre au point des vaccins permettant d'éradiquer des maladies affectant les zones les plus pauvres de la planète. De fait, au fil des ans, la Fondation Gates a massivement financé des campagnes de vaccination pour prévenir les maladies infectieuses, notamment le VIH, la polio et le paludisme. Lorsqu'il n'existe pas de vaccin disponible, elle finance des programmes de recherche pour en mettre au point.

Un élément important de cette stratégie est la mesure des effets des actions menées. Selon Melinda Gates, « dans la philanthropie aussi, il nous paraît indispensable de mesurer les effets de nos investissements. Nous ne nous serions pas engagés dans le programme de vaccination Gavi sans avoir l'assurance que nous pourrions en contrôler l'efficacité cinq ans plus tard[30] ».

Même Thomas Piketty, peu suspect de néolibéralisme exacerbé, a parlé ainsi de Bill Gates après une rencontre entre les deux hommes : « Je pense qu'il croit sincèrement qu'il est plus efficient que le gouvernement, et, vous savez, il l'est peut-être parfois. »[31]

Sauver des millions de vies par des campagnes sanitaires

Profondément optimiste et convaincu de l'utilité de son action, Bill Gates souhaite faire baisser radicalement la mortalité infantile (enfants de moins de 5 ans) dans le monde. Elle a déjà diminué de moitié en vingt-cinq ans, passant de 12,7 millions en 1990 à 5,9 millions en 2015, soit une réduction de 53 %[32]. Gates vise à la faire régresser encore, jusqu'à 1 million de décès en 2030, ce qui impose, selon lui, d'intenses campagnes de vaccination. Le philanthrope considère comme particulièrement efficace le programme Gavi, lancé en 2000 au Forum économique mondial de Davos. Ce partenariat rassemble des gouvernements de pays riches et pauvres, l'OMS, l'Unicef, la Banque mondiale, des instituts de recherche, des ONG et des fondations, avec pour objectif de sauver des vies d'enfants par un programme de vaccination de masse. Depuis le tournant du siècle, la mortalité due au paludisme a baissé de 42 % et quatre pays ont éliminé cette maladie, en partie grâce à la Fondation Gates[33].

L'Organisation mondiale de la santé considère qu'au cours de la décennie 2011-2020, entre 24,6 et 25,8 millions de vies peuvent être sauvées en maintenant et en améliorant les campagnes actuelles de vaccination[34]. Étant donné l'importance des fonds attribués par la Fondation Gates à des campagnes de vaccination, on peut légitimement penser que Bill Gates aura contribué à sauver des millions de vies[35].

Parallèlement, les programmes de recherche n'ont pas fourni de résultats au rythme auquel s'attendait initialement Bill Gates.

Celui-ci reconnaissait d'ailleurs, dans un bilan réalisé cinq ans après avoir lancé des recherches, avoir été naïf à ce sujet[36]. Il cite l'exemple des recherches sur les vaccins ne nécessitant pas de chaîne du froid. En 2005, il pensait que certains seraient opérationnels dès 2010. Or, en 2010, il doutait qu'ils existeraient en 2015. Il avait au départ fortement sous-estimé le temps nécessaire pour mettre au point un produit pharmaceutique.

Anne-Emmanuelle Birn, professeure de santé internationale à l'université de Toronto, a fait l'une des critiques les plus radicales de la stratégie adoptée par la Fondation Gates. Partant de la lenteur des résultats, elle oppose cette situation aux remarquables améliorations de la situation sanitaire de pays comme Cuba ou le Venezuela. Par exemple, le programme vénézuélien « Dans le quartier » (*Barrio Adentro*), initié en 2003, a permis, en moins d'une décennie, de doubler l'accès aux soins de santé primaires (qui concernent aujourd'hui presque l'ensemble de la population), avec 3 200 petites cliniques de santé construites dans les quartiers les plus pauvres. Elle cite notamment l'OMS, qui a montré qu'au cours de la première décennie de la révolution bolivarienne opérée par Hugo Chávez au Venezuela, la mortalité néonatale est passée de 19 à 13,9 décès pour 1 000 naissances, et la mortalité des enfants de moins de 5 ans est passée de 26,5 à 16,7 décès pour 1 000 naissances[37].

Cette comparaison est à la fois excellente et contestable. Excellente, car il s'agit de comparer deux cas de figure dans lesquels des hommes ont injecté des sommes considérables, mais à partir de philosophies politiques opposées et avec des pratiques très différentes. D'un côté, Bill Gates est un fervent défenseur du capitalisme et fait reposer son action sur une conception biomédicale et technologique des soins. De l'autre, Hugo Chávez, chef d'État, a mis en place une politique clairement orientée à gauche, et a privilégié les soins de santé primaires. Il a surtout fait appel à des médecins cubains pour mettre en place sa politique sanitaire.

Mais cette comparaison est également contestable, car dans son article, fort documenté par ailleurs, Anne-Emmanuelle Birn fait référence à l'Organisation mondiale de la santé, mais sans citer de sources. Or, il suffit d'examiner les documents de l'OMS[38] pour constater que les conclusions sont plus mitigées que ce qu'affirme Birn. Hugo Chávez a été président de la République de 1999 à

2013. Au Venezuela, l'espérance de vie à la naissance a augmenté de deux ans entre 2000 et 2012, mais il en a été de même pour l'ensemble de l'Amérique du Sud pendant cette période, sous des régimes politiques variés. Par ailleurs, la mortalité maternelle a augmenté au Venezuela pendant cette période, alors qu'elle a fortement diminué dans l'ensemble de l'Amérique du Sud.

Quoi qu'il en soit, la critique revient sous la plume de divers auteurs : la Fondation Gates se base trop sur une conception essentiellement biomédicale et technologique de la santé, au détriment d'approches reposant sur la réduction de la pauvreté. Ainsi, pour Birn, l'espoir que porte Gates en la technologie est en contradiction avec la grande quantité de travaux montrant que le faible taux de mortalité en Occident depuis le XIXe siècle a surtout été le résultat d'amélioration des conditions de vie et de travail.

William Muraskin, spécialiste des politiques internationales de santé à l'université de Berkeley, formule une critique proche en disant que, même si les stratégies verticales du haut vers le bas jouent un rôle nécessaire et puissant pour améliorer la santé des communautés, elles ne peuvent réussir à long terme sans le soutien sincère de la base[39]. Cet auteur conteste le caractère non négociable de la priorité accordée aux vaccinations dans l'action sanitaire de la Fondation Gates, sans tenir compte des priorités fixées par les pays eux-mêmes. Selon lui, l'objectif louable de vaccination des populations ne devrait pas être totalement abandonné, mais devrait dépendre d'objectifs plus larges concernant l'ensemble du système de santé.

Bill Gates est parfaitement au courant de ces critiques : « Certains font référence à la meilleure santé dans le monde développé et disent que nous ne pouvons améliorer la santé qu'en éliminant la pauvreté. Et l'élimination de la pauvreté est un objectif important. Mais le monde n'a pas eu besoin d'éliminer la pauvreté pour éliminer la variole, et nous n'avons pas besoin d'éliminer la pauvreté avant de réduire le paludisme. Nous avons besoin de produire et distribuer un vaccin, et le vaccin sauvera des vies, améliorera la santé et réduira la pauvreté[40]. »

D'autres experts en santé internationale ont pointé un problème supplémentaire : les maladies visées par la Fondation Gates ne sont pas les priorités majeures pour la santé des enfants. En particulier sont peu financées par la fondation la pneumonie et la diarrhée, à l'origine d'environ 40 % des décès d'enfants dans le monde, ainsi que la dénutrition maternelle et infantile, cause sous-jacente de 35 % des décès d'enfants[41]. Le professeur Tachi Yamada, qui était alors président du Programme de santé mondiale de la Fondation Gates, a répondu en disant que l'espérance de vie en bonne santé est la considération première de la fondation dans ses prises de décisions.

La critique n'est pas justifiée concernant une maladie comme le paludisme (ou malaria), qui touche presque 200 millions de personnes, dont presque 600 000 décèdent chaque année. En Afrique subsaharienne, un enfant meurt de paludisme chaque minute. La Fondation Gates s'investit fortement dans ce domaine. Par exemple, elle couvre 20 % des fonds de DNDi (*Drugs for Neglected Diseases initiative*), organisation de recherche indépendante, à but non lucratif, créée en 2003 par Médecins sans frontières et l'Institut Pasteur[42]. Comme l'indique son nom, cette organisation cible son action sur les maladies négligées par les laboratoires pharmaceutiques. DNDi prend en charge le coût, généralement important, des recherches pour mettre au point des médicaments, ce qui réduit considérablement leur prix final. De plus, les laboratoires acceptent de vendre ces médicaments à prix coûtant ou presque, puisque les personnes atteintes de paludisme n'ont généralement pas les moyens de les acheter. L'accord entre DNDi et Sanofi pour un traitement contre le paludisme a ainsi permis de distribuer 200 millions de traitements à 1 dollar. Les industriels y gagnent malgré tout, car, comme le dit Julien Potet, de Médecins sans frontières : « s'engager contre le paludisme apporte un gain d'image énorme » aux laboratoires. Bill Gates s'est d'ailleurs adressé, à Londres, en janvier 2012, aux PDG des grands groupes pharmaceutiques. À la suite de cela, « des labos avec lesquels nous n'avions jamais travaillé sont venus nous proposer des composés », raconte Jean-Pierre Paccaud, directeur du développement chez DNDi.

Selon une autre critique, la fondation investit une partie importante de ses fonds dans des placements financiers qui sont contradictoires avec ses objectifs. En effet, la dotation de la Fondation Gates repose sur deux sources de revenus : la fortune personnelle de Bill Gates et des investissements dans des entreprises. La charge est venue d'une enquête publiée en 2007 par trois journalistes du

Los Angeles Times[43]. Ils affirment que la Fondation Gates détient des participations dans diverses entreprises responsables d'atteintes à l'environnement, de discrimination à l'embauche ou encore de mépris des droits des salariés. Par exemple, la Fondation Gates finance une campagne de vaccination contre la polio et la rougeole au Nigeria, tout en tirant des revenus chaque année de ses investissements dans des compagnies telles que Total, Shell ou encore Exxon Mobil, qui sont responsables dans ce pays de pollutions qui seraient inacceptables en Occident. Le Dr. Elekwachi Okey, un médecin local, affirme que les émanations des usines pétrolières ont provoqué de multiples troubles chez les enfants et adultes du voisinage : bronchite, asthme et diminution de la vision. « Nous sommes tous des fumeurs, dit-il, mais sans cigarettes. » À la suite de ces critiques, la fondation a annoncé qu'elle allait réexaminer sa stratégie d'investissement, puis a finalement maintenu ses pratiques[44].

Encore un effort, M. et Mme Gates !

Alors, que penser de Bill et Melinda Gates, et de leur fondation ? Ces personnes sont-elles des héros absolus, ou, inversement, de parfaits hypocrites, comme l'affirment les auteurs que j'ai cités plus haut ? Ces affirmations catégoriques me semblent bien hasardeuses. Leur engagement paraît sincère. Bill Gates, qui semblait n'être intéressé pendant des années que par le pouvoir et l'argent, a véritablement changé et trouve du bonheur et du sens dans l'action qu'il mène aujourd'hui. Le meilleur test est d'ailleurs la durée ; or, ce couple continue, année après année, à s'investir dans sa fondation, sans faiblir. Melinda Gates dit qu'elle espère occuper la même fonction dans trente ans[45] et son mari a déclaré que son action philanthropique est la meilleure chose qu'il ait faite dans sa vie, en termes de plaisir, à part le fait de se marier[46].

Ils ont d'ailleurs entraîné dans leur sillage de nombreux milliardaires. En 2010, Bill Gates et Warren Buffett, respectivement deuxième et troisième fortunes mondiales, ont lancé le projet *Giving Pledge* (« Promesse de don »), afin d'inciter les personnes les plus riches à donner la moitié de leur fortune, de leur vivant ou à leur mort, pour le bien de la société, plutôt que de transmettre cet argent à leurs descendants. Melinda Gates explique : « En cinq ans, nous avons rallié 127 milliardaires. La plupart sont de grands patrons qui ont créé ces fortunes au cours de leur carrière. Il ne leur est pas toujours facile de réorienter, du jour au lendemain, vers la philanthropie, l'énergie et le talent qu'ils ont déployés dans leur business. Mais beaucoup d'entre eux se sont pris au jeu : ils échangent des informations, des idées, des conseils[47]. »

La puissance financière de la Fondation Gates a déjà aidé des millions de gens à vivre mieux, ou, au minimum, à éviter de mourir. Pour autant, comme nous venons de le voir, leur action mériterait d'être encore plus transparente et cohérente. Ma position se rapproche donc de celle exprimée par quelques auteurs qui ont étudié de près le cas Gates. Par exemple, Mark Harrington, directeur du Treatment Action Group, une association militante visant à augmenter les recherches sur le sida et d'autres maladies infectieuses, et qui a bénéficié du soutien financier de la Fondation Gates, déclare : « La recherche médicale et la santé mondiale sont deux biens publics : les bénéfices profitent à tous, même si seuls quelques-uns paient pour cela. L'industrie ne le fera que si elle y voit un retour sur investissement ; quant aux philanthropes, eh bien, Gates utilise mieux son argent que ne le font les frères Koch [mécènes du mouvement américain ultralibéral Tea Party]. Est-ce que je pense que c'est bien que nous vivions dans un monde où certaines personnes ont autant d'argent ? Vraiment non, mais je ne l'ai pas choisi. Nous devons travailler avec le monde tel qu'il est[48]. »

La Fondation Gates gagnerait certainement à être plus à l'écoute des acteurs locaux de la société civile, plus transparente dans les prises de décision, et à agir pour lutter non seulement contre les maladies, mais aussi pour améliorer les conditions de vie qui facilitent leur émergence et leur diffusion. Mais qui pourrait nier que son action est très utile ?

« La fortune au bas de la pyramide »

Coimbatore Krishnarao Prahalad, professeur de stratégie d'entreprise à l'école de commerce de l'université du Michigan, s'est efforcé de convaincre des dirigeants d'entreprises multinationales qu'il était possible de faire des affaires avec les pauvres. L'ouvrage qui l'a rendu célèbre, publié en 2004, s'intitule *La fortune au bas de la pyramide : éradiquer la pauvreté grâce aux profits*[49]. L'intention initiale est clairement commerciale. Dix ans plus tôt, Prahalad avait d'ailleurs écrit un ouvrage à l'objectif assumé, *La conquête du futur : Stratégies audacieuses pour prendre en main le devenir de votre secteur et créer les marchés de demain*[50]. Le concept de « bas de la pyramide » ou BoP (*Bottom of the Pyramid*) s'est largement répandu dans le monde des multinationales depuis quelques années. Le bas de la pyramide, ce sont les milliards de personnes très pauvres dans le monde, qui disposent de moins de deux dollars par jour.

Devenir riche grâce aux pauvres : une perspective très contestable

Prahalad constate que les marchés occidentaux sont saturés et que les multinationales doivent donc trouver de nouveaux marchés. La solution qu'il préconise est de s'intéresser aux personnes à très faible pouvoir d'achat, marché immense mais ignoré par erreur. Pour les atteindre, il est évidemment nécessaire de baisser les prix. Or, c'est possible si l'on met en place des innovations radicales, dans la production et la distribution. Pour Prahalad, le business avec les pauvres ne relève pas de la responsabilité sociale, mais bien d'une logique de marché : « Il n'est pas question, ici, de philanthropie ni de responsabilité sociale des entreprises »[51].

La démarche BoP, telle que l'a présentée Prahalad, a fait l'objet de diverses critiques[52], en particulier par Aneel Karnani[53], également professeur de stratégie d'entreprise à l'école de commerce de l'université du Michigan (de même que Prahalad). Cet auteur qualifie le BoP de « mirage » et estime que Prahalad a une vision très romancée des pauvres. Par exemple, l'approche BoP ne concerne pas les plus pauvres, car ceux-ci n'ont pas les moyens de s'offrir les produits mis en avant par Prahalad. De plus, elle élimine les petits commerces locaux, qui sont pourtant plus aptes à répondre aux besoins des plus pauvres, car ils sont mieux intégrés dans la communauté locale.

Ajoutons une autre remarque concernant le mot employé par Prahalad : *bottom*, c'est-à-dire le « bas » (de la pyramide). Ce mot désigne la partie la plus insignifiante d'un ensemble, tandis que le mot *base* (« base ») est bien plus valorisant, car il désigne ce qui est le fondement qui soutient cet ensemble[54]. D'ailleurs, de plus en plus de personnes qui se réfèrent au concept de BoP parlent de « base de la pyramide » plutôt que de « bas de la pyramide ».

Mais là n'est pas l'essentiel. Car la principale critiquée adressée à l'approche BoP est que sa finalité est clairement de permettre aux multinationales de faire du profit, bien plus que d'améliorer la situation des pauvres. Stuart Hart, qui fut le coauteur avec Prahalad du premier texte écrit sur le BoP, le reconnaît sans détour :

« Dans la précipitation pour s'emparer de la fortune à la base de la pyramide, quelque chose a pu être oublié, la perspective des pauvres eux-mêmes[55]. »

Karnani estime pour sa part qu'il ne faut pas se faire une vision idéalisée des pauvres, car ceux-ci font souvent des choix qui ne sont pas dans leur propre intérêt, souvent sous l'influence de campagnes de publicité. Il cite notamment une étude des économistes Abhijit Banerjee et Esther Duflo, portant sur douze pays, qui montre que les pauvres préfèrent parfois acheter de l'alcool ou des cigarettes plutôt que des produits d'alimentation et de santé[56]. Les pauvres ne sont évidemment pas les seuls à être tentés par des produits inutiles voire néfastes, mais les conséquences sont bien plus négatives pour eux, car ce choix se fait alors au détriment d'achats de première nécessité. Karnani cite le cas de Hasan, un conducteur de pousse-pousse, qui dépense 0,2 dollar par jour en tabac. Lorsqu'on lui a demandé si ses trois enfants mangeaient des œufs, il s'est exclamé : « Des œufs ? Mais d'où viendrait l'argent pour leur en acheter ? » Or, si Hasan ne fumait pas, chacun de ses enfants pourraient manger un œuf par jour ou d'autres aliments nutritifs[57]. Karnani considère que les entreprises sont partiellement responsables de ce type de situation.

Certaines multinationales présentes dans les pays pauvres créent un désir d'achat de produits qui ne répondent pas aux besoins réels de la population. Un cas emblématique d'approche BoP valorisé dans le livre de Prahalad a fait l'objet de multiples critiques. Il s'agit de la crème de beauté *Fair and Lovely*, commercialisée par Hindustan Lever, la filiale d'Unilever en Inde, qui a pour caractéristique d'éclaircir la peau. Ce produit, très rentable pour le fabricant, vise les femmes indiennes pauvres, mais son efficacité est discutable et, surtout, il renforce les préjugés raciaux. Dans l'une de ses publicités, un père se lamente : il ne trouve pas d'homme pour épouser sa fille, car elle gagne trop peu d'argent et a une peau sombre. Puis la jeune femme utilise la crème, voit sa peau s'éclaircir, trouve un poste bien payé comme hôtesse de l'air, ce qui rend son père heureux. Brinda Karat, secrétaire générale du Congrès des femmes de l'Inde démocratique a déclaré que la publicité sur ce produit était « très raciste », « discriminatoire sur la base de la couleur de peau » et « un affront à la dignité de la femme[58] ». La polémique a pris une telle ampleur que le gouvernement indien a interdit deux publicités du produit, et Ravi Shankar Prasad, ministre de l'Information, a déclaré que « *Fair and Lovely* ne peut être cautionné, car sa publicité est dégradante pour les femmes ».

Les dirigeants d'Hindustan Lever ont balayé ces critiques d'un revers de main, déclarant que leur produit concernait « le choix et le pouvoir autonome *(empowerment)* des femmes ». Notons au passage que Prahalad a utilisé exactement le même argument pour justifier son choix de valoriser ce type d'expérience BoP.

Pour Karnani, contrairement à Prahalad, ce n'est pas en considérant les pauvres comme étant d'abord des consommateurs qu'on va diminuer leur pauvreté. C'est bien exactement l'inverse, en leur achetant des produits qu'ils réalisent.

Mais de nos jours, l'expression « base de la pyramide » s'est élargie à toutes sortes de pratiques, y compris des approches dont la finalité première n'est pas de faire fortune sur le dos des pauvres, bien heureusement, ce dont on ne peut que se réjouir. Pour qu'une approche BoP soit moralement acceptable, elle doit respecter au moins ces trois principes de base :

– le produit doit répondre à de vrais besoins (alimentation, eau potable, santé, énergie, etc.) ;

– la démarche doit faciliter l'autonomisation *(empowerment)* des populations concernées ;

– elle doit être respectueuse de l'environnement.

Dans ce cadre, une synthèse récente sur les opérations BoP recense 104 articles scientifiques sur le sujet[59]. Si la plupart d'entre eux sont des articles conceptuels, d'autres contiennent des résultats empiriques qui permettent de mesurer le niveau d'intérêt de ces initiatives. Sur les 28 articles contenant une évaluation de *l'impact social* sur les populations (éducation, santé, qualité de l'eau, emploi...), 20 présentent des résultats positifs. Quant aux huit articles présentant des résultats négatifs, cinq sont écrits par Aneel Karnani, qui reprend à chaque fois les cas du livre de Prahalad.

Sur les 34 articles contenant une évaluation de *l'impact économique,* 25 présentent des résultats positifs, sans toutefois préciser toujours clairement le niveau d'efficacité, ce qui incite les auteurs de cette synthèse à considérer que les études futures devraient être plus rigoureuses sur cet aspect. Enfin, sur les huit articles contenant une évaluation de *l'impact environnemental,* six présentent des résultats positifs.

Ainsi, pris dans un sens bien plus large que ce que proposait Prahalad, les démarches de « base de la pyramide » peuvent être tout à fait bénéfiques aux populations pauvres. En voici quelques exemples.

Le microcrédit

Quid du microcrédit, dont les médias parlent beaucoup depuis une dizaine d'années ? Son initiateur est l'économiste Muhammad Yunus qui, après avoir commencé une carrière de professeur d'économie à l'université, changea radicalement d'orientation à l'âge de 34 ans lorsque, en 1974, son pays subit une famine à grande échelle. Il lui semble alors dérisoire d'enseigner des théories sur le fonctionnement supposé parfait des libres marchés alors que la mort règne tout autour de lui.

« Nous pouvons créer un monde sans pauvreté si nous y croyons tous »

Il constate qu'en raison de prêts aux taux d'intérêt très élevés, des habitants d'un village sont réduits à l'esclavage vis-à-vis de leurs créanciers. Très choqué que des dettes minuscules puissent procurer une misère extrême, il décide de donner aux 42 débiteurs l'argent nécessaire pour rembourser leurs dettes, soit 27 dollars, ce qui génère un énorme sentiment de reconnaissance à son égard. « Si je pouvais rendre tant de gens heureux avec si peu d'argent, pourquoi ne pas en faire plus ? »

Il essaie de convaincre le directeur de la banque locale de prêter de l'argent aux pauvres, mais en vain, celui-ci rétorquant que les pauvres ne sont pas solvables. Il se porte alors garant des prêts, ce qui amène la banque à accepter, après bien des hésitations. Il constate que les gens remboursent toujours, et en temps voulu. Ce qui l'amène finalement à créer une banque, la Grameen Bank, ou « Banque du village » en bengali.

Les services de cette banque sont aujourd'hui accessibles aux pauvres de tous les villages du Bangladesh. Elle comptait 8 millions d'emprunteurs en 2010, dont 97 % de femmes. La Grameen Bank s'est surtout focalisée sur elles, car celles-ci ne disposaient d'aucun autre moyen de crédit, et elles remboursaient toujours leurs dettes. Yunus a observé que lorsqu'elles empruntaient de l'argent, elles ne l'utilisaient jamais pour elles-mêmes, mais pour créer une petite activité économique leur permettant d'aider leur famille, en particulier leurs enfants.

La Grameen Bank accorde plus de 100 millions de dollars par mois de prêts sans garantie, d'un montant moyen de 200 dollars. Le taux de remboursement est de 98 %. Pour Yunus, la Grameen Bank a démontré que « prêter de l'argent aux plus démunis était non seulement possible, mais aussi rentable[60] ». L'expérience de la Grameen Bank a inspiré de nombreuses personnes, au point qu'il existe maintenant des systèmes de microcrédit dans presque tous les pays du monde.

Yunus a une grande confiance en l'être humain et ses capacités, et est inversement assez critique vis-à-vis des institutions : « La pauvreté n'est pas créée par les pauvres. Elle vient du système que nous avons construit, des institutions que nous avons conçues et des concepts que nous avons formulés. La pauvreté vient des insuffisances des institutions que nous avons mises en place. (...) Grameen m'a donné une foi inébranlable en la créativité des êtres humains ainsi que la ferme conviction que les hommes ne sont pas nés pour souffrir de la faim et de la pauvreté. La pauvreté est une contrainte imposée aux individus. Comme elle leur est extérieure, ils peuvent en être libérés. Nous pouvons créer un monde sans pauvreté si nous y croyons tous, un monde où elle n'existera plus que dans des musées. (...) Pour moi, les pauvres sont comme des bonsaïs. Si vous plantez la meilleure semence du plus grand des arbres dans un pot de fleurs, vous obtiendrez une réplique de cet arbre haute de quelques centimètres. Ce n'est pas la semence qui pose problème : c'est le terrain qui ne convient pas. Les pauvres sont des hommes-bonsaïs[61]. »

Pour son action, qui a amélioré le sort de millions de personnes et inspiré beaucoup d'expériences originales, Yunus a obtenu le prix Nobel de la Paix en 2006.

La microfinance est efficace, sans pour autant entraîner de miracles

Abhijit Banerjee et Esther Duflo ont évalué l'efficacité du microcrédit, avec leurs collègues du département d'économie du Massachusetts Institute of Technology[62]. Ils ont raconté leur expérience en détail dans un livre intitulé *Repenser la pauvreté*[63]. À partir de 2002, ils proposent à plusieurs organismes de microcrédit de travailler ensemble à une évaluation. Après avoir surmonté certaines réticences, l'organisme indien Spandana leur ouvre ses portes, et ils évaluent l'efficacité du système dans la ville de Hyderabad. Ils comparent les résultats obtenus au bout d'un an et demi par des personnes ayant fait appel au microcrédit à ceux des personnes n'y ayant pas eu recours (prises au hasard). Ils en concluent qu'il y a là « des preuves patentes du fait que la microfinance fonctionne ». En effet, les personnes ayant fait appel au microcrédit ont plus souvent fondé une entreprise ou acheté des biens durables importants (comme une bicyclette, un réfrigérateur ou une télévision), tout en évitant de se lancer dans des dépenses inconsidérées, contrairement à ce que craignaient certains observateurs. Au contraire, ces foyers avaient réduit leurs achats de produits qu'ils considéraient eux-mêmes comme « inutiles », tels le thé ou les friandises.

En revanche, ces deux auteurs n'ont observé aucun signe de transformation radicale. Par exemple, les femmes n'avaient pas davantage de contrôle sur la façon dont l'argent du ménage était dépensé, et il n'y avait pas de différences notables entre les deux groupes étudiés en ce qui concerne les dépenses d'éducation ou de santé. Par ailleurs, les personnes bénéficiant d'un microcrédit se limitent généralement à créer leur propre emploi ; cette pratique n'aboutit que rarement à la naissance d'entreprises de taille conséquente. Une autre étude, plus récente, aboutit à des conclusions proches[64].

À ce stade de leur enquête, Banerjee et Duflo étaient fort satisfaits : « Le principal objectif de la microfinance était réalisé. Ce n'était pas miraculeux, mais ça fonctionnait. (...) Pour nous, le microcrédit méritait d'être reconnu comme l'un des instruments essentiels de la lutte contre la pauvreté[65]. » Ils furent donc fort surpris de la présentation qui a été faite des résultats de leur étude dans les médias et sur Internet. Ont été surtout soulignées les limites du microcrédit, avec pour conclusion que cette approche ne tenait pas ses promesses.

Banerjee et Duflo expliquent clairement pourquoi le microcrédit ne facilite pas l'émergence d'entreprises de taille conséquente[66]. Comme les autres établissements de crédit, les organismes de microcrédit doivent s'assurer qu'ils seront bien remboursés par les emprunteurs et exercent donc un certain contrôle sur ceux-ci. Mais ils le font de manière originale. En effet, la plupart des contrats de microcrédits sont des prêts à un groupe de personnes solidairement responsables. Chaque semaine, le groupe se rencontre et un représentant de l'organisme de microcrédit récupère les remboursements, ce qui contribue à limiter les coûts administratifs du prêt. Ce système permet à chacun de bien vérifier que les autres se sont acquittés de leur dû, ce qui est à l'origine du fort taux de remboursement. Très bien, mais ce fonctionnement a aussi ses limites : « La responsabilité solidaire est défavorable à ceux qui veulent prendre des risques : en tant que membre du groupe, vous préférez toujours que les autres adoptent la conduite la plus prudente possible[67]. »

Pour ces deux économistes, il y a contradiction entre l'esprit du microcrédit et l'esprit d'entreprise, qui implique une prise de risque et donc, inévitablement, quelques échecs. Viser un objectif zéro défaut de remboursement – argument clairement mis en avant par les partisans du microcrédit – limite l'émergence de véritables entreprises.

Cependant, ce défaut peut être évité si l'on met en place un fonds de garantie solidaire qui permet de couvrir les échecs de certains projets, comme cela existe au sein de Contigo, le système de microcrédit chilien, mis en place par Hubert de Boisredon (voir chapitre 9).

Le *social business*

Depuis quelques années, Yunus a élargi l'éventail de son action en s'investissant dans le *social business*. Il part d'un postulat théorique et empirique radical. Selon lui, les différentes crises qui touchent l'espèce humaine – financière, alimentaire, environnementale, etc. – ont une même origine : une conception erronée de l'être humain, selon laquelle celui-ci serait uniquement motivé par son intérêt personnel égoïste. Or, « les êtres humains ne sont pas des machines à faire de l'argent. Ils ont au contraire plusieurs dimensions : leur bonheur ne se résume pas à ce qu'ils gagnent[68]. »

S'appuyer sur la partie altruiste de la nature humaine

La croyance en l'égoïsme fondamental de l'être humain a logiquement conduit à l'idée que la seule finalité d'une entreprise est de faire du profit. Inversement, la prise en compte de la partie altruiste de la nature humaine permet d'envisager une autre vision pour l'entreprise.

« L'un des traits les plus solidement ancrés chez les êtres humains consiste à vouloir faire du bien à d'autres gens. C'est un aspect de la nature humaine que le monde des affaires ignore complètement. Le *social business* satisfait cette aspiration : c'est ce que les gens trouvent très enthousiasmant. (...) Les gens sont heureux de contribuer à rendre le monde meilleur[69]. »

Le *social business* repose sur une double caractéristique : pas de pertes, pas de dividendes *(non-loss, non-dividend company)*. Yunus précise qu'il s'agit d'« une entreprise dont les investisseurs cherchent à venir en aide à d'autres individus sans en retirer de bénéfice personnel. Ce n'en est pas moins une véritable entreprise qui réussit à couvrir l'ensemble de ses coûts ; elle peut ainsi s'autofinancer[70] ». C'est un nouveau type d'entreprise fondé sur l'altruisme des individus, qui vise à résoudre des problèmes sociaux, économiques et environnementaux.

Le *social business* selon Yunus diffère clairement de l'action humanitaire, car il s'agit d'entreprises au plein sens du terme, avec des salariés qui produisent des biens ou des services pour des clients, et qui doivent être en équilibre financier par elles-mêmes. Il préserve la dignité de ses bénéficiaires, qui ne sont pas les récepteurs passifs d'une aide extérieure.

Ces entreprises se distinguent également des firmes classiques, car leur finalité est d'améliorer l'existence des personnes qui se trouvent à leur contact. Elles sont donc orientées vers une cause plutôt que vers le profit ; c'est pourquoi elles ne distribuent pas de dividendes aux actionnaires. Yunus est donc aux antipodes de la démarche proposée par Prahalad, qui promettait aux industriels de faire fortune grâce aux pauvres. Notons toutefois que cette vision a aussi ses limites, car elle décourage les investisseurs qui pourraient souhaiter un profit raisonnable.

Yunus est un idéaliste pragmatique, un « optiréaliste[71] » qui participe à changer le monde tout en étant parfaitement ancré dans le réel. « Je crois fermement, écrit-il, que nous pouvons créer un monde sans pauvreté si nous y croyons collectivement. (...) Le monde réel est façonné par les rêves des gens. (...) Les rêves sont faits d'impossibles. (...) Nous devons changer d'état d'esprit lorsque nous pensons au futur. Nous devons oser nous montrer audacieux pour rendre les impossibles possibles. Dès que quelque chose d'impossible devient possible, cela crée un effet domino et ouvre la voie à d'autres changements positifs[72]. »

Quand un grand patron change radicalement son regard sur la finalité des entreprises

Une étape majeure dans l'action de Yunus a été sa rencontre avec de hauts responsables de Danone. Cette entreprise est un poids lourd de l'industrie agroalimentaire : numéro un mondial des produits laitiers frais ; numéro deux mondial de l'alimentation infantile et des eaux en bouteille. Antoine Riboud, son fondateur, a joué un rôle de précurseur au sujet de la responsabilité sociale des entreprises, à une époque où ce thème était quasi inconnu. Lors des IIe Assises nationales du patronat français, le 25 octobre 1972, il prononce son fameux « discours de Marseille », qui fera date dans l'univers patronal. Il déclare que l'entreprise doit se fixer deux grands objectifs humains et sociaux pour les années à venir : réduire les inégalités excessives en matière de conditions de vie au travail et répondre aux aspirations profondes des hommes en développant le dialogue, la participation, l'initiative. Il défend l'idée du « double projet économique et social » de BSN (qui deviendra Danone). Il est alors un des premiers entrepreneurs à considérer que l'entreprise n'a pas seulement une fonction économique, mais qu'elle doit également assumer une responsabilité vis-à-vis de la société[73].

Cette vision a été reprise par son fils Franck Riboud, qui lui a succédé, et par Emmanuel Faber, l'actuel directeur général du groupe. Pour celui-ci, la particularité de Danone repose sur la « conscience que la mission de l'entreprise n'est pas seulement de créer de la valeur pour les actionnaires mais aussi de la valeur sociale. Qu'il n'y a pas de résultats économiques sans projet social, et inversement[74] » et qu'« une entreprise n'a pas d'autre raison que son utilité sociétale[75] ». « À mon avis, affirme-t-il, la valeur de l'entreprise dépend en réalité de la valeur des profits qu'elle accepte de ne pas faire. Très simplement, si j'augmente mon prix de vente au maximum, je ne vendrai bientôt plus rien. Si je paie mes fournisseurs au minimum, ils ne me vendront plus rien. La valeur d'une entreprise représente finalement, sur le long terme, les profits auxquels elle accepte de renoncer pour les partager avec ses parties prenantes – collaborateurs, fournisseurs, communautés locales[76]. »

Pourtant, ce grand patron n'a pas toujours pensé ainsi. Il a raconté son cheminement dans un livre autobiographique intitulé *Chemins de traverse : vivre l'économie autrement*[77]. Initialement bien formaté par l'enseignement prodigué dans les écoles de commerce, il débute dans la vie professionnelle en étant convaincu que l'entreprise n'a pas d'autre objectif que de produire un maximum de profit pour les actionnaires. Dès lors, tout le discours sur l'entreprise citoyenne lui paraît une imposture mensongère. Son credo est limpide : « L'entreprise ne peut ni ne doit être citoyenne. Elle n'a qu'un seul but : servir ses propres intérêts[78]. » Ce n'est pas le cynisme qui guide ses propos, mais au contraire la pureté des principes. En effet, il ne faut pas, selon lui, mélanger l'entreprise, univers du profit, et la morale, univers de la gratuité. Ainsi, parler d'entreprise citoyenne, c'est détourner la morale au service du profit[79].

Aujourd'hui, son discours est radicalement différent ; ce grand patron a parfois des mots très durs pour décrire la pensée économique majoritaire qu'il estime « lobotomisée, déshumanisée[80] ». Il est convaincu que « sans une visée sociale partagée, la mondialisation livrée au capitalisme n'est et ne sera qu'une barbarie de plus[81] » et qu'il nous faut renoncer au « totalitarisme rassurant des équations de macroéconomie », qui relève d'un « langage stérile[82] ».

Cet homme est aujourd'hui tiraillé entre deux univers. D'un côté, c'est un grand patron, reconnu par ses pairs, mais parfois considéré comme un idéaliste un peu rêveur par certains d'entre eux. De l'autre, il tient des propos que ne renieraient pas des militants altermondialistes, tout en incarnant le grand capitalisme exploiteur aux yeux de certains d'entre eux.

Cette complexité du personnage m'a intrigué, et j'ai voulu en savoir plus. Malgré un agenda très chargé, Emmanuel Faber m'a gentiment invité à déjeuner et a accepté de me livrer quelques réflexions intimes. Je l'interroge sur cette tension intérieure qui l'habite ; il n'esquive pas la question, au contraire : « Je suis en permanence sur une ligne de crête, éternellement insatisfait de moi-même. Je suis en exil de moi-même et en quête perpétuelle de réunification. Je me demande en permanence à quoi je sers, quel est le sens de mon existence ; et le soir, en rentrant chez moi, qu'est-ce que je peux raconter de ma journée à mes enfants qui puisse leur donner le goût de vivre et de s'engager ? Ce qui me fait le plus peur, c'est la bonne conscience. Mais en même temps, ce sentiment d'exil intérieur que j'éprouve, c'est aussi le moteur de mon action, car je pense que si l'on estime être arrivé, on arrête d'avancer. Ni la société, ni moi-même, plus modestement, nous ne pouvons nous satisfaire du monde dans lequel nous vivons. »

Selon lui, deux fléaux nous menacent : le cynisme (qui consiste à dire : « De toute façon, si je ne le fais pas, quelqu'un d'autre le fera ») et le « à quoi bon » (« Pourquoi s'engager ? Ce n'est qu'une goutte d'eau dans la mer »). « J'essaie d'éviter les deux et je passe mon temps aux frontières, poursuit Faber ; j'y trouve la vie bien plus risquée, certes, mais aussi bien plus intéressante. »

Et comment Emmanuel Faber est-il perçu aujourd'hui dans ce monde de la finance internationale, auquel il participe tout en le contestant ? « J'ai un devoir d'utopie ; mon rôle, c'est de lever des barrières. Une raison essentielle pour laquelle je continue, c'est que je vois des éveils de conscience autour de moi. Dans la plupart de mes discussions avec de grands patrons et des financiers, j'essaie de faire passer le message. Ils peuvent difficilement m'accuser d'idéalisme naïf, en raison de mon parcours professionnel. Certains réagissent positivement, et cela m'encourage à continuer. »

Mettre ses compétences au service des plus pauvres

Mais revenons à Muhammad Yunus et à son aventure avec Danone. En 2005, Emmanuel Faber conseille à Antoine Riboud de lire un des livres de Muhammad Yunus, qui n'était pas encore lauréat du prix Nobel. Les deux hommes se rencontrent à Paris et décident d'agir ensemble.

Deux ans plus tôt, Danone s'était fixé comme mission d'« apporter la santé par la nutrition au plus grand nombre ». Riboud explique à Yunus que Danone est très présent dans les pays en développement, mais précise : « Nous ne voulons pas nous contenter de vendre nos produits aux personnes aisées que comptent ces pays. Nous aimerions trouver des moyens d'aider à nourrir les pauvres. Être socialement innovant et progressiste fait partie des engagements historiques de notre entreprise : mon père, Antoine Riboud, y a travaillé pendant trente-cinq ans[83]. »

Yunus lui propose de créer ensemble une joint-venture baptisée Grameen Danone, qui pourrait fabriquer des aliments bons pour la santé, vendus à bas prix, susceptibles d'améliorer le régime des Bangladais ruraux, particulièrement les enfants. Il fixe cependant une condition au partenariat : la future entreprise devra relever du *social business*, donc les actionnaires ne recevront aucun dividende et devront se contenter de récupérer leur capital. Franck Riboud accepte le défi[84]. Le succès de la société est mesuré chaque année à l'aune du nombre d'enfants qui ont échappé à la malnutrition, et non à celle du profit généré.

L'objectif du partenariat est la production d'un aliment très simple à fabriquer, incorporant des matières premières presque exclusivement locales, et renforcé en sels minéraux et vitamines afin que sa consommation ait un vrai impact sur la santé des enfants souffrant de malnutrition. Pour cela, Danone a fait appel aux compétences de l'ONG Gain (Global Alliance for Improved Nutrition), qui aide les ingénieurs de l'entreprise dans la formulation et le choix des bons ingrédients. Gain aide également Danone à présenter aux consommateurs le bénéfice nutritionnel du produit, à partir d'images aisément compréhensibles et attractives. L'entreprise a également sollicité l'appui d'une autre ONG implantée localement, Care, qui lutte contre la pauvreté et qui connaît bien les publics auxquels Danone souhaite s'adresser. « C'est une vraie force d'intégrer des ONG à la démarche, conclut Guillaume Lorcy, de Grameen Danone. Elles ont des connaissances terrain et permettent de tisser des liens forts avec les acteurs locaux[85]. »

Le partenariat a bien fonctionné. Yunus a été marqué par l'engagement des responsables de Danone : « Le temps, l'énergie et les moyens que Danone consacra aux efforts de recherche et développement destinés à notre projet étaient réellement impressionnants. Cela montrait ce qui pouvait être accompli lorsque des spécialistes issus du monde de l'entreprise mettaient leurs compétences au service des problèmes que connaissent les citoyens les plus pauvres. (...) Emmanuel Faber m'expliqua plus tard que l'engagement financier comptait moins pour Danone que l'implication philosophique et affective. Je n'avais jamais entendu auparavant un haut responsable d'une énorme entreprise multinationale tenir ce type de propos[86]. »

Par ailleurs, de nombreux équipements permettent à l'usine de respecter l'environnement : traitement des eaux usées, panneaux solaires fournissant de l'énergie, etc.

En novembre 2006, juste après l'annonce du prix Nobel accordé à la Grameen Bank et à Yunus, celui-ci reçoit un message de félicitations de la part de Faber, qui le remercie : « Je viens de réaliser que vous avez rencontré Franck il y a un an et un jour. Au cours de cette année, vous avez changé la vie de notre entreprise. Et grâce à votre vision et votre enthousiasme, nous pourrions bien changer un peu la manière dont les multinationales font des affaires. (...) Nous ne vous remercierons jamais assez d'avoir donné du sens à nos vies de gens d'affaires[87]. »

C'est précisément en commentant ce message que Yunus fait la remarque que j'ai citée précédemment : « L'un des traits les plus solidement ancrés chez les êtres humains consiste à vouloir faire du bien à d'autres gens. C'est un aspect de la nature humaine que le monde des affaires ignore complètement. Le *social business* satisfait cette aspiration : c'est ce que les gens trouvent très enthousiasmant[88]. »

Et à ceux qui critiquent ce type de partenariat, considérant que Danone se donne à bon compte une image d'entreprise responsable, Yunus répond en souriant : « Danone m'utilise ? Je croyais que c'est moi qui les utilisais ! Question de point de vue[89]. »

Écoutons Faber : « Si je me place à dix ans, le BoP n'aura pas un impact significatif sur nos indicateurs financiers directs. Dix ans, c'est court à l'échelle des transformations sociales. En revanche, cela aura un impact colossal sur la façon dont on travaille avec nos consommateurs, à l'intérieur de l'entreprise, et cela influencera de façon importante notre stratégie sur le milieu de la pyramide. On va apprendre énormément[90]. »

Et Franck Riboud : « Pour nous, le principal retour, c'est la mobilisation des gens. Chaque fois qu'on parle du Bangladesh, les yeux brillent. Il faut donner du sens au quotidien, et on n'y arrive pas seulement avec des bonus ! Lancer un tel business social est un moyen de resserrer le lien entre l'entreprise et ses salariés[91]. »

Développer l'économie locale tout en préservant l'environnement

Dans la foulée du partenariat avec Grameen, Danone a créé en 2007 danone.communities[92], un incubateur d'entreprises à vocation sociale dont la mission est de promouvoir, d'accompagner et de financer des *social businesses* qui luttent contre la malnutrition et la pauvreté dans le monde. Aujourd'hui, dix projets d'entrepreneuriat social, touchant environ 1 million de bénéficiaires, sont soutenus par ce fonds d'investissement, non seulement au Bangladesh, mais aussi au Sénégal, au Cambodge, en Inde, au Mexique, en Chine et... en France.

La Laiterie du berger[93], au Sénégal, est emblématique de ce type d'initiatives. Bagoré Bathkly a grandi à Dakar jusqu'au bac, puis a fait des études de vétérinaire à Liège, en Belgique. Revenu au pays, il prend conscience d'une situation qu'il estime absurde : 90 % du lait consommé au Sénégal est importé sous forme de poudre, alors que 30 % de la population vit traditionnellement de l'élevage et peut produire du lait. Ce constat le conduit à la création de la Laiterie du berger. Sur le site Internet de l'entreprise, on peut lire qu'il s'agit d'un « double projet, économique et social », référence explicite à la philosophie insufflée par Antoine Riboud, le fondateur de Danone. Aujourd'hui, la Laiterie du berger emploie plus de 100 personnes et assure des revenus à 800 familles d'éleveurs ; son yaourt et sa crème fraîche sont distribués dans plus de 8 000 points de vente au Sénégal. Elle a reçu, en octobre 2012, un Africa Award for Entrepreneurship.

Comme le souligne Faber : « Les actionnaires de danone.communities savent à peu près à quoi s'en tenir pour le rendement de leur investissement : ce n'est pas pour l'argent qu'ils sont actionnaires. Très vite, la discussion avec eux se centre sur les motivations réelles de leur engagement : Comment vont les projets ? Quel est leur impact ? Comment peut-on aider ? Et là où le profit sépare d'habitude les actionnaires (la part qui est distribuée à mon voisin ne me revient pas), le rendement social les rassemble et les réunit, au contraire. Ils s'agrègent autour des projets pour former très vite une communauté. Au lieu de diviser par le profit, le *social business* multiplie par le sens[94]. »

Les dirigeants de Danone ont mis en place un système qui permet à leurs salariés de participer au développement de danone.communities[95]. Chaque année, ceux-ci peuvent panacher trois options : percevoir cet argent en numéraire, souscrire à des actions Danone ou encore à des parts de danone.communities. Dès la première expérience, un tiers des salariés choisit de financer danone.communities, qui ne leur rapportera aucun dividende. Le montant moyen souscrit surprend alors les dirigeants : 1 400 euros par personne.

La direction a également créé le Fonds Danone pour l'Écosystème[96]. Les actionnaires de l'entreprise sont invités à prélever sur les réserves de l'entreprise un montant équivalent à 20 % du dividende qu'ils se versent. Lorsque la résolution est soumise à l'assemblée générale des actionnaires, au printemps 2009, ces derniers l'approuvent à 98 % des votes exprimés !

Des salariés motivés, des patrons engagés

La rentabilité des projets soutenus par danone.communities met du temps à s'installer, mais comme le souligne Emmanuel Marchant, son directeur délégué : « Nous n'avons jamais gagné d'argent en quatre ou cinq ans dans aucun pays du monde : il faut généralement attendre sept à dix ans[97]. » Il constate par ailleurs que les retombées de cette activité vont largement au-delà de ce que les dirigeants avaient imaginé[98]. D'une part en interne, en augmentant sensiblement la motivation des salariés, fiers d'appartenir à une entreprise qui s'engage pour un monde meilleur – et nombreux sont les jeunes sortant d'écoles de commerce qui souhaitent travailler pour Danone. D'autre part à l'extérieur, car lorsque Danone cherche à s'installer dans un pays émergent, l'entreprise bénéficie d'emblée d'une bien plus grande confiance de la part des gouvernements ou des institutions de l'Onu.

En tant que première entreprise délibérément conçue sous forme de *social business,* l'alliance de Danone et de la Grameen a été très médiatisée, ce qui a généré un fort intérêt de la part de nombreux dirigeants de grandes entreprises du monde entier, qui ont pris contact avec le groupe Grameen pour monter des *social businesses* avec lui. Entre autres :

– Veolia, pour permettre aux villageois d'acheter de l'eau à un prix abordable au lieu de boire l'eau contaminée ;

– Intel, pour permettre à des ruraux de pouvoir accéder aux technologies de l'information ;

– Adidas, pour produire des chaussures à un prix abordable pour la population disposant d'un très faible revenu.

Emmanuel Marchant, directeur délégué de danone.communities, note que presque tous les groupes du Cac 40 sont venus voir les dirigeants de Danone. Par exemple, Nicolas Cordier s'est inspiré de l'aventure Grameen Danone pour développer un incubateur de projets de *social business* au sein de Leroy Merlin. Il a notamment organisé une rencontre entre les dirigeants de son entreprise et Emmanuel Faber pour tirer profit de son expérience[99]. Au cours d'un conseil d'administration de Danone en 2011, Marchant a demandé aux administrateurs si l'objectif d'atteindre 9 millions de personnes en 2015 leur paraissait satisfaisant ou insuffisant. Ceux-ci ont répondu que l'impact de danone.communities était déjà bien supérieur, en raison de l'effet d'entraînement de cette initiative sur d'autres grandes entreprises[100].

En 2014, Emmanuel Faber et Jay Naidoo, compagnon de lutte et ancien ministre de Nelson Mandela, aujourd'hui président de l'ONG Gain, ont rendu un rapport proposant une nouvelle approche de l'aide au développement, réalisé à la demande du ministère des Affaires étrangères et du Développement international[101]. Interrogé sur ce thème[102], Faber considère que le modèle d'aide publique au développement est à bout de souffle. D'abord en raison des montants, qui sont désormais inférieurs à ceux des transferts d'argent par les migrants, mais aussi parce que l'aide publique au développement passe en très grande partie d'État à État, alors même que dans bien des cas, cette formule n'est pas le moyen le plus efficace pour que l'argent bénéficie aux acteurs de terrain. Selon lui, « chacun est acteur de son propre développement. Il faut sortir d'une logique d'aide souveraine pour aller vers l'accompagnement des coalitions d'acteurs susceptibles d'avoir un vrai impact sur le terrain ».

Dans leur rapport, Faber et Naidoo présentent de nombreux exemples de ce genre d'expériences. « ONG, pouvoirs publics, collectivités locales, fondations travaillent ensemble dans une logique de “cocréation”. Cette approche s'impose dans un contexte où, confrontés à la complexité des enjeux de développement durable, chaque acteur fait face à son “incomplétude[103]”. » Ces deux auteurs regrettent qu'en France l'aide au développement ne dispose pas encore d'outils adaptés à ces approches innovantes.

Permettre à chaque Indien de voir correctement

Un autre exemple d'engagement est celui pris par Essilor en Inde[104]. Cette coopérative française est numéro un mondial des verres de lunettes, employant presque 60 000 personnes dans le monde. Près d'un verre sur trois vendus sur Terre est fabriqué par Essilor.

Face à cela, d'autres chiffres : l'Organisation mondiale de la santé signale qu'il y a dans le monde près de 285 millions de personnes qui présentent une déficience visuelle, dont 90 % vivent dans des pays à faible revenu[105]. Seulement 7 % des Indiens sont porteurs de lunettes, contre 60 % des Européens. En particulier, les habitants des campagnes (environ 650 millions de personnes) ne peuvent aller en ville pour passer un examen dans un hôpital, en raison de leurs très faibles moyens financiers.

Constatant que de nombreuses personnes ne disposent que d'un dollar par jour, les dirigeants d'Essilor ont dû adapter leur manière de faire. Comme le dit Xavier Fontanet, l'ancien PDG du groupe : « On apprend à ne pas plaquer sur ce pays des modèles économiques construits pour les pays développés. On apprend à vendre, mais aussi à produire et à servir pas cher. (...) En adaptant le mode de production et le système de distribution, nous sommes arrivés à développer un modèle rentable, donc durable[106]. »

Essilor a conçu une chaîne de production à très bas coût et un circuit de distribution par camionnettes itinérantes servant de cabinets d'opticien ambulants. Quand la caravane arrive, 100 à 150 personnes sont prêtes à se faire examiner. Les habitants des villages peuvent ainsi s'offrir, pour une somme généralement équivalente à 5 ou 6 dollars, l'ensemble de la prestation, depuis l'examen médical jusqu'à la paire de lunettes de leur choix. Or, 6 dollars, c'est le prix que doit payer un habitant des campagnes simplement pour se rendre en ville. Certes, les lentilles sont moins sophistiquées que celles vendues en Occident ou dans les villes indiennes, mais elles répondent tout à fait aux attentes de cette population rurale.

Jayanth Bhuvaraghan précise que « nous faisons un profit unitaire quasiment nul – c'est sur le volume que nous espérons faire des profits ». Comme on peut le constater dans ce propos, cette action d'Essilor n'est pas un *social business* au sens de Yunus (pas de perte, pas de profits). Cependant, la démarche d'engagement social de cette entreprise est incontestable.

L'état d'esprit sous-jacent a été bien mis en évidence par Patrick Cherrier, président d'Essilor Asie, au cours d'un débat organisé par l'Association des amis de l'École de Paris du management. Un auditeur l'interpelle : « Je ne comprends pas bien si ce projet relève d'une dimension humanitaire ou économique, pour Essilor. » Ce à quoi l'intéressé répond : « Je ne crois pas que la distinction conceptuelle entre ces deux dimensions corresponde à notre activité, que ce soit celle de ce projet ou d'Essilor en général. Au sein d'Essilor, quel que soit le projet, notre souci prioritaire est de fournir un service qui améliore la vie des gens, comme l'exprime notre slogan, "*Seeing the world better*". En ce sens, la dimension humanitaire est toujours présente. Nous le voyons clairement quand nous essayons de monter des coopérations. Certaines personnes sont strictement concentrées sur l'objectif de gagner le plus d'argent le plus immédiatement possible. Comme elles ne partagent pas notre souci d'améliorer la vie des gens, elles ne comprennent pas un certain nombre de nos pratiques managériales qui y sont implicitement associées, et la coopération n'arrive pas à fonctionner. Mais, simultanément, nous ne croyons pas qu'il soit possible d'améliorer la vie des gens sur le long terme sans un équilibre économique interne de l'entreprise d'une part, et sans que les gens payent pour le service que nous leur apportons d'autre part. Nous avons fait, par exemple, l'expérience que lorsque l'on donne des lunettes aux habitants des pays pauvres, un grand nombre d'entre eux s'empressent de les vendre à d'autres. Comme, en plus, ils le font évidemment sans aucune aptitude médicale, il se produit souvent des drames aussi bien sur le plan de la santé que sur celui des relations sociales, l'acheteur se sentant berné si les lunettes sont inadaptées à son besoin spécifique. En réalité, le fait de payer le service que l'on utilise est un acte qui aide à l'utiliser correctement. Cela me semble être une vérité très générale[107]. »

L'engagement d'Essilor en Inde a eu des effets très positifs en termes de réputation, comme le souligne Jayanth Bhuvaraghan : « En Inde, Essilor est vu maintenant comme une société responsable, qui apporte beaucoup d'innovations et de plus-value sociale et sociétale. Faire la promotion d'un produit qui possède une utilité sociale aussi évidente et qui aide les populations à accéder à l'éducation, à la science, à la culture, et qui leur offre un bien-être dans les gestes de la vie quotidienne, est une mission d'entreprise dont nous sommes tous très fiers. Nos clients conventionnels apprécient beaucoup ce que nous faisons pour le bas de la pyramide. Cela nous aide aussi en termes de notoriété[108]. »

Une synthèse de la littérature scientifique a montré les avantages des partenariats entre entreprises et ONG, ainsi que les risques qu'ils présentent[109]. Ils apportent aux associations plus de visibilité, donc potentiellement plus de prise de conscience du problème par l'opinion publique et plus de soutien. Cela leur permet également d'atteindre plus aisément leurs objectifs, en raison de la puissance financière des entreprises. En revanche, il y a un risque en termes de réputation, avec un possible impact sur le nombre d'adhérents, sur la motivation des bénévoles, etc.

Les entreprises y gagnent généralement en termes d'image et de réputation. Ceci se traduit souvent en interne par une augmentation de la motivation des salariés, une baisse du turn-over et une plus grande facilité de recrutement. À l'extérieur, cela peut conduire à une augmentation des ventes, ainsi qu'à plus de facilité pour obtenir les autorisations d'exercer l'activité.

L'expérience Gawad Kalinga

Examinons, pour finir, l'une des expériences les plus réussies de partenariat entre une ONG et de grandes entreprises. Issu d'une famille modeste des Philippines, Tony Meloto a connu un parcours professionnel très brillant, jusqu'à devenir cadre dirigeant chez Procter & Gamble, multinationale spécialisée dans les produits d'hygiène et de beauté. Mais vers la quarantaine, constatant que ce succès ne l'a pas pour autant rendu heureux, il s'interroge sur le sens de son existence : « L'argent peut acheter le plaisir, mais il ne peut pas acheter le bonheur. (...) Il fallait que je retrouve des valeurs humanistes afin de pouvoir à mon tour faire preuve d'humanité en direction des plus pauvres[110]. »

Aider 5 millions de familles à sortir de la pauvreté en vingt ans

Tony Meloto vit quelque temps à Bagong Silang, le plus grand bidonville de Manille, et découvre que « les pauvres ne sont pas juste un problème, ils font aussi partie de la solution », car ils parviennent à faire au mieux, malgré de très faibles moyens. Il crée alors l'organisation Gawad Kalinga, qui signifie « Prendre soin[111] ». L'objectif est très ambitieux : aider 5 millions de familles philippines à sortir de la pauvreté d'ici 2024, en construisant de petites communautés solidaires. Le système fonctionne en rassemblant de multiples énergies et compétences, que Gawad Kalinga coordonne : certains propriétaires terriens offrent des terrains, des entreprises financent les maisons, les habitants les construisent, l'État se charge d'aménager les routes, les canalisations, etc. Gawad Kalinga est propriétaire de la terre ou détenteur d'un bail à long terme, ce qui évite toute tentation spéculative.

Meloto fait remarquer : « L'aspect le plus visible de Gawad Kalinga, ce sont, sans doute, les maisons multicolores, avec leurs toilettes, et leurs jardins. Mais nous construisons des communautés sur des valeurs, pas juste sur de la pierre, du bois ou des parpaings.

Le remède à la pauvreté, on le trouve à l'intérieur même des êtres humains[112]. »

Meloto a confiance dans l'avenir des Philippines, mais à condition d'un engagement actif. « Pour transformer durablement ce pays, nous avons besoin de citoyens radicaux qui ne soient pas apathiques mais responsables, qui tentent d'être, en quelque sorte, les gardiens de leurs frères, et de susciter le meilleur chez les dirigeants de la communauté. Avec le temps, cet esprit citoyen engendrera des "leaders héroïques" qui dépasseront leur propre intérêt et se laisseront attirer par la passion la plus haute, celle de faire du bien aux autres. Cette attitude s'enracine dans l'amour[113]. » En moins de dix ans, l'organisation a construit plus de 2 000 villages. L'expérience a essaimé en Indonésie, au Cambodge, en Papouasie-Nouvelle-Guinée et en Australie.

Un autre exemple de ce dynamisme nous est présenté par Jonas Guyot, un étudiant en école de commerce venu étudier Gawad Kalinga[114]. En 2010, Tony Meloto lui propose de visiter la Ferme enchantée de Bulacan, un village à 50 km au nord de Manille, qui accueille d'anciens SDF, dépeint par Meloto comme le « Disneyland du tourisme social » et la « Silicon Valley de l'entrepreneuriat social ». La déception de Jonas est à la mesure de l'ambition décrite. Pour accéder au village, il doit prendre le bus pendant deux heures, puis marcher pendant une demi-heure sur un chemin boueux. Quand il arrive enfin, il ne rencontre aucun entrepreneur social et il n'y a pas d'eau courante pour les habitants… Il se demande si Tony est vraiment un visionnaire ou un peu fou. Il est cependant touché par l'accueil et la grande générosité de ces personnes, qui n'ont presque rien. Deux ans plus tard, quand il retourne sur place, tout a changé : une route conduit au village, une vingtaine d'entreprises sociales sont présentes, vendant des produits agricoles, des cosmétiques, des produits textiles, des jouets… « Je suis sans voix et j'ai presque honte d'avoir pu douter des ambitions de Tony deux ans plus tôt. »

Un enthousiasme communicatif

De nombreux jeunes sont prêts à s'engager pour Gawad Kalinga, quitte à délaisser un horizon professionnel bien plus rémunérateur. C'est le cas de Cherrie Atilano, lauréate des « Dix étudiants les plus brillants des Philippines ». Elle a refusé la prestigieuse bourse

Fulbright qui lui aurait permis de poursuivre des études aux États-Unis. Convaincue que l'agriculture est l'avenir des Philippines, elle coordonne le programme *Agricool* de la Ferme enchantée. Les 125 enfants du village en âge d'aller à l'école sont scolarisés, ce qui n'était pas le cas auparavant pour la majorité d'entre eux. Trois ans auparavant, 45 cas de tuberculose avaient été recensés ; aujourd'hui, plus un seul, tandis que d'autres maladies caractéristiques d'un environnement surpeuplé, comme la dengue et la polio, ont disparu.

Autre exemple : à la fin de son master dans une école de commerce grenobloise, Fabien Courteille vient à Gawad Kalinga pour y effectuer un stage de trois mois. Il découvre que 90 % des jouets commercialisés aux Philippines sont importés de Chine. Il suggère donc à Tony Meloto qu'un responsable de Gawad Kalinga crée une entreprise sociale commercialisant des jouets de qualité fabriqués par les habitants des villages de l'organisation. Mais Meloto lui répond : « Si tu ne le fais pas, qui va le faire ? » Dès lors, la vie du jeune Fabien se réoriente radicalement. Il décide de rester sur place. Il va connaître les difficultés que peut rencontrer un jeune entrepreneur, mais, soutenu par Meloto et d'autres entrepreneurs sociaux, il persévère.

Aujourd'hui, l'atelier de fabrication de jouets emploie 12 salariés, dont 11 femmes, qui peuvent facilement concilier leur travail et l'éducation de leurs enfants, en réalisant une partie de leur activité chez elles. Elles considèrent aujourd'hui Fabien comme un membre de leur famille.

En un an d'activité, Plush & Play a vendu plus de 2 500 peluches, en vente directe. Mais Fabien Courteille veut aller bien plus loin, vendre les peluches à travers les grands circuits de distribution et fournir ainsi du travail à 500 femmes d'ici cinq ans. « J'ai le sentiment d'avoir une mission qui me pousse à aller au bout de mon projet. Je reçois aussi le soutien et le respect de beaucoup de personnes. Cela m'aide à avancer, je me dis que je suis en train de faire quelque chose qui a du sens[115]. »

Il y a aussi Dylan Wilk, issu d'une famille anglaise pauvre, et devenu, à 25 ans, la neuvième personne la plus riche du Royaume-Uni, après avoir vendu Gameplay.com, l'entreprise de technologie qu'il avait créée quelques années auparavant, sans aucun diplôme. Au départ, cette richesse lui donne le tournis : « Un jour, j'ai acheté une Ferrari. J'en avais rêvé toute ma vie.

J'en ai profité jour et nuit pendant six semaines, puis Ferrari a annoncé qu'elle sortait un nouveau modèle. Dans un premier temps, j'étais hystérique, je trouvais ma Ferrari de six semaines ringarde, et je me disais qu'il fallait absolument que j'achète le nouveau modèle[116]. » Wilk est victime d'un phénomène bien connu des chercheurs en psychologie positive : si nous focalisons nos pensées sur l'argent, nous ne sommes jamais satisfaits et désirons toujours plus.

C'est l'occasion pour lui d'une remise en cause radicale. « Je me suis calmé et me suis demandé ce qui n'allait pas chez moi. J'ai prié toute la nuit et ai demandé : "Dieu, pourquoi suis-je si riche ?" » Wilk quitte les affaires en 2003, puis voyage à la recherche d'ONG fiables auxquelles donner de l'argent. Lors d'un séjour aux Philippines, il découvre Gawad Kalinga. Fasciné par l'expérience, il propose à Tony Meloto de lui donner de l'argent. Mais celui-ci refuse et l'invite à venir s'engager en créant un village.

Dylan a revendu ses Ferrari et ses BMW et aidé ainsi au financement de plusieurs villages. L'esprit d'entreprise ne l'a pas quitté, mais il l'utilise maintenant au service du bien commun. C'est son épouse, Anna, une fille de Tony Meloto, qui lui a donné l'idée de créer une entreprise de produits cosmétiques éthiques ; Camille, la sœur d'Anna, connaissant bien cet univers. La complémentarité de ces trois personnes a fait merveille. Human Nature est aujourd'hui une entreprise de produits cosmétiques qui emploie des centaines d'habitants des villages Gawad Kalinga ou d'autres communautés des Philippines. Plus de 70 000 vendeurs nationaux et internationaux diffusent les produits dans les 26 magasins Human Nature du pays, mais également à Singapour, aux États-Unis, au Canada, etc. Parmi les slogans de l'entreprise : « Lorsqu'on sème la bonté, on récolte la bonté[117]. »

Les produits sont 100 % biologiques, essentiellement issus des fermes biologiques de Gawad Kalinga, les bouteilles et emballages sont recyclables, et aucun test n'est effectué sur les animaux. L'un des produits les plus vendus est un antimoustique 100 % naturel, entièrement réalisé à partir de produits philippins, telles l'huile de coco et la citronnelle, mis au point par des chercheurs recrutés par le département Recherche et Développement de Human Nature. En 2012, Anna et Dylan Wilk ont reçu le prestigieux prix Global Social Entrepreneur décerné par la fondation Schwab.

Les miracles de la solidarité

Tony Meloto est si passionné par son projet qu'il n'a pas seulement réussi à enrôler des jeunes dans sa vision, il a également convaincu les responsables de 500 grandes entreprises de s'impliquer à ses côtés ! Ce sont notamment elles, ainsi que des écoles de commerce comme l'Essec, ou des organismes publics, qui financent les villages Gawad Kalinga. Selon Meloto, ces partenariats autorisent des projets ambitieux : « Nous nous rendons compte que le *big business* est un ami du développement, et nous allons au-delà de la responsabilité sociale des entreprises. La RSE nous a aidés à construire beaucoup de nos programmes de logement, d'éducation et de santé. Mais nous réalisons que nous devons passer de la RSE à l'investissement social pour développer ensemble l'entrepreneuriat social[118]. » Et il a tiré la leçon des limites du microcrédit : « Pour construire une nation, nous avons besoin de miracles de solidarité : des gens, dans le secteur public et privé, qui travaillent ensemble pour le bien commun. (…) Pendant des années, nous avons pensé que la microfinance était la réponse. Les entreprises artisanales, de petite taille, sont évidemment utiles, mais nous commencerons à relever cet immense défi qu'est la pauvreté quand les grandes entreprises entreront dans la partie[119]. »

L'un des partenariats les plus remarquables a été réalisé avec Schneider Electric[120]. Cette entreprise est classée en tête – à côté de trois autres firmes – des entreprises du Cac 40 engagées dans la responsabilité sociale[121]. Elle est le leader mondial du management de l'énergie, présente dans 150 pays, avec près de 170 000 collaborateurs.

L'électricité joue un rôle essentiel dans la satisfaction de nombreux besoins de base, comme l'alimentation (réfrigération et cuisson des aliments), la santé (conservation des produits pharmaceutiques), l'agriculture (pompes à eau) ou encore la communication (rechargement des téléphones portables). Schneider Electric s'est fixé des objectifs ambitieux : fournir en trois ans l'accès à l'électricité à 1 million de foyers à faibles revenus dans le monde, tout en formant 10 000 jeunes issus de cette population.

Gilles Vermot-Desroches, directeur Développement durable de Schneider, en charge du projet BoP, a un parcours révélateur. Titulaire d'une licence en philosophie, il commence sa carrière comme dirigeant d'ONG, puis comme conseiller ministériel, membre du Haut Conseil à la vie associative, et participe au Grenelle de l'environnement. Il rejoint Schneider Electric en 2008 comme directeur de la fondation Schneider Electric, puis devient directeur du développement durable deux ans plus tard. Dans ce cadre, il lance en 2009 le programme *BipBop* d'accès à l'énergie pour tous (*Business, Innovation and People at the Base of the Pyramid*). En 2011, Jean-Pascal Tricoire, président du directoire, déclare que grâce au programme BipBop, Schneider a déjà pu raccorder 900 000 foyers à l'électricité.

La première rencontre entre Gilles Vermot-Desroches et Antonio Meloto a été organisée par deux étudiants d'école de commerce, Jonas Guyot et Matthieu Dardaillon, convaincus que l'entreprise a un immense pouvoir pour contribuer à la résolution des principaux défis économiques, sociaux et environnementaux de notre époque. Cela a conduit à un partenariat centré sur quatre projets : la production et la gestion de l'énergie pour les Fermes enchantées de Gawad Kalinga ; un accompagnement des agriculteurs, en particulier sur la question du pompage de l'eau grâce à l'énergie solaire ; la formation et l'accompagnement d'entrepreneurs locaux afin d'assurer la maintenance, le développement et la vente des produits et des solutions dans le domaine électrique ; enfin, l'électrification de villages isolés, de coopératives ou d'installations ayant un besoin continu d'énergie.

Lors de la signature de l'accord, Meloto a déclaré que ce partenariat lui tenait particulièrement à cœur : « C'est un projet très ambitieux que nous débutons avec un fort potentiel de création d'emplois dans nos communautés. Nous voulons aussi contribuer à la formation de nombreux techniciens dans le solaire, et sensibiliser des milliers d'étudiants, bénévoles GK et bénéficiaires GK, à une approche développement durable. Schneider Electric pourra donc trouver grâce à Gawad Kalinga un partenaire de premier plan pour étendre ses activités dans le pays asiatique qui a désormais la plus forte croissance économique et pour s'associer à notre rêve de redonner dignité et espérance aux 5 millions de familles à la base de la pyramide d'ici 2024[122]. »

Dans un article intitulé « L'exploration des marchés BoP. Une entreprise morale », quatre chercheurs en sciences sociales du laboratoire Pacte (université de Grenoble et CNRS), constatent que dans les trois actions BoP de Schneider qu'ils ont étudiées, « ces équations économiques sont bien différentes du modèle BoP annoncé dans la littérature, dans la mesure où, dans tous les cas étudiés, Schneider Electric prend en charge une partie importante ou la totalité des coûts. Le troisième modèle est, *a priori*, le plus proche d'une stratégie BoP. Mais on constate que Schneider Electric prend en charge le surcoût associé aux énergies renouvelables. Aussi, dans ces différents projets, Schneider Electric s'écarte de la figure de l'entreprise simplement impliquée techniquement, elle est impliquée sur le plan sociétal, au même titre qu'une ONG ou une institution publique[123] », et son action peut donc être qualifiée de « business moral ». On peut conclure de ces diverses expériences que les entreprises humanistes peuvent changer positivement le monde. C'est d'autant plus le cas lorsqu'elles sont à la fois ambitieuses et modestes :

– ambitieuses, en visant des objectifs à large échelle, sans attendre de profits à court terme ;

– modestes, en reconnaissant leur besoin de collaborer avec les États et, plus encore, avec les associations locales.

Cet engagement massif des grandes entreprises au service de la réduction de la pauvreté dans le monde en est encore à ses balbutiements. Comme toute expérience nouvelle, il faudra encore des années avant que les bonnes formules soient trouvées et mises en place, probablement différentes d'une situation à l'autre. Souhaitons que la France, qui est à la pointe de l'engagement dans ce domaine[124], provoque un effet d'entraînement sur les entreprises d'autres pays pour l'avenir.

RÉSUMONS-NOUS

☞ La philanthropie d'entreprise peut aider, voire sauver, des millions de vies. Elle est d'autant plus efficace qu'elle tient compte des acteurs locaux de la société civile.

☞ Les philanthropes souhaitent redonner à la société une part de ce qu'elle leur a offert. La plupart sont discrets dans leurs dons, ne cherchent pas à se faire remarquer, tout en éprouvant une intense satisfaction dans ces actes. Ils insistent sur leur désir de contribuer à l'émergence d'une société meilleure et plus juste, en insufflant du professionnalisme dans l'action généreuse.

☞ Chercher à s'enrichir grâce aux pauvres est une perspective très contestable. Pour qu'une stratégie d'entreprise visant les pauvres soit moralement acceptable, elle doit respecter au moins ces trois principes de base :
– le produit doit répondre à de vrais besoins (alimentation, eau potable, santé, énergie, etc.) ;
– la démarche doit faciliter l'autonomisation des populations concernées ;
– elle doit être respectueuse de l'environnement.

☞ Le microcrédit est efficace, sans pour autant entraîner de miracles. Il permet généralement aux personnes de fonder une entreprise ou d'acheter des biens durables importants, comme une bicyclette. En revanche, il n'aboutit que rarement à la naissance d'entreprises de taille conséquente.

☞ Reposant sur une double caractéristique – pas de pertes, pas de profits –, le *social business* vise à résoudre de graves problèmes humains tels que la faim, la privation de logement, la maladie, la pollution, l'analphabétisation.

☞ Les entreprises du *social business* diffèrent clairement de l'action humanitaire, car il s'agit d'entreprises au plein sens du terme. Elles se distinguent aussi des firmes classiques, car elles sont orientées vers une cause et non vers le profit ; c'est pourquoi elles ne distribuent pas de dividendes aux actionnaires. Le *social business* s'appuie donc sur la partie altruiste de la nature humaine.

☞ De plus en plus d'entreprises multinationales ont mis au point des partenariats à grande échelle avec des entrepreneurs sociaux de pays en développement. La France est à la pointe de l'engagement dans ce domaine, grâce à des entreprises telles que Danone, Schneider Electric, Essilor, Veolia, Lafarge.

14
L'économie sociale et solidaire

> Il se faut entraider, c'est la loi de nature.
>
> *Jean de La Fontaine*[1]

> La vertu n'est jamais solitaire, on fait cercle autour d'elle.
>
> *Confucius*[2]

> Aucun de nous ne peut se sauver seul ; il faut que nous nous perdions ensemble ou que nous nous tirions d'affaire ensemble.
>
> *Jean-Paul Sartre*[3]

L'économie sociale et solidaire (ESS) est un ensemble multiforme qui regroupe les organisations privées ou publiques (coopératives, associations, mutuelles, fondations, voire entreprises) s'efforçant de concilier activité économique et utilité sociale. Les organisations de l'ESS contribuent à une meilleure qualité de vie dans la société : soins de santé, éducation et formation, culture et loisirs, sport, environnement, aide à l'enfance et aux personnes âgées, etc.

Comme le souligne Philippe Frémeaux, journaliste économique et fin connaisseur de cet univers, lui-même salarié-associé d'une société coopérative de production, dans l'ESS « les rapports humains ne sont pas dictés par le seul calcul égoïste, mais intègrent également le don, l'altruisme, la compassion, l'entraide mutuelle et la coopération. Bref l'économie sociale et solidaire croit dans la solidarité. (...) L'entrepreneur – individuel ou collectif – qui porte un projet d'économie sociale et solidaire est d'une espèce un peu particulière : il aspire généralement à gagner correctement sa vie, mais voit dans son enrichissement personnel un objectif secondaire, et cherche surtout à produire un bien ou un service répondant à un besoin bien identifié, sans objectif de rentabilité immédiate[4] ».

Le poids économique de ce secteur d'activité est substantiel, puisqu'il représente environ 10 % de l'emploi salarié en France[5]. Il serait simpliste d'opposer radicalement les entreprises privées et les organisations de l'ESS. Comme le fait remarquer à nouveau Frémeaux : « Il ne suffit pas à une banque d'être coopérative pour être solidaire... Et certaines entreprises peuvent avoir adopté un statut privé lucratif en poursuivant des objectifs et en adoptant des modes de gouvernance qui les qualifient pour être considérées comme solidaires[6]. » Il constate que certaines banques coopératives ont elles aussi participé aux dérives financières liées à la crise de 2008, et il souligne une évidence, à savoir que même les plus fervents partisans de l'économie sociale et solidaire font quotidiennement appel au secteur privé, qu'il s'agisse de téléphoner, de repeindre leur salle de bains, d'aller au restaurant ou chez le dentiste[7].

L'une des formes les plus connues de l'économie sociale et solidaire est la coopérative, qui se distingue des entreprises classiques en particulier par le fait que les salariés en sont les actionnaires, et par la décision démocratique (une personne = une voix).

Selon l'Organisation internationale du travail, les coopératives résistent mieux que les entreprises classiques en temps de crise[8]. L'ancien directeur de cette institution, Juan Somavia, a d'ailleurs rendu un hommage appuyé à cette forme d'organisation : « Animées par l'idéal de justice sociale, les coopératives sont des instruments de promotion du travail décent et d'une existence décente pour tous. Parce qu'elles sont des organisations démocratiques, parce qu'elles sont fidèles à leurs valeurs et parce qu'elles sont ancrées dans la population, elles favorisent l'inclusion sociale. L'organisation rend fort, et l'organisation et l'esprit de solidarité du mouvement coopératif se sont avérés extrêmement efficaces pour donner aux catégories défavorisées la possibilité de faire entendre leur voix, de se mobiliser pour défendre leurs intérêts économiques et d'obtenir une protection sociale. Les peuples autochtones, les réfugiés, les migrants, les femmes des zones rurales et urbaines, les chômeurs, les personnes âgées et les personnes handicapées, tous ont trouvé dans le travail coopératif et l'entreprise coopérative des possibilités de participer à la vie sociale et économique et de progresser. (...) À l'évidence, l'esprit coopératif contribue à l'édification d'un monde meilleur. (...) La résilience dont font preuve les coopératives, y compris en période de crise, témoigne de la viabilité et de la faculté d'adaptation de l'entreprise coopérative. Aujourd'hui, la montée du chômage, du sous-emploi et de l'exclusion sociale, corollaires de modèles de croissance non performants, rendent plus que jamais nécessaires l'idéal et l'action des coopératives[9]. »

La plus grosse coopérative française, Acome (Association coopérative d'ouvriers en matériel électrique), a été créée en 1932. Fabricant de câbles, de fibre optique et de tubes de synthèse, elle emploie 1 400 salariés, dont un millier sur son site historique à Mortain, dans la Manche, et réalise un chiffre d'affaires de 400 millions d'euros. Son dirigeant est élu et l'échelle des salaires y est plus resserrée que dans le reste de l'industrie, de l'ordre de 1 à 10. Selon l'actuel PDG, Jacques de Heere : « Notre première préoccupation est de délivrer de la performance, car c'est la condition de notre survie. Mais une coopérative est un merveilleux modèle d'entreprise qui met en avant l'homme, plutôt que la recherche du dividende[10]. » Acome n'éprouve pas de difficultés à recruter des profils à haut potentiel. Jacques de Heere le constate : « Des jeunes trouvent chez nous quelque chose qui leur donne envie de venir, ce qui nous rend heureux. »

La coopérative Mondragon

Transformer la société par la coopération et la solidarité

Mais intéressons-nous à Mondragon, la plus vaste coopérative dans le monde, qui présente par ailleurs l'intérêt d'être fondée sur une base théorique très réfléchie. Après la guerre civile espagnole (1936-1939), le père José María Arizmendiarrieta inspire cinq jeunes ingénieurs pour qu'ils fondent une coopérative permettant de mettre en valeur la dignité de chaque être humain y participant. En 1956, ils fondent l'entreprise Ulgor, sur la commune de Mondragón, destinée à la production d'appareils électroménagers. La coopérative de Mondragon a été considérée comme une « oasis de démocratie[11] » sous la dictature de Franco.

Le père Arizmendiarrieta souhaitait transformer la société par la coopération et la solidarité, caractéristiques qui lui semblaient profondément constitutives de l'être humain. Il a rédigé de multiples documents de réflexion avant et pendant l'existence de la coopérative[12]. Après avoir été actif dans sa jeunesse au sein du Parti nationaliste basque, Arizmendiarrieta, constatant l'échec de l'activité politique face au pouvoir franquiste, revient à sa vocation religieuse et est ordonné prêtre en 1940. Ses principales sources d'inspiration sont la doctrine sociale de l'Église catholique, ainsi que le personnalisme d'Emmanuel Mounier et de Jacques Maritain. La lecture de ces auteurs renforce sa conception de l'être humain en tant qu'être communautaire qui trouve dans l'éducation émancipatrice et le travail coopératif les moyens de restaurer sa dignité, perdue au cours du processus d'industrialisation.

Selon lui, le coopérativisme « n'est pas un mouvement qui tire son origine d'une construction théorique *a priori*, mais de la noble aspiration des hommes qui ont voulu, avec humanité et bon sens, résoudre leurs problèmes, en fonction des circonstances et des nécessités[13] ». Il vise à servir « le bien commun universel, seule formule de convivialité pacifique et stable entre les peuples[14] ». Cette insistance sur des termes comme « communauté », « fraternité », « convivialité » *(convivencia)*, « solidarité » est une constante dans les écrits d'Arizmendiarrieta. Ainsi, « les coopérateurs avec qui nous voulons faire du coopératisme doivent être des hommes capables et compétents dans les divers domaines techniques et professionnels, répondant aux exigences du métier. Ils doivent ajouter à tout cela une fine sensibilité sociale et la capacité de convivialité et de relation liées à la solidarité[15] ». La véritable raison d'être de l'être humain est que « tous les hommes puissent réaliser pleinement leur personnalité humaine et parvenir au développement harmonieux de toutes leurs facultés[16] ».

Pour Arizmendiarrieta, ni l'entreprise capitaliste, ni l'entreprise communiste ne peuvent réaliser cet objectif, car elles mettent l'humain au service de l'économie, alors que c'est l'inverse qu'il faudrait faire.

En revanche, l'entreprise coopérative peut répondre à cette profonde aspiration humaine à la convivialité. « La coopération, écrit-il, vise à une vaste finalité sociale, ce n'est pas un égoïsme collectif, ses horizons sont larges et ouverts, ils ne sont pas limités aux murs de la coopérative ni aux personnes associées. En un mot, la coopération ouvre l'homme aux autres, réveille en lui l'instinct de sociabilité qui était resté endormi par les contraintes des structures capitalistes. (...) La sociabilité est un instinct profondément humain et la coopération facilite la socialisation, le développement de cette facette si humaine. (...) Un des piliers du coopérativisme est la considération et le respect de la personne, mais sans oublier les exigences de solidarité. La personne et la solidarité sont deux valeurs inséparables dans le coopérativisme : on ne peut cultiver l'une tout en oubliant l'autre[17]. »

Une multitude d'activités autour d'une vision coopérative

Qu'en est-il de Mondragon aujourd'hui ? Ce groupe, très diversifié, emploie plus de 80 000 employés et a un chiffre d'affaires de 14 milliards d'euros. C'est le premier groupe industriel du Pays basque et le septième de l'Espagne. Dans un article consacré à l'avantage compétitif de Mondragon, comparativement à des entreprises capitalistes, Imanol Basterretxea, professeur d'économie financière à l'université du Pays basque, à Bilbao, souligne que cette entreprise a globalement une plus forte croissance des emplois et des ventes, de meilleurs gains en qualité, une meilleure réponse aux crises et une plus forte capacité d'innovation[18]. Il note, par exemple, qu'entre 1995 et 2008, les entreprises industrielles espagnoles ont connu un taux de croissance annuel moyen de 5,17 % tandis que celui de Mondragon était de 11,9 %, soit plus du double[19].

Mondragon agit dans quatre domaines : l'industrie, la distribution (en particulier la chaîne de supermarchés Eroski), l'enseignement-recherche (une université et plusieurs centres de formation professionnels) et la finance (banque et assurance).

L'enseignement, bien qu'il ne concerne qu'environ 1 % des emplois, constitue pourtant l'un des piliers de l'ensemble, assurant sa réussite à long terme[20]. Ainsi, l'université de Mondragón propose 25 diplômes, dont 11 en ingénierie, et des licences en sciences de l'entreprise, en secrétariat de direction, en pyscho-pédagogie et en communication audiovisuelle, ainsi que des diplômes d'instituteurs. Dans le domaine de l'ingénierie, l'université de Mondragón délivre des diplômes en partenariat avec trois écoles d'ingénieurs françaises (École centrale de Nantes, Insa de Toulouse et ENSEEIHT de Toulouse). L'ensemble des centres de formation du groupe a comptabilisé 7 300 élèves en 2007, dont 40 % à 50 % choisissent ensuite de travailler dans l'une des coopératives du groupe. Outre la facette strictement technique des enseignements, les programmes de formation accordent une importance toute particulière aux valeurs et aux outils de management spécifiques au coopérativisme. D'ailleurs, de nombreux enseignants sont eux-mêmes managers de coopératives de Mondragon. Notons, parmi les enseignements prodigués, un MBA en gestion d'entreprise coopérative, qui a été suivi par plus de 500 cadres travaillant actuellement dans le groupe. Bien que leurs salaires soient deux à trois fois inférieurs à ceux des cadres ayant le même niveau de fonction ailleurs dans le privé, le turn-over des cadres est faible, chez Mondragon.

Le groupe a également une politique dynamique de formation continue. Celle-ci représente 2,87 % de la masse salariale, contre 1,2 % en moyenne pour les entreprises espagnoles. De plus, une part importante de ces formations concerne les relations sociales (aptitude au leadership, communication, valeurs coopératives, travail d'équipe).

Un management de haute qualité soutenue par une organisation démocratique

Imanol Basterretxea, que je viens de citer, fait le bilan de plusieurs recherches sur Mondragon et en conclut que cette implication dans la formation des managers génère un avantage compétitif, sous la forme d'un meilleur management dans le groupe que dans d'autres entreprises[21]. Par exemple, une enquête a été réalisée à partir de quarante principes adoptés par la Fondation européenne pour la gestion de la qualité (représentée en France par l'Afnor)[22]. On trouve, parmi ces principes, la capacité de décision par l'équipe de travail, l'existence de plans de formation, la présence d'indicateurs sociaux, la collaboration avec les fournisseurs, l'existence d'un système de mesure de la satisfaction des consommateurs, etc.

L'équipe de chercheurs a comparé les résultats obtenus par 503 cadres supérieurs d'entreprises basques de plus de 50 employés, dont 30 dirigeants de coopératives Mondragon. Les responsables de Mondragon obtiennent une meilleure performance sur 26 des 40 critères analysés.

Le fonctionnement de Mondragon repose sur dix principes, dont l'organisation démocratique, la priorité du travail sur le capital, celui-ci étant considéré comme un moyen et non comme une fin, l'intercoopération entre les diverses coopératives du groupe. L'organisation démocratique implique que les ouvriers coopérateurs sont actionnaires de l'entreprise et que chaque personne a le même pouvoir de vote. Une autre caractéristique est l'échelle de salaires réduite. Dans la majorité des coopératives du groupe, le salaire du dirigeant ne dépasse pas 4,5 fois le salaire des ouvriers les moins bien payés. Cette réduction des écarts fait que les bas salaires sont supérieurs à ceux du privé et les hauts salaires inférieurs à ceux du privé. Ainsi, le président de l'ensemble du groupe Mondragon touche 9 fois le salaire de base, ce qui est certes conséquent, mais reste très raisonnable lorsque l'on observe ce qui se passe dans les entreprises privées de taille comparable, où il est souvent 100 fois plus important, et même 300 fois dans certains cas.

Les différentes coopératives du groupe fonctionnent également de manière coopérative entre elles, ce qui signifie que lorsque l'une d'elles traverse une phase économique difficile, elle est soutenue par les autres. De plus, certains salariés peuvent être recrutés par une coopérative en bonne santé plutôt que d'être licenciés.

Par ailleurs, une importance particulière est accordée à la qualité des produits. En 2008, les différentes coopératives du groupe avaient déjà obtenu 112 labels ISO 9000 (management de la qualité) et 53 labels ISO 14000 (respect de l'environnement).

Interrogé sur le niveau de rentabilité de Mondragon, comparativement aux entreprises capitalistes classiques, Jesús Catania, l'ancien président du conseil général du groupe, a fourni cette réponse qui donne à réfléchir : « Nous sommes présents dans tant de secteurs qu'il est difficile de faire une comparaison en termes homogènes, car il n'y a aucune entreprise équivalente à

MCC [Mondragon Corporacion Cooperativa] en Espagne. On peut cependant affirmer que nous nous situons globalement dans la moyenne. Il faut tenir compte du fait que nous avons un objectif très important, qui est la création d'emplois, et parfois nous maintenons, au moins temporairement, des emplois que d'autres entreprises ayant une motivation plus capitaliste détruiraient immédiatement. C'est un facteur qui nous désavantage du point de vue de la rentabilité, mais qui nous satisfait du point de vue de la cohérence avec notre raison d'être[23]. »

Une meilleure résistance à la crise

J'ai signalé précédemment que les coopératives ont tendance à mieux supporter les crises économiques. Plusieurs études, menées avant 2008, aboutissent à la même conclusion, concernant Mondragon[24].

La crise de 2008 a frappé l'Espagne de plein fouet. Deux chiffres suffisent pour en mesurer l'ampleur : le chômage est passé de 1 833 000 personnes en 2007 à 4 632 000 en 2010 ! Il y a eu trois fois plus de faillites d'entreprises en 2008 que dans les années 2005, 2006 ou 2007. Il était inévitable qu'un tel désastre économique se répercute sur Mondragon. Ce fut le cas, mais dans une moindre mesure que dans le reste du pays, comme l'ont montré diverses études[25]. Pour limiter les licenciements chez Mondragon, de nombreux coopérateurs ont décidé de réduire leurs salaires ou d'abandonner différents avantages ou primes. Des salariés sont passés d'une coopérative en crise à une autre en meilleur équilibre financier. Par ailleurs, les diverses coopératives de Mondragon versent une partie de leurs profits à une caisse commune qui sert, en cas de nécessité, à compenser les pertes de telle ou telle d'entre elles.

Durant cette crise, c'est Fagor, une des entreprises du groupe, qui a le plus souffert. Jusqu'en 2008, cette coopérative industrielle fabriquant des produits électroménagers profitait des besoins en équipement des milliers de logements qui se construisaient de l'autre côté des Pyrénées. Mais elle a été directement victime de l'explosion de la bulle immobilière. Les salariés ont accepté de faire des sacrifices, en acceptant des baisses de salaire successives et en renonçant à des primes. Le groupe Mondragon a injecté 70 millions d'euros. Tout cela en vain. Les pertes devenant de plus en plus importantes, Mondragon a vendu Fagor. Après bien des péripéties, la filiale française du groupe, qui employait 1 800 salariés, a été rachetée par le groupe algérien Cevital, qui offrait la meilleure garantie pour la préservation de l'emploi des salariés, en proposant de reprendre 1 200 salariés.

Le groupe Mondragon a d'ailleurs fait l'objet de diverses critiques, en particulier depuis que la coopérative s'est engagée dans une forte politique d'internationalisation de ses activités, par acquisition d'entreprises[26]. Certains lui reprochent d'avoir perdu ses valeurs initiales et d'être devenue un groupe industriel et financier productiviste parmi d'autres.

La vérité se situe probablement entre deux extrêmes : Mondragon reste une référence, en raison de la mise en pratique de nombre de ses principes fondateurs, tout en ayant incontestablement perdu de sa pureté initiale.

Les entrepreneurs sociaux

L'entrepreneuriat social se développe de plus en plus depuis une vingtaine d'années. Le Mouvement des entrepreneurs sociaux (Mouves) en donne cette définition : « L'entrepreneuriat social est une manière d'entreprendre qui place l'efficacité économique au service de l'intérêt général. Quel que soit le statut juridique des entreprises (association, coopérative, SAS...), leurs dirigeants font du profit un moyen, non une fin en soi[27]. » Cette définition est très proche de celle de l'économie sociale et solidaire, tout en insistant sur le rôle des entrepreneurs, donc sur l'utilité de créer des activités économiques viables destinées à répondre aux besoins sociaux et environnementaux.

Redynamiser l'économie locale

Le groupe Archer constitue un exemple remarquable d'entrepreneuriat social en France. Il a été créé en 1987, autour d'une association qui aidait les chômeurs de longue durée à retrouver un emploi. À cette époque, le taux de chômage atteint 25 % à Romans, en raison de la disparition d'une industrie de la chaussure de renommée mondiale. Au fil du temps, deux des responsables, Georges Tourdot et Christophe Chevalier, en viennent à se demander s'il est vraiment utile de chercher à intégrer des personnes dans des entreprises si ces dernières n'embauchent pas.

Comme le fait remarquer Christophe Chevalier : « Plutôt que d'attendre d'hypothétiques embauches par les entreprises en place, il valait mieux créer nous-mêmes les emplois dont les habitants du territoire avaient besoin[28]. »

Depuis ses origines, la création d'emplois locaux est donc la principale raison d'être du groupe Archer, qui est passé du statut de « Samu social » à celui d'acteur économique local reconnu. Ce groupe embauche aujourd'hui plus de 320 personnes en équivalent temps plein, dans une quinzaine d'activités très variées : bâtiment, travaux publics, espaces verts, sous-traitance industrielle, fabrication de palettes, services à la personne, intérim, transport et logistique. Le groupe a inscrit la coopération comme principe central de fonctionnement, car « nous pensons que cela peut permettre de réussir ensemble ce que personne ne peut faire seul[29] ».

Sur le site Internet du groupe, sont décrites ses convictions : « Les acteurs du groupe Archer se sentent responsables vis-à-vis de leur territoire et de ses habitants : contribuer aux actions du groupe Archer, c'est ainsi prendre part de façon active au développement d'une plus grande justice sociale entre les personnes avec lesquelles on vit, là où l'on est. En effet, pour Archer et ses membres, l'entreprise est un acteur à part entière du mieux-vivre ensemble sur le territoire. (...) L'entreprise peut poursuivre avant tout un objectif d'utilité sociale en apportant des réponses réelles à des besoins sociaux majeurs tels que l'emploi, le développement de projets respectueux de l'environnement, etc. Ainsi, chez Archer, le mieux-être et l'émancipation des personnes, notamment les plus fragilisées, est replacé au cœur du projet. (...) L'échelle des salaires est encadrée, la rémunération du capital est réduite et les profits dégagés sont donc majoritairement réinvestis au service de l'utilité sociale dans une logique de partage équitable des richesses produites. (...) La démocratie est de mise dans l'entreprise, à travers une gouvernance participative mobilisant un collectif de personnes d'horizons différents (citoyens, salariés, collectivités locales, acteurs économiques du territoire) qui prennent ensemble des décisions d'avenir et s'assurent que le groupe remplit sa mission économique et sociale[30]. »

Christophe Chevalier préfère donc la création d'emplois à l'aide sociale : « Archer n'est pas dans une démarche de solidarité vis-à-vis des chômeurs. Nous n'avons pas un projet humanitaire, mais nous portons une vision humaniste. On doit la justice sociale et la fraternité, pas la solidarité. Toutes les politiques de l'emploi sont inscrites dans l'idée que la croissance va revenir et tout régler. C'est une hérésie, car même en période de croissance, il y a des chômeurs. C'est à nous de prendre nos responsabilités face à un modèle qui ne marche pas[31]. » Par exemple, le groupe Archer a ressuscité la tradition de fabrication de chaussures de qualité qui avait fait la renommée de Romans. L'idée est venue de Pierre Juvin, ancien ouvrier de la chaussure, qui a convaincu Christophe Chevalier de relancer cette industrie[32].

Grâce à l'aide de la ville de Romans, le groupe Archer dispose notamment d'un grand bâtiment en zone industrielle et est ainsi à l'origine de « Pôle Sud », un regroupement d'acteurs de la région afin de mener ensemble des actions de développement économique[33]. Cette structure accueille chaque année plus de 1 000 personnes en situation de recherche d'emploi, de formation, de logement ou qui projettent de créer leur activité. Le pôle est un centre ressources, avec la présence sur un même site des services publics de l'emploi (Pôle emploi, Mission locale), d'associations d'insertion et d'entreprises de l'économie sociale et solidaire.

Christophe Chevalier insiste sur la dynamique coopérative : « Nous voulons unir nos efforts pour construire une société solidaire et intégrante. (...) Nous ne sortirons de cette impasse sans impulser une dynamique innovante à l'échelle des territoires, sans une mobilisation large et opérante de citoyens, d'acteurs économiques, de représentants des pouvoirs publics. Il faut croire à l'efficacité des entreprises qui mobilisent les territoires, à l'esprit d'initiative dans un espace de démocratie et d'intérêt collectif[34]. »

Les exemples d'entrepreneuriat social sont multiples, en France et à l'étranger, dans divers domaines : la santé physique ou psychique, l'éducation, la lutte contre les exclusions, le développement durable, etc. Citons, à titre d'exemples, parmi de nombreux autres :

• **Bio Cambrésis**, créée en 1987 par un groupe de demandeurs d'emploi qui souhaitaient cultiver et vendre des produits biologiques. Aujourd'hui, elle comporte non seulement une ferme en agrobiologie, mais assure également l'entretien des espaces verts des communes membres de l'agglomération de Cambrai, ainsi que l'entretien de berges et sentiers de randonnée. L'entreprise est l'un des leaders de la fabrication et du conditionnement en France de légumes et aromates biologiques déshydratés.

• **ENVIE** (Entreprise nouvelle vers une insertion économique) est une association strasbourgeoise d'insertion, créée en 1984, qui répare et recycle les appareils électroménagers pour des personnes à faible pouvoir d'achat. Cette activité a donc une double utilité, sociale et environnementale.

• **Les Invités au festin** est une association créée par une psychiatre, Marie-Noëlle Besançon, qui développe des structures légères non médicalisées permettant la reconstruction de personnes souffrant de troubles psychiques. L'objectif est de recréer un pont entre les personnes fragiles psychologiquement et la communauté des citoyens, grâce à des relations basées sur les valeurs citoyennes de liberté, d'égalité et de fraternité. Une structure pilote a permis de vérifier la diminution des crises chez les personnes hébergées, et l'amélioration de leur bien-être. L'économie réalisée est de quelque 2 000 journées d'hôpital par an, soit 750 000 euros.

• **World Tricot** était initialement une petite association d'aide aux femmes sans emploi de Lure (en Haute-Saône). Elle est devenue une entreprise d'une quarantaine de personnes, spécialiste de la maille de luxe pour les grands noms de la mode. Cette entreprise parvient à conjuguer insertion, compétence et rentabilité.

• **L'Association nationale de développement des épiceries solidaires (Andes)** vise à soutenir, sans les assister, des personnes en difficulté économique. La première épicerie solidaire a été ouverte en 1996 à Nevers par Guillaume Bapst, actuel directeur de l'Andes. Il y en aurait plus de 500 en fonctionnement aujourd'hui en France. Elles proposent en libre-service des produits de consommation courante, moyennant une faible participation financière, autour de 20 % du prix usuel. Ce « coup de pouce » alimentaire est un moyen d'aborder d'autres questions : la santé, l'éducation, le logement, la culture, l'emploi, la gestion du quotidien. Le faible coût des produits permet de consacrer une part plus importante du budget à un projet d'amélioration de la vie quotidienne. La durée d'accès à l'épicerie est définie en fonction de ce projet ; elle est généralement de trois mois renouvelables, et dépasse rarement six mois.

• **Terre de liens** se fixe pour objectif de sortir la terre de la logique de marché et de permettre à des agriculteurs de pratiquer une agriculture biologique ou paysanne grâce à la finance solidaire. L'épargne et les dons de citoyens permettent d'acheter des terres agricoles dans une optique de long terme, Terre de liens signant avec les fermiers des baux ruraux environnementaux comportant des clauses telles que la pratique de l'agriculture biologique, la préservation de haies, mares, zones humides, etc. En 2014, la Foncière Terre de liens comptait 10 200 actionnaires et un capital de 41 millions d'euros, avec 147 fermiers installés pour 108 fermes acquises. La Fondation Terre de liens a été reconnue d'utilité publique par le Conseil d'État.

• **Mozaïk RH** est un cabinet de recrutement « spécialisé dans la promotion de l'égalité des chances et de la diversité ». En d'autres termes, il défend auprès d'entreprises les candidatures de jeunes issus de milieux populaires. En effet, à diplôme égal, leurs candidatures sont rejetées près de quatre fois sur cinq. Cette association a mis en place un partenariat avec l'agence de travail temporaire Adecco pour augmenter son impact. En sept ans, Mozaïk RH a réalisé 10 000 entretiens et a placé 2 500 candidats.

Une équipe de chercheurs néerlandais a fait le bilan des études menées sur l'entrepreneuriat social[35]. Ces auteurs constatent que ce domaine de recherche est encore dans l'enfance, et que la plupart des écrits universitaires sont des textes théoriques, destinés à fournir un fondement conceptuel à ce domaine d'études.

Ils ont cependant rassemblé 31 études empiriques, menées dans des pays aussi divers que le Canada, l'Espagne, le Royaume-Uni, les États-Unis, l'Ukraine, le Bangladesh, le Népal, le Kenya, l'Afrique du Sud, le Nigeria ou encore le Brésil. Quelques tendances générales émergent de ces travaux. Ainsi, pour parvenir au succès, les entrepreneurs sociaux doivent généralement avoir à la fois des compétences managériales et entrepreneuriales. Deux conditions semblent particulièrement nécessaires au succès : un engagement total dans leur cause, ainsi que la capacité à créer des réseaux et à travailler en collaboration, que ce soit en interne (groupes humains concernés par l'action menée) et en externe (partenaires appartenant aux services public et au monde de l'entreprise).

Certaines motivations des entrepreneurs sociaux sont identiques à celles des autres entrepreneurs (accomplissement de soi, volonté de réussite et désir de travailler en indépendant), tandis que d'autres leur sont spécifiques (volonté de répondre aux attentes et aux besoins de la population). Ils ont le sentiment d'avoir une mission à accomplir, ce qui constitue la raison d'être de l'entrepreneuriat social. Au départ, ils ont généralement peu de ressources, mais cela ne les décourage pas d'agir, et ils s'efforcent de trouver des solutions créatives pour y remédier, notamment en faisant appel au bénévolat et aux dons. Ils ne planifient pas minutieusement les actions à venir, mais réagissent avec souplesse aux événements, apprenant dans l'action, n'hésitant pas à modifier leur manière de faire pour être plus efficace, ce qui est une des clés de leur succès.

Pour assurer la pérennité d'expériences prometteuses, l'organisation Ashoka apporte son soutien aux entrepreneurs sociaux. Elle a été créée en 1980 par Bill Drayton, inspiré par l'action de l'empereur Ashoka, qui a régné sur l'Inde entre 273 et 232 avant J.-C. Celui-ci, après avoir guerroyé pour étendre son empire, fut pris de remords et s'engagea pour le service et la non-violence le reste de son existence.

L'organisation Ashoka soutient financièrement les entrepreneurs sociaux et constitue un lieu d'échanges leur permettant de partager leurs expériences. C'est aujourd'hui le premier réseau mondial d'entrepreneurs sociaux, ayant soutenu près de 3 000 entrepreneurs sociaux depuis trente ans. Cette organisation se fonde sur le postulat que chacun de nous peut être *acteur de changement.*

Les responsables d'Ashoka ont mené une enquête par questionnaire pour connaître l'impact sur leur environnement d'entrepreneurs sociaux cinq et dix ans après qu'ils ont été soutenus par Ashoka[36]. Premier constat, tout à fait remarquable : cinq ans après avoir été soutenus, 93 % de ces entrepreneurs sociaux étaient imités par d'autres personnes ou groupes. Il leur arrive même fréquemment d'influer sur les politiques nationales. C'est le cas de 56 % de ces groupes cinq ans après avoir été soutenus par Ashoka, et même de 71 % dix ans après. Ainsi, Halidou Ouédraogo a créé une organisation nationale au Burkina Faso pour permettre aux citoyens de mieux faire respecter leurs droits.

Cela a contribué à des modifications de la législation pénale. Halidou Ouédraogo a même rédigé une première version de la nouvelle constitution du pays en 1990.

Pour sa part, Michal Kravcík a lancé en 1993 le programme « Eau pour le troisième millénaire », qui prend en compte l'opinion de la population dans les décisions concernant la gestion de l'eau. L'année suivante, ce programme a fait partie de la politique de gestion de l'eau du gouvernement slovaque.

Les responsables d'Ashoka sont convaincus que, face aux enjeux sociétaux contemporains (pauvreté, santé, logement, exclusion sociale et financière, atteintes à l'environnement, etc.), il est nécessaire que les entrepreneurs sociaux, les entreprises et les pouvoirs publics mettent en commun leurs forces respectives, dans le cadre de partenariats gagnant-gagnant, pour relever des défis qu'aucun d'eux n'aurait pu résoudre seul. En créant de nouveaux modèles hybrides, à la croisée du social et de l'entrepreneurial, ils vont permettre d'enclencher une transformation sociétale à grande échelle. Pour Ashoka, la « cocréation » est un levier-clé pour permettre le changement d'échelle des innovations sociales des entrepreneurs sociaux[37].

RÉSUMONS-NOUS

☞ L'économie sociale et solidaire regroupe les organisations privées ou publiques (coopératives, associations, mutuelles, fondations, voire entreprises) qui s'efforcent de concilier activité économique et utilité sociale. Elles agissent dans des domaines très divers : soins de santé, éducation et formation, culture et loisirs, sport, environnement, aide à l'enfance et aux personnes âgées, etc. Ce secteur d'activité représente environ 10 % de l'emploi salarié en France.

☞ Les coopératives se distinguent des entreprises classiques en particulier par le fait que les salariés en sont les actionnaires et leur mode de décision démocratique (une personne = une voix). Les coopératives résistent mieux que les entreprises classiques en temps de crise.

☞ Mondragon, la plus vaste coopérative au monde, a été

créée au Pays basque espagnol en 1956. Ce groupe, très diversifié, emploie plus de 80 000 employés et réalise un chiffre d'affaires de 14 milliards d'euros.

☞ L'entrepreneuriat social est une manière d'entreprendre qui place l'efficacité économique au service de l'intérêt général. De nombreuses expériences d'entrepreneuriat social se sont créées en France et dans le monde au cours des vingt dernières années. Pour assurer la pérennité d'expériences prometteuses, l'organisation Ashoka apporte son soutien aux entrepreneurs sociaux.

15
Comment réduire les risques de catastrophes

On ne subit pas l'avenir, on le fait.

Georges Bernanos[1]

On accuse régulièrement le « facteur humain » d'être à l'origine des catastrophes industrielles. Qu'entend-on par « facteur humain » ? On désigne ainsi les erreurs de l'employé ou de l'équipe qui se trouve au contact immédiat de la machine au moment de l'accident, qu'il s'agisse d'un pilote d'avion ou d'un opérateur en salle de contrôle d'une centrale nucléaire.

Ou, plus exactement, on accusait. Car à la suite de nombreuses recherches, le centre d'attention des spécialistes s'est progressivement déplacé, depuis l'erreur individuelle vers le dysfonctionnement organisationnel, voire politique. De plus, la crise est de plus en plus perçue comme un processus plutôt que comme un événement ponctuel. Enfin, les chercheurs se sont particulièrement intéressés à ce que l'on appelle aujourd'hui les « organisations à haute fiabilité », pour en tirer des enseignements destinés à l'ensemble des situations de travail. Ce sont ces trois aspects que je vais décrire successivement.

Les problèmes de communication : une source majeure de grandes catastrophes

Examinons tout d'abord le premier aspect, l'intérêt croissant pour le mauvais fonctionnement global plus que sur l'erreur individuelle. James Reason, professeur de psychologie à l'université de Manchester, a joué un rôle-clé à cet égard dans les années 1990, en distinguant les erreurs actives, qui sont le fait des opérateurs, et les erreurs latentes, dues aux concepteurs, décideurs de haut niveau, gestionnaires, etc. Il montre, à travers divers exemples d'accidents dramatiques (dont ceux qui ont touché les centrales nucléaires de Tchernobyl et de Three Mile Island, l'usine de produits chimiques de Bhopal, la navette *Challenger*) que ce sont les erreurs latentes qui représentent la menace la plus grave pour la sécurité des systèmes à haute technologie. Cet auteur affirme que « bon nombre des causes premières des situations d'urgence sont généralement inscrites dans les systèmes longtemps avant que ces erreurs actives ne soient commises. (...) Plus les individus sont éloignés de ces activités de première ligne (et éventuellement des risques directs), plus ils sont potentiellement dangereux pour le système[2] ».

Dans un ouvrage écrit quelques années plus tard, Michel Llory, qui a dirigé pendant sept ans un département de recherche sur le risque chez EDF, a précisé l'analyse de ces dysfonctionnements humains. Ayant étudié en détail les catastrophes de Three Mile Island, Tchernobyl et Bhopal[3], il constate que les opérateurs se plaignent souvent de ne pas être écoutés, car la communication est surtout descendante. Les managers ont tendance à méconnaître le travail concret des opérateurs, parfois bien différent du travail prescrit. Car ceux-ci usent d'un savoir-faire de prudence, de connaissances tacites, de règles non formelles, de ficelles de métier particulièrement efficaces et économes. Ce savoir-faire est malheureusement souvent inconnu des dirigeants et des experts, et n'est pas intégré dans les doctrines de sûreté.

La communication ascendante est particulièrement difficile lorsqu'il s'agit de transmettre les « mauvaises nouvelles », c'est-à-dire les dysfonctionnements dont la correction entraînerait des coûts élevés ou des actions lourdes. Des pressions plus ou moins explicites peuvent même être exercées à l'égard des opérateurs. Michel Llory cite Richard Feynman, prix Nobel de Physique, qui a réalisé une enquête indépendante sur l'explosion en plein vol de la navette *Challenger* : les travailleurs chargés du montage des boosters sur le site de Kennedy « avaient une quantité d'informations, mais aucun moyen de les communiquer. Les travailleurs connaissaient beaucoup de choses. Ils avaient fait part de toutes sortes de problèmes et avaient toutes sortes d'idées pour y remédier, mais personne ne leur avait attaché de l'importance. La raison en était que toute observation devait être portée par écrit, et la plupart de ces gens ne savaient pas écrire de bons rapports. Mais ils avaient de bonnes connaissances, ils travaillaient dur et étaient très enthousiastes[4] ». Et Llory de poser ces questions : les informations défavorables, à connotation négative, circulent-elles autant que les informations favorables, à connotation positive ? Les agents se sentent-ils suffisamment libres pour présenter des critiques, des doutes ? Risquent-ils d'être menacés au cas où ils en font état ? Les critiques sont-elles écoutées, prises en considération, discutées ?

Il semble que cet auteur ait été entendu au sein d'EDF puisque, comme nous le verrons plus loin, cette entreprise a radicalement modifié sa gestion du risque à la suite des accidents de Three Mile Island et Tchernobyl.

Les catastrophes industrielles sont généralement prévisibles

Qu'en est-il du deuxième aspect que j'ai signalé : la crise perçue comme un processus plutôt que comme un événement ponctuel, constat sur lequel la plupart des spécialistes s'accordent ? L'événement lui-même, la catastrophe, n'est qu'une des phases de ce processus, et a généralement été précédé par toute une série d'incidents, liés à des dysfonctionnements organisationnels. Ce qui a pour conséquence que nombre de catastrophes étaient en fait assez prévisibles.

Une place centrale doit ici être accordée aux « lanceurs d'alerte[5] ». Il s'agit d'employés qui tentent d'alerter leurs responsables, en leur signalant l'existence de problèmes techniques, de risques potentiels qui leur paraissent dangereux et inacceptables, puis, s'ils ne sont pas écoutés, qui s'adressent à des personnes extérieures (surtout des journalistes). Les dysfonctionnements dénoncés sont multiples : non-respect de procédures pouvant entraîner des risques pour la sécurité, violation de la loi, malversations financières, etc. Au départ, ces employés sont généralement bien intégrés au sein de leur organisation et ont un sens élevé de leur responsabilité professionnelle. S'ils réagissent comme ils le font, c'est parce que l'intérêt public passe à leurs yeux avant les intérêts de l'organisation à laquelle ils appartiennent.

Un scénario assez fréquent suit généralement les révélations faites par un lanceur d'alerte[6]. Les dirigeants lui font d'abord remarquer que ses accusations et ses suggestions ne sont pas pertinentes, qu'il s'agit de fausses interprétations de sa part. Si le subordonné ne se laisse pas impressionner par ces arguments d'autorité, ses supérieurs tentent de l'isoler géographiquement et « idéologiquement » des autres membres du personnel afin de diminuer son impact. À ce stade, la plupart des personnes rentrent dans le rang et redeviennent des membres silencieux de l'organisation. Mais si l'employé persiste encore, les responsables optent pour la stratégie de la diffamation. Au final, dans les cas extrêmes, l'employé démissionne ou est licencié[7]. Pour éviter ces agissements, de plus en plus de pays possèdent maintenant des lois protégeant les lanceurs d'alerte face à d'éventuelles représailles de leur employeur.

En fait, les lanceurs d'alerte sont des personnes particulièrement utiles à l'organisation qui les emploie, et, de façon plus générale, à la société. Certains chercheurs proposent aux dirigeants d'écouter les lanceurs d'alerte avec attention, leur conseillant même de favoriser leur libre expression. Nous avons vu au chapitre 8 la proposition faite par certains chercheurs d'institutionnaliser la fonction d'avocat du diable.

Les secrets des organisations très fiables

Mais j'aimerais surtout porter mon attention sur le troisième élément évoqué ci-dessus, à savoir ce que les spécialistes des risques qualifient d'organisations « à haute fiabilité », qui ont fait l'objet de très nombreuses recherches depuis la fin des années 1980[8]. Christian Morel, ancien cadre supérieur dans de grandes entreprises industrielles, a analysé en détail les caractéristiques de ces organisations et en conclut que la « culture de la fiabilité » va « à l'encontre de la pensée habituelle en matière de décision et d'organisation. C'est une contre-culture vis-à-vis à la fois de la doctrine classique en management de la pensée politique courante et des croyances ordinaires du grand public[9] ».

Il y a parmi ces grands principes :

• l'effacement temporaire de la hiérarchie[10] – alors que notre culture valorise le rôle du chef ;

• le débat contradictoire et la fonction d'avocat du diable – alors que nous cherchons fréquemment l'action rapide et le consensus ;

• la non-punition des erreurs – alors que nous sommes habitués à penser que toute erreur doit être sanctionnée.

L'effacement temporaire de la hiérarchie

Une étude de l'agence de sécurité des transports des États-Unis portant sur les accidents d'avion survenus entre 1978 et 1990 a révélé un fait surprenant : sur les 37 cas dans lesquels l'erreur humaine avait joué un rôle important, trente ont eu lieu lorsque c'était le commandant de bord qui pilotait l'appareil[11]. Faut-il en conclure que plus ces professionnels ont d'expérience, moins ils sont compétents ? Pas du tout, évidemment ! C'est tout simplement que lorsque le commandant fait une erreur, il est difficile au copilote de la signaler, alors que le commandant n'éprouve aucune gêne à corriger son collègue. Conclusion logique : dans le cockpit, la hiérarchie doit s'effacer.

Les porte-avions et sous-marins nucléaires des grandes puissances occidentales font partie des « organisations hautement fiables », en raison du très faible taux d'accidents, comparativement à ce à quoi l'on pourrait s'attendre, étant donné les situations à haut risque qu'ils rencontrent. Dans ces conditions, comme le souligne Morel, « l'essentiel n'est pas la hiérarchie, mais la coopération et la collégialité », attitudes dictées par l'impératif de fiabilité. D'ailleurs, dans un sous-marin nucléaire français en navigation, beaucoup d'officiers enlèvent leurs galons. Morel précise toutefois que les chefs ont bien évidemment toujours un rôle essentiel à jouer. C'est en effet sur eux que reposent la définition de la mission, et son explication, afin que leurs subordonnés sachent dans quel sens décider, ainsi que la construction d'une mentalité commune. Le supérieur hiérarchique doit ainsi savoir évaluer à quel moment son autorité doit se manifester et à quel moment elle doit s'effacer.

Le débat contradictoire et la fonction d'avocat du diable

J'ai déjà abordé ce sujet dans le chapitre 8 et ne vais donc pas m'y attarder. Signalons toutefois ces faits, rapportés par Morel[12]. Alors que la Nasa a connu deux catastrophes majeures, la destruction des navettes *Challenger* et *Columbia*, la marine nucléaire américaine n'a enregistré aucune fuite radioactive depuis sa création. Les responsables des vols habités de la Nasa se sont donc rapprochés de la marine pour tirer des enseignements de ses principes d'organisation. Une différence importante entre ces deux organisations était la culture du débat contradictoire dans la marine, avec en particulier la valorisation de la fonction d'avocat du diable. Même en l'absence de désaccords, le management y a l'obligation de susciter un débat contradictoire.

La non-punition des erreurs

L'élément le plus déterminant – et peut-être le plus surprenant – des organisations à haute fiabilité est leur valorisation de l'erreur. Nous avons intuitivement tendance à penser qu'il faut à tout prix faire le moins d'erreurs possible. De nombreux travaux de psychologie cognitive ont montré que cette aspiration est illusoire. René Amalberti est sans conteste l'un des meilleurs spécialistes français de la conduite des systèmes à risque. Médecin militaire, docteur en médecine et en psychologie, il a étudié ce thème dans des univers très variés. Lors d'un vol de certification d'une dizaine d'heures sur l'Airbus A-340 en 1992, l'observation détaillée de l'équipage – tout à fait professionnel – a permis de pointer 162 erreurs (manipulations erronées, procédures inadéquates, erreurs de communication entre membres d'équipage ou avec le contrôle[13]). Sur ce nombre, 157 ont été détectées et récupérées par l'équipage en quelques secondes, et souvent en moins de 5 secondes. 4 seulement n'ont pas été immédiatement corrigées, mais ont été détectées à partir de leurs conséquences. Au final, une seule erreur figure dans le compte rendu officiel du vol, car elle a été jugée potentiellement critique pour la sécurité, bien qu'elle n'ait eu aucune conséquence sérieuse sur le risque d'accident. La conclusion d'Amalberti s'impose d'elle-même : « Les meilleurs sujets ne sont pas ceux qui ne font pas d'erreurs, mais ceux qui récupèrent les erreurs commises[14]. »

Cet auteur souligne que les erreurs (de routine notamment) sont le prix à payer pour travailler vite, et donc pour une certaine efficacité. Vouloir éviter toute erreur conduirait à une lenteur telle que l'on n'arriverait même plus à faire le travail prévu : ainsi, nous dit-il, « une infirmière pourrait probablement réduire son nombre d'erreurs de routine en se concentrant sur chacun de ses gestes, tout comme un ouvrier sur son métier, mais dans ce cas, elle traiterait probablement cinq fois moins de patients dans la matinée (c'est le cas d'une infirmière novice)[15] ».

Les spécialistes du risque font une distinction fondamentale entre l'erreur et la faute. L'erreur est un comportement qui s'écarte involontairement de la norme attendue, tandis que la faute est une violation consciente des règles. Par ailleurs, une erreur qui se répète devient faute. Le problème, dans notre société marquée par la quête illusoire du risque zéro et de la sécurité maximale, est que l'on glisse très facilement de l'erreur à la faute lorsqu'une catastrophe est médiatisée. Dirigeants politiques, journalistes et opinion publique souhaitent alors généralement que l'on trouve rapidement un coupable, LE coupable. Celui qui a fait une erreur (ce qui nous arrive à tous chaque jour) devient celui qui a commis une faute et qu'il faut impérativement punir.

J'entends déjà la voix de contradicteurs : « Mais attention, ne mélangez pas tout ! Il y a des erreurs anodines et d'autres aux conséquences très graves. Il est normal de punir ceux qui commettent ces dernières, ne serait-ce que pour éviter qu'elles se reproduisent à l'avenir. Et pour cela, il faut que la punition soit exemplaire. » Cet argument semble relever du bon sens. Mais il est totalement erroné, comme nous allons le voir.

La sanction pénale comme obstacle à la sécurité

Les études sur le risque ont montré que les situations et comportements ayant conduit à des incidents mineurs sont souvent aussi instructifs que ceux ayant conduit à des catastrophes. Ils permettent non seulement de savoir quelle en a été la cause, mais également ce qui a permis d'éviter qu'ils se transforment en drames.

Les responsables d'organisations à haute fiabilité ne considèrent pas les erreurs comme des fautes à éliminer, mais comme une source d'apprentissage. Mais pour en tirer profit, il faut évidemment les connaître ; or, pénaliser les erreurs incite les professionnels du terrain à cacher celles qu'ils font. Comme le résume clairement Christian Morel : « La punition est mère du silence[16]. »

Daniel Soulez Larivière, avocat qui s'est occupé de grandes affaires de catastrophes, est particulièrement lucide à ce sujet : « Le recours systématique au pénal peut avoir des effets négatifs sur les questions de sécurité. Dans ce domaine-là [le transport maritime], comme dans tous les domaines très pointus, qu'il s'agisse du nucléaire, de l'aviation, ou même de la chimie, c'est le retour d'expérience qui fonde la sécurité. Qu'est-ce que le retour d'expérience ? Cela signifie que tous ceux qui ont vu ou fait quelque chose qui n'allait pas le disent : Il faut – et ce n'est pas de la délation – qu'ils fassent un rapport sur ce qu'ils ont vu ou fait qui n'allait pas. Mais s'ils se trouvent menacés de pénal en signalant un problème, ils ne le diront plus. Et s'ils ne le disent plus, il n'y a plus de sécurité parce qu'il n'y a plus de retour d'expérience. (...) Il y a donc un moment, qui est aujourd'hui clairement atteint et même dépassé, où l'idée que l'on va assurer la sécurité par le pénal est exactement contre-productive. (...) On arrive donc à des situations paradoxales, où la recherche de la faute devient un élément perturbant de la quête de vérité[17]. »

Christian Sicot, ancien chef d'un service de réanimation, souligne pour sa part que « la gestion punitive des erreurs médicales n'a que peu d'effet sur leur prévention. Il ne faut pas s'en étonner, parce que la justice pénale a comme objectif de sanctionner des coupables, et non de prévenir les récidives[18] ».

Donc, si l'on veut prévenir les erreurs et les accidents, les questions à poser ne sont pas : « Qui est responsable ? » et « Quelle sanction imposer ? », mais : « Pourquoi l'accident est-il survenu[19] ? » ou « Comment cet incident ne s'est pas transformé en accident ? » John Braithwaite (dont j'ai présenté les travaux dans le chapitre 12) et ses collègues distinguent la responsabilité passive, qui signifie tenir quelqu'un pour responsable d'un événement passé, et la responsabilité active, qui signifie s'engager à améliorer la situation pour l'avenir. La première relève d'une culture de blâme, la seconde d'une culture d'apprentissage[20].

C'est précisément ce qu'ont compris depuis plusieurs dizaines d'années les responsables de l'aviation civile, considérée comme un modèle par excellence d'univers à haute fiabilité. Ainsi, l'OACI (Organisation de l'aviation civile internationale) annonce sans ambiguïté que « l'enquête sur un accident ou un incident a pour seul objectif la prévention de futurs accidents ou incidents. Cette activité ne vise nullement à la détermination des fautes ou des responsabilités[21]. » De son côté, Pierre-Henri Gourgeon, ex-directeur général d'Air France, explique : « Tous les patrons de compagnie aérienne ont en tête le risque de l'accident. C'est une angoisse permanente. (...) Des pilotes ont été formés à l'observation des pratiques en vol ; ce n'est pas un contrôle, mais une observation au cours de laquelle l'anonymat des équipages est garanti. Le but est de détecter des manquements mineurs et non de pénaliser. Vous ne progressez en sécurité que si vous mettez de côté les problèmes de sanction. Il faut faire la différence entre l'erreur et la transgression. La transgression, c'est par exemple le refus systématique de respecter la vitesse limite autorisée. L'erreur ou la maladresse est involontaire : il faut la connaître pour pouvoir la corriger[22]. »

Comme le souligne ce responsable, la distinction entre erreur involontaire et faute intentionnelle est indispensable. Car il n'est évidemment pas question de faire preuve de laxisme envers ceux qui se comportent consciemment de manière irresponsable.

L'Organisation de l'aviation civile internationale propose d'adopter, comme fondement de la sécurité aérienne, une voie médiane – appelée « culture juste » – entre la culture de la sanction et la culture non punitive[23]. L'expression « culture juste » a été forgée par Sidney Dekker, qui a la particularité d'être à la fois pilote d'avion et universitaire, spécialiste de psychologie cognitive et de psychologie des organisations[24]. Il fait aujourd'hui explicitement référence à la justice restauratrice[25] comme fondement de son approche. Selon lui, une culture juste est une culture de confiance, d'apprentissage et de responsabilité. Alors qu'une culture de la rétribution demande : « Quelle règle a été enfreinte ? Qui l'a fait ? Que méritent-ils ? Qui a le pouvoir de décider des sanctions et de les infliger ? », la culture restauratrice juste demande : « Qui a été atteint ? Quels sont leurs besoins ? Quelles obligations faut-il remplir pour répondre à ces besoins[26] ? »

La non-punition des erreurs involontaires est certes difficile à admettre dans notre société qui cherche souvent à tout prix à découvrir le coupable et le punir. Elle est pourtant nécessaire si l'on souhaite une amélioration constante de la sécurité.

Quand les médecins s'inspirent des pilotes d'avion

Les organisations à haute fiabilité inspirent de plus en plus d'univers professionnels. C'est particulièrement le cas pour la santé. En 2000, l'Institute of Medicine, branche de l'Académie des sciences des États-Unis, publie un rapport qui fera date, intitulé *L'erreur est humaine*[27]. Il y est affirmé que le nombre de décès annuels dus à des erreurs médicales est compris entre 44 000 et 98 000, soit, même si l'on n'en retient que l'estimation la plus faible, un nombre supérieur à celui des accidents de la route. Face à un tel constat, le monde de la santé outre-Atlantique s'est fortement inspiré des pratiques de l'aviation civile pour améliorer la situation[28]. En France, René Amalberti, ancien médecin militaire dans l'armée de l'air, que j'ai cité précédemment, a joué un rôle majeur dans ce transfert de connaissances[29].

L'Académie de médecine s'est saisie du problème et a formulé des recommandations. En 2006, elle a déclaré que « la connaissance des défaillances (...) implique deux conditions : une garantie de confidentialité et d'autre part une absence de sanction. Il est évident que la démarche préventive doit de ce fait être totalement indépendante de la démarche juridictionnelle ou de conciliation résultant de l'obligation faite par la loi d'une déclaration de dommage au patient[30]. »

En 2012, nouvelle déclaration de cette institution. Elle rappelle tout d'abord que le signalement des événements indésirables constitue la base du traitement des erreurs dans les établissements de soins, mais constate que ces signalements sont malheureusement trop rares, en particulier parce que les médecins ont peur d'être sanctionnés pénalement. L'Académie de médecine recommande donc que « toute personne, impliquée ou non, qui, de par sa fonction, informe de la survenue d'un événement indésirable dans le déroulement et les conditions des soins donnés à un patient, (...) ne puisse faire l'objet d'aucune sanction disciplinaire ou mise en cause juridictionnelle du fait de ce signalement, hormis les cas de manquement délibéré ou répété de sa part aux règles de sécurité ou bien de dénonciation sans fondement animée par la seule intention de nuire[31] ».

Les connaissances acquises sur la gestion des risques nous montrent qu'il nous faut affiner notre compréhension de la compétence. Tout professionnel, même le plus compétent, fait des erreurs ; l'important est sa capacité à les repérer et les corriger. Pour cela, la confiance d'un côté, la sincérité de l'autre, constituent les meilleurs garants de la sécurité future, tandis que la suspicion et la crainte de la sanction pénale en sont les pires obstacles.

RÉSUMONS-NOUS

- Les problèmes de communication constituent une source majeure de grandes catastrophes. Les managers ont tendance à méconnaître le travail concret des opérateurs, lesquels usent d'un savoir-faire, de règles non formelles, de ficelles de métier particulièrement efficaces et économes. Ce savoir-faire est malheureusement souvent inconnu des dirigeants et des experts, et n'est pas intégré dans les doctrines de sûreté.
- Beaucoup de catastrophes étaient assez prévisibles, car elles étaient généralement précédées par toute une série d'incidents, liés à des dysfonctionnements organisationnels.
- Les organisations très fiables présentent certaines caractéristiques, dont :
  - l'effacement temporaire de la hiérarchie ;
  - le débat contradictoire et la fonction d'avocat du diable ;
  - la non-punition des erreurs.
- L'élément le plus déterminant – et peut-être le plus surprenant – des organisations à haute fiabilité est la valorisation de l'erreur, qui ne doit pas être confondue avec la faute. Ainsi, les responsables d'organisations à haute fiabilité ne considèrent pas les erreurs comme des fautes à éliminer, mais comme une source d'apprentissage. C'est en étudiant les erreurs que l'on permet de les éviter à l'avenir.
- La sanction pénale des erreurs constitue un obstacle à la sécurité, car « la punition est mère du silence », elle incite les opérateurs à ne pas parler de leurs erreurs, et donc empêche d'apprendre à partir d'elles. Dans l'aviation

civile, les enquêtes sur un accident ont pour seul objectif la prévention de futurs accidents ou incidents ; elles ne visent nullement à la détermination des fautes ou des responsabilités. C'est un facteur essentiel, qui fait que l'avion est aujourd'hui le mode de transport le plus sûr.

16
Les entreprises humanistes sont-elles rentables ?

Les idéalistes ne sont pas souvent réalistes ni les réalistes souvent idéalistes. (...) Mais la vie en sa perfection est une synthèse créatrice dans l'harmonie fructueuse des contraires.

Martin Luther King[1]

Le courage, (...) c'est d'agir et de se donner aux grandes causes sans savoir quelle récompense réserve à notre effort l'univers profond, ni s'il lui réserve une récompense.

Jean Jaurès[2]

Quand il était jeune, William Damon a reçu des conseils contradictoires sur la manière de conduire sa vie professionnelle. Certaines personnes lui recommandaient l'idéalisme : « Fais ce que tu crois (ou ce que tu aimes) ; agis toujours d'une manière dont tu puisses être fier », etc. ; d'autres étaient beaucoup plus rudes, voire cyniques : « Les gens sympas finissent bons derniers », etc. Bien des années plus tard, devenu professeur de psychologie à l'université Stanford, il écrit l'ouvrage *L'avantage moral*[3] pour montrer qu'il est possible de réussir en affaires sans faire de compromis avec ses principes. Toutefois, précise-t-il, « je ne dis pas que ceux qui agissent moralement gagnent nécessairement le plus d'argent. (...) Il y a des escrocs qui gagnent beaucoup d'argent et d'autres qui gagnent peu, il y a des gens moraux qui gagnent peu d'argent et d'autres qui en gagnent beaucoup. »

Ce qui intéresse William Damon, c'est de comprendre comment des chefs d'entreprise réussissent, dans le sens le plus large possible, comment ils atteignent leurs objectifs financiers tout en se sentant fiers de leur travail et de leur contribution à la société. Sa conviction, à la fin de son enquête menée auprès de 48 dirigeants d'entreprise qui ont su tenir les deux bouts de la chaîne, est que seuls les dirigeants qui restent fidèles à leurs convictions morales ont une carrière réussie dans ces multiples facettes.

Rester fidèle à ses principes

Selon lui, le point de départ, si l'on veut découvrir et maintenir ses critères éthiques, consiste à se poser trois questions :

• *Quoi ?*
Qu'est-ce que j'essaie d'atteindre ?

• *Pourquoi ?*
Pourquoi est-ce que j'essaie de l'atteindre ?

• *Comment ?*
Comment j'y parviens ?

Si l'on trouve des réponses claires à ces trois questions, alors l'éthique suivra naturellement, sans faire d'efforts particuliers. Or, beaucoup de chefs d'entreprise focalisent leur énergie sur le *Comment ?* (Comment augmenter la productivité, la rentabilité, etc.) au point d'en oublier le *Pourquoi ?* (Pourquoi poursuivre cet objectif ? Pourquoi agir de cette manière ?). Selon Damon, ce sont précisément les questions de type *Pourquoi ?* qui nous aident à réaliser nos aspirations les plus élevées. Pour Damon, cette perspective modifie radicalement la façon dont les décisions sont prises dans l'entreprise. Garder les questions *Pourquoi ?* à l'esprit permet notamment de résister aux inévitables pressions en faveur des résultats à court terme et aux tentations d'agir de façon non éthique, pour adopter une vision à long terme.

En tant que psychologue, Damon a rencontré des centaines de personnes qui ont quitté ou qui s'apprêtaient à quitter leur carrière dans les affaires pour changer d'orientation professionnelle. Derrière la diversité des parcours individuels, il a constaté un point commun chez la plupart de ces individus : ils quittaient leur emploi car ils ne supportaient plus d'être forcés d'abandonner les valeurs qui les avaient conduits à choisir le métier qu'ils exerçaient. Ceci conduit Damon à penser que les succès professionnels les plus significatifs et durables dépendent de la décision de ne pas accepter de compromis dans nos convictions morales.

Damon répartit la moralité en entreprise en quatre catégories. La plus connue est *l'éthique des affaires* ; dans cette perspective, l'éthique est utilisée pour prévenir des pratiques dommageables et peu recommandables. C'est l'approche la plus enseignée dans les cours d'éthique des écoles de commerce. Les professeurs d'éthique conseillent aux futurs dirigeants de respecter la loi, de résister aux tentatives de corruption, de ne pas diffuser publiquement d'informations mensongères, de ne pas manipuler le cours des actions, de ne pas tromper les consommateurs, d'éviter les pratiques environnementales irresponsables.

Tout cela est certes louable, mais ne constitue selon Damon qu'une vision restrictive de l'éthique, celle-ci n'étant alors qu'une contrainte externe qu'il faut respecter pour éviter d'avoir des ennuis. Une telle conception n'a pas véritablement d'impact sur les étudiants. « Quiconque connaît les écoles de commerce sait que rares sont les étudiants qui prennent leurs cours d'éthique au sérieux : ils les suivent pour avoir le diplôme, puis n'y pensent plus. »

Une autre perspective est la *moralité empathique*, qui repose, comme son nom l'indique, sur l'effort de se mettre à la place d'autrui, afin de construire de fortes relations de collaboration avec les employés, les partenaires, les investisseurs et les clients. Un principe majeur est de respecter la règle d'or qui consiste à traiter les autres comme on voudrait être soi-même traité. Ceci favorise la confiance, la collaboration, la compréhension et la communication.

Une troisième manière d'exprimer l'éthique est la *philanthropie*, dans laquelle sont souvent emmêlés une préoccupation authentique du bien-être des gens et l'intérêt personnel. Damon fait toutefois remarquer que, dans certains cas, ce type d'action peut être mal accueilli, donnant l'impression d'une stratégie de communication intéressée.

Pour Damon, l'approche éthique la plus large et la plus fondamentale est *l'imagination morale proactive*. Il s'agit ici d'utiliser une perspective morale comme source d'idées fructueuses. Cette approche repose sur des convictions intérieures profondes et permet de relier les exigences de l'éthique avec l'objectif professionnel que l'on essaie d'atteindre et la personne que l'on souhaite être. Sans une telle perspective, la personne tend à considérer les exigences éthiques simplement comme des règles et des interdictions : elles doivent être suivies quand c'est nécessaire ou pratique, mais elles n'ont pas de valeur en elles-mêmes. Cette conception élargie de l'éthique est malheureusement absente de la plupart des cours d'éthique.

Damon cite plusieurs cas de chefs d'entreprise qui ont harmonieusement associé leurs convictions morales et l'efficacité entrepreneuriale. C'est le cas de Max DePree, qui a été PDG de Herman Miller, entreprise de mobilier et matériel de bureau. Sous sa direction, la société a été classée première en productivité (revenu net généré par employé) de la liste *Fortune* (classement annuel des grandes entreprises mondiales). Peu de temps après sa nomination, DePree a convaincu l'entreprise d'introduire un système d'actionnariat salarié, permettant ainsi aux ouvriers de posséder une part du capital de la société. Il considérait cette décision à la fois comme un impératif moral envers les salariés et comme un avantage pragmatique pour l'entreprise. Il a également mis au point ce qu'il a appelé le « parachute argenté », dont le principe est bien différent du « parachute doré », qui ne récompense que quelques dirigeants. Tout employé en poste dans l'entreprise depuis un an rejoint le groupe de parachute argenté ; s'il y a une OPA hostile, il sera indemnisé en fonction du temps déjà passé dans l'entreprise et du salaire.

Comme pour le programme d'actionnariat salarié, cela répondait à une double intention ; d'une part, un objectif moral de justice ; d'autre part, un objectif très pratique, consistant à maintenir le contrôle de l'entreprise dans les mains de l'équipe dirigeante. Selon DePree, « nous avons dit qu'il n'est pas équitable que cinq ou six personnes au sommet aient un parachute doré en cas d'OPA hostile ; on ne peut défendre cela que si tous les gens dans l'entreprise ont un certain parachute. (...) C'était la chose juste à faire pour l'ensemble du personnel. Cela a aussi mis un coût supplémentaire pour l'acquéreur. S'ils voulaient vraiment prendre le pouvoir, ils devaient payer ce coût, ce qui a aidé à empêcher l'idée d'OPA hostile. Mais, voyez-vous, ce n'était pas initialement destiné à prévenir une OPA. C'était initialement destiné à apporter de l'équité[4]. »

Selon DePree, la confiance est indispensable au bon fonctionnement d'une entreprise : « On ne peut pas diriger une bonne entreprise sans confiance, et on ne peut pas bénéficier de la confiance des autres si on ne leur fait pas confiance. » Une anecdote illustre bien les effets de cette confiance réciproque[5]. L'un des commerciaux de son entreprise traitait avec un important décideur, à propos d'une commande de 12 millions de dollars. Cet homme a dit : « Bon, je peux m'arranger pour que vous ayez ce contrat, mais il faut que nous parlions de ma commission. » Le commercial a répondu : « Il n'y aura pas de commission pour vous. Notre entreprise ne fait pas cela. » « Mais tout le monde le fait. » « Non, nous ne le faisons pas. » Et l'homme a dit : « Bon, je vais appeler votre patron, et vous allez probablement perdre votre boulot. » « Oh, non, nous allons seulement perdre le contrat. » Car il savait que c'est ce que DePree aurait répondu. L'histoire s'est finalement bien terminée puisque l'entreprise a signé le contrat ; selon DePree, il aurait été bien difficile au décideur de justifier auprès de son propre patron le refus du contrat.

Des résultats contradictoires

L'impact de la responsabilité sociale des entreprises sur leur performance financière a fait l'objet de nombreuses recherches, au point que plusieurs synthèses de la littérature ont été effectuées. D'autres recherches, portant sur l'impact financier de la responsabilité environnementale, seront présentées dans le chapitre 17. À ma connaissance, la plus ancienne synthèse sur la responsabilité sociale date de 1995[6]. Ses auteurs identifient 21 études empiriques publiées entre 1972 et 1992, à partir de plusieurs critères : respect de l'environnement, réputation, attitudes du PDG, non-investissement en Afrique du Sud. Elles concernent des entreprises très diverses : chimie, énergie électrique, agroalimentaire, sidérurgie, industrie papetière. Ils constatent une « importante régularité » : presque toutes les études concluent que les entreprises socialement responsables font aussi bien ou surpassent celles qui ne le sont pas. 12 études font état d'une relation positive ; 8 constatent des résultats financiers équivalents pour les deux catégories d'entreprise ; une seule conclut à une relation négative. Les auteurs décrivent cette situation en termes de « paradoxe du coût social ». En effet, soulignent-ils, dans la mesure où les activités sociales sont coûteuses pour les entreprises, on s'attendrait à une relation négative entre leur performance sociale et leur performance financière. Or, c'est le contraire qui se produit. Ces résultats sont impressionnants, mais ne nous disent rien sur le sens de la causalité, comme le reconnaissent les auteurs. Après tout, il est fort possible que les entreprises en meilleure santé financière puissent plus facilement se permettre d'adopter des pratiques socialement responsables. Il peut également y avoir causalité réciproque, sous forme de cercle vertueux, voire de spirale vertueuse. Il se peut aussi qu'une bonne équipe de direction soit à la fois financièrement efficace et socialement responsable.

Les auteurs décident donc de réaliser eux-mêmes une étude sur la durée, afin de pouvoir mettre en évidence le sens de la causalité. Ils comparent les résultats de 53 entreprises responsables à un autre groupe de 53 entreprises, de 1985 à 1991. Ils analysent l'évolution des résultats financiers au fil du temps, pour repérer la causalité, et en tirent la conclusion que certaines activités de RSE peuvent entraîner une meilleure performance financière.

Par la suite, diverses synthèses ont été publiées[7], qui relativisent ces résultats, la plus récente et la plus vaste me paraissant être celle réalisée en 2009 par trois professeurs de management. Elle porte sur 214 recherches et constate une corrélation positive, mais faible, entre performance sociale et performance financière[8]. En effet, même si les entreprises socialement responsables sont généralement plus rentables que les autres, ce n'est pas toujours le cas. Les auteurs en concluent que les partisans de la responsabilité sociale des entreprises feraient bien de tempérer leur enthousiasme lorsqu'ils utilisent comme argument le lien entre performance sociale et performance financière. Ils soulignent d'ailleurs que le gain économique n'est pas la seule raison pour laquelle les chefs d'entreprise s'engagent dans une démarche de responsabilité sociale. Je partage pleinement ce point de vue. Adopter une démarche socialement responsable devrait être le fruit d'une conviction et non d'un calcul intéressé. Les résultats que je vais présenter ci-dessous confirment clairement la pertinence d'une telle orientation.

Éviter de faire les choses à moitié

Constatant cette divergence de résultats, une équipe hispano-américaine s'est efforcé de repérer quels sont les facteurs de responsabilité sociale qui pèsent le plus sur la performance économique. Leur étude, menée auprès d'environ 600 entreprises de 28 pays, confirme qu'il n'y a pas de lien direct entre la responsabilité sociale de l'entreprise et ses performances économiques[9]. Tout dépend, écrivent-ils, de ressources immatérielles que sont l'innovation, les ressources humaines, la réputation et la culture organisationnelle. Ainsi, s'engager dans une démarche socialement responsable n'a d'impact positif sur les résultats économiques que dans un contexte global déjà bien ancré dans l'entreprise. Par exemple, notent ces auteurs, une bonne réputation, des pratiques managériales respectueuses des salariés et facilitant leur développement et leur formation attirent des demandeurs d'emploi compétents et les incitent à rester dans l'entreprise une fois recrutés.

Une autre équipe a mené plusieurs enquêtes successives. Dans la première, ces chercheurs se sont intéressés, non aux entreprises elles-mêmes, mais aux fonds d'investissement dits « responsables[10] ». En analysant la littérature scientifique déjà publiée sur le sujet, ils aboutissent au même constat : certains travaux concluent que les fonds d'investissement socialement responsables obtiennent des résultats financiers égaux voire supérieurs aux fonds classiques, tandis que d'autres aboutissent aux résultats inverses. Pour tenter de résoudre cette énigme, ils décident d'utiliser une méthodologie différente de celle adoptée dans les recherches antérieures. Celles-ci avaient opposé de façon binaire les fonds socialement responsables aux fonds classiques, sans tenir compte des différences, parfois importantes, entre les fonds responsables. Dans cette nouvelle étude, les chercheurs ne prennent en compte que des fonds dits socialement responsables, mais en établissant un continuum selon leur niveau d'exigence. Ils recensent douze critères de sélection : industries de l'alcool, du tabac, de jeu, d'armement, faisant des tests sur les animaux, qualité du produit ou du service, environnement, droits de l'homme, relations de travail, égalité de l'emploi, investissement dans la communauté, relations avec la communauté. La pertinence de leur approche saute aux yeux lorsque l'on apprend que le nombre de critères retenus selon les fonds est très variable : de un à douze !

On pourrait penser qu'il y a une relation linéaire : plus un fonds est socialement responsable, plus il est rentable. Ou éventuellement l'effet inverse : plus il est responsable, moins il est rentable. Mais ce n'est pas ce qui se passe. Les fonds ayant les meilleurs résultats sont ceux ayant *le moins* de critères, puis juste après viennent les fonds ayant le plus de critères. Par exemple, les fonds excluant les entreprises ayant des activités néfastes à l'environnement sont moins rentables que ceux ne prenant pas en compte ce critère. Les auteurs précisent toutefois, sur la base de travaux antérieurs, que la prévention des déchets est rentable financièrement, mais seulement si elle est mise en place en amont, non en bout de chaîne. Si les fonds à exigence environnementale incluent des entreprises ayant une prévention en bout de chaîne, cela peut donc fausser les conclusions.

Les fonds qui obtiennent les résultats financiers les plus faibles sont ceux présentant un niveau d'exigence moyen. Ces résultats sont énigmatiques et semblent poser plus de questions qu'ils n'apportent de réponses. Suivons donc ces chercheurs dans leur enquête.

Six ans plus tard, ils publient une autre étude, portant cette fois sur les entreprises, et non sur les fonds d'investissement[11]. Ils mènent une enquête à vaste échelle (1 214 entreprises analysées sur la période de 1998 à 2006) en utilisant le système d'évaluation sociale KLD (Kinder, Lydenberg et Domini), qui constitue la plus importante base de données concernant la responsabilité sociale des entreprises, au travers de treize critères de performance sociale. Leurs critères de performance économique des entreprises sont le résultat net et la rentabilité des actifs. Cette fois-ci, ce sont les entreprises responsables qui obtiennent les meilleurs résultats, suivies de près par celles qui ne le sont pas du tout. Et l'on retrouve à nouveau, nettement derrière, les entreprises à l'engagement social modéré. Des études ultérieures sont venues confirmer ces résultats[12].

Relation entre la performance sociale et la performance financière

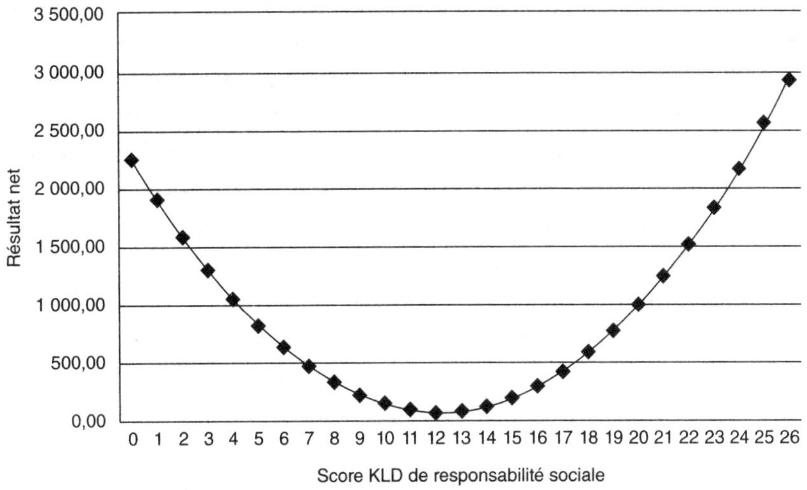

D'après Barnett M. L. et Salomon R. M. (2012), "Does it pay to be really good? Addressing the shape of the relationship between social and financial performance", *Strategic Management Journal*, 33 (11), p. 1315.

Attention, il ne s'agit pas d'une évolution au fil du temps. À l'horizontale se trouve le score de performance sociale. Plus le chiffre est élevé, plus l'entreprise fait preuve de responsabilité sociale. À la verticale est présenté le niveau de performance financière.

Cette courbe montre que les entreprises qui obtiennent le plus haut niveau de performance financière sont celles qui sont soit très engagées socialement (à droite), soit très peu engagées (à gauche). Les entreprises qui font preuve d'une responsabilité sociale modérée (au centre) obtiennent les moins bonnes performances financières.

Ces résultats, surprenants à première vue, sont en fait très instructifs. La solution de l'énigme est somme toute assez simple, comme nous l'expliquent les auteurs. Les entreprises qui s'engagent dans la responsabilité sociale doivent souvent endurer une période de baisse de leur performance financière dans un premier temps, d'autant plus que les actions menées coûtent généralement de l'argent (augmentation des salaires, investissements visant à réduire la pollution, philanthropie, etc.). Ceux qui se fondent sur une mesure de rendements financiers à court terme pour justifier leur investissement dans une action sociale spécifique risquent fort d'être déçus.

Pour les auteurs de l'étude, ce n'est pas l'action socialement responsable elle-même qui génère des profits, mais ce qu'ils appellent la capacité d'influence des parties prenantes. De quoi s'agit-il ? La bonne réputation sociale et environnementale d'une entreprise met du temps à se construire. Les parties prenantes ont tendance à interpréter les actions présentes de l'entreprise en fonction des réalisations passées. Selon Barnett, « les entreprises qui s'engagent dans des actes de responsabilité sociale purement symboliques prennent un risque. La confiance est une ressource qui se construit lentement, mais qui est rapidement détruite. Si l'on découvre qu'une activité de responsabilité sociale était hypocrite ou frauduleuse, toute la confiance acquise par cette activité sera perdue et les relations avec les parties prenantes peuvent être gravement atteintes[13]. » Ainsi, le chef d'entreprise qui modifie positivement les pratiques de l'entreprise, mais dans une optique essentiellement utilitariste, à court terme, n'obtiendra certainement pas les résultats escomptés.

Prenons par exemple cette situation vécue il y a une quinzaine d'années par le fabricant de cigarettes Philip Morris. Il a lancé une coûteuse campagne publicitaire vantant ses activités de bienfaisance. Une porte-parole de l'entreprise a alors déclaré que le public considérait que Philip Morris évoluait positivement en étant plus responsable socialement[14]. Il s'agissait là d'une grossière illusion. En effet, à la même époque, une enquête d'opinion sur la réputation des entreprises plaçait Philip Morris au 59e rang sur 60 entreprises. Une personne interrogée déclarait par exemple : « C'est difficile de croire que Philip Morris est un "bon gars" simplement parce qu'il donne de l'eau aux victimes d'une inondation ou qu'il aide les affamés[15]. »

Plusieurs enquêtes vont dans le même sens. Deux études, parmi d'autres, sont intéressantes à cet égard, car elles montrent que des améliorations factices des conditions de travail ont des conséquences inverses de celles attendues. La première a été menée dans une institution de santé néerlandaise[16]. Les auteurs citent tout d'abord plusieurs études qui montrent que la prise en compte de l'avis des salariés – par exemple au travers de boîtes à suggestion ou d'enquêtes de satisfaction – augmente le sentiment de justice, la confiance, la satisfaction au travail et la productivité. Mais les auteurs se sont interrogés : que se passe-t-il lorsqu'un manager propose à ses collaborateurs d'exprimer leur opinion, mais qu'il ne tient ensuite pratiquement jamais compte de leur avis ? Le résultat, comme vous pouvez vous en douter, est que les salariés ne donnent plus leur avis et sont amers envers leur direction, qu'ils soupçonnent d'hypocrisie. Pire encore, cela conduit à une augmentation des conflits au sein des équipes de travail. Les auteurs expliquent cela de la façon suivante : les employés éprouvent de la rancœur, mais évitent de la déverser sur leurs responsables, par peur de représailles, et la redirigent vers leurs collègues de travail.

En conclusion, les auteurs de l'étude donnent ce conseil : « N'installez pas une boîte à idées si vous n'avez pas l'intention de tenir compte des suggestions. » Ils précisent qu'ils ne sont évidemment pas opposés à la démocratie dans l'entreprise, mais à l'autocratie dissimulée derrière un masque de démocratie. Pour ma part, j'élargirai leur propos en disant : « Ne mettez pas en place un management "humaniste" si vous le faites essentiellement dans un objectif productiviste. »

La deuxième recherche décrit la mise en place d'une « culture sympa » (*fun culture*) (tenue vestimentaire informelle, soirées d'entreprises, jeux, plaisanteries, camps de formation loufoques) dans une entreprise australienne de centres d'appels téléphoniques[17]. Les auteurs font tout d'abord un bilan des recherches antérieures, lesquelles montrent que cette culture génère plus d'implication chez certains employés, mais peut aussi provoquer de l'anxiété et du stress chronique, voire un scepticisme désabusé.

Les salariés de cette entreprise reçoivent des appels de consommateurs durant huit heures, avec deux pauses de quinze minutes, le matin et l'après-midi, et une autre d'une demi-heure pour déjeuner le midi. Les managers sont parfaitement conscients qu'il s'agit d'un travail très monotone, d'où l'idée que la culture d'entreprise doit suppléer à ce problème. Les salariés sont incités à adopter une tenue vestimentaire décontractée, pouvant aller jusqu'à exhiber une chevelure de couleur vive, des piercings et des tatouages. L'idée étant de se rendre au travail comme si l'on allait participer à une soirée entre amis. Le slogan de l'entreprise est : « Souvenez-vous des 3 F : *Focus, Fun, Fulfillment* » (se concentrer, se faire plaisir, s'épanouir). Un cadre dit que l'entreprise ressemble à une famille heureuse, tandis qu'un autre déclare : « Nous rappelons aux salariés que leur temps de travail peut être aussi agréable que leurs week-ends, leurs soirées ou leurs vacances, car notre philosophie est que vous soyez vous-mêmes et dans le plaisir. » Lorsqu'un salarié incarne ces trois facettes, on dit qu'il a la « bonne attitude ». Ceci implique une gaieté enfantine et un état d'esprit pétillant ; tout cela avec sincérité, bien entendu... L'environnement de travail est lui aussi agencé de manière à évoquer le divertissement : les murs sont peints en jaune et rouge, les piliers sont violets et les moquettes bleu vif. La zone correspondant à une compagnie aérienne africaine est décorée d'arbres en carton et de photos d'animaux de la savane.

Cette façon de faire convient bien à certains employés, tels que James, qui déclare : « Le côté amusement de la culture montre que l'entreprise prend soin de nous. C'est différent d'autres sociétés. » Cependant, la moitié des trente salariés interrogés font preuve de scepticisme, leurs critiques portant surtout sur deux aspects de cette culture d'entreprise. D'une part la condescendance : ils ont le sentiment d'être traités comme des enfants et préféreraient être considérés comme des adultes dont on reconnaît la dignité. D'autre part, le manque d'authenticité : les salariés sceptiques utilisent des mots comme « artificiel », « faux », « kitsch », pour décrire les aspects les plus caractéristiques de la culture maison. Pour ces personnes, les actions des responsables visant à ce que les salariés s'identifient à leur entreprise ont exactement l'effet opposé. Par exemple, pour Kim, l'entreprise encourage ses salariés à adopter une personnalité superficielle car ces personnes ne se rendent pas compte du décalage entre le discours d'ambiance familiale égalitaire et la réalité du travail quotidien. Sarah réagit : « Je ne peux pas croire grand-chose de ce truc. (...) Ils prétendent être différents mais ce n'est pas le cas, et d'une certaine manière, ils sont pires que d'autres entreprises parce qu'ils ne sont pas vrais. » L'auteur de l'article conclut en citant plusieurs recherches qui mettent en évidence que les lieux de travail avec culture de plaisir authentique sont ceux créés par les salariés eux-mêmes.

La conclusion désabusée que l'on pourrait tirer de ces divers travaux est celle-ci : « Si vous voulez augmenter les gains de votre entreprise par le social, faites-le vraiment ou ne le faites pas du tout. Mais surtout, évitez de vous retrouver au milieu du gué ! » Mais le caractère contradictoire de ce conseil apparaît immédiatement, car s'engager *vraiment* est tout le contraire du calcul intéressé. On voit mal comment un chef d'entreprise pourrait *vraiment* s'engager socialement, mais dans une perspective utilitariste.

Ce qui me semble ressortir clairement de ces études, c'est que la responsabilité sociale des entreprises ne peut être que ce qu'elle affirme être : une attitude responsable pour l'avenir de la société humaine et non une stratégie commerciale. Or, j'ai la conviction que la plupart des patrons qui liront ces lignes souhaitent sincèrement s'engager en faveur de l'environnement, tout en ayant peut-être quelques appréhensions. Ce qui précède montre qu'ils ont de très bonnes raisons d'aller de l'avant sans crainte.

RÉSUMONS-NOUS

☞ De nombreux chefs d'entreprise parviennent à associer harmonieusement leurs convictions morales et l'efficacité entrepreneuriale.

☞ La plupart des études concluent que les entreprises socialement responsables sont généralement plus rentables que les autres. Il existe cependant des résultats allant dans le sens inverse. La raison est que la bonne réputation sociale et environnementale d'une entreprise met du temps à se construire. Les parties prenantes ont tendance à interpréter les actions présentes de l'entreprise en fonction des réalisations passées. Ainsi, le chef d'entreprise qui modifie positivement les pratiques de l'entreprise, mais dans une optique essentiellement utilitariste à court terme, n'obtiendra certainement pas les résultats escomptés.

☞ Si un chef d'entreprise souhaite s'engager dans une démarche de responsabilité sociale et environnementale, il est important qu'il le fasse avec une conviction authentique, et non pour des raisons utilitaristes.

QUATRIÈME PARTIE

LES RÉPONSES AUX DÉFIS ENVIRONNEMENTAUX

17
Sauver la planète, c'est possible !

> Puisque nous partageons tous cette petite planète terre, nous devons apprendre à vivre en harmonie et en paix les uns avec les autres et avec la nature. Ceci n'est pas seulement un rêve, mais une nécessité.
>
> *Dalaï Lama*[1]

> La nature ne sera en définitive sauvée que par notre cœur. Elle ne sera préservée que si l'homme lui manifeste un peu d'amour, simplement parce qu'elle est belle et parce que nous avons besoin de beauté (...). Car cela aussi fait partie intégrante de l'âme humaine.
>
> *Jean Dorst*[2]

Comment faire pour que les entreprises soient respectueuses de l'environnement ? Les pouvoirs publics ont essentiellement utilisé deux stratégies : la carotte (par exemple sous forme de fiscalité avantageuse lorsque des efforts sont faits) et/ou le bâton (sous forme de dissuasion, par exemple en prescrivant des quantités maximales d'émissions de polluants autorisées, et en imposant des sanctions économiques ou pénales en cas de non-respect).

Mieux que la carotte ou le bâton

Une forme modérée fréquente du bâton est le principe « commande et contrôle », par lequel les gouvernements mettent en place des réglementations qui leur permettent de commander aux entreprises d'atteindre des objectifs de réduction de pollution et de contrôler les actions menées, notamment en prescrivant des technologies spécifiques pour la fabrication des produits.

Certes, les régulations par la carotte ou le bâton sont préférables à l'absence de régulation, mais elles ont aussi leurs limites. En particulier, bien qu'apparemment opposées, elles reposent les unes comme les autres sur un double postulat. D'une part, les intérêts de la société et celles de l'industrie concernant l'environnement sont antagonistes ; il faut donc des incitations extérieures pour pousser les patrons à respecter la planète. D'autre part, les chefs d'entreprise ne sont pas intéressés par la responsabilité écologique en elle-même ; c'est donc l'appât du gain ou la peur de la sanction qui va les pousser à agir en faveur de l'environnement. Avec cette fâcheuse conséquence : une fois mises en place, ces stratégies doivent être constamment maintenues, voire renforcées. Dans cette logique, relâcher la pression ouvrirait la porte à des comportements hautement irresponsables de la part des chefs d'entreprise.

Or, ces approches ont malheureusement tendance à fonctionner comme des « prophéties autoréalisatrices » négatives, en provoquant le phénomène qu'elles prédisent. Ainsi, la mise en place d'avantages fiscaux pour des actions favorables à l'environnement incite les patrons à n'agir que lorsque ces avantages sont présents ; durcir la législation environnementale les encourage parfois à la contester.

Un exemple extrême de stratégie « commande et contrôle » inadaptée nous est fourni par la mésaventure survenue aux dirigeants de la société Coors Brewing Company il y a quelques années[3]. Au cours d'une inspection interne, ils découvrent que leur entreprise produit illégalement de l'éthanol au cours du processus de fabrication de la bière. Ils signalent le fait au Bureau de la santé publique et de l'environnement de l'État du Colorado. La réaction de cette agence ne se fait pas attendre : elle impose des amendes de plus de 1 million de dollars à l'entreprise, alors même qu'elle n'aurait probablement jamais eu connaissance de l'infraction si l'entreprise n'avait pas fait cette enquête et ne l'en avait pas informé.

Il se peut d'ailleurs que l'on attribue faussement à des réglementations les performances environnementales obtenues par certaines entreprises. Michael Vandenbergh, juriste spécialisé en droit de l'environnement, a analysé l'impact du système « commande et contrôle » sur le respect de normes environnementales par les sociétés[4]. Il semble que l'augmentation de contrôles conduise à une amélioration du niveau de respect des normes ; en revanche, l'augmentation de la sévérité des sanctions n'a pas cet effet. C'est par exemple ce qui se passe pour le déversement de pétrole. Lorsque les garde-côtes augmentent les contrôles de pétroliers, cela entraîne une légère diminution du volume et de la fréquence de déversements provenant des opérations de transfert de pétrole. Une augmentation de 10 % des contrôles aboutit à un peu plus de 3 % de réduction des déversements de pétrole. Autrement dit, de coûteuses augmentations de contrôle sont nécessaires pour obtenir de petites augmentations de respect des lois.

Par ailleurs, lorsque les sanctions augmentent, cela n'a aucun effet sur le niveau de déversements[5]. Des résultats identiques sont observés dans l'industrie particulièrement polluante de la pâte à papier. Selon Michael Vandenbergh, l'effet positif des inspections n'est pas dû à la peur des sanctions, mais au fait qu'elles réactivent régulièrement chez les individus la norme morale interne de respect de l'environnement. Ces résultats sont contraires au principe de dissuasion, mais cadrent parfaitement avec la théorie de la régulation adaptative de John Braithwaite, que j'ai présentée au chapitre 12.

Pour que les entreprises soient de véritables acteurs en faveur d'un environnement sain, il est nécessaire que leurs dirigeants aillent plus loin que le simple respect des lois. Mais comment y parvenir ? La suite de ce chapitre abordera trois sources majeures de ces attitudes responsables :

- les convictions personnelles des dirigeants ;
- les approches volontaires, généralement en lien avec l'État ;
- les alliances vertes avec des associations environnementales.

Je conclurai ce chapitre en analysant l'impact économique de l'engagement des entreprises en faveur de l'environnement.

Les convictions personnelles des dirigeants

De plus en plus de patrons sensibilisés à l'environnement

Notons tout d'abord une évolution globale des mentalités chez les responsables d'entreprise. Au tout début de la prise de conscience écologique, dans les années 1970, ceux-ci ont eu tendance à s'opposer aux réglementations et à ne les suivre que lorsque c'était nécessaire. Au cours de la décennie suivante, de plus en plus de patrons ont pris conscience des enjeux environnementaux et du fait qu'il était préférable, en termes de coût et d'efficacité, de réduire la pollution en début plutôt qu'en fin de chaîne. Autrement dit, il vaut mieux construire une usine propre que d'essayer de réduire les déchets toxiques d'une usine sale. Depuis les années 1990, la tendance est de considérer que la politique environnementale doit faire partie intégrante de la stratégie globale de l'entreprise, qu'elle ne constitue pas un coût en elle-même, mais améliore le succès de la firme à long terme. Par ailleurs, une plus grande ouverture aux parties prenantes s'est fait jour au fil des ans.

Les Nations unies ont mené une enquête d'opinion sur la durabilité auprès d'environ 800 PDG dans le monde, ce qui représente la plus vaste étude jamais réalisée sur ce thème dans cette population[6]. Les résultats sont impressionnants. 93 % d'entre eux estiment que le thème de la durabilité est important, voire très important, dans le succès futur de leur entreprise. Selon Klaus Kleinfeld, PDG d'Alcoa, l'un des plus importants producteurs d'aluminium dans le monde, « la durabilité doit maintenant se situer sur l'agenda de chacun, et ceci représente un changement fondamental[7] ». Par ailleurs, les patrons sont de plus en plus nombreux à accorder de l'importance à l'environnement. En 2010, ils étaient 96 % à être d'accord avec la phrase : « Le thème de la gouvernance environnementale et sociale devrait faire pleinement partie de la stratégie et des actions d'une entreprise », contre 72 % en 2007, soit une augmentation de 24 % en trois ans. De même, 81 % estimaient en 2010 que la responsabilité environnementale et sociale était pleinement intégrée dans la stratégie et les actions de leur entreprise, contre 50 % en 2007, soit une augmentation de 31 % en trois ans.

J'imagine que ces pourcentages feront sourire les plus sceptiques, certains pensant immédiatement qu'il s'agit d'écoblanchiment (*greenwashing*), stratégie de communication s'efforçant de faire croire à tort en un engagement pro-environnemental de l'entreprise. Pour ma part, je ne le pense pas. Certes, les opérations de communication mensongères existent, mais elles sont probablement proportionnellement rares. D'une part pour des raisons morales[8] : les patrons sont, comme la plupart des citoyens, réellement sensibles à l'avenir de la planète. La progression des pourcentages ci-dessus reflète l'évolution de la société en général. D'autre part, pour des raisons stratégiques : les entreprises sont tellement surveillées par les médias et les associations environnementales qu'il est particulièrement risqué d'affirmer s'engager en faveur de l'environnement sans le faire concrètement.

Autre enseignement de cette enquête : les patrons sont plutôt optimistes sur l'avenir de l'engagement envers la planète. Lorsqu'on leur demande dans combien de temps la durabilité sera intégrée au cœur même de la stratégie de la plupart des entreprises :

- 44 % pensent que cela se fera dans 5 à 10 ans ;
- 26 % dans 10 à 15 ans ;
- 17 % dans plus de 15 ans ;
- 10 % d'ici 5 ans ;
- 3 % jamais.

Enfin, une dernière information majeure que nous livre cette enquête est que chacun de nous peut influencer l'action de ces patrons. En effet, lorsqu'on leur demande quelles catégories de personnes ou d'institutions sont particulièrement susceptibles d'avoir un impact sur la façon dont ils répondent aux attentes sociales, les patrons interrogés citent en tout premier lieu les consommateurs, en leur accordant une importance croissante : ils étaient 50 % à le penser en 2007 et 58 % en 2010. Et lorsqu'on leur demande quels sont les changements qui permettraient d'atteindre le point de bascule au cours duquel la plupart des entreprises intégreront la durabilité au cœur de leur stratégie, c'est l'action des consommateurs qui vient à nouveau en premier lieu, avec 89 % des patrons qui pensent que leur action est importante ou très importante, en demandant des produits ou services répondant à des exigences environnementales.

Jean-Philippe Hermine, directeur du plan et de la stratégie environnement chez Renault, tient des propos qui vont dans le même sens : « Il y a quinze ans, la prise en compte de l'environnement était une activité périphérique d'image. Maintenant, c'est au cœur de notre métier. La moitié des dépenses de recherche et développement est destinée à trouver des moyens de réduire la consommation et à développer de nouveaux produits, comme le véhicule électrique[9]. »

Dans sa thèse sur les causes de la protection de l'environnement par les entreprises, Emmanuelle Reynaud, actuellement professeure de stratégie et développement durable à l'École de management d'Aix en Provence, a mis en évidence trois raisons présidant à ce comportement : l'éthique du dirigeant (cause la plus fréquente), la position concurrentielle et l'incertitude liée à la législation[10]. Une autre recherche menée en France montre que l'implication du dirigeant et de la personne en charge de la gestion environnementale est même le seul facteur qui a un véritable impact sur le comportement responsable dans l'entreprise[11].

Une autre étude menée auprès de plus de 240 entreprises nord-américaines confirme ces résultats[12]. Les auteurs repèrent quatre causes au comportement responsable : l'engagement de l'équipe dirigeante (facteur qui a l'impact le plus important) ; la préoccupation du public ; la réglementation ; l'avantage compétitif.

Portraits de patrons écolos

Les patrons et les entreprises écolos dans l'âme existent bel et bien. Nous en avons déjà rencontré au fil des pages de ce livre. En voici d'autres :

• **Nature et Découvertes** est une chaîne bien connue en France de magasins vendant des produits liés au bien-être et aux activités de plein air et d'observation de la nature, fondée par François Lemarchand en 1990. Elle s'est tournée dès les origines vers la poursuite de l'objectif d'un monde plus durable. Sa fondation reverse 10 % des bénéfices de l'entreprise à des associations écologiques. Nature et Découvertes a été l'une des premières PME à mettre en place en 2007 une comptabilité carbone, avec un poste dédié, pour identifier les services de l'entreprise les plus émissifs en CO_2 et travailler à réduire ces émissions.

• **Patagonia** est une entreprise californienne de vêtements de sports de montagne et de surf n'utilisant que du coton biologique ou des matières recyclées, créée par Yvon Chouinard en 1972. Elle a établi avec l'ensemble de ses fournisseurs une charte qui impose des normes de qualité très exigeantes en matière de respect des droits de l'homme ou des conditions de travail.

• Gunter Pauli a été PDG d'Ecover, un fabricant de produits ménagers biologiques, jusqu'à ce qu'il apprenne que la production de l'huile de palme nécessaire à la fabrication des savons et des lessives entraînait la destruction massive de forêts tropicales. « Le passage aux savons biodégradables en Europe et en Amérique a détruit l'habitat de l'orang-outan. (...) Ce fut une leçon pénible et douloureuse pour moi que de constater que biodégradabilité et recyclabilité ne voulaient pas nécessairement dire développement durable.[13] » Depuis, il a créé la fondation **ZERI** (Zero Emissions Research and Initiatives), qui se fixe comme mission de soutenir des innovations technologiques copiant la nature : réfrigération assurée par des tardigrades (minuscules invertébrés) permettant, par exemple, de conserver des vaccins dans des rayonnages à température ambiante, colles reproduisant le mécanisme utilisé par les balanes, mollusques qui s'accrochent aux rochers des plages, protection anti-balles plus résistantes que les céramiques actuelles à base de Kevlar, inspirées des coquilles d'ormeaux, gaz propulseur pour spray et autres utilisations inspiré de l'action des scarabées bombardiers, solvants non toxiques issus d'algues rouges. Les 100 innovations que présente Pauli ont déjà créé 20 000 emplois, mais sont susceptibles d'en créer bien plus : 100 millions selon lui. De façon plus générale se développent dans le monde entier des recherches sur des thèmes proches : biomimétisme, chimie verte, technologie de la nature, etc.

• Jochen Zeitz est devenu en 1993, à trente ans, PDG de l'équipementier sportif **Puma.** Il a transformé cette entreprise en grande difficulté, jusqu'à lui faire atteindre le statut d'une des trois grandes marques mondiales dans ce domaine. Un petit détail qui en dit long : il a alors décidé de bannir de Puma toute référence à un vocabulaire guerrier, par exemple « guerre pour conquérir de nouveaux marchés[14] ». Au-delà du succès commercial et financier, il a été un pionnier du développement durable. En 2009, il a créé sa propre fondation, Zeitz Stiftung, consacrée à la préservation de la planète et des communautés locales et de leurs cultures, notamment au travers de projets dans le tourisme ou l'agriculture. Il a cocréé la B Team, association regroupant quinze personnalités, issues essentiellement du monde des affaires. « Nous voulons contribuer à faire émerger un "plan B" qui place l'humain et la planète au même rang que le profit. Le plan A, selon lequel les entreprises sont motivées uniquement par l'argent, n'est plus acceptable[15]. »

• Arrêtons-nous sur l'entreprise **Pocheco**, installée dans le Nord de la France. C'est une PMI, fondée en 1928, qui produit des enveloppes destinées à envoyer à des millions de personnes leurs relevés bancaires, factures d'électricité, de téléphone, etc. Pour son PDG, Emmanuel Druon, la rentabilité de l'entreprise n'est pas une fin en soi, mais un moyen d'entreprendre[16]. « Il faut de l'argent pour vivre, mais qu'il serait triste de vivre pour l'argent ! », écrit-il[17].

D'ailleurs, depuis quarante ans, l'argent gagné par Pocheco est intégralement réinvesti dans l'entreprise (recherche et développement, renouvellement des machines, formation, amélioration de la sécurité, etc.) et au-dehors, c'est-à-dire dans la reforestation. Pour chaque arbre coupé, trois sont replantés. L'entreprise ne distribuant pas de dividendes, sa trésorerie est largement excédentaire, ce qui rassure les banquiers et les partenaires. Chez Pocheco, chaque investissement doit répondre à trois critères permettant de réaliser des « écolonomies » : une réduction de l'impact sur l'environnement ; une réduction de la pénibilité et/ou de la dangerosité des postes ; une augmentation de la productivité. Pour Druon, il est moins cher de produire propre. Chez Pocheco, la productivité est allée de pair avec la réduction de l'impact sur l'environnement (en favorisant l'économie circulaire) et la réduction de la pénibilité du travail.

J'étais initialement assez sceptique à propos de l'engagement environnemental du patron d'une société qui consomme 10 000 tonnes de papier chaque année... Première surprise : Druon affirme être un amoureux de la forêt et avoir toujours eu la passion de planter des arbres. Une fois recruté comme directeur de Pocheco, il a effectué de laborieuses recherches et fini par découvrir qu'UPM, un fabricant de papier finlandais, a mis en place des procédures très favorables au développement de la forêt : pour chaque arbre coupé, il en replante systématiquement trois, car son métier d'origine était la gestion forestière. Ainsi, cette entreprise coupe 60 000 arbres par an pour Pocheco, mais en replante 180 000, dans le respect de la biodiversité des espèces et des espaces. Depuis leur rencontre, c'est l'unique fournisseur de Pocheco. Par conséquent, aussi paradoxal que cela paraisse, l'action de Pocheco, entreprise très consommatrice de papier, augmente la surface boisée en Europe. Dans le même esprit, Druon ayant appris que la région Nord-Pas-de-Calais a un taux de couverture forestière de 7 % seulement, contre 27 % pour le territoire national, a incité à la création d'une association visant la reforestation de cette région.

Par ailleurs, Druon cite un document fort troublant, montrant que l'électronique est parfois plus néfaste pour l'environnement que le papier. L'usage d'un ordinateur a un impact sur le réchauffement climatique, et, lorsqu'un document est long, le lire sur papier (en impression brouillon) est moins néfaste pour l'environnement que l'examiner à l'écran[18]. De façon générale, l'industrie numérique est devenue l'une des principales consommatrices d'énergie au monde.

Pocheco a supprimé les solvants de toutes ses encres et utilise des encres à base d'eau et de pigments naturels, avec moins de 2 % de composés organiques volatils[19]. Les dirigeants de l'entreprise ont également choisi de restaurer le bâtiment et d'implanter sur la nouvelle toiture des végétaux qui retiennent l'eau et la renvoient vers l'atmosphère par évapotranspiration. Cette toiture végétale sert d'isolant et protège la structure. Toutes les eaux usées sont traitées dans la station d'épuration naturelle de l'entreprise, composée de bambous. L'installation d'une éolienne couvre largement la consommation d'énergie annuelle de l'usine. Dans la suite logique de tout ce qui précède, Druon a créé une nouvelle activité, Pocheco Canopée Conseil, bureau d'études qui accompagne les entreprises dans leur recherche d'écolonomies (économies écologiques).

Je laisse le mot de la fin à Emmanuel Druon lui-même : « Nous acceptons de bonne grâce que l'on qualifie notre projet d'idéaliste puisqu'il trouve ses fondements dans la réalisation... d'un idéal. (...) Un idéaliste n'est donc pas un homme déconnecté de la réalité du monde, mais bien construit par la confrontation de ses idées avec le monde réel. (...) Les irréalistes contemporains se situent dans la sphère des faiseurs de bulles spéculatives. Pas chez les entrepreneurs conscients du monde qui les entoure. »[20]

La lutte contre le changement climatique : une affaire de conviction, autant que de technologie

De nos jours, le problème écologique majeur à l'échelle mondiale est incontestablement le changement climatique. De plus en plus de chefs d'entreprise sont conscients de leur responsabilité et s'engagent vers une économie décarbonée[21]. Par exemple, une dizaine d'entreprises françaises (ou des filiales établies en France) se sont regroupées pour fonder Solutions COP 21[22].

Un exemple emblématique d'engagement en faveur du climat est incarné par Ray Anderson, fondateur de la société Interface en 1973[23]. Cette entreprise, présente dans plus de 100 pays, est le leader mondial de la fabrication de moquettes de bureau. Avec un chiffre d'affaires de près de 1 milliard de dollars, la société emploie plus de 3 000 personnes dans le monde. Cette société utilisait initialement surtout des produits pétrochimiques comme matières premières et consommait énormément d'énergie.

Anderson a été sensibilisé à l'écologie par des consommateurs qui demandaient ce que l'entreprise faisait pour l'environnement. Ce qui l'a conduit, à l'âge de 60 ans, à lire l'ouvrage *L'écologie de marché,* de Paul Hawken, qui lui fit l'effet d'une révélation. « C'était comme un coup d'épée dans le cœur, une expérience qui m'a ouvert les yeux, un tremblement de terre qui a changé ma vie[24]. »

Il décide immédiatement de transformer son entreprise en la rendant la plus propre possible. Certes, elle répond alors à toutes les normes légales environnementales, mais il souhaite aller beaucoup plus loin. En présentant son projet à ses proches collaborateurs, il conclut son propos en disant qu'il désire qu'Interface soit la première entreprise dans l'histoire à parvenir à une véritable durabilité, l'objectif étant de « redonner plus à la terre que ce que nous lui prenons et lui faire du bien, pas seulement éviter de lui nuire[25] ».

Il dit aux membres de son personnel qu'ils doivent maintenant gravir une montagne plus élevée que l'Everest, la montagne de la durabilité, et qu'il faut l'avoir atteinte en 2020. Il appelle ce projet la « Mission Zéro ». « Nous atteindrons le sommet lorsque nous aurons coupé notre dernier cordon ombilical avec les mines et les puits de pétrole, lorsque nous ne jetterons plus de déchets dans les décharges et que nous ne polluerons plus l'air ou l'eau. Lorsque nous ne prendrons plus rien à la Terre que celle-ci ne puisse renouveler rapidement et naturellement[26]. » Il n'a cependant alors aucune idée de la façon dont Interface pourrait parvenir à son objectif.

La stratégie mise en place consiste notamment à recycler les moquettes usagées et à éliminer progressivement la consommation d'énergie d'origine pétrolière. Plusieurs centaines d'innovations vertes ont été élaborées. Par exemple, la moquette TacTiles a été inspirée par le gecko, lézard dont la structure du dessous des pattes lui permet d'adhérer à la plupart des surfaces, sans l'usage de liquide. Copier cette technologie naturelle a permis de créer des moquettes ne nécessitant pas l'usage de colle pour la pose.

La forte conviction d'Anderson et de ses collaborateurs a fait des miracles. En douze ans, Interface a réduit de 71 % ses émissions de gaz à effet de serre. On mesure l'importance de cet engagement lorsque l'on sait que le Protocole de Kyoto visait à réduire de 5,2 % les émissions de gaz à effet de serre entre 2008 et 2012, objectif considéré par beaucoup comme très ambitieux... et d'ailleurs non atteint à l'échelon international. Interface réalise maintenant ses moquettes à partir de matériaux recyclés, et est parvenue à la neutralité carbone. Le magazine *Time* a qualifié Anderson de « héros de l'environnement » et l'*U.S. News and World Report* de « PDG le plus vert d'Amérique[27] ».

Mais à quel prix économique, penseront peut-être certains, persuadés que rentabilité et engagement en faveur de l'environnement sont incompatibles ? Les résultats sont là, spectaculaires : pendant la même période de douze ans, les ventes d'Interface ont augmenté de deux tiers et les bénéfices ont doublé. Les mesures prises pour éliminer le gaspillage ont permis d'économiser 405 millions de dollars.

De plus, nous dit Anderson, cet engagement génère de la motivation chez les salariés : « Une forte éthique environnementale n'a pas d'égal pour attirer et motiver les personnes de valeur, les enthousiasmant autour d'un objectif commun élevé, et pour leur donner une solide raison pour se joindre à l'entreprise et y rester[28]. »

Il est convaincu que l'expérience vécue à Interface – joindre la performance environnementale et la réussite économique – peut être généralisée dans toutes sortes d'autres entreprises.

Anderson est décédé en 2011, mais son successeur, Daniel T. Hendrix, qui a été longtemps son bras droit en tant que directeur financier de la société, maintient le même engagement environnemental ; d'autant plus qu'à son ancien poste, il a pu constater les effets positifs sur le bilan de l'entreprise.

Le cas d'Anderson n'est pas isolé. Diverses entreprises ont à la fois diminué leur impact sur le changement climatique et amélioré leurs performances économiques, par exemple :

- Entre 1990 et 2004, IBM a réduit de 65 % ses émissions de gaz à effet de serre et économisé ainsi 791 millions de dollars.
- Le Ridgehaven Office Building, bâtiment vert de San Francisco, a réduit de 70 % sa consommation d'énergie et économise ainsi 80 000 dollars par an.
- Dans un complexe industriel à Flint, dans le Michigan, General Motors a réduit de plus de 60 % ses émissions de dioxyde de carbone, ce qui lui a fait économiser 4 millions de dollars.
- Alcoa, troisième producteur d'aluminium au monde, économise chaque année environ 100 millions de dollars, résultat d'une réduction de sa consommation d'énergie et d'améliorations liées à l'environnement.
- DuPont a économisé 10 à 15 millions de dollars en utilisant des sources d'énergie renouvelables et 2 milliards de dollars en améliorant son efficience énergétique.
- STMicroelectronics économise chaque année 100 à 120 millions de dollars, en partie grâce à l'utilisation d'énergie renouvelable.

Ce ne sont là que quelques exemples, parmi de nombreux autres[29]. Je reviendrai d'ailleurs à la fin de ce chapitre sur cet aspect économique de l'engagement environnemental.

Quand les patrons devancent les attentes de l'État

Plus loin que les obligations légales

Il est permis de douter de l'efficacité des lois pro-environnementales, sans pour autant être automatiquement favorable à la dérégulation totale, mais plutôt à des formes de régulation plus intelligentes. Prenons un exemple[30]. Les autorités internationales chargées de réglementer la pollution par les hydrocarbures en mer ont constaté que la fixation d'une limitation de la quantité déversée n'a pas permis d'obtenir des niveaux satisfaisants de respect, notamment parce que la surveillance est très difficile à réaliser en haute mer. En revanche, un régime international rendant obligatoire la présence de réservoirs séparés a fortement réduit la pollution intentionnelle, car il est bien plus facile de vérifier que les bateaux sont équipés de cette technologie. De plus, les chantiers navals ont accepté le nouveau régime et ne construisent plus de pétroliers dépourvus de réservoirs séparés.

L'efficacité limitée des réglementations environnementales invite à de nouvelles approches. Par exemple, la Communauté européenne estime aujourd'hui que si la réglementation est importante, elle est insuffisante pour atteindre des objectifs environnementaux élevés. Elle considère comme indispensable d'instaurer de nouveaux rapports avec les industriels, en passant d'une logique de contrainte et de prescription à une logique de « responsabilité partagée ». Lorsque cela est possible, la norme doit être déterminée en partenariat avec le destinataire, dans un processus de corégulation, qui permet de mener une action :

– plus rapide, en évitant de longues procédures ;

– plus légitime, puisque le destinataire participe à l'adoption de la norme qu'il doit appliquer ;

– plus efficace, car la norme est mieux adaptée au problème à régler et à la situation spécifique de l'entreprise[31].

C'est dans ce contexte que se développent de plus en plus les « approches (ou accords) volontaires[32] ». Cette expression désigne un ensemble de règles par lesquelles les entreprises s'engagent à améliorer leurs performances environnementales, au-delà des exigences légales. Les accords volontaires n'ont pas de valeur juridique et aucune sanction formelle n'est donc prévue en cas de non-respect des engagements par les industriels, sauf aux Pays-Bas[33]. Une idée centrale est que l'entreprise se sent plus concernée et s'impliquera plus si elle adhère volontairement à des pratiques environnementales que si elles lui sont imposées. Ces accords reposent sur un principe de confiance et de coopération entre les institutions gouvernementales et les entreprises, plutôt que sur un rapport de méfiance et de contrôle. Comme le souligne Franck Aggeri, professeur de management à l'École des mines de Paris, « le thème de l'intervention publique n'est plus de définir, de mettre en œuvre et de contrôler des mesures, mais plutôt de coordonner l'innovation. (...) l'État abandonne son pouvoir de contrainte en échange de l'engagement, par les industriels, de respecter les objectifs négociés en commun[34]. » Ce qui ne l'empêche pas d'avoir éventuellement recours à une forme de régulation plus contraignante pour les entreprises récalcitrantes.

Il existe de multiples formes d'accords volontaires, se différenciant notamment par le degré d'intervention de l'État ou par le type de certification (à la suite d'un audit interne ou externe[35]). De plus en plus d'entreprises adhèrent à ces formes d'engagement, en particulier en Europe et en Amérique du Nord. Ainsi, aux États-Unis, les accords volontaires sont devenus un instrument central dans la protection de l'environnement[36].

L'approche volontaire environnementale la plus connue est la norme ISO 14001, mais il y en a beaucoup d'autres, par exemple :

– le *label Lucie* est un label français, articulé autour de sept engagements et décerné aux organisations qui ont une démarche de responsabilité sociétale et environnementale ;

– les *Principes du Ceres* constituent le plus ancien code de conduite environnemental, en dix points, créé en 1989. Le Ceres (Coalition for Environmentally Responsible Economies) est un réseau américain à but non lucratif d'investisseurs, d'organisations environnementales et d'autres groupes d'intérêt général qui visent à intégrer la durabilité dans les marchés de capitaux ;

– la *Charte des entreprises pour le développement durable* (Chambre de commerce internationale), qui comporte seize principes directeurs ;

– les *Principes de l'Équateur* sont utilisés par de grandes banques internationales ; ils impliquent la prise en compte des critères sociaux, sociétaux et environnementaux dans le financement de projets ;

– le *Global Reporting Initiative* a également été créé par le Ceres, en 1997, en association avec le Programme des Nations unies pour l'environnement, des ONG environnementales et des associations d'entreprises. En 2015, 7 500 organisations ont utilisé les recommandations du GRI pour leur rapport de responsabilité environnementale.

– *Responsible Care* est une initiative élaborée par une large part des industriels de la chimie, qui représentent environ 90 % de la production chimique mondiale. Elle a été créée en 1985, à la suite de la catastrophe écologique de Bhopal, qui avait fait plus de 2 000 victimes l'année précédente. Les signataires s'engagent à améliorer leurs performances dans les domaines de la sécurité, de l'environnement et de la santé, et doivent ensuite montrer que ces améliorations sont effectives. En France, depuis 1990, l'Union des industries chimiques invite les dirigeants des sociétés affiliées à signer les principes directeurs du Responsible Care.

Pourquoi s'engage-t-on dans un accord volontaire ?

Aseem Prakash et Matthew Potoski, deux professeurs de sciences politiques, ont mené une vaste enquête sur les effets de l'adhésion à la norme internationale ISO 14001, programme environnemental volontaire, aujourd'hui le plus largement reconnu dans le monde[37]. Cette enquête porte sur des entreprises présentes dans 59 pays. Deux questions préoccupaient les auteurs :

• Pourquoi certaines entreprises cherchent-elles à être certifiées ISO 14001, et pas d'autres ?

• Rejoindre la norme ISO 14001 modifie-t-il les performances environnementales des entreprises ?

Concernant la première question, ils constatent que les entreprises ont plus de probabilités de rejoindre ISO 14001 lorsque les régulations d'un État sont plus strictes. Ceci se comprend facilement : dans ce cas, le coût relatif de rejoindre ISO 14001 est moindre, puisque les entreprises ont plus de probabilités d'avoir déjà adopté des pratiques environnementales strictes, afin de répondre aux exigences gouvernementales. Mais en même temps, elles ont plus de probabilités de rejoindre ISO 14001 dans les pays où les régulations environnementales sont appliquées *plus flexiblement*, et qui ne sont pas marqués par une culture du contentieux et de la menace de procès. À première vue, cela peut sembler bien paradoxal. Mais cela correspond parfaitement au cadre théorique et empirique proposé par John Braithwaite (chapitre 12) : un mélange de fermeté et de souplesse.

La logique des entrepreneurs est assez facile à comprendre. ISO 14001 a acquis une certaine crédibilité, car sa certification est accordée seulement à la suite d'audits externes. Or, les responsables d'entreprises souhaitant déposer un dossier de certification veulent être sûrs que toute violation de bonne foi découverte par des audits externes ne sera pas automatiquement sanctionnée sévèrement. Ils préfèrent que les régulateurs traitent ces violations avec souplesse, permettant aux entreprises de les corriger.

Concernant la deuxième question, l'étude de Prakash et Potoski montre que les usines certifiées ISO 14001 ont un meilleur respect et moins d'émissions de pollution qu'elles n'en auraient eus si elles n'avaient pas rejoint le club. Autrement dit, ISO 14001 induit les entreprises à polluer moins et à mieux respecter les régulations gouvernementales.

Plusieurs motivations peuvent sous-tendre l'engagement volontaire dans un programme pro-environnemental. Comme je l'ai souligné précédemment, la conviction personnelle des patrons est la motivation la plus fréquente des entreprises engagées en faveur de l'environnement. Les responsables peuvent également considérer que ce type d'engagement donnera une réputation verte à la firme, ce qui incitera certains clients à se tourner de préférence vers elle. Et lorsque les clients sont eux-mêmes des entreprises, il est parfois incontournable d'adhérer à des accords volontaires. Par exemple, les principaux constructeurs automobiles exigent de leurs fournisseurs qu'ils soient certifiés ISO 14001.

Un troisième facteur est l'anticipation de réglementations à venir. Les entreprises peuvent vouloir s'engager dans un accord volontaire pour montrer leur bonne volonté, voire pour influencer le processus législatif afin qu'il ne soit pas trop exigeant à leur égard[38]. Le mot « volontaire » est alors peu approprié. Par exemple, l'accord volontaire établi par les constructeurs automobiles français sur les véhicules hors d'usage, signé entre les différents partenaires industriels de la branche et les pouvoirs publics en 1993, avait notamment pour objectif d'éviter l'adoption d'une politique plus contraignante par les pouvoirs publics français[39].

On comprend donc que les accords volontaires soient parfois critiqués, en particulier par des associations environnementales, qui considèrent qu'il s'agit essentiellement d'écoblanchiment (*greenwashing*), c'est-à-dire d'une stratégie de communication visant à donner faussement une image de responsabilité environnementale. Ainsi, en juillet 2002, le Réseau Action Climat-France dénonçait les « "accords volontaires" comme ceux signés en France depuis 1996 avec l'industrie, qui se contentent pour l'essentiel de prendre acte de mesures de réduction des émissions qui auraient de toute façon été mises en œuvre[40] ».

S'engager dans un accord volontaire améliore-t-il la performance environnementale ?

La critique ne devrait cependant pas être généralisée. Effectuant la recension de huit recherches sur l'efficacité des accords volontaires[41], Gilles Grolleau, chercheur en économie comportementale à l'Institut national de recherche agronomique de Dijon, constate que l'objectif a été atteint dans une grande mesure pour quatre d'entre elles (essentiellement grâce au programme, mais pas uniquement) ; dans deux cas, les résultats sont mitigés ; dans les deux derniers cas, les participants au programme ont obtenu des performances environnementales inférieures à celles des non-participants.

Une autre synthèse de la littérature scientifique éclaire ces différences[42]. Elle rassemble les résultats de neuf recherches, portant sur plus de 30 000 entreprises nord-américaines. Les auteurs constatent que les entreprises participant à un programme volontaire n'améliorent pas leur performance. Au contraire, celles qui n'y participent pas améliorent leur performance environnementale de près de 8 % de plus que celles qui participent. Le bilan semble donc clairement défavorable aux accords volontaires.

En fait, les choses sont plus complexes que cela. D'une part, en distinguant plusieurs types d'accords volontaires, les chercheurs constatent que le plus efficace est le programme ISO 14001, qui entraîne une amélioration de 2,5 % de la performance environnementale des entreprises participantes, comparativement aux non-participantes. Rappelons que les certifications ISO 14001 sont délivrées à partir d'un audit externe, contrairement aux autres. Donc, la présence de contrôles extérieurs facilite l'amélioration des pratiques. Mais surtout, l'étude compare l'*amélioration* des performances environnementales et non pas les performances elles-mêmes. Or, les entreprises qui adhèrent à un accord volontaire le font habituellement *après* avoir fait des efforts en faveur de l'environnement. C'est logique, puisque c'est précisément cette démarche qui leur permet d'être certifiées. Le programme volontaire est utile en ce qu'il incite à prendre des mesures pour être membre. Et il est donc logique que ceux qui n'en font pas (encore) partie aient tendance à s'efforcer d'améliorer leurs performances, alors que c'est moins le cas pour les entreprises déjà membres.

Au final, les accords volontaires sont plutôt efficaces, mais à condition de comporter une certaine exigence, en particulier par la présence d'un système crédible de contrôle et d'évaluation.

Une attitude particulièrement bien adaptée face aux entreprises nous est recommandée par Patrick Viveret, militant très engagé dans différents réseaux de la société civile : « On a ainsi préconisé qu'à chaque fois qu'une entreprise ou un État prend des engagements, plutôt que de lui faire un procès d'intention, on lui dise *a priori* "chiche !", mais en ajoutant : "Attention, Bureau de vérification de la publicité ! On vous fait crédit de vos intentions, mais on est extrêmement exigeants quant à leur réalisation." Ainsi, le prix à payer pour ce qui, après coup, se révélera être hypocrite ou mensonger sera très important. (...) Ce type de stratégie est beaucoup plus dynamique que les postures défensives ou fondées *a priori* sur le soupçon[43]. »

Quand les patrons font alliance avec les associations environnementales

Les accords volontaires reposent surtout sur la collaboration entre des entreprises et l'État. Mais qu'en est-il des relations entre sociétés et associations environnementales ?

Quand des ennemis deviennent partenaires

Industriels et écologistes se sont souvent regardés en chiens de faïence, s'accusant réciproquement d'être de dangereux irresponsables, les uns parce qu'ils détruiraient la planète, les autres parce qu'ils n'auraient pas conscience des enjeux économiques. Mais la situation évolue, depuis quelques années. Comme l'a montré une équipe française d'économistes de l'environnement, les relations entreprises-associations sont passées par trois périodes[44].

Dans un premier temps, les protecteurs de l'environnement ont concentré leurs efforts sur les responsables politiques, afin qu'ils élaborent des réglementations contraignantes pour les entreprises. La politique publique était perçue comme le meilleur moyen de parvenir à des objectifs environnementaux élevés[45]. Malgré des efforts considérables, cette stratégie n'a eu qu'un impact limité. Les militants associatifs se sont rendu compte que les gouvernements sont généralement insuffisamment efficaces à leurs yeux. Ce qui les a conduits à une deuxième stratégie, de confrontation directe, par la dénonciation d'entreprises dans les médias et l'appel au boycott par les consommateurs, espérant que ces derniers n'achèteraient plus les produits fournis par les sociétés critiquées. Malgré certains succès, ce type d'actions n'a globalement pas été aussi efficace qu'espéré. D'où une troisième étape, qui se développe actuellement, caractérisée par le partenariat. L'approche purement conflictuelle laisse place à la compréhension mutuelle et à la coopération entre anciens ennemis[46].

Un jalon majeur de cette évolution – de la confrontation à la collaboration – a été un événement marquant dans l'histoire du militantisme environnemental : l'affaire Brent Spar[47]. Au début des années 1990, Shell avait arrêté l'exploitation de sa plate-forme pétrolière Brent Spar, en mer du Nord. Après avoir consulté diverses autorités, dont des scientifiques, et après avoir reçu l'aval du gouvernement anglais et de l'Union européenne, l'entreprise annonce en 1995 son projet de couler la plate-forme au fond de la mer. Greenpeace s'oppose alors fermement à cette opération, au travers d'une campagne médiatique comprenant notamment l'occupation de la plate-forme par des militants.

Shell finit par abandonner son projet, tout en maintenant que c'est l'option la plus sûre, à la fois du point de vue environnemental et sanitaire. La plate-forme sera finalement démantelée. Or, quelques mois plus tard, Greenpeace reconnaît qu'elle est en tort et qu'elle a diffusé de fausses informations, en particulier en ayant annoncé que l'opération entraînerait le déversement de 5 000 tonnes de pétrole, alors que la plate-forme ne contenait plus que quelques centaines de kilos de boue. Greenpeace présente alors des excuses publiques à Shell.

Au final, cette affaire fut une opération perdant-perdant, Shell et Greenpeace voyant tous deux leur crédibilité se dégrader dans l'opinion publique. Mais cette expérience fut le point de départ des collaborations de Greenpeace avec les industriels.

Les partenariats association-entreprise sont inversement de type gagnant-gagnant, avec toutefois des limites[48]. Du côté de l'association, celle-ci élargit son audience et obtient des résultats plus rapides et à moindre coût, grâce aux compétences techniques et aux moyens financiers de l'entreprise ; elle augmente sa crédibilité auprès du grand public en montrant qu'elle ne se situe pas uniquement dans une stratégie d'opposition. En revanche, elle prend le risque d'être critiquée, voire désertée par ses membres les plus radicaux, qui considèrent qu'elle s'associe avec le diable. Ces critiques risquant d'ailleurs d'être redoublées si l'engagement de l'entreprise n'est pas à la hauteur des attentes. Du côté de l'entreprise, celle-ci témoigne de sa volonté de s'engager au profit de la planète, et les salariés sont généralement fiers d'y appartenir ; elle améliore sa réputation et évite des situations de crise, crée de l'innovation et augmente souvent sa rentabilité. En revanche, elle s'expose davantage à des critiques, car ses activités font alors l'objet d'une veille constante.

Ces alliances vertes peuvent prendre des formes très diverses, sur un continuum allant d'actions ponctuelles limitées jusqu'à des partenariats intenses et durables. Elles peuvent concerner des thèmes très divers : lutte contre l'émission de gaz à effet de serre, préservation de forêts, réhabilitation de carrières, label de certification pour les pêcheries, etc.

« La collaboration est le seul moyen de résoudre les problèmes »

Jane Covey et David Brown, chercheurs à l'université Harvard, résument parfaitement ce qui constitue le rôle respectif le plus approprié des associations environnementales et des entreprises[49]. Ils décrivent d'abord ce qui est notre représentation la plus habituelle de cette relation : un continuum depuis le conflit jusqu'à la coopération. En fonction des situations, représentants des associations et des entreprises se trouveront plutôt dans le conflit, ou dans la coopération, ou entre les deux.

Conflit *Coopération*

←---→

Intérêts totalement convergents | Intérêts mélangés | Intérêts totalement conflictuels

Ces deux auteurs pensent que les situations intermédiaires, caractérisées par des intérêts mélangés, sont les plus fréquentes, ce qui les conduit à proposer un modèle plus complexe :

	Intérêts fortement convergents	**Intérêts faiblement convergents**
Intérêts fortement conflictuels	*Conflit*	*Coopération critique*
Intérêts faiblement conflictuels	*Non-engagement*	*Coopération*

La *coopération critique* consiste donc, de la part de chaque partenaire, à faire suffisamment confiance à l'autre pour s'engager dans une relation de coopération, tout en ayant la liberté de garder une distance critique, ce qui conduit éventuellement parfois à exprimer des désaccords, au nom de ses propres valeurs et objectifs. Chacun joue pleinement son rôle, tout en étant ouvert au compromis, sans tomber dans la compromission.

Au cours de ce processus de coopération, les rencontres interpersonnelles transforment les êtres. Par exemple, en Californie, un groupe de représentants de diverses parties prenantes en conflit, composé d'associations environnementales, de représentants de l'industrie, d'agriculteurs, a mis cinq ans pour parvenir à un consensus. En 1999, ils se sont mis d'accord sur une stratégie pour la gestion de la fourniture d'eau dans la région. L'un des industriels a parlé à ses pairs : « Nous n'avons pas le choix. Nous devons rester à la table des négociations. Il n'y a pas d'alternative. » Ils l'ont alors accusé d'être devenu « l'un des leurs ». Il leur a dit qu'ils se trompaient et a ajouté : « Le processus de débat public m'a transformé. Je comprends maintenant que la collaboration est le seul moyen de résoudre les problèmes. Maintenant, je le fais pour tout, y compris pour diriger mon entreprise et dans mes relations avec mes fournisseurs, mes employés et mes clients[50]. »

Du côté des militants environnementaux, notons ces propos d'Isabelle Autissier et Jérôme Dupuis, respectivement présidente et directeur du département Relations entreprises du WWF : « Le temps n'est plus seulement à l'opposition systématique, il est aussi à la coconstruction de solutions innovantes et à la création de valeur partagée pour l'entreprise et l'environnement naturel[51]. »

Autre exemple[52] : au début des années 1990, l'association Rainforest Action Network (RAN) mène une campagne de boycott contre la société Mitsubishi. Contre l'avis de la plupart des conseillers de l'entreprise – qu'ils soient avocats, experts en relations publiques ou professionnels de la gestion de crise –, les hauts responsables de l'entreprise décident de rencontrer les leaders de l'association. Pourtant, au sein même de la direction, les avis sont alors partagés ; plusieurs cadres supérieurs considèrent que RAN est une association trop radicale, avec laquelle il est impossible de discuter sereinement. Mais le PDG, Tachi Kiuchi, et quelques autres hauts responsables, sont favorables aux discussions. C'est ainsi que Jim Brumm rencontre à plusieurs reprises Randall Hayes, fondateur et président de RAN. Au fil du temps, ils deviennent amis. Brumm déclare : « Même si Randy et moi ne sommes pas d'accord sur certains points, nous avons gardé le contact. Mon opinion sur l'environnement a changé. » Michael Marx, responsable de l'action de boycott de Mitsubishi, et Richard Recchia, un haut responsable de l'entreprise, se découvrent une passion commune pour la pêche à la mouche. Ces rencontres interpersonnelles permettent de découvrir les qualités humaines de personnes, qui passent du statut d'irréductibles ennemis à partenaires. Finalement, après des périodes de hauts et de bas, le processus aboutit en 1998 à un accord qui précise notamment que Mitsubishi arrête immédiatement toute consommation de papier provenant de forêts primaires, réduira de 75 % sa consommation de papier dès l'année suivante et financera des réserves forestières pour protéger les ressources naturelles et les communautés indigènes. À la suite de cet accord, environ 400 entreprises ont suivi l'exemple de Mitsubishi et ont adopté des pratiques de foresterie durable.

Jon Burchell et Joanne Cook, deux enseignants en école de commerce, se sont précisément intéressés aux transformations induites par les discussions entre représentants d'entreprises et d'associations[53]. Les personnes qu'ils ont rencontrées dans chaque camp leur ont dit à quel point le dialogue les avait conduites à faire tomber les préjugés, avait permis une meilleure compréhension des conceptions et valeurs d'autrui et suscité l'émergence de solutions communes.

Un représentant d'entreprise a ainsi déclaré : « Sans dialogue, vous n'avez aucune chance de comprendre ce que veulent les ONG. Et ce que nous pouvons penser qu'ils veulent peut être très différent de notre expérience ; c'est seulement après avoir vraiment commencé à dialoguer régulièrement avec les ONG, il y a cinq ans, que nous avons finalement découvert qu'une grande partie de nos perspectives étaient très, très similaires aux leurs[54]. » Un médiateur estime pour sa part qu'« il est facile de rester à l'extérieur et d'affirmer que les hommes d'affaires sont démoniaques, alors que si vous allez vraiment discuter avec eux, vous comprenez que ce sont seulement des gens normaux[55] ».

Aussi bien les responsables d'entreprises que les militants d'ONG ont parlé de « changement culturel », mais cela a été plus fortement souligné par ces derniers. De nombreux militants ont en effet expliqué à quel point s'engager dans le dialogue avait constitué un défi pour leur organisation, les exposant au risque de s'investir dans un processus aux résultats incertains. Ces militants ont dit qu'agir ainsi les plaçait en dehors de leur zone de confort que constituent les campagnes de dénonciation et d'appel au boycott. Le dialogue implique une approche complètement différente, plus complexe, plus risquée et plus chronophage. Et surtout, c'est un véritable défi d'écouter et d'apprendre d'autrui. Un militant environnemental a ainsi déclaré : « Lorsqu'il y a des crises et des problèmes, c'est plus facile de polariser que de dire : "D'accord, travaillons sur une solution." » Je pense que c'est bien plus dur à faire et que cela demande des efforts de la part des deux côtés, au travers d'un langage commun et d'une bonne entente[56]. »

Gestion des déchets, protection des oiseaux, fabrication de produits écologiques…

Les alliances vertes entre associations environnementales et entreprises sont multiples. Citons notamment :

- Environmental Defense Fund et McDonald, pour la gestion des déchets[57]

L'association, qui possède de sérieuses compétences dans la gestion des déchets solides, a proposé à l'entreprise de l'aider sur ce thème. Après un an de discussions a été créé un groupe de travail commun, qui a produit 42 recommandations. McDonald en a appliqué 23 dans les deux ans qui ont suivi et est parvenu à mettre en œuvre l'ensemble des 42 recommandations un an plus tard, tout en ajoutant 58 autres projets. Selon Jane Covey et David Brown, qui ont étudié ce cas, une partie du succès provient des relations personnelles qui se sont établies entre les principaux représentants du groupe de travail, de part et d'autre.

• La Ligue pour la protection des oiseaux et Électricité de France, pour éviter l'électrocution des oiseaux[58]

La LPO avait constaté depuis des années que de nombreux oiseaux (en particulier cigognes et rapaces) étaient électrocutés. Plusieurs solutions ont été envisagées pour résoudre le problème. Tout d'abord, l'action juridique, en portant plainte contre EDF pour destruction d'espèces protégées, ou encore la médiatisation des cas d'électrocution, susceptible de ternir l'image de l'entreprise pour la contraindre à réaliser les aménagements nécessaires. Or, le souhait des responsables de la Ligue de protection des oiseaux n'était pas d'entrer en conflit ouvert avec EDF/RTE, mais au contraire de réussir à travailler avec ces entreprises. « La mise en commun de nos compétences pour trouver des solutions pertinentes et cohérentes est donc devenue notre objectif », précise Yvan Tariel, de la LPO. En effet, il est possible d'aménager les poteaux électriques ou la ligne incriminée pour éviter ce genre de problèmes. Ceci a abouti à la création d'un groupe de travail commun, le Comité national avifaune. Un bulletin d'information semestrielle *Oiseaux et lignes électriques* est édité sous forme papier et mail.

• L'Union internationale pour la conservation de la nature et Suez Environnement, pour la préservation et la restauration de la biodiversité[59]

En partenariat avec l'UICN, Suez Environnement a modifié les pratiques d'entretien de certains sites qu'elle gère, afin de favoriser la réinstallation de la biodiversité, par exemple en recréant des zones humides, a restauré des sols dégradés par l'industrie, et a facilité la réintroduction du lamantin en Guadeloupe ou la nidification des milans royaux en France métropolitaine.

• Greenpeace et diverses entreprises, pour la fabrication de produits écologiques

Greenpeace s'est associé à l'entreprise Foron pour la production de réfrigérateurs équipés de la technologie Greenfreeze, qui ne contient pas de substances réduisant l'ozone ; a soutenu le projet allemand « Solaris », faisant appel à l'énergie solaire, ainsi que l'entreprise suisse Wenko pour la production d'une voiture utilisant deux fois moins de pétrole que les autres.

J'aimerais illustrer plus en détail ce type d'alliance avec le partenariat entre WWF et Lafarge. Le Fonds mondial pour la nature (WWF) est la première organisation mondiale de protection de la nature. D'origine européenne, elle est présente dans une centaine de pays et compte plus de 5 millions de membres, plusieurs centaines de milliers de bénévoles et 6 200 salariés. En 2012, 1 985 entreprises étaient partenaires du WWF à travers le monde. Pour ces partenariats, WWF privilégie les sociétés leaders dans leur domaine ; si cette entreprise adopte sans ambiguïté des pratiques environnementales, cela peut ensuite faciliter l'évolution de l'ensemble du secteur. Mais le WWF refuse de s'associer à des entreprises appartenant à ces secteurs d'activité : énergie fossile ou nucléaire, armement, tabac, production d'OGM, secteurs d'activité faisant appel aux tests sur animaux.

Avant sa fusion avec Holcim, numéro deux mondial, le groupe Lafarge, entreprise française marquée par une longue tradition humaniste[60], était leader mondial des matériaux de construction, implantée dans 75 pays et comptant 63 000 employés.

Les groupes cimentiers sont souvent la cible des associations environnementales, car ils sont responsables d'importantes émissions de gaz à effet de serre (5 % des émissions mondiales), d'émissions de poussières et de bruit dans les carrières, et d'une grande quantité de déchets de production. Les responsables de Lafarge se défendent cependant, soulignant l'utilité de leur métier. En effet, les Français consomment environ 400 millions de tonnes de granulats chaque année, soit plus d'un million de tonnes chaque jour, que ce soit pour construire des bâtiments, des routes, etc. Comme le dit Arnaud Colson, directeur des affaires publiques de Lafarge Granulats France : « On ne s'en rend pas compte, mais si vous n'avez pas ça, vous n'accrochez pas votre lavabo, vous ne mettez pas votre ampoule ! C'est une matière première complètement essentielle. (...) [Pour certains de nos opposants], nous sommes des affreux industriels qui produisons des matériaux qu'ils sont bien contents d'utiliser. »[61]

En 2000, le WWF et Lafarge signent un partenariat international, chacun pouvant gagner dans cette alliance. Pour les dirigeants du WWF, l'objectif était important, comme le souligne Daniel Richard, l'ancien président du WWF France : « Si nous parvenions à obtenir qu'il [Lafarge] réduise cette empreinte, l'impact serait considérable[62]. » Pour Lafarge, l'enjeu était également essentiel : dès que l'entreprise veut ouvrir une nouvelle carrière, elle est généralement confrontée à une forte opposition locale. Être associé à une association environnementale aussi réputée que WWF pouvait faire espérer une meilleure acceptation dans la société.

Ce « pacte avec le diable » a suscité beaucoup de débats au sein du WWF, et certains militants ont même quitté l'association. Six mois après la signature de l'accord, un programme d'action très ambitieux a été élaboré, avec une clause selon laquelle, quoi qu'il arrive, le WWF conservait sa liberté d'expression (qu'elle a d'ailleurs parfois utilisée ensuite pour exprimer son désaccord sur telle ou telle opération). Lafarge s'est engagé à diminuer les rejets de CO_2 et baisser la consommation d'énergie, à restaurer des habitats naturels et à réaménager ses carrières pour en faire des sites favorables à la biodiversité.

Bertrand Collomb, PDG de Lafarge de 1989 à 2006, a joué un rôle essentiel dans l'ouverture de l'entreprise à la responsabilité environnementale. Il témoigne de la complémentarité de compétences de Lafarge et du WWF : « L'opportunité est venue des carrières que nous ne savions pas bien réhabiliter en termes de biodiversité. La question d'argent n'était pas primordiale, nous manquions simplement de compétences. Or, le WWF a une compétence en matière de biodiversité. C'est la raison pour laquelle nous sommes entrés en collaboration avec lui à partir de ce sujet. Dans le cadre d'un projet sur la reforestation, il nous a aidés à recréer de la biodiversité dans nos carrières. Très vite notre accord s'est élargi sur les sujets qui concernent le réchauffement climatique et l'émission de CO_2[63]. »

Ainsi, l'accord spécifiait un objectif de réduction de 20 %

des émissions nettes de CO_2 par tonne de ciment en 2010 par rapport à 1990. Cet objectif a été atteint en décembre 2009, ce qui a conduit Lafarge et le WWF à le réviser à la hausse, l'entreprise s'engageant désormais à une réduction de 33 % des émissions nettes de CO_2 par tonne de ciment produite à fin 2020 par rapport à 1990. Concernant le volet « nature » de l'accord, Lafarge s'est impliqué financièrement dans des actions de préservation du grand panda en Chine, dans la réhabilitation de carrières en Autriche, la restauration de paysages au Kenya et au Canada. 86 % des carrières du groupe sont maintenant dotées d'un plan de réhabilitation.

Les actionnaires de Lafarge sont eux-mêmes de plus en plus sensibles à la thématique environnementale. Comme le souligne Arnaud Colson, déjà cité précédemment : « On doit satisfaire un actionnaire et des actionnaires qui sont sensibles à l'environnement de plus en plus. Aujourd'hui on s'est rendu compte qu'à la dernière réunion des actionnaires de Lafarge, l'environnement est un élément qui devient récurrent, maintenant. La prise en compte de l'environnement [est considérée] comme un élément de stratégie et de stabilité pour la réussite de l'entreprise[64]. »

En quoi l'action des cimentiers peut-elle faciliter le développement de la biodiversité ? Les carrières sont généralement des espaces présentant une forte biodiversité[65], en créant des étangs, des îlots où des oiseaux peuvent se reproduire, etc. Lorsqu'elles sont creusées sur ce qui était auparavant un champ de blé, la différence est considérable. D'ailleurs, de nos jours, pour qu'un projet d'ouverture de carrière soit accepté par une municipalité, le cimentier doit, dès le départ, présenter un plan de réaménagement qui puisse donner au site une vocation qui réponde aux besoins locaux. Il s'agit généralement de réserves naturelles (riches en oiseaux d'eau) ou de bases de loisirs, fréquemment associées à des étangs de pêche. 50 % des anciennes carrières Lafarge de la région Ile-de-France sont classées en zones naturelles d'intérêt écologique, floristique et faunistique. Des partenariats sont effectués avec les associations locales de protection de la nature, lesquelles apportent leurs connaissances sur la meilleure façon d'aménager un site afin d'y attirer la faune. Le cimentier apporte sa compétence technique et ses moyens financiers.

Certaines espèces d'oiseaux sont tout particulièrement favorisées par l'existence de carrières aménagées. C'est le cas notamment du petit gravelot, de l'hirondelle de rivage, du martin-pêcheur, du guêpier ou encore de la sterne pierregarin. Par exemple, en Rhône-Alpes, 70 % de la population d'hirondelles de rivage vit aujourd'hui dans des carrières. Un oiseau quasi mythique pour les ornithologues bénéficie étonnamment de la présence de carrières. Il s'agit du hibou grand-duc, le plus grand rapace nocturne français, espèce rare et protégée. Cet oiseau proche de la disparition il y a quelques décennies voit maintenant sa population régulièrement augmenter, notamment à la faveur des carrières. En effet, il a besoin de falaises pour s'installer, ce que lui procurent précisément certaines carrières. Ainsi, les trois quarts des couples connus de Bourgogne se reproduisent en carrières.

Les entreprises vertes sont rentables

Divers ouvrages visent à convaincre les dirigeants qu'« être vert, c'est faire de l'argent[66] ». De fait, la plupart des études qui ont analysé la relation entre la performance environnementale et les résultats financiers constatent une corrélation positive entre ces deux paramètres[67]. Par exemple, une étude récente, établie à partir de données rassemblées sur une période d'une vingtaine d'années (1992-2011), conclut que les entreprises faisant preuve de responsabilité environnementale obtiennent en moyenne une augmentation de leur capitalisation boursière de 19 % la première année et de 34 % la septième année[68]. Ainsi, plus les années passent, plus les marchés font confiance aux entreprises s'impliquant dans le respect de l'environnement. Rappelons au passage que prévenir vaut mieux que guérir : mettre une usine aux normes environnementales coûte beaucoup plus cher que de la construire ainsi dès l'origine.

Les rares études qui montrent un lien négatif demandent d'ailleurs à être nuancées. C'est essentiellement sur le court terme que cet effet négatif a lieu, généralement en raison des investissements que la mise aux normes environnementales implique[69]. Au fil des ans, la corrélation devient généralement positive.

La synthèse la plus vaste de la littérature scientifique sur ce thème a été publiée en 2013 par une équipe américaine de chercheurs en écoles de commerce. Elle regroupe les résultats de 71 études publiées sur une période d'une quarantaine d'années (de

1970 à 2009) portant sur un ensemble de près de 23 000 entreprises. Elle constate sans ambiguïté que « cela paie, d'être vert[70] ». Tous les types d'entreprise bénéficient de cet impact, mais les petites en tirent plus profit que les grandes. Entreprises privées ou publiques en tirent un avantage identique.

Les causes de cette rentabilité généralement mises en avant sont :

- la diminution des gaspillages ;
- une innovation accrue ;
- la bonne réputation de l'entreprise auprès des clients ;
- la confiance des investisseurs ;
- une plus grande motivation des salariés.

Examinons-les tour à tour.

Elles diminuent les gaspillages

Les patrons verts ont tendance à faire une chasse systématique au « gaspi ». J'ai donné précédemment plusieurs exemples d'importantes économies dans diverses entreprises. Inversement, les pertes financières liées au gaspillage sont parfois impressionnantes. Ainsi, dans une entreprise de chimie, on a constaté que la surconsommation de vapeur coûtait environ 2,45 millions d'euros[71], ce montant correspondant à 83 % de la masse salariale globale de l'atelier. La surconsommation de gaz naturel coûtait 390 000 euros, soit 23 % de la masse salariale globale de l'atelier. La somme de ces deux coûts représentait plus de 83 000 euros par ouvrier et par an !

Une enquête menée auprès d'entreprises industrielles américaines montre que la prévention des gaspillages entraîne un gain financier, tandis que la réduction des déchets par traitement en bout de chaîne n'a pas d'effet sur la performance financière[72].

Elles sont plus innovantes

Les entreprises vertes ont tendance à être plus innovantes que les autres[73]. S'engager fermement en faveur de l'environnement incite à rechercher des solutions techniques aux problèmes de pollution, à trouver des moyens de faire des économies d'énergie et de réduire les déchets, etc. On parle d'ailleurs de plus en plus aujourd'hui d'éco-innovations[74], qui sont à l'origine d'une meilleure rentabilité des entreprises[75].

Les innovations peuvent d'ailleurs parfois partir d'une idée simple, comme le montre le cas exemplaire de Safechem, entreprise de location de produits chimiques[76]. L'industrie des solvants est confrontée à un dilemme. D'un côté, ces produits sont très efficaces pour nettoyer la graisse de pièces métalliques, ce qui est indispensable, par exemple, pour le bon fonctionnement de véhicules ou d'airbags, et donc pour la sécurité. Mais ce sont aussi des produits très polluants qui suscitent des campagnes de dénonciation par les associations environnementales. Ce qui a provoqué une forte chute des ventes : trois fois moins en cinq ans (passant de 180 000 tonnes en 1986 à 60 000 tonnes en 1991).

Karl Stützle, directeur général de Safechem, a raisonné logiquement : ses clients n'ont pas besoin de consommer un maximum de solvants, mais d'avoir des pièces dégraissées. Il est donc passé de la vente de solvants à la location d'un service de dégraissage. La société livre maintenant deux containers au client, l'un rempli de solvant, l'autre vide, les deux étant branchés hermétiquement à un bac de lavage. Le dégraissage se fait donc en circuit fermé et, en bout de course, le container plein est vide, tandis que l'autre est plein, à la fois de solvant et de graisse. Safechem sépare ensuite ces deux produits et peut réutiliser le solvant.

Par cette nouvelle orientation, l'entreprise diminue sensiblement la pollution, a fait baisser le prix pour ses clients, tout en augmentant son chiffre d'affaires, car elle a élargi sa part de marché. Aujourd'hui, Safechem annonce avec fierté sur son site Internet que sa mission est d'être « LA société de service chargée d'une utilisation durable et innovante des produits chimiques ».

Leur réputation auprès des clients est meilleure

Les entreprises vertes ont un avantage concurrentiel, étant souvent préférées par leurs clients à celles moins respectueuses de l'environnement[77]. J'ai souligné, ci-dessus, l'importance des convictions environnementales des dirigeants. Cette conviction peut être contagieuse. Il relève du simple bon sens de penser que plus un responsable est déterminé, plus il a de probabilités de convaincre ses interlocuteurs de l'utilité de s'engager en faveur d'une démarche écologique. C'est ce que montre ce dialogue entre un architecte et un client. C'est précisément Pierre Coppe, l'architecte, qui le raconte : « Un jour, je me trouvais devant un maire pour la rénovation de son école. (...) Il me dit : "Vous êtes très bien, mais vous êtes trop cher." Je lui réponds : "Si vous voulez travailler avec moi, c'est mon prix. – Vous ne pouvez pas vous aligner sur le moins-disant ? – Non ! Et je vais vous dire pourquoi, monsieur le maire. Parce que chez moi, vous payez la R & D. – La R & D, c'est quoi, ça ? – La recherche et développement. – Dans votre cabinet ? (...) – Nous allons peut-être construire pour vous une école maternelle et primaire. À l'école maternelle, il y aura les petits enfants de vos administrés, des "petits bouts" de 3 à 7 ans. Imaginez que nous mettions dans votre salle de classe des revêtements de sol en PVC et que ces revêtements contiennent des produits solvantés qui ont une rémanence de nombreuses années et qui vont rendre ces enfants (qui sont de vrais capteurs, des éponges pour tous ces produits-là) complètement atones. Des enfants qui auront du mal-être parce qu'on a utilisé ce produit-là... Moi, je ne vous le prescrirai pas, parce que je sais qu'il est mauvais. Parce que chez moi, j'ai un ingénieur chimiste qui m'a dit que c'était mauvais. – Monsieur Coppe, le marché est pour vous, on ne discute plus[78]." »

Les investisseurs ont confiance en elles

Il y a une vingtaine d'années, James Hamilton, chercheur au Sanford Institute of Public Policy, montrait que la publication par l'Agence américaine de protection de l'environnement d'informations sur les déversements de produits toxiques ou sur la pollution de l'air par certaines entreprises avait un impact négatif sur leurs cours boursiers[79]. Depuis cette étude, plusieurs enquêtes ont confirmé ce constat[80], précisant par ailleurs qu'inversement, les sociétés exemplaires voient leur valeur boursière progresser[81]. Dans une de ces recherches menées auprès de 321 grandes entreprises, une réduction de 10 % de la pollution conduit à une augmentation moyenne de 34 millions de dollars de valeur boursière par entreprise[82].

Un cas exemplaire de ce lien s'est produit en avril 2010, à la suite de l'explosion de la plate-forme pétrolière Deepwater Horizon, dans le golfe du Mexique, provoquant l'un des plus graves désastres écologiques de l'histoire des États-Unis. La valeur boursière de BP a chuté de 52 % en cinquante jours. Le

4 septembre 2014, un tribunal américain a jugé que les dirigeants de BP avaient été coupables de graves négligences au nom du profit et que l'entreprise devait payer plus de 50 milliards de dollars pour la marée noire. Le titre a de nouveau chuté, de près de 6 % en une journée, sa valeur fondant ce jour de près de 9 milliards de dollars. De même, la capitalisation boursière de la société Union Carbide a perdu 1 milliard de dollars après la catastrophe de Bhopal en décembre 1984, qui a causé la mort de 4 000 personnes et occasionné des blessures chez 200 000[83].

Ce type d'annonce a d'ailleurs des effets positifs, en fin de compte : les entreprises ainsi dénoncées ont ensuite fortement tendance à réduire leur niveau de pollution[84].

Les salariés sont plus motivés

Les entreprises respectant l'environnement suscitent plus d'attrait, ce qui améliore le niveau de recrutement des employés[85]. Ainsi, une enquête effectuée auprès de plus de 10 000 salariés français a mis en évidence un lien très net entre l'adoption de pratiques environnementales et l'implication et la productivité des salariés[86]. Selon les auteures, les employés travaillant dans une entreprise qui adopte des pratiques responsables envers l'environnement se sentent fiers d'y appartenir et s'impliquent plus fortement, ce qui se traduit par une productivité plus élevée. Par ailleurs, lors d'un recrutement, cette situation peut inciter des candidats plus sensibles aux thèmes environnementaux à postuler et, s'ils sont recrutés, à être particulièrement motivés à travailler dans cette entreprise. Les auteures de l'étude constatent de plus que les entreprises vertes sont caractérisées par de meilleures relations entre les salariés, ce qui est en soi une caractéristique appréciable et qui, de plus, peut conduire à une meilleure transmission des informations et des innovations au sein de l'entreprise.

Nous avons pu constater, dans ce chapitre, que la confiance à l'égard des patrons et la coopération avec eux sont les attitudes les plus aptes à susciter chez eux un engagement au service de l'environnement. Ceci est clairement confirmé par les trois cas exemplaires de succès industriels de lutte en faveur de la planète que nous allons maintenant examiner.

RÉSUMONS-NOUS

- Les limites technologiques à la préservation de l'environnement n'en sont pas vraiment. Dès lors qu'existe une volonté politique et entrepreneuriale, des moyens financiers peuvent être engagés, la créativité humaine peut être sollicitée, et des solutions émergeront inévitablement. Par exemple, nous avons aujourd'hui les connaissances permettant de mener efficacement la lutte contre le changement climatique. Certaines entreprises le font déjà, avec de remarquables résultats, à la fois environnementaux et économiques.
- Dès lors, les convictions morales des patrons d'industrie jouent un rôle central. Or, ils sont de plus en plus nombreux à être conscients de leur responsabilité vis-à-vis de la planète. Démarche bien différente évidemment de l'éco-blanchiment (*greenwashing*), stratégie de communication s'efforçant de faire croire à tort en un engagement pro-environnemental de l'entreprise.
- Les patrons se comportent comme les autres salariés dans leurs réactions humaines : la confiance à leur égard et la coopération avec eux sont les attitudes les plus aptes à faire émerger la meilleure part d'eux-mêmes et à susciter un engagement humaniste de leur part.
- Les accords volontaires pro-environnementaux se développent de plus en plus. Ils sont plutôt efficaces, mais à condition de comporter une certaine rigueur, en particulier par la présence d'un système crédible de contrôle et d'évaluation.
- Longtemps ennemis, industriels et écologistes ont de plus en plus tendance à construire des partenariats gagnant-gagnant, que cela concerne la gestion des déchets, la protection de l'environnement et de la biodiversité, la fabrication de produits écologiques…
- S'engager en faveur de l'environnement est financièrement bénéfique pour l'entreprise, en raison de :

- la diminution des gaspillages ;
- une innovation accrue ;
- la bonne réputation de l'entreprise auprès des clients ;
- la confiance des investisseurs ;
- une plus grande motivation des salariés.

18
Les trois plus grands succès écologiques de l'industrie

> Il est bien des choses qui ne paraissent impossibles que tant qu'on ne les a pas tentées.
>
> *André Gide*[1]

> L'utopie, ce n'est pas forcément l'irréalisable, c'est tout simplement l'irréalisé. L'utopie d'hier peut devenir la réalité de demain, la pratique de demain, c'est ce que nous souhaitons.
>
> *Théodore Monod*[2]

J'aimerais présenter maintenant les trois plus grands succès de dépollution industrielle. Chacun d'eux a semblé un défi impossible à relever au départ. Et finalement, chacun a réussi. Ils montrent à quel point la coopération et la confiance réciproque peuvent résoudre des problèmes humainement et techniquement très complexes. Ces trois expériences sont la décontamination du site nucléaire de Rocky Flats, la dépollution du Rhin et la restauration de la couche d'ozone.

Ces expériences illustrent trois niveaux d'intervention : la première se situe à un échelon très localisé, la deuxième est une réussite internationale, la troisième est un succès mondial.

Quand le site le plus pollué des États-Unis devient une réserve naturelle

Une situation initiale catastrophique

Cette remarquable expérience, presque inconnue en France, a été décrite en détail par deux chercheurs en psychologie positive dans les organisations, Kim Cameron et Marc Lavine[3]. Rocky Flats était une usine d'armes nucléaires « top secret », dans les montagnes Rocheuses, qui a fonctionné de 1953 à 1989, en pleine guerre froide, à une époque où les gouvernements américains successifs considéraient que l'accumulation de ce type d'armes était la meilleure défense contre une agression soviétique. C'était l'un des sites nucléaires les plus pollués des États-Unis, au point que la chaîne ABC avait qualifié deux de ses installations de « bâtiments les plus dangereux d'Amérique », en raison de leur niveau de pollution radioactive et du risque d'accident nucléaire majeur. 30 000 litres de solutions de plutonium et d'uranium enrichis étaient conservés dans des réservoirs et des conduits, dont certains fuyaient, parfois enfouis dans des lieux non marqués. Plus de 500 000 m^3 de déchets radioactifs étaient conservés dans 39 500 contenants. Plus d'une dizaine de salles étaient appelées « salles de l'infini », car les niveaux de radioactivité y dépassaient les seuils détectables sur les appareils de mesure. La contamination était présente partout : dans les murs, les sols, les plafonds, les conduits d'aération, le sol environnant, et, potentiellement, dans les eaux souterraines. Ce site suscitait évidemment de fortes oppositions, que ce soit de la part des riverains, des associations écologistes ou des agences gouvernementales de protection de l'environnement. Les salariés, anciennement considérés comme des héros patriotiques engagés dans la guerre froide, sont alors perçus comme d'affreux pollueurs.

En 1989, le FBI opère un raid surprise, qui conduit à la fermeture immédiate du site, et, en 1992, le président George Bush père annonce la fermeture définitive des installations. En 1995, le ministère de l'Énergie attribue le contrat d'assainissement du site à l'entreprise Kaiser-Hill, après avoir lancé un appel d'offres. Or, cette mission apparaît quasi impossible, car c'est la première expérience au monde d'assainissement d'un site nucléaire, et personne ne sait donc comment démonter une telle usine. Un rapport du ministère américain de l'Énergie estime alors qu'il faudra au moins soixante-dix ans et plus de 36 milliards de dollars pour nettoyer et fermer l'usine. Un haut fonctionnaire de ce ministère affirme même que cette estimation est très insuffisante, et qu'il faudra plutôt deux cents ans pour mener le projet à terme. Or, l'ensemble de l'opération sera réalisé en dix ans, à un coût de seulement 6 milliards de dollars, soit sept fois plus rapidement et six fois moins cher que prévu. En octobre 2005, les 800 bâtiments étaient démolis, tous les déchets enlevés en surface, le sol et les eaux souterraines assainis bien au-delà des standards fixés initialement par les autorités. La situation est telle que Rocky Flats est aujourd'hui une réserve de faune où s'épanouissent cerfs, élans, daims, chiens de prairie, ainsi que près de 200 espèces d'oiseaux et plus de 630 espèces de fleurs.

Certes, la réussite n'est pas complète et ne pouvait pas l'être, techniquement. Les matériaux contaminés existent toujours et ils ont été transportés dans une autre région des États-Unis. Mais il s'agit de sites situés loin de zones habitées, et le matériel est stocké de façon bien plus sûre qu'à Rocky Flats.

Comment expliquer un tel succès ?

Un élément essentiel de réponse à cette question réside dans la méthode adoptée par les autorités. Habituellement, les contrats entre le ministère de l'Énergie et les entreprises étaient basés sur des objectifs précis, avec des règles de travail prescrites, des procédures soigneusement élaborées et contrôlées. Dans le cas présent, le ministère a radicalement changé de méthode, il a fixé un seul objectif global à l'entreprise, décontaminer le site, en gardant évidemment comme priorité la sécurité. Selon Cameron et Levine, « ceci a été rendu possible grâce à la relation de coopération et de confiance qui s'est formée entre le personnel de Rocky Flats et les diverses agences gouvernementales. La confiance a remplacé les contrôles hiérarchiques[4] ».

Les dirigeants de Kaiser-Hill se sont fixé des objectifs positifs élevés (ce que Cameron et Lavine appellent la « déviance positive »), plutôt que le consentement à des standards établis. Ces auteurs soulignent que la grande majorité des recherches scientifiques en médecine, psychologie ou encore science des organisations se concentrent sur les problèmes et sur la manière de les résoudre.

Sont malheureusement beaucoup moins étudiées les réussites spectaculaires ou extraordinairement positives, précisément ce qui s'est produit à Rocky Flats. Dans ce type de situation, les responsables ne se concentrent pas seulement sur l'objectif de rentabilité, mais s'efforcent également d'être bienveillants envers le personnel et bénéfiques à l'environnement. C'est cette focalisation sur le positif, sur ce qui pouvait être fait d'extraordinaire, plutôt que d'insister sur les difficultés, qui a été la clé de la réussite.

Des dirigeants humbles, honnêtes et à l'écoute

Dès le départ, les dirigeants font preuve d'intégrité et d'humilité, et font confiance aux salariés en suscitant le meilleur chez eux. Plus de 200 innovations sont ainsi créées par les ouvriers au cours du chantier. Un cadre de Kaiser-Hill témoigne : « Une des grandes choses chez notre patron est qu'il était capable d'entendre quelqu'un lui dire “non” et de répondre : “D'accord, nous ne pouvons pas faire cela, alors trouvons un nouveau moyen. Nous allons faire quelque chose d'autre.” Même si c'était son idée, ça lui convenait qu'on lui dise “non”, de passer à autre chose et de parvenir à une autre idée. C'est en gros ce que nous avons fait. Dire “non” ouvrait une porte qui nous permettait de faire quelque chose d'autre qui allait être efficace[5]. »

De son côté, un cadre supérieur de Kaiser-Hill déclare : « Grâce à ce partenariat de confiance et de coopération, nous avons pu faire des choses que d'autres compagnies qui n'ont pas ce type de relations ne pouvaient pas faire. Les sidérurgistes et les ouvriers du bâtiment nous donnent des idées pour mieux faire les choses, et de façon plus sûre. Ils savent. Ils font le travail chaque jour. C'est notre boulot de les écouter et de les aider[6]. »

Les dirigeants adoptent également la transparence et l'honnêteté comme principes de fonctionnement. L'un d'eux raconte : « Nous faisions face à de gros obstacles, car il y avait une culture de secret sur le site. La confiance est l'élément-clé. Le voisinage ne nous faisait pas confiance. Le gouvernement ne nous faisait pas confiance. Le syndicat ne nous faisait pas confiance. Nous devions faire très attention à toujours dire la vérité[7]. » Par exemple, dès qu'une erreur est commise sur le site, ils préviennent les régulateurs, en promettant d'y remédier au plus vite ; quand un problème surgit, ils publient immédiatement un communiqué de presse, en précisant ce qu'ils savent de la situation et ce qu'ils ignorent, en s'engageant à le résoudre, ce qui instaure progressivement un climat de crédibilité. Un membre du Congrès déclarera d'ailleurs par la suite que tout ce que lui avaient dit les responsables s'était ensuite révélé exact.

La direction décide également d'avoir une attitude ouverte envers l'extérieur. Auparavant, l'entrée de Rocky Flats était strictement contrôlée, avec des barrières, des fils barbelés, des gardes armés et une culture du secret. Les responsables de Kaiser-Hill font enlever les barbelés et autorisent l'accès au site, organisent des réunions dans les églises, les chambres de commerce, les écoles, les agences gouvernementales, etc., pour écouter les préoccupations des habitants et les impliquer dans l'élaboration des standards de pollution exigibles. Cette transparence de l'information permet progressivement à la confiance de s'installer. Un moment essentiel est une réunion publique organisée par les responsables de Kaiser-Hill au début du processus, qui rassemble environ 200 personnes. Les dirigeants demandent alors aux leaders locaux d'identifier les dix priorités et d'établir des principes pour la décontamination, ce qui conduit l'entreprise à adopter des standards d'assainissement plus rigoureux que ceux imposés par l'État fédéral. Des militants écologistes sont invités à travailler dans la même commission que des cadres de l'entreprise, ce qui conduit les uns et les autres à partager une vision commune pour l'avenir du site.

Transformer un job dépourvu de sens en mission

Les dirigeants parviennent également à transmettre le sentiment d'une mission aux ouvriers initialement démotivés et qui ne voient pas de sens au travail à effectuer. En effet, ces ouvriers sont des constructeurs, pas des démolisseurs ; leur rôle était jusqu'à présent de développer des projets, pas de faire table rase. Il fallait donc leur proposer un objectif positif qui soit l'occasion de se fixer de nouveaux défis.

Comme le déclare un cadre du ministère de l'Énergie : « Ils avaient passé cinquante ans de leur vie à défendre notre pays, et ils étaient fiers de ce qu'ils avaient accompli. Ils se sentaient très patriotes. Mais les médias et toutes ces forces qui agissaient contre eux les ont rendus très tristes au sujet de leur travail. Ils ne savaient plus ce qu'était leur travail. (...) Ils étaient très compétents, mais ils n'avaient pas d'objectif, pas de mission ; (...) Alors, nous avons essayé de développer une vision pour ce qu'ils devraient faire et sur la façon dont ils pourraient se sentir bien à propos d'eux-mêmes et de leur travail[8]. »

Propos confirmé par cette remarque d'un membre du Congrès américain : « Imaginez que ces ouvriers ont travaillé pour les objectifs de la guerre froide : fournir aux Américains les moyens de dissuader une agression soviétique. Et là, ils devaient modifier leur façon de penser et se dire : "Je dois trouver une solution à un travail. Si nous réussissons, je n'aurai plus de travail." Le seul moyen pour les responsables était de convaincre les gens qu'ils participaient à quelque chose de vraiment grand, quelque chose qui serait le sommet de leur carrière et de leur vie. Ça a marché[9]. »

Cameron fait remarquer : « Presque aucun leader ne souhaite qu'il soit écrit sur sa pierre tombale que sous sa gestion, la valeur des actions a augmenté, que les ventes se sont envolées, qu'une part de marché a été conquise ou que 99 % de clients satisfaits ont été atteints. Ce sont des résultats importants, bien sûr, mais quelque chose de plus essentiel, de plus durable et de plus humain devait être visé pour que Rocky Flats atteigne une performance aussi extraordinaire[10]. »

Par ailleurs, l'entreprise paie généreusement les salariés, ce qui introduit un sentiment de justice. Un événement important est l'annonce qu'une partie substantielle des profits générés par une décontamination rapide sera partagée avec l'ensemble du personnel. Les dirigeants ne s'enrichissent donc pas aux dépens des ouvriers. Cela génère alors un respect mutuel et de la coopération entre la direction et les ouvriers. Cette relation de confiance a fait dire à l'un des responsables du syndicat des sidérurgistes : « C'est la meilleure relation que j'aie vue en quarante ans de travail ici. (...) Elle est basée sur la confiance, l'honnêteté et l'intégrité[11]. »

Quand le plus vaste égout du monde devient le fleuve le plus propre d'Europe

Ces attitudes de confiance, de coopération et d'honnêteté sont également à l'origine de la dépollution du Rhin. Ce fleuve était qualifié de « plus gros égout du monde » dans les années 1980[12]. Long de 1 300 kilomètres, il traverse neuf pays, depuis les Alpes suisses jusqu'à la mer du Nord. Parvenir à un accord international de lutte contre la pollution était particulièrement difficile, car les pays les plus en aval reçoivent l'ensemble de la pollution déversée par les autres. Les États proches de la source ont tout intérêt à polluer : ils en subissent peu de conséquences, contrairement aux États proches de l'embouchure. Un exemple de cette difficulté a eu lieu en 1979 lorsque l'ambassadeur néerlandais en France a été rappelé par son gouvernement pour consultation, ce qui fut l'incident diplomatique le plus grave entre ces deux pays depuis au moins la Seconde Guerre mondiale. La raison était le rejet de grandes quantités de sel dans le Rhin par une compagnie minière alsacienne.

Or, le Rhin a été depuis qualifié par le quotidien *Le Monde* de « cours d'eau le plus propre d'Europe[13] ».

Le succès en trompe-l'œil de la dépollution des Grands Lacs américains

Le politologue Marco Verweij a comparé les niveaux de dépollution obtenus dans la région des Grands Lacs nord-américains et sur le Rhin entre 1970 et 1998[14]. Malgré leurs différences (lacs et fleuve), il y a de nombreuses similitudes entre ces deux espaces. Ce sont deux zones parmi les plus industrialisées au monde : production d'acier et de fer, mines, industrie chimique, production de machines et d'équipements. Environ 18 % de l'industrie chimique mondiale se trouve sur les bords du Rhin et presque la moitié des 500 plus grandes compagnies industrielles des États-Unis ont leur siège social dans la région des Grands Lacs. Par conséquent, ces deux régions étaient extrêmement polluées dans les années 1970 – ce qui a incité les autorités à prendre des mesures pour améliorer la situation.

C'est ici que les choses diffèrent nettement. L'approche américaine a été beaucoup plus rigide et légaliste, avec des lois bien plus strictes et des critères de qualité de l'eau plus exigeants aux États-Unis. Par ailleurs, les traités internationaux entre les États-Unis et le Canada relatifs à la protection de l'eau étaient plus ambitieux que les accords internationaux entre les pays traversés par le Rhin.

Enfin, les organisations écologistes en faveur de la dépollution étaient bien plus puissantes aux États-Unis, et leur marge d'action juridique nettement plus importante. Ainsi, lorsque le Congrès a adopté la loi sur l'eau propre *(Clean Water Act)* au début des années 1970, il a autorisé les associations environnementales ainsi que d'autres groupes de pression à poursuivre en justice à la fois les pollueurs, l'Agence de protection de l'environnement (EPA) et les autorités de réglementation, au cas où les objectifs de dépollution ne seraient pas atteints. Les associations ont d'ailleurs souvent utilisé ce moyen d'action. Alors qu'en Europe, les possibilités d'action légale par les associations étaient bien plus limitées. Toutes les conditions semblaient donc réunies pour une dépollution nettement plus rapide et importante aux États-Unis qu'en Europe. Or, que s'est-il passé ?

Voyons tout d'abord la situation américaine. En raison de la rigueur des normes américaines, les entreprises ont effectivement réduit significativement leurs déversements de produits toxique : d'environ 60 % depuis 1988. La protection des Grands Lacs est ainsi considérée par certains comme l'une des réussites environnementales les plus remarquables aux États-Unis et elle est parfois présentée comme un modèle pour d'autres pays.

Mais cela s'est réalisé dans la douleur et les conflits. Les entreprises n'ont pas accepté les standards imposés par l'EPA et par les différents services de l'État, et elles ont réagi par du lobbying au Congrès et à la Maison-Blanche, ainsi qu'en poursuivant en justice les agences de régulation fédérales et d'État. Résultat : environ 90 % des limites de déversement fixées par l'Agence de protection de l'environnement (EPA) ont été contestés en justice. Au tribunal, les représentants des entreprises ont affirmé qu'il n'y avait pas de base scientifique à la politique de protection du gouvernement. L'EPA et les représentants de l'État affirmaient le contraire. Les efforts de l'industrie ont conduit à plusieurs annulations de politiques d'État et de l'EPA. Et même lorsque les régulations imposées par l'EPA étaient confirmées, ce qui était souvent le cas, les agences de régulation devaient parfois forcer les entreprises à respecter les règlements, par des contrôles stricts et d'autres actions en justice. Tous ces processus ont sensiblement ralenti la mise en œuvre de la loi sur l'eau propre.

Même situation du côté des associations environnementales. Elles ont considéré les Grands Lacs comme un champ de bataille majeur à partir duquel décider du destin de la législation américaine sur l'eau. Elles ont donc souvent intenté des procès d'une part aux entreprises pour ne pas avoir respecté la législation sur la propreté de l'eau, et d'autre part à l'EPA et aux agences d'État pour ne pas avoir fait respecter assez strictement ces lois. Au final, chacune des parties a considéré les deux autres comme irresponsables. Et aujourd'hui, le bilan environnemental n'est pas perçu du tout de la même manière dans les différents camps : pour les industriels, l'écosystème est actuellement plutôt sain, tandis que pour les militants écologistes, la situation reste déplorable.

La coopération bien plus efficace que la confrontation

L'approche adoptée dans la vallée du Rhin a été bien différente. Jusqu'en 1987, les diverses tentatives visant à stopper par des accords internationaux la pollution du Rhin ont ressemblé à la démarche adoptée aux États-Unis et elles furent peu efficaces. Selon Marco Verweij, plusieurs facteurs expliquent cet échec, en particulier la tendance à considérer les processus transfrontaliers en termes d'opposition des États entre eux et la volonté d'imposer une approche essentiellement marquée par des contraintes légales[15].

En novembre 1986, un événement majeur modifie la situation : un feu se déclare dans un entrepôt de l'usine Sandoz à Bâle, en Suisse, contenant plus de 1 350 tonnes de produits chimiques, certains très toxiques. Au cours de leur intervention, les pompiers déversent des millions de litres d'eau, ce qui aboutit au rejet dans le Rhin de 10 000 à 15 000 m^3 d'eau polluée.

Dès lors, une nouvelle dynamique internationale se met en place. Le « Programme d'action pour le Rhin » est institué en 1987, avec notamment pour objectifs une plus grande rigueur dans les normes de sécurité des usines, ainsi que la réduction de moitié des déversements de substances toxiques à l'horizon de 1995, comparativement au niveau de rejets de 1985. Ce plan a parfois été appelé « Saumon 2000 », car il visait également le retour de ce poisson pour l'année 2000, ambition démesurée aux yeux de beaucoup à l'époque, en raison de la sensibilité de cette espèce à la qualité de l'eau ; le dernier saumon pêché dans le Rhin l'avait été dans les années 1930.

Le « Programme d'action pour le Rhin » est le premier accord européen basé sur la coopération et non sur la contrainte légale. C'est un *gentlemen's agreement*, au cours duquel la démarche a consisté à se parler et à essayer de trouver des points de convergence plutôt que de s'invectiver et de traîner l'adversaire au tribunal. Certes, les États riverains adoptent alors des standards de qualité de l'eau et de limites des déversements, mais la démarche est bien plus consensuelle qu'aux États-Unis. Par exemple, les entreprises qui étaient temporairement incapables de remplir leurs obligations légales ont pu discuter de ce problème avec les autorités. Par ailleurs, les firmes européennes sont moins dépendantes des marchés que les américaines, ce qui permet d'adopter des stratégies d'entreprise à plus long terme. On a d'ailleurs parlé de capitalisme « rhénan » pour qualifier cette différence.

Selon les politologues Thomas Bernauer et Peter Moser, l'implication des gouvernements a participé au succès, mais ne fut pas une condition suffisante de l'efficacité. Ce sont les agences environnementales de chaque État qui ont été les plus importants catalyseurs de la coopération internationale. Ces auteurs estiment donc que le rôle des gouvernements est surtout de créer ce type d'institutions et d'établir des objectifs à atteindre[16]. L'opinion publique a également joué un rôle : être dénoncé comme responsable d'une usine polluante n'est pas une expérience agréable à vivre, pour un patron, et peut avoir un impact sur la rentabilité de l'entreprise. La prise de conscience croissante de la grave pollution du Rhin, notamment sous la pression des associations écologistes, a eu un impact majeur sur l'attitude des industriels.

Dans un tel contexte, les entreprises ont fait d'importants investissements dans la protection de l'eau, bien au-delà des normes légales et des obligations internationales, avec pour conséquence une diminution de la pollution bien plus forte que pour les Grands Lacs américains. Entre 1970 et 1987, il y a eu une réduction de 80 % à 90 % des déversements de polluants chimiques et, depuis 1988, à nouveau une réduction de 80 % à 90 %. Les doses de mercure ou de chrome sont aujourd'hui 10 000 fois plus faibles que les standards exigés pour la qualité de l'eau ; 20 000 fois pour le plomb.

Une étude menée en 1996 a mis en évidence que six substances très toxiques ou cancérigènes (dont la dioxine, le mercure et le plomb) étaient toujours déversées dans les Grands Lacs mais ne l'étaient plus dans le Rhin. Contrairement à la situation nord-américaine, les associations environnementales, les entreprises et les agences gouvernementales partagent la conviction que l'eau du Rhin a été correctement dépolluée.

En d'autres termes, le Rhin, infect égout à ciel ouvert il y a quarante ans, est aujourd'hui un fleuve dans lequel on peut se baigner sans risque sanitaire. Certes, la baignade est toujours interdite sur une partie importante de son cours, mais c'est en raison des dangers liés aux barrages et écluses et à l'intensité du trafic fluvial[17]. Ce remarquable succès a été obtenu grâce à la coopération et à la confiance en la bonne volonté d'autrui plutôt que par la confrontation et la suspicion.

Selon Bernauer et Moser, une leçon essentielle de l'expérience de la dépollution du Rhin est que des approches plus souples peuvent être plus efficaces que l'approche traditionnelle, constituée de traités internationaux puis de la transposition de ces accords en lois dans chaque pays[18]. Un autre auteur, Raphaël Tschanz, considère même que si les membres de la Commission internationale pour la protection du Rhin se sont engagés sur des objectifs ambitieux, c'était précisément parce que ces derniers n'étaient pas légalement contraignants[19].

Quant à Marco Verweij, qui a mené l'enquête comparative entre les Grands Lacs américains et le Rhin, il estime dans sa conclusion que les problèmes écologiques sont si complexes que leur résolution nécessite la coopération de toutes les parties impliquées, car chacune a des compétences et des connaissances spécifiques. Les associations environnementales perçoivent généralement les problèmes écologiques avant d'autres organisations. Les entreprises sont les mieux placées pour développer de nouvelles technologies et pour trouver des solutions pratiques aux problèmes environnementaux. Les agences gouvernementales peuvent agir comme arbitres neutres entre ces deux partenaires, fixer des priorités, coordonner et superviser la mise en œuvre des mesures environnementales. Enfin, les gouvernements peuvent fixer des objectifs clairs et exercer, le cas échéant, une pression sur les entreprises, lorsque celles-ci résistent obstinément à la mise en œuvre des accords environnementaux.

Bonne nouvelle : la couche d'ozone se reconstitue !

Avez-vous remarqué que l'on n'entend presque plus parler de l'ozone, ces dernières années ? Comme pour le Rhin et pour de nombreux problèmes écologiques ou sociaux, les médias se pressent en cas de catastrophes, puis se détournent lorsque la situation s'améliore. D'où un sentiment général dans la population que tout va mal, même quand la situation s'améliore.

Avec la couche d'ozone, il ne s'agit plus d'un problème local comme à Rocky Flats, ni même international comme pour le Rhin, mais mondial. Cet exemple montre à quel point la collaboration entre scientifiques, diplomates internationaux, industriels et représentants d'ONG peut être fructueuse[20]. La stratégie internationale destinée à reconstituer la couche d'ozone à partir des années 1980 a initié une nouvelle forme de relations que l'on peut qualifier de « diplomatie environnementale mondiale[21] ». Cet exemple est d'autant plus intéressant qu'il peut préfigurer ce que pourrait être le succès de la lutte contre le réchauffement climatique.

Un problème initialement insoluble

La situation de départ semble inextricable : il s'agit d'éliminer progressivement l'ensemble des produits réduisant la couche d'ozone (que j'appellerai désormais « PRCO »). Or ceux-ci paraissent alors indispensables : ils sont utilisés dans des milliers de produits, la réfrigération, l'air conditionné, les sprays aérosols, les solvants, les transports, les plastiques, l'isolation, des produits pharmaceutiques, les ordinateurs, la lutte contre l'incendie, l'agriculture. Ils ont en effet des qualités très recherchées par les industriels : non toxiques, ininflammables et non corrosifs, ils ont souvent remplacé d'autres produits chimiques dangereux. Cerise sur le gâteau : ils sont peu coûteux à produire.

Le moment-charnière est la signature du Protocole de Montréal, en septembre 1987. Pourtant, rien ne semblait prédisposer à cette réussite, car cet accord est né d'un échec. En mars 1985, après trois ans de difficiles négociations, de nombreux responsables s'étaient déjà accordés à Vienne sur une convention internationale, mais celle-ci n'avait rien fait pour contrôler les émissions de PRCO. La forte opposition des pays de la Communauté européenne et du Japon était en grande partie responsable de cette situation ; ces pays affirmaient que l'état de la couche d'ozone ne justifiait pas une forte réduction de ces substances. De nombreux pays du Nord craignaient que ces modifications leur imposent un coût économique trop important, tandis que ceux du Sud souhaitaient pouvoir utiliser des produits qui symbolisaient le mode de vie moderne. Renoncer aux PRCO leur paraissait injuste, car cela réduisait leur capacité de développement.

Mais en 1985, un nouvel élément change radicalement la donne : la découverte, par des chercheurs de la Nasa, du « trou » d'ozone au-dessus de l'Antarctique, avec comme conséquences probables une augmentation du risque de cancers et de cataractes, une immunité réduite et de mauvaises récoltes agricoles. Dès lors, ce qui paraissait un danger lointain et peu crédible aux yeux de certains devenait un problème international majeur à traiter au plus vite.

Une forte implication de toutes les parties concernées

Un aspect remarquable de l'action pour la restauration de la couche d'ozone a été qu'à partir d'un certain moment toutes les parties concernées ont joint leurs efforts pour parvenir à résoudre le problème, chacune avec ses responsabilités spécifiques.

L'implication des scientifiques : fournir des connaissances objectives

Les premiers artisans de la protection de la couche d'ozone ont été les scientifiques. C'est en 1974 qu'a été publiée la première étude mettant en évidence l'impact potentiellement néfaste de certaines substances sur l'ozone[22]. Accueillie avec intérêt par les uns, scepticisme par d'autres, cette recherche a finalement été à l'origine de centaines d'autres qui ont conduit la communauté scientifique à devenir la force motrice qui a incité les responsables politiques à s'engager en faveur de l'ozone[23]. Des experts de multiples disciplines ont travaillé en collaboration : chimistes, météorologues, océanographes, biologistes, électrotechniciens, agronomes, toxicologues, botanistes, cancérologues, entomologistes, etc.

L'implication des Nations unies : amener les participants à la table des négociations

Une institution internationale, peu connue jusqu'alors, joue alors un rôle majeur : le Programme des Nations unies pour l'environnement (UNEP). Cet organisme devient le principal vecteur d'information pour l'opinion publique mondiale et persuade les gouvernements à venir à la table des négociations. Mostafa Tolba, son directeur exécutif, s'implique fortement et parvient à unir la communauté internationale pour protéger et restaurer la couche d'ozone.

Cet homme avait appris, au cours d'expériences antérieures, la valeur des consultations informelles. Il met donc en place des rencontres non officielles, au cours desquelles les négociateurs s'entretiennent avec les scientifiques et les représentants d'industries et les ONG, dans une atmosphère détendue, parlant en tant que personnes et non comme représentants des gouvernements. Ces discussions vont être l'une des principales causes du succès des négociations de Montréal. Selon Tolba : « Loin du regard insistant des collègues, et les commentaires n'étant pas enregistrés, les délégués peuvent construire des ponts et entretenir des relations personnelles qui apaisent beaucoup les tensions et dissipent la suspicion. (...) La leçon la plus importante des négociations sur le traité de l'ozone a probablement été la valeur des consultations informelles. (...) Puisque les négociateurs n'engagent pas leurs gouvernements, dans ces conversations non enregistrées, ils peuvent être plus détendus et plus ouverts pour prendre en considération l'intérêt des autres, afin de parvenir à des solutions communes et de faire des compromis. Ils deviennent des amis qui travaillent pour une cause commune[24]. » Ces rencontres ont permis d'aboutir à un consensus général, selon lequel un régime international était nécessaire, et les participants en sont partis plus disposés à commencer les négociations officielles.

L'implication des États : remplacer la souveraineté nationale par la coopération

Les représentants des États ont joué la carte de la coopération. Comme le souligne Mostafa Tolba : « Au cours de ces années de négociation, les gouvernements n'ont jamais considéré qu'ils perdaient une partie de leurs droits de souveraineté en laissant les autres États leur dire ce qu'ils devraient faire ou ne pas faire avec leurs propres frontières. (...) Les États ont implicitement accepté que le concept de coopération remplace l'insistance sur la souveraineté absolue[25]. »

Les diplomates ont considéré que tous les pays partageaient la responsabilité commune de protéger la couche d'ozone, mais que les États les plus riches avaient plus de responsabilités, car ils avaient causé plus de dommages et qu'ils possédaient les entreprises disposant des technologies permettant la mise au point de substances alternatives aux PRCO[26]. Un fonds multilatéral a été créé, par lequel les pays riches du Nord ont fourni une assistance financière et technologique aux nations en développement pour les aider à mettre en œuvre les politiques nécessaires afin de protéger l'ozone.

L'implication des ONG : sensibiliser l'opinion publique et coopérer avec les industriels

Les associations environnementales se sont initialement peu intéressées au problème de l'ozone. Ainsi, aucun groupe environnemental n'a participé à la convention de Vienne en mars 1985. Mais à partir de la découverte du trou d'ozone au-dessus de l'Antarctique, la même année, leur engagement s'est révélé déterminant[27]. Elles furent très présentes lors des négociations du Protocole de Montréal en 1987.

Elles ont fait du lobbying auprès des gouvernements, sensibilisé le grand public au problème de l'ozone, appuyé l'usage de produits alternatifs aux PRCO. Un aspect très intéressant a été le passage d'une stratégie surtout caractérisée par la dénonciation des industriels vers la coopération avec eux. Ainsi, des groupes environnementaux ont incité avec succès les industriels de l'emballage alimentaire à ne plus utiliser de PRCO. Un engagement particulièrement original et efficace a été l'intense soutien de Greenpeace à la fabrication et l'adoption de réfrigérateurs « Greenfreeze », utilisant des réfrigérants aux hydrocarbures, en Europe et au Japon, puis dans la plupart des pays du monde[28]. La technologie « Greenfreeze » équipait déjà plus de 400 millions de réfrigérateurs dans le monde en 2010, et Greenpeace estime que ce pourrait être le cas pour 75 % des réfrigérateurs en 2020.

L'implication des industriels : mettre au point des produits de substitution

Le rôle des industriels a évidemment été crucial, puisque les solutions techniques aux problèmes dépendaient en fin de compte de leur coopération. Au départ, les industriels de la chimie ont vigoureusement contesté tout lien entre les chlorofluorocarbures et la réduction de la couche d'ozone. Ils ont également souligné que des centaines de milliers d'emplois et des milliards de dollars dépendaient de ces produits. Mais avec l'accumulation des preuves, ils ont utilisé d'autres arguments : les alternatives n'étaient pas disponibles, prendraient des années à être mises au point, étaient techniquement inférieures et plus coûteuses que les chlorofluorocarbures.

Pour ce groupe, la découverte du trou d'ozone en 1985 a également été déterminante. Une étape importante du changement d'orientation a été la création de l'Alliance pour une politique responsable des chlorofluorocarbures, un consortium de plusieurs centaines d'entreprises qui produisaient ou étaient dépendantes des PRCO et de leurs substituts. Son président, Richard Barnett, a surpris tout le monde en déclarant en 1986 que « d'importantes augmentations futures de chlorofluorocarbures (...) seraient inacceptables pour les futures générations. (...) Il serait contradictoire avec les objectifs de l'Alliance d'ignorer le potentiel de risque pour ces futures générations[29] ».

Dès lors, ces industriels vont collaborer entre eux et avec les gouvernements, les scientifiques et les ONG, pour parvenir à la production de substances non néfastes à l'ozone[30]. C'est ainsi que des entreprises multinationales, souvent concurrentes, ont opté pour la coopération plutôt que la compétition, notamment en se transmettant des informations techniques essentielles. Selon les experts Gary Taylor et Thomas Morehouse, ceci « a été possible parce que les gens en position de leadership ont pris des décisions d'agir en accord avec leurs convictions[31] ».

Cet engagement des industriels a d'ailleurs été favorisé par l'attitude ouverte des représentants des agences environnementales des gouvernements et des Nations unies. Jay Baker, responsable d'une équipe d'ingénieurs électriciens chez Ford, dit avoir été impressionné par l'humanisme sincère de l'organisateur d'une réunion, Stephen Andersen, de l'Agence américaine de protection de l'environnement.

Les négociations n'ont évidemment pas été toujours faciles. Par exemple, des avocats d'entreprise ont mis en avant pendant des mois des problèmes de droits de propriété intellectuelle ou de violations de lois antitrust. Mais ces arguties juridiques ont été balayées lorsque les industriels ont décidé de devenir une équipe de travail et de se faire réciproquement confiance[32].

Rajendra Shende, responsable de l'action Ozone au sein de l'UNEP, résume bien la démarche entreprise par les industriels : « Je travaillais dans le secteur privé avant de venir à l'Onu. J'ai toujours constaté que l'industrie répond à tout changement de politique publique par des technologies innovantes qui peuvent surpasser les objectifs du changement politique. (...) Les industries utilisant des substances réduisant l'ozone ont fait un travail extraordinaire. Elles sont allées au-delà des attentes fixées par le Protocole de Montréal[33]. »

Le Traité de Montréal : une collaboration sans précédent

En septembre 1987, des délégués de 55 pays, des industriels, des membres d'agences de l'Onu et d'ONG se retrouvent à Montréal. Après d'intenses négociations, ils se mettent d'accord sur le Protocole de Montréal[34], ensemble de règles dont l'objectif est de réduire, puis progressivement d'éliminer la production et l'usage de PRCO. Cet accord était donc l'aboutissement d'un niveau de collaboration sans précédent entre l'industrie, les groupes environnementaux, les gouvernements et les organisations internationales. A émergé le concept d'« esprit du protocole », expression jamais définie précisément, mais souvent invoquée par les négociateurs, et qui désignait de sincères sentiments de solidarité et de partenariat pour protéger la couche d'ozone, dans ce qui était considéré comme un mouvement mondial noble et historique[35].

Le Protocole de Montréal est une subtile combinaison de fermeté et de souplesse. Côté fermeté, il stipulait une réduction de 50 % de la production des chlorofluorocarbures avant l'année 2000 et la stabilisation des émissions de gaz halogènes, alors même que les technologies de remplacement n'existaient pas encore pour parvenir à de telles réductions. Côté souplesse, le traité ne dicte pas d'actions spécifiques, mais laisse toute liberté aux gouvernements d'organiser leur propre stratégie pour la mise en œuvre. Malgré son caractère formel, il est conçu non comme un mécanisme légal, mais plutôt comme une structure d'assistance visant à un consensus international[36]. Voici ce qu'en a dit Mostafa Tolba, principal représentant des Nations unies : « Il y a toujours eu la volonté de faire un pas à la fois. Si nous ne pouvions pas nous mettre d'accord sur une élimination des chlorofluorocarbures en 1987, nous acceptions 50 %. Si nous ne pouvions pas nous mettre d'accord sur une élimination de méthylchloroforme en 2000 à Londres, nous avons accepté en 2003. Si nous ne pouvions pas atteindre un accord sur une planification de réduction pour le bromométhane à Copenhague, nous nous accordions pour une stabilisation. Bien entendu, les pays se mettaient d'accord sur les objectifs intermédiaires parce qu'ils croyaient qu'ils pouvaient revenir une autre fois et rendre l'objectif plus strict, ce qui s'est produit à chaque étape. Mais je pense que l'esprit de compromis était essentiel pour le succès du protocole[37]. »

Cette stratégie a permis que les amendements successifs au protocole conduisent à des normes de plus en plus strictes, respectant les recommandations des scientifiques, au fur et à mesure que les connaissances s'affinaient.

La procédure à adopter en cas de non-respect du Protocole de Montréal par un signataire est l'un des aspects les plus fascinants du traité. Elle est basée sur le postulat que les parties agissent par bonne volonté, que la pression des pairs est une dissuasion efficace, et que si un principe n'est pas respecté, ceci résulte probablement de problèmes économiques ou techniques plutôt que d'une volonté délibérée. La règle est donc que face à une partie défaillante, il est plus adapté de la ramener au respect par la persuasion plutôt que par la sanction[38]. Ce pari sur l'humain a bien fonctionné. Comme le souligne Richard Benedick, négociateur en chef des États-Unis dans ce processus : « En se maintenant dans un rôle non judiciaire, le processus a gagné la confiance des gouvernements tout en acquérant une autorité morale[39]. » Selon David Victor, chercheur en développement durable à l'université Stanford, c'était « une solution orientée vers la solution plutôt qu'orientée vers l'obligation. (...) Cela a motivé les parties à construire sur leurs propres bonnes intentions et sentiment de responsabilité[40] ».

Un test significatif de cette méthode a eu lieu dans les années 1990, lorsque le comité de mise en œuvre du Protocole a dû réagir face à la défaillance des pays de l'ex-bloc communiste. Le comité a admis que le non-respect était dû aux problèmes de l'effondrement soudain des systèmes sociaux, politiques et économiques et de la transition vers une économie de marché, et ont mis en place une aide financière pour ces nouveaux pays, afin qu'ils puissent répondre aux exigences du Protocole.

Un succès unanimement reconnu

Le Protocole de Montréal est unanimement considéré comme une réussite. Il a été salué comme « l'accord international le plus significatif dans l'Histoire », « un exploit monumental », « un effort planétaire sans précédent[41] » ou encore comme « le premier succès majeur face à un problème environnemental mondial[42] ». Son succès n'est certes pas encore absolu. Certains pays en développement utilisent toujours des PRCO, et un trafic illégal de ces substances s'est mis en place. De plus, on a constaté que les substances ayant remplacé le PRCO participent à l'effet de serre, ce qui impose de mener de nouvelles recherches pour employer d'autres substances. Mais les résultats globaux sont là, et ils sont remarquables. Dans un rapport de 2007[43], le Programme des Nations unies pour l'environnement déclarait que les 191 parties impliquées dans le Protocole avaient réduit de 95 % leur consommation de PRCO. La plupart des objectifs de suppression progressive de ces substances ont été atteints plus rapidement que prévu. Le dernier bilan, établi par la même institution en 2014[44], signale que la plupart des produits contrôlés par le protocole continuent à décroître dans l'atmosphère. Il y a, comme prévu, une récente augmentation de la couche d'ozone, après un déclin au cours des années 1980 et 1990, puis une stabilisation au cours des années 2000. Comme prévu, il s'agit d'un processus lent, parce que les PRCO mettent longtemps à se dégrader dans l'atmosphère. La couche d'ozone retrouvera son niveau initial sur la majeure partie du globe avant le milieu du XXIe siècle, et un peu plus tard pour l'Antarctique.

Consommation de substances réduisant l'ozone

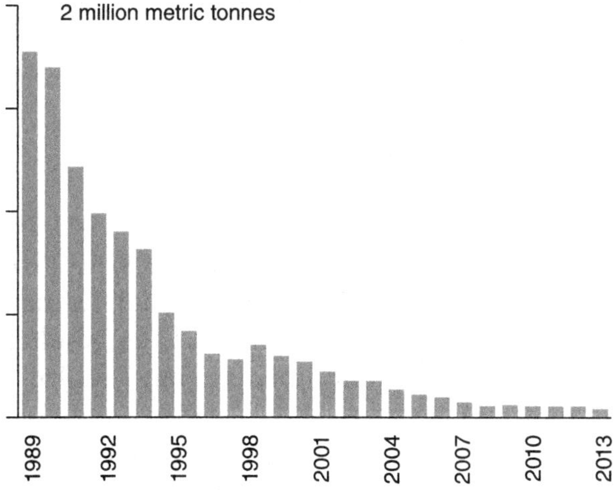

D'après UNEP (2015), *Annual Report 2014*, Nairobi, UNEP, p. 37.

Les différents dangers initialement envisagés par les industriels, dus au remplacement de PRCO par d'autres substances (problèmes économiques, risques pour la sécurité publique, produits ou technologies de moindre qualité), se sont tous révélés sans fondement. À l'inverse, la mise en œuvre du Protocole de Montréal a entraîné des bienfaits dans de multiples domaines, ainsi évalués[45] :

• Santé

– 20,6 millions de cas de cancer de la peau en moins jusqu'en 2060 ;

– 1 à 3 millions de décès par cancer de la peau en moins jusqu'en 2060 ;

– 129 millions de cas de cataractes en moins jusqu'en 2060.

• Économie

Les estimations initiales de coûts de remplacement des PRCO ont été largement surévaluées. En fait, c'est l'inverse qui s'est produit : le passage des chlorofluorocarbures aux hydrocarbures pour servir de propulseurs dans les aérosols a permis une réduction des coûts de 80 %, soit une économie de 5,3 milliards de dollars jusqu'en 2060. Par ailleurs, les dommages évités à l'agriculture, aux forêts, aux pêcheries et aux matériels sont évalués à 459 milliards de dollars.

• Limitation du réchauffement climatique

La disparition des chlorofluorocarbures, qui sont de puissants gaz à effet de serre, permet d'économiser 5,6 milliards de tonnes d'équivalent CO_2 par an. Soit plus que toutes les centrales nucléaires (2,2 milliards de tonnes équivalent CO_2) et tous les barrages hydrauliques (2,8 milliards) installés dans le monde[46].

Un modèle pour la lutte contre le changement climatique

De nombreux auteurs se sont demandé si le Protocole de Montréal pouvait constituer un modèle pour les négociations sur le changement climatique[47]. D'ailleurs, les résultats positifs obtenus par le Protocole de Montréal avaient initialement suscité de grands espoirs pour la résolution de ce problème. Mostafa Tolba déclarait en 1989 : « Les mécanismes que nous avons élaborés pour le Protocole deviendront très probablement le plan pour le dispositif institutionnel destiné à contrôler les gaz à effet de serre et l'adaptation au changement climatique[48]. » Pourtant, le Protocole de Kyoto sur la réduction des gaz à effet de serre, signé en 1997, est aujourd'hui un échec. Au moment où ce livre est terminé, débute la COP21 de Paris, et je ne sais donc pas quels en sont les effets. Comment comprendre cette différence ? Notons tout d'abord les éléments de ressemblance. Dans les deux cas, il s'agit de problèmes environnementaux à l'échelle planétaire, qui nécessitent donc la collaboration de l'ensemble des États. Pays du Nord comme du Sud font aujourd'hui valoir l'impact économique catastrophique de la réduction de l'usage d'énergies fossiles. Rappelons qu'un argument économique identique avait été avancé à tort à propos des PRCO. Le problème du changement climatique est assurément plus complexe que celui de la couche d'ozone, mais les différences sont quantitatives plutôt que qualitatives[49].

Parmi les différences réelles, est parfois souligné le fait que le Protocole de Montréal traite d'un problème bien défini nécessitant des solutions essentiellement techniques plutôt que d'importants changements de style de vie, comme c'est le cas pour le changement climatique. Par ailleurs, souvenons-nous que la mobilisation en faveur de la protection de la couche d'ozone a surtout émergé après la découverte du trou d'ozone dans l'Antarctique, avec les graves dangers que cela impliquait pour la santé des habitants du monde entier. Le changement climatique ne bénéficie pas d'une découverte identique qui inciterait le monde à une action immédiate.

Par ailleurs, les pays producteurs de pétrole ont logiquement peu intérêt à s'engager dans l'action en faveur du climat. De plus, certaines régions du monde, comme la Sibérie, peuvent même bénéficier d'une tendance au réchauffement.

Une différence centrale entre les deux accords est que le Protocole de Montréal incluait des exigences pour les pays en développement, ce qui n'est pas le cas pour le Protocole de Kyoto. Ceci est la principale raison mise en avant par les États-Unis pour ne pas s'engager, alors qu'ils étaient leaders dans la dynamique en faveur de la couche d'ozone. La Chine est aujourd'hui le plus gros producteur de gaz à effet de serre, alors même que le Protocole de Kyoto ne lui impose aucune obligation. De même pour l'Inde, qui produit plus de gaz à effet de serre que l'Allemagne, tandis que la Corée en produit plus que la France. D'autres pays en développement voient également leur production de ces gaz augmenter fortement d'année en année et font remarquer que les pays du Nord ont construit leur richesse sur les énergies fossiles et n'ont donc pas à leur donner de leçons environnementales.

Ces difficultés sont réelles, certes, mais surmontables, si chacun y met de la bonne volonté. Du côté des industriels, nous avons vu au chapitre précédent qu'il est possible de réduire très fortement l'empreinte carbone sans que cela entraîne de conséquences économiques négatives, au contraire. Par ailleurs, les difficultés actuelles à parvenir à un accord ne devraient pas nécessairement nous plonger dans le pessimisme. L'exemple de l'ozone est à cet égard très instructif. Richard Benedick, négociateur en chef des États-Unis concernant l'ozone, a souligné les innombrables difficultés pour parvenir à un accord, avec notamment les oppositions initiales d'industriels, de la Communauté européenne, du Japon et de l'Union soviétique, ainsi que l'absence d'alternatives aux PRCO. Il fait remarquer qu'« avec le bénéfice du recul, le Protocole de Montréal semble avoir acquis une aura d'inévitabilité. Pour ceux qui n'y étaient pas réellement impliqués, il y a une tendance à ne pas se rappeler à quel point il était difficile de parvenir à un accord en 1987. (...) Le succès du Protocole de Montréal n'était pas gagné d'avance : il y avait des problèmes et des pièges à chaque étape du chemin[50] ».

Il ressort clairement de ces trois cas, les plus belles réussites de la lutte contre la pollution, que pour préserver la planète de désastres écologiques majeurs, la bienveillance, la confiance réciproque et la coopération sont bien plus efficaces que le bâton des sanctions ou la carotte des intérêts économiques.

RÉSUMONS-NOUS

Les trois plus grands succès environnementaux de l'industrie résultent d'une action énergique des entreprises, agissant en coopération – plutôt qu'en confrontation – avec les agences étatiques de l'environnement et les associations environnementales.

☞ Rocky Flats
Cette usine d'armes nucléaires nord-américaine, qui a fonctionné de 1953 à 1989, était l'un des sites les plus

pollués des États-Unis. La contamination radioactive était présente partout. Les experts estimaient qu'il faudrait entre soixante-dix et deux cents ans pour le décontaminer. Cela a été fait en dix ans. Le site est aujourd'hui une réserve de faune.

☞ La vallée du Rhin
C'est l'une des zones les plus industrialisées au monde. Presque 20 % de l'industrie chimique mondiale se trouve sur ses rives. Ce fleuve, qualifié de « plus gros égout du monde » dans les années 1980, est aujourd'hui le cours d'eau le plus propre d'Europe, dans lequel on peut se baigner sans risque sanitaire. Les doses de métaux lourds très toxiques y sont 10 000 à 20 000 fois plus faibles que les standards exigés pour la qualité de l'eau.

☞ La couche d'ozone
La signature du Protocole de Montréal en septembre 1987 a été le point de départ de la plus remarquable collaboration internationale en faveur de l'environnement, visant la restauration de la couche d'ozone. Les 191 parties impliquées dans le protocole ont réduit de 95 % leur consommation de substances néfastes pour la couche d'ozone. Ce protocole est aujourd'hui qualifié d'« accord international le plus significatif dans l'Histoire », d'« exploit monumental » ou encore d'« effort planétaire sans précédent ». Ce succès peut préfigurer ce que pourrait être la lutte contre le réchauffement climatique.

ÉPILOGUE

REPENSER LA RAISON D'ÊTRE DES ENTREPRISES

19
La lente agonie d'une magistrale erreur

Le primat de l'économique est un désordre historique dont il faut sortir.

Emmanuel Mounier[1]

Nous devons tous apprendre à vivre ensemble comme des frères. Ou nous périrons tous ensemble comme des idiots.

Martin Luther King[2]

L'éthique des entreprises, une dangereuse illusion ?

Dans *Le capitalisme est-il moral ?* le philosophe André Comte-Sponville déclare que dans les domaines économique et scientifique, « rien n'est jamais moral, rien n'est jamais immoral, parce que tout est amoral. (...) Les sciences n'ont pas de morale, les techniques, pas davantage. Pourquoi l'économie, qui est à la fois une science et une technique, en aurait-elle une[3] ? » Certes, poursuit-il, l'économie diffère de sciences comme la physique, la météorologie, car elle dépend des humains, mais elle ne leur obéit pas. Même si tout le monde souhaite la croissance, cela n'empêchera pas une récession. Pour cet auteur, ce n'est donc pas la morale qui détermine les prix, mais la loi de l'offre et de la demande. D'où cette conclusion logique. Pour qu'il y ait de la morale dans une société capitaliste, cette morale ne peut pas venir du marché. Parler de morale ou d'éthique d'entreprise n'aurait donc aucun sens : « Une entreprise, ça n'a pas de morale : ça n'a qu'une comptabilité et des clients. Une entreprise, ça n'a pas de devoirs : ça n'a que des intérêts et des contraintes. Une entreprise, ça n'a pas de sentiments, pas d'éthique, pas d'amour : ça n'a que des objectifs et un bilan. Bref, il n'y a pas de morale d'entreprise ni d'éthique d'entreprise[4]. »

Mais Comte-Sponville ajoute que c'est précisément parce qu'il n'y a pas de morale de l'entreprise qu'il doit y avoir de la morale dans l'entreprise, par les personnes qui y travaillent, en particulier les patrons. Il dit, par ailleurs, avoir eu le plaisir d'être sifflé par les participants à un congrès national du Centre des jeunes dirigeants (organisation patronale à sensibilité humaniste) dont il était l'invité, lorsqu'il leur a dit que le seul but d'une entreprise est de faire du profit[5].

L'argumentation de Comte-Sponville peut sembler convaincante au premier abord. Pourtant, elle est en défaut sur plusieurs points, parce qu'elle reprend les idées reçues véhiculées par l'opinion majoritaire en économie et que ces idées sont erronées. Selon lui, l'être humain est fondamentalement dirigé par son intérêt personnel égoïste. Ce qui le conduit à cette affirmation radicale : « Le coup de génie du capitalisme, (...) c'est de ne rien demander d'autre aux individus, pour fonctionner à peu près, que d'être exactement ce qu'ils sont : "Soyez égoïstes, occupez-vous de votre intérêt, si possible intelligemment, et tout ira non pas pour le mieux dans le meilleur des mondes possibles, qui n'est qu'un rêve, mais à peu près correctement dans le plus efficace des mondes économiques réels, qui est le marché[6]." » Or, cette vision de l'être humain est aujourd'hui contredite par des centaines de recherches, que ce soit en psychologie du bébé, en économie expérimentale, en anthropologie, en paléontologie humaine et en neurobiologie, comme je l'ai montré dans mon ouvrage *La Bonté humaine*[7].

Par ailleurs, Comte-Sponville adopte sans réserve l'idée que la seule finalité de l'entreprise est d'être au service des actionnaires : « Le but d'une entreprise, en pays capitaliste, ce n'est pas de créer des emplois, c'est de créer du profit. (...) Le Medef dit donc n'importe quoi, le CJD dit donc n'importe quoi, lorsqu'ils essaient de nous faire croire que l'entreprise est au service de ses clients et de ses salariés : cela ne peut pas être vrai, puisqu'elle est au service de ses actionnaires ! (...) Bien sûr que l'entreprise est au service *aussi* de ses clients ! Mais pour quelle raison ? Parce que la seule façon de satisfaire l'actionnaire, c'est évidemment de satisfaire le client[8] ! »

Ici, se situe la deuxième erreur de Comte-Sponville, qui consiste à penser que la seule finalité de l'entreprise serait de faire du profit au bénéfice des actionnaires. Je vais détailler cela ci-dessous.

Affirmer qu'il existe des lois économiques (telle que la loi de l'offre et de la demande) qui imposent leur pouvoir sans que l'on puisse agir sur elles est une formule facile, mais qui ne tient aucun compte de la réalité de milliers d'entrepreneurs qui agissent aussi et avant tout au nom de leurs convictions morales. Ces comportements moraux montrent bien qu'il peut exister une éthique de l'entreprise.

Les premiers détracteurs de cette vision réductrice sont précisément des patrons humanistes. Ainsi, Bertrand Collomb, ex-PDG de Lafarge, déclare : « J'ai eu une discussion un jour avec André Comte-Sponville sur la morale de l'entreprise. Selon lui, l'entreprise n'ayant pas d'âme ne peut avoir de morale. Mais ce n'est pas suffisant. (...) Chez Lafarge, une ligne de conduite éthique est mise en évidence. Certaines choses ne se font pas et d'autres se font au nom de nos principes. Un certain sentiment collectif de responsabilité prévaut donc[9] ! »

Cette réflexion du philosophe nous conduit à nous interroger sur la raison d'être et la finalité de l'entreprise. Une réponse radicale, et probablement la plus célèbre, est celle qu'a fournie Milton Friedman, prix Nobel d'Économie en 1970, dont Comte-Sponville s'inspire directement. Dans un article intitulé « La responsabilité sociale de l'entreprise est d'augmenter ses profits[10] », Friedman affirme que « dans une entreprise libre, un système de propriété privée, un membre de la direction est un employé des propriétaires. Il a une responsabilité directe envers ses employeurs, qui consiste à diriger l'entreprise en accord avec leurs volontés, qui sera généralement de faire autant d'argent que possible tout en respectant les règles de base de la société, présentes dans les lois et dans les habitudes éthiques. » Friedman a été l'inspirateur de plusieurs dirigeants politiques, en particulier de Ronald Reagan, Margaret Thatcher et Augusto Pinochet, ainsi que de chefs d'entreprise. En particulier, Jack Welch a appliqué avec une dureté sans pareille cette doctrine en tant que patron de General Electric pendant vingt ans, de 1981 à 2001.

Les implications concrètes de cette approche ont été formulées dans le cadre de ce que l'on appelle la « théorie de l'agence », élaborée par Michael Jensen et ses collègues. La thèse principale défendue par Jensen et ses collègues est la suivante : les actionnaires sont propriétaires des entreprises et recrutent les directeurs et les cadres pour agir en tant que leurs agents (d'où l'expression « théorie de l'agence »). L'article fondateur[11] de ce courant, publié en 1976, soit six ans après celui de Friedman, est celui le plus souvent cité de toute la littérature scientifique sur les entreprises, et cette approche est la plus fréquemment utilisée par les économistes des organisations. Elle fonde la plupart des recherches et des recommandations pour la gouvernance des entreprises et constitue à ce titre le socle de l'enseignement des futurs gestionnaires dans les écoles de commerce du monde entier. Un auteur n'hésite d'ailleurs pas à qualifier Jensen de « père académique de la gouvernance d'entreprise moderne, (...) force motrice de la richesse des recherches en gouvernance d'entreprise au cours des trente dernières années[12] ».

Jensen a précisé sa conception dans un nouvel article écrit avec Murphy en 1990[13]. Selon eux, dans la plupart des entreprises avec actionnaires, la rémunération des directeurs ne dépend pas de leur performance, ce qui fait que ces derniers ne s'efforcent pas d'agir au service des actionnaires.

Jensen constate avec regret que le salaire des patrons américains a très peu évolué depuis plusieurs décennies. Mais, selon lui, le problème le plus important n'est pas le niveau de rémunération des dirigeants, mais le mode de rémunération. Les entreprises américaines paient leurs patrons comme des bureaucrates, nous dit-il ; dès lors, rien d'étonnant à ce qu'ils se comportent comme des bureaucrates. Pour résoudre ce problème, il faut faire converger les intérêts des actionnaires et des cadres supérieurs. Et pour cela, faire en sorte que la proportion la plus importante possible de rémunération des patrons soit variable, en fonction de la performance de l'entreprise.

Cette recommandation a été très largement suivie. Suite à l'article de Jensen et Murphy de 1990, le Congrès américain a adopté en 1993 une loi modifiant le Code fiscal en rendant avantageux le fait de payer les cadres supérieurs en actions[14]. Ceci a entraîné une croissance considérable des rémunérations des PDG, en raison de la proportion très importante des actions dans la rémunération, comme le montre la figure ci-dessous[15].

Composition de la rémunération des dirigeants d'entreprise aux États-Unis
(en centaines de milliers de dollars, par année)

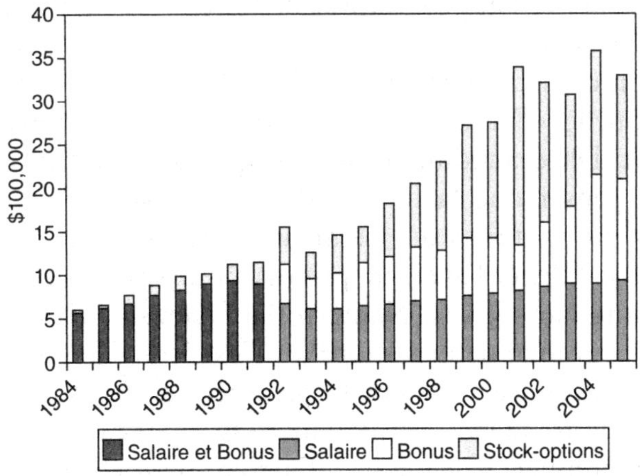

Les actionnaires sont-ils propriétaires de l'entreprise ?

Aujourd'hui, divers auteurs critiquent l'importance extrême accordée aux actionnaires[16] ainsi que la théorie de l'agence et ses implications[17]. Examinons tout d'abord la question de l'actionnariat. Des juristes contestent l'idée que les actionnaires soient propriétaires de l'entreprise, surtout lorsqu'il s'agit de grandes entreprises. En effet, depuis l'avènement des grandes sociétés anonymes, à partir des années 1930, s'est opérée une séparation radicale entre l'entreprise et l'entrepreneur-propriétaire. Jean-Philippe Robé, avocat aux barreaux de Paris et de New York, souligne que « les actionnaires ne sont propriétaires que des actions émises par les sociétés commerciales qui servent de support juridique aux entreprises, pas de l'entreprise en soi[18] ». D'ailleurs, comme le fait remarquer Lynn Stout, professeure de droit des sociétés, le fait de posséder, par exemple, des actions d'Apple n'autorise pas à prendre des ordinateurs dans un magasin Apple[19].

Pour Robé, on ne peut pas assimiler la grande entreprise à la pizzeria du coin de la rue dont le propriétaire aurait confié la gestion à un gérant. Il souligne que « les défenseurs de la thèse de la propriété de l'entreprise par les actionnaires manquent en effet singulièrement de consistance quand il s'agit de payer les pots cassés. Ils sont alors très contents de n'être que propriétaires des actions qui leur accordent une limitation de leur responsabilité, et donc l'immunité. L'idéologie actionnariale, c'est le pouvoir sans la responsabilité, l'appropriation des gains découlant de risques que l'on fait peser à d'autres, le droit de créer des dommages sans l'obligation de dédommager[20] ». Notons que l'auteur dénonce ici ce qu'il appelle « l'idéologie actionnariale ». Ce n'est évidemment pas le fait d'être actionnaire en soi qui est répréhensible, mais le fait de penser que la finalité de l'entreprise est de servir ses prétendus propriétaires que seraient les actionnaires.

De même, Olivier Favereau, professeur de sciences économiques à l'université Paris Ouest Nanterre La Défense, dénonce ce qu'il appelle « la grande déformation[21] », c'est-à-dire le postulat selon lequel les entreprises seraient la propriété de leurs actionnaires, avec pour conséquence que les intérêts de ces derniers doivent passer en premier, reléguant à l'arrière-plan ceux des salariés et de l'ensemble de la société. Lui aussi souligne que « la seule "chose" dont les actionnaires sont "propriétaires", c'est leur(s) action(s). Celle(s)-ci leur confère(nt) des pouvoirs qui ne sont en vérité ni négligeables, ni considérables, mais qui, en tout état de cause, ne relèvent pas du droit de propriété[22] ».

Il distingue la société et l'entreprise :

– la société, *entité juridique,* existe en tant que personne morale et n'a pas de membres mais seulement des actionnaires, propriétaires des titres de capital émis par ladite société, bénéficiant d'une responsabilité strictement limitée à la valeur de leur apport ;

– l'entreprise, *organisation économique*, sans existence juridique officielle, dont la composition des membres est variable : actionnaires, créanciers, managers, salariés, fournisseurs, distributeurs, consommateurs, partenaires commerciaux ou industriels, riverains, collectivité(s) publique(s) d'accueil, etc.[23]

Même son de cloche chez un patron cette fois-ci, Didier Livio, qui fut président du Centre des jeunes dirigeants d'entreprise de 1994 à 1996 : « Les juristes le savent bien, en droit, l'entreprise n'existe pas. Dans aucun droit du monde, à peine dans le droit italien, l'entreprise n'a été définie juridiquement. Seule la société de capitaux a une existence juridique[24]. »

Quand les actionnaires pêchent à la dynamite

Dans son ouvrage intitulé *Le mythe de la valeur pour les actionnaires*, Lynn Stout, professeure de droit des sociétés, déclare que la primauté des actionnaires est une idéologie absolutiste[25] et que « contrairement à ce que beaucoup croient, le droit des sociétés américaines n'impose aucun devoir légal aux dirigeants d'entreprise de maximiser les profits ou le cours boursier. (...) Les tribunaux refusent de considérer les directeurs comme responsables légalement s'ils échouent à maximiser la richesse des actionnaires[26] ». L'important pour les juges n'est pas le cours boursier à court terme, mais l'intérêt à long terme de l'entreprise. Ainsi, « maximiser la valeur de l'actionnaire n'est pas une obligation managériale, mais un choix managérial[27] ».

Lynn Stout établit une différence radicale entre deux types d'actionnaires aux intérêts contradictoires : les investisseurs à long terme, et les spéculateurs à court terme, en particulier les fonds spéculatifs *(hedge funds)*[28]. Les premiers souhaitent conserver leurs actions pendant de nombreuses années, désirent que l'entreprise investisse dans les compétences des employés, qu'elle développe de nouveaux produits, qu'elle entretienne de bonnes relations de travail avec les fournisseurs et qu'elle prenne soin des consommateurs. Inversement, les investisseurs à court terme, qui prévoient de ne garder leurs actions que quelques jours ou quelques mois, privilégient des stratégies telles que la diminution des coûts, le rachat d'actions, ou encore la vente d'actifs, voire de l'entreprise en entier. Lynn Stout compare ce comportement à celui de la pêche à la dynamite, pratiquée par certains professionnels peu scrupuleux. Après l'explosion, ils récupèrent énormément de poissons à la surface. Mais cette pratique a évidemment des effets catastrophiques à long terme.

En France, Nicole Notat, qui fut secrétaire générale de la CFDT de 1992 à 2002 et qui a fondé Vigeo, une agence de mesure de la responsabilité sociale des entreprises, est très critique vis-à-vis de la théorie de l'agence et de sa conception de l'actionnariat. « L'actionnaire, un propriétaire ? Un postulat fondateur, une évidence qui ne me convainc pas. Je comprends que, quand une famille ou un entrepreneur crée une entreprise, y investit son argent, il s'en estime propriétaire. Mais (...) l'actionnaire qui entre, sort, revient, prend son bénéfice quand le cours est élevé, guette le meilleur moment pour acheter, est à mon sens tout sauf un propriétaire. Un propriétaire protège son patrimoine. Ce que l'actionnaire possède, c'est un ou plusieurs titres de l'entreprise, un titre qui a une valeur, qui lui apporte des dividendes. Ça lui confère des droits qui ne sont pas des droits sur la propriété de l'entreprise. Il n'a avec celle-ci ni communauté durable d'intérêts ni communauté de destin[29]. »

Par ailleurs, de nombreux patrons s'insurgent contre l'idée que le profit soit le principal objectif des entreprises. Voici notamment deux déclarations de chefs d'entreprise que nous avons déjà rencontrés dans ce livre : « Aucune société ne peut réussir, en tout cas à long terme, si elle fait du profit son but principal. » (Ricardo Semler, PDG de Semco[30]) ; « Nous voulons contribuer à faire émerger un "plan B" qui place l'humain et la planète au même rang que le profit. Le plan A, selon lequel les entreprises sont motivées uniquement par l'argent, n'est plus acceptable. » (Jochen Zeitz, ex-PDG de Puma[31]). Hubert de Boisredon, dont j'ai décrit l'expérience au chapitre 9, pense lui aussi la même chose. Et je suis convaincu qu'il en est de même pour de nombreux patrons.

Grandeur et décadence des patrons stars

Examinons maintenant les effets de la théorie de l'agence, approche qui a eu le plus d'influence sur le mode de rémunération des patrons au cours des dernières décennies. Nous avons constaté plus haut qu'elle a entraîné une augmentation considérable de cette rémunération, ainsi qu'une forte croissance de la part de la rémunération sous forme d'actions et de primes, ce qui est l'équivalent pour les patrons du paiement à la performance, dont il a été question au chapitre 6.

Le postulat de Jensen et ses collègues, selon lequel plus les patrons seront payés en fonction de leur performance financière, plus celle-ci sera élevée, se vérifie-t-il dans les faits ? Le constat est sans appel. Tous les résultats vont dans le même sens : il n'y a pas de lien entre la rémunération accordée aux PDG, sous forme de primes, stock-options, etc., et la performance de l'entreprise. La plus vaste synthèse de la littérature sur ce thème, à ma connaissance, rassemblant 229 études, aboutit à une très faible corrélation entre ces deux paramètres, ce qui fait dire aux auteurs que « les résultats de notre méta-analyse ne confirment pas la relation proposée par la théorie de l'agence entre la propriété et la performance[32] ».

Pire encore, les PDG surpayés ont tendance à adopter des comportements préjudiciables à l'entreprise. En particulier, ils sont trop confiants et prennent des risques excessifs. Ainsi, trois professeurs d'école de commerce ont collecté les résultats des 1 500 premiers groupes américains cotés en Bourse (S&P 1500), entre 1994 et 2011, soit une période plus longue que toutes les études antérieures[33]. Ils constatent que plus un PDG est payé en stock-options, moins ses performances sont bonnes, et plus cela se répercute négativement sur les actionnaires. Ils précisent bien que ce n'est pas le salaire élevé qui joue un rôle, mais la part variable de rémunération, en particulier sous forme de stock-options, c'est-à-dire précisément ce qui devrait favoriser la performance de l'entreprise, selon la théorie de l'agence. La principale raison de ces résultats réside dans un processus mis en évidence dans plusieurs études antérieures : les PDG très bien payés sont trop confiants et prennent des risques inconsidérés en s'engageant dans des aventures hasardeuses, susceptibles de mettre l'entreprise en péril – investissements excessifs, acquisitions et fusions. Les auteurs de cette étude ne contestent évidemment pas les investissements élevés en soi, mais les investissements irréalistes.

Troy Paredes, professeur associé de droit à l'université de Washington, tient les mêmes propos, fournit de nombreux exemples à l'appui de ses dires et propose que pour contrer cette fâcheuse tendance, l'entreprise désigne un « négateur en chef » *(chief naysayer)* qui jouerait le rôle d'avocat du diable en mettant l'accent sur les faiblesses d'un projet avant que la décision définitive ne soit prise[34].

Dans un article intitulé « Les PDG superstars[35] », les économistes Ulrike Malmendier et Geoffrey Tate constatent que les patrons qui ont été qualifiés par la presse économique de « PDG de l'année » ou d'« entrepreneur le plus performant de l'année », obtiennent, au cours des trois ans qui suivent, une performance inférieure, à la fois à celle qu'ils avaient antérieurement et à celle d'autres PDG comparables. Selon les auteurs de l'étude, cela semble venir du fait qu'ils passent plus de temps à des activités agréables pour eux, mais peu ou pas utiles pour l'entreprise : ils écrivent des livres, jouent au golf, sont membres du conseil d'administration d'autres entreprises. Mais dans le même temps, ils obtiennent une rémunération plus importante, surtout sous forme de stock-options.

Plusieurs auteurs ont souligné que la variabilité du système de rémunération des patrons en fonction de leur performance a joué un rôle dans la crise économique et financière mondiale de 2007-2009, car elle encourage et récompense les fortes prises de risque à court terme, plutôt que de favoriser la profitabilité à long terme par de sages investissements[36]. Par exemple, Pascual Berrone, maître de conférences en management stratégique à l'université de Madrid, fait remarquer que dans la plupart des entreprises qui ont failli au cours de cette crise, l'essentiel de la rémunération des cadres supérieurs était fournie sous cette forme[37]. Ainsi, le PDG de Lehman Brothers – précisément la banque dont la chute a entraîné celle de l'ensemble des bourses mondiales – a reçu plus de 34 millions de dollars de rémunération annuelle, dont 85 % sous forme de stock-options, alors que, au même moment, l'actionnaire moyen avait perdu presque tout son investissement. Selon Berrone, un problème majeur est que les cadres supérieurs récompensés par des stock-options en tirent profit lorsque le cours boursier de l'entreprise s'élève, mais ne subissent pas de perte si le cours baisse.

Soulignons enfin un dernier impact non négligeable des stock-options, constaté en France, sur les comptes de la Sécurité sociale. Leur distribution n'étant pas soumise à cotisations sociales, ils font perdre des milliards d'euros à cette institution : 3 milliards en 2007 selon la Cour des comptes[38]. Philippe Séguin, alors premier président de la Cour des comptes, précisait qu'il y avait 30 000 euros de cotisation manquante par bénéficiaire de stock-options. Le message a été entendu, puisque les stock-options sont aujourd'hui imposées.

Brève histoire d'un dealer repenti

Jensen, le père de la théorie de l'agence, constatera en 2004 que les rémunérations des PDG des grandes entreprises américaines ont considérablement augmenté à partir du début des années 1980, et reconnaîtra, mais sans s'y attarder, l'impact de ses écrits sur cette évolution[39]. Il est toujours convaincu que le seul objectif d'une entreprise est de maximiser la valeur de l'entreprise, mais il insiste maintenant sur le fait qu'il s'agit de la valeur *à long terme*. Or, ceci ne peut se réaliser que si les employés et les consommateurs sont satisfaits, d'où son insistance actuelle sur les parties prenantes : « Une entreprise ne peut pas maximiser sa valeur si elle ignore les intérêts de ses parties prenantes[40]. »

Quoi qu'il en soit, je n'ai trouvé dans ses écrits aucun exemple concret montrant que ses recommandations ont amélioré le fonctionnement des entreprises. Pour une théorie aussi influente que la sienne, c'est profondément troublant. En revanche, il décrit de multiples problèmes et scandales au cours des récentes décennies, qu'il est facile de relier à sa théorie. Dans un article intitulé « Dites simplement non à Wall Street : Mettre fin au jeu des profits », il déplore cette situation : « Alors que les stock-options sont devenues une part croissante de la rémunération des dirigeants, et que des managers ayant accumulé de grandes fortunes à partir de ces options sont devenus des légendes, la préservation ou l'augmentation du cours boursier à court terme est devenue une priorité néfaste pour de nombreux PDG et directeurs financiers[41]. »

Il tient des propos très sévères à l'égard de certaines pratiques : « Lorsque les managers lissent les résultats pour que ceux-ci correspondent aux prévisions du marché, ils ne créent pas de la valeur pour l'entreprise ; ils mentent et prennent de mauvaises décisions qui détruisent la valeur. J'ai conscience que ce n'est pas à la mode d'utiliser un langage aussi dur pour décrire des pratiques presque universelles. Mais lorsque les chiffres sont manipulés pour annoncer aux marchés ce qu'ils veulent entendre (ou ce que les managers veulent qu'ils entendent) plutôt que le véritable statut de la firme, c'est du mensonge, et lorsque les véritables décisions opérationnelles qui pourraient maximiser la valeur sont compromises pour correspondre aux attentes du marché, la véritable valeur à long terme est détruite[42]. »

Jensen et son collègue Werner Erhard décrivent une série de

scandales qui ont défrayé la chronique (Goldman Sachs, JP Morgan Chase, Bernard Madoff), ainsi que des recherches aux résultats aussi révélateurs qu'inquiétants. Ainsi, une étude effectuée auprès de plus de 400 directeurs financiers montre que 78 % d'entre eux sont prêts à sacrifier délibérément la valeur à long terme en lissant les résultats à court terme[43]. Une autre étude, concernant près de 5 400 entreprises analysées sur une période de vingt-deux ans (de 1974 à 1996), montre que leurs responsables manipulent les résultats pour montrer des bénéfices trimestriels qui correspondent parfaitement ou même dépassent les résultats attendus par les analystes[44]. Une autre étude encore montre que les responsables de fonds spéculatifs *(hedge funds)* gonflent artificiellement les résultats de décembre en sous-évaluant ceux des mois précédents[45]. Dans un autre article, intitulé « Réécrire l'Histoire[46] », les auteurs étudient les principales bases de données des recommandations d'analystes financiers et constatent que, sur environ 280 000 observations, près de 55 000 ont été altérées au fil des ans (modifications de recommandations initiales, ajouts ou éliminations d'informations, suppressions de noms d'analystes). Les analystes qui ont modifié les données voient ensuite leur parcours professionnel s'améliorer.

Jensen qualifie même ces pratiques malsaines d'« héroïne managériale ». « Comme une drogue, tenir la barre d'une entreprise surévaluée paraît grandiose au début. Si vous en êtes le PDG ou le directeur financier, vous passez à la télévision et vous êtes suivi par les médias, les investisseurs vous aiment, la valeur de vos options augmente et les marchés de capitaux sont grands ouverts pour votre entreprise. Mais comme l'apprennent les toxicomanes, une immense douleur vous attend[47]. »

Pour lui, la solution à ce problème de la surévaluation massive du cours boursier est de l'arrêter dès le début. « Nous devons refuser de jouer le jeu de la manipulation des bénéfices. (...) Nous devons arrêter de fabriquer et consommer de l'héroïne[48]. »

« Tous coupables, sauf moi ! »

Jensen repère quelques causes majeures de ces scandales. Il y a tout d'abord le fait que des dirigeants essaient désespérément de justifier ou d'augmenter le cours boursier à court terme au détriment de la création de valeur à long terme. Ensuite, « lorsque les actions sont significativement surévaluées, les incitations financières [visant les dirigeants de l'entreprise] basées sur celles-ci aboutissent à jeter de l'huile sur le feu, elles empirent le problème au lieu de l'améliorer[49] ». Mais la principale cause du manque d'intégrité dans les relations d'affaires réside dans la façon dont les marchés récompensent et punissent les managers. Dans un article intitulé « Payer les gens pour qu'ils mentent », il écrit : « Dites à un manager qu'il touchera un bonus si les objectifs sont atteints et deux choses arriveront fatalement. Premièrement, les managers essaieront de fixer des objectifs faciles à atteindre ; deuxièmement, une fois les objectifs fixés, ils feront tout leur possible pour les atteindre, même si cela entraîne des dommages pour l'entreprise[50]. » Jensen cite le cas d'un responsable d'une entreprise de boissons qu'il a connu : cet homme sous-estimait délibérément la quantité de produits qu'il pourrait vendre au cours de l'été. L'entreprise le croyait et réduisait la production. Elle a perdu une fortune en ventes ratées, mais il a touché un gros bonus pour avoir dépassé ses prévisions. Notons toutefois que, dans une entreprise bien gérée, cela n'arrive normalement pas si le contrôle de gestion joue son rôle, en « challengeant » les hypothèses de prévision commerciale[51].

Jensen ne remet pas en cause la rémunération des PDG à la performance ; l'important à ses yeux est simplement de ne pas leur fixer d'objectifs de résultats. Il s'agit donc de récompenser les patrons pour ce qu'ils font, et pas pour ce qu'ils font en fonction de ce qu'ils disent pouvoir faire. Ils ne sont pas incités à mentir en établissant le budget pour l'année à venir. Il reconnaît toutefois que ceci ne règle pas un autre problème, à savoir que les managers malhonnêtes peuvent toujours essayer de mentir sur leurs chiffres afin d'augmenter leur prime. Selon Jensen, il n'y a pas de solution à ce problème, autre qu'un système de contrôle efficace, accompagné de fortes sanctions pour les auteurs de malversations. La crainte de Jensen est fondée, comme le révèle une étude, parmi d'autres, qui montre que la rémunération sous forme de stock-options incite les patrons à falsifier les données[52].

Jensen a été le principal déclencheur idéologique des maux qu'il dénonce à juste titre aujourd'hui. Une journaliste du *New York Times* qui l'a interviewé a titré son article : « Un des premiers partisans des stock-options se réfute lui-même[53] ». Mais il semble avoir de grandes difficultés à le reconnaître. Il déclare, par exemple, que « les managers, les analystes financiers, les professionnels chargés de réaliser des audits, les banques commerciales et d'investissement, les cabinets d'avocats et d'autres [acteurs] ont consciemment contribué aux désinformations et aux manipulations qui ont nourri les surévaluations[54] ». Tous coupables sauf lui, en quelque sorte ! Ce qu'il écrit est certainement exact, mais Jensen en reste ici à la facette technique et professionnelle des actes. Or, si ces personnes ont agi ainsi, c'est aussi et surtout parce qu'un cadre de pensée les incitait à le faire ; et ce cadre, c'est Jensen qui le leur a fourni. Son coauteur Kevin Murphy adopte la même stratégie de déni : selon lui, ce sont des forces politiques, économiques, mécaniques et comportementales qui ont contribué à l'explosion des rémunérations sous forme d'actions[55]. Mais pas les articles qu'il a écrits avec Jensen...

Il y a un tout autre versant dans les écrits actuels de Jensen. D'une part, sa conception de l'être humain a évolué – il tient compte des découvertes en économie comportementale qui montrent que l'être humain n'est pas aussi égoïste que le prétend la théorie économique standard[56]. D'autre part, il s'intéresse de plus en plus aux dimensions existentielles du monde du travail, et pas seulement au mode de rémunération. Ainsi, Jensen expose actuellement ses vues, partagées avec Werner Erhard, sur ce qui fait la grandeur de l'existence, du rôle d'un leader et des organisations[57]. Tout ceci est fort différent de ce qu'il écrivait il y a une trentaine d'années. Il estime aujourd'hui qu'il existe quatre réponses à cette quête existentielle :

– l'*authenticité*, qui consiste à être et agir en cohérence avec ce qui est important à nos yeux et envers les autres ;

– notre *pouvoir* face à ce qui nous arrive dans l'existence. Cela ne signifie pas nécessairement que nous soyons la cause de ces événements, mais que nous nous sentons responsables de ce que nous sommes et de ce que nous faisons face à eux ;

– l'*engagement* au service de quelque chose de plus grand que soi ;

– l'*intégrité (integrity)*, c'est-à-dire le fait, selon Jensen, d'être « complet ».

Arrêtons-nous sur les deux derniers aspects, qu'il développe plus longuement. Pour Jensen, être engagé au service de quelque chose de plus grand que soi est la source de la passion sereine nécessaire pour conduire et faire grandir les autres en tant que leader, ainsi que la source de la persévérance lorsque la situation devient difficile. Selon lui, chaque grand leader est au départ un individu ordinaire, mais qui s'est engagé dans quelque chose de plus grand que lui-même. « La création de valeur [économique], affirme-t-il, n'est pas la source de la passion et de l'énergie personnelle ou d'entreprise. Être engagé au service de quelque chose de plus grand que soi est la source de cette passion et de cette énergie[58]. »

Jensen accorde également une grande importance à ce qu'il appelle « intégrité ». Mais son collègue Werner Erhard et lui semblent ambivalents lorsqu'ils traitent de ce sujet[59]. D'une part, ils précisent que ce mot désigne le fait d'être entier, complet et en parfait état, et qu'il ne comporte aucune connotation morale. Ainsi, « un objet qui a perdu son intégrité ne fonctionne pas[60] ». Mais ils soulignent, d'autre part, qu'avoir un comportement « intègre » signifie « faire ce que l'on a dit que l'on ferait, et dans le temps prévu ; faire ce que l'on sait devoir faire ». En résumé, si vous êtes intègre, vous êtes « sincère, franc, droit et honnête[61] ». Il y a donc bien une dimension morale dans le concept d'intégrité qu'ils analysent, contrairement à ce qu'ils prétendent.

Au final, la lecture des principaux écrits de Jensen sur une quarantaine d'années me donne l'impression d'une forte ambivalence. Il a initialement raisonné dans le cadre de pensée classique des économistes : l'être humain est égoïste et rationnel. Actionnaires et directeur tentent, chacun de leur côté, de tirer profit au maximum de leur situation. Pour que leurs intérêts convergent, il faut qu'une part importante de la rémunération des directeurs soit alignée sur les profits de l'entreprise. Jensen s'est ensuite rendu compte qu'il s'était radicalement trompé, à la fois sur sa conception de l'être humain et sur ses recommandations. Pensant créer un bon génie, il découvre qu'il a engendré un monstre incontrôlable. Dès lors, il propose aujourd'hui un nouveau cadre d'analyse, mais sans dire clairement qu'il s'était trompé. C'est probablement dommage, car s'il allait jusqu'au bout de sa remise en question, il pourrait s'ouvrir à de toutes nouvelles perspectives.

Des solutions... qui ne résolvent rien

Diverses solutions sont préconisées pour sortir du marasme actuel. Malheureusement, leurs promoteurs demeurent généralement dans un cadre de pensée réducteur, recommandant des incitations financières sous d'autres formes, mais ne faisant jamais référence à la motivation intrinsèque que peut éprouver un patron à diriger une entreprise dans une optique de bien commun. Prenons, à titre d'exemple parmi de multiples autres, l'article fort documenté sur les origines de la crise financière de 2008 et sur les moyens d'y remédier, rédigé par Lutgart van den Berghe, professeure à la Vlerick Leuven Gent Management School[62]. Cette enseignante souligne que la rémunération des dirigeants à la performance a joué un rôle majeur dans l'apparition de la crise de 2007-2009. Or, son article, dont l'objectif est de faire des propositions pour éviter que les mêmes problèmes ne se reproduisent, contient 178 fois les mots « rémunération » *(compensation, remuneration)* et incitations financières *(incentives)*, mais jamais le mot « motivation ».

Examinons successivement quelques propositions faites par divers auteurs, mais qui ne règlent finalement rien :

– un contrôle plus rigoureux des dirigeants d'entreprise ;

– un pouvoir de décision des actionnaires sur le salaire des dirigeants ;

– la rémunération des patrons en fonction de leur niveau de responsabilité sociale et environnementale.

Un contrôle plus rigoureux des dirigeants d'entreprise

Nous avons vu que Jensen préconisait un système de contrôle rigoureux, assorti de fortes sanctions pour les auteurs de malversations. Précisément, à la suite des scandales Enron et WorldCom, le Congrès américain a voté la loi Sarbanes-Oxley, qui impose de nouvelles règles sur la comptabilité et la transparence financière. Elle tient notamment les dirigeants d'entreprise pour pénalement responsables en cas de malversations. Selon Margit Osterloh et Bruno Frey, de l'université de Zurich, ces efforts risquent fort d'être contre-productifs, en « encourageant une gouvernance pour les escrocs. La gouvernance d'entreprise, lorsqu'elle est fondée sur les principes du contrôle et de la sanction, a tendance à aggraver les problèmes qu'elle est destinée à résoudre[63] ». Cette remarque a été publiée en 2004. Les faits semblent avoir donné raison à ces deux auteurs : cette loi n'a permis d'éviter ni la crise des *subprimes,* ni celle des dettes souveraines, ni encore l'affaire Madoff. Elle a été d'ailleurs critiquée pour son inefficacité. Selon ces auteurs, il est préférable d'aborder ce problème sous un tout autre angle, celui de la distinction entre motivation intrinsèque et motivation extrinsèque (voir le chapitre 3). Le système de paiement des managers en fonction de leur performance augmente la motivation extrinsèque et réduit la motivation intrinsèque, alors que c'est exactement l'inverse qu'il faudrait faire. Il faut donc insister sur l'amour du travail et le désir d'agir pour le bien commun manifestés par les dirigeants d'entreprises. Osterloh et Frey proposent donc trois stratégies, auxquelles je souscris pleinement :

– adopter un mode de recrutement qui favorise les personnes ayant le désir de s'investir au service des autres ;

– privilégier les salaires fixes des dirigeants plutôt que les rémunérations en fonction des performances ;

– faciliter la participation et l'autonomie des employés.

Un pouvoir de décision des actionnaires sur le salaire des dirigeants

Une autre solution proposée concernant les rémunérations excessives des PDG est la méthode *Say on Pay* (« s'exprimer sur la rémunération »). Cela consiste à demander aux actionnaires réunis lors de leur assemblée générale de se prononcer sur le mécanisme de rémunération des dirigeants de l'entreprise. Cette pratique, qui visait à contenir l'évolution des rémunérations, a eu exactement l'effet inverse. Selon François Belot, maître de conférences en sciences de gestion à l'université de Cergy-Pontoise, et Édith Ginglinger, professeure de finance à l'université Paris-Dauphine, elle a entraîné une inflation des rémunérations, « sous l'effet d'une course-poursuite qui conduit chaque entreprise à se référer aux salaires moyens des firmes comparables, qui augmentaient inévitablement : chaque dirigeant estime en effet ses compétences supérieures à la moyenne de ses pairs, tandis que, pour les administrateurs, une rémunération élevée est le signal que le recrutement réalisé est le meilleur possible[64] ».

Le système *Say on Pay* a été introduit en France en juin 2013 par le code Afep-Medef, régissant la gouvernance des entreprises françaises cotées en Bourse. Bénédicte Hautefort, éditrice de

L'Hebdo des AG, souligne : « Le dispositif était présenté comme un moyen pour les actionnaires de veiller à l'alignement des rémunérations des patrons avec les performances de l'entreprise. Or, les rémunérations (fixe, variable et actions de performance) des patrons du Cac 40 ont continué de progresser en 2013, de 3 % en moyenne, alors que les bénéfices nets chutaient de 41 %[65]. » En fait, l'essentiel est une affaire de communication : arriver à convaincre les actionnaires que les rémunérations astronomiques de certains grands patrons sont justifiées. Comme le souligne le journaliste du *Monde* Stéphane Lauer, la palme de la communication revient sans nul doute à Total[66] : quelques jours avant son AG, le pétrolier a tenu un point presse au cours duquel était comparée la rémunération annuelle du PDG, Christophe de Margerie, laquelle n'était « que » de 3,5 millions d'euros, à celle du footballeur Lionel Messi, qui était huit fois plus importante. Le message a été compris et tout s'est ensuite « bien » déroulé : les actionnaires ont approuvé à 94 % la hausse de 6 % de la rémunération de M. de Margerie, alors que le résultat net de Total était en baisse de 20 %...

La rémunération des patrons en fonction de leur niveau de responsabilité sociale et environnementale

Une autre approche, proposée par plusieurs auteurs, consiste à prendre en compte la performance sociale et environnementale des PDG parmi les critères conduisant à leur rémunération. Plusieurs entreprises, dont Procter & Gamble, 3M ou encore Bristol-Myers Squibb agissent dans ce sens. Cependant, comme le souligne Pascual Berrone, maître de conférences en management stratégique à l'université de Madrid, cette manière de procéder risque fort d'augmenter la motivation extrinsèque des PDG, en diminuant leur motivation intrinsèque à agir de manière responsable (voir le chapitre 3)[67]. Par ailleurs, les PDG cupides auront tendance à manipuler les données (plus facile à réaliser encore que pour les informations économiques), ce qui nécessitera de mettre en place un coûteux système de contrôle.

Comme on le voit, toutes ces propositions comportent des chausse-trappes qui les rendent inefficaces. Il devient donc nécessaire d'envisager la situation de manière radicalement différente. Ce que nous ferons dans le prochain chapitre.

RÉSUMONS-NOUS

- La thèse selon laquelle la finalité de l'entreprise est d'augmenter le profit des actionnaires a largement dominé la pensée managériale pendant des décennies. Elle est aujourd'hui de plus en plus contestée, y compris par des dirigeants d'entreprise.
- La pratique fréquente consistant à aligner la rémunération des patrons sur les résultats de l'entreprise conduit ceux-ci à prendre des risques excessifs. Contrairement à ce qui est attendu, plus un PDG est payé en stock-options, moins ses performances sont bonnes, et plus cela se répercute négativement sur les actionnaires.
- Il y a une différence radicale entre deux types d'actionnaires aux intérêts contradictoires. Les investisseurs à long terme désirent que l'entreprise investisse dans les compétences des employés, qu'elle développe de nouveaux produits, qu'elle entretienne de bonnes relations de travail avec les fournisseurs et qu'elle prenne soin des consommateurs. Inversement, les investisseurs à court terme – en particulier les fonds spéculatifs *(hedge funds)* –, qui prévoient de ne garder leurs actions que quelques jours ou quelques mois, privilégient des stratégies telles que la diminution des coûts, le rachat d'actions, ou encore la vente d'actifs, voire de l'entreprise en entier.

20
Changer radicalement de perspective

> Je pense que la planète ne pourra pas se civiliser si cette idée d'appartenir à une communauté terrienne ne s'enracine pas chez les humains.
>
> *Edgar Morin*[1]

> L'unique fruit de l'existence sur terre est une sainte disposition et des actions utiles à la communauté.
>
> *Marc-Aurèle*[2]

Les patrons préfèrent se réaliser plutôt que de gagner des fortunes

Le premier pas, fondamental, consiste à modifier notre regard sur les PDG et autres cadres supérieurs, comme nous l'avons fait dans le reste de l'ouvrage pour les salariés. Il faut sortir du cadre de pensée étroit selon lequel les patrons sont surtout motivés par l'argent.

Intéressons-nous à la « théorie de l'intendance » *(stewardship theory)* qui part du postulat exactement inverse à celui de la « théorie de l'agence » : selon la théorie de l'intendance, les intérêts du PDG et ceux de l'entreprise et des actionnaires vont dans le même sens[3]. Fondée sur des recherches en psychologie et en sociologie, elle considère que les cadres supérieurs se comportent généralement comme des intendants qui s'efforcent d'agir au mieux des intérêts de l'entreprise.

Selon James David et Lex Donaldson, ses deux fondateurs, la principale différence entre cette approche et la théorie de l'agence concerne les postulats relatifs à la nature humaine[4]. La motivation intrinsèque, la confiance, la coopération et les comportements désintéressés jouent un rôle majeur dans la théorie de l'intendance. Contrairement à la théorie de l'agence, qui fait appel à la motivation financière extrinsèque, la théorie de l'intendance repose sur la motivation intrinsèque (besoins de sens, de croissance personnelle et de relations humaines). L'émergence de cette approche de type intendance est favorisée par une culture d'entreprise marquée par la solidarité collective et l'interdépendance[5].

Cette conception de l'être humain est confirmée par diverses enquêtes empiriques. Ruth Bender, enseignante en stratégie financière d'entreprise à l'université de Cranfield, a interrogé 35 responsables au sein de 12 entreprises britanniques[6]. Lorsque l'auteure aborde la question de la motivation liée à la rémunération, les directeurs des ressources humaines et les membres non exécutifs du conseil d'administration ont tendance à répondre qu'un niveau élevé de rémunération incite les directeurs à travailler plus et plus efficacement. Ainsi, un président du CA déclare : « Nous croyons, sans éprouver la moindre honte, que les gens sont motivés par l'orgueil et l'argent. » Tandis qu'un DRH affirme : « Il y a le risque [s'ils étaient payés à un faible niveau] qu'ils ne cherchent pas à faire croître l'entreprise autant qu'ils le peuvent, en sachant qu'ils peuvent toucher leur rémunération quelle que soit leur performance[7]. »

Cependant, les PDG, qui sont précisément les personnes visées par ces méthodes, ne voient pas du tout les choses de la même manière. Interrogé sur le rôle de la rémunération dans la motivation, l'un d'eux affirme : « Je pense que c'est très marginal, particulièrement pour les gens qui sont au sommet de l'échelle. Parce que ce sont simplement des gens très motivés ; sinon, ils ne seraient pas là. » Et un autre : « Je ne voudrais pas être exploité. (...) Mais je ne viens pas travailler chaque jour en pensant : "Et si je travaillais encore plus, est-ce que je gagnerais encore plus ?" Ça ne fonctionne pas comme ça. »

Cette manière différente d'évaluer la motivation professionnelle ne vous rappelle-t-elle pas quelque chose ? Mais si, bien entendu !

Dans le chapitre 5, je décris plusieurs études montrant que les directeurs ont tendance à considérer que les salariés subalternes sont motivés surtout par l'argent, alors que, lorsqu'on interroge ces derniers, ils expriment clairement que leur motivation est surtout liée au plaisir du travail bien fait et à l'utilité sociale qui en découle. Ici, nous retrouvons le même décalage, mais au niveau supérieur. Les membres non exécutifs du conseil d'administration pensent que les directeurs sont principalement motivés par l'argent, alors que ceux-ci disent que cet aspect n'est pas le plus important.

Si l'enquête de Ruth Bender n'avait montré que cela, elle serait déjà fort intéressante. Mais elle nous apprend plus. L'ensemble des individus interrogés s'accorde cette fois-ci pour dire qu'un niveau faible de rémunération démotive. Mais comment savoir que le niveau est faible ? Par comparaison avec les autres, évidemment ! Ainsi, pour Bender, le niveau de rémunération sert de signal symbolique, bien au-delà de sa valeur monétaire. La rémunération est considérée juste par les dirigeants si elle est conforme à celle de leurs pairs dans l'entreprise ou dans d'autres entreprises. Par exemple, un DRH souligne que « la rémunération relative est probablement plus importante que la rémunération absolue. Je pense que les gens sont conscients de ce qui se joue à ce sujet, et ils ne veulent pas se sentir sous-évalués s'ils pensent qu'ils sont compétents, sans même être forcément exceptionnels ».

Finalement, c'est avant tout le respect et la considération que ces PDG recherchent. Malheureusement règne dans le monde des affaires le mythe selon lequel le niveau de rémunération est l'expression la plus explicite de la considération.

Enfin, une raison plus inattendue a surgi au fil de l'enquête de Ruth Bender : la conformité avec les pratiques habituelles. Autrement dit, puisque tout le monde le fait, c'est que ça doit être bon de le faire, alors faisons-le ! Un membre non exécutif du conseil d'administration dit : « On a besoin d'une structure de primes, parce que tous les autres en ont une, et parce que selon le sens commun, c'est la meilleure manière de payer les gens. »

On trouve des résultats quasi identiques dans une autre enquête, menée auprès de 205 cadres supérieurs de trente pays[8]. 90 % d'entre eux disent que leur entreprise a mis en place un système de rémunération des cadres comportant des primes ; les deux principales raisons évoquées sont, d'une part, que la direction pense que cela motive les cadres et, d'autre part, que d'autres entreprises du même secteur d'activité le font. Mais ce n'est visiblement pas ce qu'eux-mêmes ressentent au quotidien. Leurs réponses à un questionnaire montrent qu'ils estiment globalement que les bonus n'ont pas d'effet sur la motivation. Par ailleurs, ces cadres disent ne pas prendre de décisions en calculant ce que cela va leur rapporter financièrement ; en revanche, ils considèrent qu'une culture coopérative de travail d'équipe est essentielle pour la performance de l'entreprise.

Les auteurs concluent que « les primes, quelle que soit l'intention, ont une incidence sur le niveau de rémunération plus que sur la motivation. (...) Un programme méticuleux d'incitation financière faisant dépendre la rémunération de la performance du service, thème pour lequel les entreprises versent des sommes considérables à des consultants spécialisés, peut être inapproprié, en dépit des recommandations de la théorie de l'agence ».

Donc, une facette d'un nouveau paradigme de l'entreprise consiste à considérer que les patrons ne sont pas en premier lieu stimulés par l'appât du gain, mais par le désir de se réaliser en agissant sur le monde. Cela ne signifie pas que l'argent n'a aucune importance à leurs yeux, mais qu'il ne vient pas en tête de leurs motivations. En cela, ils ne diffèrent pas des autres salariés, étant donné les résultats présentés dans la première partie de ce livre.

Pourquoi les entreprises familiales réussissent mieux, à tous points de vue

Arrêtons-nous maintenant sur une catégorie d'organisations qui suscite un intérêt croissant chez les chercheurs en management : les entreprises familiales. Elles ont longtemps souffert d'une image de paternalisme vieillot, mais font l'objet d'un regain de faveur en raison de leurs remarquables performances, particulièrement en période de crise.

Par exemple, elles ont une meilleure stabilité de l'emploi (4,5 % de turn-over) que les autres entreprises et licencient moins en cas de difficultés[9]. Ainsi, le DRH du groupe Decaux souligne que « la gouvernance familiale apporte ainsi plus de stabilité. Avantage considérable : la famille est tellement impliquée que l'on sait que, en période de crise, elle ne lâchera pas... Elle protégera l'emploi avant tout, elle fera son maximum pour ne pas licencier[10] ». Même propos chez le DRH du groupe Hermès : « L'horizon de long terme permet de gérer par-delà les crises ponctuelles. Dans certaines filiales, certains dirigeants étaient tentés de mettre en place du chômage partiel, nous avons mis notre veto[11]. »

Elles ont globalement de meilleurs résultats financiers. À la suite d'autres enquêtes, trois experts français en management ont mené une recherche auprès de 52 entreprises françaises comparables, parmi les plus grandes (CA de plus de 1 milliard d'euros) dans dix secteurs d'activité différents : 27 familiales et 25 non familiales. Leur conclusion est très claire : « Les résultats sont assez éloquents, la performance économique des entreprises familiales est nettement supérieure, ainsi que leur rentabilité financière[12]. » Plus précisément, constatent ces auteurs, durant les périodes calmes, leurs résultats sont équivalents, voire parfois légèrement inférieurs à ceux des autres entreprises, mais c'est leur « résilience » en période de crise qui leur assure une performance supérieure à long terme.

Certes, toutes les entreprises familiales ne sont pas exemplaires. Mais dans l'ensemble, elles sont clairement plus humanistes.

Au fait, sur quoi repose leur réussite globale ? Dans leur ouvrage *Réussir dans la durée : leçons sur l'avantage concurrentiel des grandes entreprises familiales*, un couple de chercheurs, Danny Miller et Isabelle Le Breton-Miller, repèrent quatre caractéristiques facilitant leur succès, ce qu'ils appellent les « 4 C[13] » :

- Continuité : les dirigeants se fixent généralement la pérennité comme objectif à long terme de l'entreprise.
- Communauté : ils s'efforcent de développer une communauté humaine forte et soudée.
- Connexion (désir de) : ils entretiennent habituellement de bonnes relations avec leurs clients, fournisseurs, associés, et avec l'entourage en général.
- Commandement (style de) : les dirigeants insistent sur la liberté d'être déterminés, rapides et innovateurs en ce qui concerne la gestion de l'entreprise.

Examinons maintenant quelques éléments-clés de la réussite des entreprises familiales : une vision à long terme ; des relations personnalisées ; le sentiment d'appartenance à une communauté ;

de bonnes relations avec les parties prenantes ; la préservation des richesses socio-émotionnelles.

Une vision à long terme

Un facteur majeur de leur réussite tient précisément à la volonté clairement affichée de pérennité de la part des dirigeants. Maintenir l'entreprise pour les générations à venir est un objectif essentiel à leurs yeux, bien plus important que la stratégie financière à court terme. Signe caractéristique de cette démarche, une enquête menée en 2011 a mis en évidence que 48 % des entreprises familiales mentionnaient l'horizon à long terme dans leur rapport annuel, contre seulement 4 % des autres[14].

Des relations personnalisées

L'ambiance « familiale » régnant dans ces entreprises est souvent critiquée, étant qualifiée de « paternaliste ». Mais elle n'a pas que des défauts. Les dirigeants s'efforcent généralement de prendre soin des salariés, et leurs actions dans ce sens procèdent d'une orientation humaniste et non d'une stratégie manipulatrice ou de contraintes bureaucratiques. Des attitudes telles que la confiance, l'altruisme ou encore la bienveillance y sont monnaie courante[15]. Jean-Michel Soufflet, président du directoire du groupe Soufflet, groupe agro-industriel spécialisé dans la transformation des céréales, affirme : « Avoir un jet ou un yacht de 50 mètres n'est pas ce qui me rendra plus heureux. On consacre tout notre temps et notre énergie à l'entreprise par amour des gens avec qui on travaille[16]. »

Une étude sur près de 700 entreprises canadiennes montre que les entreprises familiales proposent une ambiance de travail plus conviviale : les femmes peuvent plus facilement travailler à la maison et sont plus nombreuses aux postes de direction, les salariés ont accès à plus de formations pour développer leurs aptitudes et les managers sont présents dans l'entreprise depuis plus longtemps[17]. Les entreprises familiales paient mieux leurs employés, leur offrent plus d'avantages et les retiennent plus longtemps[18].

Le sentiment d'appartenance à une communauté

C'est la caractéristique des entreprises familiales que j'aimerais le plus souligner : les salariés y ont souvent un fort sentiment d'appartenance à une communauté[19], ce qui contribue à leur engagement envers l'entreprise et à la stabilité de celle-ci.

Pour réaliser leurs missions, les entreprises familiales prospères s'efforcent de fonctionner comme une communauté. Elles insistent souvent sur la construction d'une équipe soudée, comme un clan, adoptent des valeurs fortes qui rallient les gens autour de l'essentiel et prennent soin des employés, suscitant ainsi l'adhésion, l'initiative et la collaboration. Les règles bureaucratiques et les incitations financières sont secondaires dans leur démarche. Danny Miller et Isabelle Le Breton-Miller citent l'exemple de Hallmark Cards, fondée en 1910, la plus importante entreprise de cartes de vœux américaine, « qui ressemble parfois plutôt à une association de volontaires gonflés à bloc qu'à une entreprise prospère[20] ». Les dirigeants partagent un ensemble très clair de valeurs : « enrichir la vie des gens et améliorer leurs relations » (au sommet de la liste) ; « la créativité et la qualité des produits » ; « les individus sont notre plus précieuse ressource », ou encore « une performance financière remarquable est un must, mais *pas* une fin en soi, uniquement un moyen pour accomplir notre mission qui est plus large[21] ».

Les membres de la famille Hall font des commentaires sur chacun des milliers de cartes et produits composés chaque année par une équipe créative de 800 personnes, avec pour objectif que chacune de ces cartes améliore les relations humaines et corresponde à l'image de Hallmark. Il y a une tolérance zéro envers le mauvais goût ou le sensationnel. Les dirigeants de l'entreprise sont évidemment très vigilants lors d'un recrutement, veillant à employer des personnes dont les valeurs rejoignent les leurs.

Hallmark offre des conditions de travail et des salaires tout à fait appréciables. Depuis sa création en 1910, l'entreprise n'a jamais licencié un seul employé. Le turn-over y est très faible. Hallmark adopte dans ses pratiques managériales les valeurs d'harmonie familiale qu'elle valorise dans ses cartes. En témoignent les avantages offerts par l'entreprise aux jeunes mères, ses programmes de consultation familiale et son engagement social auprès des familles en difficulté.

Exprimé d'une autre manière, on retrouve cet esprit de communauté dans les propos de Bruno Grandjean, petit-fils du fondateur de la société Redex, leader européen en ingénierie et fabrication mécanique de haute précision : « Dans notre secteur d'activité, il s'est avéré que les entreprises familiales résistent mieux à la crise. Je vois plusieurs raisons à cela : une plus forte implication du management et même un véritable "esprit de corps" de cadres dirigeants avec les salariés, une mémoire collective très forte, notamment des temps de crise où il a fallu se serrer les coudes, mais qui rappelle aussi que l'on a toujours fini par s'en sortir[22]. »

Même idée dans la bouche d'Olivier Allez, président et petit-fils du fondateur d'Allez et Compagnie, société de BTP qui emploie 1 300 personnes pour un chiffre d'affaires de 150 millions d'euros : « Dans une entreprise familiale, surtout éponyme, le côté affectif est extrêmement fort. Dans nos sociétés, il n'y a pas que les chiffres qui comptent, il y a aussi le poids de l'histoire, une appartenance forte que je ressens encore aujourd'hui. C'est un vrai avantage en termes de motivation, et le personnel le ressent. Le "et Compagnie" accolé au nom, ce sont eux[23] ! »

Ce concept de communauté concerne non seulement le fonctionnement interne des entreprises familiales, mais également leurs relations avec les diverses parties prenantes. Cette approche s'exprime en particulier par l'honnêteté, une vision à long terme et la générosité envers la communauté locale[24]. Les dirigeants considèrent leur attitude généreuse, non comme une faveur qu'ils accordent, mais comme un devoir moral. Contrairement aux autres entreprises, où les liens forts avec l'environnement ne durent parfois que le temps d'un PDG, les entreprises familiales transfèrent ces contacts d'une génération à l'autre, ce qui facilite la pérennité de l'entreprise.

De bonnes relations avec les parties prenantes

Selon Danny Miller et Isabelle Le Breton-Miller, les entreprises familiales ne raisonnent pas en termes de concurrence et de « positionnement sur le marché ». Ils constatent que dans ces firmes, la compétition ne prime jamais sur la collaboration, qu'il s'agisse des relations de travail dans l'entreprise ou des relations avec les partenaires extérieurs et les clients. Ces entreprises s'efforcent d'entretenir des relations gagnant-gagnant durables avec l'ensemble des parties prenantes[25].

La préservation de la richesse socio-émotionnelle

Cherchant à comprendre le secret de l'efficacité des entreprises familiales, un groupe de chercheurs en management est arrivé à la conclusion qu'il réside dans leur « richesse socio-émotionnelle[26] ».

Selon eux, les dirigeants familiaux s'identifient fortement à leur entreprise et ont un attachement émotionnel à son égard. Ils sont très attentifs à ce que celle-ci conserve une bonne réputation, que ce soit en interne ou à l'extérieur. Ce qui les conduit à adopter des comportements plus responsables que la moyenne, que ce soit sur le plan social[27] ou environnemental[28]. Selon ce courant de recherche, la richesse socio-émotionnelle est la caractéristique la plus importante qui différencie les entreprises familiales des autres organisations, et sa préservation conduit les dirigeants à faire des choix stratégiques que l'on ne peut pas expliquer sur la base de critères strictement économiques.

Un patriarche biblique s'invite à la table des dirigeants

Une catégorie toute particulière d'entreprises familiales est le groupe des « Hénokiens », association qui rassemble les entreprises les plus anciennes du monde, et dont le nom fait référence au patriarche biblique Hénoch, qui aurait vécu 365 ans. Cette association, créée en France en 1981, compte aujourd'hui une quarantaine de membres. Pour faire partie de ce club très fermé, une entreprise doit exister depuis au moins deux cents ans ; avoir été toujours détenue à plus de 50 % par les descendants du fondateur ; et sa direction effective doit être assurée par l'un d'eux.

L'état d'esprit présidant aux décisions des responsables d'entreprises familiales est particulièrement bien incarné dans cette exemple donné par Francesca Crespi, de Crespi 1797, entreprise « hénokienne » italienne de l'industrie textile : « Durant les années 1980, quand l'industrie textile italienne fut confrontée à une profonde récession, (...) on nous a recommandé de cesser nos activités et de récupérer nos avoirs. Mon père, Franco, décida de faire exactement le contraire, convaincu qu'il était qu'il n'avait pas le droit de trahir ceux qui avaient fait confiance à l'entreprise pendant des générations, quand bien même cela devait engendrer une réorganisation profonde. Pour soutenir l'entreprise, notre famille dut alors céder la plupart de ses biens[29]. »

Instrumentaliser l'éthique et la psychologie positive : attention, danger !

Ce comportement exemplaire, et celui de bien d'autres patrons, nous permet de mieux cerner la véritable finalité de l'entreprise.

On parle de plus en plus aujourd'hui de « triple performance de l'entreprise » : économique, sociale et environnementale ; ou de « triple P » (Personnes, Planète, Profit), comme les trois piliers de la durabilité. C'est incontestablement un grand progrès, comparativement à la vision traditionnelle selon laquelle la seule finalité de l'entreprise est le profit. Toutefois, on reste malgré tout dans cette logique, peut-être sans en avoir conscience, d'ailleurs. J'ai parfois l'impression que certaines personnes considèrent la réussite sociale et environnementale comme étant au service de la réussite économique, finalement. Autrement dit, l'objectif reste bien le profit, les deux autres P – les personnes et la planète – n'étant que des moyens dévolus à cette fin. Or, c'est exactement l'inverse qui devrait être envisagé : la performance économique au service de l'humain et de l'environnement. L'argent et le profit ne peuvent pas être l'horizon absolu d'une entreprise, ce sont des outils, indispensables, certes, mais dépendants de ces nobles fins que sont l'épanouissement des personnes, le bon fonctionnement de la société et le respect de l'environnement.

C'est d'ailleurs une perspective identique que défend Didier Livio. Président-fondateur de Synergence, cabinet de conseil en stratégie de développement durable, il a été, en tant que président du Centre des jeunes dirigeants, l'un des initiateurs du concept d'entreprise citoyenne. Dans son ouvrage *Réconcilier l'entreprise et la société : l'entreprise a-t-elle une vocation politique ?*, il souligne : « On pourrait aller jusqu'à dire que l'entreprise a des finalités sociales et des contraintes économiques alors que la vision traditionnelle est exactement inverse. (...) L'économie n'est qu'un moyen du développement humain et en aucun cas une finalité. On voit bien alors qu'un effort de gouvernance sans précédent doit être accompli par l'Humanité pour parvenir à tenir cette ambition politique de remplacer l'objectif de croissance économique par un objectif de développement humain[30]. »

Livio renverse ainsi radicalement la fin et les moyens, par rapport à la vision traditionnelle : « Si l'entreprise est bien une institution au sens où on vient de le dire, sa finalité ne peut pas être de dégager des profits. C'est en réalité une contrainte : l'entreprise ne peut pas vivre sans dégager de profits, de même que l'homme ne vit pas pour respirer, mais respire pour vivre. Les profits sont à l'entreprise ce que la respiration est à l'homme. Oui, l'entreprise a besoin de profits pour vivre, mais cela ne résout pas la question de la finalité. (…) Les profits sont des contraintes économiques et les produits ou services sont une production sociale[31]. »

J'entends de plus en plus souvent ce genre de propos : « Plus un salarié est heureux au travail, plus il est productif » ; « Si vous rendez votre entreprise plus verte, elle sera plus rentable », etc. Ces observations, exprimées sous cette forme, me mettent mal à l'aise, car la psychologie positive y est instrumentalisée et pervertie. Certes, elles sont exactes. Ainsi, une méta-analyse rassemblant 30 études montre que le bien-être et les émotions positives au travail améliorent la performance et la productivité. La causalité est d'ailleurs réciproque[32]. Inversement, de mauvaises conditions de travail sont source de coûts cachés parfois impressionnants. Ceux-ci sont surtout dus à l'absentéisme, aux accidents du travail, à la rotation du personnel, aux défauts de qualité et aux écarts de productivité. Une enquête menée auprès de 5 entreprises françaises (métallurgie, verrerie, banque, électronique) montre que ces dysfonctionnements coûtent à celles-ci entre 9 600 euros et 65 400 euros par personne et par an[33] ! Ces coûts cachés représentent entre 74 % et 515 % du Smic annuel, à comparer à des enjeux de négociations paritaires qui portent parfois sur un demi-point d'augmentation des salaires…

Cependant, penser qu'il faut attirer les patrons avec la seule logique qu'ils sont supposés capables d'entendre, c'est-à-dire le profit, me semble fondamentalement erroné, pour au moins quatre raisons :

Cette perspective est très réductrice. Nombre d'entre eux, nous l'avons vu, n'ont pas la rentabilité économique comme unique horizon mental. Même si elle est indispensable pour assurer la durabilité de l'entreprise, beaucoup estiment qu'elle n'est pas le seul critère à prendre en compte dans leurs décisions. Le consultant qui met prioritairement en avant l'intérêt économique auprès d'un patron démontre par là-même sa perception très limitée et négative de son interlocuteur.

C'est également une perspective très réductrice à l'égard des subordonnés, qui sont considérés comme des êtres aisément manipulables. C'est oublier que nous tenons évidemment compte du passé lorsque nous interprétons les actes d'autrui. Si un patron a la réputation d'être essentiellement préoccupé par la rentabilité de l'entreprise et qu'il s'engage subitement dans un management apparemment plus respectueux des salariés, cette évolution risque de susciter de la méfiance plutôt que de l'enthousiasme, avec des réactions du type : « C'est sa dernière trouvaille pour nous manipuler. » Les salariés risquent d'agir alors dans le sens exactement inverse à celui escompté comme je l'ai montré au chapitre 16. Le patron, constatant l'échec de sa stratégie « humaniste », pourra alors en conclure que cette approche est inefficace et revenir à ses pratiques antérieures. Il est d'ailleurs peu probable que les patrons utilitaristes aient le courage d'aller jusqu'au bout de la logique de la confiance et de la coopération, qui entraîne nécessairement une prise de risque. Combien seraient prêts, par exemple, à laisser une pleine liberté d'action aux salariés, en ne les contrôlant plus du tout ? (voir le chapitre 7).

Plus fondamentalement, les principes éthiques doivent prévaloir sur le raisonnement utilitaire. C'est avant tout parce qu'un chef d'entreprise est convaincu de la nécessité morale[34] de respecter ses salariés et de protéger la planète qu'il le fera vraiment. D'ailleurs, un responsable qui s'engage positivement, mais pour des raisons mercantiles, se limitera probablement à des actions relevant essentiellement d'une stratégie de communication, saupoudrant un peu de social par-ci, un peu d'environnemental par-là, mais sans réel changement. Cette stratégie très discutable risque fort d'être dénoncée par des associations militantes, particulièrement vigilantes à cet égard, qui qualifient ces pratiques d'« écoblanchiment » ou de « blanchiment social » *(greenwashing* et *socialwashing)*. La réputation de l'entreprise est alors gravement atteinte.

Ensuite, que se passera-t-il si, après avoir opté pour un management soucieux de la qualité de vie des salariés, ainsi que du respect de l'environnement, un dirigeant d'entreprise se trouve soudainement confronté à une période de crise économique ? Si le changement opéré l'a été pour des raisons essentiellement pragmatiques, il reviendra sans doute aux « bonnes vieilles méthodes », notamment en licenciant une partie des salariés et en mettant une pression accrue sur ceux qui restent. Les moments de crise constituent finalement le meilleur test de la sincérité des dirigeants. Il est donc important que des décisions positives soient faites sur la base de principes solides, non à partir de calculs intéressés.

Hubert de Boisredon, dont j'ai parlé dans le chapitre 9, disait à ses actionnaires et salariés « si nous commençons à renier nos valeurs, c'est le début de la mort » – alors même que l'entreprise perdait des parts de marché face à la concurrence.

Je suis donc en désaccord avec la stratégie consistant à inciter des patrons à agir humainement en leur présentant la carotte financière. En revanche, je suis profondément convaincu par l'« effet d'inspiration », c'est-à-dire l'influence bénéfique d'expériences réussies, quand elles sont présentées à d'autres personnes. C'est une source étonnamment puissante de prise de conscience et de motivation au changement. De plus en plus de dirigeants prennent conscience que leur responsabilité consiste surtout à faire en sorte que l'entreprise serve le bien commun.

Prenons l'exemple de l'évolution de Pasquale Pistorio, PDG de STMicroelectronics (troisième fabricant mondial de semi-conducteurs) entre 1987 et 2005. Cet homme considérait initialement que sa principale fonction était de générer des profits, et de rémunérer ainsi généreusement les actionnaires. Jusqu'au jour où son fils Carmello, qui venait tout juste d'être père, l'amena à considérer qu'un patron avait également d'autres devoirs, plus importants que le simple fait de gagner de l'argent, en particulier de se préoccuper de l'environnement. La naissance de son petit-fils l'a aidé à comprendre que des entreprises comme la sienne avaient la responsabilité de laisser un monde habitable pour les générations futures. « Au fil du temps, Carmello remit en question plusieurs valeurs, ou, devrais-je dire, le manque de valeurs de la société industrielle que je représentais. Il disait que si je tenais vraiment à faire bénéficier l'humanité du modèle économique de l'entreprise, je devrais envisager de l'engager dans le développement durable… plutôt que de détruire l'humanité[35]. » Pasquale Pistorio décide alors d'amener notamment STMicroelectronics à devenir peu à peu une entreprise dont les émissions de dioxyde de carbone égalent zéro.

En 1995, STMicroelectronics a commencé à consacrer en moyenne 2 % de ses dépenses d'investissement annuelles, soit plus de 3 milliards de dollars par an en 2000, à l'amélioration de sa performance environnementale. Pistorio décrit les résultats obtenus : « Ces mesures auront épargné à la planète le fardeau d'une autre centrale électrique de 100 mégawatts, et l'eau que nous avons économisée pourra étancher la soif de 50 millions de personnes par an. Nous consommons 28 % d'électricité et 45 % d'eau en moins par rapport à 1994, pour la même production. Cela se traduit, et dans des proportions qui augmentent aujourd'hui, par une économie de 50 millions de dollars rien que pour 2000. » En moyenne, les investissements consacrés aux économies d'énergie sont rentables au bout de deux ans et demi, « ce qui valide la position que nous avons adoptée il y a des années : l'écologie est gratuite[36] ».

L'entreprise : une communauté au service du bien commun

Les multiples entreprises humanistes présentées dans cet ouvrage nous conduisent sur la piste d'une tout autre raison d'être de l'entreprise que le profit pour les actionnaires. Je propose donc cette définition de l'entreprise : *il s'agit d'une communauté de personnes agissant ensemble au service du bien commun.* Ce qui signifie :

– un lieu d'épanouissement et de réalisation personnels, avec un travail qui ait du sens pour la personne qui l'accomplit, dans des conditions satisfaisantes, tant du point de vue matériel que du point de vue relationnel ;

– des relations honnêtes avec les fournisseurs ;

– des produits ou des services de qualité pour le client ;

– un impact positif sur la société environnante (diminution du chômage et de la pauvreté, services rendus à la communauté) ;

– le respect de l'environnement, voire son amélioration.

Je me suis efforcé de développer ces différentes facettes dans cet ouvrage, en en montrant la pertinence et la faisabilité. Rappelons-nous les décisions prises par les patrons d'entreprises telles que Armor, SouthWest Airlines ou Sagarmatha face à la crise. Ils ont choisi de ne pas licencier, ayant tout simplement à cœur la vie et le bien-être des salariés et de leur famille. De tels choix sont impensables dans une stricte logique de rentabilité immédiate, mais parfaitement cohérents dans un esprit de communauté d'action. L'avenir leur a finalement donné raison : leur entreprise a traversé avec succès un cap difficile et a même été ensuite particulièrement rentable, bénéficiant d'une réputation d'intégrité à toute épreuve et de la loyauté renforcée de ses salariés. Mais ce n'est pas la perspective de ce résultat qui a dicté leur comportement.

De nombreux experts universitaires s'inscrivent dans cette perspective de l'entreprise comme communauté au service du bien commun[37]. C'est également le cas de nombreux patrons ; ceux que j'ai présentés dans ce livre pensent ainsi, mais ce ne sont pas les seuls, bien heureusement.

Par exemple, Antoine Frérot, PDG de Veolia Environnement, estime que « une entreprise, c'est avant tout un nœud de relations entre des parties prenantes qui choisissent de collaborer pour créer des bénéfices pour toutes. Il faut donc que toutes y trouvent un intérêt. Les parties prenantes, ce sont évidemment les salariés, les actionnaires, les clients, mais aussi les fournisseurs, les territoires et la société en général. (...) L'entreprise sert la communauté et pas seulement l'intérêt de quelques-uns au détriment des autres. L'activité économique n'est pas un jeu à somme nulle où ce qui est gagné par les uns l'est forcément aux dépens des autres[38] ». Ce grand patron propose d'ailleurs que les salariés soient représentés dans les conseils d'administration. Selon lui, « la présence de salariés allemands dans les conseils de surveillance n'a pas paralysé les entreprises. Au contraire, cela leur a servi pendant la crise, car c'est un facteur d'engagement fort. La décision est plus longue à élaborer, mais l'exécution est meilleure, car tout le monde tire dans le même sens[39] ». À titre d'exemple, au sein d'Armor, quatre représentants syndicaux participent au conseil d'administration.

Concrètement, comment cette perspective de l'entreprise comme communauté peut-elle s'exprimer ? Voici deux expériences supplémentaires qui l'illustrent remarquablement : Pixar et Tata.

Pixar : une communauté dynamique où se libère la créativité de chacun

L'exemple de Pixar illustre parfaitement cet état d'esprit de communauté. C'est l'une des plus créatives et dynamiques sociétés de production de films en images de synthèse. Elle a produit quinze films en vingt ans, pour la plus grande partie des grands succès (*Toy Story*, *1001 pattes, Le Monde de Nemo*, *Cars*, *Ratatouille*, etc.). Son parcours est jonché d'honneurs : 210 récompenses, dont 15 oscars du cinéma, 7 Golden Globes et 11 Grammy Awards. Difficile de faire mieux en si peu d'années !

Edwin Catmull, l'un des fondateurs, et actuel président des studios Pixar, a livré le secret de cette réussite[40] : « Je ne crois pas que notre succès soit surtout dû à la chance, mais plutôt à notre adhésion à un ensemble de principes et de pratiques visant à manager le talent et le risque créatifs. Pixar est une communauté dans le vrai sens du terme. Nous pensons que des relations durables sont importantes. (...) Ce que nous pouvons faire est construire un environnement qui encourage des relations de confiance et de respect et libère la créativité de chacun. Si nous faisons cela, il en résulte une communauté dynamique, avec des personnes talentueuses, loyales entre elles et envers le travail collectif ; chacun sent qu'il prend part à quelque chose d'extraordinaire, et la passion et la réussite de tous créent une communauté qui elle-même attire les talents, jeunes diplômés ou salariés d'autres entreprises. Je sais que ce que je décris est l'antithèse des pratiques qui prévalent dans l'industrie du cinéma, mais justement, je crois que le sens de la communauté est important. »

Contrairement à la plupart des autres studios, Pixar n'a jamais acheté de scénarios ou d'idées de films à l'extérieur. Tout est produit en interne, par le groupe de créateurs de l'entreprise. « Ce qui est très important pour nous, poursuit Catmull, et qui nous distingue des autres studios, est la façon dont on se soutient réciproquement, à tous les niveaux. Tout le monde s'investit pleinement pour aider chacun à faire le meilleur travail possible. On sent vraiment que c'est un pour tous et tous pour un. »

Tata : un empire mondial au service de chaque communauté locale

Cependant, comme je l'écrivais plus haut, le sentiment de faire partie d'une communauté ne concerne pas seulement le strict contexte professionnel, mais également l'environnement social de l'entreprise. Ceci est particulièrement bien mis en évidence par le groupe industriel familial Tata[41], l'un des plus importants au monde, qui compte 600 000 salariés (à titre de comparaison, IBM en compte 380 000 et Renault 127 000), tout en étant présent dans de multiples secteurs : aéronautique, construction automobile, chimie, télécommunications, construction, etc.

Tata est un groupe en bonne santé. Notons au passage l'emballement de Jean-Baptiste Jacquin, journaliste au *Monde*, devant l'exceptionnelle croissance de Tata Consultancy Services, filiale du groupe spécialisée dans les services en informatique, après avoir appris, en janvier 2014, que cette entreprise avait réalisé une croissance de 33 % de ses ventes sur le dernier trimestre 2013, à 213 milliards de roupies, soit 2,55 milliards d'euros. TCS est aujourd'hui une entreprise de 290 000 salariés qui, forte de ses bonnes performances, a annoncé qu'elle portait de 50 000 à 55 000 le nombre de salariés qu'elle embaucherait dans l'année fiscale en cours. Selon J.-B. Jacquin, « une croissance de 33 % pour un groupe de cette taille est tout simplement époustouflante. Cela nous plonge dans un autre univers[42] ».

Le fondateur du groupe, Jamsetji Tata, avait commencé des études pour être prêtre de la religion parsi, mais il s'est finalement dirigé vers une carrière commerciale, car il pensait être plus utile aux autres de cette manière. Il est d'ailleurs resté fidèle à un principe majeur de sa religion, selon lequel une vie bien vécue consiste à se consacrer au service d'autrui et à la justice. Il considérait que la mission d'une entreprise n'est pas de s'enrichir, mais d'aider les communautés au sein desquelles elle agit. Une de ses phrases préférées, toujours mise en exergue par le groupe de nos jours, est que « dans une entreprise libre, la communauté n'est pas une partie prenante parmi d'autres, mais elle est en fait la véritable raison d'être de son existence[43] ».

Le groupe précise, dans son code de conduite, qu'« une entreprise Tata s'impliquera dans toutes ses actions au bénéfice du développement économique des pays où elle opère. Elle ne s'engagera dans aucune activité qui nuirait à cet objectif[44] ». Précisons que, malgré la grande diversité de ses activités, le groupe a toujours évité les activités liées au tabac, à l'alcool ou aux jeux.

Le code de conduite poursuit : « Une entreprise Tata s'impliquera pour être une entreprise bonne citoyenne, non seulement en respectant toutes les lois et régulations, mais également en s'engageant activement pour l'amélioration de la qualité de vie des personnes des communautés environnantes, avec pour objectif de les rendre autonomes. » Ceci peut se faire de diverses manières : soutien à des actions de santé communautaire et de bien-être familial, gestion de l'eau, formation professionnelle, alphabétisation et éducation, etc. Ces actions ne constituent pas une démarche optionnelle, mais doivent faire partie intégrante de la stratégie de chaque entreprise du groupe.

Un exemple illustre concrètement cette vision de Tata[45]. Le groupe a vendu en 2000 ses vastes plantations de thé de la région de Munnar (sud de l'Inde), où l'entreprise avait été le plus important employeur pendant un siècle. Mais au lieu d'en tirer un profit lucratif, en s'appuyant sur des banquiers d'affaires, Tata a cédé la plupart de ses plantations à ses ex-salariés, fournissant aux retraités suffisamment d'argent pour qu'ils puissent acheter des parts dans la coopérative nouvellement créée. Et Tata est aujourd'hui l'un des principaux clients de cette coopérative, ce qui garantit un revenu régulier aux agriculteurs. Par ailleurs, le groupe continue à soutenir financièrement une école locale, un centre éducatif pour enfants et jeunes adultes handicapés, ainsi qu'un hôpital.

Bien que ce groupe soit aujourd'hui un véritable empire industriel, ses responsables ne font pas partie des listes des personnes les plus riches d'Inde ni du monde, car les deux tiers des actions du groupe appartiennent à Tata Trusts, l'une des plus anciennes et plus importantes fondations philanthropiques indiennes. Elle soutient financièrement de nombreux programmes d'assainissement de l'eau, d'alphabétisation, de soins prénataux, etc. Les salariés de Tata sont incités à s'engager bénévolement au service des populations locales, au travers du Tata Council for Community Initiatives. Gladys Pereira, de Tata Consultancy Services, fait part de son expérience : « J'étais inspirée par le fait que, bien que les efforts d'une personne puissent sembler petits, chaque acte de service peut avoir un impact important sur quelqu'un... et des millions de bénévoles peuvent créer une révolution. Je suis bénévole simplement parce que je souhaite aider[46]. »

Ratan Tata, arrière-petit-fils du fondateur qui a dirigé le groupe de 1991 à 2012, a publié avec des collègues un article manifeste dans lequel il exprime sa conception du rôle de l'entreprise[47] : « Il y a un mythe persistant dans le monde des affaires actuel, selon lequel l'objectif ultime d'une entreprise est de maximiser le profit pour les investisseurs. Cependant, la maximisation du profit n'est pas un objectif, c'est un résultat. Nous considérons que le meilleur moyen de maximiser les profits sur le long terme est de ne pas en faire le principal objectif[48]. » Pour cet homme, rechercher obsessionnellement le bonheur ne permet pas de l'atteindre ; celui-ci nous arrive en tant que résultat d'autre chose, tel que de profondes relations affectives ou un travail qui ait du sens. Il en est de même pour les profits, qui surviennent lorsque les responsables de l'entreprise visent un autre objectif. Or, pour Ratan Tata, l'objectif, ce doit être un « appel spirituel et moral à l'action ». Apparemment féru de psychologie, il critique l'accent mis sur la motivation extrinsèque constituée par l'argent ou la peur des sanctions, et estime que « tisser la motivation intrinsèque dans la culture d'une organisation est donc crucial ».

Ratan Tata est également soucieux de l'avenir de notre planète, constatant que nous en avons dépassé les capacités : « Il n'y a pas de temps à perdre, (...) nous avons un urgent besoin de pratiques et de technologies durables qui soient bénéfiques pour les entreprises tout en fournissant des avantages économiques, sociaux et environnementaux pour le monde en développement ainsi que pour le monde développé. Nous avons un urgent besoin d'entreprises qui aient un objectif plus élevé que de faire de l'argent. »

Et si on changeait dès maintenant ?

J'aimerais montrer, au travers de deux situations concrètes, quel pourrait être, concrètement, l'impact de cette vision de l'entreprise comme communauté.

Elles concernent, d'une part, la rémunération des patrons ; d'autre part, l'enseignement dans les écoles de commerce et les facultés d'économie.

Le facteur 12, ou comment changer la rémunération des patrons

Le thème de la rémunération des patrons fait couler beaucoup d'encre. L'économiste Gaël Giraud et la philosophe Cécile Renouard nous rappellent quelques chiffres[49]. En 1998, le revenu moyen des 0,01 % les plus riches était de 108 Smic à temps plein. L'écart était déjà impressionnant à l'époque, mais il s'est considérablement élargi depuis : entre 1998 et 2005, le revenu des 0,01 % des foyers les plus riches a augmenté dix fois plus vite que celui des 90 % les moins riches (42,6 % contre seulement 4,6 %).

En 2008, les rémunérations moyennes des 50 premiers patrons français représentaient 310 fois le Smic. Celles des trois premiers d'entre eux défient l'imagination : chacun reçoit plus de 20 000 Smic ou 40 000 fois le RMI ! Peut-on décemment imaginer qu'un patron ait la même « valeur » que 40 000 personnes ?

Ces deux auteurs signalent qu'un sondage CSA réalisé en septembre 2011 montre qu'une large majorité des Français interrogés plébiscite un écart maximal de 1 à 10 entre le salaire brut le plus faible (le Smic) et le salaire brut le plus élevé. Eux-mêmes proposent un « facteur 12 », tout simplement parce que c'est l'écart maximal des salaires (primes incluses) qui existe déjà dans la fonction publique française. Ils suggèrent donc de soumettre au débat démocratique l'extension possible de cette échelle à toute la société. Giraud et Renouard font remarquer au passage que, contrairement à une opinion commune, l'augmentation des taxes pour les plus riches n'entraîne pas une « fuite des cerveaux », s'appuyant sur cela sur des constats faits en France, dans les pays nordiques et aux États-Unis.

Pour ma part, ce facteur 12 me semble une option tout à fait raisonnable, mais je préférerais que cela se fasse par le biais de décisions volontaires de la part des patrons plutôt que par voie législative, pour des raisons faciles à comprendre au lecteur qui aura lu les chapitres précédents. La pression extérieure de la loi ne remplacera jamais la motivation intrinsèque comme source de changements non seulement des comportements, mais surtout des mentalités.

Ce changement de mentalité est évidemment bien plus facile, si l'on se situe dans une dynamique d'interdépendance et de communauté, que dans la pensée individualiste trop longtemps prônée dans les écoles de commerce. Convaincu qu'il forme, avec l'ensemble des salariés, une communauté d'action au service du bien commun, un patron aurait bien de la difficulté à recevoir une rémunération plusieurs dizaines de fois supérieure à la leur. Or, nous l'avons vu précédemment dans ce chapitre, une raison importante des rémunérations exorbitantes des patrons est tout simplement que « c'est ce qui se pratique habituellement ». Or, ce n'est pas forcément ce que souhaitent les patrons, et ce n'est sûrement pas ce qui les motive au travail. La décision de grands patrons de renoncer à une partie importante de leur fortune (chapitre 13) ou de payer plus d'impôts[50] montre bien qu'un dirigeant peut volontairement réduire ses revenus, par sentiment de solidarité envers ses semblables. Ceci me semble une très belle source d'encouragement pour l'avenir.

Modifier l'enseignement dans les écoles de commerce et les facultés d'économie

Lorsqu'on demande à des patrons quels sont les changements qui permettraient d'atteindre le point de bascule au cours duquel la plupart des entreprises intégreraient la durabilité au cœur de leur stratégie, l'enseignement dans les écoles de commerce vient en seconde position, avec 88 % des réponses, juste derrière l'action des consommateurs (89 %)[51].

Il est grand temps que les enseignements en économie et en gestion évoluent. Dans un précédent ouvrage, j'ai montré l'impact néfaste de cet enseignement sur les étudiants[52]. Je ne reviendrai pas ici sur ces données.

Dans un article intitulé « Les mauvaises théories du management détruisent le bon management[53] », Sumantra Ghoshal, qui fut professeur de management international et stratégique à la London Business School, a souligné ceci : « Contrairement aux théories en sciences physiques, les théories en sciences sociales ont tendance à s'autoréaliser. (...) Si une théorie affirme que le Soleil tourne autour de la Terre, elle ne change pas ce que fait véritablement le Soleil. (...) En revanche, une théorie du management, si elle obtient suffisamment de succès, change le comportement des managers, qui commencent à agir en accord avec la théorie. (...) C'est précisément ce qui est arrivé à la pratique du management au cours des dernières décennies, transformant notre pessimisme collectif sur les managers en pathologies dans les comportements de management[54]. »

Selon lui, en propageant des théories amorales, les écoles de commerce ont libéré leurs étudiants de tout sens de responsabilité morale.

De son côté, le sociologue Amitaï Etzioni décrit une situation qu'il a vécue à la fin des années 1980, alors qu'il enseignait l'éthique à la Harvard Business School[55]. Un mécène avait fait un don de 20 millions de dollars pour soutenir l'enseignement de l'éthique. Après des mois d'intenses débats, une proposition initiale fut soumise au vote des enseignants. Lui-même était installé dans les gradins, en tant que professeur invité. Les réactions allaient de la méfiance à l'hostilité ouverte. Un économiste a déclaré : « Nous sommes ici pour enseigner la science », tandis qu'un autre faisait remarquer que les étudiants étaient des adultes qui recevaient leur éducation à l'éthique dans leur foyer et à l'église. Un membre du département marketing a souligné que si cet enseignement devait être intégré dans tous les cours, son département n'avait plus qu'à fermer, car une grande partie de ce qui y était enseigné relevait de la dissimulation : vendre de petits objets dans de grandes boîtes, utiliser des emballages très colorés pour augmenter les achats impulsifs, etc. Un professeur de finance était également inquiet des effets de cet enseignement. Des étudiants ont ensuite expliqué à Etzioni qu'il leur enseignait comment faire du profit en brisant des contrats implicites. À la fin de cette rencontre entre enseignants, tout le projet de cours d'éthique a dû être repris à zéro.

D'autres enseignants en école de commerce dénoncent la vision du monde enseignée dans ces institutions, selon laquelle « les personnes n'ont d'importance que dans la mesure où elles servent les besoins financiers de celle-ci [l'organisation]. (...) Au pire, ces motivations jettent les semences d'une éthique du faux-semblant où il n'y a pas d'intention de faire les choses justes, à moins que cela n'aide le décideur ou améliore les attentes de profit fixées par Wall Street[56] ». Ils plaident pour un enseignement selon lequel la finalité du monde des affaires serait d'être au service de l'humanité.

Dans le chapitre 13, j'ai présenté l'expérience d'Emmanuel Faber, numéro un de Danone, qui a évolué dans sa réflexion en remettant progressivement en cause les enseignements reçus en école de commerce. Ses études l'ont profondément déçu. « Des approximations y sont parfois élevées au rang de science, des slogans proférés comme théorèmes. Le doute y est bien peu pratiqué. Nous sommes abreuvés de technique : comptable, financière, marketing, commerciale, industrielle. Des moyens puissants, mais pas une question ne porte sur le pourquoi[57]. »

Les étudiants actuels aspirent à un renouvellement. En 2014, l'Isipe (Initiative internationale pour l'économie pluraliste), composée de vingt-deux collectifs d'étudiants de dix-huit pays, publiait une tribune simultanément dans huit journaux de référence de divers pays du monde[58]. Selon les rédacteurs, « il est grand temps de renouveler l'enseignement de l'économie ». Ils regrettent tout particulièrement l'absence de pluralisme. Ce qui est essentiellement enseigné dans les cursus d'économie et dans les écoles de commerce est la conception classique selon laquelle l'être humain est fondamentalement égoïste, et la finalité des entreprises, le profit des actionnaires. Mais d'autres approches existent, trop peu enseignées. Les auteurs de ce texte soulignent que personne ne prendrait au sérieux un cursus de psychologie qui n'enseignerait que la tradition freudienne ou un cursus de sciences politiques se focalisant uniquement sur le socialisme, alors que c'est précisément ce qui se passe en économie. Ainsi, « le pluralisme en économie est une condition nécessaire à un débat public honnête et ouvert ainsi qu'une condition de la démocratie ». Cette tribune se conclut par un appel aux étudiants et aux économistes à s'y joindre pour créer la masse critique nécessaire.

Heureusement, les temps changent, les mentalités aussi. De nos jours, l'éthique est une matière largement enseignée dans les écoles de commerce[59] et les cursus d'entreprenariat social attirent des étudiants de plus en plus nombreux. Ce sont même les écoles les plus réputées qui sont généralement les plus en avance dans ce domaine[60], leurs responsables ayant bien conscience que la responsabilité sociale et environnementale constitue un enjeu qui va devenir de plus en plus central à l'avenir.

Des programmes sont mis au point, au cours desquels des étudiants s'investissent au service de diverses populations, en particulier de jeunes issus de milieux sociaux défavorisés[61].

Divers enseignants d'écoles de commerce appellent à une réforme des cursus. Par exemple, Bernard McKenna et Roberto Biloslavo affirment que les écoles de commerce et de management doivent assumer une part de responsabilité dans la grave crise économique et financière qui a secoué la planète à partir de 2007, car ce sont elles qui promeuvent et diffusent les idées et comportements qui ont conduit à cette situation. Dès lors, affirment-ils, « nous avons besoin de repenser radicalement notre enseignement à partir d'une perspective de durabilité environnementale[62] ». Mais il ne s'agit pas, selon eux, de regarder cela comme une contrainte pénible, au contraire. Ce qu'ils nous proposent, c'est que l'épanouissement humain soit le fondement de cette nouvelle approche de l'enseignement en écoles de commerce.

Par ailleurs, en juillet 2007, l'Onu a publié les *Principes pour une éducation au management responsable*, déclaration en six points, destinée à être soutenue par les institutions d'enseignement dans le monde entier[63]. Il y est notamment affirmé : « Les signataires développeront les capacités des étudiants à être de futurs initiateurs de valeur durable pour les entreprises, et pour la société en général, et à travailler pour une économie globale solidaire et durable. (...) Les signataires incluront dans leurs activités et programmes universitaires les valeurs de la responsabilité sociale telle qu'elle est décrite dans des initiatives internationales comme le Pacte mondial des Nations unies. (...) Les signataires faciliteront et soutiendront le dialogue entre enseignants, étudiants, monde des affaires, gouvernement, consommateurs, médias, organisations de la société civile et d'autres parties prenantes intéressées, sur des thèmes importants liés à la responsabilité et à la durabilité sociales mondiales. »

À l'heure actuelle, plus de 500 écoles de commerce et de management, dans plus de 80 pays, ont signé ce manifeste[64].

Les écoles de commerce seront peut-être demain le principal levier du changement de paradigme en cours.

Le convivialisme : transformer la société par la fraternité

L'ensemble des expériences et recherches présentées dans cet ouvrage me semblent justifier pleinement son titre : *Les entreprises humanistes*. En effet, elles montrent que de nombreuses personnes, quels que soient leur fonction et leur niveau hiérarchique, agissent en se montrant attentionnées aux autres et conscientes de leur responsabilité envers la société globale comme vis-à-vis de l'environnement. Si ces pratiques se diffusent largement – et ce livre est écrit dans ce but –, alors on peut véritablement envisager que les entreprises puissent changer le monde.

Ce qui me conduit à inscrire ce livre dans une perspective plus large, celle d'un projet global de transformation de la société par la fraternité. Comme je l'annonçais dans l'introduction, ce livre est inspiré par deux grandes sources théoriques récentes : la psychologie positive et le convivialisme. Rappelons que la psychologie positive ne concerne pas seulement l'étude de l'individu isolé (première partie de cet ouvrage), mais aussi et surtout celle de la personne en lien avec ses semblables (deuxième partie), et dans la société plus large (troisième partie) ainsi que dans l'environnement naturel (quatrième partie). Toute approche de l'être humain – au travail ou ailleurs – qui ne l'envisagerait qu'au travers d'une seule facette serait par essence réductrice.

Arrêtons-nous plus longuement sur le convivialisme. Cette philosophie politique encore peu diffusée repose sur une idée forte : il est possible de construire une société fondée sur la coopération plutôt que sur la compétition, sur l'interdépendance plutôt que sur l'individualisme, sur la confiance plutôt que sur le contrôle, sur le service d'autrui plutôt que sur la loi du plus fort. Selon Alain Caillé, l'initiateur de cette approche, « les hommes ne sont pas des *Homo œconomicus* par nature. Ils ne le deviennent que là et quand la seule voie d'accès à la reconnaissance est devenue l'enrichissement matériel[65] ». Mais lorsque la reconnaissance d'autrui passe par la bienveillance, le respect et la confiance, des voies d'épanouissement de la personnalité bien plus précieuses se font jour. Comme le souligne Marc Humbert, autre figure marquante du convivialisme : « La convivialité (...) caractérise le comportement de la plupart des humains, au sein d'innombrables groupes. (...) La convivialité, art de vivre ensemble *(convivere)*, valorise la relation et la coopération entre tous et avec la nature. Cela n'exclut ni les divergences ni les oppositions qui permettent la reconnaissance de toutes et de tous et de toutes les positions[66]. »

À la différence d'autres grandes idéologies politiques qui, à leur naissance, promettaient un avenir radieux à créer de toutes pièces, le convivialisme existe déjà. Ce livre en témoigne pour le monde du travail, mais il en est de même pour de multiples domaines de l'existence. De nombreuses recherches empiriques démontrent que des valeurs et attitudes telles que la confiance en l'autre, l'empathie, le respect, la coopération, etc., peuvent avoir un impact non seulement dans les relations interpersonnelles, mais plus largement dans la vie sociale. Elles peuvent influer sur des domaines de politique publique aussi divers que l'économie, la santé, l'éducation, la politique familiale, l'emploi, l'environnement, la justice, et même les relations internationales[67]. L'enjeu n'est donc pas de créer le convivialisme, mais de faire connaître les expériences déjà existantes, afin qu'elles puissent inciter d'autres personnes à s'engager dans la même direction.

Parler de convivialisme, c'est introduire la fraternité dans l'action collective. L'article 1 de la *Déclaration universelle des droits de l'homme* affirme que « tous les êtres humains naissent libres et égaux en dignité et en droits. Ils sont doués de raison et de conscience et *doivent agir les uns envers les autres dans un esprit de fraternité* » (souligné par moi). La fraternité est malheureusement le parent pauvre de la trilogie républicaine : Liberté, Égalité, Fraternité. Alors que j'écris ce chapitre[68], j'obtiens 75 500 000 résultats en tapant le mot « liberté » sur Google, 18 600 000 avec le mot « égalité », et seulement 9 570 000 avec le mot « fraternité », soit des pourcentages respectifs de 73 %, 18 % et 9 % !

Pourtant, la fraternité peut devenir le fondement d'un nouveau projet de société. Le tableau ci-dessous résume quelques thèmes que l'on peut rattacher à chacun des trois termes de la trilogie républicaine. Il est certes imparfait et demanderait à être nuancé. Il est fort possible que les partisans de droite estimeront que leur courant est caricaturé, mais que la description de la gauche est exacte... et vice-versa. Malgré ces limites, les descriptions qui suivent me semblent bien résumer trois orientations existentielles fort différentes.

Ainsi, la liberté est une valeur plutôt revendiquée par la droite ; elle concerne surtout les individus et ses désirs. Le contrat est privilégié comme mode de contrôle social, avec comme objectif de produire le plus de richesses possible.

Parallèlement, l'égalité est une valeur plutôt défendue par la gauche ; elle concerne surtout l'État solidaire, censé assurer les besoins matériels de la population. La loi est un instrument privilégié, ayant notamment pour fonction de mieux répartir les richesses.

Face à cette bipolarisation classique, comment la fraternité peut-elle trouver sa place ? Je propose qu'il s'agisse d'une valeur surtout défendue par le convivialisme, soutenue par la société civile et qui vise à satisfaire non seulement les besoins matériels, mais aussi et surtout les besoins relationnels et existentiels, au travers de relations d'interdépendance. C'est surtout sur la responsabilité individuelle et collective que repose le lien social, l'objectif étant de mieux vivre ensemble et avec la nature.

	LIBERTÉ	ÉGALITÉ	FRATERNITÉ
Courant politique	Droite	Gauche	Convivialisme
Acteur principal	Individus, Marché	État	Société civile, Communautés
Valeur principale	Individualisme	Solidarité étatique	Interdépendance
Cherche à satisfaire	Désirs	Besoins matériels	Besoins matériels, relationnels, existentiels
Objectif principal	Produire plus de richesses	Mieux répartir les richesses	Mieux vivre ensemble et avec la nature
Fondement du lien social	Contrat	Loi	Responsabilité individuelle et collective

Des entreprises fondées sur la fraternité sont non seulement possibles, mais elles existent déjà, comme le montre ce livre. Elles peuvent aisément se multiplier à grande échelle, non par imitation mais par inspiration[69], chacun appliquant de manière spécifique ses valeurs à la situation concrète dans laquelle il se trouve. Plus largement, une société fondée sur la fraternité est également possible, si chacune et chacun de nous s'y engage avec conviction, sensibilité à l'autre et persévérance.

Thierry Brigodiot, un ami consultant à qui je parlais de la nécessité de changer le monde, m'a fait remarquer qu'il serait peut-être plus exact de révéler le monde, c'est-à-dire de faire connaître les multiples expériences positives déjà existantes, pour que d'autres puissent en tirer un enseignement pratique. Je reconnais volontiers qu'il a raison. J'espère modestement avoir révélé dans cet ouvrage ce remarquable univers des entreprises humanistes.

RÉSUMONS-NOUS

☞ Il est temps de changer radicalement de perspective au sujet de la raison d'être des entreprises. Je propose donc cette définition : *l'entreprise est une communauté de personnes agissant ensemble au service du bien commun.* L'expression « bien commun » implique :
– un travail qui ait du sens pour la personne qui l'accomplit, ainsi que des conditions de travail satisfaisantes ;
– des relations honnêtes avec les fournisseurs ;
– des produits ou des services de qualité pour le client ;
– un impact positif sur la société environnante (diminution du chômage et de la pauvreté, services rendus à la communauté) ;
– le respect de l'environnement, voire son amélioration.

☞ Les entreprises familiales réussissent mieux, à tout point de vue, car elles intègrent habituellement une vision à long terme, reposent sur des relations personnalisées et fournissent le sentiment d'appartenance à une communauté.

☞ Les écoles de commerce, qui ont longtemps enseigné la thèse actionnariale de l'entreprise, pourraient être à la source de ce renouveau de conception de la finalité de l'entreprise en tant que communauté.

☞ Cette perspective pourrait s'inscrire dans une perspective de philosophie politique plus large, le convivialisme, qui repose sur une idée forte : il est possible de construire une société fondée sur la coopération plutôt que sur la compétition, sur l'interdépendance plutôt que sur l'individualisme, sur la confiance plutôt que sur le contrôle, sur le service d'autrui plutôt que sur la loi du plus fort.

Et pour finir :
L'OPTIMISME,
LEVIER POUR CHANGER LE MONDE

> L'optimisme est la foi qui conduit à la réussite ; rien ne peut être fait sans espoir.
>
> *Helen Keller*, aveugle et sourde[1]

Face aux immenses défis sociaux et environnementaux qui sont devant nous, il ne suffit pas de dénoncer les exactions de quelques-uns, ni de se complaire dans un pessimisme hautain. Il est si facile et rassurant de penser que l'on appartient au « parti des purs[2] » ! Le catastrophisme n'a jamais constitué une réponse motivante ; il incite au découragement et à l'inertie. Si tout est perdu, à quoi bon s'engager pour un monde meilleur ?

La meilleure manière d'être réaliste,
c'est d'être profondément optimiste et idéaliste.

Le monde oscille entre l'admirable et le détestable[3], et il nous faut rester lucides. Mais cela n'interdit en rien l'optimisme ; non comme une attente immobile, mais comme un engagement concret, en nous inspirant de tout ce qui existe déjà de positif dans ce monde.

Il nous faut passer du pessimisme désespérant
à l'optiréalisme[4] inspirant.

Tout change très vite, souvent positivement, même si les médias ont tendance à relayer les mauvaises nouvelles. Il y a vingt ans, un individu qui aurait parlé de bienveillance et d'empathie en entreprise serait passé pour un doux rêveur ; de nos jours, ces attitudes paraissent d'une évidente nécessité. Il y a vingt ans, peu d'industriels s'impliquaient dans une démarche de responsabilité environnementale ; c'est aujourd'hui une pratique courante. Ce qui était exception est maintenant devenu la règle.

Des auteurs comme Mary Parker Follett (1858-1933), qui mettait l'accent sur l'importance de l'autonomie des salariés au travail et sur les accords gagnant-gagnant, ou Douglas McGregor (1906-1964), qui insistait sur la dimension humaine de l'entreprise, étaient des prophètes solitaires prêchant dans le désert. Aujourd'hui, les ouvrages sur ces thèmes fleurissent au rayon « Management » ; pas seulement théoriques, mais fondés aussi sur des exemples concrets et des expériences vécues.

Pour que se multiplient ces pratiques, commençons par modifier notre regard. Accueillons gaiement la capacité de l'être humain à aimer coopérer et à faire preuve d'empathie à l'égard de ses semblables.

C'est en pariant sur ce qu'il y a de meilleur en l'être humain que ce meilleur peut se révéler.

Je place un grand espoir en la fameuse « génération Y », parfois décriée, et en celles qui la suivront. Beaucoup de jeunes qui entrent dans le monde du travail n'ont pas pour objectif de faire carrière, contrairement à leurs aînés. Les réseaux sociaux les ont habitués au partage d'informations et à la collaboration, ils rêvent d'espaces de « coworking » et de relations moins hiérarchiques, ils souhaitent s'épanouir en donnant du sens à leur travail et en se rendant utiles.

Parmi eux vont se lever les leaders-serviteurs de demain, des personnes qui ont à cœur d'agir positivement sur le monde sans chercher à dominer leurs semblables.

Ils sont l'espoir d'aujourd'hui et la réalité de demain pour changer le monde.

Notes

Prologue

1. Il s'agit de François Barreau, Loïc Cloarec, Annabelle Guillet, Marc Jacobs et Régis Thébaud, que je tiens à remercier sincèrement, ainsi qu'Hubert de Boisredon, pour leur très aimable accueil.

2. Gable S. L. et Haidt J. (2005), "What (and why) is positive psychology?", *Review of General Psychology,* 9 (2), 103-110 (p. 104).

3. Collectif (2013), *Manifeste convivialiste, Déclaration d'interdépendance*, Lormont, Éditions Le Bord de l'eau.

4. *Ibid,* p. 26-27.

5. Humbert M. (2013), *Vers une civilisation de convivialité*, Rennes, Goater, p. 35, 10.

6. Lecomte J. (2012), *La Bonté humaine*, Paris, Odile Jacob.

Chapitre 1. Être heureux au travail

1. Gibran K. (1992), « Le Prophète », dans *Le Prophète et Le Jardin du Prophète*, Paris, Le Seuil, « Points Sagesse », p. 27.

2. Goethe (2001), *Maximes et réflexions*, Payot et Rivages, p. 24.

3. Trois enquêtes récentes fournissent quasiment les mêmes chiffres : respectivement 73 %, 74 % et 74 % de satisfaction au travail. Cf. Radier V. (24 octobre 2013), « Les métiers qui rendent heureux », *Le Nouvel Observateur* ; Escande P. (26 novembre 2014), « La France réconciliée avec l'entreprise », *Le Monde* ; Rodier A. (24 juin 2014), « Les salariés des grandes entreprises reprennent confiance », *Le Monde*. Les autres chiffres cités viennent de ces enquêtes.

4. Cité par Bongiorno Y., Le Duigou J.-C., Mansouri-Guilani N., Naton J.-F. et Nédélec C. (2013), *Pour quoi nous travaillons ?*, Ivry-sur-Seine, Éditions de l'Atelier, p. 13.

5. Sousa-Poza A. et Sousa-Poza A. A. (2000), "Well-being at work: a cross-national analysis of the levels and determinants of job satisfaction", *Journal of Socio-Economics*, 29, 517-538. Voir aussi Clark A. (2005), "What makes a good job? Evidence from OECD countries", *in* Bazen S., Lucifora C. et Salverda W., *Job Quality and Employer Behaviour*, New York, Palgrave McMillan, 11-30.

6. Lecomte J. (2007), *Donner un sens à sa vie*, Paris, Odile Jacob, chapitre 10.

7. Judge T. A., Thoresen C. J., Bono J. E. et Patton G. K. (2001), "The job satisfaction-job performance relationship: A qualitative and quantitative review", *Psychological Bulletin,* 127 (3), 376-407.

8. Bowling N. A. (2007), "Is the job satisfaction-job performance relationship spurious? A meta-analytic examination", *Journal of Vocational Behavior*, 71 (2), 167-185.

9. Pierce J. L. et Gardner D. G. (2004), "Self-esteem within the work and organizational context: A review of the organizational-based self-esteem literature", *Journal of Management*, 30 (5), 591-622.

10. Harter J. K., Schmidt F. L. et Hayes T. L. (2002), "Business-unit-level relationship between employee satisfaction, employee engagement, and business outcomes: A meta-analysis", *Journal of Applied Psychology*, 87 (2), 268-279.

11. Csíkszentmihályi M. (2004), *Vivre, la psychologie du bonheur*, Paris, Robert Laffont, p. 18.

12. Csíkszentmihályi M. (1999), "If we are so rich, why aren't we happy?", *American Psychologist*, 54 (10), 821-827 (p. 825).

13. Csíkszentmihályi M. (2005), *Mieux vivre en maîtrisant votre énergie psychique*, Paris, Robert Laffont, p. 43.

14. Csíkszentmihályi M. (2004), *op. cit.*, p. 58-77.

15. *Ibid*, p. 59.

16. *Ibid.*, p. 248.

17. *Ibid.*, p. 169. Voir également Csíkszentmihályi M. et Lefevre J. (1989), "Optimal experience in work and leisure", *Journal of Personality and Social Psychology*, 56 (5), 815-822.

18. Csíkszentmihályi M. et Lefevre J. (1989), *op. cit.*, p. 818.

19. Institut Manpower (2006), *Le travail, les Français y croient-ils encore ?*, Paris, Éditions d'Organisation, p. 149-150.

20. Baudelot C. et Gollac M. (2003), *Travailler pour être heureux ? Le bonheur et le travail en France*, Paris, Fayard, p. 89.

21. Institut Manpower (2006), *op. cit.*, p. 69-70.

22. Csíkszentmihályi M. (2004), *op. cit.*, p. 169-170.

23. *Ibid.*, p. 170-171.

24. Csíkszentmihályi M. (2005), *op. cit.*, p. 137.

25. *Ibid.*, p. 112.

Chapitre 2. Trouver sa vocation

1. Goethe (2001), *Maximes et réflexions*, Payot et Rivages, p. 18.

2. Elle a été attribuée à de nombreux auteurs (sans que la référence précise soit jamais indiquée). Il semble qu'Alphonse de Châteaubriant en soit l'auteur (à ne pas confondre avec François-René de Chateaubriand). Il la décrit, en la faisant précéder par ces mots : « J'ai terminé une conférence salle Wagram, par l'historiette des trois ouvriers auxquels on demande ce qu'ils font dans leur chantier. » Chateaubriant A. de (1987), *Procès posthume d'un visionnaire*, Nouvelles Éditions Latines, p. 24-25.

3. Wrzesniewski A. (2003), "Finding positive meaning in work", *in* Cameron K. S., Dutton J. E. et Quinn R. E., *Positive Organizational Scholarship, Foundations of a New Discipline*, San Francisco, Berrett-Koehler Publishers, 296-308. Wrzesniewski A., McCauley C. R., Rozin P. et Schwartz B. (1997), "Jobs, careers, and callings: People's relations to their work", *Journal of Research in Personality*, 31, 21-33.

4. Vallerand R. J., Blanchard C. M., Mageau G. A., Koestner R., Ratelle C. F., Léonard M., Gagné M. et Marsolais J. (2003), "Les passions de l'âme : On obsessive and harmonious passion", *Journal of Personality and Social Psychology*, 85 (4), 756-767. Houlfort N. et Vallerand R. J. (2006), « La passion envers le travail : les deux côtés de la médaille », *Revue multidisciplinaire sur l'emploi, le syndicalisme et le travail*, 2 (1), 4-17.

5. Bannai A. et Tamakoshi A. (2014), "The association between long working hours and health: A systematic review of epidemiological evidence", *Scandinavian Journal of Work, Environment and Health*, 40 (1), 5-18.

6. Virtanen M., Heikkilä K., Jokela M., Ferrie J. E., Batty G. D., Vahtera J. et Kivimäki M. (2012), "Long working hours and coronary heart disease: A systematic review and meta-analysis", *American Journal of Epidemiology*, 176 (7), 586-596.

7. Besson-Perrin C., Robault A., Suard A. et Triponey L. (2005), *Ma vie de, Les Français racontent leur vocation*, Issy-les-Moulineaux, Éditions Vie & Cie.

8. Barel Y. et Frémeaux S. (2008), « Le don gratuit : le cas d'un établissement public », *Gérer et Comprendre*, 94, 80-89 (p. 85).

9. Davidson J. C. et Caddell D. P. (1994), "Religion and the meaning of work", *Journal for the Scientific Study of Religion*, 33 (2), 135-147.

10. Wrzesniewski A., Dutton J. E. et Debebe G. (2003), "Interpersonal sensemaking and the meaning of work", *Research in Organizational Behavior*, 25, 93-135.

11. L'article fondateur est : Wrzesniewski A. et Dutton J. E. (2001), "Crafting a job: revisioning employees as active crafters of their work", *Academy of Management Revue*, 26 (2), 179-201.

12. Cité sur la page Wikipédia de F.-X. Demaison : https://fr.wikipedia.org/wiki/Fran%C3%A7ois-Xavier_Demaison

13. Wrzesniewski A. (2002), "It's not just a job: Shifting meanings of work in the wake of 9/11", *Journal of Management Inquiry*, 11 (3), 230-234.

14. Kutt Nahas D. (17 février 2002), "No pay, long hours but, now, glory", *New York Times*.

Chapitre 3. Être *vraiment* motivé

1. Marc-Aurèle (1992), *Pensées pour moi-même*, suivies du *Manuel d'Épictète*, Livre 6, 19, Paris, Flammarion, « GF », p. 89.

2. Goethe (2001), *Maximes et réflexions*, Payot et Rivages, p. 18.

3. Fenouillet F. (2012), *Les théories de la motivation*, Paris, Dunod.

4. Ryan R. M. et Deci E. L. (2000), "Self-determination theory and the facilitation of intrinsic motivation, social development, and well-being", *American Psychologist*, 55 (1), 68-78.

5. Lecomte J. (2008), « La théorie du flux. Comment la motivation intrinsèque donne du sens à notre vie », *in* Carré P. et Fenouillet F. (dir.), *Traité de psychologie de la motivation*, Paris, Dunod, p. 107-124.

6. Deci E. L. (1971), "Effects of externally mediated rewards on intrinsic motivation", *Journal of Personality and Social Psychology*, 18 (1), 105-115.

7. Deci E. L., Koestner R. et Ryan R. M. (1999), "A meta-analytic review of experiments examining the effects of extrinsic rewards on intrinsic motivation", *Psychological Bulletin*, 125 (6), 627-668.

8. Frey Bruno S. (1997), "A constitution for knaves crowds out civic virtues", *The Economic Journal*, 107, 1043-1053.

9. Lepper M. R. et Greene D. (1978), *The Hidden Costs of Reward*, Hillsdale, NJ, Erlbaum.

10. Kohn A. (1993), *Punished by Reward: The Trouble With Gold Stars, Incentive Plans, A 's, Praise, and Other Bribes*, Boston, Houghton Mifflin.

11. Deci E. L. (1971), "The effects of externally mediated rewards on intrinsic motivation", *Journal of Personality and Social Psychology*, 18 (1), 105-115 (p. 105).

12. Ce sont surtout les travaux de Robert Eisenberg, Judy Cameron et David Pierce qui ont nuancé les résultats d'Edward Deci et Richard Ryan. Voir en particulier Cameron J. et Pierce W. D. (1994), "Reinforcement, reward, and intrinsic motivation: A meta-analysis", *Review of Educational Research*, 64 (3), 363-423. Eisenberger R. et Cameron J. (1996), "Detrimental effects of reward: Reality or myth?", *American Psychologist*, 51 (11), 1153-1166. Deci et Ryan ont répondu aux critiques, notamment dans les articles suivants :

Deci E. L., Koestner R. et Ryan R. M. (1999), "A meta-analytic review of experiments examining the effects of extrinsic rewards on intrinsic motivation", *op. cit.* ; Deci E. L., Ryan R. M. et Koestner R. (2001), "The pervasive negative effects of rewards on intrinsic motivation: Response to Cameron (2001)", *Review of Educational Research,* 71 (1), 43-51.

13. Deci E. L. et Ryan R. M. (2008), « Favoriser la motivation optimale et la santé mentale dans les divers milieux de vie », *Canadian Psychology*, 49 (1), 24-34 (p. 26).

14. Frey B. S. (1994), "How intrinsic motivation is crowded out and in", *Rationality and Society*, 6 (3), 334-352. Frey B. S. (1997), "On the relationship between intrinsic and extrinsic work motivation", *International Journal of Industrial Organization*, 15 (4), 427-439. Frey B. S. (1997), *Not Just For the Money. An Economic Theory of Personal Motivation*, Cheltenham, UK, et Brookfield, USA, Edward Elgar Publishing. Frey B. et Jegen R. (2001), "Motivation crowding theory", *Journal of Economic Surveys*, 15 (5), 589-611.

15. Zobrist J.-F. (2008), *La belle histoire de FAVI, l'entreprise qui croit que l'Homme est bon, Tome 1 : Nos belles histoires*, Courbevoie, Humanisme et Organisations, p. 93-94.

16. Frey B. S. (1997), *Not Just For the Money, op. cit.*

17. Deci E. L. et Ryan R. M. (1985), *Intrinsic Motivation and Self-Determination in Human Behavior*, New York, Plenum. Deci E. L. et Ryan R. M. (éd.) (2013), *Handbook of Self-Determination Research,* University of Rochester Press.

18. Deci E. L. et Ryan R. M. (2000), "The 'what' and 'why' of goal pursuits: Human needs and the self-determination of behavior", *Psychological Inquiry*, 11 (4), 227-268.

19. Laguardia J. G. et Ryan R. M. (2000), « Buts personnels, besoins psychologiques fondamentaux et bien-être : théorie de l'autodétermination et applications », *Revue québécoise de psychologie*, 21 (2), 281-304. Reis H. T., Sheldon K. M., Gable S. L., Roscoe J. et Ryan R. M. (2000), "Daily well-being: the role of autonomy, competence and relatedness", *Personality and Social Psychology Bulletin*, 26 (4), 419-435. Ryan R. M. et Deci E. L. (2000), "Self-determination theory and the facilitation of intrinsic motivation", *op. cit.*

20. Hodgins H. S., Koestner R. et Duncan N. (1996), "On the compatibility of autonomy and relatedness", *Personality and Social Psychology Bulletin*, 22 (3), 227-237.

21. Deci E. L. et Ryan R. M. (2000), "The 'what' and 'why' of goal pursuits: Human needs and the self-determination of behaviour", *Psychological Inquiry*, 11 (4), 227-268.

22. Kasser T., Ryan R. M., Zax M. et Sameroff A. J. (1995), "The relations of maternal and social environments to late adolescents' materialistic and prosocial values", *Developmental Psychology*, 31 (6), 907-914.

23. Laguardia J. G. et Ryan R. M. (2000), « Buts personnels, besoins psychologiques fondamentaux et bien-être : théorie de l'autodétermination et applications », *op. cit.*, p. 296.

24. J'aborderai cette délicate question dans un prochain ouvrage.

25. Laguardia J. G. et Ryan R. M. (2000), « Buts personnels... », *op. cit.*, p. 283. Voir aussi Ryan R. M. et Deci E. L. (2001), "On happiness and human potentials: a review of research on hedonic and eudaimonic well-being", *Annual Review of Psychology*, 52, 141-166.

26. Deci E. L. et Ryan R. M. (2000), "The 'What' and 'Why' of goal pursuits: Human needs and the self-determination of behaviour", *op. cit.* Gagné M. et Deci E. L. (2005), "Self-determination theory and work motivation", *op. cit.* Deci E. L. et Ryan R. M. (2008), « Favoriser la motivation optimale et la santé mentale dans les divers milieux de vie », *op. cit.*

Chapitre 4. Se sentir utile aux autres

1. Gibran K. (1992), « Le Prophète », dans *Le Prophète et Le Jardin du Prophète*, Paris, Le Seuil, « Points Sagesse », p. 27, p. 29.

2. Frankl V. (1988), *Découvrir un sens à sa vie avec la logothérapie*, Montréal, Éditions de l'Homme, « Actualisation », p. 94.

3. Csíkszentmihályi M. (2004), *Vive la psychologie du bonheur*, Paris, Robert Laffont, p. 104.

4. *Ibid.*, p. 233.

5. Csíkszentmihályi M. et Patton J. D. (1997), « Le bonheur, l'expérience optimale et les valeurs spirituelles : une étude empirique auprès d'adolescents », *Revue québécoise de psychologie*, 18 (2), 167-190.

6. Baudelot C. et Gollac M. (2003), *Travailler pour être heureux ? Le bonheur et le travail en France*, Paris, Fayard, p. 171.

7. *Ibid*, p. 172.

8. *Ibid*, p. 179.

9. Besson-Perrin C., Robault A., Suard A. et Triponey L. (2005), *Ma vie de, Les Français racontent leur vocation*, Issy-les-Moulineaux, Éditions Vie & Cie.

10. Borzaga C. et Depedri S. (2010), "Interpersonal relations and job satisfaction: Some empirical results in social and community care services", *in* Gui B. et Sugden R. (éd.), *Economics and Social Interaction: Accounting for Interpersonal Relations*, Cambridge, Cambridge University Press, 132-153.

11. Lindquist L. A., Tam K., Friesema E. et Martin G. J. (2012), "Paid caregiver motivation, work conditions, and falls among seniors clients", *Archives of Gerontol and Geriatrics*, 55 (2), 442-445.

12. Barel Y. et Frémeaux S. (2008), « Le don gratuit : le cas d'un établissement public », Gérer et Comprendre, 94, 80-89 (p. 85).

13. Grant A. M. (2007), "Relational job design and the motivation to make a prosocial difference", *Academy of Management Review*, 32 (2), 393-417.

14. Grant A. M., Campbell E. M., Chen G., Cottone K., Lapedis D. et Lee K. (2007), "Impact and the art of motivation maintenance: The effects of contact with beneficiaries on persistence behavior", *Organizational Behavior and Human Decision Processes*, 103, 53-67.

15. Grant A. M. (2008), "Employees without a cause: The motivational effects of prosocial impact in public service", *International Public Management Journal*, 11 (1), 48-66.

16. Scibilia M. (2014), *Côté nuit, côté soleil ; des jeunes racontent leur traversée du cancer*, Genève, Slatkine, p. 54-55.

17. Ashforth B. E. et Kreiner G. E. (1999), "How can you do it?", Dirty work and the challenge of constructing a positive identity", *Academy of Management Review*, 24 (3), 413-434.

18. Grant A. M. (2008), "Does intrinsic motivation fuel the prosocial fire? Motivational synergy in predicting persistence, performance, and productivity", *Journal of Applied Psychology*, 93 (1), 48-58.

19. Grant A. M. et Berry J. (2011), "The necessity of others is the mother of invention: Intrinsic and prosocial motivations, perspective-taking, and creativity", *Academy of Management Journal*, 54 (1), 73-96.

20. Simonton D. K. (1989), "The swan-song phenomenon: Last-works effects for 172 classical composers", *Psychology and Aging*, 4 (1), 42-47.

21. Ibid., 20 (même note que la note 20)

22. Emmons R. (2010), *Merci ! : quand la gratitude change nos vies*, Paris, Pocket. Shankland R. (2009), « La psychologie de la gratitude », *in* Lecomte J. (dir.) (2009), *Introduction à la psychologie positive*, Paris, Dunod, 167-179.

23. Grant A. (2013), *Donnant, donnant ; quand générosité et entreprise font bon ménage*, Montreuil, Pearson.

24. *Ibid.*, p. 174.

25. Buelens M., Van den Broeck H. (2007), "An analysis of differences in work motivation between public and private sector organizations", *Public Administration Review*, 67 (1), 65-74.

26. Lievens F., Dilchert S. et Ones D. S. (2009), "Personality scale validities increase throughout medical school", *Journal of Applied Psychology*, 94 (6), 1514-1535.

27. Voir notamment Andrews R. et Entwistle T. (2013), *Public Service Efficiency: Reframing the Debate*, London, Routledge. Holzer M. et Callahan K. (1998), *Government at*

Work: Best Practices and Model Programs, Thousand Oaks, Sage. Rainey H. G. et Steinbauer P. (1999), "Galloping elephants: developing elements of a theory of effective government organizations", *Journal of Public Administration Research and Theory,* 9 (1), 1-32. Rosenau P. V. et Linder S. H. (2003), "Two decades of research comparing for-profit and nonprofit health provider performance in the United States", *Social Science Quarterly*, 84 (2), 219-241.

28. Rainey H. G. et Steinbauer P. (1999), *op. cit.*

29. Perry J. L. et Wise L. R. (1990), "The motivational bases of public service", *Public Administration Review*, 50 (3), 367-373.

30. Perry J. L. (1996), "Measuring public service motivation: An assessment of construct reliability and validity", *Journal of Public Administration Research and Theory*, 6 (1), 5-24.

31. Exemples rappelés par le sociologue Jean-François Chanlat : Chanlat J.-F. (2003), « Le managérialisme et l'éthique du bien commun », *in* Duvillier T., Genard J.-L. et Piraux A. (dir.), *La motivation au travail dans les services publics*, Paris, L'Harmattan, 51-64 (p. 60-61).

32. Denès L. (25 mars 2013), « Bien-être au travail : les clignotants passent au rouge », *La Gazette des communes, des départements, des régions*, p. 8-11.

33. Voir, parmi d'autres : Frank, S. A. et Lewis, G. B. (2004), "Government employees: Working hard or hardly working?", *The American Review of Public Administration*, 34 (1), 36-51. Houston D. J. (2006), "'Walking the walk' of public service motivation: Public employees and charitable gifts of time, blood, and money", *Journal of Public Administration Research and Theory*, 16 (1), 67-86.

34. Perry J. L. et Wise L. R. (1990), *op. cit.*, p. 368.

35. Chanlat (2003), *op. cit.*

36. Rainey H. G. et Steinbauer P. (1999), *op. cit.*, p. 23.

37. Mosca M., Musella M. et Pastore F. (2007), "Relational goods, monitoring and non-pecuniary compensation in the nonprofit sector: The case of the italian social services", *Annals of Public and Cooperative Economics*, 78, 57–86.

38. Benz M. (2005), "Not for the profit, but for the satisfaction? Evidence on worker well-being in non-profit firms", *Kyklos*, 58, 155-176.

39. Lanfranchi J. et Narcy M. (2008), « Différence de satisfaction dans l'emploi entre secteurs à but lucratif et à but non lucratif : le rôle joué par les caractéristiques d'emploi », *Annals of Public and Cooperative Economics*, 79 (2), 323-368.

40. Narcy M. (2009), « Les salariés du secteur associatif sont-ils davantage intrinsèquement motivés que ceux du secteur privé ? », *Économie et prévision*, 188 (2), 81-99.

41. Preston A. E. (1989), "The nonprofit worker in a for-profit world", *Journal of Labor Economics*, 7 (4), 438-463.

Chapitre 5. Travaillons-nous pour l'argent ?

1. Schopenhauer A. (2001), *L'Art d'être heureux*, Paris, Le Seuil, p. 102.

2. Rouban L. (2004), « Les cadres du public : un univers éclaté », *in* A. Karvar et L. Rouban (dir.), *Les cadres au travail, Les nouvelles règles du jeu*, La Découverte, Paris, 231-258 (p. 247).

3. Judge T. A., Piccolo R. F., Podsakoff N. P., Shaw J. C. et Rich B. L. (2010), "The relationship between pay and job satisfaction: A meta-analysis of the literature", *Journal of Vocational Behavior,* 77, 157–167.

4. Eaton W. W, Anthony J. C., Mandell W. M. et Garrison R. A. (1990), "Occupations and the prevalence of major depressive disorder", *Journal of Occupational Medicine,* 32, 1079-1087.

5. Seligman M. (2011), *La Fabrique du bonheur*, Paris, Interéditions, p. 236.

6. *Ibid.,* p. 254.

7. Frank, R. H. (1996), "What price the moral high ground?", *Southern Economic Journal*, 63 (1), 1-17. Frank R. H. (2004), *What price the moral high ground? How to succeed without selling your soul*, Princeton, Princeton University Press, chapitre 5.

8. "Motives of prospective lawyers" (1er mai 1995), *Wall Street Journal* ; cité par Heath C. (1999), "On the social psychology of agency relationships: Lay theories of motivation overemphasize extrinsic incentives", *Organizational Behavior and Human Decision Processes,* 78 (1) 25-62 (p. 28).
9. Kovach K. A. (1987), "What motivates employees? Workers and supervisors give different answers", *Business Horizons,* 30 (5), 58-65. Kovach K. A. (1995), "Employee motivation: Addressing a crucial factor in your organization's performance", *Employment Relations Today,* 22 (2), 93-105 ; cité par Jurkiewicz C. L., Massey Jr T. K. et Brown R. G. (1998), "Motivation in public and private organizations", *Public Productivity and Management Review,* 21 (3), 230-250 (p. 231).
10. Wiley C. (1997), "What motivates employees according to over 40 years of motivation surveys", *International Journal of Manpower,* 18 (3), 263-280.
11. Heath C. (1999), *op. cit.*
12. Lecomte J. (2012), *La Bonté humaine*, Paris, Odile Jacob, p. 321.
13. Cerasoli C. P., Nicklin J. M., Ford M. T. (2014), "Intrinsic motivation and extrinsic incentives jointly predict performance: A 40-year meta-analysis", *Psychological Bulletin,* 140 (4), 980-1008.
14. Voir la synthèse d'études : Fehr E., Goette L. et Zehnder C. (2009), "A behavioral account of the labor market: The role of fairness concerns", *Annual Review of Economics,* 1, 355-384.
15. Kuvaas B. (2006), "Work performance, affective commitment, and work motivation: The roles of pay administration and pay level", *Journal of Organizational Behavior,* 27, 365-385.
16. Lee D. et Rupp N. G. (2007), "Retracting a gift: How does employee effort respond to wage reductions?" *Journal of Labor Economics,* 25 (4), 725-761.
17. Mas A. (2006), "Pay, reference points, and police performance", *Quarterly Journal of Economics,* 121 (3), 783-821.
18. Mühlau P. et Lindenberg S. (2003), "Efficiency wages: signals or incentives? An empirical study of the relationship between wage and commitment", *Journal of Management and Governance,* 7, 385-400.
19. Morse N. C. et Weiss R. S. (1955), "The function and meaning of work and the job", *American Sociological Review,* 20, 191-198.
20. Voir notamment Vecchio R. P. (1980), "The function and meaning of work and the job: Morse and Weiss (1955) revisited", *Academy of Management Journal,* 23 (2), 361-367. Highhouse S., Zickar M. et Yankelevich M. (2010), "Would you work if you won the lottery? Tracking changes in the American work ethic", *Journal of Applied Psychology,* 95 (2), 349-357.
21. Furaker B. et Hedenus A. (2009), "Gambling windfall decisions: Lottery winners and employment behavior", *UNLV Gaming Research and Review Journal,* 13 (2), 1-5.
22. Arvey R. D., Harpaz L et Liao H. (2004), "Work centrality and post-award work behavior of lottery winners", *Journal of Psychology,* 138 (5), 404-420.

Chapitre 6. Les primes à la performance nous motivent-elles ?

1. Schopenhauer A. (1998), *Aphorismes sur la sagesse dans la vie*, Paris, Puf, « Quadrige », p. 32.
2. Lao-tseu (2009), *Tao-tö king*, 46, Paris, Gallimard, « Folio », p. 68.
3. Barel Y. et Frémeaux S. (2008), « *Le don gratuit : le cas d'un établissement public* », Gérer et Comprendre, 94, 80-89, p. 86.
4. Lecomte J. (2012), *La Bonté humaine*, Paris, Odile Jacob.
5. Lazear E. P. (2000), "Performance pay and productivity", *American Economic Review,* 90 (5), 1346-1361.

6. Paarsch H. J. et Shearer B. S. (2000), "Piece rates, fixed wages, and incentive effects: Statistical evidence from payroll records", *International Economic Review*, 41 (1), 59-92.

7. Shirom A., Westman M. et Melamed S. (1999), "The effects of pay systems on blue-collar employees' emotional distress: the mediating effects of objective and subjective work monotony", *Human Relations*, 52 (8), 1077-1097.

8. Yeh W.-Y., Cheng Y. et Chen C.-J. (2009), "Social patterns of pay systems and their associations with psychosocial job characteristics and burnout among paid employees in Taiwan", *Social Science and Medicine*, 68 (8), 1407-1415.

9. Kaminski M. (2001), "Unintended consequences: Organizational practices and their impact on workplace safety and productivity", *Journal of Occupational Health Psychology*, 6 (2), 127-138. Bender K. A., Green C. et Heywood J. S. (2012), "Piece rates and workplace injury: Does survey evidence support Adam Smith?", *Journal of Population Economics*, 25, 569-590.

10. Weibel A., Rost K. et Osterloh M. (2010), "Pay for performance in the public sector – benefits and (hidden) costs", *Journal of Public Administration Research and Theory*, 20 (2), 387-412.

11. Marsden D. et Richardson R. (1994), "Performing for pay? The effects of 'merit pay' on motivation in a public service", *British Journal of Industrial Relations*, 32 (2), 243-261.

12. Packard D. (1995), *The HP Way: How Bill Hewlett and I Built Our Company*, New York, HarperCollins.

13. Beer M. et Cannon M. D. (2004), "Promise and peril in implementing pay-for-performance", *Human Resource Management Journal*, 43 (1), 3-48.

14. Petite expérience réalisée par James Baron, citée par Pfeffer J. et Sutton R. (2007), *Faits et foutaises dans le management*, Paris, Vuibert, p. 122-123.

15. Chanial P. (2010), « Le *new public management* est-il bon pour la santé ? », *La Revue du MAUSS semestrielle*, 1 (35), 135-150 (p. 143).

16. Campbell S. M., Dreeves D., Kontopanthelis E., Sibbald B. et Roland M. (2009), "Effects of pay for performance on the quality of primary care in England", *New England Journal of Medicine*, 361 (4), 368-378.

17. Da Silva N. (2013), « Faut-il intéresser les médecins pour les motiver ? Une analyse critique du paiement à la performance médicale », *La Revue du MAUSS semestrielle* 1 (41), 93-108.

18. Gillam S. J., Siriwardena A. N. et Steel N. (2012), "Pay-for-performance in the United Kingdom: Impact of the quality and outcomes framework – A systematic review", *Annals of Family Medicine*, 10 (5), 461-468 (p. 466).

19. Eijkenaar F., Emmert M., Scheppach M. et Schöffski O. (2013), "Effects of pay for performance in health care: A systematic review of systematic reviews", *Health Policy*, 110, 115-130 (p. 128).

20. Meyer B. (2013), « Bonus – La position de la FMH », *Bulletin des médecins suisses*, 94 (51/52), 1935-1937.

21. Bras P. et Duhamel G. (2008), *Rémunérer les médecins selon leurs performances : les enseignements des expériences étrangères*, Paris, Igas.

22. Conseil national de l'Ordre des médecins (2009), *« CAPI » : Le NON du CNOM : Tels qu'ils sont, ils contreviennent à la déontologie*, http://www.conseil-national.medecin.fr/article/%C2%AB-capi-%C2%BB-le-non-du-cnom-tels-qu-ils-sont-ils-contreviennent-la-deontologie-654

23. Syndicat de la médecine générale (2011), Communiqué de presse du 6 décembre 2011 : *Appel au boycott de la prime à la performance.*

24. Nifenecker R. (2011), *La rémunération des médecins généralistes : une approche des raisons du refus d'adhérer au contrat d'amélioration des pratiques individuelles (CAPI) par les médecins généralistes bretons deux ans après son apparition*, Thèse en vue du diplôme d'État de docteur en médecine, Université de Rennes-1, p. 51.

25. OCDE (2005), *La rémunération liée aux performances dans l'administration*, Paris, OCDE, p. 37.

26. Weibel A., Rost K. et Osterloh M. (2010), "Pay for performance in the public sector – benefits and (hidden) costs", *op. cit.*

27. Perry J. L, Engbers T. A. et Jun S. J. (2009), "Back to the future? Performance-related pay, empirical research, and the perils of persistence", *Public Administration Review*, 69 (1), 39-51 (p. 43).

28. Marsden D. (2004), "The role of performance-related pay in renegotiating the 'effort bargain': The case of the British public services", *Industrial and Labour Relations Review*, 57 (3), 350-370.

29. OCDE (2005), *op. cit.*, p. 14, 78, 79.

30. Rouban L. (2004), « Les cadres du public : un univers éclaté », *in* Karvar A. et Rouban L. (dir.), *Les cadres au travail. Les nouvelles règles du jeu*, Paris, La Découverte, 231-258 (p. 246).

31. Kellough J. E. et Selden S. C. (1997), "Pay-for-performance systems in state government: Perceptions of state agency personnel managers", *Review of Public Personnel Administration*, 17 (1), 5-21.

32. Bowman J. S. (2010), "The success of failure: the paradox of performance pay", *Review of Public Personnel Administration*, 30 (1), 70-88. Kellough J. E. et Lu H. (1993), "The paradox of merit pay in the public sector: Persistence of a problematic procedure", *Review of Public Personnel Administration*, 13 (2), 45-64. Marsden D. (2009), "The paradox of performance related pay systems: 'Why do we keep adopting them in the face of evidence that they fail to motivate?'", *in* Hood C. et Margetts H., *Paradoxes of Modernization: Unintended Consequences of Public Policy Reforms,* Oxford, Oxford University Press, p. 185-202.

33. Bowman (2010), *op. cit.*, p. 78.

34. OCDE (2005), *op. cit.*, p. 15.

35. Kellough J. E. et Lu H. (1993), *op. cit.*

Chapitre 7. Vive la confiance !

1. Gandhi (1975), *Tous les hommes sont frères*, Paris, Gallimard, p. 288.

2. Jaspers K. (1970), *Essais philosophiques*, Payot, p. 122.

3. Carter N. L. et Weber J. (2010), "Not Pollyannas: Higher generalized trust predicts lie detection ability", *Social Psychological and Personality Science,* 1 (3), 274-279.

4. Falk A. et Kosfeld M. (2006), "The hidden costs of control", *American Economic Review*, 96 (5), 1611-1630.

5. Barel Y. et Frémeaux S. (2011), « Les coûts cachés liés à des mesures d'amélioration des services. L'exemple des caisses d'un hypermarché », *Finance Contrôle Stratégie,* 14 (3), 91-117.

6. Blanchflower D. G. (2000), "Self-employment in OECD countries", *Labour Economics*, 7, 471-505. Hundley G. (2001), "Why and when are the self-employed more satisfied with their work?", *Industrial Relations*, 40 (2), 293-316.

7. Benz M. et Frey B. S. (2004), "Being independent raises happiness at work", *Swedish Economic Policy Review*, 11, 95-134. Benz M. et Frey B. S. (2008), "Being independent is a great thing: Subjective evaluations of self-employment and hierarchy", *Economica,* 75, 362-383.

8. Soonhe K. (2002), "Participative management and job satisfaction: Lessons for management leadership", *Public Administration Review*, 62 (2), 231-241.

9. Minkler L. (2004), "Shirking and motivations in firms: survey evidence on worker attitudes", *International Journal of Industrial Organization*, 22 (6), 863-884.

10. Salamon S. et Robinson S. (2008), "Trust that binds: The impact of collective felt trust on organizational performance", *Journal of Applied Psychology,* 93 (3), 593-601.

11. Joule R.-V. et Beauvois J.-L. (1998), *La Soumission librement consentie*, Paris, Puf, chapitre 1 : *Trouver un emploi.*

12. Deci E. L., Connell J. P. et Ryan R. M. (1989), "Self-determination in a work organization", *Journal of Applied Psychology,* 74 (4), 580-590.

13. Baard P. P., Deci E. L. et Ryan R. M. (2004), "Intrinsic need satisfaction: A motivational basis of performance and well-being in two work settings", *Journal of Applied Social Psychology*, 34 (10), 2045-2068.

14. Lynch M. F. Jr., Plant R. W. et Ryan R. M. (2005), "Psychological needs and threat to safety: Implications for staff and patients in a psychiatric hospital for youth", *Professional Psychology: Research and Practice,* 36 (4), 415-425.

15. Arnaud S. et Chandon J.-L. (2013), "Will monitoring systems kill intrinsic motivation? An empirical study", *Revue de gestion des ressources humaines*, 90, 35-53.

16. Packard D. (1995), *The HP Way : How Bill Hewlett and I Built Our Company,* New York, Harper Collins.

17. *Ibid.,* p. 126-127.

18. *Ibid.,* p. 127.

19. Zobrist J.-F. (2008), *La belle histoire de FAVI, l'entreprise qui croit que l'Homme est bon,* Tome 1 : Nos belles histoires, Courbevoie, Humanisme et Organisations, p. 3.

20. *Ibid.,* p. 35.

21. *Ibid.,* p. 3.

22. *Ibid.,* p. 36.

23. *Ibid.,* p. 84.

24. *Ibid.,* p. 37.

25. *Ibid.,* p. 41.

26. *Ibid.,* p. 48.

27. *Ibid.,* p. 12.

28. *Ibid.,* p. 130.

29. *Ibid.,* p. 69.

30. *Ibid.,* p. 68.

31. Semler R. (1993), *À contre-courant ; vivre l'entreprise la plus extraordinaire du monde*, Paris, Dunod, p. 38-39, 83.

32. *Ibid.,* p. 326.

33. *Ibid.,* p. 335.

34. *Ibid.,* p. 76, 85.

35. *Ibid.,* p. 252.

36. *Ibid.,* p. 23.

37. Getz I. et Carney B. M. (2012), *Liberté et Cie : quand la liberté des salariés fait le bonheur des entreprises*, Paris, Fayard. http://liberteetcie.com/category/leaders-liberateurs/

38. *Ibid.,* p. 183.

39. *Ibid.,* p. 109.

40. *Ibid.,* p. 56, 57.

41. Cité par Getz et Carney, *Ibid.*, p. 344.

42. Vanhée L. (2013), Happy RH, *Le bonheur au travail, rentable et durable*, Bruxelles, La Charte.

43. *Ibid.,* p. 181.

44. *Ibid.,* p. 123, 129, 130.

45. *Ibid.,* p. 89.

46. Voir par exemple les cas présentés par De Jong J. P. J. et Den Hartog D. N. (2007), "How leaders influence employees' innovative behaviour", *European Journal of Innovation Management*, 10 (1), 41-64 (p. 53).

47. Nijhof A., Krabbendam K. et Looise J. K. (2002), "Innovation through exemptions: Building upon the existing creativity of employees", *Technovation*, 22 (11), 675-683.

48. Pour rédiger cette partie, je me suis essentiellement appuyé sur les documents suivants : Brand A. (1998), "Knowledge management and innovation at 3M", *Journal of Knowledge Management*, 2 (1), 17-22. Nayak P. R. et Ketteringham J. M. (1987), *12 idées de génie auxquelles personne ne croyait*, Paris, First, chapitre 4. 3M Company (2002), *A century of Innovation, The 3M Story*.

49. http://www.strategyand.pwc.com/global/home/what-we-think/global-innovation-1000

50. McKnight Principles : http://solutions.3m.com/wps/portal/3M/en_US/3M-Company/Information/Resources/History/?PC_Z7_RJH9U52300V200IP896S2Q3223000000_assetId=1319210372704

51. Fink M. et Kessler A. (2010), "Cooperation, trust and performance: Empirical results from three countries", *British Journal of Management*, 21 (2), 469-483.

52. Dirks K. T. et Ferrin D. L. (2002), "Trust in leadership: Meta-analytic findings and implications for research and practice", *Journal of Applied Psychology*, 87 (4), 611-628.

Chapitre 8. Travailler en bonne collaboration

1. Saint-Exupéry A. de (1980), *Terre des hommes*, Paris, Gallimard, « Folio », p. 35.

2. Einstein A. (1979), *Comment je vois le monde*, Paris, Flammarion, « Champs », p. 7.

3. Ce conte m'est venu spontanément à l'esprit un jour où je réfléchissais à la nécessité de la coopération. Mais sachant à quel point nous pouvons oublier des lectures passées, je n'ose m'en attribuer la paternité. J'ai cependant cherché sur Internet et n'ai rien trouvé qui puisse s'en rapprocher. Peut-être en suis-je donc bien l'auteur ?

4. Walker C. J. (2010), "Experiencing flow: Is doing it together better than doing it alone?", *Journal of Positive Psychology*, 5 (1), 3-11.

5. Sonnentag S. (2000), "Excellent performance: The role of communication and cooperation processes", *Applied Psychology: An International Review*, 49 (3), 483-497.

6. Voir entre autres : Tjosvold D., Yu Z. et Hui C. (2004), "Team learning from mistakes: The contribution of cooperative goals and problem-solving", *Journal of Management Studies*, 41 (7), 1223-1245. Tjosvold D. (1998), "Making employee involvement work: Cooperative goals and controversy to reduce costs", *Human Relations*, 51 (2), 201-214. Tjosvold D. et Halco J. A. (1992), "Performance appraisal of managers: Goal interdependence, ratings and outcomes", *Journal of Social Psychology*, 132 (5), 629-639. Tjosvold D., Andrews I. R. et Struthers J. T. (1992), "Leadership influence: Goal interdependence and power", *Journal of Social Psychology*, 132 (1), 39-50. Tjosvold D. (1990), "Power in cooperative and competitive organizational contexts", *Journal of Social Psychology*, 130 (2), 249-258. Tjosvold D. et Tsao Y. (1989), "Productive organizational collaboration: The role of values and cooperation", *Journal of Organizational Behavior*, 10 (2), 189-195.

7. Blau P. (1954), "Co-operation and competition in a bureaucracy", *American Journal of Sociology*, 59 (6), 530-535. Blau P. (1963), *The Dynamics of Bureaucracy: A Study of Interpersonal Relations in Two Government Agencies*, Chicago, University of Chicago Press.

8. Six F. et Sorge A. (2008), "Creating a high-trust organization: An exploration into organizational policies that stimulate interpersonal trust building", *Journal of Management Studies*, 45 (5), 857-884.

9. Lemieux-Charles L. et McGuire W. L. (2006), "What do we know about health care team effectiveness? A review of the literature", *Medical Care Research and Review*, 63 (3), 263-300.

10. Manser T. (2009), "Teamwork and patient safety in dynamic domains of healthcare: A review of the literature", *Acta Anaesthesiologica Scandinavica*, 53 (2), 143-151.

11. Mazzocco K., Petitti D. B., Fong K. T., Bonacum D., Brookey J., Graham S. *et al.* (2009), "Surgical team behaviors and patient outcomes", *American Journal of Surgery*, 197 (5), 678-685.

12. Baggs J. G., Ryan S. A., Phelps C. E., Richeson J. F. et Johnson J. E. (1992), "The association between interdisciplinary collaboration and patient outcomes in a medical intensive care unit", *Heart Lung*, 21 (1), 18-24.

13. Gittell J. H. *et al.* (2000), "Impact of relational coordination on quality of care, postoperative pain and functioning, and length of stay: a nine-hospital study of surgical patients", *Medical Care*, 38 (8), 807-819.

14. Wheelan S. A., Burchill C. N. et Tilin F. (2003), "The link between teamwork and patients' outcomes in intensive care units", *American Journal of Critical Care*, 12 (6), 527-534.

15. Knaus W. A., Draper E. A., Wagner D. P. et Zimmerman J. E. (1986), "An evaluation of outcome from intensive care in major medical centers", *Annals of Internal Medicine*, 104 (3), 410-418.

16. Aiken L. H., Smith H. L. et Lake E. T. (1994), "Lower Medicare mortality among a set of hospitals known for good nursing care", *Medical Care*, 32 (8), 771-787.

17. Rafferty A. M., Ball J. et Aiken L. H. (2001), "Are teamwork and professional autonomy compatible, and do they result in improved hospital care?", *Quality Health Care*, 10 (Suppl. 2), ii32-ii37.

18. Hall P. (2005), "Interprofessional teamwork: Professional cultures as barriers", *Journal of Interprofessional Care*, 19 (Suppl. 1), 188-196. Garman A. N., Leach D. C. et Spector N. (2006), "Worldviews in collision: Conflict and collaboration across professional lines", *Journal of Organizational Behaviour,* 27 (7), 829-849. Whitehead C. (2007), "The doctor dilemma in interprofessional education and care: How and why will physicians collaborate?", *Medical Education*, 41 (10), 1010-1016.

19. Péoc'h N. et Ceaux C. (2012), « Les valeurs professionnelles, une composante de la stratégie d'implication organisationnelle des professionnels de santé », *Recherche en soins infirmiers,* 53-66 (p. 62).

20. Leipzig R. M., Hyer K., Kirsten E., Wallenstein S., Vezina M. L., Fairchild S., Cassel C. K. et Howe J. L. (2002), "Attitudes toward working on interdisciplinary teams: A comparison by discipline", *Journal of the American Society*, 50, 1141-1148.

21. Miller P. A. (2001), "Nurse-physician collaboration in an intensive care unit", *American Journal of Critical Care*, 10 (5), 341-350.

22. Thomas E. J., Sexton J. B. et Helmreich R. L. (2003), "Discrepant attitudes about teamwork among critical care nurses and physicians", *Critical Care Medicine*, 31 (3), 956-959.

23. Cooper H., Carlisle C., Gibbs T. et Watkins C. (2001), "Developing an evidence base for interdisciplinary learning: A systematic review", *Journal of Advanced Nursing*, 35 (2), 228-237.

24. Morey J. C., Simon R., Jay G. D., Wears R. L., Salisbury M., Dukes K. A. et Berns S. D. (2002), "Error reduction and performance improvement in the emergency department through formal teamwork training: Evaluation results of the MedTeams project", *Health Services Research*, 37 (6), 1553-1581.

25. Berry L. et Seltman K. (2008), *Management Lessons from Mayo Clinic: Inside one of the World's Most Admired Service Organizations*, New York, McGraw Hill, p. 22.

26. *Ibid.*, p. 57.

27. *Ibid.*, p. 52.

28. *Ibid.*, p. 54.

29. *Ibid.*, p. 54-55.

30. Lopes H. et Calapez T. (2011), "Exploring the Sources and Benefits of Cooperation", *International Journal of Social Economics,* 38 (7), 607-627.

31. Janis I. L. (1972), *Victims of Groupthink: a Psychological Study of Foreign-Policy Decisions and Fiascoes*, Boston, Houghton Mifflin.

32. Janis I. L. (1982), *Groupthink: Psychological Studies of Policy Decisions and Fiascoes*, 2nd edition, Boston, Houghton Mifflin, p. 9.

33. *Ibid.*

34. Ahlstrom D. et Wang L. C. (2009), "Groupthink and France's defeat in the 1940 campaign", *Journal of Management History*, 15 (2), 159-177.

35. Smith S. (1985), "Groupthink and the hostage rescue mission", *British Journal of Political Science*, 15 (1), 117-123.

36. Esser J. K. et Lindoerfer J. S. (1989), "Groupthink and the space shuttle Challenger accident: Toward a quantitative case analysis", *Journal of Behavioral Decision Making*, 2 (3), 167-177. Moorhead G., Ference R. et Neck C. P. (1991), "Group decision fiascoes continue: Space shuttle Challenger and a revised groupthink framework", *Human Relations*, 44 (6), 539-550.

37. Ferraris C. et Carveth R. (2003), "NASA and the Columbia disaster: decision-making by groupthink?", *Proceedings of the 2003 Association for Business Communication Annual Convention.*

38. Sims R. R. (1992), "Linking groupthink to unethical behavior in organizations", *Journal of Business Ethics*, 11 (9), 651-662.

39. Aldag R. J. et Fuller S. R. (1993), "Beyond fiasco: A reappraisal of the groupthink phenomenon and a new model ofgroup decision processes", *Psychological Bulletin*, 113 (3), 533-552.

40. Turner M. E. et Pratkanis A. R. (1998), "Twenty-five years of groupthink theory and research: Lessons from the evaluation of a theory", *Organizational Behavior and Human Decision Processes*, 73 (2/3), 105-115.

41. Rose J. (2011), "Diverse perspectives on the groupthink theory", *Emerging Leadership Journeys*, 4 (1), 37-57.

42. Crick F. (1988), *What Mad Pursuit: A Personal View of Scientific Discovery*, New York, Basic Books, p. 70.

43. Herbert T. T. et Estes R. W. (1977), "Improving executive decisions by formalizing dissent: The corporate devil's advocate", *Academy of Management Review*, 2 (4), 662-667.

44. MacDougall C. et Baum F. (1997), "The devil's advocate: A strategy to avoid groupthink and stimulate discussion in focus groups", *Qualitative Health Research*, 7 (4), 532-541.

45. Schwenk C. R. (1990), "Effects of devil's advocacy and dialectical inquiry on decision making: A meta-analysis", *Organizational Behavior and Human Decision Processes*, 47 (1), 161-176.

46. Russell B. (1965), *ABC de la relativité*, Paris, 10-18, p. 147.

47. De Wit F. R. C., Greer L. L. et Jehn K. A. (2012), "The paradox of intragroup conflict: A meta-analysis", *Journal of Applied Psychology*, 97 (2), 360-390.

Chapitre 9. Se mettre au service des autres

1. Jésus (2004), *Évangile de Marc*, 10, 44, *La Bible* (traduction œcuménique), Paris, Le Cerf, p. 1454.

2. Mandela N. (2003), Discours du 11 février 1990, dans *In His Own Words*, New York, Little, Brown and Company, 2003, p. 59.

3. Podsakoff P. M., MacKenzie S. B., Paine J. B. et Bachrach D. G. (2000), "Organizational citizenship behaviors: A critical review of the theoretical and empirical literature and suggestions for future research", *Journal of Management*, 26 (3), 513-563.

4. Yaffe T. et Kark R. (2011), "Leading by example: The case of leader OCB", *Journal of Applied Psychology*, 96 (4), 806-826.

5. Podsakoff N. P., Blume B. D., Whiting S. W. et Podsakoff P. M. (2009), "Individual- and organizational level consequences of organizational citizenship behaviors: A meta-analysis", *Journal of Applied Psychology*, 94 (1), 122-141.

6. Walz S. M. et Niehoff B. P. (2000), "Organizational citizenship behaviors: Their relationship to organizational effectiveness", *Journal of Hospitality and Tourism Research*, 24 (3), 301-319.

7. Nielsen T. M., Hrivnak G. A. et Shaw M. (2009), "Organizational citizenship behavior and performance: A meta-analysis of group-level research", *Small Group Research*, 40 (5), 555-577.

8. Clot Y. (1997), « Le problème des catachrèses en psychologie du travail : un cadre d'analyse », *Le Travail humain*, 60 (2), 113-129. Clot Y. (1995), *Le travail sans l'homme ? Pour une psychologie des milieux de travail et de vie*, Paris, La Découverte, p. 102-112.

9. Valérie P. (2012), « Les théories implicites du leadership (TIC) », *Revue internationale de psychosociologie et de gestion des comportements organisationnels*, 46 (18), 247-266.

10. Ames D. R. et Flynn F. J. (2007), "What breaks a leader: The curvilinear relation between assertiveness and leadership", *Journal of Personality and Social Psychology*, 92, 307-324.

11. Fragale A. R. (2006), "The power of powerless speech: The effects of speech style and task interdependence on status conferral", *Organizational Behavior and Human Decision Processes*, 101 (2), 243-261.

12. Grant A. M., Gino F. et Hofmann D. A. (2011), "Reversing the extraverted leadership advantage: The role of employee proactivity", *Academy of Management Journal*, 54 (3), 528-550.

13. Collins J. (2009), *De la performance à l'excellence : devenir une entreprise leader*, Paris, Village mondial.

14. *Ibid.*, p. 13, 27.

15. Cet ami cofondateur de Contigo est Laurent Monbacher, qui a créé sa société de conseil en entreprise dans l'optique de « l'entreprise libérée ». Peu de temps après la création du projet, Marianne Vandermeersch, économiste belge, a rejoint l'aventure Contigo… et elle est aujourd'hui l'épouse d'Hubert. Ensemble ils ont six enfants, dont deux accueillis.

16. Pour une description des débuts de Contigo, voir Boisredon C. de, Fougeroux N. de, et Rosanbo L. de (2002), *L'espérance autour du monde*, Paris, Pocket, p. 89-107.

17. Armor (2013), *Notre vision pour Armor*, 5, 12-16.

18. Greenleaf R. K. (1977), *Servant Leadership*, Mahwah, NJ, Paulist Press. Greenleaf R. K. (1996), *On Becoming a Servant Leader*, San Francisco, Jossey-Bass. Voir aussi la biographie de Greenleaf : Frick D. M. (2004), *Robert K. Greenleaf: A Life of Servant Leadership*, San Francisco, Berrett-Koehler.

19. Greenleaf R. K. (1977), *op. cit.*, p. 7, 13-14.

20. *Ibid.*, p 10.

21. Jésus (2004), *Évangile de Marc*, 10, 44, *op. cit.*, p. 1454.

22. Mandela N. (2003), *op. cit.*, p. 59.

23. Greenleaf R. K. (1977), *op. cit.*, p. 20-21.

24. *Ibid.*, p. 49.

25. Parris D. L. et Peachey J. W. (2013), "A systematic literature review of servant leadership theory in organizational contexts", *Journal of Business Ethics*, 113, 377-393. Van Dierendonck D. (2011), "Servant leadership: A review and synthesis", *Journal of Management*, 37 (4), 1228-1261.

26. Les paragraphes qui suivent sont issus de deux interviews de Herb Kelleher : "National Leader of the Month for September 2007", téléchargé le 19 septembre 2011 sur http://www.leadernetwork.org/herb_kelleher_september_07.htm ; Brooker K. (28 mai 2001), "The chairman of the board looks back", *Fortune*, 62.

27. Gittell J. H., Nordenflycht A. von, et Kochan T. A. (2004), "Mutual gains or zero sum? Labor relations and firm performance in the airline industry", *Industrial and Labor Relations Review*, 57 (2), 163-179.

28. Cité par Brooker K. (17 avril 2000), "Can anyone replace Herb?", *Fortune*.

29. Brooker K. (28 mai 2001), *op. cit.*

30. Gittell J. H., Cameron K., Lim S. et Rivas V. (2006), "Relationships, layoffs, and organizational resilience: Airline industry responses to September 11", *Journal of Applied Behavioral Science*, 42 (3), 300-329.

31. Raymond A. (2013), « Les caractéristiques de l'organisation performante », *in* Entreprises et personnel, *Performance(s) : (ré)-écrire ton nom,* Cahiers de l'Université d'Hiver du 18 janvier 2013. Raymond A. (novembre 2011), « L'entreprise industrielle doit réinventer son modèle », *Présence*, 14-15.

32. Raymond A. (novembre 2011), *op. cit.*, p. 15.

Chapitre 10. La bienveillance comme source de joie et d'efficacité

1. Bouddha (2004), *Les dits du Bouddha : le Dhammapada*, Paris, Albin Michel, « Spiritualités vivantes », p. 37.

2. Saint-Exupéry A. de (1980), *Le Petit Prince*, Paris, Gallimard, « Folio Junior », p. 72.

3. Honneth A. (2013), *La Lutte pour la reconnaissance*, Paris, Gallimard, « Folio ».

4. Caillé A. (dir.) (2007), *La quête de reconnaissance, nouveau phénomène social total*, Paris, La Découverte, MAUSS, p. 5.

5. Brillet F., Coutelle P. et Hulin A. (2013), « Proposition d'une mesure de la reconnaissance : une approche par la justice perçue », *Revue de gestion des ressources humaines*, 3 (89), 3-18.

6. http://journee-de-la-gentillesse.psychologies.com/La-bienveillance-au-travail/Appel-a-plus-de-bienveillance-au-travail

7. Boswell W. R., Roehling M. V., LePine M. A. et Moynihan L. M. (2003), "Individual job-choice decisions and the impact of job attributes and recruitment practices: a longitudinal field study", *Human Resource Management*, 42 (1), 23-37.

8. Stajkovic A. D. et Luthans F. (2003), "Behavioral management and task performance in organizations: Conceptual background, meta-analysis, and test of alternative models", *Personnel Psychology*, 56 (1), 155-194.

9. Judge T. A., Piccolo R. F. et Ilies R. (2004), "The forgotten ones? The validity of consideration and initiating structure in leadership research", *Journal of Applied Psychology*, 89 (1), 36-51.

10. Holtz B. C. et Crystal M. H. (2013), "Effects of leadership consideration and structure on employee perceptions of justice and counterproductive work behavior", *Journal of Organizational Behavior,* 34 (4), 492-519.

11. Cohen-Charash Y. et Spector P. E. (2001), "The role of justice in organizations: A meta-analysis", *Organizational Behavior and Human Decision Processes,* 86 (2), 278-321.

12. Viswesvaran C. et Ones D. S. (2002), "Examining the construct of organizational justice: A meta-analytic evaluation of relations with work attitudes and behaviors", *Journal of Business Ethics,* 38 (3), 193-203.

13. Schmitt M. et Dörfel M. (1999), "Procedural injustice at work, justice sensitivity, job satisfaction and psychosomatic well-being", *European Journal of Social Psychology,* 29 (4), 443-453.

14. Greenberg J. (1990), "Employee theft as a reaction to underpayment inequity: The hidden cost of pay cuts", *Journal of Applied Psychology,* 75 (5), 561-568.

15. Cooperrider D. L. et Srivastva S. (1987), "Appreciative inquiry in organizational life", *in* Woodman R. W. et Pasmore W. A. (éd.), *Research In Organizational Change And Development,* Vol. 1, Stamford, JAI Press, 129-169.

16. D'après Cooperrider D. L. et Whitney D. (2005), *Appreciative Inquiry: A Positive Revolution in Change*, San Francisco, Berrett-Koehler, p. 13.

17. *Ibid.*, chapitre 7.

18. Barrett F. et Fry R. (2002), "Appreciative inquiry in action : The unfolding of a provocative invitation", *in Appreciative Inquiry and Organizational Transformation: Reports from the Field*, Westport, Quorum Books, 1-23 (p. 9).

19. Cooperrider D. L. et Whitney D. (2005), *op. cit.*, p. 53.

20. Cooperrider D. L., Whitney D. et Stavros J. M. (2003), *Appreciative Inquiry Handbook,* Bedford Heights, Lakeshore Publishers, p. XVIII.

21. http://ifai-appreciativeinquiry.com/

22. Pagès J. (2014), *Le coaching collectif avec la méthode Appréciative Inquiry : Conduire le changement en s'appuyant sur les réussites*, Paris, Eyrolles. Voir également, en français : Elie P.-C. (2007), *Dynamiser l'organisation avec la démarche appréciative*, Montréal-Québec, Éditions Transcontinental-Fondation de l'Entrepreneurship.

23. Pagès J. (2014), *op. cit.*, p. 115.

24. Barros I. O. et Cooperrider D. L. (2001), "Appreciative inquiry fostering wholeness in organizations: A story of Nutrimental in Brazil", http://appreciativeinquiry.case.edu/intro/bestcasesDetail.cfm?coid=191. Coghlan A. T., Preskill H. et Catsambas T. T. (2003), "An overview of appreciative inquiry in evaluation", *in* Preskill H. et Coghlan A. T. (éd.), *Using appreciative inquiry in evaluation*, San Francisco, Jossey-Bass, p. 5-22.

25. Le Beau G. et Boucher S. (2004), « La démarche appréciative positive : nouvelle perspective d'action », *Objectif Prévention*, 27 (1), 26-28.

26. Barralis J.-C. (2014), « Management et Appreciative Inquiry », *in* Pagès J. (2014), *op. cit.*, p. 167-172.

27. Whitney D., Trosten-Bloom A. et Rader K. (2010), *Appreciative Leadership: Focus on What Works to Drive Winning Performance and Build a Thriving Organization*, New York, McGraw Hill, p. 3. Voir également l'ouvrage, composé de témoignages, de Schiller M., Holland B. M. et Riley D. (éd.) (2001), *Appreciative Leaders: In the Eye of the Beholder*, Ohio, Taos Institute Publishing.

28. Fitzgerald S. P., Oliver C. et Hoxsey J. C. (2010), "Appreciative inquiry as a shadow process", *Journal of Management Inquiry*, 19 (3), 220-233. Bushe G. R. (2007), "Appreciative inquiry is not (just) about the positive", *Organization Development Practitioner*, 39 (4), 30-35.

29. Grant S. et Humphries M. (2006), "Critical evaluation of appreciative inquiry: Bridging an apparent paradox", *Action Research*, 4 (4), 401-418.

30. United Nations Global Compact Office (2004), *The Global Compact Leaders Summit United Nations Headquarters, Final Report*, United Nations Organization, p. 4.

31. Cité par Cooperrider D. L. et Whitney D. (2005), *op. cit.*, p. 28.

32. https://appreciativeinquiry.case.edu/intro/un/KofiAnnan.pdf

33. https://worldinquiry.case.edu/default.

34. http://ifai-appreciativeinquiry.com/recherche/

35. Gibbs C. et Mahé S. (2003), *Birth of a Global Community: Appreciative Inquiry in Action*, Euclid, Lakeshore Communications. Khalsa G. S. (2002), "The Appreciative Summit: The birth of the United Religions Initiative", *in Appreciative Inquiry and Organizational Transformation: Reports from the Field*, *op. cit.*, p. 1-23.

Chapitre 11. L'apaisement des conflits

1. La Fontaine J. de (2008), « Phébus et Borée », dans *Fables*, Paris, Pocket, p. 178.

2. Camus A. (1964), *Carnets*, volume 2, Paris, Gallimard, p. 323.

3. Ce cas de médiation est décrit par Béatrice Blohorn-Brenneur (2006), *Justice et médiation, un juge du travail témoigne*, Paris, Le Cherche midi, p. 165-167.

4. *Ibid.*, p. 90-91.

5. Lecomte J. (2009), « La psychologie de la gratitude », *in* Lecomte J., *Introduction à la psychologie positive*, *op. cit.*, 257-270.

6. Voir Pekar Lempereur A., Salzer J. et Colson A. (2008), *Méthode de médiation, au cœur de la conciliation*, Paris, Dunod, chapitre 3. Stimec A. (2004), *La médiation en entreprise*, Paris, Dunod, p. 22-29.

7. Pekar Lempereur A., Salzer J. et Colson A. (2008), *op. cit.*, p. 68.

8. Au Conservatoire national des arts et métiers de Paris, sous la direction de Jacques Salzer.

9. Poitras J., Stimec A. et Roberge J.-F. (2010), "The negative impact of attorneys on mediation outcomes: A myth or a reality?", *Negotiation Journal*, 26 (1), 9-24.

10. Adijès S. et Lesser H. (2014), *Médiateurs et avocats. Ennemis ? Alliés ?*, Montigny-le-Bretonneux, Médias et médiations.

11. Blohorn-Brenneur B. (2006)., *op. cit.*, p. 192.

12. Fiutak T. (2009), *Le médiateur dans l'arène. Réflexion sur l'art de la médiation*, Toulouse, Érès, chapitre 1. Voir également Stimec A. (2004), *op. cit.*, chapitre 3.

13. Bingham L. B. (2004), "Employment dispute resolution: The case for mediation", *Conflict Resolution Quarterly*, 22 (1-2), 145-174.

14. Blohorn-Brenneur B. (2006), *op. cit.*, p. 148.

15. *Ibid.*, p. 144-145.

16. Tribunal Laboral de Catalunya (2014), *Informació estadística, Any 2014*. http://www.tribulab.cat/wp-content/uploads/2015/03/ANY2014x.pdf

17. Blomgren Bingham L., Nabatchi T., Senger J. M. et Scott Jackman M. (2009), "Dispute resolution and the vanishing trial: comparing federal government litigation and ADR outcomes", *Ohio State Journal on Dispute Resolution*, 24 (2), 225-262.

18. Poitras J. et Le Tareau A. (2009), "Quantifying the quality of mediation agreements", *Negotiation and Conflict Management Research*, 2 (4), 363-380.

19. Chappe N. et Doriat-Duban M. (2003), « La résolution des conflits individuels du travail », *Revue d'économie politique*, 113 (4), 549-568 (p. 552-553).

20. *Ibid.*, p. 554.

21. Les informations qui suivent proviennent de divers articles, en particulier celui écrit par Cynthia Hallberlin. Hallberlin C. J. (2001), "Transforming workplace culture through mediation: Lessons learned from swimming upstream", *Hofstra Labor and Employment Law Journal*, 18, 375-383. Également : Blomgren Bingham L., Hallberlin C. J., Walker D. A. et Chung W.-T. (2011), "Dispute system design and justice in employment dispute resolution: Mediation at the workplace", *Harvard Negotiation Law Review*, 14 (1), 1-34. Bush R. A. B. (2001), "Handling workplace conflict: Why transformative mediation?", *Hofstra Labor and Employment Law Journal*, 18 (2), 367-373. Nabatchi T., Bingham L. B. et Moon Y. (2010), "Evaluating transformative mediation in the U.S. Postal Service REDRESS program", *Conflict Resolution Quarterly*, 27 (3), 257-289.

22. Bush R. A. B. et Folger J. P., *The Promise of Mediation: Responding to Conflict Through Empowerment and Recognition*, San Francisco, Jossey-Bass, 1994.

23. Morineau J. (1998), *L'esprit de la médiation*, Toulouse, Érès, p. 29, 81, 140.

Chapitre 12. Une théorie révolutionnaire

1. Terence (1984), « Heautontimoroumenos », I, 1, dans *Comédies* 2, Paris, Les Belles Lettres, p. 23.

2. Frankl V. (1988), *Découvrir un sens à sa vie avec la logothérapie*, Montréal, Éditions de l'Homme, « Actualisation », p. 94, p. 136.

3. Braithwaite J. (1999), "Restorative justice: Assessing optimistic and pessimistic accounts", *in* Tonry M. , *Crime and justice: A review of research*, Chicago, University of Chicago Press, 1-127 (p. 32).

4. Braithwaite J. (1985), *To Punish or Persuade, Enforcement of Coal Mine Safety*, Albany, State University of New York.

5. *Ibid.*, p. 81.

6. *Ibid.*, p. 85.

7. *Ibid.*, p. 101.

8. Mine Enforcement and Safety Administration (1977), *A Report On Civil Penalty Effectiveness*, Washington. Cité par Braithwaite J. (1985), *op. cit.*, p. 89.

9. Braithwaite J. (1985), *op. cit.*, p. 2.

10. *Ibid.*, p. 169.

11. *Ibid.*, p. 171.

12. *Ibid.*, p. 100.

13. Braithwaite J. (1999), *op. cit.*, p. 1-127 (p. 33).

14. Braithwaite J. (1993), "Responsive regulation for Australia", *in* Grabosky P. et Braithwaite J. (éd.), *Business Regulation and Australia's Future*, Canberra, Australian Institute of Criminology, p. 87.

15. Les résultats se trouvent répartis dans plusieurs publications : Braithwaite J. et Makkai T. (1991), "Testing an expected utility model of corporate deterrence", *Law and Society Review,* 25 (1), 7-40. Makkai T. et Braithwaite V. (1993), "Professionalism, organizations, and compliance", *Law and Social Inquiry*, 1, 33-59. Makkai T. et Braithwaite J. (1994), "The dialectics of corporate deterrence", *Journal of Research in Crime and Delinquency,* 31 (4), 347-373. Makkai T. et Braithwaite J. (1994), "Reintegrative shaming and compliance with regulatory standards", *Criminology*, 32 (3), 361-385.

16. Makkai T. et Braithwaite J. (1994), "The dialectics of corporate deterrence", *op. cit.*, p. 355.

17. *Ibid.*, p. 365.

18. Makkai T. et Braithwaite J. (1994), "Reintegrative shaming and compliance with regulatory standards", *op. cit.*, p. 361-385.

19. *Ibid.*, p. 364.

20. Braithwaite J. (1993), *L'amélioration du respect de la réglementation : stratégies et applications pratiques dans les pays membres de l'OCDE*, Paris, OCDE, p. 30.

21. *Ibid.*, p. 31.

22. Ayres I. et Braithwaite J. (1992), *Responsive Regulation: Transcending the Deregulation Debate*, New York, Oxford University Press, p. 47-48.

23. Gunningham N. et Sinclair D. (2009), "Regulation and the role of trust: Reflections from the lining industry", *Journal of Law and Society*, 36 (2), 167-194.

24. *Ibid.*, p. 182.

25. *Ibid.*, p. 182.

26. *Ibid.*, p. 180, 183.

27. *Ibid.*, p. 187.

28. OCDE (2001), *Réduire le risque d'échec des politiques publiques : les défis liés au respect de la réglementation*, p. 65.

29. Ayres I. et Braithwaite J. (1992), *op. cit.*

30. Braithwaite J., Healy J. et Dwan K. (2005), *The Governance of Health Safety and Quality*, Commonwealth of Australia, p. 43, 44.

31. Braithwaite J. et Geis G. (1982), "On theory and action for corporate crime control", *Crime and Delinquency*, 28 (2), 292-314 (p. 293).

32. *Ibid.*, p. 294-296.

33. Thornton D., Gunningham N. A. et Kagan R. A. (2005), "General deterrence and corporate environmental behavior", *Law and Policy,* 25 (2), 262-288. Gunningham N. A., Thornton D. et Kagan R. A. (2005), "Motivating management: Corporate compliance in environmental protection", *Law and Policy*, 27 (2), 289-316.

34. Gunningham N. A., Thornton D. et Kagan R. A. (2005), *op. cit.*, p. 312.

35. *Ibid.*, p. 296.

36. *Ibid.*, p. 305.

37. Voir les références dans OCDE (2001), *op. cit.*, p. 81.

38. Wood C., Ivec M., Job J. et Braithwaite V. (2010), "Applications of responsive regulatory theory in Australia and overseas", *Occasional Paper 15*, Regulatory Institutions Network ANU, Canberra, Australia.

39. Hawkins K. (1984), *Environment and Enforcement: Regulation and the Social Definition of Pollution*, Oxford, Clarendon Press.

40. Mascini P. (2013), "Why was the enforcement pyramid so influential? And what price was paid?", *Regulation and Governance*, 7, 48-60 (p. 54).

41. White R. (2010), "Prosecution and sentencing in relation to environmental crime: Recent socio-legal developments", *Crime, Law and Social Change*, 53 (4), 365-381 (p. 369).

42. Fineman S. (2000), "Enforcing the environment: Regulatory realities", *Business Strategy and the Environment*, 9 (1), 62-72.

43. Sanseverino-Godfrin V. (2015), "Safety and environmental control of industrial activities in France: A negotiated relationship", *24th European Safety and Reliability Conference - ESREL 2014, Sept. 2014, Wroclaw, Poland*, London, Taylor & Francis Group, 695-700.

44. Cité par Bonnaud L. (2011), « De la catastrophe de Feyzin (1966) à l'explosion d'AZF (2001) : la naissance du métier d'inspecteur des installations classées ? », *Responsabilité et Environnement*, 62, 35-42 (p. 39).

45. Braithwaite J. (1982), "Enforced self-regulation: A new strategy for corporate crime control", *Michigan Law Review*, 80 (7), 1466-1507.

46. Ayres I. et Braithwaite J. (1992), *op. cit.*, p. 112.

47. *Ibid.*, p. 104.

48. *Ibid.*, p. 104.

49. *Ibid.*, p. 129.

50. Braithwaite J. (1985), *op. cit.*, p. 126, 134.

51. Braithwaite J. (1993), *L'amélioration du respect de la réglementation, op. cit.*, p. 32.

52. Braithwaite J., Grabosky P. et Walker J. (1987), "An enforcement taxonomy of regulatory agencies", *Law and Policy*, 9 (3), 323-351.

53. Braithwaite J. (1999), "A future where punishment is marginalized: Realistic or utopian?", *UCLA Law Review*, 46 (6), 1727-1750 (p. 1729).

54. Makkai T. et Braithwaite J. (1994), "Reintegrative shaming and compliance with regulatory standards", *op. cit.*, (p. 379).

55. Ayres I. et Braithwaite J. (1992), *op. cit.*, p. 55.

56. *Ibid.*, chapitre 3.

57. *Ibid.*, p. 5.

58. *Ibid.*, p. 17.

59. *Ibid.*, p. 17.

60. *Ibid.*, p. 18.

61. *Ibid.*, p. 98.

62. Braithwaite J., Makkai T. et Braithwaite V. (2007), *Regulating Aged Care: Ritualism and the New Pyramid*, Cheltenham, Edward Elgar (voir en particulier le chapitre 10).

Chapitre 13. Quand l'entreprise diminue la pauvreté dans le monde

1. Pasteur L. (1939), « Discours prononcé devant la Société philanthropique », *Œuvres*, tome 7, *Mélanges scientifiques et littéraires*, Masson, p. 411.

2. Péguy C. (1934), *Pensées*, Gallimard, p. 18.

3. King M. L. (1991), *A Testament of Hope, The Essential Writings and Speeches of Martin Luther King Jr.*, New York, HarperCollins, p. 241.

4. Pour la rédaction de cette partie, je me suis servi des documents suivants : Campbell W. C. (2012), "History of avermectin and ivermectin, with notes on the history of other macrocyclic lactone antiparasitic agents", *Current Pharmaceutical Biotechnology*, 13 (6), 853-865. Vagelos R. et Galambos L. (2004), *Medicine, Science and Merck*, Cambridge, Cambridge University Press. Andersson J., Forssberg H. et Zierath J. R. (2015), Avermectin *and Artemisinin – Revolutionary Therapies Against Parasitic Diseases*, The Nobel Assembly at Karolinska Institutet. Useem M. (1998), *The Leadership Moment*, New York, Times Books-Random House (chapitre 1 : "Roy Vagelos attacks river blindness", 10-42).

5. Vagelos R. et Galambos L. (2004), *op. cit.*, p. 248.

6. *Ibid.*, p. 250.

7. *Ibid.*, p. 252-254. Voir aussi London S. (14 juillet 2004), "Benevolence and the bottom line", *Financial Times*.

8. Cité par Vagelos, R. et Galambos, L. (2004), *op. cit.*, p. 255.

9. Cité par Useem M. (1998), *op. cit.* p. 39.

10. *Ibid.*, p. 39.

11. Scherer A. G. et Palazzo G. (2011), "The new political role of business in a globalized world: A review of a new perspective on CSR and its implications for the firm, governance, and democracy", *Journal of Management Studies,* 48 (4), 899-931. Bures O. (2015), "Political corporate social responsibility: Including high politics?", *Journal of Business Ethics,* 129 (3), 689-703.

12. Voir notamment, parmi de nombreux autres documents : Ben Lahouel B., Montargot N., Peretti J.-M. et Autissier D. (2015), « L'ancrage de la citoyenneté dans les entreprises multinationales : une analyse du cas Danone », *Recherches en sciences de gestion,* 1 (106), 137-158. Matten D. et Crane A. (2005), "Corporate citizenship: Towards an extended theoretical conceptualization", *Academy of Management Review,* 30 (1), 166-179. Wood D. J., Logsdon J. M., Lewellyn P. G. et Davenport K. (2006), *Global Business Citizenship: A Transformative Framework For Ethics and Sustainable Capitalism,* London-New York, Routledge. Il existe même un *Journal of Corporate Citizenship.*

13. Henderson, D. H. (2001), *Misguided Virtue: False Notions of Corporate Social Responsibility,* Wellington (New Zealand), Business Roundtable. Sundaram A. K. et Inkpen A. C. (2004), "The corporate objective revisited", *Organization Science,* 15 (3), 350-363.

14. Birn A.-E. (2014), "Philanthrocapitalism, past and present: the Rockefeller Foundation, the Gates Foundation, and the setting(s) of the international/global health agenda", *Hypothesis,* 12 (1), 1-27.

15. Alexandre L. (1er juillet 2015), « Bill Gates, ce héros du XXIe siècle », *Le Monde.*

16. Ferner P. (21 février 2007), « Bill Gates, philanthrope, mais pas trop », Agoravox : http://www.agoravox.fr/tribune-libre/article/bill-gates-philanthrope-oui-mais-19525

17. Žižek. S. (2006), "Nobody has to be vile", *London Review of Books,* 28 (7), 10.

18. Seghers V. (2007), *Ce qui motive les entreprises mécènes : philanthropie, investissement, responsabilité sociale ?,* Paris, Autrement, p. 12.

19. Seghers V. (2009), *La nouvelle philanthropie : (ré)invente-t-elle un capitalisme solidaire ?,* Paris, Autrement.

20. *Ibid.,* p. 206.

21. Bishop M. et Green M. (2008), *Philanthrocapitalism: How the rich can save the world,* London, Bloomsbury Press.

22. McGoey L. (2012), "Philanthrocapitalism and its critics", *Poetics,* 40 (2), 185-199. Jenkins G. (2011), "Who's afraid of philanthrocapitalism?", *Case Western Reserve Law Review,* 61 (3), 753-821. Edwards M. (2008), *Just Another Emperor? The Myths and Realities of Philanthrocapitalism,* Demos – The Young Foundation.

23. Gates M. (8 octobre 2014), « Toutes les vies ont une valeur égale », interview par Philippe Coste, *L'Express.*

24. Gates, B. (16 mai 2005), "Prepared remarks by Bill Gates, co-chair", 2005 World Health Assembly.

25. Bishop M. et Green M. (2010), *Philanthrocapitalism: How Giving Can Save the World,* London, A & C Black Publishers, p. 61.

26. Gates M. (8 octobre 2014), *op. cit.*

27. Gates B. (16 mai 2005), "Prepared remarks by Bill Gates, co-chair", 2005 World Health Assembly.

28. Solon O. (13 mars 2014), "Bill Gates capitalism means male baldness research gets more funding than malaria", publié sur wired.co.uk : http://www.wired.co.uk/news/archive/2013-03/14/bill-gates-capitalism

29. Gates B. (11 août 2008), "How to fix capitalism", *Time,* 28-33.

30. Gates M. (8 octobre 2014), *op. cit.*

31. Picchie A. (5 janvier 2015), "Thomas Piketty: Bill Gates doesn't want to pay more tax", CBS News.

32. You D. *et al.* (9 septembre 2015), "Global, regional, and national levels and trends in under-5 mortality between 1990 and 2015, with scenario-based projections to 2030: a systematic analysis by the UN Inter-agency Group for Child Mortality Estimation", *The Lancet*, 1-12.

33. Mathiesen K. (16 mars 2015), "What is the Bill and Melinda Gates Foundation?", *The Guardian.*

34. World Health Organization, *Global Vaccine Action Plan 2011–2020* (p. 29). Voir également : Ozawa S. *et al.* (2011), "During the 'decade of vaccines', the lives of 6.4 million children valued at $231 billion could be saved", *Health Affairs,* 30 (6), 1010-1020.

35. Je n'aborderai pas ici la controverse sur le bien-fondé ou non des campagnes de vaccination, thème qui sort du cadre du présent livre. Je me permets simplement de renvoyer, à titre d'exemple, à l'état des connaissances concernant l'une des plus récentes et retentissantes de ces controverses, celle qui concerne le lien prétendu entre vaccin ROR et autisme. Colgrove J. et Bayer R. (2005), "Could it happen here? Vaccine risk controversies and the specter of derailment", *Health Affairs,* 24 (3), 729-739. Flaherty D. K. (2011), "The vaccine-autism connection: a public health crisis caused by unethical medical practices and fraudulent science", *The Annals of Pharmacotherapy*, 45, 1302-1304. Godlee F., Smith J., et Marcovitch H. (2011), "Wakefield's article linking MMR vaccine and autism was fraudulent", *British Medical Journal,* 342, 64-66. Sur le rôle des médias dans cette controverse, voir : Clarke C. E. (2008), "A question of balance: The autism-vaccine controversy in the British and American elite press", *Science Communication,* 30 (1), 77-107.

36. Cité dans McNeil D. G. (20 décembre 2010), "Five years in, Gauging impact of Gates grants", *The New York Times.*

37. Birn A.-E. (2014), *op. cit.*, p. 12.

38. World Health Organization (2015), *Venezuela (Bolivarian republic of): WHO statistical profile.*

39. Muraskin W. (2004), "The Global Alliance for vaccines and immunization: is it a new model for effective public-private cooperation in international public health?", *American Journal of Public Health,* 94 (11), 1922-1925.

40. Gates B. (16 mai 2005), *op. cit.*

41. McCoy D., Kembhavi G., Patel J. et Luintel A. (2009), "The Bill & Melinda Gates Foundation's grant-making programme for global health", *The Lancet*, 373, 1645-1653. Black R. E., Bhan M. K., Chopra M., Rudan I. et Victora C. G. (2009), "Accelerating the health impact of the Gates Foundation", *The Lancet*, 373, 1584-1585.

42. Les informations sur ce paragraphe proviennent de Reinert M. (5 novembre 2013), « Des partenariats ONG-labos contre le paludisme » : http://www.novethic.fr/empreinte-terre/sante-environnementale/isr-rse/des-partenariats-ong-labos-contre-le-paludisme-141684.html

43. Piller C., Sanders E. et Dixon R. (7 janvier 2007), "Dark cloud over good works of Gates Foundation", *Los Angeles Times.*

44. Beckett A. (12 juillet 2010), "Inside the Bill and Melinda Gates Foundation", *The Guardian.*

45. Gates M. (8 octobre 2014), « Toutes les vies ont une valeur égale », interview par Philippe Coste, *L'Express.*

46. Cité dans Bishop M. et Green M. (2010), *op. cit.*, p. 53.

47. Gates M. (8 octobre 2014), *op. cit.*

48. Cité par Bowman A. (10 décembre 2013), "The flip side to Bill Gates' charity billions", *The New Internationalist.*

49. Prahalad C. K. (2004). Il s'agit là de la traduction littérale de l'ouvrage en anglais. L'édition française a pour titre *4 milliards de nouveaux consommateurs : vaincre la pauvreté grâce au profit*, aux éditions Pearson Education France 2004.

50. Prahalad C. K. (1995), *La conquête du futur : Stratégies audacieuses pour prendre en main le devenir de votre secteur et créer les marchés de demain*, Paris, Interédition.

51. Prahalad C. K. (2004), 4 milliards de nouveaux consommateurs, *op.cit.*, p. 2.

52. Davidson K. (2009), "Ethical concerns at the bottom of the pyramid: where CSR meets BOP", *Journal of International Business Ethics*, 2 (1), 22-32. Landrum N. E. (2007), "Advancing the 'base' of the pyramid debate", *Strategic Management Review*, 1 (1), 1-12. Gupta S. et Jaiswal A. K. (2013), "Making the case for harming the poor – A review of marketing tactics at the Bottom of the pyramid", *Journal of Applied Business and Economics*, 14 (5), 30-40.

53. Karnani a publié plusieurs textes critiques sur le BoP, reprenant parfois les mêmes arguments. Signalons en particulier : Karnani A. (2007), "The mirage of marketing to the bottom of the pyramid: How the private sector can help alleviate poverty", *California Management Review*, 49 (4), 90-111. Karnani A. (2007), "Romanticizing the poor harms the poor", *Whitehead Journal of Diplomacy and International Relations*, 9 (2), 57-70. Garrette B. et Karnani A. (2010), "Challenges in marketing socially useful goods to the poor", *California Management Review*, 52 (4), 29-47.

54. Landrum N. E. (2007), *op. cit.*, p. 8.

55. Simanis E. et Hart S. (2008), *The Base of the Pyramid Protocol: Toward Next Generation BoP Strategy*, 2nd édition, New York, Center for Sustainable Global Enterprise, p. 1.

56. Banerjee A. et Duflo E. (2007), "The economic lives of the poor", *Journal of Economic Perspectives*, 21 (1), 141-167.

57. Karnani A. (2007), "The mirage of marketing to the bottom of the pyramid", *op. cit.*, p. 98.

58. Cité par Karnani A. (2007), "Doing well by doing good – case study: 'Fair and Lovely' whitening cream", *Strategic Management Journal*, 28 (13), 1351-1357.

59. Kolk A., Rivera-Santos M. et Rufin C. (2014), "Reviewing a decade of research on the 'Base/Bottom of the Pyramid' (BOP) concept", *Business and Society*, 53 (3), 338-377.

60. Yunus M. (2012), *Pour une économie plus humaine, construire le social business*, Paris, Livre de poche, p. 20

61. *Ibid.*, p. 20, 21. Yunus M. (2009), Vers un nouveau capitalisme, Paris, Livre de poche, p. 371-372.

62. Banerjee A., Duflo E., Glennester R. et Kinnan C. (2013), "The miracle of microfinance ? Evidence from a randomized evaluation" (Working paper), Massachusetts Institute of Technology – Department of Economics.

63. Banerjee A. et Duflo E. (2012), *Repenser la pauvreté*, Paris, Le Seuil (chapitre 7).

64. Karlan D. et Zinman J. (2011), "Microcredit in theory and practice: using randomized credit scoring for impact evaluation", *Science*, 332, 1278-1284.

65. Banerjee A. et Duflo E. (2012), *op. cit.*, p. 266.

66. *Ibid.* (chapitre 7).

67. *Ibid.*, p. 268.

68. Yunus M. (2012), *op. cit.*, p. 24.

69. Yunus M. (2009), *Vers un nouveau capitalisme*, Paris, Livre de poche, p. 257. Yunus M. (2012), *op. cit.*, p. 27.

70. Yunus M. (2012), *op. cit.*, p. 24.

71. Lecomte, J. (2012), *La Bonté humaine*, Paris, Odile Jacob (conclusion).

72. Yunus M. (2009), *op. cit.*, p. 371. Yunus M. (2012), *op. cit.*, p. 322, 323.

73. Moquet A.-C. (2010), *Le contrôle sociétal – Les cas Lafarge et Danone : de nouveaux modèles de management portés par le projet de développement durable*, Paris, FNEGE-Vuibert, p. 268-269.

74. Cité par Reboul H. de, et Verger-Lisicki O. (2008), *Et les clients pauvres ? Quand les entreprises s'engagent*, Paris, Autrement, p. 41.
75. Faber E. (2011), *Chemins de traverse : vivre l'économie autrement*, Paris, Albin Michel, p. 119.
76. Dalsace F. et Ménascé D. (2010), « Une multinationale face à la pauvreté. Entretien avec Emmanuel Faber », *Revue française de gestion*, 9 (208-209), 219-227 (p. 227).
77. Faber E. (2011), *op. cit.*
78. *Ibid.*, p. 23.
79. *Ibid.*, p. 23.
80. *Ibid.*, p. 60.
81. *Ibid.*, p. 148.
82. Faber E. (2013), « La mondialisation à la rencontre de la fragilité », *in* Collectif, *Quand la fragilité change tout*, Paris, Albin Michel, p. 172.
83. Cité par Yunus M. (2009), *op. cit.*, p. 17.
84. Marchant E. (2012), « La dynamique de danone.communities », *Journal de l'École de Paris du management*, (93), 17-24.
85. Cité par Reboul H. de, et Verger-Lisicki O. (2008), *op. cit.*, p. 138.
86. Yunus M. (2009), *op. cit.*, p. 215, 219.
87. *Ibid.*, p. 257.
88. *Ibid.*, p. 257.
89. Cité par Rodier A. (24 mai 2014), « Muhammad Yunus réussit son opération séduction auprès des jeunes et des grandes entreprises françaises », *Le Monde*.
90. Cité par Reboul H. de, et Verger-Lisicki O. (2008), *op. cit.*, p. 45.
91. *Ibid.*, p. 47.
92. http://www.danonecommunities.com
93. https://lalaiterieduberger.wordpress.com
94. Faber E. (2011), *op. cit.*, p. 91.
95. *Ibid.*, p. 91-92.
96. *Ibid.*, p. 106-107.
97. Cité par Guyot J. et Dardaillon M. (2014), *À la rencontre des entrepreneurs qui changent le monde*, Paris, éditions Rue de l'échiquier, p. 99.
98. Marchant E. (2012), *op. cit.*
99. Lutzel E. de, et La Rochefoucauld Drouâs V. de (2015), *Transformez votre entreprise de l'interieur ! Le guide de l'intrapreneur social*, Paris, éditions Rue de l'échiquier, p. 31, 151.
100. Marchant E. (2012), *op. cit.*
101. Faber E. et Naidoo J. (2014), *Innover par la mobilisation des acteurs : 10 propositions pour une nouvelle approche de l'aide au développement*, Paris, Ministère des Affaires étrangères et du Développement international.
102. Faber E. (11 juillet 2014), « Le modèle d'aide publique au développement est à bout de souffle », *Le Monde* (interview par Serge Michel).
103. Faber E. et Naidoo J. (2014), *op. cit.*, p. 5.
104. L'essentiel des informations de cette partie provient des documents suivants : Cherrier P. et Bhuvaraghan J. (2008), « Rendre les lunettes accessibles aux plus pauvres », *Les Amis de l'École de Paris du management*, Séance du 21 mai 2008. Reboul H. de, et Verger-Lisicki O. (2008), *op. cit.* (chapitre « Les opportunités du terrain, l'histoire d'Essilor », p. 31-38).
105. http://www.who.int/mediacentre/factsheets/fs282/fr
106. Cité par Reboul H. de, et Verger-Lisicki O. (2008), *op. cit.*, p. 37, 54.
107. Cherrier P. et Bhuvaraghan J. (2008), *op. cit.*
108. Cité par Reboul H. de, et Verger-Lisicki O. (2008), *op. cit.*, p. 37.
109. Austin J. E. et Seitanidi M. M. (2012), "Collaborative value creation: A review of partnering between nonprofits and businesses. Part 2: Partnership processes and outcomes", *Nonprofit and Voluntary Sector Quarterly,* 41 (6), 929-968.

110. Cité par Guyot J. et Dardaillon M. (2014), *op. cit.*, p. 72-73.

111. L'essentiel des informations de cette partie provient des documents suivants (en plus du site Internet de Gawad Kalinga) : Graham T. (2015), *La richesse des pauvres*, Paris, éditions Rue de l'échiquier. Guyot J. et Dardaillon M. (2014), *op. cit.*, p. 71-81, 169-175, 142-149. Chaumont R. et Dupuy M. (2013), « 500 multinationales pour Gawad Kalinga aux Philippines », *L'Express,* hors série « Business et Sens ».

112. Cité par Graham T. (2015), *op. cit.*, p. 29.

113. *Ibid.*, p. 135.

114. Guyot J. et Dardaillon M. (2014), *op. cit.*, p. 76-78.

115. *Ibid.*, p. 174.

116. *Ibid.*, p. 144.

117. https://humanheartnature.com/buy/our-story

118. Guyot J. et Dardaillon M. (2014), *op. cit.*, p. 78-79.

119. Graham T. (2015), *op. cit.*, p. 70, 191.

120. L'essentiel des informations de cette partie provient des documents suivants (en plus du site Internet de BipBop) : Guyot J. et Dardaillon M. (2014), *op. cit.*, p. 107-114. Cholez C., Trompette P., Vinck D. et Reverdy T. (2010), « L'exploration des marchés BoP. Une entreprise morale », *Revue française de gestion,* 9 (208-209), 117-135. Lutzel E. de, et La Rochefoucauld Drouâs V. de (2015), *op. cit.*, p. 59. Calpéna S., Guérin L. et Le Yaouanq Y. (2012), *Les grandes entreprises et la base de la pyramide, cinq histoires françaises*, Transvalor-Presses des Mines, p. 93-108.

121. Bauchard F. (3 octobre 2014), « 1er classement des sociétés du Cac 40 les plus engagées en RSE », *Les Échos*.

122. Schneider Electric et l'ONG Gawad signent un partenariat pour développer l'accès à l'électricité et aux services associés aux Philippines : http://www.euro-energie.com/schneider-electric-et-l-ong-gawad-kalinga-signent-un-partenariat-pour-developper-l-acces-r-l-electricite-et-aux-services-associes-aux-philippines-n-3863

123. Cholez C., Trompette P., Vinck D. et Reverdy T. (2010), *op. cit.*, p. 130.

124. Calpéna S., Guérin L. et Le Yaouanq Y. (2012), *op. cit.* Perron J.-L. (2011), "Promoting and developing Social Business: A French Perspective", *The Journal of Social Business*, 1 (1).

Chapitre 14. L'économie sociale et solidaire

1. La Fontaine J. de (2008), « L'Âne et le Chien », dans *Fables*, Paris, Pocket, p. 252.

2. Confucius (1981), *Entretiens*, Paris, Le Seuil, « Points », p. 47.

3. Sartre J.-P. (2002), *Huis clos*, Gallimard, « Folio », p. 63.

4. Frémeaux P. (2013), *La nouvelle alternative ? Enquête sur l'économie sociale et solidaire*, Paris, Les Petits Matins, p. 10, 133.

5. Institut national de la statistique et des études économiques (2015), *L'économie sociale en 2013* : http://www.insee.fr/fr/themes/detail.asp?ref_id=eco-sociale

6. Frémeaux P. (2013), *op. cit.*, p. 18.

7. Frémeaux P. (2013). *La nouvelle alternative ? Enquête sur l'économie sociale et solidaire*, Paris, Les Petits Matins, p. 29.

8. Birchall J. et Ketilson L. H. (2009), *Resilience of the Cooperative Business Model in Times of Crisis*, International Labour Organization.

9. Somavia J. (7 juillet 2012), *Les entreprises coopératives construisent un monde meilleur*, Bureau international du Travail.

10. Guillemoles A. (9 avril 2014), « Jacques de Heere, un patron qui investit dans l'humain », *La Croix*.

11. Oakeshott (21 janvier 1973), "Mondragon. Spain's oasis of democracy", *The Observer*.

12. Pour écrire les lignes qui suivent, je me suis appuyé sur l'ouvrage de Azurmendi J. (1992), *El hombre cooperativo, Pensamiento de Arizmendiarrieta*, Azatza, qui contient de nombreuses citations d'Arizmendiarrieta.

13. Cité par Azurmendi, J. (1992), *op. cit.*, p. 381.

14. *Ibid.*, p. 468.

15. *Ibid.*, p. 469.

16. *Ibid.*, p. 814.

17. *Ibid.*, p. 466-467, 499.

18. Basterretxea Markaida I. (2011), "Sources of Competitive Advantage in the Mondragon Cooperative Group", *in* B. Bakaikoa et E. Albizu E. (éd.), *Basque Cooperativism*, Reno, University of Nevada, Center for Basque Studies-Universidad del Pais Vasco, 131-151.

19. Basterretxea I. et Eneka A. (2011), "Management training as a source of perceived competitive advantage: The Mondragon cooperative group case", *Economic and Industrial Democracy*, 32 (2), 199-222 (p. 209).

20. *Ibid.*, et Durance P. (2011), « La coopérative est-elle un modèle d'avenir pour le capitalisme ? Retour sur le cas Mondragon », *Gérer et Comprendre,* 106, 69-79.

21. Basterretxea I. et Eneka A. (2011), *op. cit.*

22. Charterina J., Albizu E. et Landeta J. (2007), "The quality of management in Basque companies: Differences existing between cooperative and non-cooperative companies", *in* S. Novkovic et V. Sena (éd.), *Cooperative Firms in Global Markets: Incidence, Viability and Economic Performance,* New York, Elsevier Science, 109-150.

23. Catania J. (Février 2003), « Entrevista con J. Marcos », *TU Lankide*, 476, 22-25 (p. 22).

24. Albizu E. et Basterretxea I. (1998), « Flexibilidad laboral y generacion de empleo en tiempos de crisis: El caso de Mondragon Corporacion Cooperativa », *Revista Europea de Dirección y Economía de la Empresa,* 7 (3), 83-98. Bradley K. et Gelb A. (1987), "Cooperative labour relations: Mondragon's response to recession", *British Journal of Industrial Relations,* 25 (1), 77-97.

25. Les informations qui suivent proviennent de ces documents : Elortza N., Alzola I. et López U. (2012), « La gestión de la crisis en la Corporación Mondragon », *Ekonomiaz*, 79, 58-81. Villafañez Pérez I. (2011), "Basque cooperatives and the crisis: The case of Mondragon", *in* B. Bakaikoa et E. Albizu E. (éd.), *op. cit.* Basterretxea I. et Albizu E. (2010), « ¿Es posible resistir a la crisis?: Un análisis desde la gestión de las políticas de formación y empleo en Mondragón », CIRIEC - España, *Revista de Economía Pública, Social y Cooperativa*, 67, 75-96.

26. Voir, parmi d'autres : Durance P. (2011), *op. cit.*

27. http://mouves.org/lentrepreneuriat-social/l-entrepreneuriat-social

28. Barthélémy A., Keller S. et Slitine R. (2013), *L'économie qu'on aime !,* Paris, éditions Rue de l'échiquier, p. 20.

29. http://www.archer.fr/le-groupe/histoire

30. http://www.archer.fr/le-groupe/charte

31. Barthélémy A., Keller S. et Slitine R. (2013), *op. cit.,* p. 69.

32. *Ibid.*, p. 39-40.

33. http://www.archer.fr/pole-sud/ptce

34. Barthélémy A., Keller S. et Slitine R. (2013), *op. cit.,* p. 107.

35. Hoogendoorn B., Pennings H. et Thurik A. (2009), "What do we know about social entrepreneurship: An analysis of empirical research", *International Review of Entrepreneurship*, 8 (2), 71-112.

36. Ashoka (2006), *Measuring Effectiveness.*

37. http://france.ashoka.org/vision-mission-et-approche

CHAPITRE 15. COMMENT RÉDUIRE LES RISQUES DE CATASTROPHES

1. Bernanos G. (1953), *La Liberté, pour quoi faire ?*, Gallimard, p. 11.

2. Reason J. (1993), *L'Erreur humaine*, Paris, Puf, p. 239-240.

3. Llory M. (1996), *Accidents industriels : le coût du silence, opérateurs privés de parole et cadres introuvables*, Paris, L'Harmattan.

4. *Ibid.*, p. 204.

5. La littérature anglo-saxonne sur le sujet est pléthorique. En français, voir notamment Chateauraynaud F. et Torny D. (2013), *Les sombres précurseurs : une sociologie pragmatique de l'alerte et du risque*, Paris, Éditions de l'École des hautes études en sciences sociales. Hartmann F. (2014), *Lanceurs d'alerte. Les mauvaises consciences de nos démocraties*, Paris, Don Quichotte.

6. O'Day R. (1974), "Intimidation rituals: Reactions to reform", *Journal of Applied Behavioral Science*, 10 (3), 373-386.

7. Voir les nombreux exemples cités dans le dossier de *Libération* du 5 juillet 2004 : « La solitude de l'incorruptible ».

8. Parmi les textes précurseurs : Rochlin G., La Porte T. et Roberts K. (1987), "The self-designing high reliability organization: Aircraft carrier flight operations at sea", *Naval War College Review*, 42, 76-90. Rochlin G. I. (1989), "Informal organizational networking as a crisis avoidance strategy: U.S. naval flight operations as a case study", *Organization and Environment*, 3 (2), 159-176. Roberts K. H. (1990), "Some characteristics of High-Reliability Organizations", *Organization Science*, 1 (2), 160-177.

9. Morel C. (2012), *Les décisions absurdes II*, Paris, Gallimard, « Folio », p. 347.

10. Christian Morel emploie l'expression « hiérarchie restreinte impliquée ».

11. National Transportation Safety Board (1994), *A Review of Flightcrew-Involved, Major Accidents of U.S. Air Carriers, 1978 through 1990,* NTSB/SS-94/01, Washington, DC.

12. Morel C. (2012), *op. cit.*, p. 100-105.

13. Amalberti R. (1996), *La conduite de systèmes à risques*, Paris, Puf, p. 192.

14. *Ibid.*, p. 195.

15. Amalberti R. (2012), *Piloter la sécurité : théories et pratiques sur les compromis et les arbitrages nécessaires*, Springer Verlag France, p. 39.

16. Morel C. (2012), *op. cit.*, p. 220.

17. Soulez Larivière D. (s. d.), « La pénalisation à l'encontre de la sécurité » :
http://www.soulezlariviere.com/questions-de-societe/des-dangers-de-la-penalisation-des-accidents/article/daniel-soulez-lariviere-la-penalisation-a-l-encontre-de-la-securite.html

18. Sicot C. (2009), « Connaître ou punir les erreurs », *Les Amis de l'École de Paris du management*, Séance du 19 octobre 2009, p. 6.

19. *Ibid.*

20. Braithwaite J., Healy J. et Dwan K. (2005), *The Governance of Health Safety and Quality*, Commonwealth of Australia, p. 18.

21. OACI (Organisation de l'aviation civile internationale) (juillet 2001), *Normes et pratiques recommandées internationales, Annexe 13 à la Convention relative à l'aviation civile internationale, Enquêtes sur les accidents et incidents d'aviation*, p. 3-1.

22. Lion V. et Scemama C. (22 avril 2015), « L'accident, une angoisse permanente », interview de Pierre-Henri Gourgeon, *L'Express*.

23. OACI (Organisation de l'Aviation Civile Internationale) (21 octobre 2008), *Mise en oeuvre du SGS et la notion de « Culture juste de la sécurité » dans les États membres de l'ASECNA*.

24. Dekker S. (2007), *Just Culture, Balancing Safety and Accountability*, Aldershot, Ashgate.

25. Lecomte J. (2009), « La psychologie de la gratitude », *in* Lecomte J., *Introduction à la psychologie positive*, Paris, Dunod.

26. http://sidneydekker.com/just-culture/ (30 novembre 2015)

27. Kohn L. T., Corrigan J. M. et Donaldson M. S. (éd.) (2000), *To Err Is Human: Building a Safer Health System*, Washington, Institute of Medicine - National Academy Press.

28. La littérature anglo-saxonne sur le sujet est pléthorique. En français, voir Sockeel P., Chatelain E., Massoure M.-P., David P., Chapellier X. et Buffat S. (2009), « Les chirurgiens peuvent apprendre des pilotes : place du facteur humain en chirurgie », *Journal de chirurgie*, 146 (3), 250-255.

29. Voir notamment Brami J. et Amalberti R. (2010), *La sécurité du patient en médecine générale*, Paris, Springer Verlag France.

30. David G. et Sureau C. (2006), *De la sanction à la prévention. Pour une prévention des événements indésirables liés aux soins*, Rapport à l'Académie nationale de médecine, Séance du 4 avril 2006, *Bulletin de l'Académie nationale de médecine*, 190 (9), 1993-1997.

31. Académie nationale de médecine (28 février 2012), *Signalement des événements indésirables en médecine – Protection juridique*, Rapport et recommandation.

Chapitre 16. Les entreprises humanistes sont-elles rentables ?

1. King M. L. (1964), *La force d'aimer*, Casterman, p. 15.

2. Jaurès J. (2008), « Discours à la jeunesse », 30 juillet 1903, dans Dominique Jamet (dir.), « *I have a dream* », *Ces discours qui ont changé le monde*, L'Archipel, p. 31, 32.

3. Damon W. (2004), *The Moral Advantage, How to Succeed in Business by Doing the Right Thing*, San Francisco, Berrett-Koehler Publishers.

4. *Ibid.*, p. 28-29.

5. *Ibid.*, p. 31.

6. Pava M. L. et Krausz J. (1995), *Corporate Responsibility and Financial Performance, The Paradox of Social Cost*, Westport, Quorum Books.

7. Orlitzky M. (2011), "Institutional logics in the study of organizations: The social construction of the relationship between corporate social and financial performance", *Business Ethics Quarterly*, 21 (3), 409-444. Margolis J. D., Elfenbein H. A. et Walsh J. P. (2009), "Does it pay to be good...and does it matter? A meta-analysis of the relationship between corporate social and financial performance", publié en ligne (Social Science Research Network) : http://ssrn.com/abstract=1866371. Margolis J. D. et Elfenbein H. A. (2008), "Do well by doing good? Don't count on it", *Harvard Business Review*, 86 (1), 19-20. Joo B. et McLean G. N. (2006), "Best employer studies: A conceptual model from a literature review and a case study", *Human Resource Development Review*, 5 (2), 228-257. Orlitzky M., Schmidt F. L. et Rynes S. L. (2003), "Corporate social and financial performance: A meta-analysis", *Organization Studies*, 24 (3), 403-441. Margolis J. D. et Walsh J. P. (2003), "Misery loves companies: rethinking social initiatives by business", *Administrative Science Quarterly*, 48 (2), 268-305. Margolis J. D. et Walsh J. P. (2001), *People and Profits? The Search for a Link Between a Company's Social and Financial Performance*, Mahwah, Lawrence Eribaum.

8. Margolis *et al.* (2009), *op. cit.* La synthèse plus récente d'Orlitzky (2011) aborde la question sous un angle très spécifique, non pertinent ici (la différence de résultats selon la discipline universitaire des revues).

9. Surroca J., Tribo J. A. et Waddock S. (2010), "Corporate responsibility and financial performance : The role of intangible resources", *Strategic Management Journal*, 31 (5), 463-490.

10. Barnett M. L. et Salomon R. M. (2006), "Beyond dichotomy: The curvilinear relationship between social responsibility and financial performance", *Strategic Management Journal*, 27 (11), 1101-1122.

11. Barnett M. L. et Salomon R. M. (2012), "Does it pay to be really good? Addressing the shape of the relationship between social and financial performance", *Strategic Management Journal*, 33 (11), 1304-1320.

12. Brammer S. et Millington A. (2008), "Does it pay to be different? An analysis of the relationship between corporate social and financial performance", *Strategic Management Journal,* 29 (12), 1325-1343.

13. Barnett M. L. (2007), "Stakeholder influence capacity and the variability of financial returns to corporate social responsibility", *Academy of Management Review,* 32 (3), 794-816 (p. 806).

14. Cité par Alsop R. (16 janvier 2002), "Perils of corporate philanthropy", *Wall Street Journal.*

15. *Ibid.*

16. De Vries G., Jehn K. A. et Terwel B. W. (2012), "When employees stop talking and start fighting: The detrimental effects of pseudo voice in organisations", *Journal of Business Ethics*, 105, 221-230.

17. Fleming P. (2005), "Workers' playtime? Boundaries and cynicism in a 'Culture of Fun' program", *Journal of Applied Behavioral Science*, 41 (3), 285-303.

Chapitre 17. Sauver la planète, c'est possible !

1. Tenzin Gyatso, 14e Dalaï Lama, « Discours de réception du prix Nobel de la Paix », 11 décembre 1989.

2. Dorst J. (1978), *Avant que nature meure*, Delachaux et Niestlé, p. 529.

3. Pfaff A. S. P. et Sanchirico C. W. (2000), "Environmental self-auditing: Setting the proper incentives for discovery and correction of environmental harm", *Journal of Law, Economics and Organization*, 16 (1), 189-208 (p. 190).

4. Vandenbergh M. (2003), "Beyond elegance: A testable typology of social norms in corporate environmental compliance", *Stanford Environmental Law Journal,* 22, 55-144.

5. Cohen M. A. (2000), "Empirical research on the deterrent effect of environmental monitoring and enforcement", *Environmental Law Reporter,* 30, 10245-10252.

6. Lacy P., Cooper T., Hayward R. et Neuberger L. (2010), *A New Era of Sustainability; UN Global Compact-Accenture CEO Study*, United Nations Global Compact.

7. *Ibid.*, p. 16.

8. Sur ce thème, voir mon ouvrage *La Bonté humaine*, Paris, Odile Jacob.

9. Cité par Kahn A. (15 octobre 2013), « Comment les industriels intègrent les contraintes vertes », *Le Monde.*

10. Cité par Reynaud E. *et al.* (2008), « Les déterminants du comportement responsable : une comparaison internationale à grande échelle », 17th AIMS Annual Congress, Nice Sophia-Antipolis, May, p. 8.

11. *Ibid.*

12. Banerjee S. B., Iyer E. S. et Kashyap R. K. (2003), "Corporate environmentalism: Antecedents and influence of industry type", *Journal of Marketing,* 67 (2), 106-122.

13. Pauli G. (2011), *L'économie bleue, 10 ans, 100 innovations, 100 millions d'emplois,* Lyon, Caillade Publishing, p. 68, 6.

14. Zeitz J. et Grün, A. (2012), *Le moine et l'entrepreneur. Dieu, l'argent et la conscience*, Paris, Parole et Silence, p. 119.

15. Zeitz J. (septembre-octobre 2014), « Faire émerger un plan B », entretien avec Isabelle Hennebelle, *L'Express Réussir*, 8-11 (p. 8).

16. Druon E. (2012), *Écolonomies-Entreprendre et produire autrement*, Montreuil, Pearson, p. 19.

17. Druon E. (2015), *Le syndrome du poisson lune. Un manifeste d'anti-management,* Arles, Actes Sud, p. 169.

18. Ademe/Bio Intelligence Service (2011), *Analyse comparée des impacts environnementaux de la communication par voie électronique*, Paris, Bio Intelligence Service, p. 15-16.

19. Pour une description de multiples innovations environnementales introduites chez Pocheco, voir Berger-Douce S. (2011), « Le développement durable, un levier d'innovation pour les PME ? », *Revue française de gestion*, 6, 147-166.

20. Druon E. (2015). *Le syndrome du poisson lune. Un manifeste d'anti-management*, Arles, Actes Sud, p. 97-98.

21. Entreprises et environnement (2015), *Stratégies des entreprises pour le climat.* Document disponible sur Internet : http://www.epe-asso.org/strategies-des-entreprises-pour-le-climat-mars-2015/

22. http://www.solutionscop21.org/fr/

23. Anderson R. et White R. (2011), *Confessions of a Radical Industrialist*, New York, Random House. Lampikoski T. (novembre 2012), "Green, innovative and profitable: A case study of managerial capabilities at Interface Inc.", *Technology Innovation Management Review*, 4-12.

24. Schwartz A. (2 juillet 2012), "Ray Anderson on climbing the mountain of corporate sustainability", interview de Ray Anderson, *Inhabitat.*

25. Anderson et White (2011), op. cit., p. 17.

26. *Ibid.*, p. 5.

27. *Ibid.*, p. 1.

28. *Ibid.*, p. 5

29. Les exemples cités viennent des trois documents suivants, qui présentent également d'autres expériences, ainsi que les stratégies de mise en œuvre : Romm J. R. (1999), *Cool Companies: How the Best Businesses Boost Profits and Productivity by Cutting Greenhouse Gas Emissions*, London, Earthscan Publications. Hoffman A. J. (2007), *Carbon Strategies: How Leading Companies Are Reducing Their Climate Change Footprint,* Ann Arbor, University of Michigan Press. Northrop M. (2004), "Leading by example: Profitable corporate strategies and successful public policies for reducing greenhouse gas emissions", *Widener Law Journal*, 14, 21-57. Vogel D. (2008), *Le marché de la vertu*, Paris, Economica, p. 180-181.

30. OCDE (2001), *Réduire le risque d'échec des politiques publiques : les défis liés au respect de la réglementation,* p. 23-24.

31. Roger A. (2009), « Quelle implication des destinataires de la norme ? La voie de la corégulation », *VertigO – La Revue en sciences de l'environnement*, hors série 6, 1-6.

32. La littérature sur ce thème est très abondante. Voir notamment Hervé-Fournereau N. (dir.) (2008), *Les approches volontaires et le droit de l'environnement*, Rennes, Presses universitaires de Rennes. Prakash A. et Potoski M. (2006), *The Voluntary Environmentalists*, Cambridge, Cambridge University Press. OCDE (2003), *Les approches volontaires dans les politiques de l'environnement : efficacité et combinaison avec d'autres instruments d'intervention*, Paris.

33. Borkey P. et Matthieu G. (1998), « Les engagements volontaires de l'industrie : un mode original de réglementation environnementale », *Revue d'économie industrielle*, 83 (1), 213-224 (p. 215-216).

34. Aggeri F. (1999), "Environmental policies and innovation, a knowledge-based perspective on cooperative approaches", *Research Policy*, 28 (7), 699-717 (p. 700, 704).

35. On trouve des typologies dans plusieurs documents, notamment : Grolleau G., Mzoughi N. et Thiébaut L. (2004), « Les instruments volontaires : un nouveau mode de régulation de l'environnement ? », *Revue internationale de droit économique*, XVIII (4), 461-481. Khanna M. (2001), "Non-mandatory approaches to environmental protection", *Journal of Economic Surveys* 15 (3), 291-324. OCDE (2003), *op. cit.*

36. David M. (2004), « Les approches volontaires comme instrument de régulation environnementale », *Revue française d'économie*, 19 (1), 227-273 (p. 231-232).

37. Prakash A. et Potoski M. (2006), *op. cit.*

38. Lyon T. P. et Maxwell J. W. (2004), "*Corporate environmentalism and public policy*", Cambridge, Cambridge University Press.

39. Serret Y. (1998), « Accords volontaires et dynamique de changement structurel ; éclairage de la relation à partir de la politique française de gestion des VHU », *Revue d'économie industrielle*, 83, 225-240. Aggeri F. (1999), "Environmental policies and innovation, a knowledge-based perspective on cooperative approaches", *Research Policy*, 28 (7), 699-717.

40. Réseau Action Climat – France (26 juillet 2002), Position du RAC-F sur la TGAP et les échanges volontaires : http://www.rac-f.org/Position-du-RAC-F-sur-la-TGAP-et

41. Grolleau G., Mzoughi N. et Thiébaut L. (2004), *op. cit.*

42. Darnall N. et Sides S. (2008), "Assessing the performance of voluntary environmental programs: Does certification matter?", *Policy Studies Journal*, 36 (1) 95-117.

43. Viveret P. (2003), *Reconsidérer la richesse*, La Tour-d'Aigues, Éditions de l'Aube, p. 37.

44. Grolleau G., Mzoughi N. et Thiébaut L. (2008), « Les "alliances vertes" entre les entreprises et les associations de protection de l'environnement : une réelle réconciliation ou une "instrumentalisation" réciproque ? », *Revue d'économie régionale et urbaine*, 4, 617-633. Grolleau G., Lakhal T. et Mzoughi N. (2004), "Does ethical activism lead to firm relocation?", *Kyklos*, 57 (3), 387-402.

45. Hartman C. L. et Stafford E. R. (1997), "Green alliances: Building new business with environmental groups", *Business Strategy and the Environment*, 30 (2), 184-196 (p. 186).

46. Grolleau G. *et al.* (2008), *op. cit.* Grolleau G., Mzoughi N. et Thiébaut L. (2004), *op. cit.*

47. Zyglidopoulos S. C. (2002), "The social and environmental responsibilities of multinationals: Evidence from the Brent Spar case", *Journal of Business Ethics*, 36 (1-2), 141-151. Grolin J. (1998), "Corporate legitimacy in risk society: The case of Brent Spar", *Business Strategy and the Environment*, 7 (4), 213-222. Löfstedt R. E. et Renn O. (1997), "The Brent Spar controversy: An example of risk communication gone wrong", *Risk Analysis*, 17 (2), 131-136.

48. ORSE (2010), *Engagement des entreprises avec leurs parties prenantes, Guide pratique*, p. 21. Grolleau G., Mzoughi N. et Thiébaut L. (2008), *op. cit.*, p. 623-624.

49. Covey J. et Brown L. D. (2001), "Critical cooperation: An alternative form of civil society-business engagement", *IDR Reports*, 17 (1).

50. Innes J. E. et Booher D. E. (2003), "Collaborative policymaking: Governance through dialogue", *in* Hajer M. A. et Wagenaar H. (éd.), *Deliberative Policy Analysis: Understanding Governance in the Network Society*, Cambridge, Cambridge University Press, 33-59 (p. 33).

51. WWF (2012), *Rapport relations entreprises 2011-2012*, Paris, WWF, p. 5.

52. Asmus P., Cauley H. et Maroney K. (2006), "Turning conflict into cooperation", *Stanford Social Innovation Review*, 4 (3), 52-61.

53. Burchell J. et Cook J. (2012), "Sleeping with the enemy? Strategic transformations in business-NGO relationships through stakeholder dialogue", *Journal of Business Ethics*, 113 (3), 505-518.

54. *Ibid.*, p. 512.

55. *Ibid.*, p. 512.

56. *Ibid.*, p. 512-513.

57. Covey J. et Brown L. D. (2001), *op. cit.*

58. Tariel Y. (2005), « Un Comité national avifaune (CNA) pour anticiper et traiter les conflits liés aux lignes électriques », in *Séminaire Conflits d'usage*, Paris, Ligue de protection des oiseaux, 54-56.

59. Suez Environnement (2010), *Contribution Suez Environnement à la préservation et à la restauration de la biodiversité*, Paris, Suez Environnement (préface de François Letourneux, président du comité français de l'UICN).

60. Collomb B. et Rouvillois S. (2011), *L'entreprise humainement responsable*, Paris, Desclée de Brouwer (chapitre 2 : « L'entreprise et la responsabilité sociale »). Pestre F. (2011),

« Construire une stratégie de responsabilité sociale de la firme multinationale. Le cas du groupe Lafarge », *Revue française de gestion*, 3, n° 212, 109-125.

61. Cité par Moquet A.-C. (2010). *Le contrôle sociétal – Les cas Lafarge et Danone : de nouveaux modèles de management portés par le projet de développement durable*, Paris, FNEGE – Vuibert, p. 204, 199.

62. Richard D., Dupard D. et Nghiem T. (2004), « WWF, entre action militante, partenariat et action institutionnelle », *Journal de l'École de Paris du management*, 2004/3 (47), 7-14 (p. 11).

63. Collomb B. et Rouvillois S. (2011), *op. cit.*, p. 105.

64. Cité par Moquet (2010), *op. cit.*, p. 200.

65. Lefeuvre J.-C. (dir.), *Carrières, biodiversité et fonctionnement des hydrosystèmes,* Paris, Buchet-Chastel.

66. Williams E. F. (2015), *Green Giants: How Smart Companies Turn Sustainability into Billion-Dollar Businesses,* New York, Amacom. Tercek M. R. et Adams J. S. (2013), *Nature's Fortune: How Business and Society Thrive by Investing in Nature,* Philadelphia, Basic Books. Reinhardt F. (2000), *Down to Earth: Applying Business Principles to Environmental Management*, Boston, Harvard Business School Press. Hawken P., Lovins A. et Lovins H. (2008), *Natural capitalism : comment réconcilier économie et environnement*, Paris, Scali. Esty D. C. et Winston A. S. (2006), *Green to Gold*, New Haven, Yale University Press. Romm J. R. (1999), *op. cit.*

67. Voir notamment, outre les autres articles cités plus bas : Hart S. L. et Ahuja G. (1996), "Does it pay to be green? An empirical examination of the relationship between emission reduction and firm performance", *Business Strategy and the Environment*, 5 (1), 30-37. Russo M. V. et Fouts P. A. (1999), "A resource-based perspective on corporate environmental performance and profitability", *Academy of Management Journal,* 40 (3), 534-559.

68. Cai L. et He C. (2014), "Corporate environmental responsibility and equity prices", *Journal of Business Ethics*, 125, 617-635.

69. De Jong P., Paulraj A. et Blome C. (2013), "The financial impact of ISO 14001 certification: Top-line, bottom-line, or both?", *Journal of Business Ethics*, 119 (1), 131-149. Freedman M. et Jaggi B. (1994), "Analysis of the association between pollution performance and input cost factors: The case of electric utility plants", *Journal of Accounting and Public Policy*, 13 (1), 31-48.

70. Dixon-Fowler H. R., Slater D. J., Johnson J. L., Ellstrand A. E. et Romi A. M. (2013), "Beyond 'Does it pay to be green?' A meta-analysis of moderators of the CEP-CFP relationship", *Journal of Business Ethics,* 112 (2), 353-366.

71. Savall H. et Zardez V. (2010), *Maîtriser les coûts et les performances cachés*, Paris, Economica, p. 159.

72. King A. A. et Lenox M. (2002), "Exploring the locus of profitable pollution reduction", *Management Science*, 48 (2), 289-299.

73. Delpuech C. (2013), « La RSE comme source d'innovation dans les entreprises de service public en réseau », *RIMHE : Revue Interdisciplinaire Management, Homme(s) et Entreprise*, 4 (8), 105-123.

74. Teulon H. (2014), *Le guide de l'éco-innovation*, Paris, Eyrolles. Carillo-Hermosilla J., Del Rio P. et Könnölä T. (2010), "Diversity of eco-innovations: Reflections from selected case studies", *Journal of Cleaner Production*, 18 (10-11), 1073-1083.

75. Cheng C. C. J., Yang C.-I. et Sheu C. (2014), "The link between eco-innovation and business performance: A Taiwanese industry context", *Journal of Cleaner Production*, 64 (1), 81-90.

76. Darnil S. et Le Roux Mathieu, *80 hommes pour changer le monde*, Paris, Le Livre de Poche, 2010, p. 75-79.

77. Esty D. C. et Winston A. S. (2006), *op. cit.* Chiou T. Y., Chan H. K., Lettice F. et Chung S. H. (2011), "The influence of greening the suppliers and green innovation on envi-

ronmental performance and competitive advantage in Taiwan", *Transportation Research Part E: Logistics and Transportation Review*, 47 (6), 822-836. Miles M. P. et Covin J. G. (2000), "Environmental marketing: A source of reputational, competitive, and financial advantage", *Journal of Business Ethics*, 23 (3), 299-312.

78. Cité par Druon E. (2015), *Le syndrome du poisson lune. Un manifeste d'anti-management*, Arles, Actes Sud, p. 174.

79. Hamilton J. T., (1995), "Pollution as news: Media and stock market reactions to the toxics release inventory date", *Journal of Environmental Economics and Management*, 28 (1), 98-113.

80. Khanna M., Quimio W. R. H. et Bojilova D. (1998), "Toxics release information: A policy tool for environmental protection", *Journal of Environmental Economics and Management,* 36 (3), 243-266. Konar S. et Cohen M. A. (1997), "Information as regulation: The effect of community right to know laws on toxic emissions", *Journal of Environmental Economics and Management,* 32 (1), 109-124.

81. Klassen R. D. et McLaughlin C. P. (1996), "The impact of environmental management on firm performance", *Management Science*, 42 (8), 1199-1214.

82. Konar S. et Cohen M. A. (2001), "Does the market value environmental performance?", *Review of Economics and Statistics*, 83 (2), 281-289.

83. Blacconiere W. G. et Patten D. M. (1994), "Environmental disclosures, regulatory costs, and changes in firm value", *Journal of Accounting and Economics,* 18 (3), 357-377.

84. Konar S. et Cohen M. A. (1997), *op. cit.*

85. Delmas M. A. et Pekovic S. (2013), "Environmental standards and labor productivity: Understanding the mechanisms that sustain sustainability", *Journal of Organizational Behavior,* 34 (2), 230-252. Turban D. B. et Greening D. W. (1996), "Corporate social performance and organizational attractiveness to prospective employees", *Academy of Management Journal*, 40 (3), 658-672.

86. Delmas M. A. et Pekovic S. (2013), *op. cit.*

Chapitre 18. Les trois plus grands succès écologiques de l'industrie

1. Gide A., *Si le grain ne meurt*, Paris, Gallimard, « Folio », p. 90.

2. Monod T. (2007), *Dictionnaire humaniste et pacifique*, Paris, J'ai Lu, p. 206.

3. Cameron K. S. (2011), « La performance organisationnelle positivement déviante et le rôle des valeurs du leadership », *in* Martin-Krumm C. et Tarquinio C., *Traité de psychologie positive*, Bruxelles, De Boeck, 623-640. Cameron K. S. et Lavine M. (2006), *Making the Impossible Possible: Leadership Lessons on Creating Positive Deviance,* San Francisco, Berrett-Koehler.

4. Cameron K. S. et Lavine M. (2006). op. cit., p. 142.

5. Cité *ibid.,* p. 172.

6. *Ibid.,* p. 183.

7. *Ibid.,* p. 172.

8. *Ibid.,* p. 125.

9. *Ibid.,* p. 103.

10. Cameron K. S. (2011), *op. cit.,* p. 634.

11. Cité par Cameron K. S. et Lavine M. (2006), *op. cit.,* p. 183.

12. Teclaff L. A., & Teclaff E. (1985), "Transboundary toxic pollution and the drainage basin concept", *Natural Resources Journal,* 25, 589-612 (p. 589).

13. *Le Monde* (17 octobre 1996). Cité par Verweij M. (1999), "A watershed on the Rhine: Changing approaches to international environmental cooperation", *GeoJournal*, 47, 453-461 (p. 453).

14. Verweij M. (2000), "Why is the river Rhine cleaner than the great lakes (Despite looser regulation)?", *Law and Society Review,* 34 (4), 1007-1054.

15. Verweij (1999), *op. cit.*, p. 459.

16. Bernauer T. et Moser P. (1996), "Reducing pollution of the river Rhine: The influence of international cooperation", *The Journal of Environment Development,* 5 (4), 391-417 (p. 406, 407).

17. Rhin vivant (2011), *Baignade dans le Rhin : se baigner et nager dans un cours d'eau franco-allemand*, Strasbourg, Rhin vivant.

18. Bernauer T. et Moser P. (1996), *op. cit.*, p. 413.

19. Cité par Mostert E. (2009), "International co-operation on Rhine water quality 1945-2008: An example to follow?", *Physics and Chemistry of the Earth*, 34 (3), 142-149 (p. 147).

20. Canan P. et Reichman N. (2002), *Ozone Connections: Expert Networks in Global Environmental Governance,* Sheffield, Greenleaf Publishing.

21. Tolba M. et Rummel-Bulska I. (1998), *Global Environmental Diplomacy,* Cambridge, MIT Press, p. 83.

22. Molina M. J. et Rowland F. S. (1974), "Stratospheric sink for chlorofluoromethanes: Chlorine atom catalysed destruction of ozone", *Nature,* 249, 810-812.

23. Haas P. M. (1992), "Banning chlorofluorocarbons: Epistemic community efforts to protect stratospheric ozone", *International Organization,* 46, 187-224.

24. *Ibid.*, p. 66, 85.

25. Tolba M. K. (1998), "The story of the ozone layer: Lessons learned and impacts on the future?", *in* Le Prestre P. G., Reid J. D. et Morehouse E. T., *Protecting the Ozone Layer: Lessons, Models, and Prospects,* Boston, Kluwer Academic Publishers, 19-25 (p. 23).

26. Andersen S. O. et Sarma K. M. (2002), *Protecting the Ozone Layer: The United Nations History*, London, Earthscan, p. 351.

27. Tarras-Wahlberg H. (2014), *Non-Governmental Organizations' Efforts to Protect Stratospheric Ozone*, Lund, Lund University. Gilfillan C. (2002), "Environmental NGOs, the ozone layer and the Montreal Protocol", *in* Andersen S. O. et Sarma K. M. (2002), *op. cit.*, p. 323-344.

28. Stafford E. R., Polonsky M. J. et Hartman C. L. (2000), "Environmental NGO-business collaboration and strategic bridging: A case analysis of the Greenpeace-Foron alliance", *Business Strategy and the Environment*, 9 (2), 122-135.

29. Cité par Benedick R. E. (1991), *Ozone Diplomacy: New Directions in Safeguarding the Planet,* Cambridge, Harvard University Press, p. 32.

30. Harrison D. et Easton G. (2002), "Collective action in the face of international environmental regulation", *Business Strategy and the Environment,* 11 (3), 143-153. Canan P. et Reichman N. (2002), *op. cit.*

31. Taylor G. et Morehouse E. T. (1998), "Closing comments", *in* Le Prestre P. G., Reid J. D. et Morehouse E. T., *op. cit.*, p. 214.

32. Canan et Reichman (2002), *op. cit.*, p. 20.

33. Shende R. (2006), "Interview: Interlinked challenges, interlinked solutions: Ozone protection and climate change", *Industria & Formazione, special international issue: "Refrigeration and air conditioning"*, 4-6 (p. 5).

34. Texte officiel en français : http://ozone.unep.org/fr/le-protocole-de-montr%C3%A9al-relatif-%C3%A0-des-substances-qui-appauvrissent-la-couche-d%E2%80%99ozone

35. Benedick R. E. (1991), *op. cit.*, p. 332.

36. Le Prestre P. G., Reid J. D. et Morehouse E. T. (1998), "The Montreal regime: A new model for international cooperation on global environmental issues?", *in* Le Prestre P. G., Reid J. D. et Morehouse E. T., *op. cit.*, p. 5.

37. Tolba M. K. (1998), *op. cit.*, p. 21.

38. Benedick (1991), *op. cit.*, p. 272, 285.

39. *Ibid.*, p. 286.

40. Cité *ibid.*, p. 286.

41. Pour ces trois citations, voir *ibid,* p. 1.

42. Tolba M. K. (1998), *op. cit.,* p. 19.

43. UNEP (2007), *A Success in the Making, The Montreal Protocol on Substances That Deplete the Ozone Layer,* Nairobi, The United Nations Ozone Secretariat United Nations Environment Programme.

44. WMO-UNEP (2014), *Assessment for Decision-Makers: Scientific Assessment of Ozone Depletion 2014,* WMO Global Ozone Research and Monitoring Project – Report No. 56, Geneva.

45. Armstrong J. (1998), “Global benefits and costs of the Montreal Protocol”, *in* Le Prestre P. G., Reid J. D. et Morehouse E. T., *op. cit.,* p. 173-177.

46. *The Economist* (20 septembre 2014), “Curbing climate change: The deepest cuts. Our guide to the actions that have done the most to slow global warming”, *The Economist.*

47. Andersen S. O., Sarma K. M. et Taddonio K. N. (2007), “Technology transfer for the ozone layer: Lessons for climate change”, Londond, Earthscan Press. Cumberlege S. (2009), “Multilateral environmental agreements: From Montreal to Kyoto – a theoretical approach to an improved climate change regime”, *Denver Journal of International Law and Policy,* 37 (2), 303-329. Green B. (2009), “Lessons from the Montreal Protocol: Guidance for the next international climate change agreement”, *Environmental Law,* 39, 253-283. Grundmann R. (2001), *Transnational Environmental Policy: Reconstructing Ozone,* London, Routledge (chapitre 8 : “Epilogue: the example of climate”). Hoffmann M. J. (2005), *Ozone Depletion and Climate Change: Constructing a Global Response,* Albany, Suny Press. Lang W. (1991), “Is the ozone depletion regime a model for an emerging regime on global warming?”, *Journal of Environmental Law,* 9 (2), 161-174. Molina M., Zaelke D., Sarma K. M., Andersen S. O., Ramanathan V. et Kaniaru D. (2009), “Reducing abrupt climate change risk using the Montreal Protocol and other regulatory actions to complement cuts in CO2 emissions”, *Proceedings of the National Academy of Sciences,* 106 (49), 20616-20621. Sunstein C. R. (2007), “Of Montreal and Kyoto: A tale of two protocols”, *Harvard Environmental Law Review,* 31, 1-65. Thoms L. (2002-2003), “A comparative analysis of international regimes on ozone and climate change with implications for regime design”, *Columbia Journal of Transnational Law,* 41, 795-859. Velders G. J. M., Andersen S. O., Daniel J. S., Fahey D. W. et McFarland M. (2007), “The importance of the Montreal Protocol in protecting climate”, *Proceedings of the National Academy of Sciences,* 104 (12), 4814-4819. Zaelke D., Andersen S. O. et Borgford-Parnell N. (2012), “Strengthening ambition for climate mitigation: The role of the Montreal Protocol in reducing short-lived climate pollutants”, *Review of European Community and International Environmental Law,* 21 (3), 231-242.

48. Cité par Benedick R. E. (1991), *op. cit.,* p. 7.

49. *Ibid.,* p. 327.

50. *Ibid.,* p. 327.

Chapitre 19. La lente agonie d’une magistrale erreur

1. Mounier E. (1978), *Le personnalisme,* Paris, Puf, p. 113.

2. King M. L. (1991), *A Testament of Hope, The essential Writings and Speeches of Martin Luther King Jr.,* New York, HarperCollins, p. 269.

3. Comte-Sponville A. (2009), *Le capitalisme est-il moral ?* Paris, Le Livre de Poche, p. 80, 74.

4. *Ibid.,* p. 123.

5. *Ibid.,* p. 183.

6. *Ibid.,* p. 85.

7. Lecomte J. (2012), *La Bonté humaine,* Paris, Odile Jacob.

8. Comte-Sponville A. (2009), *op. cit.,* p. 157, 88.

9. Collomb B. et Rouvillois S. (2011), *op. cit.,* p. 89.

10. Friedman M. (13 septembre 1970), "The social responsibility of business is to increase its profits", *New York Times Magazine*.

11. Jensen M. et Meckling W. (1976), "Theory of the firm: Managerial behavior, agency costs, and ownership structure", *Journal of Financial Economics,* 3, 305-360.

12. Jensen M. et Walkling R. (2010), "Pioneers in finance: An interview with Michael C. Jensen", *Journal of Applied Finance,* 20, 7-14.

13. Jensen M. C. et Murphy K. J. (1990), "CEO incentives: It's not how much you pay, but how", *Harvard Business Review*, 68 (3), 138-153.

14. U.S. Internal Revenue Code, Section 162(m) (1993).

15. Dobbin F. et Jung J. (2010), "The misapplication of Mr. Michael Jensen. How agency theory brought down the economy and why it might again", *in* Lounsbury M. et Hirsch P. (éd.), *Markets on Trial: The Economic Sociology of the U.S. Financial Crisis. Research in the Sociology of Organizations*, vol. 30B, Bingley, Emerald Group Publishing, 29-64 (p. 37).

16. Voir, outre les auteurs présentés dans ce chapitre : Elhauge E. (2005), "Sacrificing corporate profits in the public interest", *New York University Law Review*, 80 (3), 733-869. Martin R. (2011), *Fixing the Game: Bubbles, Crashes, and What Capitalism Can Learn from the NFL*, Harvard Business Review Press. Dobbin F. et Zorn D. (2005), "Corporate malfeasance and the myth of shareholder value", *in* Davis D. E. (éd.), *Political Power and Social Theory,* Greenwich, JAI Press, 179-198.

17. Voir, outre les auteurs présentés dans ce chapitre : Ims K. J., Pedersen L. J. T. et Zsolnai L. (2014), "How economic incentives may destroy social, ecological and existential values: The case of executive compensation", *Journal of Business Ethics,* 123 (2), 353-360.

18. Robé J.-P. (2009), « À qui appartiennent les entreprises ? », *Le Débat*, 3 (155), 32-36 (p. 33).

19. Stout L. (2012), *The Shareholder Value Myth: How Putting Shareholders First Harms Investors, Corporations, and the Public*, San Francisco, Berrett-Koehler, p. 37.

20. Robé J.-P. (2009), *op. cit.*, p. 34.

21. Favereau O. (2014), *Entreprises : la grande déformation*, Paris, Parole et Silence.

22. Favereau O. (2013), *Pour un nouveau modèle d'entreprise, Rapport moral sur l'argent*, Association d'économie financière, p. 6.

23. Favereau O. (2014), *op. cit.*, p. 19, 20.

24. Livio D. (2002), *Réconcilier l'entreprise et la société : l'entreprise a-t-elle une vocation politique ?*, Paris, Village mondial, p. 95.

25. Stout L. (2012), *op. cit.*, p. 3, 4.

26. *Ibid.,* p. 8, 29.

27. *Ibid.,* p. 32.

28. *Ibid.,* chapitre 5.

29. Notat N. (2012), *L'entreprise responsable, une urgence*, Brest, Dialogues, p. 66.

30. Semler R. (1993), *À contre-courant : vivre l'entreprise la plus extraordinaire du monde*, Paris, Dunod., p. 308.

31. Zeitz J. (septembre-octobre 2014), « Faire émerger un plan B », entretien avec Isabelle Hennebelle, *L'Express Réussir*, 8-11, (p. 8).

32. Dalton D. R., Daily C. M., Certo S. T. et Roengpitya R. (2003), "Meta-analyses of financial performance and equity: Fusion or confusion?", *Academy of Management Journal*, 46 (1), 13-26 (p. 20).

33. Cooper M. J., Gulen H. et Rau P. R. (2013), "Performance for pay? The relationship between CEO incentive compensation and future stock price performance", Unpublished working paper.

34. Paredes T. A. (2005), "Too much pay, too much deference: Behavioral corporate finance, CEOs and corporate governance", *Florida State University Law Review*, 32, 673-762.

35. Malmendier U. et Tate G. (2009), "Superstar CEOs", *Quarterly Journal of Economics,* 124 (4), 1593-1628.

36. Choi S. (2014), *Executive Compensation in the Banking Industry and Systemic Risk*, Master of Science, University of Illinois. Kumar N. et Singh J. P. (2013), "Global financial crisis: Corporate governance failures and lessons", *Journal of Finance, Accounting and Management,* 4 (1), 21-34. Van Den Berghe L. (2009), "To what extent is the financial crisis a governance crisis? From diagnosis to possible remedies", Working Series Paper, 2009/27. Becht M. (2009), "Corporate governance and the credit crisis", *in* Dewatripont M., Freixas X. et Portes R., *Macroeconomic Stability and Financial Regulation: Key Issues for the G20*, London, Centre for Economic Policy Research. Berrone P. (2008), "Current global financial crisis: An incentive problem", IESE Business School Occasional Paper.

37. Berrone (2008), *op. cit.*

38. Wenz-Dumas F. (13 septembre 2007), « La Cour des comptes s'alarme de ceux de la Sécu », *Libération.*

39. Jensen M. et Murphy K. (2004), "Remuneration: Where we've been, how we got to here, what are the problems, and how to fix them", *Finance Working Paper n° 44/2004*, Harvard Business School, p. 25, 31.

40. *Ibid.*, p. 15.

41. Fuller J. et Jensen M. (2010), "Just say no to Wall Street: Putting a stop to the earnings game", *Journal of Applied Corporate Finance*, 22 (1), 59-63 (p. 60).

42. Jensen M. C. (2005), "Agency costs of overvalued equity", *Financial Management*, 34 (1), 5-19 (p. 8).

43. Graham J. R., Harvey C.R. et Rajgopal S. (2005), "The economic implications of corporate financial reporting", *Journal of Accounting and Economics*, 40 (1-3), 3-73.

44. DeGeorge F., Patel J. et Zeckhauser R. (1999), "Earnings management to exceed thresholds", *Journal of Business,* 72 (1), 1-33.

45. Agarwal V., Daniel N. D. et Naik N. Y. (2011), "Do hedge funds manage their reported returns?", *Review of Financial Studies*, 24 (10), 3281-3320.

46. Ljungqvist A., Malloy C. et Marston F. (2009), "Rewriting History", *Journal of Finance*, 64 (4), 1935-1960.

47. Jensen M. C. (2005), *op. cit.*, p. 8.

48. *Ibid.*, p. 17.

49. Jensen M. et Murphy K. (2004), *op. cit.*, p. 47.

50. Jensen M. C. (2003), "Paying people to lie: The truth about the budgeting process", *European Financial Management,* 9 (3), 379-406 (p. 382). Sur le même sujet, voir aussi Jensen M. (2001), "Corporate budgeting is broken, let's fix it", *Harvard Business Review*, November, 94-101.

51. Je remercie Hubert de Boisredon de m'avoir fourni cette précision bien utile.

52. Burns N. et Kedia S. (2006), "The impact of performance-based compensation on misreporting", *Journal of Financial Economics*, 79 (1), 35-67.

53. Deutsch C. (3 avril 2005), "An early advocate of stock-options debunks himself", entretien avec Michael C. Jensen, *The New York Times.*

54. Jensen M. C. (2005), *op. cit.*

55. Murphy K. J. (1999), "Executive compensation", *in* Ashenfelter O. et Card D. (éd.), *Handbook of Labour Economics*, Amsterdam, Elsevier, 2485-2563.

56. Erhard W. et Jensen M. (2014), "Putting integrity into finance: A purely positive approach", Finance Working Paper, n° 417/2014, Harvard Business School, p. 6, 12. Sur ce thème, voir mon ouvrage *La Bonté humaine*, Paris, Odile Jacob, chapitre 11.

57. Erhard W. et Jensen M. (2014), "The four foundations of a great personal life, great leadership, and a great organization", Harvard NOM Unit Research Paper, n° 13-078.

58. *Ibid.*, p. 35.

59. Erhard W. et Jensen M. (2014), "Putting integrity into finance: A purely positive approach", *op. cit.* Erhard W. H., Jensen M. C. et Zaffron S. (2013), "Integrity: A positive model that incorporates the normative phenomena of morality, ethics, and legality", Working Paper, Harvard Business School. Jensen M. C. (automne 2009), "Integrity: Without it nothing works", *Rotman Magazine: The Magazine of the Rotman School of Management*, 16-20.

60. Erhard W. et Jensen M. (2014), "Putting integrity into finance...", *op. cit*, p. 15.

61. *Ibid.*, p. 24.

62. Van Den Berghe L. (2009), *op. cit.*

63. Osterloh M. et Frey B. S. (2004), "Corporate governance for crooks? The case for corporate virtue", *in* Grandori A. (éd.), *Corporate Governance and Firm Organization: Micro-Foundations and Structural Forms,* Oxford, Oxford University Press, 191-211 (p. 192).

64. Belot F. et Ginglinger E. (2013), « Rendre compte de la rémunération des dirigeants. Qu'attendre du *Say on Pay* ? », *Revue française de gestion*, 8 (237), 57-71 (p. 58).

65. Citée par Lauer S. (1er-2 juin 2014), « Salaire des patrons : des actionnaires se rebiffent », *Le Monde.*

66. *Ibid.*

67. Berrone P. et Gomez-Mejia L. (2009), "The pros and cons of rewarding social responsibility at the top", *Human Resource Management,* 48 (6), 957-969.

Chapitre 20. Changer radicalement de perspective

1. Morin E. (2000), *Dialogue sur la nature humaine* (avec B. Cyrulnik), La Tour-d'Aigues, Éditions de l'Aube, p. 63.

2. Marc-Aurèle (1992), *Pensées pour moi-même*, suivies du *Manuel d'Épictète,* Livre 6, 30, Paris, Flammarion, « GF », p. 91.

3. Donaldson L. et Davis J. H. (1991), "Stewardship theory or agency theory: CEO governance and shareholder returns", *Australian Journal of Management*, 16 (1), 49-64. Donaldson L. et Davis J. H. (1994), "Boards and company performance-research challenges the conventional wisdom", *Corporate Governance: An International Review*, 2 (3), 151-160. Davis J. H., Schoorman F. D. et Donaldson L. (1997), "Toward a stewardship theory of management", *Academy of Management Review,* 22 (1), 20-47.

4. Davis *et al.* (1997), *op. cit.*, p. 38.

5. *Ibid.*, p. 34-35

6. Bender R. (2004), "Why do companies use performance-related pay for their executive directors?", *Corporate Governance: An International Review*, 12 (4) 521-533.

7. *Ibid.*, p. 525.

8. Beer M. et Katz N. (2003), "Do incentives work? The perceptions of a worldwide sample of senior executives", *Human Resource Planning*, 26 (3), 30-44.

9. Lee J. (2006), "Family firm performance: Further evidence", *Family Business Review*, 19 (2), 103-114.

10. Cité par Bloch A., Kachaner N. et Mignon S. (2012), *La stratégie du propriétaire. Enquête sur la résilience des entreprises familiales face à la crise*, Montreuil, Pearson, p. 57.

11. *Ibid.*, p. 57.

12. *Ibid.*, p. 8.

13. Miller D. et Le Breton-Miller I. (2010), *Réussir dans la durée : leçons sur l'avantage concurrentiel des grandes entreprises familiales*, Québec, Presses de l'Université Laval, p. 8-9.

14. Citée *ibid.*, p. 5.

15. Cruz C., Gomez-Mejia L. R. et Becerra M. (2010), "Perceptions of benevolence and the design of agency contracts: CEO-TMT relationships in family firms", *Academy of Management Journal,* 53 (1), 69-89. Eddleston K. A. et Kellermanns F. W. (2007), "Destructive and productive family relationships: A stewardship theory perspective", *Journal of Business*

Venturing, 22 (4), 545-565. Steier L. (2001), "Family firms, plural forms of governance, and the evolving role of trust", *Family Business Review,* 14 (4), 353-367. Schulze W. S., Lubatkin M. H. et Dino R. N. (2003), "Toward a theory of agency and altruism in family firms", *Journal of Business Venturing,* 18 (4), 473-490. Zahra S. A. (2003), "International expansion of U.S. manufacturing family businesses: The effect of ownership and involvement", *Journal of Business Venturing,* 18 (4), 495-512.

16. Cité par Bloch A., Kachaner N. et Mignon S. (2012), *op. cit.*, p. 88.

17. Miller D., Le Breton-Miller I. et Scholnick B. (2008), "Stewardship *vs* stagnation: An empirical comparison of small family *vs* non-family businesses", *Journal of Management Studies*, 41 (1), 50-78.

18. Miller D. et Le Breton-Miller I. (2010), *op. cit.*, p. 34.

19. Miller D., Jangwoo L., Sooduck C. et Le Breton-Miller I. (2009), « Combler le "vide institutionnel" : le comportement social et les performances des entreprises familiales comparés à ceux des autres entreprises des marchés émergents dans le secteur des hautes technologies », *Management international,* 14 (1), 67-83. Miller D., Le Breton-Miller I. et Scholnick B. (2008), *op. cit.*

20. Miller D., Le Breton-Miller I. et Scholnick B. (2008), *op. cit.,* p. 52.

21. *Ibid.*

22. Cité par Institut Montaigne (2013), *Vive le long terme ! Les entreprises familiales au service de la croissance et de l'emploi*, Paris, Institut Montaigne, p. 85.

23. *Ibid.,* p. 83.

24. Miller D. et Le Breton-Miller I. (2010), *op. cit.*

25. *Ibid.,* p. 66.

26. Berrone P., Cruz C. et Gómez-Mejía L. R. (2012), "Socioemotional wealth in family firms: Theoretical dimensions, assessment approaches, and agenda for future research", *Family Business Review,* 25 (53), 258-279. Gomez-Mejia L. R., Cruz C., Berrone P. et De Castro J. (2011), "The bind that ties: Socioemotional wealth preservation in family firms", *Academy of Management Annals*, 5, 653-707.

27. Cennamo C., Berrone P., Cruz C. et Gomez-Mejia L. R. (2012), "Socioemotional wealth and proactive stakeholder engagement: Why family-controlled firms care more about their stakeholders", *Entrepreneurship Theory and Practice*, 36, 1153-1173. Dyer W. G. et Whetten D. A. (2006), "Family firms and social responsibility: Preliminary evidence from the S&P500", *Entrepreneurship Theory and Practice,* 30 (6), 785-802.

28. Berrone P., Cruz C., Gomez-Mejia L. et Larraza-Kintana M. (2010), "Socioemotional wealth and corporate responses to institutional pressures: Do family-controlled firms pollute less?", *Administrative Science Quarterly,* 55, 82-113. Craig J. et Dibrell C. (2006), "The natural environment, innovation, and firm performance: A comparative study", *Family Business Review,* 19 (4), 275-288.

29. Citée par Richomme-Huet K. et d'Andria A. (2012), « L'autre gestion des Hénokiens. Une perspective séculaire des entreprises familiales », *Revue des sciences de gestion,* 1 (253), 27-36 (p. 33).

30. Livio D. (2002), *op. cit.*, p. 40. Livio D. (16 mars 2010), « Repenser le social dans une perspective de développement durable », Intervention lors du colloque *Métiers : quel management demain ?,* Essec.

31. *Ibid.,* p. 41-42.

32. Lyubomirsky S., King L. A. et Diener E. (2005), "The benefits of frequent positive affect: Does happiness lead to success?", *Psychological Bulletin,* 131 (6), 803-855.

33. Savall H. et Zardez V. (2010), *Maîtriser les coûts et les performances cachés*, Paris, Economica, p. 142.

34. Le terme « morale » n'a pas bonne réputation de nos jours. Beaucoup lui préfèrent celui d'« éthique ». Pour ma part, je considère ces deux mots comme équivalents. Je m'expliquerai sur ce choix dans un prochain livre.

35. Holliday C. O., Schmidheiny S. et Watts P. (2003), *De la parole aux actes, 67 expériences de développement durable dans l'entreprise*, Paris, Victoires Éditions, p. 136.

36. *Ibid.*, p. 32.

37. Desreumaux A. et Brechet J.-P. (2013), « L'entreprise comme bien commun », *RIMHE : Revue Interdisciplinaire Management, Homme(s) et Entreprise*, 3 (7), 77-93. Sison A. J. G. et Fontrodona J. (2013), "Participating in the common good of the firm", *Journal of Business Ethics*, 113 (4), 611-625. Melé D. (2012), "The firm as a 'community of persons': A pillar of humanistic business ethos", *Journal of Business Ethics*, 106 (1), 89-101. Branellec G. (2011), « L'entreprise : vers un projet collectif au service de la collectivité », *Humanisme et Entreprise*, 4 (304), 13-24. Mintzberg H. (2009), "Rebuilding companies as communities", *Harvard Business Review*, 87 (7-8), p. 140-143. Bessire D. et Mesure H. (2009), « Penser l'entreprise comme communauté : fondements, définition et implications », *Management et Avenir*, 10 (30), 30-50. Melé D. (2009), "Integrating personalism into virtue-based business ethics: The personalist and the common good principles", *Journal of Business Ethics*, 88 (1), 227–244. Sison A. J. G. (2007), "Toward a common good theory of the firm: the Tasubinsa case", *Journal of Business Ethics*, 74 (4), 471-480. Heckscher C. et Adler P. S. (2006), *The Firm As a Collaborative Community: The Reconstruction of Trust in the Knowledge Economy*, Oxford, Oxford University Press. Peredo A. M. et Chrisman J. J. (2006), "Toward a theory of community-based enterprise", *Academy of Management Review*, 31 (2), 309-328. Bechky B. A. (2003), "Sharing meaning across occupational communities: The transformation of understanding on a production floor", *Organization Science*, 14 (3), 312-330. Argandoña A. (1998), "The stakeholder theory and the common good", *Journal of Business Ethics*, 17 (9-10), 1093-1102.

38. Frérot A. (13 juin 2013), « Inviter toutes les parties prenantes à la gouvernance », *Le Monde*.

39. *Ibid.*

40. Catmull E. (2008), "How Pixar fosters collective creativity", *Harvard Business Review*, 86 (9), 64-72.

41. Les informations qui suivent proviennent de ces documents : Singh J., Singh Ubha D. et Singh Dhillon J. (2014), "Corporate social responsibility in family business – A case study of Tata Steel", *Asian Journal of Multidisciplinary Studies*, 2 (8), 233-244. Tata R., Hart S. L., Sharma A. et Sarkar C. (2013), "Why making money is not enough", *MIT Sloan Management Review*, 54 (4) 95-96. Srivastava A. K., Negi G., Mishra V. et Pandey S. (2012), "Corporate social responsibility: A case Study of TATA Group", *IOSR Journal of Business and Management*, 3 (5), 17-27. Graham A. (2011), "Too good to fail", *Oxford Leadership Journal*, 2 (1), 1-8. Bhattacharya S. (2008), *Tata Council for Community Initiatives*, Tata Sons Limited.

42. Jacquin J.-B. (17 janvier 2014), « La routine époustouflante de l'indien Tata Consultancy », *Le Monde*.

43. http://www.tata.com/aboutus/articlesinside/The-quotable-Jamsetji-Tata

44. http://www.tcs.com/SiteCollectionDocuments/About%20TCS/TCS_Associates_Code.pdf

45. Graham A. (2011), *op. cit.*

46. Citée dans Bhattacharya S. (2008), *op. cit.*, p. 25.

47. Tata R., Hart S. L., Sharma A. et Sarkar C. (2013), *op. cit.*, p. 95-96.

48. *Ibid.*

49. Giraud G. et Renouard C. (2012), *Le facteur 12 : pourquoi il faut plafonner les revenus*, Paris, Carnets Nord (chapitre 1).

50. Voir l'appel de seize très riches français, « Taxez-nous ! », publié dans *Le Nouvel Observateur* du 25 août 2011.

51. Lacy P., Cooper T., Hayward R. et Neuberger L. (2010), *A New Era of Sustainability; UN Global Compact-Accenture CEO Study*, United Nations Global Compact.

52. Lecomte J. (2012), *La Bonté humaine*, Paris, Odile Jacob, p. 47, chapitre 11.

53. Ghoshal S. (2005), "Bad management theories are destroying good management", *Academy of Management Learning and Education*, 4 (1), 75-91.

54. *Ibid.*, p. 77.

55. Etzioni A. (4 août 2002), "When it comes to ethics, B-schools get an F", *The Washington Post.*

56. Giacalone R. A. et Thompson K. R. (2006), "Business ethics and social responsibility education: shifting the worldview", *Academy of Management Learning and Education,* 5 (3), 266-277 (p. 268, 269).

57. Faber E. (2011), *Chemins de traverse : vivre l'économie autrement*, Paris, Albin Michel.

58. Collectif (6 mai 2014), « Pour une économie pluraliste : l'appel mondial des étudiants, un manifeste signé par vingt-deux associations de dix-huit pays », *Le Monde*.

59. Voir notamment le numéro de juillet 2011 du *Journal of Management and Organization.*

60. Moon J. et Orlitzky M. (2011), "Corporate social responsibility and sustainability education: A trans-atlantic comparison", *Journal of Management and Organization,* 17 (5), 583-603. Evans J. M., Treviño L. K. et Weaver G. R. (2006), "Who's in the ethics driver's seat? Factors influencing ethics in the MBA curriculum", *Academy of Management Learning and Education,* 5 (3), 278-293.

61. Voir par exemple André K. et Dardelet C. (2013), « Former les managers de demain à l'éthique du *care,* L'expérience de tutorat des étudiants de l'Essec au sein du programme "Pourquoi pas moi ?" », *in* Peretti J. M. (dir.), *Tous solidaires*, Paris, Eyrolles, 149-156.

62. McKenna B. et Biloslavo R. (2011), "Human flourishing as a foundation for a new sustainability oriented business school curriculum: Open questions and possible answers", *Journal of Management and Organization,* 17 (5), 691-710 (p. 692).

63. http://www.unprme.org/about-prme/the-six-principles.php

64. http://www.unprme.org/participants/index.php

65. Caillé A. (2011), *Pour un manifeste du convivialisme*, Lormont, Éditions Le Bord de l'eau, p. 63.

66. Humbert M. (2013), *Vers une civilisation de convivialité*, Rennes, Goater, p. 6, 59-60.

67. Voir notamment les textes de ma plume. *Sur l'éducation* : Lecomte J. (2009), « L'éducation humaniste », *in Actes du 21e congrès national de l'AFPEN*, Association française des psychologues de l'Éducation nationale, 13-25. *Sur la santé* : Lecomte J. (2011), « Empathie et ses effets », *in* Collectif, *Encyclopédie médico-chirurgicale, Savoirs et soins infirmiers*, Paris, Elsevier-Masson. *Sur la justice* : Lecomte J. (2009), « La justice restauratrice », *in* Lecomte J. (dir.), *Introduction à la psychologie positive*, Paris, Dunod.

68. Au 10 septembre 2015.

69. Cette distinction précieuse entre imitation et inspiration me vient de mon ami Stefan Vanistendael, spécialiste de la résilience. Elle peut s'appliquer à de multiples situations autres que la résilience.

Et pour finir : L'optimisme, levier pour changer le monde

1. Keller H. (2007), *Optimism*, Minneapolis, Filiquarian Publishing, p. 37.

2. Sur la funeste tentation de la pureté, voir Guitton J. (1991), *L'impur*, Paris, Desclée de Brouwer.

3. À titre d'exemples, les sociétés Hewlett-Packard et Merck, dont je décris l'action exemplaire dans ce livre, n'ont pas su maintenir cette dynamique à long terme.

4. J'ai utilisé cette expression pour la première fois dans mon précédent ouvrage, *La Bonté humaine*, Paris, Odile Jacob (2012). Il signifie à la fois que le vrai optimisme a besoin de réalisme pour ne pas tomber dans l'illusion, mais également que la forme la plus appropriée de réalisme consiste à être un optimiste actif.

ANNEXES

1
Annexe bibliographique

De plus en plus d'ouvrages sont consacrés aux entreprises humanistes. Il s'agit de travaux universitaires, de témoignages ou de livres écrits par des consultants. Cette liste d'ouvrages francophones ne prétend pas à l'exhaustivité, mais fournit un bon reflet de l'état des lieux.

Multiples domaines

Humanisme et entreprise (revue).

Martin-Krumm C., Tarquinio C. et Shaar M.-J. (2013), *Psychologie positive en environnement professionnel*, Bruxelles, De Boeck.

Première partie : L'épanouissement de la personne au travail

Amherdt C. H. (2005), *La santé émotionnelle au travail*, Paris, Demos.

Baudelot C. et Gollac M. (2003), *Travailler pour être heureux ?, Le bonheur et le travail en France*, Paris, Fayard.

Besson-Perrin C., Robault A., Suard A. et Triponey L. (2005), *Ma vie de, Les Français racontent leur vocation*, Issy-les-Moulineaux, Éditions Vie et Cie.

Bongiorno Y., Le Duigou J.-C., Mansouri-Guilani N., Naton J.-F. et Nédélec C. (2013), *Pour quoi nous travaillons ?*, Ivry-sur-Seine, Éditions de l'Atelier.

Cottraux J. (2012), *Psychologie positive et bien-être au travail*, Paris, Elsevier-Masson.

Decréau L. (2015), *L'élégance de la clé de douze : Enquête sur ces intellectuels devenus artisans*, Paris, Lemieux.

Dortier J.-F. (2014), *Changer le travail – 20 pistes pour améliorer la qualité de vie au travail*, Auxerre, Sciences Humaines.

Duvillier T., Genard J.-L. et Piraux A. (dir.) (2003), *La motivation au travail dans les services publics*, Paris, L'Harmattan.

Henry S. (2014), *Ces décideurs qui méditent et s'engagent – Un pont entre sagesse et business*, Paris, Dunod.

Hsieh T. (2011), *L'entreprise du bonheur*, Paris, Leduc.s éditions.

Institut Manpower (2006), *Le travail, les Français y croient-ils encore ?*, Paris, Éditions d'organisation.

Kotsou I. (2008), *Intelligence émotionnelle et management, Comprendre et utiliser la force des émotions*, Bruxelles, De Boeck.

Lévy-Leboyer C. (2000), *La motivation dans l'entreprise*, Paris, Éditions d'organisation.

Maugeri S. (2013), *Théories de la motivation au travail*, Paris, Dunod.

Noguès-Ledru M.-P. et Claret-Tournier A. (2006), *Changer de vie : Se reconvertir, mode d'emploi*, Paris, Pearson.

Pauchant T. C. (dir.) (1996), *La quête du sens*, Montréal, Éditions d'organisation.

Steiler D., Sadowsky J. et Roche L. (2010), *Éloge du bien-être au travail*, Grenoble, Presses universitaires de Grenoble.

Deuxième partie : Des relations d'équipe harmonieuses

Alter N. (2009), *Donner et prendre, la coopération en entreprise*, Paris, La Découverte.

Baranski L. (2001), *Le manager éclairé. Comment piloter le changement*, Paris, Éditions d'organisation.

Becker L. (2015), *L'art de la reconnaissance au travail – Les clés d'un puissant outil de motivation et de leadership*, Paris, Interéditions.

Bellier S. (2004), *Le savoir-être dans l'entreprise*, Paris, Vuibert.

Bourcier C. et Palobart Y. (1997), *La reconnaissance, un outil de motivation pour vos salariés*, Paris, Éditions d'organisation.

Burchell M. et Robin J. (2011), *Ces entreprises où il fait bon travailler : Qui sont-elles, que font-elles et pourquoi ça marche ?*, Paris, Pearson.

Caillé A. et Grésy J.-E. (2014), *La révolution du don : Le management repensé à la lumière de l'anthropologie*, Paris, Le Seuil.

Collaboratif Info (revue professionnelle en ligne des pratiques collaboratives).

Duluc A. (2008), *Leadership et confiance, Développer le capital humain pour des organisations performantes*, Paris, Dunod.

Elie P.-C. (2007), *Dynamiser l'organisation avec la démarche appréciative*, Montréal-Québec, Éditions Transcontinental-Fondation de l'entrepreneurship.

Getz I. et Carney B. M. (2012), *Liberté et Cie. Quand la liberté des salariés fait le bonheur des entreprises*, Paris, Fayard.

Gomez P.-Y., Grevin A. et Masclef O. (dir.) (2015), *L'entreprise, une affaire de don : Ce que révèlent les sciences de gestion*, Bruyères-le-Châtel, Nouvelle Cité.

Hervé M. et Brière T. (2012), *Le Pouvoir au-delà du Pouvoir : L'exigence de démocratie dans toute organisation*, Paris, François Bourin.

Laloux F. (2015), *Reinventing organizations : Vers des communautés de travail inspirées*, Paris, Diateino.

Le Cardinal G., Guyonnet J.-F. et Pouzoullic B. (1997), *La Dynamique de la confiance*, Paris, Dunod.

Mangematin V. et Thuderoz C. (2003), *Des mondes de confiance, approches économiques et sociologiques*, Paris, CNRS Éditions.

Mauléon F., Bouret J. et Hoarau J. (2014), *Le réflexe* soft skills, *les compétences des leaders de demain*, Paris, Dunod.

Migeon F.-M. (2013), *Invitation au leadership authentique*, Paris, Eyrolles.

Morand G. (2013), *L'art de l'entraide*, Saint-Julien-en-Genevois, Jouvence.

Morand G. et Sintes M. (2014), *L'art de développer son réseau relationnel : penser lien créatifs*, Saint-Julien-en-Genevois, Jouvence.

Pagès J. (2014), *Le coaching collectif avec la méthode Appreciative Inquiry : Conduire le changement en s'appuyant sur les réussites*, Paris, Eyrolles.

Peretti J.-M. (dir.) (2010), *Tous reconnus*, Paris, Éditions d'organisation.

Peretti J.-M. (dir.). (2013), *Tous solidaires*, Paris, Eyrolles.

Schein E. (2015), *Aider – Une dynamique relationnelle, en duo, en groupe, au travail*, Paris, Interéditions.

Teneau G. (2014), *Empathie et compassion en entreprise*, Londres, ISTE Editions.

Thuderoz C., Mangematin V. et Harrisson D. (1999), *La confiance, approches économiques et sociologiques*, Levallois-Perret, Gaëtan Morin Europe.

Tournand J. (2014), *La stratégie de la bienveillance*, Paris, Interéditions.

Ressler C. et Thompson J. (2011), *Pourquoi le travail nous emmerde et comment faire pour que ça change*, Paris, Maxima.

Semler R. (1993), *À contre-courant ; vivre l'entreprise la plus extraordinaire du monde*, Paris, Dunod.

Van Den Abeele M. et Van Den Abeele M. (2011), *Échanges réciproques de savoirs en entreprise : Un réseau au service de l'entreprise responsable*, Lyon, Chronique Sociale.

Zobrist J.-F. (2008), *La belle histoire de FAVI, L'entreprise qui croit que l'Homme est bon. Tome 1 : Nos belles histoires, Tome 2 : Notre management et nos outils*, Courbevoie, Humanisme et organisations.

Troisième partie : L'entreprise au service de la société

Baratier J. (2005), *L'entreprise contre la pauvreté, la dernière chance du libéralisme*, Paris, Autrement.

Barthélémy A., Keller S. et Slitine R. (2013), *L'économie qu'on aime !*, Paris, éditions Rue de l'échiquier.

Barthélémy A. et Slitine R. (2014), *Entrepreneuriat social – Innover au service de l'intérêt général*, Paris, Vuibert.

Benichou J., Linard L., Sierra B. et Loustalot A. (2011), *La course au microcrédit : 10 000 km à vélo à la rencontre de l'autre*, Paris, Éditions du Rocher.

Bornstein D. (2005), *Comment changer le monde ; Les entrepreneurs sociaux et le pouvoir des idées nouvelles*, Paris, La Découverte.

Calpéna S., Guérin L. et Le Yaouanq Y. (2012), *Les grandes entreprises et la base de la pyramide, cinq histoires françaises*, Paris, Transvalor-Presses des Mines.

Chouinard Y. et Stanley V. (2012), *Un business responsable ; les leçons tirées des 40 ans d'expérience de Patagonia*, Paris, Vuibert.

Collomb B. et Rouvillois S. (2011), *L'entreprise humainement responsable*, Paris, Desclée de Brouwer.

Commenne V. (2006), *Responsabilité sociale et environnementale : l'engagement des acteurs économiques : Mode d'emploi pour plus d'éthique et de développement durable*, Paris, Charles Léopold Mayer.

Damon J. (dir.) (2013), *Intérêt général : que peut l'entreprise ?*, Paris, Manitoba-Les Belles Lettres.

Deslandes G. (2012), *Le management éthique*, Paris, Dunod.

Desmedt G. (2012), *L'entreprise réinventée : Ils n'auraient pas dû se rencontrer et ils travaillent ensemble*, Paris, Éditions de l'Atelier.

Dhoquois A. (2008), *Quand les entreprises s'engagent en banlieue*, Paris, Autrement.

Dion M. (2008), *Philanthropie et Responsabilité sociale de l'entreprise*, Paris, Eska.

Entreprise éthique (revue du Cercle d'éthique des affaires).

Essel R. (2012), *Les Scop au cœur de l'économie solidaire : 15 présidents de coopératives répondent à Roger Essel*, Paris, De Broca.

Faber E. (2011), *Chemins de traverse ; Vivre l'économie autrement*, Paris, Albin Michel.

Felber C. (2011), *L'économie citoyenne : Un mouvement a vu le jour*, Arles, Actes Sud.

Frémeaux P. (2013), *La nouvelle alternative ?, Enquête sur l'économie sociale et solidaire*, Paris, Les petits matins.

Giraud M. (2003), *Rebondir avec la Fondation de la 2e chance*, Paris, France-Empire.

Giraud M. (2011), *Espérer ne suffit pas : la Fondation de la 2e chance*, Paris, France-Empire.

Graham T. (2015), *La richesse des pauvres, L'extraordinaire expérience de Tony Melto et de son ONG Gawad Kalinga*, Paris, éditions Rue de l'échiquier.

Guillot J.-P. et Michel D.-A. (2014), *L'économie, parlons-en ! Cinquante initiatives de dialogue social*, Ivry-sur-Seine, Éditions de l'Atelier.

Guillot J.-P. et Rubia C. (2009), *Osez le dialogue social dans l'entreprise, Des exemples qui montrent que c'est possible*, Paris, Éditions de l'Atelier-Éditions ouvrières.

Guyot J. et Dardaillon M. (2014), *À la rencontre des entrepreneurs qui changent le monde*, Paris, éditions Rue de l'échiquier.

Hurstel D. (2009), *La nouvelle économie sociale : Pour réformer le capitalisme*, Paris, Odile Jacob.

Hurstel D. (2013), *Homme, entreprises, société : restaurer la confiance*, Paris, Eyrolles.

Igalens J. et Point S. (2009), *Vers une nouvelle gouvernance des entreprises : L'entreprise face à ses parties prenantes*, Paris, Dunod.

Jeantet T. et Poulnot J.-P. (2007), *L'économie sociale, une alternative planétaire : Mondialiser au profit de tous*, Paris, Éditions Charles Léopold Mayer.

La Chauvinière F. de (2013), *La responsabilité sociétale : oser la vertu*, Puteaux, Editea.

Laville E. (2009), *L'entreprise verte*, Paris, Pearson Éducation France.

Laville J.-L. (dir.) (2013), *L'économie solidaire : Une perspective internationale*, Paris, Fayard, « Pluriel ».

Lecomte T. (2011), *Comment je suis devenu plus humain...*, Paris, Flammarion.

Lutzel E. de, et La Rochefoucauld Drouâs V. de (2015), *Transformez votre entreprise de l'interieur ! Le guide de l'intrapreneur social*, Paris, éditions Rue de l'échiquier.

Mercier S. (2014), *L'éthique dans les entreprises*, Paris, La Découverte.

Millot M. (2008), *Le syndicalisme autrement : Ces militants qui changent les relations de travail*, Paris, L'Harmattan.

Moreau E. et Rossignol L. (2002), *Le salarié handicapé dans l'entreprise*, Paris, Jacob-Duvernet.

Notat N. (2012), *L'entreprise responsable, une urgence*, Brest, Dialogues.

Nowak M. (2005), *On ne prête (pas) qu'aux riches ; la révolution du microcrédit*, Paris, Jean-Claude Lattès.

Nowak M. (2010), *L'espoir économique ; De la microfinance à l'entrepreneuriat social : les ferments d'un monde nouveau*, Paris, Jean-Claude Lattès.

Papin S. (2012), *Pour un nouveau pacte alimentaire*, Paris, Le Cherche midi.

Peretti J.-M. (dir.), (2010), *Tous vertueux*, Paris, Éditions d'organisation.

Prades J. (2012), *Utopie réaliste, Le renouveau de l'expérience coopérative*, Paris, L'Harmattan.

Reboul H. de, et Verger-Lisicki O. (2008), *Et les clients pauvres ?, Quand les entreprises s'engagent*, Paris, Autrement.

Renouard C. (2007), *La responsabilité éthique des multinationales*, PUF, Paris.

Revue de l'organisation responsable.

Revue des sciences de gestion (cette revue publie de nombreux articles sur la responsabilité sociale des entreprises).

Revue internationale de l'économie sociale.

Seghers V. (2007), *Ce qui motive les entreprises mécènes : Philanthropie, investissement, responsabilité sociale ?*, Paris, Autrement.

Seghers V. (2009), *La nouvelle philanthropie (ré)invente-t-elle un capitalisme solidaire ?*, Paris, Autrement.

Simon N. et Eshet M. (2009), *Le mécénat valeur actuelle : Quand la société peut compter sur l'entreprise*, Paris, Gallimard, 2009.

Vogel D. (2008), *Le marché de la vertu, Possibilités et limites de la responsabilité sociale des entreprises*, Paris, Economica.

Yunus M. (2009), *Vers un nouveau capitalisme*, Paris, Le Livre de Poche.

Yunus M. (2012), *Pour une économie plus humaine, Construire le social business*, Paris, Le Livre de Poche.

Quatrième partie : Les réponses aux défis environnementaux

Caudrelier D. et Roynette M. (2009), *100 pionniers pour la planète : Des solutions pour une croissance verte*, Paris, Jean-Claude Lattès.

Crifo P., Glachant M., Hallegatte S., Laurent E. et Raphaël G. (2012), *L'économie verte contre la crise : 30 propositions pour une France plus soutenable*, Paris, Puf.

Décisions durables (magazine).

Druon E. (2012), *Écolonomies, Entreprendre et produire autrement*, Montreuil, Pearson.

Haake J. et Gueorguievsky B. (2010), *Entreprise légère*, Paris, Delachaux et Niestlé.

Hervé-Fournereau N. (dir.) (2008), *Les approches volontaires et le droit de l'environnement*, Rennes, Presses universitaires de Rennes.

Holliday C. O., Schmidheiny S. et Watts P. (2003), *De la parole aux actes, 67 expériences de développement durable dans l'entreprise*, Paris, Victoires Éditions.

Laville E. (2009), *L'entreprise verte*, Paris, Pearson Éducation France.

Moquet A.-C. (2010), *Le contrôle sociétal – Les cas Lafarge et Danone : de nouveaux modèles de management portés par le projet de développement durable*, Paris, FNEGE-Vuibert.

Pauli G. (2011), *L'économie bleue, 10 ans, 100 innovations, 100 millions d'emplois*, Lyon, Caillade Publishing.

Rocher J. (2008), *Ma terre est une femme*, Paris, Presses de la Renaissance.

Rouer M et Gouyon A. (2007), *Réparer la planète : La révolution de l'économie positive*, Paris, Jean-Claude Lattès.

Épilogue : Repenser la raison d'être des entreprises

Bloch A., Kachaner N. et Mignon S. (2012), *La stratégie du propriétaire ; Enquête sur la résilience des entreprises familiales face à la crise*, Montreuil, Pearson Éducation France.

Centre des Jeunes Dirigeants d'entreprise (1996), *L'entreprise au XXIe siècle*, Paris, Flammarion.

Collectif (2013), *Manifeste convivialiste, Déclaration d'interdépendance*, Lormont, Éditions Le Bord de l'eau.

Favereau O. (2014), *Entreprises : la grande déformation*, Paris, Parole et Silence.

Giraud G. et Renouard C. (2012), *Le facteur 12 : Pourquoi il faut plafonner les revenus*, Paris, Carnets Nord.

Livio D. (2002), *Réconcilier l'entreprise et la société ; l'entreprise a-t-elle une vocation politique ?*, Paris, Village mondial.

Miller D. et Le Breton-Miller I. (2010), *Réussir dans la durée : Leçons sur l'avantage concurrentiel des grandes entreprises familiales*, Québec, Presses de l'Université Laval.

Tandeau de Marsac V. (2014), *L'entreprise familiale, un modèle pour l'avenir et pour tous*, Gambais, Lignes de Repères.

2
Sitographie

Cette annexe rassemble des associations, agences, centres de recherches, etc. La plupart possèdent des sites Internet que vous trouverez facilement.

Lorsqu'il s'agit d'un laboratoire de recherches, l'université d'appartenance est indiquée.

Lorsque le domaine d'activités n'apparaît pas explicitement dans le nom de l'organisme, je l'ai précisé en italiques.

Multiples domaines

Entreprises humaines

Première partie : L'épanouissement de la personne au travail

Affaires d'optimisme

Anact (Association nationale pour l'amélioration des conditions de Travail)

Fabrique Spinoza (Think tank du bonheur citoyen)

Great place to work (section française : http://www.greatplacetowork.fr/accueil)

Deuxième partie : Des relations d'équipe harmonieuses

Coopérer pour entreprendre

Entreprise et convivialité

IFAI (Institut français d'Appreciative Inquiry)

Troisième partie : L'entreprise au service de la société

Addess (Association pour le développement de la documentation sur l'économie sociale)

Adie (Association pour le droit à l'initiative économique) : *microcrédit*

Admical (Association pour le développement du mécénat industriel et commercial)

Ashoka : *entrepreneuriat social*

Avise (Agence de valorisation des initiatives socio-économiques)

Business Angels des cités : *développement économique des banlieues*

Cap Emploi : *emploi de personnes handicapées*

Ceges (Conseil des entreprises, employeurs et groupements de l'économie sociale)

Centre d'économie sociale – Université de Liège

Cerises (Centre européen de ressources sur les initiatives solidaires et les entreprises) – Université de Toulouse

Cerphi (Centre d'étude et de recherche sur la philanthropie)

Cestes (Centre d'économie sociale et solidaire) – Conservatoire national des arts et métiers

Ciriec (Centre interdisciplinaire de recherche et d'information sur les entreprises collectives)

CJDES (Centre des jeunes, des dirigeants, des acteurs de l'économie sociale)

Consultants sans frontières

CRISES (Centre de recherche sur les innovations sociales) – Université du Québec à Montréal

CSESS (Conseil supérieur de l'économie sociale et solidaire)

Dirigeants responsables de l'Ouest

Entrepreneur social.net

Entrepreneurs d'avenir

Entreprise et pauvreté

Evolem Citoyen

Fondation Entrepreneurs de la Cité

Fondation Schwab pour l'Entrepreneuriat social

Forum mondial Convergences : *responsabilité sociale et environnementale*

France Active : *solidarité pour l'emploi*

Gawad Kalinga France : *lutte contre la pauvreté*

IMS Entreprendre pour la Cité

Laboratoire de l'économie sociale et solidaire

Lucie : *responsabilité sociale et environnementale*

Mecenova : *mécénat*

Mouves (Mouvement des entrepreneurs sociaux)

Mozaïk RH : *emploi de jeunes issus de milieux populaires*

Novethic : *responsabilité sociale et environnementale*

Observatoire du BoP (« Base of the Pyramid ») : *lutte contre la pauvreté*

Orientation durable : *emploi dans l'économie sociale et solidaire*

ORSE (Organsisation pour la responsabilité sociale de l'entreprise)

Rameau : *partenariats entre associations et entreprises*

Recherches et solidarités

RDS (Réalités du dialogue social)

RIUESS (Réseau interuniversitaire de l'économie sociale et solidaire)

Solidarités Nouvelles face au Chômage

Vigeo : *responsabilité sociale et environnementale*

Quatrième partie : Les réponses aux défis environnementaux

C3D (Collège des directeurs du développement durable)

CO2 Solidaire

Comité 21 (Comité français pour l'environnement et le développement durable)

Entreprises pour l'Environnement

Forum mondial Convergences : *responsabilité sociale et environnementale*

Institut de l'Économie circulaire

Institut Inspire : *responsabilité environnementale*

Lucie : *responsabilité sociale et environnementale*

Novethic : *responsabilité sociale et environnementale*

Orée : *responsabilité environnementale*

REDD (Réseau Entreprise et Développement durable)

Solutions COP 21

Utopies : *responsabilité environnementale*

Vigeo : *responsabilité sociale et environnementale*

Épilogue : Repenser la raison d'être des entreprises

Association française et francophone de psychologie positive

CJD (Centre des jeunes dirigeants d'entreprise)

Les convivialistes

3
Entreprises et associations citées

Remerciements

Nul n'est une île, dit le poète, et nul n'écrit un livre solitairement. Pour parvenir à ce résultat aujourd'hui, le soutien de nombreuses personnes m'a été indispensable.

Je pense tout d'abord à mes proches, qui sont la principale source de sens dans mon existence. J'ai bénéficié de la douce affection de mon épouse, Carmen, toujours présente et compréhensive, malgré les nombreuses heures que j'ai passées devant mon ordinateur. Je dois aussi énormément à mes trois enfants, Audrey, Aurélie et Maximilien, ainsi qu'à mon neveu Sébastien. Leur amour m'accompagne chaque jour paisiblement, même à distance. Sans oublier le bonheur de vivre de Tupay et Maxence, si belles promesses de vie ! Je pense également particulièrement à l'affection de Denise et Philippe Augendre, si fidèle depuis de longues années.

Ce livre n'existerait probablement pas sans cette chance inestimable que j'ai eue de rencontrer Jean-Michel Tavan, puis Hubert de Boisredon. Patrons exemplaires, sensibles à la richesse et à la valeur de toute personne qu'ils rencontrent, ils sont les véritables inspirateurs de cet ouvrage. Par ce livre, j'espère leur redonner un peu de tout ce qu'ils m'ont apporté.

Un ouvrage qui doit aussi beaucoup à d'autres rencontres : François Barreau, Loïc Cloarec, Annabelle Guillet, Marc Jacobs et Régis Thébaud (Armor) ; Emmanuel Faber (Danone) ; Thierry Lailavoix (Domus Matériaux) ; Isaac Getz (ESCP Europe) ; Bruno Hug de Larauze (IDEA) ; Christian Batal et Olivier Charbonnier (Interface) ; Christian Travier, ainsi qu'Antoine, Céline, Charlotte, Ludovica et Valérie (Laval Mayenne Technopole) ; Thierry Brigodiot (Pragma) ; Tristan Lecomte (Pur Projet) ; Christophe Larrenduche, ainsi qu'Alban, Anne-Christine, Christelle, Clara, Frédéric, Gaëlle, Laurent, Manuel, Sébastien, Stéphane, Sylviane et Thierry (Sagarmatha).

Christine Cayré, Jean Pagès et Jean-Christophe Barralis, avec qui j'ai eu le plaisir d'animer plusieurs sessions de formation sur la psychologie positive dans les organisations, sont non seulement des partenaires au remarquable professionnalisme, mais sont devenus des amis, au fil des ans. Ils m'ont également beaucoup appris.

J'ai en outre tiré grand profit des réflexions judicieuses que m'ont faites les nombreux étudiants et stagiaires que j'ai eu le privilège d'accompagner, ainsi que des expériences vécues auprès de groupes pour lesquels j'ai effectué des médiations.

J'ai également trouvé une grande source d'inspiration dans les différents réseaux auxquels j'appartiens, en particulier auprès de mes amis membres de l'Association française et francophone de psychologie positive, ainsi que ceux du réseau des convivialistes.

Merci aussi à Christophe André, Jean-Claude Guillebaud, Edgar Morin et Matthieu Ricard d'avoir eu la gentillesse de rédiger un commentaire sur mon livre. Nous partageons les mêmes valeurs, et je me réjouis qu'ils se sentent proches du contenu de cet ouvrage.

Enfin, je tiens à remercier toute l'équipe des éditions Les Arènes, où chacun s'efforce d'être attentif et disponible à autrui. Et tout particulièrement son directeur, Laurent Beccaria, qui a su insuffler une dynamique telle que Les Arènes mérite largement le titre d'entreprise humaniste ; ainsi que Catherine Meyer pour sa compétence qui n'a d'égal que ses belles qualités humaines de gentillesse, de compréhension et de patience.

Table

Deuxième partie

DES RELATIONS D'ÉQUIPE HARMONIEUSES

Quatrième partie

LES RÉPONSES AUX DÉFIS ENVIRONNEMENTAUX

Épilogue

REPENSER LA RAISON D'ÊTRE DES ENTREPRISES

ANNEXES

L'exemplaire que vous tenez entre les mains a été rendu possible grâce au travail de toute une équipe.

Mise en page : Laurine Beneteau (Nord compo)
Couverture conception : Sara Deux
Couverture illustration : Icinori
Révision : Emmanuel Dazin et Vanessa Deslances
Photogravure : Joël Chappot (Taïga)
Fabrication : Marie Baird-Smith
Commercial : Pierre Bottura
Communication : Isabelle Mazzaschi avec Adèle Hybre
Relations libraires : Jean-Baptiste Noailhat
Rue Jacob diffusion : Élise Lacaze (direction), Katia Berry (grand Sud-Est), François-Marie Bironneau (Nord et Est), Charlotte Knibiehly (Paris et région parisienne), Christelle Guilleminot (grand Sud-Ouest), Laure Sagot (grand Ouest) et Diane Maretheu (coordination), avec Christine Lagarde (Pro Livre) Béatrice Cousin et Laurence Demurger (équipe Enseignes), Fabienne Audinet et Benoît Lemaire (LDS), Bernadette Gildemyn et Richard Van Overbroeck (Belgique), Nathalie Laroche et Alodie Auderset (Suisse), Kamel Yahia et Kimly Ear (Grand Export).
Distribution : Hachette
Droits France et juridique : Geoffroy Fauchier-Magnan
Droits étrangers : Catherine Farin
Envois aux journalistes et libraires : Patrick Darchy
Librairie du 27 rue Jacob : Ariane Geffard
Comptabilité et droits d'auteur : Christelle Lemonnier avec Camille Breynaert

ISBN : 978-2-35204-473-4
N° d'impression : 178757
Dépôt légal : janvier 2016

La couverture et la bande ont été imprimées par Déjà Link à Stains.
Achevé d'imprimer en France par Corlet imprimeur
à Condé-sur-Noireau (Calvados) en décembre 2015.